O SUPREMO TRIBUNAL FEDERAL NA ERA VARGAS

CARLA RAMOS MACEDO DO NASCIMENTO

Prefácio
Luiz Fux

Apresentação
Daniel Sarmento

O SUPREMO TRIBUNAL FEDERAL NA ERA VARGAS

Belo Horizonte

2024

© 2024 Editora Fórum Ltda.

É proibida a reprodução total ou parcial desta obra, por qualquer meio eletrônico, inclusive por processos xerográficos, sem autorização expressa do Editor.

Conselho Editorial

Adilson Abreu Dallari
Alécia Paolucci Nogueira Bicalho
Alexandre Coutinho Pagliarini
André Ramos Tavares
Carlos Ayres Britto
Carlos Mário da Silva Velloso
Cármen Lúcia Antunes Rocha
Cesar Augusto Guimarães Pereira
Clovis Beznos
Cristiana Fortini
Dinorá Adelaide Musetti Grotti
Diogo de Figueiredo Moreira Neto (*in memoriam*)
Egon Bockmann Moreira
Emerson Gabardo
Fabrício Motta
Fernando Rossi
Flávio Henrique Unes Pereira

Floriano de Azevedo Marques Neto
Gustavo Justino de Oliveira
Inês Virgínia Prado Soares
Jorge Ulisses Jacoby Fernandes
Juarez Freitas
Luciano Ferraz
Lúcio Delfino
Marcia Carla Pereira Ribeiro
Márcio Cammarosano
Marcos Ehrhardt Jr.
Maria Sylvia Zanella Di Pietro
Ney José de Freitas
Oswaldo Othon de Pontes Saraiva Filho
Paulo Modesto
Romeu Felipe Bacellar Filho
Sérgio Guerra
Walber de Moura Agra

FÓRUM
CONHECIMENTO JURÍDICO

Luís Cláudio Rodrigues Ferreira
Presidente e Editor

Coordenação editorial: Leonardo Eustáquio Siqueira Araújo / Aline Sobreira de Oliveira
Revisão: Érico Barboza
Capa e projeto gráfico: Walter Santos
Diagramação: Formato Editoração

Rua Paulo Ribeiro Bastos, 211 – Jardim Atlântico – CEP 31710-430
Belo Horizonte – Minas Gerais – Tel.: (31) 99412.0131
www.editoraforum.com.br – editoraforum@editoraforum.com.br

Técnica. Empenho. Zelo. Esses foram alguns dos cuidados aplicados na edição desta obra. No entanto, podem ocorrer erros de impressão, digitação ou mesmo restar alguma dúvida conceitual. Caso se constate algo assim, solicitamos a gentileza de nos comunicar através do *e-mail* editorial@editoraforum.com.br para que possamos esclarecer, no que couber. A sua contribuição é muito importante para mantermos a excelência editorial. A Editora Fórum agradece a sua contribuição.

Dados Internacionais de Catalogação na Publicação (CIP) de acordo com ISBD

N244s	Nascimento, Carla Ramos Macedo do O Supremo Tribunal Federal na Era Vargas / Carla Ramos Macedo do Nascimento. Belo Horizonte: Fórum, 2024. 463p. 14,5x21,5cm ISBN impresso 978-65-5518-717-5 ISBN digital 978-65-5518-704-5 1. Supremo Tribunal Federal. 2. Era Vargas. 3. Pensamento constitucional. 4. Autoritarismo. 5. Desenho institucional. 6. Jurisdição constitucional. I. Título. CDD: 342 CDU: 342

Ficha catalográfica elaborada por Lissandra Ruas Lima – CRB/6 – 2851

Informação bibliográfica deste livro, conforme a NBR 6023:2018 da Associação Brasileira de Normas Técnicas (ABNT):

NASCIMENTO, Carla Ramos Macedo do. *O Supremo Tribunal Federal na Era Vargas*. Belo Horizonte: Fórum, 2024. 463p. ISBN 978-65-5518-717-5.

Para a minha mãe, exímia contadora de histórias, realistas e fantásticas.

Para o meu pai, que partiu e deixou cem anos de solidão.

AGRADECIMENTOS

Agradeço, em primeiro lugar, ao meu orientador, professor Daniel Sarmento, que há tantos anos, desde as primeiras aulas na graduação em direito na UERJ, tem sido fonte permanente de inspiração para a minha vida. Homem de uma cultura fascinante e de uma sensibilidade comovente, deu às minhas leituras jurídicas e não jurídicas um sentido novo, cheio de entusiasmo e de engajamento. É um professor que está, esteve sempre, na boa luta contra as desigualdades sociais e o autoritarismo, nas suas mais variadas formas, pelas causas que podem mudar o nosso modo de construir o mundo, com as ferramentas que escolhemos aprender a manejar – no meu caso, jurídicas. O que mais impressiona é ver que o tempo passou, mas o Daniel não: segue incansável e com a cabeça aberta a novas ideias e liberdades, sem perder a ternura jamais! Cada observação, crítica, elogio e correção de rumos que recebi ao longo destes dois anos de orientação foi de uma riqueza inestimável. É com ainda mais carinho e admiração que eu concluo esta caminhada, seguindo de perto os seus passos.

Gostaria de registrar meu agradecimento especialíssimo à professora Jane Reis, cuja mente brilhante nos desafia a sair da zona de conforto e a enfrentar os textos – sempre densos e bem trabalhados nas suas aulas – pelos ângulos menos óbvios e mais questionadores. É provavelmente a mais destacada constitucionalista mulher do Brasil e a mais encantadora! Tive o imenso privilégio de cursar duas disciplinas ministradas pela professora durante o meu mestrado – o Grupo de Pesquisa "Cortes, Estado de Direito e Legalidade Autocrática: Abordagem Comparada" e a disciplina "Fundamentos do Direito Público" – e as reflexões que ali desenvolvi aproveitaram a toda esta pesquisa. Como se não bastasse, ainda fui brindada com a sua participação na minha banca de qualificação, contribuindo com análises conceituais e indicações bibliográficas que clarearam os caminhos das minhas leituras. Fica aqui o meu muitíssimo obrigada!

Além do Daniel e da Jane, tive a sorte de ser aluna de grandes professores no PPGD da UERJ, aos quais agradeço por sua generosidade nos espaços abertos ao debate de ideias em sala de aula: professores

Luís Roberto Barroso, Rodrigo Brandão, Nilo Batista e Carlos Alexandre. Também não poderia deixar de mencionar os professores do PPGD da UNB, com os quais cursei disciplinas que aprofundaram meu interesse em pesquisar a história do direito constitucional brasileiro: professores Argemiro Cardoso, Francisco Rogério, Airton Seelaender e Cristiano Paixão. Meu agradecimento, ainda, ao professor Christian Lynch, que participou da banca de defesa da minha dissertação e trouxe importantes reflexões e críticas, incorporadas ao texto.

A escolha do tema de pesquisa foi, entre outras coisas, produto da minha experiência como assessora do Supremo Tribunal Federal, onde ingressei a convite do ministro Joaquim Barbosa, de quem tive a honra e a sorte de ter sido aluna na faculdade de direito da UERJ. O contato diário com sua cultura, seus conhecimentos históricos, políticos e jurídicos, sua experiência internacional e sua formação como homem de Estado foi uma excelente escola. Obrigada, ministro!

Da mesma maneira, minha profunda gratidão ao ministro Luiz Fux, de quem sou assessora atualmente. Na Presidência da Corte de setembro de 2020 a setembro de 2022, enfrentou o momento mais desafiador desde a redemocratização do país, em meio à pandemia de COVID-19 e às ameaças de ruptura institucional, sem que houvesse fórmulas prontas. Homem de grande coração, o ministro Fux nos ensina, diariamente, o exercício do diálogo e a busca do equilíbrio nas suas decisões, tanto na magistratura como no magistério e na vida.

Registro um agradecimento mais que especial à Biblioteca do Supremo Tribunal Federal, na pessoa de Márcia Soares de Oliveira Vasconcelos, sempre tão solícita e paciente com os meus pedidos de levantamento bibliográfico. Muitíssimo grata também ao Arquivo do Supremo Tribunal Federal, na pessoa de Ana Cristina Paes. Graças à Ana, no curto tempo para a redação do texto da dissertação, tive a possibilidade de consultar muito mais decisões e documentos do que teria sido possível pelo método tradicional, em autos físicos, sujeito a limitações de horário inerentes ao funcionamento do setor.

Meu agradecimento ao Tárik, companheiro por longos anos, desde o Rio até Brasília: foi tudo verdade! Agradeço ao amigo Daniel Vila-Nova, que prontamente se interessou pelo tema da minha pesquisa e me doou parte das suas horas preciosas para a leitura destas páginas. Às amigas e amigos que, nestes dois anos, compartilharam comigo seus conhecimentos, com especial menção ao grupinho de orientandos do

Daniel Sarmento (Teresa Melo, Beatriz Cunha e Matheus Casimiro): valeu demais!

Foram fundamentais o carinho e o apoio que recebi, ao longo de toda a minha vida e destes anos de pesquisa, da minha mãe, Carminha, dos meus irmãos, Junior e Carem, e dos meus sobrinhos, Felipe e Gugu. Nem sei o quanto de mim vem de vocês, mas certamente vocês são a minha porção melhor.

E como, sem amor, eu nada seria, meu agradecimento final é o que dá sentido a tudo. Marcelo, meu Mar, em cada linha desta pesquisa estão a sua companhia leve, a sua inteligência transbordante, a sua energia contagiante, o seu olhar interessado em tudo e o seu sorriso cativante e inspirador. Nunca me esquecerei do dia em que te encontrei, nesta estrada sinuosa que é a nossa vida: *Two roads diverged in a wood, and I – I took the one less traveled by, And that has made all the difference.*

Obrigada a todos, de coração!

Don't follow leaders!

Bob Dylan

LISTA DE TABELAS

Tabela 1 – Alvos do empacotamento do Governo Provisório 203
Tabela 2 – Aposentadorias compulsórias durante a Era Vargas 265

SUMÁRIO

PREFÁCIO
Luiz Fux 19

APRESENTAÇÃO
Daniel Sarmento... 23

INTRODUÇÃO 27

CAPÍTULO 1
PENSAMENTO CONSTITUCIONAL NA ERA VARGAS.......... 43
1.1   Contradições do discurso liberal sob domínio oligárquico: convergências de ideologias antagônicas na queda da República Velha 49
1.2   Ascensão do pensamento constitucional autoritário: da apologia do governo forte não autoritário, de Alberto Torres, à defesa da "democracia autoritária" de Oliveira Vianna, Francisco Campos e Miguel Reale...................................... 62
1.2.1   Críticas ao "povo-massa" 82
1.2.2   Críticas à representação parlamentar e aos partidos políticos.... 91
1.2.3   O Primado do Executivo... 97
1.2.3.1   O Primado do Presidente da República 98
1.2.3.2   Transferência do poder legiferante para o Executivo: corporações e conselhos técnicos....................................... 102
1.2.3.3   O Primado do Poder Executivo da União........................ 107
1.3   Conclusão parcial: o predomínio do pensamento constitucional autoritário.. 111

CAPÍTULO 2
CONSTRUÇÕES TEÓRICAS SOBRE O PODER JUDICIÁRIO NO REGIME AUTORITÁRIO 119
2.1   Subordinação do Judiciário ao Executivo Federal: unidade da magistratura e limitações à independência do Judiciário............ 125
2.1.1   Unidade da magistratura mediante eliminação da justiça estadual 127

2.1.2	Relativização das garantias e da independência da magistratura: defesa da atribuição do poder de "expurgo" ao chefe do Executivo...	130
2.2	Os métodos de interpretação jurídica e o governo autoritário ...	139
2.2.1	Os estudos de hermenêutica jurídica no início dos anos 1920....	141
2.2.2	Crise da Constituição de 1891 e a doutrina das questões políticas	145
2.2.3	Os novos métodos de interpretação na jurisdição constitucional: divergências no pensamento constitucional autoritário quanto aos seus riscos e potencialidades	157
2.3	Submissão da declaração de inconstitucionalidade à palavra final dos poderes políticos..	176
2.4	Conclusão parcial..	184

CAPÍTULO 3
DESENHOS INSTITUCIONAIS DO SUPREMO TRIBUNAL FEDERAL
NA ERA VARGAS 189

3.1	O Supremo Tribunal Federal no Governo Provisório................	191
3.2	Empacotamento do Supremo Tribunal Federal por decreto do chefe do Governo Provisório	193
3.3	O Supremo Tribunal Federal na Constituição de 1934	207
3.3.1	Garantias, composição e competências da Corte Suprema	214
3.3.2	Novo controle de constitucionalidade...	223
3.4	Leis de segurança nacional, emendas à Constituição de 1934, estado de guerra e Tribunal de Segurança Nacional: atos preparatórios do golpe e seus reflexos no Supremo Tribunal Federal..	227
3.5	O Supremo Tribunal Federal na Constituição de 1937	253
3.5.1	Garantias, composição e competências do Supremo Tribunal Federal..	263
3.5.2	O controle de constitucionalidade no Estado Novo...................	282
3.6	Conclusão parcial...	292

CAPÍTULO 4
O SUPREMO TRIBUNAL FEDERAL NA ERA VARGAS.......................... 305

4.1	Crimes e procedimento da Lei de Segurança Nacional	307
4.1.1	Fechamento da Aliança Nacional Libertadora, MS nº 111, j. 21.08.1935	309
4.1.2	Caso Genny Gleiser: HC nº 25.906, j. 30.09.1935	321
4.1.3	Caso Olga: HC nº 26.155, j. 17.06.1936	327
4.1.4	Prisão de parlamentares: HC nº 26.178, j. 20.07.1936................	335

4.1.5	Constitucionalidade do Tribunal de Segurança Nacional: RHC nº 26.330, j. 11.01.1937	356
4.1.6	Caso Armando Salles: HC nº 29.002, j. 04.04.1945	363
4.2	Expulsão de estrangeiros	367
4.3	Conflitos de natureza econômica de interesse da União	380
4.3.1	Caso *Standard Oil Company of Brazil*: AI nº 8.044, relator ministro Carlos Maximiliano, j. 31.05.1938	382
4.3.2	Caso das loterias estaduais: AI nº 6.556, relator ministro Costa Manso, j. 27.05.1936	386
4.3.3	Caso da quota de sacrifício do café: MS nº 333, relator ministro Laudo de Camargo, j. 09.12.1936	388
4.3.4	Caso do imposto de renda dos servidores públicos estaduais: MS nº 507, relator ministro José Linhares j. 27.04.1938	395
4.4	Conclusão parcial	398

CONCLUSÃO 405

REFERÊNCIAS 421

APÊNDICE A
COMPOSIÇÃO DO STF COM 15 MINISTROS: OUTUBRO/1930-FEVEREIRO/1931 435

APÊNDICE B
COMPOSIÇÃO DO SUPREMO TRIBUNAL FEDERAL PÓS-EMPACOTAMENTO: FEVEREIRO/1931 437

APÊNDICE C
PRIMEIRA COMPOSIÇÃO DO SUPREMO TRIBUNAL FEDERAL COM 11 MINISTROS 439

APÊNDICE D
PRIMEIRA COMPOSIÇÃO DO SUPREMO TRIBUNAL FEDERAL NA FASE CONSTITUCIONAL (JUNHO/1934-MARÇO/1936) 441

APÊNDICE E
SEGUNDA COMPOSIÇÃO DO SUPREMO TRIBUNAL FEDERAL NA FASE CONSTITUCIONAL (MAIO/1936-NOVEMBRO/1937 – PERÍODO DESCONSTITUINTE) 443

APÊNDICE F
PRIMEIRA COMPOSIÇÃO DO SUPREMO TRIBUNAL FEDERAL NO
ESTADO NOVO (NOVEMBRO/1937) 445

APÊNDICE G
SEGUNDA COMPOSIÇÃO DO SUPREMO TRIBUNAL FEDERAL NO
ESTADO NOVO (DEZEMBRO/1937-SETEMBRO/1938) 447

APÊNDICE H
TERCEIRA COMPOSIÇÃO DO SUPREMO TRIBUNAL FEDERAL NO
ESTADO NOVO (OUTUBRO/1938-MAIO/1939) 449

APÊNDICE I
QUARTA COMPOSIÇÃO DO SUPREMO TRIBUNAL FEDERAL NO
ESTADO NOVO (MAIO/1939-JUNHO/1940) 451

APÊNDICE J
QUINTA COMPOSIÇÃO DO SUPREMO TRIBUNAL FEDERAL NO
ESTADO NOVO (JUNHO/1940-DEZEMBRO/1940) 453

APÊNDICE K
SEXTA COMPOSIÇÃO DO SUPREMO TRIBUNAL FEDERAL NO
ESTADO NOVO (DEZEMBRO/1940-MAIO/1941) 455

APÊNDICE L
SÉTIMA COMPOSIÇÃO DO SUPREMO TRIBUNAL FEDERAL NO
ESTADO NOVO (MAIO/1941-JUNHO/1941) 457

APÊNDICE M
OITAVA COMPOSIÇÃO DO SUPREMO TRIBUNAL FEDERAL NO
ESTADO NOVO (JUNHO/1941-MARÇO/1942) 459

APÊNDICE N
NONA COMPOSIÇÃO DO SUPREMO TRIBUNAL FEDERAL NO
ESTADO NOVO (ABRIL/1942-JULHO/1942) 461

APÊNDICE O
DÉCIMA (E ÚLTIMA) COMPOSIÇÃO DO SUPREMO TRIBUNAL
FEDERAL NO ESTADO NOVO (AGOSTO/1942-MAIO/1945) 463

PREFÁCIO

Em sua seminal obra *O Supremo Tribunal Federal, esse outro desconhecido*, o inesquecível ministro Aliomar Baleeiro, ao esquadrinhar a trajetória institucional da Corte, aludia às chamadas provas de fogo que lhe foram reservadas ao longo de sua existência, durante as quais, austeramente, consolidaria o seu prestígio na vida brasileira.

É que, segundo a sua atenta descrição histórica, o Supremo Tribunal Federal, "bem ou mal, errando e corrigindo-se, vacilando mas afinal persistindo, cumpriu sua missão, como foi possível nas circunstâncias do tempo e do meio".

Deveras, essa missão diuturna, que consiste na guarda precípua da Constituição, revela o papel crucial exercido pelo Tribunal como árbitro último dos conflitos institucionais, porquanto fiel da balança da democracia brasileira. A convivência democrática com os demais *players* republicanos é produto de um longo processo político, repleto de desafios e adversidades, diante dos quais o Supremo Tribunal Federal soergueu-se com altivez, asseverando sua vocação histórica de firme resistência na garantia da supremacia constitucional.

Um dos grandes marcos dessa extensa trajetória de maturação institucional foi a chamada Era Vargas, termo designativo do período que compreende os 15 anos contínuos de Getúlio Vargas à frente da Presidência do Brasil (1930-1945), que se revestiu de diferentes feições governamentais: (i) o Governo Provisório (1930-34); (ii) o Governo Constitucional (1934-1937); e (iii) o Estado Novo (1937-1945).

Trata-se de período caracterizado pela constante conturbação do ideal de harmonia e independência entre os poderes, bastando mencionar, a título exemplificativo, o famigerado art. 96, parágrafo único, da Carta de 1937, outorgada por Vargas, prevendo que, "no caso de ser declarada a inconstitucionalidade de uma lei que, a juízo do Presidente da República, seja necessária ao bem-estar do povo, à promoção ou defesa de interesse nacional de alta monta, poderá o Presidente da República submetê-la novamente ao exame do Parlamento: se este a confirmar por dois terços de votos em cada uma das Câmaras, ficará sem efeito a decisão do Tribunal".

Sucede que o fechamento do Congresso Nacional – decorrente do adiamento *sine die* do plebiscito, previsto no art. 171 da mencionada Carta, que legitimaria a instalação do Poder Legislativo – ensejou a atribuição de competência ao Chefe do Executivo para, sozinho, tornar sem efeito uma decisão da Suprema Corte brasileira. Nesse perigoso cenário, poderemos citar, *v.g.*, a reversão *ad nutum* de decisão do Supremo Tribunal Federal que declarou a inconstitucionalidade da incidência do Imposto de Renda sobre os cofres públicos estaduais e municipais.

A compreensão histórica desse período exige sensibilidade para transmitir as lições extraídas dos acontecimentos estudados, com fidelidade e honestidade intelectual; caso contrário, estaremos condenados ao destino retratado por Edmund Burke: "Aqueles que não conhecem a história estão fadados a repeti-la".

Essa difícil e provocativa tarefa reclama a procura de acadêmicas e acadêmicos distintos, que estejam à altura do desafio. Com satisfação, posso constatar que é o caso da autora desta obra, com todo o brilhantismo que lhe é peculiar.

O presente livro é proveniente da dissertação de mestrado desenvolvida por Carla Ramos Macedo do Nascimento na consagrada Faculdade de Direito da Universidade do Estado do Rio de Janeiro (UERJ), de onde tenho a honra de ser professor há quase cinquenta anos, motivo pelo qual regozija-me contemplar a qualidade intelectual de pesquisas como esta, que prestigiam e solidificam a tradição cultural da nossa querida UERJ.

Nesse verdadeiro templo do saber jurídico, Carla Ramos também se bacharelou e, atualmente, cursa o doutorado na também prestigiosa Faculdade de Direito da Universidade de São Paulo (USP). Para além dessa notável carreira acadêmica, a autora também é, por concurso de provas e títulos, Defensora Pública do Estado do Rio de Janeiro, encontrando-se presentemente cedida ao Supremo Tribunal Federal.

Há quase dez anos, tenho contado com o seu inestimável auxílio enquanto assessora em meu gabinete no Tribunal, onde testemunho suas qualidades pessoais e profissionais, somadas ao seu vasto conhecimento, aplicado com grande dedicação.

Por tais razões, com as merecidas homenagens à autora e sua obra, associadas à minha satisfação em prefaciá-la, faço votos de uma excelente leitura a todas e todos, na certeza do imenso proveito que lhes será propiciado.

Brasília, novembro de 2023.

Ministro Luiz Fux
Ministro do Supremo Tribunal Federal. Professor Titular de Processo Civil da UERJ.

APRESENTAÇÃO

O leitor tem em mãos uma obra verdadeiramente magnífica, sobre tema relevante, mas pouco estudado no direito brasileiro: o Supremo Tribunal na Era Vargas. Densa, profunda, inovadora, pesquisada com rigor, mas de leitura fácil e saborosa, a obra corresponde, com alguns ajustes, à dissertação de mestrado defendida pela autora no programa de pós-graduação em direito público da UERJ, em março de 2023, perante banca composta pela professora Jane Reis, pelo professor Christian Lynch e por mim, na qualidade de orientador.

Encantado com a qualidade e a originalidade do trabalho – que poderia ser aprovado como tese de doutorado, com distinção e louvor, em qualquer programa de pós-graduação do país –, insisti com a autora, querida amiga de muitos anos, que o publicasse em edição comercial. Afinal, não seria justo com o público privá-lo do acesso a trabalho acadêmico tão instigante, esquecendo-o na poeira dos escaninhos e prateleiras da UERJ. Por isso, foi uma felicidade saber da publicação do primeiro livro da Carla Ramos Macedo do Nascimento pela Editora Fórum, que conta ainda com o luxo de um prefácio do ministro Luiz Fux, a quem a autora assessora no STF.

O itinerário do livro é muito interessante e bem construído. No primeiro capítulo, examina-se o pensamento constitucional autoritário da época, que se fortalecia não apenas no Brasil, mas praticamente no mundo inteiro. A autora disseca, com profundidade e erudição, as ideias de autores como Oliveira Vianna, Francisco Campos e Miguel Reale, demonstrando suas inclinações antidemocráticas e iliberais, e evidenciando a influência que tiveram na cultura jurídica brasileira, bem como no desenho e na atuação das nossas instituições.

O segundo capítulo trata de construções teóricas sobre o Poder Judiciário formuladas naquela quadra histórica por autores próximos ao governo. A autora demonstra como tais construções buscavam esvaziar os poderes do Judiciário, especialmente do STF, e subordinar as cortes ao Poder Executivo, inclusive por meio de teorizações no campo da hermenêutica jurídica, gestadas por juristas que hoje são citados e celebrados, com certo olvido do seu passado no mínimo questionável.

Já o terceiro capítulo apresenta, em detalhes, as mudanças no desenho institucional do STF promovidas durante a Era Vargas. A autora discute, nas suas diferentes nuances, o "empacotamento" do STF, promovido durante o Governo Provisório, em 1931, com a aposentadoria compulsória de seis ministros da Corte, a redução do número de ministros – de 15 para 11 – e a nomeação de outros sintonizados com os valores então defendidos por Getúlio. Trata da conformação do STF na breve experiência constitucional de 1934, bem como na "Carta Polaca" de 1937, e da criação e atuação do Tribunal de Segurança Nacional, de triste memória. O capítulo cuida, ainda, das alterações promovidas na jurisdição constitucional no período, com destaque para a possibilidade de reversão política das decisões do STF, prevista na Constituição de 1937. No atual momento em que algumas vozes se levantam para defender a inclusão desse instituto na Carta de 1988 – proposta claramente inconstitucional, já que incompatível com as cláusulas pétreas da separação de poderes e da proteção dos direitos fundamentais –, torna-se especialmente relevante recordar as suas raízes históricas no autoritarismo brasileiro mais deslavado.

Finalmente, no capítulo 4, Carla Ramos analisa a atuação do STF na Era Vargas, pelo estudo detido de casos concretos julgados pela Corte. Um dos grandes méritos da obra é ter também analisado alguns processos de difícil acesso para o público, que não costumam ser lembrados nos livros de direito constitucional ou de história do direito, o que contribui para desenhar uma visão mais fidedigna da atuação da Corte. E a visão que emerge não é nada edificante.

Não falta coragem à autora para demonstrar como o Tribunal foi dócil diante dos desmandos do regime, deixando de opor limites relevantes ao autoritarismo que então vicejava. Como aponta a obra, parte do problema vinha da falta de garantias aos magistrados, em contexto em que não vigoravam os limites inerentes à democracia constitucional hoje existentes. Mas parte também decorria da adesão de vários ministros ao ideário autoritário, que aceitava as maiores barbaridades por compartilhar do anticomunismo raivoso, da xenofobia e de outras visões incompatíveis com a democracia então hegemônicas. A leitura, por exemplo, de trechos do acórdão proferido no *habeas corpus* impetrado em favor de Olga Benário, judia e grávida de seis meses, que objetivava evitar a sua expulsão para a Alemanha nazista – onde depois ela morreria em campo de concentração –, causa revolta e comoção em qualquer pessoa que tenha sentimentos e mínimos valores humanistas.

Porém, em contribuição original e importante para a história do direito público brasileiro, Carla Ramos demonstra que nem sempre o STF atuava com tamanha deferência diante do governo central. O foco da atuação mais ativa da Corte não foi, contudo, a proteção dos direitos fundamentais ou da democracia, como deveria se esperar de um tribunal com competências constitucionais: foi a defesa dos interesses econômicos das elites cafeicultoras, ameaçados por atos do governo Vargas. A afinidade com os interesses dessas poderosas elites fez com que o STF, muito dócil diante de violações gravíssimas de direitos fundamentais, tenha ousado, em alguns momentos, a elevar a sua voz contra atos governamentais.

São múltiplas as virtudes do livro apresentado. A obra supre uma lacuna sobre um tema relevante, pois não havia um estudo mais aprofundado da atuação do STF na Era Vargas. E conhecer o passado é importante para não repetir os mesmos erros no futuro. Infelizmente, não nos livramos definitivamente do risco de ameaças democráticas e de tentativas de empacotamento, captura ou domesticação do STF, o que torna o livro tão importante.

A pesquisa é muito bem feita, com amplo uso de fontes originárias – inclusive de acórdãos do STF praticamente inacessíveis ao público externo à Corte –, bem como da melhor bibliografia em direito e em história. Trata-se de um livro interdisciplinar e erudito, mas, ao mesmo tempo, de leitura fácil e muito agradável – uma combinação absolutamente incomum.

O texto se afasta das narrativas edulcoradas ou grandiloquentes sobre a trajetória do STF, que, infelizmente, são frequentes. Essa virtude é ainda mais louvável pelo fato de a autora ser assessora no STF, o que evidencia a sua integridade acadêmica e coragem pessoal. Carla Ramos, inclusive, não foge da delicada missão de "dar o nome aos bois", mostrando como juristas ainda hoje incensados, que integram o nosso panteão acadêmico, como Carlos Maximiliano, Vicente Ráo e Miguel Reale, desempenharam papéis vergonhosos naquela quadra histórica.

Em resumo, trata-se de uma brilhante contribuição para o direito constitucional e para a história do direito, que evidencia o talento incomum e a capacidade de pesquisa e de formulação da autora.

Conheci Carla Ramos há mais de duas décadas, quando ela era estudante na graduação da UERJ. Uma aluna brilhante, extremamente culta e interessada em aprofundar seus estudos, não só em direito, mas também em muitas outras áreas, como história, filosofia e literatura.

Carla se tornou minha monitora e me ajudou muito na pesquisa e revisão da minha tese de doutorado sobre direitos fundamentais e relações privadas. Nos agradecimentos constantes no livro correspondente à tese, publicado em 2003, registrei que o mundo jurídico ainda ouviria muito falar dela.

Mas Carla Ramos não seguiu imediatamente a vida acadêmica. Foi aprovada em concurso para a Defensoria Pública do Estado do Rio de Janeiro e se tornou assessora de ministros do STF – primeiramente de Joaquim Barbosa e, depois, de Luiz Fux. Desde a época da faculdade, nos tornamos grandes amigos, e, sempre que a encontrava, eu cobrava o seu retorno à universidade. Ela era talentosa demais para não fazer isso. Agora, acho que não tem mais volta: imediatamente depois de finalizar o mestrado com tanto brilhantismo, Carla Ramos ingressou no doutorado em direito constitucional na USP.

O livro aqui apresentado é de tirar o fôlego! É preciso lê-lo para aprender sobre o Brasil, sobre a história, sobre o Supremo, sobre o poder. Boa leitura!

Rio de Janeiro, 25 de novembro de 2023.

Daniel Sarmento
Professor titular de Direito Constitucional da UERJ.

INTRODUÇÃO

> *Hegel observa em uma de suas obras que todos os fatos de grande importância na história do mundo ocorrem, por assim dizer, duas vezes. E esqueceu-se de acrescentar: a primeira vez, como tragédia; a segunda, como farsa.*
>
> Karl Marx

Em 23 de abril de 1942, Olga Benário foi assassinada, aos 34 anos, dentro de uma câmara de gás num campo de concentração nazista para onde foi enviada pelo governo brasileiro, que a expulsou do país quando estava grávida de sete meses. A expulsão foi determinada por decisão do presidente Getúlio Vargas, de seu ministro da Justiça, Vicente Ráo, e do chefe da Polícia, Filinto Müller. O último ato dessa tragédia foi praticado pela Suprema Corte do nosso país, que rejeitou o *habeas corpus* impetrado por Olga e autorizou a expulsão.

Oitenta anos depois, em 29 de agosto de 2022, o Centro de Cultura da Justiça Federal realizou o seminário intitulado *O caso Olga Benário: o Supremo Tribunal Federal e o Habeas Corpus nº 26.155/1936*, com a participação da filha de Olga nascida dentro da prisão da Gestapo. A ministra do Supremo Tribunal Federal Cármen Lúcia defendeu, naquele evento, a necessidade de um pedido formal de perdão da Suprema Corte brasileira pela infame decisão proferida no *habeas corpus*, definindo o processo como uma "página trágica" na história do Tribunal.[1]

---

[1] A palestra foi realizada oralmente em evento restrito para convidados. Alguns órgãos de imprensa noticiaram o evento e publicaram trechos da fala da ministra, disponíveis para consulta na *internet*. Consultamos o jornal *O Globo* de 30.08.2022, disponível em: https://oglobo.globo.com/blogs/bernardo-mello-franco/coluna/2022/08/stf-deve-desculpas-por-deportacao-de-olga-benario-diz-carmen-lucia.ghtml. Acesso em: 31 ago. 2022.

Na época do julgamento, a decisão do governo foi defendida por grandes nomes do direito nacional, conferindo-lhe aparência de legitimidade jurídica.² Também a mídia contribuiu para o clima de pânico antes da tomada de decisão pelo STF. Donos de importantes veículos de imprensa, como Assis Chateaubriand, reforçaram o clima de guerra ao comunismo e de caça aos agentes públicos, políticos e supostos simpatizantes da esquerda, todos rotulados como comunistas. O Parlamento viu-se premido a prorrogar o estado de sítio durante a fase constitucional do governo Vargas, o que pressionou a decisão do Supremo Tribunal Federal. Esse processo culminou no golpe de 1937, ápice da mais longa ditadura unipessoal do país.

A radicalização político-ideológica foi a marca da Era Vargas, período em que o pensamento autoritário permeou o experimentalismo constitucional de diversos regimes, à esquerda e à direita, e que se caracterizou por profunda instabilidade político-econômica, advinda de pressões internas e internacionais. Os anos 1930-1945 dividem-se, consensualmente, em três fases. A primeira, do Governo Provisório, de 1930-1934, vigorou sem constituição formal desde o Decreto nº 19.398, de 11 de novembro 1930, que suspendeu a Constituição de 1891. A segunda fase, do Governo Constitucional, foi inaugurada em 1934 com a promulgação da Constituição e a eleição indireta de Getúlio Vargas à Presidência da República, num contexto internacional de profunda crise do capitalismo e do discurso liberal, marcada pela intervenção do Estado no domínio econômico e pela crescente proteção de direitos sociais. Esse paradigma constitucional foi inaugurado, textualmente, pela Constituição Mexicana, de fevereiro de 1917, pela soviética, de 1919, e pela Constituição de Weimar, também de 1919, reconhecidamente a maior influência da nossa Constituição. E a terceira fase, da Ditadura do Estado Novo, foi inaugurada pelo golpe de 10 de novembro de 1937, data da outorga, pelo governo, da nova Carta Constitucional, na qual vingou a visão de que somente um regime autoritário se adaptaria à "realidade nacional"³ mediante a consagração do Primado do

---

[2] Neste sentido: GODOY, Arnaldo Sampaio de Moraes. *A história do direito entre foices, martelos e togas*: Olga Prestes, Genny Gleiser, Ernesto Gattai, João Cabral de Melo Neto, Francisco Julião, Carlos Heitor Cony e Miguel Arraes no Supremo Tribunal Federal. São Paulo: Quartier Latin, 2008. p. 26.

[3] VIANNA, Francisco José de Oliveira. *O idealismo da Constituição*. São Paulo: Companhia Editora Nacional, 1927. VIANNA, Francisco José de Oliveira. *Instituições políticas brasileiras*. Brasília: Senado Federal, 1999. CAMPOS, Francisco. *O Estado Nacional*: sua estrutura, seu conteúdo ideológico. Brasília: Senado Federal, Conselho Editorial, 2001. Disponível em: https://www2.

Executivo em substituição à tradicional separação horizontal de poderes. Conhecida como "Polaca", por sua inspiração na Constituição da Polônia de 1935, registram-se importantes semelhanças da Carta de 1937 com a Constituição castilhista do estado do Rio Grande do Sul.[4]

A instabilidade não poupou o Supremo Tribunal Federal. Foram frequentes as mudanças no seu desenho institucional. O imediato empacotamento da Corte (modificações na composição, estrutura interna de julgamento e competências), depois da Revolução de 1930, implicou a aposentadoria de seis ministros e a redução do número total de seus membros.

Várias são as razões que justificam o estudo da história do Supremo Tribunal Federal na denominada Era Vargas, o período iniciado pela Revolução de Outubro de 1930 e encerrado pelo golpe que destituiu Getúlio Vargas após o fim da Segunda Guerra Mundial, em 1945.

Sob o ângulo do pensamento jurídico, o início dos anos 1930 foi marcado por ampla produção de doutrinas publicistas, no Brasil e no mundo. O conceito de democracia e o papel da jurisdição constitucional estavam em disputa, bem como sobre o alcance das garantias e da independência do Judiciário na separação de poderes. Naquele período, a Administração Pública, via Poder Executivo, expandia sua atuação nas mais diversas áreas de interesse da sociedade, tanto em resposta ao avanço do comunismo desde a Revolução Russa quanto para fazer frente à profunda crise econômica, de que foi epítome a Quebra da Bolsa de Nova Iorque em 1929.[5] Os pensadores da época teorizaram um modelo de Estado guiado por um líder e com legitimidade superior à dos outros dois poderes constituídos. No Brasil, deu-se a esse regime

---

senado.leg.br/bdsf/bitstream/handle/id/1056/601099.pdf?sequence=4&isAllowed=y. Acesso em: 02 nov. 2020.

[4] PORTO, Walter Costa. *1937*. 3. ed. Brasília: Senado Federal, 2012.

[5] A hipertrofia do Executivo no período, caracterizada por delegações legislativas amplas em matéria de intervenção no domínio econômico, somou-se às precedentes tentativas de legislaturas estaduais que, desde o início do século XX, pretendiam regular o mercado de trabalho com a fixação de jornadas máximas. A expansão das competências dos poderes políticos sofreu forte resistência da Suprema Corte desde 1906, no julgamento do caso *Lochner v. New York*, em que foi invalidada a lei daquele estado que limitava o número de horas de trabalho em padarias por razões de insalubridade. Na Era Roosevelt, que praticamente coincide com a Era Vargas, a Suprema Corte norte-americana opôs às medidas econômicas do governo forte ativismo conservador, razão pela qual sofreu retaliação do presidente, com a ameaça de "empacotamento". Esse episódio inspirou juristas como Oliveira Vianna a exigirem da Suprema Corte brasileira uma renovação dos métodos de interpretação da Constituição, à luz do espírito autoritário do regime, como veremos no próximo capítulo.

o nome de democracia autoritária ou ditadura democrática, especialmente a partir das obras de Oliveira Vianna e de Francisco Campos.

No aspecto do desenho institucional, as normas de organização e composição da Corte foram sucessivamente alteradas nos anos 1930-1945, refletindo os debates e embates de ideias. As mudanças não ocorreram de modo linear: nos primeiros quatro anos, em permanente estado de exceção, o Governo Provisório tomou medidas voltadas a anular a separação de poderes, iniciadas pelo fechamento do Congresso Nacional e pelo empacotamento do Supremo Tribunal Federal. A esse regime seguiu-se um curto período constitucional, iniciado pela Assembleia Constituinte de 1933-1934, que restabeleceu a plena separação de poderes e as liberdades e direitos civis e políticos, além de ter consagrado direitos sociais. No plano infraconstitucional, contudo, foram institucionalizadas medidas de censura e perseguição à oposição, culminando na criação do Tribunal de Segurança Nacional, competente para matérias que a Constituição atribuía à Corte Suprema. Finalmente, a Carta de 1937 selou o desfecho autoritário do regime e reduziu a independência, as competências e os poderes do Supremo Tribunal Federal.

No plano jurisprudencial, este livro analisa a *performance* da Corte no período, considerada sua permeabilidade aos discursos e teorias predominantes e às sucessivas injunções sobre suas competências. Desde 1891, o Supremo Tribunal Federal passou a deter competência para o exercício da jurisdição constitucional – ou seja, para anular atos dos poderes políticos em casos concretos –, sobretudo por influência de Ruy Barbosa, estudioso do modelo norte-americano. Nada obstante, no fim dos anos 1920, com a Emenda Constitucional de 1926 (única emenda realizada na Constituição de 1891), foram impostos limites ao julgamento de *habeas corpus* pela Corte, afastando o conhecimento das denominadas "questões políticas". Na época, essa mudança protegeu, sobretudo, os atos praticados pelo governo contra opositores políticos, durante o estado de sítio, em nítida reação contra a denominada "doutrina brasileira do *habeas corpus*". Com efeito, a concessão de *writs* aos tenentes revoltosos de 1922 e a continuidade dos levantes em todo o país levaram à retaliação da classe política contra a Corte. Como veremos, destituído, desde 1926, do poder de analisar atos praticados pelo governo e pela polícia política nos sucessivos estados de sítio, o Supremo Tribunal Federal passou a não mais conhecer dos pedidos de *habeas corpus*. Nada obstante, com a Revolução de 1930, os tenentes chegaram ao poder, juntamente com Getúlio Vargas, que passaram a apoiar. Em razão disso, uma das primeiras medidas do Governo Provisório foi a punição dos ministros do Tribunal, que haviam indeferido os *habeas corpus* de militares revoltosos a partir de 1926 – o principal caso foi do então tenente Eduardo Gomes. Vitorioso, o movimento tenentista passou a exercer forte influência no governo e pressionou no sentido da suspensão do governo constitucional e do empacotamento da Corte, no início do Governo Provisório: foram diminuídos os vencimentos dos ministros do Supremo Tribunal Federal e decretada a aposentadoria imediata, por ato do presidente da República, de seis deles, reduzindo-se, por fim, o número dos membros da Corte, de 15 para 11.[6] A subsequente nomeação de novos ministros e a ameaça de expurgos pela Constituição de 1937 revelaram-se mecanismos de intervenção na Corte, que, recomposta por simpatizantes do novo regime, foi mantida em funcionamento.

O estudo do órgão de cúpula do Judiciário brasileiro na Era Vargas justifica-se, ainda, pelo reduzido número de pesquisas histórico-jurídicas sobre as transformações institucionais do Supremo Tribunal Federal naqueles anos,[7] embora muitas das ideias então desenvolvidas permaneçam vivas e sejam articuladas na atualidade.

---

[6] BOECHAT, Lêda. *História do Supremo Tribunal Federal*. Tomo IV – 1930-1963. Rio de Janeiro: Civilização Brasileira, 2002. p. 32. Dec. n° 19.656, de 3 de fevereiro de 1931; e 19.711, de 18 de fevereiro de 1931.

[7] O admirável estudo histórico de Lêda Boechat Rodrigues revela-se mais aprofundado e sistemático nos volumes que tratam do período inicial da República, sobretudo os volumes 1, 2 e 3, que cobrem os anos 1891-1898, 1899-1910 e 1910-1926. O volume 4, dedicado aos anos 1930-1963, embora seja uma fonte importante de sugestão de pesquisa, traz poucos precedentes do período estudado nesta monografia. Por exemplo, não há sequer menção ao *habeas corpus* de Olga Benário, um dos casos mais rumorosos da Corte, nem a qualquer outro relacionado às expulsões tornadas rotineiras, tampouco ao de João Mangabeira, citado nesta introdução. Dentre os estudos mais importantes voltados à reconstrução histórica do Supremo Tribunal Federal e que muito auxiliaram na presente pesquisa, destacamos: (i) VALE, Osvaldo Trigueiro do. *O Supremo Tribunal Federal e a instabilidade político-institucional*. Rio de Janeiro: Civilização Brasileira, 1975; (ii) RODRIGUES, Leda Boechat. *História do Supremo Tribunal Federal*. Vol. 4, Tomo 1: 1930-1963. Rio de Janeiro: Civilização Brasileira, 2002; (iii) COSTA, Emília Viotti. *O Supremo Tribunal Federal e a construção da cidadania*. São Paulo: Unesp, 2006; (iv) GODOY, Arnaldo Sampaio de Moraes. *A história do direito entre foices, martelos e togas*: Olga Prestes, Genny Gleiser, Ernesto Gattai, João Cabral de Melo Neto, Francisco Julião, Carlos Heitor Cony e Miguel Arraes no Supremo Tribunal Federal. São Paulo: Quartier Latin, 2008. As três primeiras obras selecionaram decisões com base no critério do seu acerto, conferindo às teses laudatória da função da Suprema Corte brasileira. Não realizam uma análise sistemática dos julgados da Era Vargas nem pretendem estudar especificamente esse período, mas mencionam ocasionalmente algumas poucas decisões dos anos 1930-1945. Já a pesquisa de Arnaldo Godoy analisa criticamente as decisões do Supremo Tribunal Federal no período de 1935-1965, adotando como tema

Expoentes da cultura jurídica do fim dos anos 1920, como Francisco Campos e Oliveira Vianna, conceberam e interpretaram um novo constitucionalismo, voltado à organização do Estado autoritário. Defenderam um conceito de democracia dissociado da tradição liberal, então em crise, democracia que seria produto de um governo de autoridade e de liderança, sem os ruídos do pluralismo, que, segundo avaliavam, não passava de verniz para perpetuar o mandonismo dos clãs locais. Democracia e ditadura deixaram de ser vistas como conceitos autoexcludentes. No Brasil, somente uma democracia autoritária – e ditatorial – seria verdadeira democracia. Sobressai o anacronismo daquele pensamento, mesmo no recorte temporal que lhe é próprio: precisamente num momento em que o sufrágio popular se expandia nas demais democracias eleitorais, os publicistas brasileiros atacavam o conceito nuclear da soberania popular, considerando-a incompatível com a realidade do nosso povo e, por isso, uma equívoca fonte da legitimidade do poder político.

Nesse contexto, o Supremo Tribunal Federal foi produtor e reprodutor do pensamento dominante no período. Dentre os ministros da Corte naquele período, figuraram importantes referências na cultura jurídica brasileira, como Carlos Maximiliano. Em tempos extremos, contudo, as decisões judiciais, ao tempo em que revelam os limites do direito diante do regime de exceção, também registram a brutalidade e o autoritarismo que marcavam as relações políticas da época. A denegação do *habeas corpus* de Olga Benário (caso mais emblemático e que será estudado nesta pesquisa) traz todos os elementos daqueles tempos trágicos, marcados por xenofobia, preconceito social, simpatia pelo nazifascismo e pelo discurso do perigo para a segurança nacional. Os direitos e liberdades de ir e vir, de associação, de imprensa e de exercício profissional permaneceram ameaçados e suspensos durante a maior parte daqueles quinze anos. Os principais alvos foram opositores, especialmente à esquerda do governo, e estrangeiros de origem alemã e italiana, potências do Eixo com as quais Getúlio Vargas procurava, ideológica ou pragmaticamente, manter boas relações. O rótulo de

---

central os julgamentos dos *habeas corpus* por crimes políticos. Seu trabalho foi de inestimável valia para o tema desta dissertação, especialmente pelas relevantíssimas informações e reflexões histórico-jurídicas acerca de três julgados: de Olga Prestes, de Genny Gleiser e de Ernesto Gattai (v. capítulo 4 desta dissertação). Também de autoria de Arnaldo Godoy, valemo-nos do livro *Memória Jurisprudencial*, em que promoveu extensa reunião de votos proferidos por Carlos Maximiliano no Supremo Tribunal Federal, no período estudado.

comunista precedia a atuação da polícia política do regime. Centenas de intelectuais, escritores, artistas, parlamentares, governadores e estrangeiros, sem ocupação ou em subocupações, foram presos, condenados ou expulsos sumariamente.

Ao mesmo tempo, o período registrou o mais grave abalo do século XX no plano econômico desde a Quebra da Bolsa de Nova Iorque em 1929 e a subsequente concentração das principais potências nos esforços de guerra, afetando a economia brasileira, então largamente dependente da exportação de café.[8] Diante da crise, o governo de Getúlio Vargas atendeu às demandas do proletariado urbano por direitos trabalhistas e previdenciários, melhorando sua situação jurídica em comparação com a República Velha. Ao mesmo tempo, a crescente necessidade arrecadatória do governo levou à adoção de medidas econômicas que contrariaram a oligarquia cafeeira e grandes atores econômicos do período. Contestadas no Supremo Tribunal Federal, as decisões da Corte nesse tema geraram frequentes contrariedades ao governo. Em retaliação, a Carta de 1937 estabeleceu a possibilidade de superação, pelo presidente da República, das decisões de inconstitucionalidade tomadas pela Corte. O mecanismo, inserido no artigo 96, parágrafo único, do texto constitucional, exigia a aprovação de maioria qualificada de dois terços do Parlamento. No entanto, a própria Carta estabeleceu o estado de guerra no país, outorgando ao chefe do Executivo todas as atribuições do Poder Legislativo, que, desde então, permaneceu fechado até o fim da Era Vargas.

No fim da República Velha, estabeleceu-se o consenso, tanto à direita quanto à esquerda, embora polarizadas, no sentido de que, pela via eleitoral e pelas regras do jogo impostas pelas oligarquias dominantes (especialmente a paulista), nenhuma reforma institucional seria possível. As sucessivas crises econômicas e a ruptura do pacto oligárquico entre Minas Gerais e São Paulo abriram caminho para Getúlio Vargas. O tradicional discurso da democracia liberal contrastava com as práticas antidemocráticas e distanciadas da realidade do país. O discurso auspicioso contra as fraudes eleitorais e a República do Café com Leite, marcada pelo distanciamento entre o centro do poder e o "Brasil profundo", conferiu a Getúlio Vargas a liderança política carismática típica das ditaduras da época. As instituições liberais foram

---

[8] CARVALHO, Jose Murilo. *Cidadania no Brasil*: o longo caminho. Rio de Janeiro: Civilização Brasileira, 2001.

consideradas ultrapassadas e ineficientes, dando lugar à utopia do autoritarismo desenvolvimentista. O nacionalismo autoritário, a supremacia nacional-racial e a tendência à concentração de poder nas mãos do chefe do Executivo foram a tônica das reformas políticas dos anos 1930 em todo o ocidente.

A Revolução de Outubro empunhou a bandeira da ruptura com as instituições jurídicas da Primeira República. O governo provisório foi juridicamente inaugurado por um decreto monocrático do chefe do Governo, que suspendeu a Constituição de 1891. Os instrumentos jurídicos de limitação do Poder Executivo da União foram inutilizados: (i) a separação horizontal dos poderes foi mitigada mediante fechamento total do Congresso Nacional e empacotamento do Supremo Tribunal Federal (aposentadoria compulsória de seis ministros, redução do número de membros, alteração das regras de julgamento e redução dos vencimentos); (ii) a separação vertical de poderes foi eliminada mediante supressão da autonomia política dos entes federados e nomeação de interventores federais para as administrações locais, cujo símbolo máximo foi a cerimônia da queima das bandeiras estaduais; (iii) criação do Tribunal de Segurança Nacional, que funcionou de 1936 a 1945, absorvendo competências do Supremo; (iv) extinção dos partidos políticos e eliminação da liberdade de associação político-partidária. Os *habeas corpus* e os mandados de segurança julgados pelo Supremo Tribunal Federal e selecionados para estudo fornecem informações sobre como a Corte atuou diante da suspensão generalizada de direitos fundamentais pelo governo.

Não é anódina a convergência de ideologias de direita e de esquerda na crítica ao antigo regime.[9] A oligarquia cafeeira paulista sentiu-se suficientemente poderosa para trair o acordo mantenedor da fraudulenta democracia eleitoral brasileira e permanecer no poder. A República dos Coronéis, materializada na Política dos Governadores, pode ser descrita como um acórdão pelo qual as oligarquias de Minas e de São Paulo se alternavam no controle do governo federal (política do café com leite) enquanto, no nível local, os coronéis exercem o mandonismo.[10] A ruptura desse acordo por São Paulo levou à adesão de Minas Gerais às forças heterogêneas que se uniram na Revolução de 1930.

---

[9] CARVALHO, José Murilo. *Cidadania no Brasil*: o longo caminho. Rio de Janeiro: Civilização Brasileira, 2001.

[10] LEAL, Victor Nunes. *Coronelismo, enxada e voto*. 7. ed. São Paulo: Companhia das Letras, 2012.

Porém, a abstrusa utopia autoritária vicejou no período: defendia-se abertamente a ditadura no Brasil. Acreditava-se que, somente por meios autoritários, "sem os impedimentos da democracia e do Congresso, o Brasil poderia ser transformado em uma grande potência".[11] Do outro lado do Atlântico, o nazifascismo dava o exemplo de força nacional e de desenvolvimento fundado no princípio da autoridade, caracterizado como governo de massas conduzido por um líder. A popularização dessa ideia passava pela divulgação de imagens (fotografias e filmagens) centradas na estética personalista e de retóricas épicas, atraentes aos publicistas brasileiros mais influentes.

O varguismo ofereceu respostas para questões prementes do país, principalmente por meio da legislação trabalhista e de toda uma rede de proteção social, que tardava a ser programada normativamente. As concessões pelo alto vinham ocorrendo tanto nos Estados Unidos como na Europa; sem elas, as agitações proletárias e as greves gerais ameaçavam a estabilidade da elite governante, que temia a contaminação do país pelo discurso da revolução comunista russa de 1922 e de ideias anarquistas, disseminadas principalmente entre os imigrantes estrangeiros que fugiram da Europa durante a Primeira Guerra.

No Brasil, a Era Vargas foi caracterizada por absoluto controle das ideias. O instrumental jurídico para a repressão materializou-se, primeiramente, na Lei de Segurança Nacional, de maio de 1935, endurecida depois da Intentona Comunista de novembro daquele ano. Houve forte repressão das liberdades políticas e civis mediante prisões arbitrárias de opositores políticos, intelectuais, artistas e imigrantes suspeitos de "comunismo" ou meramente desocupados. A propaganda, a expansão do aparelho policial, o controle estatal da organização sindical e a concentração de poderes na figura do presidente da República, cujos atos não encontraram qualquer freio, foram pensados, teorizados e institucionalizados por grandes nomes do direito nacional. Toda essa aparelhagem contou com a colaboração da intelectualidade jurídica abertamente defensora do Primado do Executivo e do regime autoritário.

De todo modo, a ausência de alinhamento ideológico e de consistência discursiva entre o ponto de partida e o ponto de chegada

---

[11] A frase foi extraída de entrevista concedida por Carlos Fico a Rodrigo Vizeu para o livro: VIZEU, Rodrigo. *Os presidentes*: a história dos que mandaram e desmandaram no Brasil, de Deodoro a Bolsonaro. Rio de Janeiro: HarperCollins Brasil, 2019. p. 195. A expressão "utopia autoritária" foi empregada por Fico, autor da obra *A história do Brasil contemporâneo: da morte de Vargas aos dias atuais*, referindo-se ao governo de Médici.

revela as acomodações no interior do grupo governante, típicas do pragmatismo político de Getúlio (que observava os movimentos no plano internacional e aderia, oportunamente, aos vitoriosos) e também das lutas internas entre correntes de ideias que, mesmo derrotadas ou sufocadas, permaneciam vivas (tenentistas, oligarcas, elitistas, conservadores, social-democratas, comunistas). As dramáticas mudanças no cenário internacional, com a vitória eleitoral de Roosevelt nos Estados Unidos em 1933, Hitler na Alemanha no mesmo ano, a escalada nacionalista-autoritária da Alemanha e da Itália, o início da Segunda Guerra Mundial, as vitórias do nazifascismo nos primeiros anos e a derrocada final depois da entrada dos Estados Unidos do lado das potências aliadas, foram elementos de pressão sobre Getúlio Vargas, cuja pretensão de permanecer indefinidamente no poder esteve, desde cedo, muito clara, como veremos adiante.

O momento constituinte inicial, de verdadeira revolução na legislação eleitoral e social, operou-se concomitantemente: (i) ao empacotamento da Suprema Corte; (ii) à intervenção federal nos estados (dominados pelo coronelismo) e, depois da Constituição de 1934, encerrando os quatro anos de Governo Provisório (regidos pelo Decreto nº 19.398/1930, que suspendeu a Constituição de 1891); (iii) à forte repressão às liberdades de expressão e de associação política (fechamento de partidos, prisão de dissidentes), com a criação do Tribunal de Segurança Nacional; e (iv) à progressiva concentração de poderes no chefe do Executivo nacional, cuja culminância foi a Carta outorgada em 1937, instaurando juridicamente o modelo do Primado do Executivo no novo desenho político institucional – que, para importantes comentaristas, abandonou o regime tradicional da separação de poderes. Em seus *Comentários à Constituição de 1937*,[12] Pontes de Miranda afirmou que, por mais arraigada que estivesse entre nós a convicção de ser o princípio da separação e da independência dos poderes essencial às constituições modernas, a Carta operou sua supressão mediante a atribuição, ao presidente da República, da competência para legislar por decretos-lei e para superar decisões do Supremo Tribunal Federal em controle de constitucionalidade.

Por fim, é importante observar que muitos dos principais pensadores, dentre eles alguns dos ministros do Supremo Tribunal Federal,

---

[12] PONTES DE MIRANDA, Francisco Cavalcanti. *Comentários à Constituição Federal de 10 de novembro de 1937*. Rio de Janeiro: Irmãos Pongetti Editores, 1938.

aludiam às mudanças institucionais observadas nos países considerados berços da democracia liberal – os Estados Unidos (sobretudo na crise entre Roosevelt e a Suprema Corte Americana) e a Europa (dominada pela ascensão de discursos autoritários, sobretudo por doutrinas nazistas e fascistas). Esses países também se viam premidos pela necessidade de conter a radicalização dos movimentos sociais e de dar respostas às condições econômicas críticas do período.

As traduções e apropriações do pensamento jurídico europeu e norte-americano pelos teóricos brasileiros serão estudadas na presente pesquisa.

Metodologia

Metodologicamente, a pesquisa segue premissas teóricas da história do direito público e do pensamento jurídico-constitucional no Brasil, com ênfase na pesquisa sobre as fontes primárias (obras dos pensadores do período, discursos parlamentares, anotações pertinentes ao tema extraídas dos diários de Getúlio Vargas, diplomas normativos e decisões judiciais).

O objetivo do trabalho é a investigação das origens de conceitos e de institutos que podem revelar seus vestígios ou se reapresentar, com nova aparência, no presente. Na análise, procedemos, como recomendam Koselleck e Skinner, a uma tentativa de leitura do passado dentro do seu contexto, dos conceitos e ideias que lhe são próprios, compreendendo os fins almejados por seus enunciadores. Por esse método, é necessário realizar a contextualização dos textos, sem perder de vista as adaptações dos institutos de cada tempo, suas transformações, sua mutabilidade, inclusive dentro da própria temporalidade estudada (que percorre quinze anos turbulentos da história jurídica nacional). A pesquisa pretende capturar o dinamismo dos fatos e dos discursos em sua época.[13] Para tanto, mantivemos atenção ao risco do anacronismo, que consiste em ler o passado com as lentes do presente, sem perder de vista que o passado continua presente, exigindo detecção tanto das distinções quanto das permanências.

---

[13] Nesse sentido, sugerindo pesquisas atentas às influências da espaço-temporalidade no direito: MECCARELLI, Massimo; SASTRE, María Julia Solla (eds.) *Spatial and temporal dimensions for legal history*. Frankfurt am Main: Max Plank Institute for European Legal History, 2016.

A demarcação do espaço temporal desta pesquisa teve por fundamento preencher uma lacuna existente no estudo específico e teórico-institucionalmente situado do Supremo Tribunal Federal naquele controvertido período da nossa história. Por se tratar de um momento político suficientemente retraído no tempo,[14] consideramos, tanto quanto possível, diminuído o impacto da falta de distanciamento pessoal, que tanto influencia a análise do presente, ainda que o distanciamento ideológico nunca seja completo.

Conceitualmente, as dificuldades que enfrentamos dizem respeito, sobretudo, às diferentes e sempre disputadas acepções de termos como democracia, autoritarismo, fascismo, liberalismo, realismo, idealismo. Pontos houve nos quais não pudemos empregar os termos democracia ou liberalismo por não parecerem adequados à descrição das ideias defendidas ou por dizerem muito pouco sobre elas. Optamos, muitas vezes, por referir a antiautoritarismo para reunir as diversas correntes de ideias que se contrapunham ao pensamento autoritário dominante, ainda que não pudessem ser classificadas como liberais (como as correntes socialistas e social-democratas) ou como democráticas (como a visão liberal-conservadora e elitista).

Ao mesmo tempo, ainda a título metodológico, advertimos que os atos e os discursos discriminatórios contra estrangeiros, judeus, comunistas e, no Brasil, contra o chamado povo-massa, com tipologias como matuto, mulatos e mestiços inferiores,[15] ao mesmo tempo em que revelam por onde andava a antropologia positivista e racista da época, não antecipavam, ainda, ao menos à maioria, a consciência da desumanidade em que desaguariam os governos pautados nesses discursos. A violência sem precedentes contra esses grupos, seja no sentido do seu extermínio, seja do seu encarceramento e desterro em massa, embora absolutamente traumática, teve seus primeiros indícios desdenhados ou tolerados. O horror não tinha nome.

A delimitação do tema exige, ainda, que evitemos proceder a uma análise linear do passado e, sobretudo, a resistir à comparação direta entre passado e presente. As coincidências, consistências, permanências devem ser vistas com cuidado, sem retroprojeção de conceitos

---

[14] Para José Murillo de Carvalho, 80 anos constituem um horizonte temporal seguro para garantir a objetividade (nunca plena) da pesquisa. Ele narra uma anedota sobre o líder chinês Mao Tsé-Tung, que, ao ser perguntado, nos anos 1960, sobre a influência da Revolução Francesa no mundo contemporâneo, respondeu: "Ainda está muito cedo para avaliar".
[15] VIANNA, Oliveira. *Populações meridionais do Brasil*. Brasília: Senado Federal, 2005 [1920].

presentes. Adaptações, traduções, divergências são todas sugeridas pela nossa experiência de um presente ainda em movimento, e não suficientemente decantado. Resistimos a identificar a Era Vargas como qualquer outro período jurídico-institucional do nosso país por suas muitas complexidades e seu ineditismo, ainda que haja muitas razões para considerarmos que, se no passado houve uma tragédia, atualmente a farsa autoritária parece querer eliminar tudo que houve de bom e reter apenas os elementos do autoritarismo mais brutal.

Por fim, nosso objetivo, nesta dissertação, não é julgar a presidência de Getúlio Vargas, seu alinhamento ideológico, suas decisões políticas, nem tampouco suas numerosas e inegáveis realizações em matéria econômica. Conhecido como animal político pragmático, que pairava sobre as disputas ideológicas, Getúlio Vargas foi o mais duradouro chefe do Executivo do país e deixou vasto legado institucional. Esta dissertação enfoca apenas um ângulo da Era Vargas (1930-1945): a forma como se pensaram e institucionalizaram os freios contra a possibilidade de medidas autoritárias do governo, à luz do papel concebido e exercido pelo Supremo Tribunal Federal dentro dessa institucionalidade. Por isso mesmo, não será explorado, nesta dissertação, o desacordo de historiadores, cientistas políticos e juristas quanto à figura de Vargas e quanto à classificação tipológica de seu governo (uns preferem classificá-lo como autoritário *tout court*; outros, como nacional-desenvolvimentista;[16] uma minoria, como fascista).

O presente estudo pretende dialogar com pesquisas presentes futuras sobre outros problemas e conceitos em discussão: (i) a polarização ideológica e a radicalização das preferências de importantes atores políticos, a crítica ao judiciarismo ou ativismo (judicialização da política), o discurso da neutralidade técnica na política e no direito, as promessas e ameaças do discurso autoritário; (ii) as interações entre Poder Judiciário e Poder Executivo e suas articulações com o pensamento jurídico do período; (iii) os discursos fundantes do constitucionalismo brasileiro e suas diferentes aderências aos modelos predominantes em

---

[16] Bercovici, por exemplo, considera que aquela experiência materializou a primeira tentativa de instaurar uma democracia de massas no Brasil. BERCOVICI, Gilberto. Tentativa de instituição da democracia de massas no Brasil: instabilidade constitucional e direitos sociais na Era Vargas. *In*: SOUZA NETO, Cláudio Pereira de; SARMENTO, Daniel (coord.). *Direitos sociais*: fundamentos, judicialização e direitos sociais em espécie. Rio de Janeiro: Lumen Juris, 2010. p. 25-61.

cada época e contexto, deixando perguntas quanto à viabilidade da democracia constitucional liberal na periferia do capitalismo.

Capítulos da pesquisa

O estudo divide-se em quatro capítulos.

No primeiro, estudamos o pensamento jurídico-constitucional na Era Vargas, marcado pela denúncia das velhas contradições do discurso da democracia liberal, irreconciliável com o domínio oligárquico. Tratamos da ascensão do pensamento jurídico autoritário da época, com ênfase em Oliveira Vianna e Francisco Campos, responsáveis pela teorização do regime da democracia autoritária. Foi de Oliveira Vianna a principal obra crítica às concepções liberais de Ruy Barbosa para o Brasil e a tentativa mais completa de estruturar a institucionalidade autoritária. Consultamos as fontes primárias, recuperamos as ideias jurídicas apresentadas para a organização do Estado e avaliamos como essas visões contribuíram para a mitigação da separação de poderes mediante a apologia da chamada democracia autoritária.

No segundo capítulo, verificamos as construções teóricas produzidas por aqueles mesmos pensadores, especificamente sobre o Poder Judiciário. Inventariamos as propostas por eles apresentadas e os discursos de justificação da subordinação do Judiciário ao Executivo, as disputas acerca dos métodos de interpretação jurídica (textualista e não textualista, doutrina das questões políticas) e as razões por eles expendidas em defesa da submissão da decisão judicial de declaração de inconstitucionalidade à palavra e interpretação final do chefe do Executivo.

No terceiro capítulo, pesquisamos as mudanças no desenho institucional do Supremo Tribunal Federal naquele período. Consultamos as fontes primárias (constituições do período, decretos presidenciais e outros atos normativos), bem como fontes secundárias (obras dos principais comentaristas das Cartas da época, além de manuais, tratados, ensaios, teses e monografias de constitucionalistas contemporâneos que tratam daquela quadra histórica). Estudamos as sucessivas intervenções políticas na configuração normativa tanto da composição quanto das competências do Supremo Tribunal Federal, como a exclusão de certas matérias do conhecimento do Poder Judiciário, a criação do Tribunal de Segurança Nacional absorvendo competências antes exercidas pela Corte (recursos ordinários nos crimes políticos) e todo o arcabouço voltado a fortalecer medidas de exceção do chefe do Executivo, limitando sua revisão judicial. As transformações do modelo de controle de constitucionalidade no Brasil nas Constituições de 1934 e de 1937 serão tratadas de modo destacado neste capítulo.

No quarto capítulo, estudaremos decisões paradigmáticas do Supremo Tribunal Federal na Era Vargas, valendo-nos dos seguintes marcadores: (i) casos envolvendo acusados da prática de crimes políticos (contra a segurança nacional); (ii) casos envolvendo expulsão de estrangeiros por razões políticas ou econômicas; e (iii) casos envolvendo disputas econômicas de interesse da União. Veremos como o pensamento jurídico da época e a institucionalidade estabelecida permearam as decisões da Corte, que não inibiu a escalada autoritária do governo e, muitas vezes, legitimou-a discursivamente. Em matéria econômica, porém, o Tribunal freou o governo, precisamente nas medidas que almejavam aumentar a arrecadação tributária, alcançando a elite financeira. Veremos a reação do governo a esses casos.

Finalmente, passaremos às nossas conclusões à luz da interdependência estabelecida entre o pensamento jurídico-autoritário, as reformas institucionais e as decisões do Supremo Tribunal Federal. Os fundamentos articulados no plano teórico, em defesa do regime autoritário, semearam a progressiva desconstitucionalização do regime, ainda na vigência da Constituição de 1934, com a chancela não só do Legislativo como também do Judiciário: enquanto o exercício arbitrário do poder de polícia contra os chamados inimigos políticos do regime não encontrou qualquer freio, grandes atores econômicos obtiveram ganhos antidemocráticos.

A escolha do tema desta pesquisa inspirou-se no pensamento de Oliver Wendell Holmes, para quem "os julgamentos de um determinado tribunal, no curso de uma geração, traduzem bem todo o corpo do direito e o reformulam do ponto de vista atual. Poderíamos reconstruir, através deles, todo o *corpus*, se tudo o que passou fosse queimado. O uso das decisões anteriores é principalmente histórico".

CAPÍTULO 1

PENSAMENTO CONSTITUCIONAL NA ERA VARGAS

> *De outro lado, dentro da cidadela assediada, em combate ao modelo vigente, propugna-se por outro, também a implantar de cima para baixo, capaz de ordenar o caos social. A última diretiva serve-se dos pressupostos da primeira, para, em favor de um nacionalismo difuso e nascente, clamar por formas próprias, originais ao povo brasileiro, acenando com a vaga promessa de um novo mundo político. Nesse apelo a realidades místicas corre, mal advertida, a seiva messiânica, no delírio de um exemplo ao mundo.*
>
> Raymundo Faoro[17]

Os anos 1930 foram caracterizados por uma articulação entre campo intelectual e aparelho do Estado na qual, depois de uma transitória aglutinação de forças heterogêneas na composição do movimento revolucionário, veio a predominar o pensamento autoritário[18] de matiz

---

[17] FAORO, *Os donos do poder*, p. 534.
[18] Segundo Daniel Pécaut, "os intelectuais dos anos 25-40 mostram-se preocupados sobretudo com o problema da identidade nacional e das instituições. [...] Muitos simpatizam com os diversos movimentos autoritários surgidos após 1930, ou mais tarde aderem ao Estado Novo inaugurado em 1937. [...] Em sua grande maioria, contudo, mostram-se de acordo quanto à *rejeição da democracia representativa e ao fortalecimento das funções do Estado*. Acatam também a prioridade do *imperativo nacional* e aderem, explicitamente ou não, a uma visão hierárquica da ordem social. Assim, apesar de suas discordâncias, convergem na reivindicação de um status de *elite dirigente*, em defesa da ideia de que não há outro caminho para o progresso senão o que consiste em agir 'de cima' e 'dar forma' à sociedade" (PÉCAUT, Daniel. *Os intelectuais e a política no Brasil. Entre o povo e a nação*. Tradução: Maria Júlia Goldwasser. São Paulo: Ática, 1990. p. 14-15).

fascista-corporativista.[19] Sua influência progressiva revela a crescente maturação política e ideológica desse corpo teórico ao longo dos anos,[20] embora, nos anos iniciais, ainda estivesse presente o peso de outras correntes de pensamento não totalmente desabilitadas, provenientes do credo liberal anterior. A própria aliança oligárquica que apoiou Getúlio Vargas na virada de mesa eleitoral denominava-se Aliança Liberal. O vocábulo "liberal" passou ao ostracismo pela obra da intelectualidade empenhada em teorizar o regime da democracia autoritária – desvencilhando o conceito de democracia do de liberalismo. Propostas de esquerda restaram silenciadas, em especial a noção, defendida pelos principais intelectuais daquele espectro ideológico,[21] de que a grande reforma política seria a reforma agrária.[22] A gramática autoritária do Primado do Executivo, do controle e unidade da opinião pública, da tutela (e não soberania) do povo, dominou nosso constitucionalismo.

Derrubada a República Velha, ao lado da pretensão de tutela militar, pela qual o Exército pretendia ser a vanguarda da nação,[23] apresentaram-se, desde a primeira hora, intelectuais de diversos matizes ideológicos, interessados em adentrar o aparelho do Estado, a fim

---

[19] Um exemplo é a obra *Problemas de Direito Corporativo*, de Oliveira Vianna, em que este importante intelectual do regime varguista se dedica à teorização, para o Brasil, do regime corporativo, de que o principal modelo era a Itália de Mussolini. Neste regime, como veremos, a ideia democrática centrada nas noções de indivíduo, de soberania popular, de sufrágio e de direitos da cidadania é superada pela de corporações e governo por elites dirigentes, sem participação direta na eleição, em que os direitos são concessões controladas sob medida e de modo centralizado pelo governo.

[20] SILVA, Francisco Xavier da. As Constituições da Era Vargas: uma abordagem à luz do pensamento autoritário dos anos 30. *Política e sociedade*, v. 9, n. 17, out. 2010, p. 259-288.

[21] Incluem-se aqui as obras de Virgínio Santa Rosa, de Luís Carlos Prestes e de Caio Prado Júnior.

[22] Nesse sentido, Luís Carlos Prestes pregou, meses antes da Revolução de 1930, no Manifesto de Maio: "Proclamemos, portanto, a revolução agrária e antiimperialista realizada e sustentada pelas grandes massas da nossa população. Lutemos pela completa libertação dos trabalhadores agrícolas de todas as formas de exploração feudais e coloniais, pela confiscação, nacionalização e divisão das terras, pela entrega da terra gratuitamente aos que trabalham" (PRESTES, Luís Carlos. Manifesto de Maio. *Diário da Noite*, São Paulo, 2ª edição, 29 maio 1930, *apud* BASTOS, Abguar. *Prestes e a Revolução Social*. Rio de Janeiro: Calvino, 1946. p. 225-229. Disponível em: https://www.marxists.org/portugues/prestes/1930/05/manifesto.htm. Acesso em: 07 set. 2022).

[23] Raymundo Faoro cita, nesse sentido, a seguinte passagem de obra de Juarez Távora: "Quando os governos mutilam a lei e desrespeitam a Constituição, compete à força armada colocar-se ao lado destas, ainda que seja mister destruir, provisoriamente, o poder constituído. É uma leviandade afirmar que, em tal hipótese, cabe ao povo e não à força armada derrubar o governo que o tiraniza. A massa imbele da nação dificilmente poderá vencer, sozinha, a guarda pretoriana que defende déspotas" (TÁVORA, Juarez. v. 3. Rio de Janeiro: Mendonça, Machado & Cia., 1928. p. 144. FAORO, *Os donos do poder, op. cit.*, p. 746).

de atuarem, segundo defendiam, como elite dirigente esclarecida, a serviço do interesse do Estado nacional.[24]

O constitucionalismo brasileiro do período autoproclamou-se não só antiliberal, mas autoritário. Valendo-se de referências às instituições políticas comparadas de Alemanha e Itália, advogava o redesenho das competências do Executivo, livre da necessidade de aprovação ou fiscalização do Parlamento. Embora o principal norte daqueles pensadores fossem os regimes nazista e fascista, então em ascensão na Europa, a decadência do discurso liberal em nações não autoritárias servia de apoio e de pretexto à nova doutrina: a prova de que o modelo do constitucionalismo liberal estava ultrapassado em todo o mundo eram as reformas institucionais em curso nos Estados Unidos, na França e na Bélgica. Extraía-se daí a solução para a crise: um Executivo Federal fortalecido, capaz de definir, autocraticamente, as ações a serem adotadas em direção ao desenvolvimento nacional, sem necessidade de Parlamento e sem freio judicial.

O termo polissêmico "desenvolvimento" abrangia tanto os aspectos econômicos quanto os culturais e era empregado pelas correntes do pensamento jurídico, dos radicais de esquerda aos de direita, descontentes com as instituições oligárquicas da Primeira República. Pressuposto legitimador da revolução, o desenvolvimento podia ter acepções díspares. A defesa de um regime forte, de uma liderança nacional (Executivo) incontrastável como meio rápido e eficaz de alcançá-lo, não era exclusiva da direita. Esta se caracterizava pela preocupação com a ordem, o controle e a organização, pelo Estado, da massa de trabalhadores, negando-lhes a liberdade de associação política e sindical e defendendo a vigilância policial contra líderes da esquerda.

O campo intelectual da direita nacionalista autoritária robusteceu-se com importantes contribuições teóricas, divergentes do liberalismo dominante no período anterior. A ideia de democracia liberal, cuja crise revelaria sua inadaptação aos tempos modernos, estava, segundo a concepção defendida por esse campo, fadada à decadência e à substituição, em todo o mundo, por um regime fundado na autoridade, e não na liberdade. A produção jurídica da época valia-se de farta adjetivação sobre o novo, o moderno. Com isso, os pensadores políticos do período, sobretudo Oliveira Vianna e Francisco Campos,

---

[24] BEIRED, J. L. B. *Sob o Signo da Nova Ordem*: intelectuais autoritários no Brasil e na Argentina (1914-1945). São Paulo: Loyola, 1999.

cujas obras enfocaremos, procuravam atualizar o leitor sobre o espírito da modernidade, no qual o velho ideal de democracia liberal já não prevalece mais, nem mesmo nos países considerados berços do liberalismo. A superação do regime democrático-liberal pela "democracia autoritária" representaria a derrota definitiva do antigo pensamento constitucional. O fim da história.

Segundo os principais estudos sobre esse período,[25] o pensamento autoritário dividia-se, no Brasil, em três correntes: católicos,[26] fascistas (integralistas)[27] e cientificistas, vertente de maior destaque no período, liderada por Oliveira Vianna e Francisco Campos. Boris Fausto, em obra dedicada ao pensamento nacionalista autoritário, afirma que os ideólogos da corrente cientificista participaram ativamente do desenho da institucionalidade varguista.[28] Coube-lhes elaborar a ideologia do Estado Autoritário, fundada na reação filosófica ao Iluminismo e na defesa da autoridade estatal como princípio tutelar da sociedade.[29]

Embora com divergências entre si, no que interessa ao presente trabalho, os intelectuais desses três grupos revelam convergências importantes na sua colaboração para solidificar a crença no autoritarismo de direita como solução para os novos rumos políticos do país, "imbuídos de uma missão de salvação nacional que apenas poderia ocorrer sob sua direção, em vista de sua 'superior capacidade' para interpretar os problemas nacionais e do mundo" e para "assumir um papel dirigente na vida pública".[30]

Sob o ângulo das diferenças tipológicas, integralistas e cientificistas defendiam caber aos intelectuais o papel de atores principais da política nacional, enquanto os católicos desconfiavam de parte *intelligentsia*, identificada com o pensamento laico, positivista e/ou de esquerda. Juntamente com integralistas e contrariamente aos cientificistas, o grupo

---

[25] BEIRED, J. L. B. *Sob o Signo da Nova Ordem*: intelectuais autoritários no Brasil e na Argentina (1914-1945). São Paulo: Loyola, 1999. Os pensamentos de Vianna e de Campos se comunicam nos objetivos e, embora procurem se diferenciar do fascismo, inspiram-se nas ideias e nas práticas de Mussolini em muitos pontos, como veremos adiante.

[26] Cujo expoente foi Tristão Athaíde.

[27] Com nomes como Plínio Salgado e Miguel Reale.

[28] FAUSTO, Boris. *O pensamento nacionalista autoritário*. Rio de Janeiro: Zahar, 2001. p. 20.

[29] LAMOUNIER, Bolívar. Formação de um pensamento político autoritário na Primeira República. Uma interpretação. *In*: FAUSTO, Boris (org.). *História geral da civilização brasileira*. Tomo III. v. 2. Rio de Janeiro: Difel, 1979.

[30] BEIRED, J. L. B. Intelectuais e autoritarismo no brasil e na argentina (1914-1945). *In*: NODARI, Eunice; PEDRO, Joana Maria; IOKOI, Zilda M. Gricoli (org.) *História*: Fronteiras. XX Simpósio Nacional da ANPUH. v. I. Florianópolis: FFLCH/USP, 1999. p. 538.

católico valorizava o papel dos setores populares, necessário ao projeto de recatolização do país.[31] Os cientificistas consideravam que o povo era parte do problema, e não da solução. Uniam-se aos integralistas na defesa da necessidade de liderança intelectual por uma elite pensante, cujo princípio de ação devia ser o "nacionalismo militante", voltado à verdadeira compreensão da realidade nacional, das especificidades da nossa sociedade, da nossa gente, do nosso território. Consideravam imprescindível forjar no povo e na elite política do país uma consciência de nação, de história e de representação voltada à superação do nosso atraso. Oliveira Vianna, por exemplo, via com manifesta irritação e revolta o discurso liberal capitaneado por Ruy Barbosa durante a Primeira República, considerando-o mera importação de países europeus, sobretudo da Inglaterra, cujo sistema de liberdades fora concebido para cavalheiros e lordes britânicos, e não para o matuto brasileiro.[32]

A guinada autoritária do discurso jurídico apoiou-se na crítica, em parte fundada, à falta de realismo da Constituição de 1891, à desarticulação da sociedade brasileira sob o mandonismo dos clãs locais, à ausência de um propósito comum que unisse a nação e de um centro de referência estatal que liderasse a unificação da pátria. Em contraposição ao regime oligárquico fundado em interesses locais e de clã, seria preciso fortalecer o governo central, como imperativo à superação dos atrasos econômicos e culturais entre as regiões. Contraditoriamente, porém, no pensamento da direita autoritária, era precisamente da elite econômica (agrária, latifundiária e, parcialmente, industrial e comercial) que deveria vir a contribuição para o governo do país, sob orientação do Executivo.

Na base do cientificismo e do integralismo, a ideologia positivista comtiana, muito influente no Brasil desde o tenentismo, moldou parte das concepções políticas da época. Essa corrente se afastava tanto dos

---

[31] A ideia de que a autoridade política retirava sua legitimidade não da soberania popular, mas da vontade divina, era vivificada no discurso evangelizador da Igreja Católica, que, naquele momento, incentivou seus fiéis a agirem politicamente, ocupando os espaços públicos com procissões e outras manifestações, ao mesmo tempo em que organizavam revistas jurídicas e criavam cursos universitários disseminadores da doutrina cristã para moldar a concepção do regime político. Sobre o tema: KOERNER, Andrei. O Reino Social de Cristo e a constituição orgânica da nação: das encíclicas de Leão XIII ao pensamento católico brasileiro dos anos trinta. *Estudos Históricos,* vol. 33, n. 71, Rio de Janeiro, p. 489-510, set./dez. 2020.

[32] Esse é um argumento frequente nas obras de Vianna, desde fins dos anos 1920, como fundamento para negar aos brasileiros os direitos e liberdades concebidos sob os auspícios do constitucionalismo europeu e norte-americano.

liberais quanto dos socialistas. O Estado devia agir para eliminar a luta ou o conflito de classes. Leis de proteção ao trabalhador e à sua família eliminariam as fontes de tensão na classe operária, evitando sua radicalização e o domínio do pensamento de esquerda entre os trabalhadores. Foi grande a atenção dada, na época, ao modelo institucional autoritário do fascismo italiano. Colhem-se, no pensamento dos publicistas do período, referências elogiosas a Mussolini. Apoiado também no integralismo português de Salazar e, em menor medida, no nacional-socialismo de Hitler, o Governo Provisório de Vargas procurou responder à questão social nos seus dias iniciais, seja por verificar a necessidade de proteção ao crescente proletariado urbano, seja para evitar o perigo vermelho. Um dos modelos declarados foi a Carta del Lavoro, de 21 de abril de 1927, elogiosamente referida por Miguel Reale.

Dois meses depois da vitória da Revolução de 1930, Vargas criou, sob a batuta de Oliveira Vianna, o Ministério do Trabalho, Indústria e Comércio (apelidado de Ministério da Revolução) e elaborou extensa legislação trabalhista,[33] tratando, especialmente, dos seguintes pontos: salário mínimo; jornada de oito horas; regulamentação do trabalho de mulheres e de menores; igualdade salarial entre homens e mulheres; férias remuneradas; criação da carteira de trabalho (importante, em juízo, como prova da existência da relação trabalhista); atribuição de efeitos jurídicos às convenções coletivas (superando a tradição liberal de contratos individuais); e criação das Comissões e Juntas de Conciliação e Julgamento, em 1932, antecipando a justiça trabalhista, que entrou em funcionamento em 1941. A previdência social também avançou, estendendo-se a quase todos os trabalhadores urbanos em cinco anos de governo. Os trabalhadores rurais, que eram a maioria na época, não foram contemplados,[34] protegendo, portanto, os interesses das oligarquias rurais.

Controlado, pelo alto, o principal foco de tensão na sociedade (as greves de trabalhadores urbanos, sob influência do anarquismo e do

---

[33] Posteriormente reunida na Consolidação das Leis do Trabalho (CLT), de 1943. Embora ainda hoje esteja em vigor, sua principiologia de proteção do lado mais fraco da relação de trabalho restou abalada pelas últimas reformas neoliberalizantes. Vale destacar que, na época da concepção da legislação social e trabalhista, os empregadores ofereceram resistência (cf. CARVALHO, José Murilo. *Cidadania no Brasil*, p. 117). Os patrões prefeririam a ausência de regulação estatal das relações de trabalho, o que corresponderia a uma "postura liberal do governo". Evidentemente, o livre confronto de forças era favorável aos empregadores. A proteção legal ao trabalhador mexia nessa relação de forças.

[34] CARVALHO, José Murilo. *Cidadania no Brasil*, p. 114.

comunismo soviético), o Executivo passaria a funcionar como centro de gravidade da institucionalidade estatal. Integralistas e cientificistas defenderam a criação de órgãos técnicos, que absorveriam funções do Parlamento (normativa) e do Judiciário (via jurisdição administrativa), titularizados por representantes do empresariado e por especialistas não eleitos, mas indicados pelo próprio presidente, ampliando uma tendência iniciada no fim dos anos 1920. A nova configuração da estatalidade enfraquecia os outros ramos do poder público (Legislativo e Judiciário). O Executivo deteria poderes e competências para decidir e implementar, sem oposição, as principais medidas políticas, econômicas, sociais, culturais e jurídicas, suspendendo direitos, garantias e liberdades públicas e excluída a apreciação judicial de seus atos.

O pensamento constitucional construído pelos mais importantes juristas da época serviu como importante linha auxiliar do autoritarismo. O estado da arte teórico do direito constitucional brasileiro era reflexo da ascensão do discurso da supremacia do Poder Executivo nas grandes potências, em especial na Europa, arrasada pela Primeira Guerra. A doutrina dominante no período, no Brasil e no exterior, ofereceu os fundamentos jurídicos necessários à supressão de limites ao Poder Executivo, à redefinição da separação de poderes e, por fim, à eliminação de liberdades e de direitos políticos, que marcaram, em nosso país, o longo e sombrio capítulo final da Era Vargas: a Ditadura do Estado Novo.

1.1 Contradições do discurso liberal sob domínio oligárquico: convergências de ideologias antagônicas na queda da República Velha

No plano discursivo, o liberalismo ortodoxo da Primeira República ancorava-se em três pilares: federalismo (descentralização política), jurisdição constitucional (controle difuso e concreto de constitucionalidade dos atos políticos, incidindo sobretudo na limitação do Poder Executivo) e garantia de direitos e liberdades públicas (de religião, de expressão, de reunião, de locomoção, de profissão).

A Constituição de 1891, diferentemente de todas as demais, não contemplava um rol de direitos sociais, voltados à promoção do bem-estar social, restringindo-se a prever "direitos individuais defensivos, voltados à limitação do arbítrio estatal".[35] Até mesmo a Constituição de 1824 revelou maior sensibilidade para o tema ao prever a obrigatoriedade do Estado de promover a educação pública primária e a assistência social.

A ausência de direitos prestacionais e a proibição de interferência na regulamentação do trabalho pelo governo federal (tachada de violação da propriedade e da liberdade contratual) revelam um país indiferente às mazelas de uma sociedade desigual, analfabeta, desempregada e recém-saída da escravidão em nome de um falso liberalismo econômico.[36]

O liberalismo econômico era falso porque se reduzia à pregação do absenteísmo estatal na regulação das relações de trabalho, na tributação de categorias privilegiadas e contra a prestação de serviços públicos gratuitos pelo Estado, voltados a promover o bem-estar da população. Desde a segunda metade do século XIX e especialmente no início do século XX, a legislação social avançava na Europa e, até mesmo, nos Estados Unidos (lá, era a Suprema Corte que impedia sua implementação). No Brasil, o liberalismo assumiu feição elitista, pois, ao mesmo tempo em que retirava do Estado qualquer papel na promoção de melhorias nas condições de vida da maioria da população, admitia, por outro lado, o intervencionismo estatal na economia, através de políticas de proteção do preço da principal fonte de receitas na balança comercial da época: o café. Com efeito, o governo nacional estava concentrado nas mãos dos principais produtores de café, que ditavam os rumos da economia nacional num acordo político que impedia sua substituição no poder.

Como o *status quo* político nos parece indissociável (e reflexo) dos interesses das forças economicamente dominantes em disputa,[37]

---

[35] Proibiram-se as penas de banimento, galés e de morte e garantiu-se amplamente o *writ* de *habeas corpus*, em termos que permitiram sua veiculação para tutela não apenas do direito de locomoção, mas de todas as liberdades, na celebrada "doutrina brasileira do *habeas corpus*", impulsionada "pela corajosa atuação advocatícia de Ruy Barbosa" (SOUZA NETO, Cláudio Pereira de; SARMENTO, Daniel. *Direito constitucional*: teoria, história e métodos de trabalho, *op. cit.*, p. 94).

[36] Na leitura de Raymundo Faoro sobre esse período, "pelo caminho liberal, liberal o cimento e liberais os tijolos, forma-se o edifício mercantilista [...]. Entraria o poder público, ao revés de se retrair, se soltas as rédeas nessa direção, na própria agricultura [...]. O liberalismo, nessa contextura, seria apenas a voz exterior, arredado o poder público das transações, na aparência, para retornar com energia e profundidade, no papel-moeda, nas emissões". FAORO, Raymundo. *Os donos do poder*. 3. ed. Porto Alegre: Globo, 2001. p. 582-583.

[37] Neste sentido: HELLER, Herman. Poder político. *Revista Forense*, Rio de Janeiro, ano XLIII, v. CVII, jul. 1946, p. 42-46.

consideramos válido trazer alguns breves, mas contundentes, dados sobre as mudanças ocorridas no equilíbrio dessas forças, que afetaram a estabilidade institucional do país durante a Primeira República até sua debacle.

Enquanto, no Império, o Rio de Janeiro foi, entre 1825 e 1850, o principal estado produtor de café, no Vale do Paraíba, controlando 60% do total produzido, contra 25% de Minas Gerais e 10% de São Paulo, a partir dos anos 1870 o Oeste Paulista passou a despontar economicamente, especialmente depois da inauguração da ferrovia São Paulo Railway.[38] Exatamente no ano de 1889, São Paulo ultrapassou o Rio de Janeiro como principal área produtora de café no Brasil.[39] Proclamada a República, interessava a esse grupo definir os rumos da política econômica, que orientou o país ao destino agrário monoexportador.

Inaugurada a República, as oscilações do preço do café brasileiro no mercado internacional logo abalaram as finanças do país e dos novos donos do poder.[40] A inflação gerada pela política econômica de Ruy Barbosa e de seus sucessores no Ministério das Finanças (Barão de Lucena e Tristão de Araripe), associada à emissão descontrolada de papel-moeda, levou à reação dos cafeicultores, que contribuíram para derrubar Deodoro da Fonseca em 1891. Com Floriano Peixoto na Presidência, a pasta das Finanças foi entregue a Rodrigues Alves, "digno cafeicultor de São Paulo".[41] Em seguida, Prudente de Moraes consolidou o poder político da oligarquia do café, com sucessivas políticas de defesa do principal produto de exportação nacional. Intervenções na taxa de câmbio, empréstimos internacionais e políticas de compra dos excedentes da produção de café pelo governo tiveram custos sociais elevados, que beneficiaram principalmente os barões do café. No fim dos anos 1920, novas medidas de valorização do produto pelo governo federal encontraram mais críticas e resistências. As mudanças atravessadas pela sociedade brasileira e mundial – Primeira Guerra Mundial, Revolução Russa, urbanização, industrialização, crescimento

---

[38] Sobre o tema: FAORO, *Os donos do poder, op. cit.*, especialmente os capítulos XII, *O renascimento liberal e a República*, e XIII, *As tendências internas da República Velha*.

[39] FAORO, *Os donos do poder, op. cit.*, p. 570. Para o historiador Leonardo Trevisan, essa "coincidência" influenciou a derrubada da Monarquia, pois o Império pouco tinha a oferecer aos cafeicultores paulistas, para os quais a República significava a oportunidade de ocupar plenamente o poder. *A República Velha.* 3. ed. São Paulo: Global, 1986. p. 28.

[40] FAORO, *Os donos do poder, op. cit.*, capítulo XIII, *As tendências internas da República Velha*, item 1, *Liberalismo econômico e diretrizes econômicas do período republicano*, p. 567-607.

[41] TREVISAN, *A República Velha, op. cit.*, p. 29.

do operariado e da imigração e fortalecimento de novas ideologias radicais – fermentaram movimentos de oposição ao controle do poder político pela oligarquia cafeeira.[42]

Anunciada a quebra do acordo oligárquico entre Minas e São Paulo, a ação das oligarquias dissidentes para a tomada do poder em 1930 encontrou uma sociedade remexida no plano das ideias. O crescimento da população das cidades acelerou a transferência do capital acumulado na cafeicultura para outros setores (comércio, bancário, industrial).[43] Sintomaticamente, o programa da Aliança Liberal, que lançou a candidatura de Getúlio Vargas à Presidência, previa, em 17.06.1929: "Se o nosso protecionismo favorece os industriais, em proveito da fortuna privada, ocorre-nos, também, o dever de acudir ao proletário com medidas que lhe assegurem relativo conforto e estabilidade e o amparem nas doenças, como na velhice".[44] O povo sempre aparece em discursos de campanha, apesar de a maioria não votar (dada a exclusão dos analfabetos, desde a reforma de 1881).

A preocupação com a questão social também integrou o discurso de um dos principais precursores da Revolução de 1930, o tenentismo,[45] movimento do baixo oficialato do Exército, fundamental para o sucesso da empreitada de Getúlio Vargas, principalmente em razão dos seguintes

---

[42] FAORO, Os donos do poder, op. cit., p. 574. TREVISAN, A República Velha, op. cit., p. 30-31.

[43] GORENDER, Jacob. A burguesia brasileira. 7. ed. São Paulo: Brasiliense, 1988. p. 38. O autor contesta a visão mítica que "sairia dos círculos universitários de São Paulo" através de "uma alentada literatura historiográfica, econômica e sociológica que fez dos fazendeiros paulistas os promotores principais da Abolição e da industrialização do país". Além de ter sido reduzido o número de fazendeiros que assumiram, diretamente, os papéis de empresários industriais, salienta que nenhum poderia sequer ser comparado, em suas atividades, aos verdadeiros industriais da época: "Matarazzo, Antonio Pereira Ignacio (fundador do grupo Votorantim), Antônio Proost Rodovalho (fundador da Companhia Melhoramentos), Klabin-Láfer, Jafet, Ometto-Dedini, Simonsen e tantos outros, cuja origem nada teve a ver com a fazenda de café", mas, sim, com "o mecanismo bancário e comercial".

[44] CARONE, Edgar. A Primeira República – Texto e Contexto. São Paulo: Difel, 1973. p. 334.

[45] Sobre o movimento tenentista, consultamos: CARONE, Edgar. O Tenentismo: acontecimentos, personagens, programas. São Paulo: Difel, 1975. CARVALHO, José Murilo. Cidadania no Brasil, op. cit., p. 90-97; DORIA, Pedro. Tenentes: a guerra civil brasileira. Rio de Janeiro: Record, 2016. FAUSTO, Boris. A Revolução de 1930. São Paulo: Brasiliense, 1975. FAUSTO, Boris. A crise dos anos vinte e a revolução de 1930. In: FAUSTO, Boris (org.). O Brasil Republicano. Tomo III. v. 2. São Paulo: Difel, 1977. GOES MONTEIRO, Pedro Aurélio. A Revolução de 30 e a finalidade política do Exército. Rio de Janeiro: Adersen Editores, [s.d.]. REZENDE, Antônio Paulo. Uma trama revolucionária? Do Tenentismo à Revolução de 30. 6. ed. São Paulo: Atual, 1990. SANTA ROSA, Virgínio. A desordem: ensaio de interpretação do momento. Rio de Janeiro: Schmidt, 1932. SANTA ROSA, Virgínio. O Sentido do Tenentismo. São Paulo: Alfa Ômega, 1976 [1ª ed.: 1933]. TÁVORA, Juarez. À guisa de depoimento sobre a revolução brasileira de 1924. v. 3 Rio de Janeiro: Mendonça, Machado & Cia., 1928.

fatores: (i) capacidade de ação militar; (ii) discurso antigovernista, (iii) discurso nacionalista, (iv) discurso de moralização da Administração Pública e (v) discurso social – preocupação com as condições de vida da população, sobretudo a do interior do país, que os militantes conheceram de perto nas incursões realizadas pelas Colunas dos anos 1920.

O desenvolvimento do pensamento autoritário daquele período teve no tenentismo um importante tubo de ensaio para desafiar a institucionalidade da Primeira República. De acordo com José Murilo de Carvalho, as Forças Armadas funcionaram como "o poder desestabilizador" da Primeira República, cuja duração "delimita-se pelos parênteses de duas intervenções militares e pontua-se com várias outras intervenções de menor consequência", acompanhadas das respectivas "ideologias de intervenção".[46] Para Faoro, "1922 leva a 1930, numa trajetória necessária. Mas 1922 não é 1930 [...]. Nesse curso de oito anos, alimentado por lenta desintegração, as defesas ideológicas do regime republicano perderam a consistência".[47]

Ideologicamente, o tenentismo identificava-se, em suas origens, com a cartilha positivista,[48] defendendo uma concepção técnico-científica (elitista) da política, com ressonância no pensamento jurídico, que se queria menos metafísico e bacharelista e mais pragmático e técnico-científico. Além disso, o tenentismo agregou um novo discurso salvacionista da nação, aliado à noção de mobilização nacional, que incluía trabalhar sobre os aspectos psicológicos: "Abandona-se o conceito de defesa limitado à proteção da fronteira [...]: todos os aspectos da vida do país importam, desde a preparação militar até o desenvolvimento de indústrias estratégicas como a siderúrgica".[49]

O tenentismo se dividiu em diversas correntes, à esquerda e à direita, mas é consensual a compreensão de que a ideologia conservadora

---

[46] CARVALHO, José Murilo. *Forças Armadas e política no Brasil*. São Paulo: Todavia, 2019. p. 29 e 62-69. O historiador fala em "tenentismos", o primeiro dos quais surgido no levante do Quinze de Novembro, seguido do hermismo e do segundo tenentismo, que é o da década de 1920, mencionado neste capítulo.

[47] FAORO, *Os donos do poder, op. cit.*, p. 759.

[48] TREVISAN, *A República Velha, op. cit.*, p. 57.

[49] Essa mudança foi produto das experiências junto às forças militares alemãs, bem como do contato com a Missão Francesa em 1920, desde o envio de turmas de oficiais brasileiros em 1906, 1908 e 1910/1911 para aprimorar os conhecimentos dos jovens oficiais e seu preparo técnico. O projeto foi iniciado pelo Barão do Rio Branco, "entusiasta admirador do exército alemão", para quem a dificuldade no combate à Revolta de Canudos revelaria o despreparo do país para a guerra, que preocupava o Barão do Rio Branco. V. TREVISAN, *A República Velha, op. cit.*, p. 58-59.

e autoritária de direita prevalecia nas altas patentes – e foram elas que influenciaram o governo de Getúlio Vargas, participando diretamente dos ministérios e como interventores nos governos locais. Veio deles, também, a vingança contra ministros do Supremo Tribunal Federal, sumariamente exonerados por Vargas durante a Ditadura do Governo Provisório (v. capítulo 3). Assumindo marcada feição anticomunista, a preocupação com as mazelas da população se resolveria através do autoritarismo, pelo alto, sem participação do povo. O anticomunismo do movimento levou ao isolamento e exclusão de Luís Carlos Prestes, líder de maior destaque nos anos 1920, que depois se alinhou ao comunismo soviético.[50]

Dentro e fora da caserna, socialistas, comunistas, anarquistas e fascistas (integralistas), apesar de suas divergências marcantes quanto ao modelo de Estado e de sociedade ideal a seguir e quanto aos problemas cruciais da nossa estrutura social, combatiam o mesmo "inimigo" (o domínio da oligarquia rural) e partilhavam, na radicalidade dos seus discursos, da mesma desconfiança contra a chamada democracia eleitoral e a representação parlamentar, vistas como meros instrumentos do *status quo* para manter tudo como sempre havia sido e impedir as mudanças de que o país e o povo necessitavam para sair do subdesenvolvimento.

No campo intelectual da esquerda, Luís Carlos Prestes, em manifesto de maio de 1930,[51] atacou a "minoria proprietária das terras, das fazendas e latifúndios e senhora dos meios de produção e apoiadas nos

---

[50] Narra Trevisan, sobre os tenentistas: "Estes jovens militares insistem bastante em vagas proteções à 'moral nacional'. Quanto ao 'marxismo', temiam-no tanto quanto às dissidências oligárquicas que, naquele momento, eram seus 'colegas de revolução'. Esta exclusão do 'marxismo' como alternativa é bastante forte, chegando ao ponto de que, quando Luís Carlos Prestes se define como 'marxista', embora reconhecendo sua capacidade militar e de estrategista, ele perde o comando militar do movimento revolucionário. Afastam-se de Prestes todos os antigos companheiros da coluna: Miguel Costa, Juarez Távora, Cordeiro de Farias, Filinto Müller, Djalma Dutra, João Alberto, Siqueira Campos e tantos outros. O medo de uma revolução que provocasse 'desordem', que incitasse em demasia as classes populares, era notório" (TREVISAN, *A República Velha, op. cit.*, p. 61-62).
Vale observar que, entre os principais articuladores da Revolução de 1930, figura, ao lado de Osvaldo Aranha e de Virgílio de Melo Franco, o tenentista Juarez Távora (VARGAS, Getúlio. *Diário*. Vol. 1. 1930-1936. São Paulo: Siciliano; Rio de Janeiro: Fundação Getúlio Vargas, 1995. p. 3).
Por seu turno, depois de uma estada em Moscou, Luís Carlos Prestes viria a ser filiado, em 1934, ao Partido Comunista Brasileiro, fundado em 1922. A proibição, fechamento e clandestinidade do partido, porém, levaram-no, em 1935, a criar a Aliança Nacional Libertadora, à qual alguns dos ex-tenentes aderiram e que o governo considerava ser mera organização laranja para o Comintern (MORAIS, Fernando. *Olga*. São Paulo: Companhia das Letras, 1993).

[51] *Diário da Noite*, São Paulo, 2ª edição, 29 maio 1930.

imperialismos estrangeiros que nos exploram e nos dividem". Defendeu a revolução para derrubar a oligarquia governante: "Contra as duas vigas-mestras que sustentam economicamente os atuais oligarcas, precisam, pois, ser dirigidos os nossos golpes – a grande propriedade territorial e o imperialismo anglo-americano", em razão dos quais, "se já não há propriamente o braço escravo, o que persiste é um regime de semiescravidão e semi-servidão".[52] Sua crítica à democracia eleitoral comungava da desconfiança histórica de marxistas (comunistas e socialistas) no instrumento burguês de aferição da vontade soberana do povo através do voto. Dizia Prestes:

> A revolução brasileira não pode ser feita com o programa anódino da Aliança Liberal. Uma simples mudança de homens, um voto secreto, promessas de liberdade eleitoral, de honestidade administrativa, de respeito à Constituição e moeda estável e outras panaceias, nada resolvem, nem podem de maneira alguma interessar à grande maioria da nossa população, sem o apoio da qual qualquer revolução que se faça terá o caráter de uma simples luta entre as oligarquias dominantes. O governo dos coronéis, chefes políticos, donos da terra, só pode ser o que aí temos: opressão política e exploração impositiva.
> Toda a ação governamental, política e administrativa, gira em torno dos interesses de tais senhores que não medem recursos na defesa de seus privilégios. De tal regime decorrem quase todos os nossos males. Querer remediá-los pelo voto secreto ou pelo ensino obrigatório é ingenuidade de quem não quer ver a realidade nacional.
> É irrisório falar em liberdade eleitoral, quando não há independência econômica, como de educação popular, quando se quer explorar o povo. Vivemos sob o jugo dos banqueiros de Londres e Nova Iorque.[53]

Havia razões para a busca de vias alternativas às institucionais e para a própria violência institucional. As regras do jogo bloqueavam completamente o caminho aos oposicionistas – e não era possível mudar as regras do jogo, porque o Parlamento era fiel às oligarquias governantes. Tanto o modo de funcionamento da democracia eleitoral brasileira como seu desenho institucional impossibilitavam mudanças na representação política por meio do voto ou da reforma institucional. Os órgãos encarregados do controle da lisura do processo eleitoral eram

---

[52] PRESTES, Luís Carlos. *Manifesto de Maio*. Disponível em: https://www.marxists.org/portugues/prestes/1930/05/manifesto.htm. Acesso em: 07 set. 2022.
[53] *Idem.*

compostos pelos próprios parlamentares que disputavam as eleições e pretendiam permanecer no cargo. Inexistia competitividade: os canais a serem eleitos para outros candidatos, que não os apoiados pelas duas oligarquias dominantes, foram controlados pelo coronelismo, mecanismo da política dos governadores.

Características específicas da institucionalidade da Primeira República, que "já nasceu velha",[54] contribuíram para o seu colapso quando a crise econômica internacional se abateu sobre o país: (i) a questão social fora tratada, pelos governos oligárquicos da Primeira República, centralmente como problema de polícia, não de política;[55] (ii) o rígido controle do poder político pela oligarquia do café, consolidado por Campos Salles, fundador do Partido Republicano Paulista, perdia sustentação com as crises do produto no mercado e a mudança na composição social das cidades brasileiras.

A fórmula encontrada para manter a oligarquia cafeeira no poder foi a Política dos Governadores, pela qual, aliando-se aos coronéis,[56] o governo central permaneceria nas mãos dos sucessores designados pelos arranjos políticos entre Minas Gerais e São Paulo, eliminando o risco de ascensão de um oposicionista ou da volta do Exército ao poder (o que aconteceu na presidência de Hermes da Fonseca). De acordo com o estudo de Victor Nunes Leal, o mecanismo engendrado envolvia duas esferas de atuação: (i) a local, pela qual os coronéis se valiam de seu poder para produzir maiorias mediante voto de cabresto, possibilitado pela ausência de direito ao sigilo, obrigando cada eleitor sob seu jugo a escolher o candidato por eles indicado; ainda no nível local, o controle da polícia, dos juízes e dos demais cargos políticos pelos coronéis garantia que as Atas de Votação elaboradas pelas Câmaras Municipais, sempre presididas por um membro do Partido Republicano, fossem

---

[54] TREVISAN, Leonardo. *A República Velha*, op. cit., p. 19. Ainda assim, cuida-se, até hoje, da fase mais longeva da institucionalidade republicana nacional, inaugurada em novembro de 1889 e encerrada em novembro de 1930. A Constituição de 1891 permaneceu em vigor por 39 anos.

[55] Essa era a crítica da Aliança Liberal, que apoiou Getúlio Vargas, ao governo de Washington Luís, que nega ter dito a frase que passou para a história como de sua autoria (v. MAGANO, Octávio Bueno. Washington Luís e a questão social. *Revista da Faculdade de Direito da USP*, 1995. Disponível em: https://www.revistas.usp.br/rfdusp/article/download/67288/69898/88704. Acesso em: 26 jun. 2022). Independentemente de ser ou não o autor da frase, fato é que, na Primeira República, os governos lidavam com a questão social como foco de desestabilização política, aplicando-lhe a repressão policial como resposta.

[56] O título de Coronel era outorgado pelo Poder Central ao chefe local, autorizando-o a possuir "gente armada" a seus serviços. TREVISAN, Leonardo. *A República Velha*, op. cit., p. 24.

assinadas por uma maioria favorável ao seu mando, garantindo a vitória de seus candidatos através da degola (não reconhecimento da vitória) dos oposicionistas; (ii) a esfera central (federal), mediante a criação da Comissão de Verificação de Poderes, à qual cabia resolver dúvidas ou questionamentos sobre qual candidato havia sido eleito, atendendo a impugnações voltadas a eliminar o acesso da oposição.[57]

Os movimentos pendulares na história das ideias políticas, os discursos repetidos, ressuscitados em tempos críticos, e as contradições profundas na concepção da estatalidade podem ser verificados na comparação entre as soluções propostas para os problemas enfrentados pelo país em 1889 e as críticas e soluções que se ofereceram em 1930.

A debacle da monarquia e a subsequente Proclamação da República foram descritas como produto da "questão militar" – reclamos das classes armadas por sua maior participação política no governo.[58] Além da crise militar, a monarquia era alvo da insatisfação de setores socialmente novos[59] (os barões do café), contrariados com a excessiva centralização do governo, vista como maior obstáculo ao desenvolvimento dos negócios locais, necessários à prosperidade do país.[60] Os anseios de maior autonomia local determinaram a institucionalidade da Constituição de 1891, acolhendo o princípio federativo caracterizado pela autonomia das províncias, sua desvinculação do governo central, livre escolha de seus administradores, poderes legislativos por meio de assembleias locais e livre gerência de seus negócios, extinguindo o

---

[57] LEAL, Victor Nunes. *Coronelismo, enxada e voto.* 7. ed. São Paulo: Companhia das Letras, 2012. Ver também: CARVALHO, José Murilo. *Cidadania no Brasil, op. cit.,* p. 89-96.
[58] A Guerra do Paraguai é tradicionalmente localizada na origem das insatisfações alimentadas dentro das Forças Armadas contra o Imperador e suas alianças políticas, que alijavam os militares das decisões do governo e privilegiavam apadrinhamentos políticos na definição do alto escalão, preterindo os oficiais que voltavam do campo de batalha. Da Guerra, teriam provindo, ainda, pressões contra o regime escravocrata, que vigorava somente no Brasil; floresceram ideias, ainda vagas, de mudança contra o regime monárquico, que também era caso isolado na região; precipitaram-se instabilidades políticas e econômicas que abalaram o gabinete liberal do Ministério Zacarias de Góis, cuja política de corte de gastos, críticas à guerra e enfrentamento político do Império levou o Imperador a tentar provocar o enfrentamento entre o poder militar e o poder civil para atenuar seu desgaste junto ao Partido Conservador. A grave crise financeira mundial de 1875, seguida da grave seca que atingiu o Brasil entre 1877 e 1879, abalou as exportações agrícolas e contribuiu para fulminar o apoio ao Imperador. Neste sentido: TREVISAN, Leonardo, *A República Velha, op. cit.,* p. 14-16.
[59] CARDOSO, Fernando Henrique. O Brasil republicano: estrutura de poder e economia. *In*: HOLANDA, Sérgio Buarque; FAUSTO, Boris (org.). *História Geral da Civilização Brasileira.* v. 8. São Paulo: Difusão Europeia do Livro, 1975.
[60] TREVISAN, Leonardo, *A República Velha, op. cit.,* p. 21.

regime de tutela severa que tendia a cercear ou anular as deliberações dos parlamentos provinciais. Dizia o Manifesto de 3 de dezembro de 1870, de fundação do Partido Republicano:

> A centralização, tal qual existe, representa o despotismo, dá força ao poder pessoal que avassala, estraga e corrompe os caracteres, perverte e anarquiza os espíritos, comprime a liberdade, constrange o cidadão, subordina o direito de todos ao arbítrio de um só poder, nulifica de fato a soberania nacional, mata o estímulo do progresso local, suga a riqueza peculiar das províncias, constituindo-as satélites obrigados do grande astro da corte – centro absorvente e compressor que tudo corrompe e tudo concentra em si – na ordem moral e política, como na ordem econômica e administrativa.[61]

Por sua vez, a queda da República Velha e a Revolução de 1930 foram associadas, no plano político-institucional, novamente ao sentimento de desprestígio das classes armadas, que, mais uma vez, desejavam ter mais espaço nas tomadas de decisões políticas. O tenentismo veiculou as queixas dos militares ao longo da década de 1920. No plano institucional, o culpado agora seria não o excesso de centralização, mas o excesso de federalismo ou localismo,[62] que exacerbou o poder das oligarquias locais e consolidou o "coronelismo". A prometida representação democrática na escolha dos governantes foi sequestrada tanto pela ínfima participação popular nas eleições como pelo uso da força (cabresto) e do arbítrio (fraudes, degolas). Victor Nunes Leal, em sua célebre tese de livre docência de 1948,[63] condensou e sistematizou a análise desse mecanismo político, que deturpou a democracia representativa no Brasil e controlou o acesso aos cargos eletivos em toda a Federação. Esse arranjo só foi abalado quando a crise do café fragilizou

---

[61] O manifesto, de autoria de Silveira Martins, encontra-se transcrito na obra de Américo Brasiliense, *Os programas dos partidos e o 2º Império*, p. 76-80, replicada em: NEQUETE, Lenine. *O poder judiciário no Brasil a partir da independência*. II – República. Brasília: Supremo Tribunal Federal, 2000. p. 13-16.

[62] José Murilo de Carvalho afirma que "todos os reformistas estavam de acordo em um ponto: a crítica ao federalismo oligárquico. Federalismo e oligarquia eram por eles considerados irmãos gêmeos, pois era o federalismo que alimentava as oligarquias, que lhes abria amplo campo de ação e lhes fornecia os instrumentos de poder. Desenvolveu-se nos círculos reformistas a convicção de que era necessário fortalecer o poder central como condição para implantar as mudanças que se faziam necessárias" (*Cidadania no Brasil*, p. 93).

[63] Originalmente, a tese foi intitulada *O município e o regime representativo no Brasil: contribuição ao estudo do coronelismo*. No ano seguinte, em 1949, foi publicada sob o título *Coronelismo, enxada e voto*.

a força econômica das oligarquias dominantes. Artigo publicado por Sérgio Buarque de Holanda, quando era jornalista correspondente dos Diários Associados em Berlim, datado de março/abril de 1930, é revelador do abalo econômico sofrido: "Compreende-se perfeitamente na Alemanha que o Brasil, devido às dificuldades a que chegou a sua defesa do café, atravesse, de fato, no momento, uma crise séria e que, já sob o ponto de vista puramente sentimental, deva ser mal recebida toda medida em virtude da qual sofra um entrave a venda de café em um dos países consumidores". Na época, a Alemanha elevava o imposto de importação do café (prejudicando nossas exportações), num momento "em que as finanças do Reich requerem, como absoluta necessidade, um acréscimo de receita", diante das "suas consideráveis obrigações de guerra e com sua situação financeira bastante tensa".[64]

Ao lado do federalismo, alvo da crítica de diferentes matizes ideológicos, o Poder Judiciário, especialmente o Supremo Tribunal Federal, era retratado como instrumento de manutenção das engrenagens do localismo contra o governo federal.[65] Alguns anos antes da Revolução de 1930, investidas sobre suas competências restringiram os casos que o Poder Judiciário poderia decidir. Os anos de Ruy Barbosa como referência jurídica perderam vigor no início dos anos 1920.[66] Nas palavras de Faoro, sua herança foi "diluída pelos seus quase contemporâneos, armados de fuzil e de ânimo de sacrifício".[67] O discurso do constitucionalismo liberal, sem pé na realidade, perdeu espaço para o do realismo autoritário, proposto por Oliveira Vianna e Francisco Campos, cuja força explicativa dos problemas nacionais e propositiva de soluções alcançou preponderância sobre as demais alternativas que se apresentavam.[68] O novo discurso foi traduzido e implementado nas

---

[64] BUARQUE DE HOLANDA, Sérgio. A elevação dos direitos aduaneiros sobre o café. *In*: COSTA, *Sérgio Buarque de Holanda, op. cit.*, p. 37.
[65] TORRES, Alberto. *A organização nacional*. São Paulo: Companhia Editora Nacional, 1914. VIANNA, Francisco José de Oliveira. As garantias da magistratura nos regimes autoritários (O artigo 177 da Constituição Federal de 1937). *In*: VIANNA, Francisco José de Oliveira. *Ensaios inéditos*. Campinas: UNICAMP, 1991. p. 149-199.
[66] Falecido em 1923, Ruy Barbosa estaria desgostoso com os rumos que a política nacional assumira no governo de Epitácio Pessoa, de quem foi adversário nas eleições de 1919. Diante da duradoura intervenção federal no estado da Bahia, Ruy Barbosa renunciou ao cargo de Senador em 1921, afirmando considerar-se um "corpo estranho" na política. V. GONÇALVES, João Felipe. *Rui Barbosa*: pondo as ideias no lugar. São Paulo: FGV, 2000.
[67] FAORO, *Os donos do poder, op. cit.*, p. 744.
[68] ROSENFIELD, Luís. Sobre idealistas e realistas: o Estado Novo e o constitucionalismo autoritário brasileiro. *Veritas*, Porto Alegre, v. 65, n. 1, p. 1-19, jan./mar. 2020. A institucionalização do novo regime atraiu propostas de introdução do modelo parlamentarista

leis e nas constituições do período, desde o decreto que instaurou o Governo Provisório até a Constituição do Estado Novo, encontrando um freio apenas na Constituição de 1934, rapidamente desfigurada. O Supremo Tribunal Federal foi alvo de retaliação do Executivo Federal nos anos finais da Primeira República: a Reforma de 1926 enterrou um dos principais legados simbólicos da Corte de Ruy Barbosa, impondo, contra a doutrina brasileira do *habeas corpus*, a chamada doutrina das questões políticas. A nova gramática autoritária, que se consolidaria no fim daquele quadriênio como discurso hegemônico, encontrando seus canais políticos de expressão ao longo da Era Vargas, despontou na década de 1920, com o presidencialismo reformado. O Supremo Tribunal Federal, que muitas vezes deu guarida a opositores e presos políticos, atendendo a oligarquias descontentes com o governo federal, seria um dos alvos do discurso autoritário, tanto na Reforma de 1926, ano da Revolução Paulista (terceira frente tenentista), pela qual a Corte foi impedida de conceder *habeas corpus* contra atos do governo no estado de sítio (memória da Revolução de 1922, quando o Supremo Tribunal Federal deferiu *writs* aos revoltosos), como no novo regime inaugurado em 1930, quando a retaliação se deu pela razão contrária: a negativa do pedido de *habeas corpus* a um dos principais tenentes revoltosos de 1924, Eduardo Gomes, amigo pessoal de Getúlio Vargas.[69]

A República Velha não era democrática. A falácia do liberalismo político e econômico, a suspensão frequente dos direitos e garantias individuais (importantes marcadores do constitucionalismo), a ativação habitual dos mecanismos de exceção do estado de sítio e da intervenção federal e a proibição do controle judicial de atos dos poderes políticos foram as marcas do regime, que contrariava a gramática liberal de juristas como Ruy Barbosa, Pedro Lessa e Assis Brasil – os quais não deixavam de criticar a prática de deturpações do liberalismo político pelos governos e exigiam a reforma das instituições liberais para reforçá-las contra o autoritarismo e as arbitrariedades dos governos locais e federal.

---

e até mesmo de restauração monárquica – o que, bizarramente, voltou a ser objeto de consulta popular em 1993 e, ainda mais espantoso, foi aventado por apoiadores do candidato Jair Bolsonaro nas eleições de 2018, que cogitou ter como vice um "herdeiro" da "Coroa". Sobre os bastidores da escolha e da desistência, no último lance, do nome de Luís Philipe Orleans e Bragança: OYAMA, Thaís. *Tormenta*. O governo Bolsonaro: crises, intrigas e segredos. São Paulo: Companhia das Letras, 2020.

[69] O tema será objeto de estudo no capítulo 3 desta pesquisa.

Em 1930, era compartilhada entre os principais pensadores políticos e constitucionalistas, dos diversos matizes ideológicos, a convicção de que o sistema da Constituição de 1891, incrementado pela ação de seus principais intérpretes,[70] teria servido antes à manutenção do domínio dos clãs locais do que ao desenvolvimento da nação.[71] O mecanismo liberal, viciado nos níveis econômico e político-eleitoral em benefício da oligarquia cafeeira, foi alvo de críticas, protestos políticos, reivindicações operárias e manifestações culturais e intelectuais, que o associaram a mero projeto de poder do interesse das elites governantes. Em artigo publicado na revista *Cigarra*, em 1920, Sérgio Buarque de Holanda unia sua crítica à dos pensadores realistas da época: "Bussolados pelo interesse próprio que quase em regra não é o da nação, esses políticos barafustam-se em intentonas egoístas cujo único norte é o lucro próprio. Eis como no Brasil se faz, de meros bonifrates de circo, homens representativos".[72] Ao que acrescentou: "A democracia no Brasil foi sempre um lamentável mal-entendido".[73]

O clima revolucionário significou o fim da crença em reformas por dentro do sistema e a convergência de diversos grupos sociais na sua derrubada, por fora das regras do jogo. Se a Revolução tinha boas causas, ainda precisava de um pretexto justificador, que surgiu: (i) a insistência de Washington Luiz em fazer seu sucessor o paulista Júlio Prestes, arrebentando o último fio que segurava a Primeira República – a

---

[70] O cânone intelectual da geração era Ruy Barbosa, transformado em nêmesis do realismo sociológico defendido por Oliveira Vianna. Ruy Barbosa não era um federalista radical. Defendia o federalismo como medida de descentralização meramente administrativa, mas não política, que permaneceria sob orientação do governo federal, como ocorria nos Estados Unidos da América, seu modelo inspirador. Assim se manifestou Ruy Barbosa, em artigo publicado a 3 de outubro de 1889, às vésperas da queda da Monarquia Unitária e da institucionalização da República Federativa, por ele defendido em artigos de jornal então publicados: "Invocamos o exemplo dos Estados Unidos unicamente quando se tratou de discernir a centralização política e a centralização administrativa, comprovando, ao mesmo tempo, a compatibilidade absoluta entre a centralização política e a forma federal". BARBOSA, Rui. *Queda do Império*, p. 25. Disponível em: https://bibliotecadigital.stf.jus.br/xmlui/handle/123456789/212. Acesso em: 26 jul. 2022.

[71] LEAL, Victor Nunes. *Coronelismo, enxada e voto*. 7. ed. São Paulo: Companhia das Letras, 2012. VIANNA, Francisco José de Oliveira. *O idealismo da Constituição*. São Paulo: Companhia Editora Nacional, 1927.

[72] BUARQUE DE HOLANDA, Sérgio. A bandeira nacional. *In*: COSTA, Marcos (org.). *Sérgio Buarque de Holanda*. Escritos coligidos. Livro I – 1920-1949. São Paulo: UNESP, Fundação Perseu Abramo, 2011. p. 12.

[73] BUARQUE DE HOLANDA, Sérgio. Corpo e alma do Brasil: ensaio de psicologia social. *Espelho*, Rio de Janeiro, mar. 1935. *In*: COSTA, Marcos (org.). *Sérgio Buarque de Holanda*. Escritos coligidos. Livro I – 1920-1949. São Paulo: UNESP, Fundação Perseu Abramo, 2011. p. 66.

sólida aliança entre Minas e São Paulo –; (ii) a derrota de Getúlio Vargas, atribuída à fraude nas urnas, seguida do assassinato, não relacionado ao contexto eleitoral, do candidato a vice, João Pessoa.

A Primeira República não era democrática, mas oligárquica. Não era liberal, mas autoritária. Os governos foram marcados por medidas de exceção como o estado de sítio e as intervenções federais, a princípio transitórias, ao fim cada vez mais frequentes e duradouras. O Estado agia economicamente, salvo para implementar direitos sociais, trabalhistas e previdenciários, com respaldo no discurso constitucional liberal da época, um "liberalismo canalizado e adequado para servir de suporte aos interesses das oligarquias, dos grandes proprietários de terra e do clientelismo".[74]

Essas contradições não impediram que as noções de democracia eleitoral e de liberalismo se tornassem o espantalho do regime anterior: residiriam nelas as fontes de todos os problemas do nosso país. O conceito de democracia foi objeto de ressignificação através do que se pode chamar de guerra cultural contra a democracia liberal. As ideias autoritárias contaram com o colaboracionismo jurídico para sua articulação, organização e institucionalização. As propostas de mudança naturalmente se inclinaram para a defesa de um conceito de democracia autoritária ou ditadura.[75]

1.2 Ascensão do pensamento constitucional autoritário: da apologia do governo forte não autoritário, de Alberto Torres, à defesa da "democracia autoritária" de Oliveira Vianna, Francisco Campos e Miguel Reale

Na agonia da Primeira República, sobressaiu-se o pensamento jurídico autoritário, mais organizado e mais próximo do poder político

---

[74] WOLKMER, Antonio Carlos. *História do direito*: tradição no Ocidente e no Brasil. 11. ed. Rio de Janeiro: Forense, 2019. p. 251.

[75] Pregava, abertamente, Juarez Távora, um dos mais destacados líderes tenentistas, promovido a major pelo Governo Provisório: "Foi para realizar a tarefa de renovar o país que se instituiu, em fins de 1930, uma ditadura no Brasil. Essa obra prévia de desentulho, a ditadura só poderá dar por concluída quando houver separado, criteriosamente, o joio do trigo, os elementos imprestáveis, inadequados ou apodrecidos dos esteios bons que também se encontram sob os destroços da velha ordem" (*apud* NETO, Lira. *Getúlio*: do governo provisório à ditadura do Estado Novo (1930-1945). São Paulo: Companhia das Letras, 2013. p. 15).

e oligárquico do que as demais correntes ideológicas da época. O ânimo revolucionário antissistema foi-lhe útil, mas suas consequências seriam controladas, de modo a reconduzir o país ao conservadorismo da tradição e da ordem e a repelir as tendências esquerdistas que surgiam no país e disputavam a simpatia do crescente proletariado urbano. O controle da classe trabalhadora "pelo alto", aos moldes do regime corporativista em ascensão na Europa, respondeu à pressão gerada pelas greves e pela disseminação de ideias anarquistas e comunistas. O gaúcho e ex-líder tenentista Luís Carlos Prestes serviu de espantalho ao discurso anticomunista, alçado a principal inimigo do regime.

Houve importante simbiose entre a elite intelectual e os militares,[76] com visíveis ecos do discurso tenentista na corrente de pensamento denominada de realismo, que se reivindicou científico e sociológico e contou, na sua interpretação do Brasil, da sua terra e da sua gente, com a sofisticação intelectual de literatos como Euclides da Cunha,[77] cuja obra foi explorada por juristas detentores de compreensão avançada dos mecanismos de funcionamento do aparelho estatal, com destaque para Francisco Campos, Oliveira Vianna e, em menor extensão, Miguel Reale.[78]

---

[76] Sobre o discurso do tenentismo, ver item 1.1.

[77] A obra *Os sertões*, à qual Euclides da Cunha conferiu tom de investigação acadêmica e rotulou como cobertura de guerra e reportagem jornalística, foi publicada em 1902, inaugurando o pré-modernismo no Brasil. Viajando pelo interior do país como correspondente do jornal *O Estado de São Paulo*, Euclides é incluído como um dos "descobridores" do distante e silenciado interior do país ao escrever um romance histórico pautado por pretensões de leitura sociológica e geográfica da realidade nacional. Sua referência principal, no capítulo que trata do "Homem" (o sertanejo), foi a obra do diplomata e filósofo francês Arthur de Gobineau, influenciando a visão do literato brasileiro – e de seus apóstolos nas academias jurídicas – a respeito do sertanejo, como "sub-raça" fadada à eliminação em razão, entre outros fatores, de sua suposta inferioridade intelectual: "Intentamos esboçar, palidamente embora, ante o olhar de futuros historiadores, os traços atuais mais expressivos das sub-raças sertanejas do Brasil. E fazemo-lo porque a sua instabilidade de complexo de fatores múltiplos e diversamente combinados, aliada às vicissitudes históricas e deploráveis situação mental em que jazem, as tornam talvez efêmeras, destinadas a próximo desaparecimento ante as exigências crescentes da civilização [...]. O jagunço destemeroso, o tabaréu ingênuo e o caipira simplório serão em breve tipos relegados às tradições evanescentes ou extintas". CUNHA, Euclides. *Os sertões*. São Paulo: Nova Cultural, 2002. p. 9.

[78] A presente pesquisa não tem por objetivo investigar a biografia intelectual de cada um desses importantíssimos pensadores político-constitucionais brasileiros, tampouco avaliar as coerências e incoerências de suas obras no tempo. Focamos na produção diretamente ligada à Era Vargas, na qual suas inteligências foram fundamentais para a construção do pensamento constitucional autoritário. Para compreensão do perfil intelectual adaptativo de Francisco Campos como pensador político capaz de ler as circunstâncias e repensar seus posicionamentos, vale conferir o ensaio de Bonavides, as coletâneas de discursos e entrevistas de Francisco Campos, além dos seguintes estudos e suas respectivas bibliografias: (1) SEELAENDER, Airton Cerqueira Leite. Francisco Campos (1891-1968): uma releitura. *In*:

Os intelectuais dos anos 1925-1940 inquietavam-se com o problema da identidade nacional e da institucionalidade voltada a construí-la. Defendiam que as instituições deviam ser adaptadas ao que chamavam de "nossa realidade", criticando os pensadores do paradigma anterior e sua (assim considerada) admiração incondicional ao que vinha do estrangeiro. Denunciavam a passividade de tipo colonial da reflexão jurídica no país[79] e não estavam totalmente desprovidos de razão. O ufanismo, contudo, foi uma das pontas de lança do movimento autoritário, em retórica apelativa para "eliminar as instituições da República que, embora professando um liberalismo inspirado na ilusão de atingir a modernidade por imitação de modelos estrangeiros, opunham obstáculos à afirmação nacional".[80] Aproveitando-se da crise do liberalismo, alimentaram irresistível desconfiança contra os Poderes

---

FONSECA, Ricardo Marcelo (org.). *As formas do direito*: ordem, razão e decisão. (Experiências jurídicas antes e depois da modernidade). Curitiba: Juruá, 2013. p. 491-525. (2) PINTO, Francisco Rogério Madeira. *A formação do pensamento jurídico-autoritário brasileiro e sua concretização no Estado Novo*: Júlio de Castilhos, Oliveira Vianna, Francisco Campos e Carlos Medeiros Silva. Orientador: Argemiro Martins. 2018. 284f. Tese (Doutorado em Direito). Universidade de Brasília. Brasília: 2018. Da mesma forma que o de Francisco Campos, o pensamento de Oliveira Vianna não deve ser reduzido à concepção do desenho autoritário da institucionalidade política, que é o objeto deste livro. Sua importante contribuição para o desenvolvimento do direito e da justiça trabalhista é inapagável, embora embebida na mesma visão do regime corporativo autoritário que ajudou a conceber, no qual os sindicatos deviam permanecer sob estrito controle do governo federal. Não nos dedicamos aqui a todos os aspectos de sua obra, mas apenas à parte dela que interessa ao objeto específico de nosso estudo. Além da tese de Francisco Rogério Madeira Pinto, consultamos: (1) BRESCIANI, Maria Stella Martins. *O charme da ciência e a solução de objetividade*: Oliveira Vianna entre intérpretes do Brasil. São Paulo: UNESP, 2005. (2) CARVALHO, Jose Murilo. A utopia de Oliveira Vianna. *Revista Estudos Históricos*, Rio de Janeiro, v. 4, n. 7, p. 82-99, jul. 1991. (3) SANTOS, Rogério Dultra dos. *O problema da representação política na obra de Oliveira Vianna*: democracia e corporações. Disponível em: https://anpocs.com/index.php/papers-35-encontro/gt-29/gt35-8/1235-o-problema-da-representacao-politica-na-obra-de-oliveira-vianna-democracia-e-corporacoes/file. Acesso em: 28 jun. 2022. Por fim, Miguel Reale também possui produção mais vasta do que a aqui abordada. Além das memórias de sua autoria em que defende o Integralismo, foco do nosso estudo, Reale passou para a história como um dos maiores jusfilósofos brasileiros. Sua importância no desenvolvimento de estudos de filosofia jurídica no Brasil é objeto de artigo de Tércio Sampaio Ferras Júnior: FERRAZ JR., Tercio Sampaio. A filosofia do direito no Brasil e o papel de Miguel Reale. *In*: BITTAR, Eduardo C. (org.). *História do direito brasileiro*: leituras da ordem jurídica nacional. São Paulo: Atlas, 2003. p. 60-74. Especificamente sobre o colaboracionismo de Miguel Reale com ditaduras, há interessantes informações em artigo de Airton Seelaender: SEELAENDER, Airton Cerqueira Leite. Juristas e ditaduras: uma leitura brasileira. *In*: FONSECA, Ricardo Marcelo; SEELAENDER, Airton Cerqueira Leite (org.). *História do direito em perspectiva*: do Antigo Regime à Modernidade. 1ª ed. (2008). 4ª reimpr. Curitiba: Juruá, 2012. p. 415-432.

[79] FERRAZ JR., Tercio Sampaio. A filosofia do direito no Brasil e o papel de Miguel Reale. *In*: BITTAR, Eduardo C. (org.). *História do direito brasileiro*: leituras da ordem jurídica nacional. São Paulo: Atlas, 2003. p. 60-74.

[80] PÉCAUT, Daniel. *Os intelectuais e a política no Brasil, op. cit.*, p. 14.

Judiciário e Legislativo e adotaram a linguagem econômica da eficiência para livrar o Poder Executivo dos freios impostos pela Constituição.

Coube a Alberto Torres, precisamente um ex-ministro do Supremo Tribunal Federal,[81] o pioneirismo no desenvolvimento da crítica jurídica ao discurso liberal brasileiro da Primeira República, sobretudo à sua faceta bacharelesca, metafísica, principiológica, que ele apontava como meramente retórica, destituída de efeitos práticos. Torres foi, reconhecidamente, um dos mais influentes pensadores políticos do início do século XX no Brasil.[82] Comandou, segundo Faoro, "a corrente de homens que perderam a fé na Carta de 1891".[83] As instituições eram pensadas pragmaticamente, à luz da realidade social do país, dos jogos de poder, da nossa origem colonial, agrícola, escravocrata, latifundiária e do cenário internacional. O liberalismo seria mero irrealismo.

Torres inspirou pensadores de variados espectros ideológicos. Em 1935, Sergio Buarque de Holanda aludiu a ele como "um publicista cuja obra goza hoje de grande popularidade".[84] O arcabouço ideológico nacionalista do tenentismo se fundou na sua visão de nação.[85] Suas ideias perduraram tanto por obra do Clube 3 de Outubro, com seus tenentes de farda e de casaca (os civis que integraram o grupo), como da Sociedade de Amigos de Alberto Torres.

Não se pode acusar Torres de ser militante do autoritarismo. Suas principais obras[86] foram publicadas entre 1910 e 1915, no contexto de ascensão do nacionalismo na Europa, um dos fatores determinantes dos conflitos que desaguaram na Primeira Guerra Mundial. O fascismo, porém, ainda não havia sido teorizado. Um ponto importante de sua

---

[81] Alberto Torres desenvolveu sua obra depois de se aposentar no cargo de ministro do Supremo Tribunal Federal, que exerceu entre 1901 e 1909.

[82] Neste sentido: CARVALHO, José Murilo. *Cidadania no Brasil, op. cit.*, p. 93.

[83] FAORO, *Os donos do poder, op. cit.*, p. 750.

[84] BUARQUE DE HOLANDA, Sérgio. Corpo e alma do Brasil: ensaio de psicologia social. *Espelho*, Rio de Janeiro, mar. 1935. In: COSTA, Marcos (org.). *Sérgio Buarque de Holanda*. Escritos coligidos. Livro I – 1920-1949. São Paulo: UNESP, Fundação Perseu Abramo, 2011. p. 65.

[85] Foi o que afirmou Juarez Távora, em suas memórias sobre a Marcha Tenentista de 1924. Sobre o tema: TÁVORA, Juarez. v. 3 Rio de Janeiro: Mendonça, Machado & Cia., 1928.

[86] Consultamos duas, ambas publicadas, pela primeira vez, em 1914: (1) TORRES, Alberto. *O problema nacional brasileiro*. 3. ed. São Paulo: Nacional, 1938; e (2) TORRES, Alberto. *A organização nacional*. São Paulo: Nacional, 1938. Para compreensão contextualizada da obra de Alberto Torres, consultamos: LIMA SOBRINHO, Barbosa. *Presença de Alberto Torres*. Rio de Janeiro: Civilização Brasileira, 1968. Informações biográficas sobre Alberto Torres encontram-se em fontes abertas. Disponível em: https://cpdoc.fgv.br/sites/default/files/verbetes/primeira-republica/TORRES,%20Alberto.pdf. Acesso em: 26 jul. 2022.

crítica se dirigia ao debate jurídico, perdido em discussões bizantinas, abstratas, segundo ele voltadas antes a ilustrar anais de discursos políticos do que a solucionar os nossos problemas. Criticava a ilusão quanto à "eficiência da verdade eleitoral como base da representação das correntes de ideias". Não se posicionava, *a priori*, contra a democracia eleitoral (como fizeram seguidores como Oliveira Vianna e Francisco campos), mas, sim, à luz da prática eleitoral no país:

> [...] um país de constituição democrática, cujo processo eleitoral é fictício ou fraudulento, repousa sobre uma mentira flagrante. Tal democracia não se distingue, politicamente, de qualquer autocracia ou oligarquia, senão pela irresponsabilidade dos que exercem a ditadura.[87]

Seu pensamento, dissonante do discurso liberal doutrinário ainda dominante na sua época, dirigia-se contra o academicismo destituído de pragmatismo, incapaz, na sua visão, de estruturar o governo do Estado nacional, que devia ser forte para coordenar a sociedade e desenvolver a economia, num país que, segundo entendia, vivia uma anarquia interna e precisava "constituir artificialmente a nacionalidade".[88]

Seu diagnóstico, ainda hoje persuasivo e largamente negligenciado, era que o liberalismo fora responsável por gerar forças econômicas despóticas, meramente trocando "o despotismo do Estado pelo despotismo de indivíduos e grupos eventualmente mais fortes". O nacionalismo seria, por seu lado, útil no jogo de forças no plano internacional, em que as nações mais fracas eram aprisionadas pelo imperialismo econômico, que minava sua independência.[89] Torres partia de uma distinção entre, de um lado, um conceito de "governo forte", que ele defendia, e, de outro, os conceitos de "autoridade", "império", "majestade", "arbítrio", "despotismo", que ele combatia.[90]

Torres é o principal representante de uma corrente de intelectuais que, ainda durante a Primeira República, pensavam em soluções para dois problemas: (i) o poder político dos clãs dominantes nas províncias, visto como obstáculo ao poder da União e ao projeto de "desenvolvimento nacional"; e (ii) o crescente proletariado urbano,

---

[87] TORRES, *A organização nacional*, op. cit., p. 101.
[88] TORRES, *O problema nacional brasileiro*, op. cit., p. 95.
[89] TORRES, *A organização nacional*, op. cit., p. 231 e 292.
[90] TORRES, *A organização nacional*, op. cit., p. 231.

cujas condições periclitantes de vida e de trabalho ameaçavam a ordem necessária ao governo.

A questão social produzia, segundo Torres, "atitudes extremas do proletariado, como a pretensão de dominar a sociedade, a guerra à burguesia e às classes letradas". O governo devia, por isso, proteger o operário contra os "abusos da exploração industrial" e assegurar-lhe "condições ordinárias de saúde e de bem-estar", sem exageros que gerassem o que chamou de "desequilíbrio". A finalidade da regulação das relações de trabalho pelo governo era prevenir a sociedade contra o "estado permanente de instabilidade", que levava o proletariado a procurar "edificar novas tiranias, pretendendo destruir as velhas", acreditando em "fundas utopias".[91] Evidentemente, sua preocupação era o avanço do anarquismo.

Torres partia de um conceito positivista de Estado, mantenedor da ordem e do progresso, forte o suficiente para frear as forças sociais dominantes – tanto os economicamente poderosos como as classes laboriosas, associações políticas e organizações da sociedade civil. Ele não deixava de se preocupar, contudo, com o perigo de o pêndulo ser esticado para o lado oposto, ou seja, um governo forte vir a se tornar "um jugo para a sociedade e uma opressão para o indivíduo".[92] Sem desenvolver o desenho adequado, afirmava a necessidade de "certo equilíbrio entre a sociedade e o governo", como, na sua visão, havia na Alemanha de Weimar. Mais do que isso, Torres antevia a possibilidade de o equilíbrio não sobreviver, por muito tempo, aos "impulsos espontâneos da sociedade",[93] que, naqueles anos, vivia a iminência da Primeira Guerra. Sua defesa de um governo forte, mas não autoritário, significava "o governo forte em seu papel de apoiar e desenvolver o indivíduo e de coordenar a sociedade, num regime de inteira e ilimitada publicidade e de ampla e inequívoca discussão".[94]

Seu plano de reorganização do Estado girava sobre o eixo nacionalista, que percebia como uma "renovação doutrinária que influenciará as décadas seguintes".[95] O nacionalismo não seria, na sua concepção, um valor a ser cultivado em si mesmo. Pragmático e utilitarista, ponderava a necessidade de adaptação das instituições,

---

[91] *Idem*, p. 319-320.
[92] *Idem*, p. 230.
[93] *Idem*.
[94] FAORO, *Os donos do poder*, op. cit., p. 750.
[95] *Idem*.

não acreditando em princípios permanentes, eternos, imutáveis, mas, sim, nas necessidades do momento – e, para ele, o nacionalismo era, naquele momento, útil para atingir os fins de desenvolvimento da nação. Para Torres, uma nova noção de pátria estava se formando "não para fixar-se: a evolução é contrária à fixidez; mas para dirigir, por muitas dezenas de anos, o sentimento de relação entre o homem e o ambiente nacional".[96] Ponderava que o nacionalismo não seria necessário "para povos formados" e gerava o risco de degenerar na "exacerbação mórbida do patriotismo". Porém, seria "necessidade elementar para um povo jovem, que jamais chegará à idade da vida dinâmica, sem fazer-se 'nação', isto é, sem formar a base estática, o arcabouço anatômico, o corpo estrutural, da sociedade política".[97]

Para esse fim, Torres defendia o Primado da União sobre os estados e o princípio geral da intervenção federal, sob forma política ou judiciária (possível influência da sua passagem pelo Supremo Tribunal Federal), como único meio de alcançar a unidade política da República, "a proteção da liberdade comercial contra os abusos da tributação estadual"[98] e as mais diversas (e fluidas) finalidades (inclusive para restabelecer a paz e a legalidade em regiões "anarquizadas" e para "tornar efetivas as garantias constitucionais à liberdade, à segurança, à propriedade, assegurar aos cidadãos bem-estar, prosperidade e educação, direito ao trabalho e a seus instrumentos, bem como à justa remuneração").[99]

Torres pensava na União como solução para o atraso político-econômico produzido pelo provincianismo – vale lembrar que as províncias detinham competência para legislar sobre todas as matérias, na Constituição de 1891. Não aparece no pensamento de Torres a possibilidade de a União também ser causadora do atraso, ou de o governo federal forte ser mais retrógrado do que os governos locais – embora os presidentes da República fossem, eles próprios, membros das duas principais oligarquias e defensores de seus interesses. O governo federal forte lhe parecia uma boa solução para a ditadura dos clãs locais, valendo-se da intervenção federal como meio de eliminar o "domínio de mandões e de caudilhos", "contrários ao regime constitucional".[100]

---

[96] TORRES, *A organização nacional*, op. cit., p. 131.
[97] TORRES, *O problema nacional brasileiro*, op. cit., p. 95.
[98] TORRES, *A organização nacional*, op. cit., p. 231.
[99] *Idem*, p. 304.
[100] *Idem*, p. 311.

Apesar da defesa da centralização de poderes na União e da redução da autonomia federativa dos Estados (pensamento antifederalista), não se extrai da obra de Torres a proposta, que somente viria a se consolidar na doutrina dominante da Era Vargas (desenvolvida por autoproclamados "discípulos" de Alberto Torres), de eliminação do princípio da separação horizontal de poderes, por meio do Primado do Executivo.

No âmbito da separação horizontal de poderes, Torres concebeu a introdução de um Poder Coordenador, a cujo desenho dedica preciosas páginas de sua obra. Seu exercício caberia ao Conselho Nacional, composto pelos titulares dos três poderes (com direito de voto proporcional) e do Instituto de Estudo dos Problemas Nacionais, a ser criado,[101] com um representante em cada província (procurador da União) e em cada município (delegado federal). Com competências de estudar, supervisionar, consolidar e harmonizar a legislação federal e a local em todo o país, Torres pretendia que fosse atribuído a esse órgão o controle prévio e abstrato de constitucionalidade: "Declarar, genérica e obrigatoriamente, a inconstitucionalidade das leis e atos dos Poderes Federais, das Províncias e das autoridades municipais, mediante representação de qualquer autoridade ou cidadão, ou *ex officio*".[102]

Por fim, Torres repetia velhas desconfianças contra o sufrágio universal e restringia o conceito de soberania popular com noções anacrônicas, do século XIX (como as de Constant ou Mill): "Se há uma verdade solidamente conquistada pela nossa inteligência é a da incapacidade das massas para o governo".[103] A democracia representativa eleitoral levaria ao governo das "necessidades de momento, ao fim imediato, ao ponto de vista direto, aos aspectos superficiais dos fatos, dos interesses e das tendências". Em visão elitista, afirmava: "Em nenhum país, o mandato político está, atualmente, em mãos dos mais capazes".[104] A solução seria a eleição indireta do presidente e do vice-presidente da República por um "eleitorado especial": além dos parlamentares, os magistrados, membros do Ministério Público, professores de ensino superior e secundário, membros de associações científicas, artísticas,

---

[101] *Idem*, p. 370-379.
[102] *Idem*, p. 372. Como veremos no capítulo 3, há ecos dessas ideias na Constituição de 1934.
[103] *Idem*, p. 356.
[104] *Idem*, p. 357.

profissionais, sindicais, sociais ou morais, reconhecidas pelo governo.[105] Um retorno à noção estamental da estatalidade.

O pensamento constitucional de Torres serviu à direita e à esquerda.[106] Sobressaiu sua apologia do governo forte, a demofobia ou descrença no sufrágio universal e a crítica ao constitucionalismo formal do liberalismo, desapegado de considerações pragmáticas quanto à realidade social e indiferente à grave questão social. Na década de 1930, os discípulos de Torres não agregaram ao seu pensamento as advertências do mestre contra o autoritarismo. Ao contrário, defenderam, como modelo de sucesso, o regime de autoridade, centrado no conceito de democracia autoritária, fundada no corporativismo nazifascista, que se disseminava na Europa, representando a superação do princípio da separação de poderes e a institucionalização do Primado do Executivo como saída para todos os nossos problemas.

Emulada (e, em parte, distorcida)[107] por ideólogos do regime autoritário, a obra de Torres, escrita às vésperas da Primeira Guerra

---

[105] *Idem*, p. 368. A eleição de mais da metade dos senadores também seria em bases estamentais, escolhidos, com diferentes proporções (sem igualdade de voto): pelo Clero Católico; por sacerdotes de outras religiões; pela "Igreja e Apostolado Positivista Brasileiros"; por congregações acadêmicas, científicas, literárias e artísticas reconhecidas pelo governo; pelo corpo de magistrados e advogados; de médicos, farmacêuticos e cirurgiões-dentistas; de engenheiros e industriais; de agroexportadores; de produtores varejistas; de banqueiros e comerciantes; de funcionários civis e militares; de jornalistas (TORRES, *A organização nacional, op. cit.,* p. 360-361).

[106] É forte a crítica de Torres, por exemplo, à condição social em que foram deixados os libertos, depois da abolição da escravatura, à condição social dos trabalhadores, à falta de acesso à educação, à hierarquia social mantida depois da Proclamação da República que beneficiou os senhores de terras, à exploração da riqueza do país em detrimento do interesse nacional, à falta de senso de dever de ação social dos intelectuais do país. Digna de nota é a passagem em que considera a questão das condições das distintas populações do país, percebendo-as como produto do meio, e não da natureza ou da raça: "É a lei, quase intuitiva, da evolução, que os tipos originários e os adaptados tendem a progredir; e, se se não tem, entre nós, verificado este fenômeno, é que deixamos em abandono à sorte de índios e de negros, em vida selvagem ou miserável, sem progresso possível" (TORRES, *A organização nacional, op. cit.,* p. 142). Virgínio Santa Rosa, por exemplo, usou lentes de esquerda para interpretar tanto Alberto Torres quanto Oliveira Vianna. SANTA ROSA, Virgínio. *A desordem*: ensaio de interpretação do momento. Rio de Janeiro: Schmidt, 1932. SANTA ROSA, Virgínio. *O sentido do tenentismo*. São Paulo: Alfa Ômega, 1976 [1ª ed.: 1933]. Auxiliou-nos, ainda, entrevista concedida por Christian Lynch ao *podcast* Salvo Melhor Juízo. SMJ#93: A Revolução Judiciarista. Entrevistado: Christian Lynch. Entrevistador: Thiago Hansen. [S.l.]: Spotify, 28 jan. 2020. Disponível em: https://salvomelhorjuizo.com/post/190531073448/smj-93-revolu%C3%A7%C3%A3o-judiciarista-2013-foi-um-ano. Acesso em: 25 ago. 2022.

[107] As diferentes recepções do pensamento político-constitucional de Alberto Torres, por intelectuais de esquerda e de direita, bem como certo anacronismo e possíveis distorções da crítica tardia à sua obra, foram abordadas por Airton Seelaender, em entrevista concedida no episódio 55 do *podcast* Salvo Melhor Juízo: SMJ#55: Juristas

Mundial, antes do surgimento do fascismo, ofereceu, anos mais tarde (e postumamente), fundamentos a publicistas defensores da ditadura carismática, articulando o novo constitucionalismo brasileiro sobre as bases do que Bolívar Lamounier chamou de pensamento autoritário brasileiro,[108] surgido no início da Primeira República. Seus principais ideólogos (especialmente Oliveira Vianna e Francisco Campos) foram importantes para difundir as ideias autoritárias, com a credibilidade que suas posições lhes conferiam. São os idealizadores por trás da Revolução de 1930 homens da *intelligentsia* daquele período.

No campo jurídico, Oliveira Vianna, Francisco Campos e, pouco depois, Miguel Reale[109] apropriaram-se do pensamento de Alberto Torres para dele extrair a legitimidade jurídica do governo autoritário, vinculado à ideia de construção da nacionalidade e de contenção das influências exóticas (liberalismo e bolchevismo), sem raiz na nossa realidade. A preocupação com a situação econômica da população urbana e rural no Brasil não pode ser descontextualizada de seu pano de fundo: os distúrbios causados pelo avanço de associações políticas de cariz comunista, socialista e anarquista, que vinham organizando greves de dimensões alarmantes.

O esforço teórico desses pensadores foi legitimar o autoritarismo de direita, sob o apanágio das leis e de teorias jurídicas da estatalidade – superando o mero governo *de facto*, baseado na força. O regime autoritário de direita foi teorizado para ocupar o lugar do sistema de referências constitucionais como freio antiautoritário, investindo contra sua capacidade explicativa das fontes legitimadoras do poder estatal. A

---

e Ditaduras. Entrevistado: Airton Seelaender. Entrevistadores: Thiago Hansen e Fernando Nagib. [S.l.]: Spotify, 2 out. 2017. Disponível em: https://open.spotify.com/episode/4UjiNUqRY8JIeAd7HnGgg6?si=Kk8j2PZLR0eIQoEdbmFxsg. Acesso em: 25 ago. 2022.

[108] LAMOUNIER, Bolívar. Formação de um pensamento político autoritário na Primeira República. *In*: FAUSTO, Boris (org.). *História Geral da Civilização Brasileira*. Tomo III. v. 2. São Paulo: Difel, 1985. p. 343-374. SANTOS, Wanderlei Guilherme. A práxis liberal no Brasil. *In: Ordem burguesa e liberalismo político*. São Paulo: Duas Cidades, 1978. p. 65-118.

[109] "No subconsciente da alma brasileira, estava, a pouco e pouco, se avolumando a corrente de uma autêntica revolução nacional. Os afluentes rolavam as suas águas na direção do grande rio da 'realidade brasileira', águas que provinham de fontes genuinamente nossas como Euclides da Cunha, Capistrano de Abreu, Alberto Torres." E ainda: "O realismo de Alberto Torres nos mostra que as reformas se iniciam com uma mudança de atitude em face dos problemas, e, para nós, brasileiros, essa atitude consiste em olhar para as coisas nacionais, em encarar as nossas questões com espírito nosso, sem fugirmos ao ritmo do século. Só assim é que a nossa nacionalidade será, como quis o mestre, 'feita pelo calor e pela energia de um espírito sobre a saúde de uma economia'" (REALE, *Obras políticas*, Tomo III, *op. cit.*, p. 76 e 103).

percepção disseminada de que o constitucionalismo de matriz liberal não passava de um falso discurso[110] ofereceu à elite intelectual politicamente mais organizada – a da direita autoritária – a chance de moldar o pensamento constitucional dominante que regeria a institucionalidade jurídica na Era Vargas, inspirando-se, sobretudo, no modelo então em vigor na maior parte da Europa.

No fim da década de 1920, o fascismo já era fato consumado no pensamento político-constitucional. Hermann Heller registrou seu assombro diante da crise "difícil e perigosa" enfrentada pelo Estado europeu e do "principal modelo" oferecido para sua "reforma total": o fascismo. Para ele, o ano de 1928 assinalou "o fim de uma organização provisória da construção fascista do Estado", consolidando sua estrutura e os novos mitos e ideias do mundo espiritual sobre o qual passou a repousar a institucionalidade estatal, surgindo como resposta à dificuldade do pensamento político da época em "dar uma configuração política satisfatória à democracia de massas. As formas e normas tradicionais não parecem estar à altura desta tarefa. [...] a fé na possibilidade de dar uma conformação democrática à sociedade [...] está muito quebrantada"[111]. A democracia representativa parlamentar, segundo Heller, "deve estabelecer-se de baixo para cima, pelo parlamento, a negociação, a inteligência, a discussão entre todos os grupos, não por ditadura violenta de cima para baixo".[112] Na obra *Europa e o fascismo*, de 1931, Heller constatou terem ficado no passado os tempos em que Mussolini negava ser o fascismo um artigo de exportação: "De lá para cá, Espanha, Portugal, Grécia, Polônia, Hungria e Turquia imitaram, mais ou menos fielmente, o fascismo", acrescentando que, "incluindo a Itália, trata-se dos países que contam com o maior número de analfabetos da Europa".[113]

No Brasil, a releitura descritiva da nossa "realidade sociológica", com foco na desarticulação política da sociedade, inspirou-se no projeto fascista e em sua defesa de um governo forte, único capaz de estabelecer um propósito comum à nação. Acumulava-se a impaciência

---

[110] "Falso o liberalismo, falsa a democracia, falsa a economia, falsas as premissas sobre que se assentam as instituições", segundo FAORO, *Os donos do poder*, p. 751.
[111] HELLER, Herman. *Europa y el fascismo*. Tradução: Francisco J. Conde. Madrid: Editorial España, 1931. p. 10-11, tradução nossa. Consultamos a tradução espanhola do original alemão. Os trechos da obra transcritos neste livro foram traduzidos para o vernáculo pela autora.
[112] *Idem*, p. 14.
[113] *Idem*, p. 9.

com os mecanismos da representação parlamentar para a democracia social de massas. Mussolini exercia atração sobre os teóricos brasileiros – servindo-lhes de fonte doutrinária e citado com veneração: "Mussolini disse que a democracia liberal é o regime que dá ao povo a ilusão intermitente de ser soberano. Essa afirmação é verdadeira tanto no Brasil como nos demais países do globo", dizia Reale em 1934.[114] É esse o contexto de produção das obras jurídicas fundamentais da Era Vargas, fundando o novo pensamento constitucional brasileiro.

Oliveira Vianna,[115] que pretendeu dar continuidade – e levar a novas fronteiras – o realismo político-sociológico de Alberto Torres, assumiu a missão de confrontar os cânones do constitucionalismo liberal. Nascido em 20 de junho de 1883, no Rio de Janeiro, e falecido em 28 de março de 1951, no mesmo estado, Vianna ocupou importantes funções no governo Vargas e chegou a ser convidado, em 1940, para ocupar o cargo de ministro do Supremo Tribunal Federal – mas declinou do convite, preferindo assumir o Tribunal de Contas da União. Foi ainda membro do Conselho Consultivo do Estado, Consultor Jurídico do Ministério do Trabalho a partir de 1932, membro da Comissão Itamaraty (encarregada, também em 1932, de elaborar o anteprojeto da Constituição de 1934) e membro da Comissão Revisora das Leis, no Ministério da Justiça. Além disso, em 27 de maio de 1937, foi eleito imortal da Academia Brasileira de Letras (ABL).[116]

O elogio à obra de Torres é recorrente em Vianna, que tenta convencer e angariar apoiadores mediante o autoelogio, a defesa de seu pretenso cientificismo e autoproclamado conhecimento técnico (por oposição ao ideológico) no estudo dos problemas políticos e constitucionais objetivos (daí o título *Problemas de política objetiva*, de uma de suas obras), atento à realidade sociológica e cultural do nosso povo, antes negligenciada:

> Torres e eu, o que um e outro fizemos – em relação ao conhecimento *científico* da nossa evolução e formação social, do ponto de vista especialmente da evolução das instituições políticas e da estrutura do Estado – consistiu,

---

[114] REALE, *Obras Políticas*, Tomo III, p. 185.
[115] Neste sentido: SANTOS, Rogério Dultra dos. O problema da representação política na obra de Oliveira Vianna: democracia e corporações. Disponível em: https://anpocs.com/index.php/papers-35-encontro/gt-29/gt35-8/1235-o-problema-da-representacao-politica-na-obra-de-oliveira-vianna-democracia-e-corporacoes/file. Acesso em: 28 jun. 2022.
[116] Disponível em: https://www.academia.org.br/academicos/oliveira-viana. Acesso em: 29 jul. 2022.

aqui, nesta novidade metodológica: considerar os problemas do Estado ou, melhor, os problemas políticos e constitucionais do Brasil, não apenas simples problemas de especulação doutrinária ou filosófica – como então se fazia e como era o método de Rui; mas como problemas objetivos, *vinculados à realidade cultural do povo* e, consequentemente, como problemas de *comportamento* do homem *brasileiro* na sociedade *brasileira* – de 'comportamento', no estrito e técnico sentido que a esta expressão dão os sociologistas americanos (como, por exemplo, Ralph Linton e Donald Pierson, em livros que estão hoje, em nosso país, nas mãos de todos os estudiosos das ciências sociais).[117] (Grifos no original)

A importância de Vianna no pensamento constitucional da Era Vargas é fato bem estabelecido nas pesquisas dedicadas ao tema. O contemporâneo Monteiro Lobato, apesar de suas diferenças com Vianna, a ele referiu-se como "o grande orientador de que o país precisava". Segundo José Murilo de Carvalho, "Oliveira Viana grassava ao final na década de 20. Seu livro de estreia, Populações meridionais, tinha tido enorme êxito e crítica quase unânime. Os livros seguintes, embora sem a mesma repercussão, tinham consolidado a fama do arredio fluminense". Na década de 1930, sua "influência política chegou ao auge. Oliveira Vianna estava nos céus".[118]

Um dos principais alvos de Vianna foi o chamado idealismo na Constituição de 1891.[119] Vianna dedicou-se à concepção de um novo modelo de estatalidade, pautado pelo pragmatismo, concebendo as funções dos poderes a partir do que ele chamava de realidade nacional, em oposição ao idealismo e ao formalismo do pensamento liberal,

---

[117] VIANNA, *Instituições políticas brasileiras*, op. cit., p. 379.
[118] CARVALHO, José Murilo. A utopia de Oliveira Vianna. *Revista Estudos Históricos*, Rio de Janeiro, v. 4, n. 7, p. 82-99, jul. 1991, p. 82.
[119] Segundo Vianna, "na verdade, quando se deu a queda do velho regímen, o pensamento republicano não havia atingido a sua plena maturidade [...]. Por isto, os expoentes do ideal republicano, na Constituinte ou fora dela, não pareciam muito senhores da sua ideia matriz: a impressão que davam é que não sabiam bem o que queriam, nem bem o que era preciso fazer. Bons rapazes, que se haviam adestrado em atirar pedras no governo, colhidos de surpresa para a grave missão de estadistas, tiveram que improvisar ás pressas um programa de construção. [...]. Eles se tinham contentado até então com um vago programa de aspirações vagas, formulado em frases vagas: os 'imortais princípios', o 'regímen da opinião', a 'soberania do povo', a 'organização federativa', o 'princípio da liberdade', a 'democracia', a 'Republica', etc. O manifesto de 70 é um magnifico exemplo desse culto das generalidades sonoras, que constitui o fundo da mentalidade dos republicanos da propaganda" (VIANNA, Oliveira. *O idealismo da Constituição*. São Paulo: Companhia Editora Nacional, 1927. p. 80).

descolado das reais condições populacionais, regionais, culturais, econômicas do país.[120]

Desde sua primeira publicação, em 1920, *Populações meridionais do Brasil*, Vianna procurou conferir à sua obra consistência científica, seguindo o paradigma do positivismo sociológico em ascensão na Europa e nos Estados Unidos, caracterizado como "antiformalista". O foco do liberalismo (desenho institucional da separação dos poderes, princípios voltados à limitação da ação do Estado e direitos de natureza negativa), meramente formal, contrariava a necessidade de organizar, ordenar e desenvolver a nossa sociedade.

O argumento central de Vianna era simples (e mesmo simplório): o que servia para os Estados Unidos ou a Inglaterra, com suas populações educadas para a política e o exercício da cidadania, não servia para o Brasil.[121] Era preciso, para ele, "considerar os problemas do Estado ou, melhor, os problemas políticos e constitucionais do Brasil, não apenas como simples problemas de especulação doutrinária ou filosófica",[122] como acusava serem as visões de Ruy Barbosa e do ex-ministro do Supremo Tribunal Federal Pedro Lessa, a quem chamou de "sonâmbulo

---

[120] Consultamos: VIANNA, Francisco José de Oliveira. *O idealismo da Constituição*. São Paulo: Companhia Editora Nacional, 1927. VIANNA, Francisco José de Oliveira. *Problemas de política objetiva*. 2. ed. São Paulo: Companhia Editora Nacional, 1947. VIANNA, Francisco José de Oliveira. *Problemas de direito corporativo*. 2. ed. Brasília: Câmara dos Deputados, 1983. VIANNA, Francisco José de Oliveira. As garantias da magistratura nos regimes autoritários (O artigo 177 da Constituição Federal de 1937). *In*: *Ensaios inéditos*. Campinas: UNICAMP, 1991. p. 149-199. VIANNA, Francisco José de Oliveira. *Instituições políticas brasileiras*. Brasília: Senado Federal, 1999. VIANNA, Francisco José de Oliveira. *Populações meridionais do Brasil*. Brasília: Senado Federal, 2005.

[121] Nas palavras de Vianna: "Esta realidade nacional nos ensina muitas cousas. Entre as muitas cousas ensinadas, está esta: de que se, em todos os tempos, o problema da democracia no Brasil tem sido mal posto, é porque tem sido posto à maneira inglesa, à maneira francesa, à maneira americana; mas, não à maneira brasileira. *Na Europa ou na América, todo o problema da democracia concentra-se principalmente na organização do sistema eleitoral e na verdade do voto*. E é natural que assim seja: *há ali uma opinião popular poderosa, militante, organizada, segura da sua força e dos seus direitos*. O problema político por excelência é, por isso mesmo – e não podia deixar de ser – o problema do voto, o problema eleitoral, o problema dos modos da manifestação desta opinião popular, assim consciente e organizada. No Brasil, o problema fundamental da organização democrática não pode ser este, não pode ser o mesmo da América e da Europa. *O nosso problema político fundamental não é o problema do voto - e sim o problema da organização das fontes da opinião*" (VIANNA, *O idealismo na Constituição*, op. cit., p. XIV). Ou ainda: "[...] o erro dos nossos reformadores políticos tem sido querer realizar aqui – no meio desses nossos rudimentarismos de estrutura e de cultura política – *uma democracia de tipo inglês. É um ideal absolutamente inatingível, pura utopia*" (VIANNA, *Instituições políticas brasileiras*, op. cit., p. 441).

[122] VIANNA, *Instituições políticas brasileiras*, op. cit., p. 425-427.

judicial".¹²³ Vianna travou intensa batalha retórica contra o legado por eles deixado no pensamento constitucional brasileiro, considerando-o desconectado dos "problemas objetivos, vinculados à realidade cultural do povo".¹²⁴

Atualizadas com as novas propostas intelectuais em debate nas academias da Europa e dos Estados Unidos, as referências refletiam o que havia de mais moderno na época. Nota-se seu interesse em obras tão diversas como as de François Geny e sua proposta do Movimento do Direito Livre; de Eugen Ehrlich e sua Sociologia do Direito, então incipiente; de Léon Duguit e sua nova teoria do Direito Público; de Roscoe Pound, referência do Pensamento Progressista da Sociologia do Direito; do Realismo Norte-Americano de Karl Llewellyn e Jerome Frank, seguidos pelos cânones do pensamento progressista da Suprema Corte norte-americana (Brandeis, Holmes, Stone e Cardozo).¹²⁵

Ao mesmo tempo, ao contrário do que se poderia antecipar, são raras e superficiais as citações a Carl Schmitt, resumindo-se à obra *Legalidade e legitimidade*, que Vianna consultou na tradução francesa – e a única passagem que Vianna cita, com recorrência, em diversos de seus escritos diz respeito ao debate sobre as fontes autoritativas do direito e traz o questionamento de Schmitt ao "dogma da separação de poderes e seu princípio correlativo de que toda lei emana do Estado, representado pelo Parlamento".¹²⁶ Apesar de Schmitt não ser uma fonte direta importante de Vianna, é inegável a assimilação de suas ideias e propostas de substituição do Parlamento (cuja morte foi anunciada por Schmitt) pelo *Führer* ou *Duce*, para liderar o novo modelo de Estado, hierarquizando (e anulando) a separação de poderes.¹²⁷

São frequentes as menções de Vianna a Mussolini e a Hitler, aos quais chamava de "homens de gênio" e líderes, cuja força seria produto das condições históricas, políticas e sociais dos povos italiano e alemão, do nacionalismo imperialista, na Itália, e do nacionalismo racista, na Alemanha. Vianna lamenta a ausência, no Brasil, dessa "mística" poderosa a formar a alma nacional, dotada de um sentido único e determinado:

---

[123] *Idem*, p. 425. Pedro Lessa faleceu em 1921, e Ruy Barbosa, em 1923.
[124] *Idem*.
[125] Vianna cita proficuamente esses e outros autores nas suas diversas obras. Por exemplo, em *Problemas de direito corporativo, op. cit.*, p. 25-39.
[126] VIANNA, *Problemas de direito corporativo, op. cit.*, p. 47.
[127] Neste sentido: VIANNA, *As garantias da magistratura nos regimes autoritários, op. cit.*, p. 179.

Não há, em nosso povo, na sua psicologia coletiva, condições para a constituição de uma mística viva e orgânica, uma mística que se apodere da alma nacional e mova num sentido nitidamente determinado, para um objetivo preciso – como o nacionalismo imperialista dos italianos de Mussolini ou o nacionalismo racista dos alemães de Hitler. Uma pequena coorte ou falange de homens de elite poderá, aqui, tomar-se de uma mística e agir no sentido dela; não, um partido, mesmo que ele represente uma minoria da Nação e seja o único partido militante: *faltam-nos as condições históricas, sociais e políticas que geraram, na velha Europa, estas místicas poderosas*. Na Itália ou na Alemanha, estas místicas não surgiram pela vontade dos homens de gênio, que as encarnam – Mussolini ou Hitler; surgiram das circunstâncias dramáticas, que colocaram estas nações dentro do dilema – "viver ou morrer": e a fórmula da mística era justamente a fórmula da vida.[128]

Nos anos 1930, Vianna não militava sozinho em sua teorização de um novo modelo de Estado forte e de democracia autoritária antiliberal. Francisco Campos se alinhava a essa corrente de ideias, com peculiaridades. Também para ele, o modelo liberal já havia deixado de se aplicar às próprias nações desenvolvidas, que seguiam novos rumos na organização das competências dos poderes estatais. Sobre Campos, Airton Seelaender afirma: "Sua importância política em 1930 já era tal, que se pôde tornar, então, Ministro da Educação e Saúde Pública (1930-1932), vindo a atuar ainda como Ministro da Justiça (6/12-26/12/1930, 4/3-17/9/1932 e 9/11/1937-17/7/1942) e Consultor-Geral da República".[129]

Nascido em 18 de novembro de 1891, em Minas Gerais, e falecido em 1º de novembro de 1968, sua obra doutrinária mais conhecida, *O Estado Nacional*, foi publicada em 1940 e amplamente anunciada, no exterior, como "o credo Fascista do regime".[130] Antes disso, também escreveu textos sobre *A doutrina da população*, de 1916, interessado na formação da opinião pública mediante a doutrinação do povo, e *Introdução crítica à filosofia do direito*, de 1918.[131] Campos foi um dos mais

---

[128] VIANNA, *O idealismo da Constituição, op. cit.*, p. 202-203.
[129] SEELAENDER, Francisco Campos (1891-1968): uma releitura. *In*: FONSECA, Ricardo Marcelo (org.). *As formas do direito*: ordem, razão e decisão. (Experiências jurídicas antes e depois da modernidade). Curitiba: Juruá, 2013. p. 493.
[130] LOEWENSTEIN, Karl. *Brazil under Vargas*. New York: The MacMillan Company, 1942. p. 125.
[131] Dados biográficos de Francisco Campos podem ser encontrados em múltiplas fontes abertas, a exemplo dos arquivos do CPDOC-FGV. Disponível em: http://www.fgv.br/cpdoc/acervo/dicionarios/verbete-biografico/francisco-luis-da-silva-campos. Acesso em: 29 jul. 2022.

atuantes juristas autoritários da história do nosso país, artífice tanto da Ditadura do Estado Novo como do discurso de legitimação jurídica do golpe civil-militar e da Ditadura Militar de 1964-1984, ao qual chamou de revolução, teorizando a noção de poder constituinte permanente, independentemente de voto e exercido mediante atos institucionais pelos generais que ocuparam a presidência no período.

Na Era Vargas, a retórica de Campos voltava-se à legitimação da ditadura como único meio de realizar o desenvolvimento nacional e o bem-estar da população. Animavam-no os modelos de disciplina, hierarquia e autoridade contemporâneos – o salazarismo, o nazismo e o fascismo.[132] Em sua justificação da Ditadura do Estado Novo, o então ministro da Justiça, autor do texto constitucional de 1937, afirmava a morte da democracia pelo fracasso de sua institucionalidade como meio de alcançar o desenvolvimento nacional.

Na opinião de Campos, nos cem anos de experiência histórica da democracia, os mecanismos destinados a torná-la efetiva (sufrágio universal, sistema parlamentar, voto secreto, sufrágio feminino, referendo, princípio da rotatividade nos cargos eletivos), que ele chama de "expedientes, artifícios e combinações", falharam nas suas promessas de abolição de privilégios, de promover a igualdade de oportunidades, de aprimorar a utilização das capacidades ou de infundir "nos governos maior sentimento de honra, de dever ou de retidão, elementos essenciais do ideal democrático".

Na sua constatação, "a máquina, pelo seu volume e pela sua complexidade, alheou ainda mais o povo do Governo, tornando mais obscuros, confusos e ininteligíveis os seus processos". Acusava a democracia de ter aumentado "as oportunidades de corrupção e de fraude". A mecânica das instituições teria reduzido "a democracia a um formalismo de processo, em que não havia lugar para o espírito ou o ideal democrático".[133]

Partindo desse diagnóstico, que tinha (como quase sempre tem) fundamentos minimamente verdadeiros (embora as propostas sejam usualmente descoladas das premissas), Campos defendia que "para reivindicar o ideal democrático é, ao invés, necessário quebrar a

---

[132] SEELAENDER, *Francisco Campos (1891-1968)*: uma releitura, op. cit., p. 495.
[133] CAMPOS, Francisco. *O Estado Nacional*: sua estrutura, seu conteúdo ideológico. Brasília: Senado Federal, 2001. p. 78-79.

máquina democrática, restituindo a liberdade e a espontaneidade aos movimentos de opinião".

Olhando para o mundo ao seu redor, naquelas primeiras décadas do novo século, enxergava uma realidade única: "As revoluções do século XX têm quase todas o mesmo sentido: romper as resistências da máquina democrática para dar livre curso ao ideal democrático. Este, o sentido do 10 de Novembro".[134]

Mais jovem, Miguel Reale[135] perfilou o pensamento fascista, adaptado à realidade brasileira e à construção de uma noção local de nacionalidade integral. Embora não se possa equipará-lo aos intelectuais de influência mais direta no governo, como foram Vianna e Campos, Reale participou ativamente da formação do pensamento constitucional autoritário daquele período. Apoiou a Revolução de 1930 e, depois da atuação na Revolução Constitucionalista de 1932, fundou, ao lado do escritor e jornalista Plínio Salgado, a Ação Integralista Brasileira em outubro de 1932, da qual Reale foi o principal ideólogo, na qualidade de secretário Nacional de Doutrinas e Estudos. A AIB, que tinha Plínio Salgado como "chefe perpétuo", era um movimento de extrema-direita, ultranacionalista, corporativista e tradicionalista – inspirado na Doutrina Social da Igreja Católica, pretendia reunir católicos, protestantes e espíritas,[136] na linha unionista da utopia integralista. O Integralismo "formou quadros para o Estado Novo" e "opôs à democracia e ao liberalismo o 'Princípio da Autoridade'. Como o integrismo católico, treinou seus jovens intelectuais para a atuação conjunta no combate à subversão [...]. Como o integrismo católico, praticou e legitimou a censura e o controle do pensamento".[137]

A influência de Reale cresceu ao longo da Era Getulista, a ponto de, durante o Estado Novo, tornar-se, em 1941, professor catedrático da Faculdade de Direito da USP, maior centro de formação do pensamento

---

[134] *Idem*, p. 79.
[135] Nascido em 6 de novembro de 1910, no estado de São Paulo, o jurista Miguel Reale escreveu suas memórias sobre aquele período, redigidas em 1934, e que constituem importante fonte primária do seu pensamento autoritário e da sua aproximação com o fascismo. Faleceu em 14 de abril de 2006.
[136] REALE, Miguel. *Obras políticas* (1ª fase – 1931/1937). Tomo III. Brasília: Editora Universidade de Brasília, 1983c. p. 225.
[137] SEELAENDER, Airton Cerqueira Leite. Juristas e ditaduras: uma leitura brasileira. *In*: FONSECA, Ricardo Marcelo; SEELAENDER, Airton Cerqueira Leite (org.). *História do direito em perspectiva*: do Antigo Regime à Modernidade. 1. ed. (2008). 4ª reimpr. Curitiba: Juruá, 2012. p. 421.

jurídico do país, logo depois da publicação de seu *Fundamentos do direito*. Em 1942, passou a atuar no Departamento Administrativo do Estado de São Paulo.[138]

Para Reale, o Brasil, sob a Constituição de 1891, vivia um "sonho ledo e cego", inconsciente, sem conhecimento de si mesmo, do qual começava aos poucos a sair, com a contribuição do pensamento realista:

> A imagem verdadeira do Brasil começou a se distinguir aos poucos. Agora, já estamos completando as primeiras fichas, com os dados fornecidos pelos primeiros testes. Logo, saberemos penetrar na penumbra do subconsciente da Raça.
>
> Euclides da Cunha, Alberto Torres, Farias Brito, Jackson de Figueiredo, Graça Aranha, Capistrano de Abreu bateram as primeiras chapas no espaço e no tempo. O brasileiro viu, gostou e disse: "Como o meu próximo é esquisito!".
>
> Faltava quem tirasse a grande fotografia e que, além de fotógrafo, fosse radiologista e clínico, capaz de usar remédios corajosamente decisivos. Esse homem é Plínio Salgado.
>
> Nós, integralistas, como disse o espírito penetrante de José Geraldo Vieira, somos os técnicos do imenso fichário.[139]

O realismo foi empregado pelos intelectuais autoritários para fundamentar propósitos político-constitucionais de controle das ideias e das instituições. Valia-se do realismo para acusar os juristas liberais brasileiros de terem simplesmente copiado da Europa e dos Estados Unidos a institucionalidade do constitucionalismo democrático liberal, inadaptável à nossa terra e à nossa gente. O *Zeitgeist* modernista foi articulado, na chave da modernização autoritária. Os intelectuais do pensamento autoritário brasileiro chamavam o liberalismo de ideologia ultrapassada, que, mesmo naqueles países que nos serviram de referência, encontrava-se em decadência e tendia à extinção. O que havia de mais moderno nas ideias institucionais em desenvolvimento na Europa (e, segundo interpretava Vianna, também nos Estados Unidos) era o constitucionalismo autoritário, cujo eixo se estabelecia no Poder Executivo forte, superando a velha e burocrática separação de poderes – que deixou

---

[138] Seelaender aponta a "eficácia do Integralismo na criação de 'cortes de sociabilização'", sublinhando os apoios obtidos por Reale no meio jurídico nacional: "A AIB criou redes de relações pessoais e afinidades ideológicas que podem ter ampliado as chances de seus adeptos na disputa de posições no Poder Judiciário, na Administração e na Universidade". SEELAENDER, *Juristas e ditaduras, op. cit.*, p. 422.

[139] REALE, *Obras políticas*, Tomo III, *op. cit.*, p. 191.

de ser um "dogma". O novo panorama internacional comprovaria que o melhor regime, o que garantiria o crescimento e o desenvolvimento econômico, cultural, educacional da nação, seria o regime autoritário.

Incrementando o caldo cultural nacionalista, afirmava-se que não devíamos simplesmente copiar o modelo de outros países, mas adaptá-los à realidade brasileira – e a realidade que Vianna, Campos e Reale visualizavam, com suas lentes autoritárias, era de um país sem povo (ou com um "povo-massa", como chamava Vianna), sem opinião pública, dividido em clãs locais inimigos da unificação nacional e em partidos sem programa para o país, portanto, incapaz de se desenvolver pela democracia representativa, pelo sufrágio universal, pela atribuição da função legislativa ao Parlamento, pela independência do Judiciário, em suma, por uma institucionalidade liberal. A solução seria atribuir a um único poder (o Executivo) o controle supremo da ação política.

Oliveira Vianna, Francisco Campos e Miguel Reale repensaram, teorizaram e construíram a legitimação jurídica do constitucionalismo autoritário,[140] defendendo a hipertrofia do Executivo, à luz do que se passava nas potências-referências do pensamento intelectual ocidental da época. Vianna aludia com mais frequência a contribuições intelectuais dos Estados Unidos do que Campos e Reale, que acudiam à produção teórica italiana e à experimentação institucional do fascismo na Europa, especialmente em Portugal e na Espanha, por sua proximidade acadêmica e cultural e pela histórica relação política com o Brasil.

O aprendizado com essas experiências não significaria, de acordo com Reale, reproduzir os "modismos de cultura, o 'cosmopolitismo' nas maneiras de sentir, de pensar e de agir" dos liberais: "Somos universais sendo brasileiros, especificamente brasileiros, porque sabemos ser homens no círculo da família e da pátria". Reagindo à acusação de "estrangeirismo" dirigida ao corporativismo, acrescenta: "Nada de extraordinário, por conseguinte, que sejamos brasileiros, nacionalistamente brasileiros, e, ao mesmo tempo, apresentemos valores que

---

[140] Os três se inspiraram nos modelos totalitários da Alemanha e da Itália. Segundo Bonavides, antes da Revolução de 1930, a aderência de Campos à teoria do Estado totalitário não era clara, mas havia, "sim, uma 'antecipação' doutrinária" em seus escritos e discursos parlamentares – a defesa substantiva do Estado, do Poder e do Chefe "com tácitas coincidências de conteúdo, que ele não nomeia nem confessa, respeitantes a análogos modelos europeus de reação totalitária, onde manifestamente se inspirou" (CAMPOS, Francisco. *Discursos parlamentares*. Sel. e intr. Paulo Bonavides. Brasília: Câmara dos Deputados, 1979. p. xiv, introdução).

se encontram também em movimentos fascistas europeus, como o de Mussolini, de Hitler e Salazar".[141]

Do pensamento autoritário predominante naqueles anos, destacaremos neste capítulo seus três pilares fundamentais para a compreensão do arranjo institucional do período, que culminou na Ditadura do Estado Novo: (i) desqualificação do povo brasileiro, incapacitado para o liberalismo democrático dos países europeus e dos Estados Unidos; (ii) inutilidade da representação parlamentar e dos partidos políticos, que seriam obstáculos ao desenvolvimento do país; (iii) Primado do Executivo, verticalizando a separação de poderes.

1.2.1 Críticas ao "povo-massa"

A atribuição da titularidade da soberania ao povo foi uma das principais contribuições dos teóricos do Iluminismo, implementada, lentamente, a partir das Revoluções Americana e Francesa. No plano teórico e na prática, porém, o problema era muito mais complexo do que pareceria a partir da leitura das declarações de independência e dos preâmbulos das constituições do século XIX, que introduziram em seus textos a noção de que o poder se exerce pelo povo e em nome do povo.

A problemática está associada ao fato de que a soberania, ainda que titularizada pelo povo, não é exercida por ele diretamente nas tomadas de decisões do dia a dia da política, mas, sim, por meio de representação, que demanda a realização periódica de eleições. As regras disciplinadoras da cidadania (quem tem direito de votar e de se candidatar), do sistema eleitoral (direto ou indireto), da modalidade de representação (majoritária, proporcional, distrital) são, por isso, cruciais para a concretização da democracia.[142] Da mesma maneira, a distribuição das competências entre os poderes políticos deve contribuir para fazer valer a vontade da maioria da cidadania, mas também deve encontrar meios de submeter a maioria à Constituição[143] – que não se

---

[141] REALE, Miguel. *Obras políticas* (1ª fase – 1931/1937). Tomo III. Brasília: Editora Universidade de Brasília, 1983c. p. 227.

[142] A expansão do sufrágio e o desenvolvimento das tecnologias eleitorais na experiência democrática são objeto de estudo de Pierre Rosanvallon, em obra que trata da história das ideias sobre a institucionalização da democracia francesa: ROSANVALLON, Pierre. *Le peuple introuvable*: histoire de la représentation démocratique en France. Paris: Gallimard, 1998. Sobre a evolução da cidadania no Brasil: CARVALHO, Jose Murilo. *Cidadania no Brasil*: o longo caminho. Rio de Janeiro: Civilização Brasileira, 2001.

[143] A famosa polêmica entre Kelsen e Schmitt, que debateram quem deveria ser o guardião da Constituição, tem raízes na discussão (que também remete aos primeiros teóricos

levanta e diz, por si mesma, o que deve prevalecer em cada disputa pelo sentido do seu texto.

A noção de soberania popular atravessou profunda transformação nas teorias jurídicas do início do século XX, principalmente depois dos avanços políticos obtidos por movimentos sociais, que vinham garantindo a paulatina ampliação do sufrágio, rumo à universalização, em diversos países do Ocidente, sobretudo mediante supressão das barreiras econômicas, que antes somente garantiam o direito de voto aos cidadãos detentores de posses acima de determinada importância (o voto censitário).

Concomitantemente ao avanço do sufrágio e dos direitos sociais no Brasil, importantes legados da Era Vargas, desenvolveu-se um discurso autoritário voltado a restringir a efetividade dessas garantias, culminando na supressão da oportunidade de exercê-las.

A justificação jurídica do autoritarismo proveio de teorias jus-sociológicas concentradas em fulminar as noções de democracia representativa e de soberania popular, mediante desqualificação do povo como titular do direito de determinar os rumos do governo.

O "realismo" – na feição em que foi abraçado por Vianna, Campos e pelo jovem engajado no integralismo Miguel Reale – estigmatizava o povo brasileiro, haurindo-se no discurso de "observação da realidade". O grau de desenvolvimento da consciência cívica e política da nossa população não seria compatível com a titularidade da soberania, o que nos distinguia, em termos de capacidade, dos povos que inspiraram o idealismo democrático liberal (Inglaterra, Estados Unidos), importado para o nosso país cujo solo ou não seria propício, ou não estaria pronto, ainda, para germinar e dar os frutos produzidos naquelas terras.

Oliveira Vianna considerava que a cultura do "povo-massa" do Brasil não seria compatível com o regime de liberdades democráticas transplantadas da Inglaterra ou dos Estados Unidos para a Constituição de 1891. Para Vianna, o "cidadão-tipo" que as instituições do constitucionalismo democrático liberal tomam por base "não é o brasileiro

---

contratualistas, desde Hobbes) sobre o titular da soberania: o soberano, no Estado Constitucional de Direito, é o povo, mas quem fala em seu nome? Quem deve exercer a função de controlar o significado da Constituição, elaborada pelo povo? Mesmo que se supere o paradoxo da "última palavra", desdobrando-o em "diálogos institucionais" periódicos, cíclicos, a atribuição ao Poder Judiciário da grave e crítica competência de declarar a inconstitucionalidade de um ato emanado dos poderes políticos, eleitos pelo povo, tem sido, desde as origens da jurisdição constitucional, uma das mais desafiadoras questões da institucionalidade democrática no Ocidente.

de verdade, o brasileiro como ele é – tangível, sanguíneo, vivo. É uma entidade abstrata, um ente de razão", que corresponderia a uma "criação utópica", "da qual só o *Citizen* anglo-saxônico é o tipo que mais se aproxima".[144]

Sua proposta de institucionalização do regime parte da concepção de que as "condições sociais do povo-massa (tradições populares, usos, costumes, modos de vivência – *folkways*, como dizem os sociologistas americanos)" exerceram "influência deformadora" sobre a execução da Constituição.[145] Para demonstrá-lo, criou uma tipologia do que seriam as populações características do Brasil – o sertanejo, dos sertões; o matuto, das matas (Rio de Janeiro, São Paulo e Minas Gerais); e o gaúcho –, "ainda por descobrir e civilizar", às quais faltariam uma "consciência perfeita e clara da sua unidade nacional" e um "sentimento profético de um alto destino histórico".[146] E afirma que "esse alto sentimento e essa clara e perfeita consciência só serão realizados pela ação lenta e contínua do Estado – um Estado soberano, incontrastável, centralizado, unitário, capaz de impor-se a todo o país pelo prestígio fascinante de uma grande missão nacional".[147]

Vianna desconstruiu o legado histórico, político e institucional do que ele chamou de "grande movimento democrático", no qual inseriu a "Revolução Francesa; as agitações parlamentares inglesas; o espírito liberal das instituições que regem a República Americana". Ele considerava que aquelas ideias teriam exercido "sobre os nossos dirigentes, políticos, estadistas, legisladores, publicistas, uma fascinação magnética que lhes daltoniza completamente a visão nacional dos nossos problemas".[148]

Dentre os problemas da nossa sociedade, Vianna destaca a incapacidade política do "povo-massa" brasileiro, habituado às relações oriundas do coronelismo, das oligarquias, de tipo governante/governado, chefe/chefiado, líder/subordinado, e que daria origem aos tipos sociais, presentes "em todas as democracias do continente americano", do "oligarca", do "coronel", do "manda-chuva", do "genro", do "afilhado",

---

[144] VIANNA, *Instituições políticas brasileiras, op. cit.*, p. 339. A obra foi publicada em 1947, mas reuniu ideias desenvolvidas e publicadas por Vianna ao longo das décadas de 1920 e 1930.
[145] VIANNA, *Instituições políticas brasileiras, op. cit.*, p. 335.
[146] VIANNA, *Populações meridionais do Brasil, op. cit.*, p. 366. A primeira edição deste estudo é de 1920.
[147] *Idem.*
[148] VIANNA, *Populações Meridionais do Brasil, op. cit.*, p. 57.

dos "encostados da burocracia", do "juiz nosso", do "delegado nosso", do "eleitor de cabresto", do "capanga", do "cangaceiro",[149] entre outros. Essa teorização volta-se a desautorizar a importação, para o Brasil, da institucionalidade constitucional das democracias liberais, que inspiraram o projeto "idealista", alvo da crítica de Vianna. Marcando nossa diferença com aquelas nações, Vianna afirma:

> [...] nas democracias anglo-saxônicas e nas de tipo germânico e escandinavo [...] não há lugar para a aparição destes tipos, porque são povos onde o interesse comum e a consciência política têm uma base de tradições muito sólida e a opinião pública um poder retificador e repressivo incontrastável, revestindo-se quase de uma certa aura de sacralidade.[150]

Vianna se opôs radicalmente às ideias de universalização do sufrágio – o qual acabou sendo estendido às mulheres, mas não se universalizou, já que os analfabetos permaneceram excluídos do alistamento eleitoral.[151] Na sua leitura, o sufrágio direto "presume, nas massas eleitorais, um espírito político e uma cultura cívica, que absolutamente não existem nas massas eleitorais do nosso País".[152]

O discurso da época era que as "maiorias incultas" não teriam capacidade e, por isso, não deveriam ter direito de eleger o presidente da República: "Que elas elejam o supremo representante do governo nacional é o que me recuso a admitir: o governo é uma função de elite e das elites; cabe, portanto, às elites elegerem os agentes supremos do governo".[153]

Vianna combate a universalização do sufrágio a partir da concepção de que a "massa eleitoral" não é esclarecida. Para ele, a população rural "inconsciente" acabaria por anular o peso dos eleitores urbanos, mais "conscientes e esclarecidos".[154] A população rural forma, na sua visão, uma maioria inculta, presa pela fidelidade pessoal aos chefes locais. Vianna afirma diagnosticar um problema real e, como solução, propõe a minimização da participação popular (sobretudo da população

---

[149] VIANNA, *Instituições Políticas brasileiras, op. cit.*, p. 180.
[150] *Idem*, p. 180-181.
[151] Artigo 4º do Código Eleitoral de 1932. Ver item 2.2.2 (*supra*), em que abordamos a construção da institucionalidade no Governo Provisório e a elaboração do novo Código Eleitoral.
[152] VIANNA, *O idealismo na Constituição, op. cit.*, p. 251. A primeira edição desta publicação é de 1924.
[153] *Idem*, p. 253.
[154] *Idem*, p. 251-252.

rural) no processo eleitoral. A "inconsciência" e a "fidelidade" aos chefes locais, além de serem atribuídas com quase exclusividade às camadas mais pobres da população, são usadas para justificar o controle do poder político pelas "virtuosas" elites urbanas.

Seguindo as linhas do pensamento conservador, que, desde o século XIX, pregava a exclusão dos despossuídos do processo eleitoral,[155] Vianna se vale dos preconceitos para justificar a própria eliminação da necessidade de eleições. A teoria assim construída antagoniza com a defendida por teóricos liberais, como Tocqueville, para quem era o exercício da cidadania e do voto, em si, que constituía o principal veículo para a educação cívica e a formação da consciência política do povo, visão que Vianna reputa idealista.[156]

Vale ressaltar que Vianna não considerava maléfico todo e qualquer idealismo: o corpo teórico pretendia se opor ao chamado "idealismo utópico", este, sim, "em íntimo desacordo com as condições reais e orgânicas da sociedade que pretende reger e dirigir".[157] Nada obstante, afirma a possibilidade de um idealismo realista, chamado de "orgânico" ou o "idealismo fundado na experiência", de José Ingenieros, e "para cuja consecução os povos sadios e fortes costumam empregar todas as energias de que dispõem".[158]

Assim se diluía a contradição entre considerar que o "povo-massa" não detinha condições intelectuais e culturais de decidir sobre seu destino

---

[155] Esse pensamento conservador empregou, ao longo da história das ideias, argumentos voltados a fundamentar a razoabilidade, mesmo diante do princípio da igualdade, da negativa do direito ao sufrágio a diversos grupos de indivíduos. Dessa linha teórica, surgiram os institutos do voto censitário e a recusa da extensão do sufrágio aos negros e às mulheres. Vianna apela para "localismos", problemas que atribui à nossa realidade, considerando que a "massa dos eleitores" brasileiros seria mais ignorante do que a de outros países, sobre os quais, por sua vez, ele tem uma visão idealizada.

[156] Na segunda metade do século XIX, John Stuart Mill, em suas *Considerações sobre o governo representativo*, embora concordasse com Tocqueville quanto à função educativa do sufrágio, considerava, ainda assim, que o ideal seria educar formalmente primeiro antes de conceder direitos eleitorais a todos os indivíduos, o que viria com o tempo. Ele teceu algumas considerações sobre a progressividade do direito ao voto, propondo a submissão dos eleitores a um exame de conhecimento como requisito para a concessão do direito ao voto; e ainda a concessão de um peso maior ao voto dos intelectuais. MILL, John Stuart. *Considerações sobre o governo representativo*. Tradução: Manoel Innocêncio de Lacerda Santos Jr. Brasília: UnB, 1981. Naquele momento, mesmo os partidos socialistas recém-organizados, antes de chegarem à defesa do sufrágio universal, concordavam com a ideia de exames de aferição dos conhecimentos gerais como critério para a concessão da cidadania. V. ROSANVALLON, Pierre. *Le peuple introuvable*: histoire de la représentation démocratique en France. Paris: Gallimard, 1998.

[157] VIANNA, *O idealismo na Constituição*, p. 10.

[158] *Idem*, p. 11.

e afirmar a crença de que uma nova e moderna elite dirigente guiaria esse mesmo povo-massa rumo à formação de uma nação desenvolvida: defende-se "a constituição de um corpo eleitoral de base incomparavelmente menos ampla do que a do corpo eleitoral oriundo do sufrágio universal". O direito de voto seria guiado "pelo critério da cultura geral e pela presunção do conhecimento dos negócios públicos nacionais e dos homens públicos de valor nacional".[159]

Eis a proposta de emenda constitucional para reestruturação do eleitorado, que Vianna chamou de "corpo eleitoral selecionado", definindo os titulares do direito ao sufrágio para a escolha do presidente da República de modo a eliminar a representação popular e a substituí-la pela corporativa, da seguinte maneira:

> Daí propor a seguinte emenda ao art. 47:
> - Art. O Presidente da República será eleito por um corpo eleitoral constituído na forma do artigo seguinte:
> Art. São Eleitores do Presidente da República:
> 1º, os membros: a) do Poder Executivo Federal e dos Poderes Estaduais; b) do Supremo Tribunal Federal e dos Tribunais Regionais; c) do Tribunal de Contas Federal e dos Tribunais Estaduais; d) do Conselho Nacional e dos Conselhos Técnicos Nacionais;
> 2º, os Deputados à Assembleia Nacional e às Assembleias Estaduais;
> 3º, os professores das universidades e escolas superiores dos Estados e da União;
> 4º, os membros das instituições culturais, de caráter nacional, para este fim expressamente autorizadas pelo Conselho Nacional, na forma do art. [...];
> 5º, o prefeito e os membros do Conselho Municipal do Distrito Federal.
> [...]
> Art. O Supremo Tribunal Eleitoral fará a apuração da eleição, reconhecendo o candidato que tiver obtido maioria absoluta dos votos. Se nenhum dos votados houver alcançado maioria absoluta, o Conselho Nacional escolherá, por maioria dos votos dos seus membros, um dentre os candidatos que tiverem alcançado as duas votações mais elevadas na eleição. Em caso de empate, considerar-se-á eleito o mais velho.[160]

A mudança da fonte de legitimidade do poder do Estado e do governo, deslocada da representação por sufrágio popular (cada vez

---

[159] VIANNA, *O idealismo na Constituição*, op. cit., p. 253.
[160] *Idem*, p. 256-257.

mais universalizado, àquela época) para a representação estamental proposta por Vianna, pode ser lida como "autoritarismo instrumental",[161] na qual o regime autoritário seria uma fase de transição, que prepararia a sociedade brasileira para, no futuro, reger-se pelo liberalismo. Sua concepção, de fato, orienta o Estado à tutela do povo, que não seria constituído de cidadãos, mas de "80% de matutos, sertanejos, gaúchos, praieiros, etc.", uma "massa informe e incoesa", marcada por "insolidariedade e individualismo", que somente com a "obra do tempo, da evolução econômica, do trabalho lento das forças sociais e espirituais", a ser conduzida pelo regime autoritário, poderia assumir, um dia, forma e organização, solidariedade e espírito cooperativo.[162]

Conclusões semelhantes quanto à incapacidade do povo e, por consequência, à inaptidão da democracia liberal para a garantia dos direitos e interesses, quer dos indivíduos, quer da nação, são encontradas em Francisco Campos, embora partindo de premissas distintas – menos sociológicas e realistas e mais filosóficas e abstratas (e, em vários pontos, místicas), partindo de elucubrações sobre a psicologia das massas. Para Campos, "a entrada das massas no cenário político [...] já está exercendo sobre ele uma influência decisiva, no sentido de torná-lo cada vez mais irracional".[163] Recusando-se a tratar do sufrágio universal como um direito derivado da igualdade, Campos afirma que a democracia eleitoral seria fruto de um pensamento puramente intelectualista, segundo o qual as decisões dos indivíduos resultam exclusivamente da razão: "De acordo com esses pressupostos intelectualistas é que se construiu a teologia democrático-liberal".[164]

Sua retórica contra a democracia eletiva e liberal é contundente. Para ele, "a eleição, que é um julgamento de Deus", foi revestida, pelo postulado liberal, de uma "aparência de racionalidade", de modo a satisfazer "às modestas exigências intelectuais do sistema". O pressuposto do funcionamento desse sistema não seria real: o da "existência de uma opinião pública em que as razões de um e de outro lado são

---

[161] É a interpretação de Wanderley Guilherme dos Santos, para quem Oliveira Vianna propôs "um caminho natural pelo qual a sociedade brasileira possa progredir do estágio em que se encontra até tornar-se liberal. Em outras palavras, seria necessário um sistema político autoritário para que se pudesse construir uma sociedade liberal" (SANTOS, Wanderley Guilherme dos. *Décadas de espanto e uma apologia democrática*. Rio de Janeiro: Rocco, 1998. p. 34).

[162] VIANNA, *O idealismo na Constituição, op. cit.*, p. 260-261.

[163] CAMPOS, *O Estado Nacional, op. cit.*, p. 24.

[164] *Idem*.

cuidadosamente pesadas em vista de uma decisão racional ulterior". Em suas palavras, somente "o otimismo beato do sistema liberal" faz crer que a publicidade e a discussão seriam "garantias de que as decisões políticas incorporarão no seu contexto os elementos de razão e de justiça".[165] Tudo não passaria de sonho, ilusionismo, mitologia:

> A publicidade e a discussão passam a ser, assim, o sortilégio mediante o qual o orfismo democrático fascina as forças tônicas do inconsciente coletivo submetendo-as à disciplina da razão, e operando, dessa maneira, a transformação da força em direito, e da dinâmica dos interesses e tendências em conflito em uma delicada balança de idéias, diante de cujos resultados a vontade se inclina em reverência.[166]

A "desmistificação" dos processos de formação e manifestação da vontade da cidadania passa por sua transformação em "povo-massa", na terminologia de Vianna, ou "massa", na conceituação de Campos, para então desvalorizar-se a capacidade dos indivíduos de tomar decisões políticas, desqualificando todo o sistema da democracia liberal.

Afirmava Campos: "O regime político das massas é o da ditadura".[167] Para ele, "quanto mais volumosas e ativas as massas, tanto mais a integração política só se torna possível mediante o ditado de uma vontade pessoal". Embora afirme que o plebiscito é a única forma de expressão da vontade das massas, é importante atentar que, para ele, plebiscito significa "voto-aclamação, apelo, antes do que escolha" – "a forma unívoca, que não admite alternativas, e que traduz a atitude da vontade mobilizada para a guerra".[168] Seria, portanto, o oposto do "voto democrático, expressão relativista e cética de preferência, de simpatia, do 'poder ser que sim', 'poder ser que não'".[169]

A conclusão de Campos é que o processo de formação de vontade das massas não é racional, como presumiam os liberais, mas o da fascinação e da hipnose, citando expressamente o caso da Alemanha de Hitler, visto como um modelo de sucesso: "Quem quiser saber qual o processo pelo qual se formam efetivamente, hoje em dia, as decisões políticas, contemple a massa alemã, medusada sob a ação carismática

---

[165] *Idem*, p. 25.
[166] *Idem*, p. 26.
[167] *Idem*, p. 23.
[168] *Idem*.
[169] *Idem*.

do Führer, e em cuja máscara os traços de tensão, de ansiedade e de angústia traem o estado de fascinação e de hipnose".[170] Segundo Campos, o governo das massas só é possível mantendo-as "em estado permanente de excitação", de modo a tornar possível "a sua passagem do estado latente de violência ao emprego efetivo da força contra as tentativas de quebrar a unidade do comando político". Este é, segundo ele, o método empregado pelo Estado totalitário, que liberta, "em grande escala, as reservas de violência por tanto tempo acumuladas na alma coletiva. Essas reservas não podem ser restituídas ao estado de inação, têm de ser permanentemente utilizadas".[171] O objetivo do Estado totalitário é eliminar as "formas exteriores ou ostensivas da tensão política", valendo-se da violência: esse tipo de governo "não obedece, como nos estados democráticos, a métodos jurídicos nem à atenuação feminina da chicana forense".[172]

Assim destituídos os indivíduos de sua autonomia, uma vez inseridos nas "massas" ou no "povo-massa", as noções de cidadania, de democracia e de liberdade política perdem relevo no pensamento constitucional constituído por esse corpo teórico, que olhava com admiração para o modelo nacional-socialista alemão:

> Porque é preciso recordar, com Seeley, que a Liberdade e a Democracia não são os únicos bens do mundo; que há muitas outras causas dignas de serem defendidas em política, além da Liberdade – como sejam a Civilização e a Nacionalidade; e que muitas vezes acontece que um governo não liberal nem democrático pode ser, não obstante, muito mais favorável ao progresso de um povo na direção daqueles dois objetivos. Em nenhum povo o sentimento desta verdade tem sido mais vivo do que no povo alemão. O alemão divinizou o Estado. Este é para ele a expressão suprema da Nação organizada. O alemão tem a religião do Estado, o culto da autoridade: obedece-o e, obedecendo-o, fá-lo com um sentimento equivalente ao que ele põe na obediência aos dogmas da sua religião. Honra-se intimamente com isto; a subordinação não o revolta como uma humilhação: a obediência é para ele um título de nobreza, uma prova de devoção à coletividade nacional.
> Quando um povo chega a este estado de integração; quando a sua consciência coletiva atinge esta intensidade, este vigor, este poder de

---

[170] Idem, p. 35.
[171] Idem, p. 36.
[172] Idem.

coerção - este povo tem o seu triunfo assegurado, conta e contará, é e será uma força de civilização, é e será um fator da história.[173]

Miguel Reale sufraga a opinião de que a vontade do povo não existe:

> [...] o caipira ignora o segredo do voto. Vota por amizade, ou então, depois de consultar o vigário que lhe diz "qual é o partido que está com Deus, e qual o que está com o demo".
> De democracia e de liberalismo é que o nosso caipira não entende, nem quer entender. Para ele o que existe é a religião, as procissões e as festas do divino, as danças alegres dos mutirões, os ventos frios furando os ranchos, a roça, a geada, o gado, os cavalos andadores, os amigos, a família... É o seu mundo.[174]

A concepção de que "vivemos a fazer eleições, somente para 'inglês ver', para mostrar que somos uma democracia",[175] semeia a descrença absoluta no voto, no mecanismo eleitoral. Paradoxalmente, abre-se a senda para a exclusão do povo e a supressão da soberania popular como fonte da legitimidade do poder do Estado e do governante, por sua total irrealizabilidade.

1.2.2 Críticas à representação parlamentar e aos partidos políticos

O pensamento autoritário valeu-se, ainda, da crítica à tecnologia das democracias liberais consistente na representação parlamentar e na organização de partidos políticos.

A crítica à organização partidária no Brasil tinha fundamento real: à época, os partidos políticos articulavam-se em bases provinciais, usualmente existindo um partido em cada província (os partidos republicanos paulista, gaúcho, mineiro). Os partidos nacionais (Conservador, Liberal), da época do Império, foram extintos com a deposição da monarquia, daí a frequência com que os principais intelectuais do início da vida republicana no Brasil lamentavam a "existência das políticas dos partidos" – vistos como "partidos dos governadores" e "partidos dos

---

[173] VIANNA, *Problemas de política objetiva*, op. cit., p. 116.
[174] REALE, *Obras Políticas*, Tomo III, op. cit., p. 188.
[175] REALE, *Obras Políticas*, Tomo III, op. cit., p. 187.

coronéis"[176] – e a "falta da política nacional".[177] Dessa deficiência adviria o "desvirtuamento da palavra política, em quase toda a parte e, assinaladamente entre nós, faz surgir, nos espíritos, certa repugnância".[178] O pensamento autoritário que veio a prevalecer nos anos 1930 agarrou-se a essa visão disseminada contra o localismo exacerbado dos partidos políticos para retratá-los como inerente ou inexoravelmente inimigos do desenvolvimento da nação, por sua característica "familística", de "clã", contrários à tão almejada e necessária política nacional.

Traindo as reais intenções de seu discurso de crítica ao idealismo na Constituição, Vianna afirmava que, enquanto no regime oligárquico os elementos partidários defendiam interesses próprios e do seu pequeno grupo, sem preocupação com os interesses coletivos, "no Partido Único, os seus elementos são indivíduos inteiramente devotados ao interesse do Estado, consagrados abnegadamente ao serviço da nação" – mais idealizado, impossível. E não parava por aí: "Na verdade, Hitler, Mussolini, Salazar e os que formam o seu partido, no que menos pensam é em si mesmos".[179]

Disseminava-se, na época, a doutrina do Partido Único na Europa, em vigor na Itália, na Alemanha, na Turquia e em Portugal. Vianna considerava, porém, que, no Brasil, não haveria "clima" para que o Partido Único funcionasse como naqueles países, pois faltaria "uma mística, de que o Partido fosse o órgão realizador".[180]

A proposta de Vianna era substituir a política pela técnica. Os conselhos técnicos, situados na órbita do chefe do Executivo, absorveriam as funções do Parlamento, cujos quadros, provenientes dos partidos políticos, seriam inadaptados para o governo da nação.

Para esse fim, a liberdade de associação política devia ser controlada pelo chefe do governo, substituindo-se a representação político-partidária pela representação classista: as organizações seriam criadas sob tutela do governo, e seu funcionamento seria autorizado e fiscalizado por ele. Assim, o Poder Executivo se tornaria o demiurgo da formação da opinião na sociedade.

Vianna não era sutil nem lacônico em sua crítica à representação parlamentar. Dizia: "Não tenho a superstição dos Parlamentos – e

---

[176] VIANNA, *Instituições políticas brasileiras, op. cit.*, p. 181-182.
[177] TORRES, *A organização nacional, op. cit.*, p. 300.
[178] *Idem.*
[179] VIANNA, *O idealismo na Constituição, op. cit.*, p. 248.
[180] VIANNA, *O idealismo na Constituição, op. cit.*, p. 202.

ninguém os considera com mais ceticismo".[181] Na construção do seu argumento, atribuía a representação parlamentar à importação indevida de instituições estrangeiras, inadaptadas à realidade do nosso "povo-massa".[182] Em sua preferência por uma organização centralizada e hierarquizada, assume-se antifederalista e antiparlamentarista.

O idealismo na Constituição de 1891 teria na análise das reais funcionalidades do Parlamento mais um de seus pontos cegos. A tendência à imutabilidade dos parlamentares eleitos é um dos cernes da crítica de Vianna ao desajuste da própria democracia eleitoral. Valendo-se da ironia, criticando as eleições durante a República Velha e o mando coronelista-localista, oposto aos interesses nacionais, afirma que só não era reeleito "aquele deputado que (naturalmente por distração) se havia esquecido de concordar incondicionalmente com o Presidente do Estado".[183]

Seguindo a metodologia de seu realismo crítico, afirma que as eleições parlamentares são mero mecanismo de legitimação da representação, que raramente se renova: "Os parlamentos são sempre os mesmos em toda a parte e no Brasil principalmente. O nosso Parlamento de amanhã há de ser o mesmo que o nosso Parlamento de ontem, seja qual for o sistema que se engenhe para a formação dele".[184]

Para Vianna, o Parlamento não passaria de "um desses luxos caros, que as democracias bem organizadas não podem deixar de cultivar; e que, por isto, devem cultivá-lo moderadamente". Por essa razão, considera que, "com o advento da colaboração dos conselhos técnicos e das classes organizadas na obra administrativa do Estado, e com a ampliação cada vez mais crescente da iniciativa legislativa do

---

[181] VIANNA, O idealismo na Constituição, op. cit., p. 252-253.
[182] Havia, segundo Vianna, três ordens de idealistas no Brasil: a) a "falange dos constitucionalistas e parlamentaristas", que ambicionava importar o regime constitucional inglês, com seu parlamentarismo clássico; b) os "federalistas", que desejavam estabelecer em nosso povo as instituições políticas dos Estados Unidos da América, com seu modelo federativo e descentralizador; c) os "liberais" propriamente ditos, que pretendiam dar corpo e vida às utopias e à imaginação sonhadora do racionalismo enciclopedista e da Convenção francesa, preocupados com a democracia e a organização de garantias individuais, liberdades públicas e direitos dos cidadãos (*idem*, p. 24). Vianna refutava a viabilidade de um regime democrático-parlamentar, que, segundo ele, só se realizou plenamente nos "povos anglo-saxônicos" (VIANNA, *Instituições políticas brasileiras, op. cit.*, p. 102).
[183] VIANNA, O idealismo na Constituição, op. cit., p. 272.
[184] VIANNA, *Problemas de política objetiva, op. cit.*, p. 178.

Executivo, os Parlamentos perderam muito da sua primitiva importância nos sistemas políticos contemporâneos".[185]

A substituição do Parlamento por conselhos técnicos é a proposta para a superação dessas deficiências da representação democrática: "Sente-se claramente que o espírito da nova organização é de pouca confiança na opinião das assembleias políticas, de pura formação partidária, e de maior confiança na opinião das corporações profissionais, de base ou inspiração econômicas ou culturais".[186]

Francisco Campos também afirmava que o funcionamento e as funções parlamentares estavam ultrapassados e que, por isso, o próprio Parlamento estaria morto: "As formas parlamentares da vida política são hoje resíduos destituídos de qualquer conteúdo ou significação espiritual. [...] uma sala de parlamento tem hoje a mesma importância que uma sala de museu. A opinião desertou os parlamentos, encontrando novos modos de expressão".[187]

Na linha da desconstrução do papel do Parlamento como instância de representação dos principais interesses e correntes de opinião em voga na sociedade, Vianna também ataca os partidos políticos. Para ele, nossa Constituição de 1891 cometeu um erro histórico na organização política do Brasil: "É ter assimilado os nossos chamados 'partidos políticos' aos partidos políticos das grandes nações, em que existe o regime democrático – como, por exemplo, a Inglaterra e os Estados Unidos". Segundo Vianna, enquanto os partidos "nas grandes nações", embora sejam trabalhados "pelo egoísmo dos interesses privados e pessoais", expressam também interesses e aspirações coletivas, ponderáveis, da opinião popular, os partidos no Brasil não passariam de clãs, "que disputam pela conquista do poder, para o fim exclusivo de explorar, em proveito dos seus membros, burocraticamente, o país".[188]

O pensamento autoritário não admitia a necessidade de expressão das diferentes e plurais correntes ideológicas, por meio de organizações políticas guiadas pela liberdade de associação, de cujos conflitos e diálogos seriam extraídas as propostas institucionais para o nosso progresso. Esta é a razão pela qual entendiam os autoritários que os partidos políticos não serviam para nada:

---

[185] *Idem*, p. 178-179.
[186] VIANNA, *O idealismo na Constituição*, op. cit., p. 167-168.
[187] CAMPOS, *O Estado Nacional*, op. cit., p. 33-34.
[188] VIANNA, *O idealismo na Constituição*, op. cit., p. 181-185.

Mas os partidos? realmente, que produzem os partidos, meus senhores? Menos do que nada - porque, corno vimos, só produzem cousas nocivas: a) violações da lei jurídica; b) violações da lei moral; c) mediocrização das elites dirigentes; d) pletora burocrática e política alimentar; e) agitações inúteis e motins; f) ás vezes, mesmo guerras civis.[189]

Francisco Campos, por seu turno, afirmava que os partidos políticos não tinham substância política, expressão ideológica nem conteúdos programáticos, "o que os transformava em simples massas de manobra e instrumentos mecânicos de manipulação eleitoral".[190] Ressignificando o próprio conceito de democracia, Campos qualificava a "democracia de partidos" como nada mais do que "a guerra civil organizada e codificada".[191]

Para Campos, "o Brasil queria paz, e a babel dos partidos só lhe proporcionava intranquilidade e confusão".[192] O exemplo da Alemanha de Weimar, pluripartidária, foi criticado para defender a solução autoritária adotada por Hitler, como meio mais eficiente às tomadas de decisões políticas:

> Na Alemanha, enquanto um parlamento em que já houve o maior número de partidos procurava inutilmente chegar a uma decisão política mediante os métodos discursivos da liberal-democracia, Hitler organizava nas ruas, ou fora dos quadros do governo, pelos processos realistas e técnicos por meio dos quais se subtrai da nebulosa mental das massas uma fria, dura e lúcida substância política, o controle do poder e da Nação.[193]

Unindo-se a essa linha de frente de combate à democracia eletiva organizada sobre associações político-partidárias, Miguel Reale acrescenta fundamentos para a legitimação da supressão dos partidos políticos e de sua substituição pelas corporações.[194] Sua ideia central é apresentada em tom provocador: "Quando um integralista afirma que, para melhorar a vida brasileira, é necessário acabar com os partidos,

---

[189] VIANNA, *O idealismo na Constituição*, op. cit., p. 194.
[190] CAMPOS, *O Estado Nacional*, op. cit., p. 42.
[191] *Idem*, p. 43.
[192] *Idem*, p. 50.
[193] CAMPOS, *O Estado Nacional*, op. cit., p. 34-35.
[194] REALE, *Obras Políticas*, Tomo III, op. cit., p. 193-205.

um calafrio corre pelo corpo daqueles que ainda acreditam no palavrório dos liberais".[195]

Engrossando o caldo da percepção de que os partidos políticos reúnem "as individualidades mais contrastantes, não para alcançar um objetivo geral, mas para satisfazer a um interesse particularista", ele afirma sem rodeios: "Os partidos políticos são órgãos inadequados para a finalidade que os teóricos do liberalismo lhes atribuem".[196]

Sua crítica se dirige a um alvo bastante explorado pelo pensamento autoritário: a utopia da concepção liberal de que os partidos devem ser forças de cooperação, nunca de exclusão mútua ou de antagonismo sistemático, assim como da crítica liberal ao partido que tencione aniquilar o adversário, ao desbancá-lo do poder: "Essa história de 'colaboração de oposições' é balela que só encontra lugar no cérebro dos ingênuos", diz Reale, ante a constatação de que não há "partido que não queira arrancar o outro do poder para dispor das posições de mando"; "quando a oposição resolve colaborar com o governo, é porque tem em vista alguma vantagem [...]. Colaborar por civismo, por espírito patriótico, onde é que é possível semelhante beleza?".[197]

A utopia do Integralismo é outra: a visão de povo como organismo, caracterizado não como o resultado da soma das vontades individuais dos eleitores, mas como a "reunião de indivíduos unidos pelos laços biológicos e afetivos da família cristão, pelos interesses do grupo profissional, do município, da província. Povo não são homens isolados, mas homens unidos por uma comunhão de sentimentos".[198] O povo-massa.

O Integralismo apresenta um novo credo: "Para o povo ser representado, é indispensável que se constituam livremente – dentro do Estado e não contra ele ou à revelia dele – as associações profissionais", base das corporações econômicas, parte integrante do novo Estado, ao lado das "corporações sociais e culturais da Nação, como as igrejas, o exército, a magistratura, as sociedades das ciências e das artes". Com isso, "o corporativismo pregado pelo Integralismo é mais completo que o fascista".[199] Reale acredita que, "enquanto o partido é heterogêneo, a Corporação é homogênea, congrega homens do mesmo ramo de

---

[195] REALE, *Obras Políticas*, Tomo III, *op. cit.*, p. 157.
[196] REALE, *Obras Políticas*, Tomo III, *op. cit.*, p. 193.
[197] *Idem*, p. 194.
[198] *Idem*, p. 196.
[199] *Idem*, p. 201.

atividades e, portanto, naturalmente unidos",[200] o que seria suficiente para realizar a verdadeira democracia. Disso deriva a "superioridade da Democracia Corporativa sobre a democracia liberal".[201]

Essa mitologia difunde a concepção de que "um dos princípios fundamentais do Integralismo é a colaboração das classes, e não a luta de classes pregada pelo comunismo".[202] Não se considera, portanto, a possibilidade e probabilidade dos conflitos de interesses entre indivíduos de uma mesma classe. Prega-se a cooperação entre as classes – cooperação que, no entanto, soa-lhe impraticável entre os partidos políticos.

Introduzida na Constituição de 1934, a representação classista foi, para historiadores do nosso direito, um "enxerto parafascista na composição do Poder Legislativo" e "traço das concepções ideológicas adversas ao sistema constitucional clássico".[203] A teoria assim desenvolvida por esses ideólogos do autoritarismo convergia para uma mesma conclusão: sem parlamento, sem cidadãos, sem partidos, o Estado devia ser guiado pelo chefe do Poder Executivo, em torno do qual orbitariam as corporações, submetidas à sua autoridade, rumo ao desenvolvimento e à unidade da nação. Esta era a utopia autoritária.

1.2.3 O Primado do Executivo

O pensamento autoritário considerava que a concentração de poderes no chefe do Poder Executivo Federal seria a solução mágica para os problemas do país, produzidos pelo poder das oligarquias locais e de seus representantes, oficiais ou oficiosos, no Parlamento e no Judiciário.

O Primado do Executivo Federal significava, ao mesmo tempo: (i) a dissolução da separação horizontal de poderes, substituindo-a pela hierarquização dos poderes da União, em cuja cúspide se situaria o presidente da República; (ii) a soberania da União, que concentraria poder legiferante e poder político para controlar as unidades federadas mediante intervenção.

A noção do Primado do Executivo Federal se escora em três pilares: (i) defesa da liderança do presidente da República; (ii) transferência

---

[200] *Idem*, p. 203.
[201] *Idem*, p. 203.
[202] REALE, *Obras Políticas*, Tomo III, *op. cit.*, p. 201.
[203] BONAVIDES, Paulo; ANDRADE, Paes de. *História Constitucional do Brasil*. 3. ed. Rio de Janeiro: Paz e Terra, 1991. p. 298 e 301.

do poder legiferante para o Poder Executivo; (iii) concentração do poder legiferante e político na União.

1.2.3.1 O Primado do Presidente da República

No regime do Primado do Executivo, não haveria lugar para a separação de poderes: estabelece-se uma hierarquia na organização do Estado, submetendo os funcionários de todos os ramos de poder aos ditames do chefe do Executivo. Como veremos no próximo item, os membros do Poder Judiciário também se subordinavam à regra do Primado do Executivo, que passou a ser o princípio fundamental da organização do regime autoritário. Vianna assim descreve o novo regime:

> Dentro, porém, do princípio da ação unitária do governo que caracteriza os regimes autoritários, ao funcionário é vedado ter outra doutrina que a consagrada na Constituição e orientar-se por outras diretrizes que não as traçadas ou declaradas pelo Chefe do Estado - *Führer, Duce, Conductor ou Presidente*. O princípio do Chefe exprime-se na *obediência* ao Chefe. Daí, na organização autoritária italiana e alemã, ter-se incluído, entre as causas justas de dispensa do funcionário público, a não conformidade da sua conduta funcional com as diretrizes traçadas pelo Governo.[204]

O princípio do Primado do Executivo[205] seria um contraponto ao denominado "Primado do Poder Legislativo", que teria caracterizado a institucionalidade da Constituição de 1891 e que permaneceu na Constituição de 1934. Tendo por objetivo (e obsessão) a solução dos problemas da institucionalidade brasileira, a proposta de Vianna foi resolvê-los pelo autoritarismo, sem consulta ao "povo-massa", substituindo o Parlamento por órgãos técnicos vinculados ao Executivo e transferindo a este a própria função legislativa – o que perduraria ao menos "até que a opinião estivesse devidamente organizada". Nas palavras de Vianna:

> Não vigora mais, na verdade, aquele princípio estabelecido na Constituição Republicana de 91 (art. 15), do equilíbrio dos poderes, nem o da separação dos seus órgãos, estabelecido na Constituição de 34 (art. 3); já agora o Presidente da República é declarado "a autoridade suprema do

---

[204] VIANNA, *As garantias da magistratura nos regimes autoritários, op. cit.*, p. 179.
[205] VIANNA, Oliveira. *O idealismo na Constituição*, p. 121-178.

Estado". Como tal, ele coordena a atividade dos órgãos propriamente representativos.[206]

Para Vianna, "o ideal do governo no Estado Novo não é o do Partido Único, e sim do Presidente Único. [...] Isto é, do Presidente que não divide com ninguém a sua autoridade: do Presidente, em quem ninguém mande; do Presidente soberano, exercendo, em suma, o seu poder em nome da Nação".[207]

À autoridade central – o presidente – caberia o poder de uniformizar a identidade e os objetivos da nação, podendo exonerar funcionários públicos, inclusive membros do Judiciário que manifestassem compreensão distinta da sua. Daí a importância de se garantir que a eleição do presidente da República não se desse em bases universais. Nas propostas dos intelectuais autoritários aqui estudados, que dominaram a *intelligentsia* do período, sua eleição seria indireta, por um corpo de eleitores definido em base elitista. Ao lado da eleição indireta, defendia-se o governo por uma liderança forte, carismática, capaz de conduzir a nação à unidade, em lugar do Parlamento, presa dos localismos e dos clãs, de partidos políticos orientados à defesa de interesses privados.

Vianna procurou orientar a forma de eleição do presidente da República. Para ele, a eleição indireta, pela Assembleia Nacional, seria inconveniente, por uma de duas razões, opostas: (i) ou porque seria presidente faccioso, "preso ao espírito de partido – do partido da maioria que o elegeu – e acabaria dividindo a Assembleia, logo de início, em duas facções antagônicas, com prejuízo para a regularidade e eficiência dos trabalhos legislativos"; (ii) ou porque, em razão do sistema proporcional, o presidente jamais conseguiria dominar a Assembleia e seria mero joguete dela: "E será lamentável que estes pequenos grupos personalistas, de que se comporá necessariamente a nossa futura Assembleia Nacional, possam vir a ter à sua discrição, e para o jogo do seu facciosismo, o responsável supremo pelo governo da República".[208]

A defesa do Primado do Executivo, por oposição ao que foi denominado de Primado do Legislativo, demandava, por isso, o complemento da eleição indireta do chefe do Executivo, excluindo a participação do

---

[206] *Idem*, p. 131.
[207] VIANNA, *O idealismo na Constituição*, op. cit., p. 207.
[208] VIANNA, *O idealismo na Constituição*, op. cit., p. 252-253.

povo-massa irracional, que não deteria inteligência, cultura ou informação suficiente para escolher seus representantes e estaria sempre sujeito aos desmandos dos coronéis locais.

A crítica ao "mandonismo", contudo, deve ser lida no contexto da defesa do autoritarismo do governo central. Não se tratava de uma proposta de libertação das populações locais do jugo autoritário, mas, sim, da transferência da autoridade dos "mandões" locais para o presidente da República.

Coerentemente com as suas visões sobre a irracionalidade das "massas", a incapacidade do povo para a tomada de decisão mediante ponderação e debate, que seria pressuposto da democracia liberal, e com a sua concepção de que o governo natural das massas é a ditadura unipessoal, Campos afirma que "as massas encontram-se sob a fascinação da personalidade carismática. Esta é o centro da integração política".[209] Olhando para o mundo com as lentes de seu pensamento autoritário, conclui:

> Não há, a estas horas, país que não esteja à procura de um homem, isto é, de um homem carismático ou marcado pelo destino para dar às aspirações da massa uma expressão simbólica, imprimindo a unidade de uma vontade dura e poderosa ao caos de angústia e de medo de que se compõe o páthos ou a demonia das representações coletivas. Não há hoje um povo que não clame por um César.[210]

Francisco Campos defendia a ideia de que o chefe do Executivo devia acumular poderes, por ser dele a competência de estabelecer um contato direto com o povo, cabendo-lhe educá-lo na sua doutrina.

Ao justificar o "caráter democrático" da Constituição de 1937, Campos afirmava que a Carta, "conferindo o poder supremo ao presidente da República, coloca-o em contato direto com o povo [...]. O presidente é o chefe, responsável da nação e só poderá exercer as enormes prerrogativas da presidência se contar com o apoio e o prestígio do povo, precisando, para isto, apelar para a opinião, e tendo, assim, o seu mandato um caráter eminentemente democrático e popular".[211]

A concentração de poder no chefe do Executivo seria o princípio definidor da institucionalidade constitucional autoritária. O peso

---

[209] CAMPOS, *O Estado Nacional*, op. cit., p. 23.
[210] Idem, p. 23-24.
[211] CAMPOS, *O Estado Nacional*, op. cit., p. 60.

conferido à qualidade especial da pessoa do ditador variava entre os teóricos da época. Francisco Campos enaltecia a figura de Getúlio Vargas e nele personificava o próprio Estado, como se extrai da seguinte descrição:

> [...] o Sr. Getúlio Vargas tem sido um estupendo condutor de homens, um espírito eminentemente revolucionário – assim entendido aquele que não receia a transformação quando verifica que a estagnação é a morte, e, ao mesmo tempo, um administrador esclarecido e progressista [...]. Nós podemos dizer, a esta altura do regime, que o Estado Novo é o Presidente – a realização dos seus intuitos, o desdobramento do seu programa, a projeção da sua vontade – e nele tem o seu mais provecto doutrinador e o defensor mais intransigente e valioso.[212]

Reale, membro da AIB, cujo chefe perpétuo era Plínio Salgado, não atrelava o autoritarismo à figura pessoal de Getúlio Vargas, ainda que percebesse no "cesarismo italiano [...] a grande virtude de possibilitar gigantescos empreendimentos". Seu lamento era que, reduzido à pessoa do chefe do Executivo, o modelo de Estado autoritário tenderia à finitude, sendo este "o defeito de tudo deixar em função de um só homem. O que se ganha em velocidade, compromete-se em durabilidade".[213] De todo modo, Reale defendia "a vontade firme do sujeito dominador, porque nos faltou até agora a consciência de um dever comum".[214]

Para Reale, era preciso adequar o regime fascista à realidade brasileira, em razão da diferença entre o nosso nacionalismo e o italiano. O nacionalismo fascista marcou, segundo ele, "a vitória do espírito nacional contra a traiçoeira fraternidade internacionalista dos centros maçônicos e o seu irmão gêmeo, o internacionalismo socialista". Esse nacionalismo seria a "síntese dialética superadora da velha antinomia entre Burguesia e Proletariado, as duas classes antagônicas que olvidaram os ódios e as lutas ásperas, marchando juntas para o fogo das trincheiras". Já no Brasil, tratava-se de "revelar uma Nação, cuja palavra ainda não se fez ouvir, cujos valores espirituais o mundo desconhece e não poucos brasileiros ignoram".[215] A defesa da Nação, trunfo recorrente

---

[212] CAMPOS, *O Estado nacional*, op. cit., p. 108-109.
[213] REALE, *Obras políticas*, Tomo III, op. cit., p. 232.
[214] *Idem*.
[215] REALE, *Obras políticas*, Tomo III, op. cit., p. 229.

no discurso político golpista, exigiria a "superior orientação do Estado", ponto essencial da doutrina autoritária.

Por essa teoria, que prevaleceu no período, o Poder Executivo da União seria o único capaz de conduzir a tarefa de construção da nacionalidade e de eliminação do localismo característico da República oligárquica. Nenhum freio caberia à sua ação.

1.2.3.2 Transferência do poder legiferante para o Executivo: corporações e conselhos técnicos

Voltando os olhos para o contexto internacional, Vianna visualiza uma tendência, nas democracias ocidentais, à substituição das leis por regulamentos, no âmbito do Poder Central.[216] A proposta institucional é a criação dos conselhos técnicos, com a intenção de diminuir a competência dos Parlamentos e transferi-la para o Executivo Federal, inclusive na iniciativa legislativa. Em apoio à sua tese, Vianna apela a fontes doutrinárias estrangeiras. Citando Arkhipov, afirma que "o centro da gravidade está se deslocando da promulgação das normas gerais para a promulgação de atos e instruções, que regulam e ordenam a administração".

A transferência do Poder Legislativo para o Executivo ancorou-se em argumentos relacionados à maior capacidade deste poder de tomar decisões baseadas em conhecimentos técnicos, científicos, e não em razões políticas menores, fundadas em interesses particulares ou localistas.

Vianna propõe um deslocamento das competências em direção a conselhos técnicos, que seriam órgãos administrativos, compostos por técnicos, especialistas, aos quais deveria ser atribuída autonomia regulatória, administrativa e até mesmo jurisdicional em campos especializados – uma espécie de jurisdição administrativa, portanto. Nota-se, nessas propostas, um forte pendor para a economização da política, sua colonização por economistas. A economia é tratada como área puramente técnica, que não deveria ser submetida aos jogos da política partidária e eleitoral.[217]

Os métodos de países da Europa e dos Estados Unidos, voltados à expansão de competências do chefe do Executivo, foram amalgamados

---

[216] VIANNA, *Problemas de política objetiva*, op. cit., p. 184.
[217] VIANNA, *O idealismo na Constituição*, op. cit.

indistintamente pelo pensamento autoritário, como expressões do que havia de mais moderno no período e de uma visão evolutiva, segundo a qual o Parlamento tendia à obsolescência. A técnica da delegação legislativa vinha sendo empregada nos países avançados.[218]

Com efeito, o início do século XX caracterizou-se por reformas institucionais atributivas de maiores competências aos chefes do Executivo na regulação das relações de trabalho e de iniciativas estatais na economia, como resposta à necessidade de lidar com sucessivas crises financeiras, especialmente depois da Quebra da Bolsa de Nova Iorque em 1929.

As delegações legislativas amplas em matéria de intervenção do Estado no domínio econômico foram o método institucional encontrado para ampliar os poderes do Executivo, avançando a regulação do mercado de trabalho, com a fixação de jornadas máximas e de salários mínimos.

As disfuncionalidades apontadas no exercício do poder através da representação parlamentar seriam supridas mediante a transferência de poder normativo do Legislativo para a Administração Pública e, marginalmente, também para o Poder Judiciário – neste caso, (i) através do controle concentrado e abstrato de normas, sem, contudo, deter "a última palavra", como veremos no próximo capítulo; e (ii) pela atribuição, à Justiça do Trabalho, do poder de "editar normas gerais, reguladoras das condições de trabalho das coletividades econômicas, subordinadas à sua jurisdição".[219]

A transferência de poder legiferante para o Poder Executivo foi associada à "prática administrativa dos povos modernos",[220] rubrica sob a qual incluíam-se Estados Unidos, Inglaterra e França, notoriamente como reforço retórico, mas especialmente Alemanha e Itália, que eram os modelos verdadeiramente admirados pelos teóricos do pensamento autoritário, vistos como casos de sucesso na superação dos atrasos econômicos e, portanto, exemplos do que havia de mais moderno.

---

[218] VIANNA, *Problemas de direito corporativo*, op. cit., p. 41-67.

[219] *Idem*, p. 41. A proposta de atribuição de funções normativas à Justiça do Trabalho fundou-se no argumento de que as condições econômicas e sociais do início do século XX, da nova sociedade industrial, caracterizada pela "socialização progressiva da vida econômica", eram incompatíveis com a antiga configuração individualista da justiça comum, cujas sentenças, proferidas caso a caso, somente se aplicam aos litigantes, não obrigando terceiros que não participaram do pleito.

[220] VIANNA, *Problemas de direito corporativo*, op. cit., p. 44.

Unidade, força e ordem seriam as fórmulas para o desenvolvimento, e não o pluralismo democrático e suas promessas nunca realizadas.

Vianna afirmava que a delegação legislativa era um fato, "mesmo nos países de Constituições rígidas e onde o princípio da indelegabilidade é acolhido", referindo-se à "obra recente de Ernst Freund, na parte em que ele estuda, comparativamente, este ponto de direito administrativo e constitucional em três países da mais elevada cultura política", referindo-se aos Estados Unidos, à Inglaterra e à Alemanha. A conclusão do estudo comparativo era que "na Alemanha estas delegações são mais amplas do que na Inglaterra e nesta mais do que nos Estados Unidos".[221]

O entusiasmo com a nova tecnologia de governo, consistente na transferência de poder normativo do Legislativo para o chefe do Executivo, não visualiza inconvenientes ou necessidade de sua limitação.[222] A indelegabilidade foi tratada, pelo pensamento autoritário brasileiro, como mero dogma ou tabu, que vinha perdendo seu "prestígio sagrado".[223] O exemplo dos alemães, em que o Executivo se torna mais legiferante que o próprio Legislativo, é festejado: "Na Alemanha, com efeito, estas delegações atingem uma amplitude tal que a legislação dela decorrente é, segundo Fleiner, mesmo mais volumosa do que a própria legislação do Parlamento".[224]

A defesa da delegação legislativa passava pela necessidade de interpretar restritivamente o princípio da separação de poderes e o preceito proibitivo da delegação de funções, que fora inserido no texto da Constituição de 1934,[225] mas que a Constituição de 1937 eliminaria, concentrando poderes legiferantes da União (no chefe do Executivo).

---

[221] *Idem*, p. 45.

[222] Ao contrário, Vianna não apenas considera a delegação legislativa um imperativo dos novos tempos como defende a superação das reservas que contra ela se opunham. Argumentava que, nos Estados Unidos, "a doutrina viu sempre com olhar suspicaz o desenvolvimento destas delegações, tão contrárias ao esquema dos três poderes harmônicos e autônomos", mas, ainda assim, "o regime generalizado da delegação legislativa", segundo ele, "resultou de uma imposição das circunstâncias, de um imperativo da realidade" (VIANNA, *Problemas de direito corporativo*, op. cit., p. 48).

[223] VIANNA, *Problemas de direito corporativo*, op. cit., p. 49.

[224] *Idem*, p. 45.

[225] A Constituição de 1934 previa, no art. 3ª, §1º: "É vedado aos Poderes constitucionais delegar suas atribuições". Daí a justificação de que tais preceitos não poderiam ser interpretados de modo absoluto, como exigia parte da crítica jurídica da época. Argumentava Vianna: "O que a experiência dos povos mais velhos tem verificado é que este princípio, mesmo quando é consagrado explícita e taxativamente nos textos constitucionais, não pode ter uma aplicação muito rigorosa, sob pena de tornar impossível a administração da coisa pública" (VIANNA, *Problemas de direito corporativo*, op. cit., p. 46).

A par da concentração de poderes normativos na Administração Pública, Vianna considerava que a representação parlamentar seria superada mediante a criação de "órgãos consultivos", constituídos pelos "grandes chefes" das classes econômicas, a funcionarem diretamente junto ao Poder Executivo na definição das políticas de seu interesse.

A representação corporativa das classes produtoras dispensaria os "intermediários políticos" (o Parlamento). As corporações sugeririam, segundo esse plano, as medidas que considerassem necessárias à boa administração do seu setor de atividades diretamente ao governante. Esse novo arranjo institucional dispensaria a eleição de parlamentares, que, "pela ficção do regime representativo, costumamos chamar de 'representantes do povo'".[226]

Vianna desejava mudar o foco da reforma eleitoral da época, que, para ele, se equivocava na defesa "do voto secreto, em cuja técnica pensa, ingenuamente, encontrar a salvação da nossa democracia". Para ele, a grande obra a realizar era "impelir as classes produtoras do Brasil[227] no sentido da solidariedade e da organização",[228] e não do direito individual ao voto secreto.

Era preciso, na sua visão, superar o conceito de soberania popular centrado no atomismo e criar um canal permanente de veiculação da assim chamada "opinião pública" na própria estrutura do Estado. Os órgãos de classe eliminariam a necessidade não apenas dos partidos políticos – que seriam substituídos pelas corporações – como também da imprensa, que perderia seu lugar como meio de veiculação da opinião pública. As corporações funcionariam junto ao Executivo, a ele subordinadas.[229] Elas seriam os novos canais de expressão dos "grandes interesses nacionais, como, por exemplo, os interesses da vida econômica". Os "órgãos técnicos", compostos por representantes das classes organizadas, seriam mais competentes, mais eficazes, mais representativos da opinião pública do que o Parlamento.[230]

---

[226] VIANNA, *O idealismo na Constituição, op. cit.*, p. 238-239.
[227] Leia-se: os "poderosos senhores de latifúndios", os grandes industriais, os donos de empresas poderosas, os senhores do comércio, como se extrai de suas reflexões ao longo dos capítulos que tratam do papel político das classes econômicas e da organização democrática das classes econômicas. VIANNA, *O idealismo na Constituição, op. cit.*, p. 237-242 e 243-248.
[228] *Idem*, p. 246.
[229] *Idem*, p. 233-236.
[230] *Idem*, p. 240.

Descrente na recuperabilidade do mecanismo da representação parlamentar e do próprio sufrágio, encarados seja como farsa, seja como adornos da liberal-democracia, contraproducente na "realidade sociológica brasileira", Vianna propõe, em suma, a superação da técnica eleitoral como mecanismo de aferição da opinião pública.

Em substituição, defende a transferência das funções legislativas para "órgãos técnicos", no âmbito do Poder Executivo, composto não por agentes eleitos pelo povo, mas por indivíduos escolhidos e mantidos no cargo a critério do chefe do Executivo. O regime corporativo consolidaria o Primado do Executivo.

Diante desse quadro, que, em boa medida, reflete os desajustes, gargalos e ineficiências da democracia representativa na consecução de seus objetivos, Vianna defende uma organização do Estado cuja legitimidade não tem origem na soberania popular, na eleição de representantes políticos indicados pelos partidos, mas, sim, fundada no "esclarecimento" daqueles que virão a ocupar os postos públicos, dos governantes.

As propostas convergem para reduzir ao máximo a participação popular na coisa pública, nas escolhas e decisões do Estado, e ampliar o papel de certa "elite esclarecida" para alcançar o desenvolvimento. Seu pensamento passava ao largo dos evidentes defeitos dos mecanismos voltados à escolha dessa elite supostamente esclarecida, dos critérios de avaliação do seu desempenho – não mais o sufrágio universal periódico, mas as próprias redes elitistas de apoio, que tendem a viciar o resultado e a desejar manter o controle do poder político tanto quanto o faziam as oligarquias ou os parlamentares.

A desconfiança profunda dirigida contra o Parlamento e os partidos políticos autoriza Vianna a propor um deslocamento das competências em direção a conselhos técnicos, que seriam órgãos administrativos, compostos por especialistas ideologicamente "neutros", aos quais deveria ser atribuída autonomia regulatória, administrativa e até mesmo função jurisdicional em campos especializados – uma espécie de jurisdição administrativa, portanto, que afastaria do Poder Judiciário a competência para o conhecimento de diversas matérias, deslocando-as para o Executivo.

Vale sublinhar que a teoria de que a concentração de poderes no Executivo resultaria em menor politização das decisões não se fundamentava em evidências empíricas. O discurso centrou-se exclusivamente na desconfiança contra o Parlamento e contra os partidos políticos, imputando-lhes todo o facciosismo e o descompromisso com o desenvolvimento nacional que caracterizava a nossa política e que contaminariam também o Judiciário, sobretudo o local.

Embora se traçassem paralelos com a nova institucionalidade norte-americana, da Era Roosevelt, foi com os olhos no experimentalismo da institucionalidade fascista da Itália, então disseminada na Europa, que os ideólogos da época apresentaram suas propostas de Primado do Executivo e defenderam o regime corporativista, caracterizado pela superação do sistema de freios e contrapesos, pela eliminação de qualquer tentativa de estabelecer a separação e o equilíbrio dos poderes e pela concentração do poder político no chefe do Poder Executivo.

1.2.3.3 O Primado do Poder Executivo da União

O Primado do Executivo também funcionou para redesenhar o modelo federativo, que seria irmão gêmeo da tão execrada representação político-parlamentar: "Um simples lançar de olhos pelo noticiário dos trabalhos parlamentares mostra que temos mais propriamente representações de províncias do que uma representação essencialmente nacional".[231]

Partindo da premissa estabelecida de que os partidos não expressariam a opinião pública – que, segundo os ideólogos do período, não existia –, mas representavam apenas o "espírito de clã", defendeu-se que o sistema de freios e contrapesos não devia limitar o chefe do Executivo Federal, mas, sim, ser empregado por este para eliminar o espírito de clã e os complexos de feudo, tanto no âmbito do Parlamento como no das unidades federadas.

Ofereceu-se, como única saída, o fortalecimento da autoridade central do Estado para sanar essas "enfermidades". Na visão de Vianna, as elites jurídicas bacharelescas do Brasil, por sua "mania de imitar os ingleses", teriam preconceito contra o Poder Central,[232] que, para esses pensadores, seria, ao contrário, o único capaz de conduzir o país ao desenvolvimento, imprimindo a unidade de vontade que faltaria à Nação.

A descentralização de poderes na Federação seria contraproducente e exacerbaria a opressão pelos mandões locais, noção que

---

[231] *Idem.*
[232] VIANNA, *Instituições políticas brasileiras*, p. 441-442.

se continha na obra de Alberto Torres. Daí a defesa do princípio do intervencionismo do Poder Executivo federal nas unidades federadas, afirmando Vianna que "a liberdade, a democracia, a paz, a tranquilidade pública, o progresso" virão como consequência da eliminação do "espírito de clã e dos complexos de feudo".[233] Sua proposta é a eliminação ou redução drástica da autonomia e da descentralização dos poderes locais.

O pensamento político-constitucional da época compartilhava uma verdade inabalável: a de que o coronelismo era a marca distintiva essencial da realidade brasileira em comparação com as democracias europeias e norte-americana. Para superá-lo, a doutrina dominante defendeu a solução autoritária.

A racionalidade do argumento residia na afirmação de que o Poder Executivo Federal não poderia mais permanecer refém dos poderosos clãs políticos familiares dos estados e dos municípios, que caracterizou a política dos governadores, estabelecida a partir de Campos Salles. A Revolução de 1930 se voltou contra esta realidade: impedir a perpetuação do poder do coronelismo sobre o governo federal.

Tratava-se do tema mais momentoso nos debates da *intelligentsia* da época. O coronelismo era uma preocupação no início do século XX, associado ao regime quase-feudal que prevalecia no interior do país. O pensamento autoritário propôs a concentração de poder no chefe do Executivo como único meio eficaz de eliminar o mandonismo. Além disso, o dirigismo do Estado, mediante a criação de uma legislação federal interventora no domínio econômico e cultural, seria capaz de gerar um espírito nacionalista (ufanista) no povo, quebrando as relações de lealdade ao chefe local e substituindo-as pela lealdade à Nação, personificada no presidente da República.

Assim, o Primado do Executivo se estabeleceria não apenas no plano horizontal, da separação de poderes, como também no vertical, da Federação. A concentração do poder legiferante no governo federal reduziria os espaços pelos quais os líderes locais exerciam seu poder sobre a população – o assistencialismo, a política do favor.

Segundo Vianna, as modificações feitas para eliminar o facciosismo seriam: sindicalização profissional urbana (submetida ao governo federal); serviço militar (para alimentar ou criar o patriotismo, o nacionalismo); legislação trabalhista; e lei de acidentes de trabalho.

---

[233] *Idem*, p. 442.

As unidades federadas perderiam poder legiferante sobre esses temas. Para Oliveira Vianna, esses meios de compulsão pertencem à "tecnologia autoritária", pois não estariam voltados a atender a princípios de liberdade e de espontaneidade, mas, sim, à coação estatal.[234]

A expansão dos poderes normativos da União, chefiada pelo presidente, realizou, nas palavras de Vianna, uma "reação contra a descentralização geográfica – contra as 'autarquias territoriais'". A recentralização das atividades administrativas, imposta pela evolução da sociedade contemporânea, tenderia a reduzir o domínio dos interesses locais.[235] Mais uma vez, o exemplo vem do nazifascismo, a revelar que as referências a outras nações-modelo têm função estratégica na tentativa de distanciamento do nazismo e do fascismo.[236] A administração por serviços no Estado moderno teria "caráter nacional e não mais local". Sua expressão mais elevada, segundo Vianna, "nos é dada pelas atuais organizações corporativas e totalitárias da Alemanha e da Itália".[237]

Por fim, o eixo da organização administrativa seria a União, muito mais vocacionada para encarnar o nacionalismo de fundo, que permitia a comunicação direta entre o regime autoritário e o Brasil profundo. Para Vianna, as propostas de descentralização do poder remontam aos liberais de 1831, que se inspiraram no idealismo americano para propor uma monarquia federativa, com assembleias provinciais, com o fim de reforçar "a garantia das liberdades locais em face do Poder Central – velha preocupação infantil dos nossos liberais, que nunca quiseram convencer-se de que, entre nós, é o Poder Central que tem sido sempre o grande, e talvez o único, defensor das liberdades individuais".[238]

Em artigo publicado em 1936, intitulado *Corporativismo e unidade nacional*,[239] Reale propôs a introdução do Federalismo Corporativo para enfrentar a "desagregação nacional", "magno problema da

---

[234] *Idem*, p. 444.
[235] VIANNA, *Problemas de direito corporativo*, op. cit., p. 52-53.
[236] Apesar de Alemanha e Itália serem consideradas as experiências mais avançadas, há tentativa de aproximar as diferentes institucionalidades políticas, afirmando que idêntico fenômeno se operava "tanto na Itália como na Inglaterra, nos Estados Unidos como na Alemanha, na Áustria como na Austrália, em suma, em todos os países civilizados e organizados" (VIANNA, *Problemas de direito corporativo*, op. cit., p. 53).
[237] VIANNA, *Problemas de direito corporativo*, op. cit., p. 53.
[238] VIANNA, *O idealismo na Constituição*, op. cit., p. 43-44.
[239] O artigo foi publicado na revista *Panorama*, dirigida pelo autor, e foi reproduzido na obra que reúne suas memórias: REALE, *Obras políticas*, Tomo III, op. cit., p. 235-242.

nacionalidade", caracterizado pelos "centrifugismos provinciais, diminuindo a capacidade integralizadora e orgânica do poder central".[240]
Observe-se que os pensadores autoritários que marcaram o constitucionalismo da época não dedicaram mínimo espaço à discussão dos perigos do empoderamento de um governante cujo limite seria dado fundamentalmente por sua própria vontade. A confiança no caráter especial desse líder era vendida como inabalável. Não cabia problematizar, revelar dúvidas quanto à sua capacidade, honestidade, senso de justiça ou desconfiar de sua intenção de se perpetuar no poder. O sistema proposto pela teoria autoritária se caracteriza pela confiança cega na virtude do governante. Retomava-se, sob o manto do realismo e do modernismo,[241] a velha noção de legitimação divina do governante, transformando em grave heresia seu questionamento. Em lugar do direito divino dos reis, da bênção papal, surge a legitimidade fundada na própria capacidade especial do líder carismático, superior ao homem médio,[242] e na necessidade de construção da nacionalidade brasileira, a partir do centro, de um princípio diretor ditado para "nortear a estruturação geral do Estado".[243]

Desde o início do Governo Provisório, o presidente da República passou a ser o principal agente da legislação – ancorando sua popularidade na legislação social, trabalhista e previdenciária. Esvaziaram-se os espaços de poder local e fortaleceu-se o do presidente da República na prática do assistencialismo, o que contribuiu para promover sua

---

[240] REALE, *Obras políticas*, Tomo III, *op. cit.*, p. 237.
[241] Não há um, mas muitos sentidos e interpretações dos conceitos "moderno" e "modernidade", que concorriam na época. Por isso é que se afirma, por exemplo, que Carl Schmitt era "antimodernidade", no sentido de rejeitar o espírito crítico da vanguarda filosófica e artística que investia contra os valores da tradição, da autoridade, da religião. Já a sátira de Chaplin, *Tempos modernos*, de 1936, escancara os usos políticos do conceito-propaganda "moderno" no discurso autoritário, no qual a modernidade é representada pela técnica, pela máquina – que oprime, instrumentaliza e substitui a vontade do indivíduo. A utopia da modernidade autoritária pode ser representada por um Estado-Máquina que funcionaria à perfeição, eliminando as liberdades anárquicas e a corrupção moral dos indivíduos, transformados em peças descartáveis dessa grande engrenagem.
[242] Essa concepção foi antecipada por Nietzsche na figura do, o "super-homem" ou "além-homem", fundado na transvaloração (libertando-se de todos os valores morais do indivíduo), da vontade de potência e do processo contínuo de superação. A obra *Assim falou Zaratustra*, escrita em 1883, seria utilizada, cinco décadas mais tarde, para respaldar a ideologia de exaltação do *Führer*. Hitler erigiu um busto a Nietzsche em Weimar, em 1934. São incontáveis os trabalhos acadêmicos sobre o tema, mas vale conferir o artigo do escritor José Lins do Rego, *O Nietzsche de Hitler*, publicado no *Diário de Pernambuco* em 26 de julho de 1942. Disponível em: https://www.scielo.br/j/cniet/a/BBrdSLxpM5VT7YKtYvspDHr/?lang=pt. Acesso em: 14 set. 2022.
[243] REALE, *Obras políticas*, Tomo III, *op. cit.*, p. 239.

imagem carismática como "pai dos pobres" e sua legitimidade junto à opinião pública.

Para eliminar o mandonismo, o facciosismo, o espírito de clã ou o complexo de feudo, compreendeu-se que se devia tornar a população menos dependente dos governantes locais, tão somente para torná-la mais ligada ao presidente da República, fortalecendo-o na cena política e invertendo a lógica da também perversa política dos governadores.

1.3 Conclusão parcial: o predomínio do pensamento constitucional autoritário

As contradições do discurso liberal foram exploradas pelo pensamento autoritário para o desmonte de toda a institucionalidade democrática, acusando-a de ultrapassada, ineficiente, favorecedora da corrupção e incapaz, no seu pluralismo, de conduzir o país à unidade de objetivos. Apenas uma ditadura transfiguraria o povo-massa em nação e nos guiaria ao desenvolvimento.

O afã realista, pragmatista e nacionalista e de coloração modernista aportou contribuições e críticas importantes ao constitucionalismo liberal – críticas, aliás, que eram compartilhadas por distintas correntes de pensamento, diametralmente opostas às que vieram a prevalecer na Era Vargas. O pensamento autoritário aproveitou-se da desilusão e do ceticismo absoluto com a democracia eletiva como meio para o avanço e desenvolvimento do país. O voto, a soberania popular, as eleições foram os alvos preferenciais, considerados inadequados para promover o interesse nacional e o progresso econômico do país.

Nas palavras de Bonavides, o atraso político que vivíamos naqueles anos "inquietava as inteligências, pasmadas da frieza e indiferença com que os corpos representativos se punham diante de problemas cuja universal amplitude ignorava, numa alienação comprometedora do país".[244] A principal contribuição daqueles teóricos foi fazer a elite política enxergar a superfluidade, que Bonavides chamou de "verbalismo de bacharéis", e atentar ao "realismo rude" do cenário social e econômico do país.[245] Maria Stella Bresciani apontou o diálogo intelectual entre Oliveira Vianna e outros "intérpretes do Brasil", tão diversos como Sérgio Buarque de Holanda, Gilberto Freyre, Caio Prado Júnior

---

[244] CAMPOS, *Discursos parlamentares*, op. cit., p. xxiii, introdução.
[245] *Idem*.

e Darcy Ribeiro, para destacar a existência de "um lugar comum no pensamento crítico brasileiro dos anos 1920 e 1930".[246] A permanência do legado desse pensamento revela-se na persistência da força explicativa, no discurso político, de ideias como a do despreparo político da população brasileira e da atribuição de parte dos problemas da nossa institucionalidade democrática à importação de ideias, às "ideias fora de lugar".[247]

Há também aspectos interessantes na ideia de integração e participação das "classes organizadas" para ouvi-las na elaboração das leis e na tomada de decisão. Porém, a proposta do pensamento autoritário, em sua releitura do conceito de cidadania e de soberania popular, traduziu-se na solução da representação estamental, revigorada no regime corporativista, que se encontrava em ascensão na Europa continental. As corporações, das quais sairiam os eleitores e os representantes políticos do país, implicariam um retorno a teorias inspiradas no controle do poder político por estamentos, com clara sobrerrepresentação das elites, tanto por suas ocupações, que as elevariam à qualidade de eleitoras, quanto por suas origens e alianças com as classes mais elevadas economicamente. Cuidava-se de uma concepção de soberania pré-moderna.[248]

A noção de organização de classe como fonte de pressão é importante. Marx conclamava a necessidade de união da classe operária e de sua conscientização e organização, pelo conflito de classes, pela luta. Mas a organização corporativista proposta pela corrente de pensamento autoritário dos anos 1920/1930 pretendeu ser a antípoda de Marx: preocupa-se com a organização das elites e com a despolitização (desconflitualização) da sociedade. Obteve o apoio da Igreja Católica, cujos intelectuais pretendiam restaurar a noção de soberania divina (em lugar da popular) como fonte da legitimidade do exercício do

---

[246] BRESCIANI, Maria Stella Martins. *O charme da ciência e a solução de objetividade*: Oliveira Vianna entre intérpretes do Brasil. São Paulo: UNESP, 2005. p. 311.

[247] É a crítica de Maria Stella Bresciani, para quem as análises e interpretações da história do país formuladas na primeira metade do século XX mantiveram aprisionada parcela expressiva da intelectualidade brasileira. BRESCIANI, *O charme da ciência e a solução de objetividade...*, *op. cit.*, p. 306-307.

[248] Havia uma disputa entre o conceito de soberania nacional, de Sieyès, e o de soberania popular, de Rousseau. A soberania nacional, que aparece em Cartas e Constituições em substituição à noção da soberania popular, tinha propósito elitista, contra a cidadania do "populacho". Por sua vez, o conceito de representação na proposição do regime corporativista remonta ao Estado pré-Sieyès, pré-moderno, promovendo uma leitura estamental de representação como fonte da legitimidade do exercício do poder político.

poder político, mediante a disseminação do discurso cristão no espaço público: procissões, missas públicas e criação de revistas doutrinárias e de universidades católicas foram as estratégias dessa corrente para reservar espaços de poder para a Igreja no aparelho do Estado;[249] pressões sobre a legislação, como a manutenção da proibição do divórcio, e sobre o ensino religioso nas escolas, por exemplo, contribuíram para a relevância da Igreja fora dos templos.

Conceitos como de solidariedade e de união, no pensamento autoritário, integram a estratégia de dominação, controle social e limitação do sentido das mudanças a serem realizadas pelo Governo Vargas a partir da Revolução de 1930. A gramática foi reconstruída: "O pensamento jurídico de inspiração direitista e contrário à democracia liberal soube apropriar-se do vocabulário desta última, assim como de conceitos-chave do socialismo e da solidariedade religiosa, alterando-lhes habilmente o sentido original",[250] como leciona Seelaender, que prossegue: "Nem o princípio constitucional da igualdade escapou de releituras revolucionárias. Teses foram escritas especialmente para 'adaptar' o princípio da igualdade ao racismo nazista".[251] A estratégia teve em Carl Schmitt "um dos mais atentos estudiosos do poder dos conceitos e de sua utilidade como arma política".[252]

As soluções propostas para as falhas da democracia eleitoral e do constitucionalismo liberal guiaram-se, portanto, por um pensamento autoritário que, no Brasil, ecoou o reacionarismo contra as lutas por direitos sociais e políticos que fariam avançar nossa democracia. Seguiu-se o avanço do totalitarismo na Europa, visto como modelo por alguns dos mais importantes intelectuais e juristas colaboracionistas do período.

A construção de uma "imagem depreciada do povo (demofobia)"[253] orientou-se à justificação teórica da exclusão da cidadania e pretendeu frear a expansão do direito ao sufrágio para "defender que o governo deveria ser uma função das elites para elites (elitismo)".[254] O povo-massa

---

[249] KOERNER, *O reino social de Cristo e a Constituição orgânica da nação*, op. cit., 2020.

[250] SEELAENDER, *Juristas e ditaduras*, op. cit., p. 425.

[251] Idem.

[252] Idem.

[253] A expressão é de Francisco Rogério Madeira Pinto: PINTO, Francisco Rogério Madeira. *A formação do pensamento jurídico-autoritário brasileiro e sua concretização no Estado Novo*: Júlio de Castilhos, Oliveira Vianna, Francisco Campos e Carlos Medeiros Silva. Orientador: Argemiro Martins. 2018. 284f. Tese (Doutorado em Direito). Universidade de Brasília. Brasília: 2018, p. 67.

[254] Idem.

brasileiro não estaria preparado para a democracia liberal, a qual, sob o pretexto de defender os indivíduos contra o Estado, favoreceu somente o mandonismo coronelista, localista. A solução precisaria vir pelo alto, sem o povo – que, naqueles anos, era disputado por variadas correntes ideológicas, algumas radicais de esquerda, como o anarquismo. O pensamento constitucional que prevaleceu foi o proposto por Vianna, Campos e outros intelectuais legitimadores do regime autoritário.

As teorias de justificação e defesa do regime autoritário, mediante exclusão da cidadania (chamada de "massa" ou "povo-massa"), revelavam anacronismo naquele início de século XX,[255] quando o movimento do sufrágio universal, sem distinções entre os eleitores, já completava quase cem anos de progressiva consagração na legislação das democracias ocidentais.[256] Compartilhava-se a convicção de que condicionar a concessão do direito ao sufrágio à prévia obtenção do progresso pela educação funcionava em sentido contrário, reprodutor da exclusão. Tentou-se, no Brasil, solapar a compreensão de que seria através do exercício do direito ao sufrágio universal que as camadas oprimidas, com direito de voz e de voto, obteriam a atenção das autoridades públicas e pressionariam minimamente a tomada de decisão política na direção da melhoria das suas condições de vida.

Mais do que anacrônico, o pensamento conservador autoritário, que dominou o constitucionalismo brasileiro do período, nutria-se do reacionarismo: na contramão dos avanços obtidos com a democratização do direito ao voto, trabalhou-se para justificar a suspensão das eleições, o fechamento do Congresso, a concentração de poderes no Executivo da União, a limitação da independência do Judiciário.

Ao mesmo tempo, se tem sua pertinência às críticas aos jogos de interesses no Parlamento – e à possível captura do interesse público por interesses privados, não há nada que explique por que o Executivo

---

[255] Neste período, o sufrágio universal é considerado um "direito social", voltado à inclusão social. Foi garantido pela Constituição Francesa de 1848 – ainda como sufrágio universal masculino, para homens maiores de 21 anos, sem as restrições de patrimônio antes existentes.
[256] Bercovici observa que, entre 1831-1832, a Inglaterra viveu uma situação pré-revolucionária, que conduziu à incorporação de parcela do eleitorado ao sistema político com a reforma de 1832 (reivindicações do movimento cartista, que considerava o voto como o acesso mais prático ao poder político, defendendo o controle social, pelos trabalhadores, de suas condições de vida e de trabalho). Reduziu-se a taxa eleitoral, o que aumentou em 50% o eleitorado. Na Era Vitoriana (1837-1901), houve novas ampliações em 1867 (dobrando o eleitorado), 1884, 1885 e 1888. O sufrágio universal masculino e feminino foi adotado em 1918 (BERCOVICI, Gilberto. *Soberania e constituição*: para uma crítica do constitucionalismo. 2. ed. São Paulo: Quartier Latin, 2013).

seria menos politizado, menos suscetível à captura, quando mesmo intuitivamente podemos considerar que um homem só ou uma estrutura hierárquica encontram-se muito mais sujeitos a desvios do que um corpo político diverso e plural. O preconceito favorável demais ao Executivo como poder mais técnico do que o Parlamento é o índice da ideologia autoritária. Há aversão à repartição de poderes, a um órgão composto por muitas vozes, muitos grupos organizados (ou desorganizados, na crítica então desferida pelos pensadores autoritários). Da mesma maneira, a existência de partidos políticos é combatida pelo pensamento autoritário, que pretende diminuir a importância da política e dos partidos. O ideal de guiar a nação numa direção única, certa, inconteste, sem pluralismo de ideias, demandava conferir o Primado do poder ao Executivo, ao presidente da República.

O pensamento autoritário da época deposita muita fé na neutralidade técnica das organizações que substituiriam o Parlamento – a proposta de transferência das funções legislativas para os conselhos técnicos, submetidos hierarquicamente ao presidente e com poderes regulamentares. O discurso da neutralidade, volta e meia reciclado, não traz à luz as funções a que a ideologia do tecnicismo serviu, como disfarce para a política crua, por trás do biombo da burocracia. Esse pensamento não considera que as organizações profissionais ou os conselhos técnicos poderiam, em pouco tempo, acabar por mimetizar o Parlamento ou os partidos políticos, a partir do momento em que entrassem no jogo das pressões políticas para influenciar as decisões do governo e as leis. O que impediria que um conselho técnico se sectarizasse ou partidarizasse? Não há qualquer reflexão sobre isso – trata-se de um ponto cego.

Outra cegueira, deliberada ou não, diz respeito à história do desenvolvimento da democracia nas grandes nações. Os países considerados modelares, distantes da realidade brasileira, foram rotulados como inservíveis a emprestar-nos sua institucionalidade, que somente seria adequada a cidadãos esclarecidos, não submetidos aos clãs e mandões, muito embora esta fosse exatamente a pergunta subjacente à progressiva universalização do sufrágio, que caracterizou o início do século XX. Avançava-se para a convicção de que a cidadania progrediria mediante tentativa e erro, garantindo a todos o direito de voto. A Inglaterra, referida pelos pensadores autoritários como nação de homens livres, contrastando com um país recém-saído da escravidão como o Brasil, também foi dominada por muitos anos pelos chamados "burgos podres", governados pelo mesmo político ou pela mesma família por longos anos a fio.[257]

A gramática do pensamento autoritário prevaleceu, valendo-se de um discurso cientificista de organização, eficiência, utilidade, pragmatismo e técnica (conselhos técnicos) e de um propalado objetivo de expulsar a velha política de interesses privados para estabelecer um governo guiado pelo interesse público. Um chefe de Executivo assessorado pela elite intelectual seria a solução para o gargalo e os desvios da representação eleitoral. Há aí a velha crença na tecnocracia, semelhante à do governo dos sábios platônicos ou à defesa dos juízes Hércules dworkianos. A confiança na excelência de um governo dos especialistas, vestais impolutas, despidas de interesses político-partidários ou ideológicos, é questão de fé, mas não de fato. Os conselhos técnicos, construídos como oráculos daqueles tempos modernos, não deixam de ser imbuídos do mesmo idealismo que caracterizou, antes deles, a institucionalização dos Parlamentos.

Os instigantes debates intelectuais do pensamento autoritário na Era Getulista revelam um país em crise e em busca de transformação, impaciente com os vetustos mecanismos do constitucionalismo liberal – que, no caso brasileiro, tinham a agravante de servir ao domínio oligárquico. As instituições políticas da época, no Brasil e no mundo, enfrentavam forte crítica por seu descompasso diante das sociedades urbanas complexas em veloz desenvolvimento. Por aqui, mantinham-se arraigadamente presas às estruturas rurais e patriarcais, que tentavam se sustentar além de seu tempo. O absenteísmo estatal de ocasião, sob o estandarte do liberalismo, deixava de ser uma opção diante da crise política e econômica de dimensão internacional.

Pode-se afirmar que essa foi a era do constitucionalismo autoritário. Com efeito, deparamo-nos com o problema das raízes autoritárias do constitucionalismo brasileiro, sedimentadas no pensamento que se desenvolveu a partir dos anos 1920 e que alcançaram seu pleno vigor na Era Vargas.

A expressão constitucionalismo autoritário desafia a origem histórica das constituições.[258] Como produto do Iluminismo, o

---

[257] CARVALHO, José Murilo. *Cidadania no Brasil, op. cit.*, p. 44.
[258] Admitindo a possibilidade de desenvolvimento de um "constitucionalismo autoritário", confiram-se: TUSHNET, Mark. Authoritarian Constitutionalism, *Cornell L. Rev.*, n. 100, p. 391-462, 2015. TUSHNET, Mark. The possibility of illiberal constitutionalism? *Florida Law Review*, Vol. 69, Issue 6, p. 1.367-1.384, 2017.

constitucionalismo se descreve como ideologia de limitação do poder do Estado,[259] mediante a concepção de mecanismos endógenos (separação de poderes, estrita delimitação das competências, constituições rígidas, cláusulas pétreas, direitos fundamentais, controle de constitucionalidade) e exógenos (eleições periódicas, consultas à cidadania, liberdade de expressão da opinião pública), que contêm os poderes políticos dentro do respeito à institucionalidade.[260]

Sob esse ângulo, autoritarismo e constitucionalismo são conceitos antagônicos, no mínimo no plano normativo. Constitucionalismo é sinônimo de antiautoritarismo, por essa matriz de pensamento. Porém, o paradoxo não impede o reconhecimento de que, fenomenologicamente, uma forma e uma prática constitucionais autoritárias se imponham no mundo dos fatos, na materialidade histórica. Daí por que o estudo do constitucionalismo e das cortes nos regimes autoritários venha se tornando uma importante linha de pesquisa no direito constitucional comparado da última década. O interesse no tema se dá no contexto do refluxo da onda de democratização verificado nas últimas duas décadas.

Foi no ambiente do pensamento constitucional autoritário que se desenvolveram a institucionalidade e as práticas institucionais na Era Vargas. O Poder Judiciário não escapou às investidas do pensamento autoritário. A independência e as garantias da magistratura foram descritas como escudos dos juízes para agir contrariamente aos interesses da nação e em aliança com oligarquias estaduais e com opositores políticos do governo. O ativismo do Supremo Tribunal Federal serviu de munição à defesa do afastamento da jurisdição em questões de natureza "exclusivamente políticas". Todas essas críticas eram plausíveis e fundadas em justas razões, merecendo ser consideradas. Delas saíram algumas propostas institucionais ainda hoje interessantes, como veremos no capítulo 3. Como qualquer poder, o Judiciário também deve ser pensado, teorizado e institucionalizado de modo a eliminar ou ao menos restringir os desvios e excessos cometidos por seus ocupantes. Nada obstante, o pensamento autoritário pretendia puxar o pêndulo para o lado oposto. Ao invés de apresentar propostas de solução desses

---

[259] SOUZA NETO, Claudio Pereira de; SARMENTO, Daniel. *Direito Constitucional*: teoria, história e métodos de trabalho. Belo Horizonte: Fórum, 2012. p. 82. SAJO, András; UITZ, Renáta. *The constitution of freedom*: an introduction to legal constitutionalism. Oxford: Oxford University Press, 2017.

[260] GARGARELLA, Roberto. *Latin American Constitutionalism, 1810-2010*: The Engine Room of the Constitution. New York: Oxford University Press, 2013. p. 54-61.

problemas, teorizou-se a instrumentalização do Judiciário para o novo modelo de Estado, sujeito ao Primado do Executivo. Os métodos de interpretação e a competência para o controle de constitucionalidade foram repensados para servir à unidade de pensamento e de ação, guiados pelo presidente da República. Nem tudo vingou.

CAPÍTULO 2

CONSTRUÇÕES TEÓRICAS SOBRE O PODER JUDICIÁRIO NO REGIME AUTORITÁRIO

> *Quem pode julgar dos abusos poderia também destruir ou abolir o instrumento que a Constituição confere expressamente ao Congresso ou ao Presidente da República.*
>
> Francisco Campos

Dentro de uma institucionalidade constitucional construída para atender à pretensão de centralização autoritária, qual papel o pensamento constitucional brasileiro prevalecente na Era Vargas reservava ao Poder Judiciário? Quais eram as críticas dirigidas por essa intelectualidade ao Poder Judiciário da Primeira República e quais eram as soluções propostas para superar o que era visto como desvios e disfuncionalidades? Como se considerava que o Judiciário devia agir no exercício da sua função de interpretar e aplicar as leis e a Constituição?

Para a compreensão das construções teóricas da época, uma chave interessante consiste em visualizar os distintos mecanismos de controle de constitucionalidade, pelos quais os poderes assumem as rédeas do sistema de freios e contrapesos, passando a controlar os limites das próprias competências. Christian Lynch propõe a seguinte tipologia:

(1) o estado de exceção, do qual são espécies: (1.1) o estado de guerra; (1.2) o estado de sítio; (1.3) o estado de emergência; (1.4) o estado de defesa; (1.5) a intervenção federal (nos estados federados), que normalmente demandam convergência entre Executivo e Congresso;

(2) a jurisdição constitucional, que "se opõe ao excepcionalismo para atribuir aos tribunais o poder de garantir a integridade

da Constituição", caracterizando o "constitucionalismo judiciarista";[261] e

(3) o poder neutro ou moderador, originalmente (na obra de Constant) atribuído a um chefe de Estado sem funções de governo, ao qual caberia solucionar os conflitos entre os poderes, e que, no Brasil, foi atribuído ao Imperador e, na República, sucessivamente disputado por Judiciário e militares.[262]

Sob a denominação de "Poder Moderador", vigorou no Brasil, sob a égide da Constituição de 1824, o controle dos atos dos demais poderes exercido diretamente pelo Imperador, que acumulava a função de chefe de governo. A primazia do Poder Executivo e da União, no Império, era uma das características distintivas do constitucionalismo monárquico nacional. Alterar o modelo de supremacia do Executivo, adotando, ao mesmo tempo, o regime presidencialista, foi um dos principais projetos dos "pais fundadores" da nossa República.

O exemplo de sucesso que inspiraria a Constituição de 1891 foi a institucionalidade dos Estados Unidos da América. Por obra principalmente de Ruy Barbosa, profundo estudioso do direito norte-americano, implementaram-se no Brasil a forma federativa de Estado, o regime presidencialista de governo e a jurisdição constitucional, conferindo à Suprema Corte a competência de controlar a constitucionalidade dos atos dos poderes políticos eleitos, na modalidade concreta/difusa.

A atribuição, ao órgão de cúpula do Judiciário brasileiro, do poder de definir o conteúdo das normas constitucionais e de se sobrepor à interpretação conferida pelo Parlamento e pelo Executivo antecedeu a promulgação da nova Constituição. O então ministro da Justiça do Governo Provisório, Campos Salles, que chefiava os trabalhos da Comissão Petrópolis, reunida em 1889 e encarregada de elaborar a nova Constituição, editou o Decreto nº 848, de 11.10.1890, que previu a competência da magistratura federal para a "guarda e aplicação da Constituição" e estabeleceu o cabimento de recurso ao Supremo Tribunal Federal contra decisões "proferidas pelos tribunais e juízes dos

---

[261] LYNCH, Christian. Entre o judiciarismo e o autoritarismo: o espectro do poder moderador no debate político republicano: 1890-1945. *Revista Insight Inteligência*, 97. Disponível em: https://inteligencia.insightnet.com.br/entre-o-judiciarismo-e-o-autoritarismo-o-espectro-do-poder-moderador-no-debate-politico-republicano-1890-1945/. Acesso em: 20 set. 2022.

[262] LYNCH, *Entre o judiciarismo e o autoritarismo*, op. cit., p. 7-16.

Estados", que aplicassem lei ou ato estadual "posta em questão como contrário à Constituição", ou quando estivesse em questão a "interpretação de um preceito constitucional ou de lei federal".[263] O preâmbulo enfatizou que o poder de interpretar as leis "envolve necessariamente o direito de verificar se elas são conformes ou não à Constituição e, neste último, cabe-lhe declarar que elas são nulas e sem efeito", restando, assim, consagrado em nosso ordenamento que todos os juízes e tribunais exerceriam o controle difuso de constitucionalidade das leis que fossem chamados a aplicar.

Na exposição de motivos daquele decreto, Campos Salles fez a defesa da jurisdição constitucional como mecanismo destinado a "manter o equilíbrio, a regularidade e a própria independência dos outros poderes, assegurando, ao mesmo tempo, o livre exercício dos direitos do cidadão". Os juízes passariam a ter o poder de negar aplicação às leis que considerassem incompatíveis com a Constituição, bem como de anular ou conceder ordens contra atos do Poder Executivo que incorressem no vício de inconstitucionalidade, concluindo: "É a vontade absoluta das assembleias legislativas que se extingue, nas sociedades modernas, como se hão extinguido as doutrinas do arbítrio soberano do poder executivo".[264] A jurisdição constitucional evitaria o primado do Executivo ou do Legislativo.

O Supremo Tribunal Federal foi imaginado, a partir da Proclamação da República, como "sucedâneo republicano do Poder Moderador".[265] A introdução da jurisdição constitucional para este fim era defendida tanto por Ruy Barbosa, então ministro da Fazenda e revisor

---

[263] Artigo 9º, parágrafo único, letras *b* e *c*, do Decreto nº 848/1890.
[264] Consta da exposição de motivos: "A magistratura, que agora se instala no país graças ao regime republicano, não é um instrumento cego, ou mero intérprete, na execução dos atos do Poder Legislativo. Antes de aplicar a lei, cabe-lhe o direito de exame, podendo dar-lhe ou recusar-lhe sanção, se ela lhe parecer conforme ou contrária à lei orgânica. Aí está posta a profunda diversidade de índole, que existe entre o Poder Judiciário, tal como se achava instituído no regime decaído, e aquele que agora se inaugura, calcado sobre os moldes democráticos do sistema federal. De poder subordinado, qual era, transforma-se em poder soberano, apto, na elevada esfera de sua atividade, para interpor a benéfica influência do seu critério decisivo, a fim de manter o equilíbrio, a regularidade e a própria independência dos outros poderes, assegurando, ao mesmo tempo, o livre exercício dos direitos do cidadão. Ao influxo da sua real soberania se desfazem os erros legislativos, e são entregues à severidade da lei os crimes dos depositários do Poder Executivo". CÂMARA DOS DEPUTADOS. *Decreto nº 848, de 11 de outubro de 1890*. Exposição de Motivos. Disponível em: https://www2.camara.leg.br/legin/fed/decret/1824-1899/decreto-848-11-outubro-1890-499488-norma-pe.html. Acesso em: 07 jul. 2022.
[265] LYNCH, Christian Edward Cyril. *Da monarquia à oligarquia*: história institucional e pensamento político brasileiro (1822-1930). São Paulo: Alameda, 2014. p. 143.

do anteprojeto constitucional, identificado com o pensamento liberal e principal artífice da Constituição de 1891, quanto por Campos Salles, então ministro da Justiça e chefe republicano histórico de tendência conservadora, que foi, ao lado de Ruy, um dos principais artífices do novo regime republicano. Três seriam os seus pilares:

(1) o da neutralidade política do Judiciário, que, por isso, seria um bom árbitro tanto nos conflitos entre Executivo e Legislativo como na guarda do texto constitucional contra invasões pelos outros poderes;
(2) o da necessidade de impor limites à "onipotência parlamentar", devendo o Judiciário funcionar como órgão contramajoritário;
(3) o da separação entre direito e política, preservando, tal como consagrado pela Suprema Corte norte-americana, a esfera discricionária de atuação dos Poderes Executivo e Legislativo, fundamento da doutrina da incognoscibilidade, pelo Judiciário, das denominadas "questões políticas", dentre as quais se incluía toda questão relativa à matéria eleitoral, de competência exclusiva do Congresso Nacional ou dos legislativos estaduais.[266]

Campos Salles defendia, ainda, que a principal função desse novo Judiciário seria atuar contra os excessos da centralização do poder e a favor da autonomia federativa. Os conflitos de unidades federadas entre si ou destas contra a União seriam resolvidos pelo direito, e não pela força de uma das soberanias.[267]

Dentre os constituintes, um grupo defendia, ao lado da jurisdição constitucional de competência limitada, a intervenção federal como substituta complementar do velho poder moderador na solução dos conflitos entre União e estados. Vicejava o pensamento de que a União seria a "coordenadora natural dos novos entes federativos". Na prática, porém, a ideia não vingou. A reação das oligarquias locais levou à solução de tipo pactual: a política dos governadores, protegendo os clãs situacionistas contra a intervenção.[268] A jurisdição constitucional, além de substituir o poder moderador, foi também escolhida como

---

[266] LYNCH, *Da monarquia à oligarquia*, op. cit., p. 138.
[267] LYNCH, *Da monarquia à oligarquia*, op. cit., p. 143-147.
[268] LYNCH, *Da monarquia à oligarquia*, op. cit., p. 154.

mecanismo preferencial à intervenção federal para solucionar conflitos entre a União e os estados-membros, substituindo-a como método de controle de constitucionalidade dos atos dos poderes políticos estaduais que conflitassem com os federais.

Os pensadores do início da República brasileira pretenderam adaptar o velho poder moderador da monarquia de duas maneiras: primeiro, despindo-o dos atributos que hierarquizavam a separação de poderes e atribuíam ao Imperador supremacia política sobre os demais poderes; segundo, alocando a função moderadora no Supremo Tribunal Federal, vislumbrada como "instrumento de liberalização do regime".[269]

A jurisdição constitucional foi estabelecida em nossa Constituição de 1891, mas, na prática, seu território foi constantemente desafiado pelos atores políticos do Executivo e do Legislativo. Os anais de debates no Plenário da Câmara dos Deputados registram fortes ataques contra o Supremo Tribunal Federal e a defesa da legitimidade superior do presidente da República e da intervenção federal como mecanismo de controle de constitucionalidade, frente ao Poder Judiciário e à jurisdição constitucional. O parlamentar Manuel Queirós, em sessão de 1895, sintetizou: "Prefiro sujeitar-me às violências de um poder individual, responsável, a sujeitar a autonomia dos estados à irresponsabilidade de um poder sujeito às instigações da politicagem".[270]

No início dos anos 1920, a descrição do Poder Judiciário como um órgão neutro, técnico, imparcial passou a concorrer com outras visões, críticas à sua atuação nas soluções dos conflitos políticos entre União e estados e entre governo e oposição. As greves operárias, os primeiros levantes tenentistas e o avanço do comunismo e do fascismo eram sintomas da grave crise de institucionalidade da Primeira República, da qual a jurisdição constitucional saiu abalada. A questão social deu lugar à repressão policial, aos sucessivos estados de sítio e às perseguições políticas, que se fizeram acompanhar do desenvolvimento de teorias autoritárias de governo, já correntes no pensamento político.

A visão idealista do Judiciário como poder imparcial, estranho às disputas político-partidárias, neutro, ao qual caberia a defesa da Constituição contra as paixões momentâneas das maiorias, contra a supremacia do Parlamento, defendida por Ruy Barbosa, perdeu a

---

[269] LYNCH, *Da monarquia à oligarquia*, op. cit., p. 140-142.
[270] Os trechos foram extraídos de *Anais da Câmara dos Deputados e do Senado Federal de 1894 e 1895*, apud LYNCH, *Da monarquia à oligarquia*, op. cit., p. 148.

qualidade de dogma e cedeu lugar a outras ideias, pelas quais a jurisdição constitucional era vista ceticamente, como um dos flancos pelos quais a oposição fazia valer seus interesses.

A atuação de Ruy e de outros eminentes integrantes do pensamento liberal da época na defesa de parlamentares oposicionistas do regime, obtendo ordens do Supremo Tribunal Federal contra atos do governo, serviria de combustível para o pensamento conservador da época, que defendia ser imperativo a Corte abster-se de julgar em matéria de estado de sítio, de eleições e de intervenções federais, ao argumento de que a judicialização da política seria o caminho para a nefasta politização do Judiciário.

Como toda instituição, a atuação do Judiciário merecia críticas. O coronelismo, travestido de federalismo, manteve a função jurisdicional sob forte controle oligárquico na Primeira República. É a constatação de Victor Nunes Leal, na análise que fez, em sua tese de 1948, do funcionamento do sistema federativo no Brasil, dominado pelo coronelismo, consistente na manutenção de um mecanismo de poder político paralelo e insubordinado à Constituição e às leis, com a cumplicidade dos governos local e federal.[271]

Segundo José Murilo de Carvalho, o exercício da justiça por mãos privadas foi, desde os tempos coloniais e durante a República dos Coronéis, um dos braços fortes do processo de exclusão social e de produção artificial das desigualdades entre homens e mulheres e entre negros e brancos. O poder senhorial, desembaraçado da rivalidade ou da supervisão do governo, confundia-se com o poder político e se capilarizou na institucionalidade brasileira.[272]

Os juízes, aí incluídos os membros do Supremo Tribunal Federal, tinham origem nas famílias oligárquicas, provenientes daquele estrato

---

[271] Victor Nunes Leal foi assessor de Gustavo Capanema no Ministério da Educação de Getúlio Vargas. Por indicação de Capanema, foi contratado em 1943 pela Faculdade Nacional de Filosofia, que vinha de ser criada em 1939. Para o concurso de titularidade da cátedra, escreveu a tese publicada em 1948, *Coronelismo, enxada e voto*, na qual registrou: "Como indicação introdutória, devemos notar, desde logo, que concebemos o "coronelismo" como resultado da superposição de formas desenvolvidas do regime representativo a uma estrutura econômica e social inadequada. Não é, pois, mera sobrevivência do poder privado, cuja hipertrofia constituiu fenômeno típico de nossa história colonial. É antes uma forma peculiar de manifestação do poder privado, ou seja, uma adaptação em virtude da qual os resíduos do nosso antigo e exorbitante poder privado têm conseguido coexistir com um regime político de extensa base representativa" (LEAL, Victor Nunes. *Coronelismo, enxada e voto*: o município e o regime representativo no Brasil. 7. ed. São Paulo: Companhia das Letras, 2012. p. 23.

[272] CARVALHO, *Cidadania no Brasil, op. cit.*, p. 55-56.

da sociedade e apoiadas por coronéis e governadores, que dominavam os postos-chave da República. Daí as figuras do "juiz nosso" e do "delegado nosso" como "expressões de uma justiça e de uma polícia postas a serviço do poder privado".[273] A feudalização da justiça brasileira pela mentalidade do latifúndio repercutiu nos seus usos para a resolução de litígios privados individuais, realizando a política do favor (patrimonialismo).

Embora os vícios de institucionalidade não fossem exclusivos nem maculassem preferencialmente o Poder Judiciário, revelou-se útil ao pensamento autoritário empregar o realismo sociológico na sua descrição, minando a noção abstrata de legitimidade e de independência atribuída aos magistrados pelo chamado pensamento idealista. O passo seguinte foi fundamental: a teorização do papel do Poder Judiciário nos regimes autoritários.

A construção teórica do período teve por fim não a superação dos vícios do Judiciário, mas construir e justificar mudanças institucionais voltadas à concentração do poder de interpretar a Constituição no chefe do Poder Executivo da União. As principais propostas, que não se concretizaram em sua inteireza, serão tratadas neste capítulo: (i) eliminação da justiça estadual; (ii) relativização das garantias e da independência da magistratura; (iii) submissão da decisão judicial de inconstitucionalidade à palavra final do presidente da República. Um tópico especial foi dedicado aos métodos de interpretação constitucional em disputa naquele período.

2.1 Subordinação do Judiciário ao Executivo Federal: unidade da magistratura e limitações à independência do Judiciário

A relevância do mecanismo judiciário para o autoritarismo se extrai da dedicação, pelos ideólogos dos regimes autoritários, de partes importantes de suas obras ao tema da reorganização do Judiciário, principalmente de seu "órgão de cúpula". Foi este um dos focos dos principais pensadores aqui estudados.

Lançando mão da velha noção de "poder moderador", Oliveira Vianna destacava a importância de redesenhar a função jurisdicional no

---

[273] CARVALHO, *Cidadania no Brasil*, op. cit., p. 55-56.

Brasil, sobretudo o Supremo Tribunal Federal: "Os grandes problemas que temos de resolver não são estes – da eleição e da composição do Legislativo –; são os de organização do Judiciário; são os da organização do órgão supremo moderador de todos estes poderes".[274]

A capacidade persuasiva desse pensamento assentava na perda de credibilidade da proposta liberal para o Judiciário, duramente atacada como mero verniz voltado à construção de um poder que manteria, na prática, o domínio das oligarquias contra a modernização e os interesses do país. Atacava-se, não sem alguma razão, como irrealista e meramente estética – dotada de beleza retórica – a concepção de Ruy Barbosa de que o Supremo Tribunal Federal seria "um poder neutral, arbitral, terminal, que afaste os contendores, restabelecendo o domínio da Constituição", e de que a Constituição havia se fortificado "estendendo e levantando por toda a sua circunferência o poder judicial como um dique de rochas, onde não se penetra senão por certas comportas, predispostas para esse efeito e solidamente definidas contra as monções passageiras da política ou da multidão: a reforma constitucional".[275]

A crítica teve caminho facilitado ao apontar a ausência de correspondência desse discurso no mundo dos fatos. Ganhando credibilidade contra um discurso que soava meramente de fachada, as propostas de superação dos problemas faziam letra-morta de todos os chamados dogmas do constitucionalismo liberal.

A leitura das propostas relativas ao Poder Judiciário permite afirmar que o pensamento autoritário prevalecente no período tinha dois objetivos principais: (i) reorganizar, aparelhar e redefinir as competências do Poder Judiciário para que servisse de aliado do Poder Executivo Federal contra as forças opositoras na distribuição vertical de poderes; (ii) redimensionar sua capacidade interpretativa da Constituição e das leis e rebaixá-lo na distribuição horizontal dos poderes a fim de que funcionasse como órgão estruturado para fazer valer as concepções constitucionais do governo, impedindo o Judiciário de se tornar um poder concorrente.

Para esse fim, o pensamento autoritário, valendo-se de teorias descritivas da realidade, não se reduziu à análise crítica: moldou e avançou suas próprias teorias normativas sobre o papel da função

---

[274] VIANNA, *Problemas de direito corporativo*, op. cit., p. 179.
[275] BARBOSA, Ruy. *Os Atos Inconstitucionais do Congresso e do Executivo ante a Justiça Federal.* Rio de Janeiro: Companhia Impressora 7, 1893. p. 18.

jurisdicional, propondo soluções pretensamente calcadas na realidade concreta do nosso país e voltadas à superação de todos os problemas.

Identificamos quatro frentes de ataque à organização do Poder Judiciário herdada da Constituição de 1891: (i) do federalismo judiciário, tendo como alvo o regime de "dualidade da justiça", federal e estadual; (i) das garantias e da independência da magistratura; (iii) dos métodos de interpretação; (iv) do controle de constitucionalidade dos atos dos poderes eleitos.

2.1.1 Unidade da magistratura mediante eliminação da justiça estadual

O federalismo consagrado na Constituição de 1891 influiu na configuração do Poder Judiciário da República, tanto com a criação do Supremo Tribunal Federal, nos moldes da Suprema Corte norte-americana, quanto na competência conferida aos estados para a organização da sua justiça (e para legislar em matéria processual). A existência da magistratura estadual seria uma importante manifestação da sua autonomia federativa. Além disso, "em tempo algum se cuidou tanto de oferecer à magistratura um estatuto que verdadeiramente a situasse em pé de igualdade com os demais Poderes", constando do preâmbulo do Decreto nº 25, de 30 de novembro de 1889: "À República importa que tenha a magistratura toda a independência e honorabilidade essenciais às altas funções de que se acha investida".[276] Em seguida, no Decreto nº 210, de 20 de fevereiro de 1890, ficou estabelecido que o presidente do Supremo Tribunal seria eleito dentre os membros do respectivo Tribunal e por votação de seus pares.[277]

Com a Revolução de 1930, a proposta de mitigação e superação do dito dogma do federalismo passava pela reorganização do Poder Judiciário. A unidade da magistratura era uma das utopias – e obsessões – do pensamento autoritário, sobretudo porque auxiliaria na padronização e hegemonização do programa do governo federal, uma vez ajustada a subordinação do Judiciário Federal à sua chefia. Considerava-se que

---

[276] BRASIL. Câmara dos Deputados. *Decreto nº 25, de 30 de novembro de 1889*. Disponível em: https://www2.camara.leg.br/legin/fed/decret/1824-1899/decreto-25-30-novembro-1889-502500-publicacaooriginal-1-pe.html. Acesso em: 30 ago. 2022.

[277] BRASIL. Câmara dos Deputados. *Decreto nº 210, de 20 de fevereiro de 1890*. Disponível em: https://www2.camara.leg.br/legin/fed/decret/1824-1899/decreto-210-20-fevereiro-1890-509980-publicacaooriginal-1-pe.html. Acesso em: 30 ago. 2022.

o Judiciário dos estados, por seus vícios, abusos de poder, subserviência a interesses oligárquicos, elitismo e partidarismo, seria um alvo fácil: diante da percepção dos juízes estaduais como corruptos, a tese da necessidade de ampliação do poder da União soava como solução plausível para superar os desmandos locais. O achincalhamento das instituições estaduais fazia-se acompanhar de uma glorificação irreal e oportunista das virtudes superiores do poder central.

O Judiciário da República Velha era observado, pelo pensamento autoritário, como um dos flancos pelos quais as oligarquias locais mantinham seu domínio político, limitando o poder da União e o alcance das leis federais. Os principais estudiosos do tema, no período, consideravam a justiça estadual "uma justiça fraca, sem força, nem moral, nem material, para reagir contra a pressão que sobre ela exercem as máquinas partidárias locais [...] dependente, ineficiente, mal paga, frequentemente facciosa, abandeirada aos mandões locais".[278]

Vianna voltou-se contra a dualidade da magistratura, cuja federalização integral era defendida a fim de eliminar a influência dos clãs locais sobre os "juízes nossos".[279] O problema foi por ele formulado com clareza lapidar: "Levando em conta a experiência acumulada nestes quarenta anos e em face da realidade presente, é ou não conveniente aos interesses das populações nacionais passar para a União a magistratura local, até agora pertencente aos Estados?".[280]

Ao respondê-lo, Vianna liberta seu pensamento de qualquer compromisso normativo com o princípio federativo, criando uma dicotomia artificial entre ele e o interesse da nação: "Não nos devemos preocupar um minuto sequer em saber se a unificação da justiça é ou não é contrária aos princípios do regime federativo. Nós não estamos aqui para servir a tipos ideais de regimes – e sim para servir aos interesses e às conveniências da Nação".[281]

Para Vianna, a única maneira de garantir a independência do juiz frente às máquinas políticas dos Estados seria "a União apoderar-se

---

[278] VIANNA, O idealismo na Constituição, op. cit., p. 292.
[279] VIANNA, Instituições Políticas brasileiras, op. cit., p. 180. Vianna cria uma tipologia de juízes: (1) "o juiz maleável, que se acomoda e transige"; (2) "o juiz tímido, que se retrai e omite"; e (3) "o juiz faccioso, que se faz instrumento dos partidos e fac-totum dos coronéis". VIANNA, O idealismo..., op. cit., p. 293.
[280] VIANNA, O idealismo na Constituição, op. cit., p. 292.
[281] VIANNA, O idealismo na Constituição, op. cit., p. 292.

da magistratura dos Estados. Não há outro; não é possível outro".[282] Mantendo-se fiel ao método do realismo sociológico descritivo, Vianna afirma que "a magistratura que jurisdiciona no interior, fora da pequena área limitada das capitais, a magistratura dos campos e dos sertões que defronta e luta, face a face, com o arbítrio e a força descontrolada dos potentados locais" precisa ser posicionada "sob a proteção" da União,[283] "podendo invocar, contra os poderes locais, contra as polícias estaduais, contra o arbítrio e a arrogância dos chefes e potentados de aldeia, o prestígio da força federal".[284]

No plano teórico, a proposta de uma justiça unificada é coerente com a propaganda autoritária de que seria possível superar todos os problemas das justiças locais mediante troca da competência de sua organização, retirando-a dos estados e transferindo-a para a União. Muitos acreditaram na promessa, inclusive João Mangabeira, constitucionalista alinhado à esquerda não autoritária.[285] Também confirma a visão elitista de que a salvação viria de um pequeno grupo de agentes políticos, os quais, porque situados no governo federal, seriam mais virtuosos, capazes e eficazes do que as autoridades locais, especialmente do interior do país.

Ao mesmo tempo, promoveram-se a federalização e a uniformização da legislação processual, operada pela Constituição de 1934, que eliminou a competência dos estados para legislar sobre processo, antes prevista na Constituição de 1891, "sob o influxo de uma desastrosa tendência para a descentralização", como criticava Francisco Campos.[286] Campos participou ativamente da criação do novo Código de Processo Civil, de 1939, por meio do qual, eliminada a competência legislativa concorrente dos estados em matéria processual, o processo e as decisões do Judiciário local passaram a seguir a programação legal concebida pela União, no âmbito das garantias e da independência por ela estabelecidas.

A justiça unitária não chegou a se realizar no plano da institucionalidade, mas o discurso difamatório contra o Judiciário local revelou-se útil para desmistificar a visão construída pelo liberalismo sobre a jurisdição, como função técnica, neutra, distanciada das disputas partidárias

---

[282] VIANNA, *O idealismo na Constituição*, op. cit., p. 293.
[283] VIANNA, *O idealismo na Constituição*, op. cit., p. 294.
[284] VIANNA, *O idealismo na Constituição*, op. cit., p. 297.
[285] CASTRO, Araújo. *A Constituição de 1937*. 2. ed. Rio de Janeiro: Freitas Bastos, 1941. p. 213.
[286] CAMPOS, *O Estado nacional*, op. cit., p. 125.

e, ainda, para desnudar a possibilidade de sua aliança, sempre possível, com os detentores do poder local e com opositores do governo federal. Evidentemente, o discurso autoritário não tratou da possibilidade inversa, da influência política do governo federal sobre os magistrados contra os detentores do poder local opositores do regime. Sobre essa dimensão da realidade, os pensadores da época silenciaram.

2.1.2 Relativização das garantias e da independência da magistratura: defesa da atribuição do poder de "expurgo" ao chefe do Executivo

A redução das garantias da magistratura foi outro projeto do pensamento autoritário. O realismo que os teóricos do regime empunhavam como bandeira era muito peculiar: ao invés de se dedicar à fotografia exata tanto dos vícios quanto das virtudes de uma magistratura independente, o que se elaborou foi uma caricatura ácida da classe dos juízes, vandalizando a pintura idealizada e romântica promovida pelo liberalismo – que a defendia como guardiã da Constituição, dos direitos fundamentais, das liberdades – para representá-la como inimiga da pátria e companheira dos clãs. O tom e o volume das críticas, provenientes dos mais importantes juristas colaboradores do regime, construíram o ambiente propício para as investidas contra a independência da magistratura, ocorridas no Governo Provisório e no Estado Novo.

Como visto no tópico anterior, Oliveira Vianna investiu pesadamente contra a organização dual do Judiciário, atacando a magistratura estadual como refém do governo local e das "máquinas partidárias dominantes". Vianna observava, em sua consistente atitude intelectual de total menoscabo com dogmatismos liberais, que a independência das magistraturas, mediante garantias de vitaliciedade, inamovibilidade e irredutibilidade de vencimentos, não garantia decisões "a coberto das influências da política". Mais do que isso: a defesa das garantias e da independência como um fim em si lhe parecia intrinsecamente equivocada, pois, segundo compreendia, tais medidas só garantiam "o direito do juiz ao seu cargo e às suas vantagens materiais; mas, isto só não basta, porque o juiz não é apenas o titular de um direito – do direito ao cargo; mas, também um agente da autoridade pública".

Levantando uma crítica relevante e que permanece bastante atual, Vianna afirmava que "o único aspecto pelo qual o juiz interessa ao povo" é desempenhar a missão de "aplicar a lei e assegurar a inviolabilidade dos direitos e das liberdades individuais". E ele argumentava que as garantias da magistratura, embora protegessem os direitos "pessoais" dos juízes, eram muito secundárias e, no limite, meramente platônicas, incapazes de eliminar as influências e o "arbítrio dos potentados" na tomada de decisão.[287] Independência normativa, não factual.

Vianna desenvolveu seu pensamento sobre o Judiciário em estudos dedicados especificamente ao tema das garantias da magistratura nos regimes autoritários. Suas reflexões se inspiraram num contexto estrepitoso: à época, testemunhava-se, nos Estados Unidos da América, o mais belicoso confronto entre a Suprema Corte daquele país e o presidente da República, Franklin Delano Roosevelt.

As garantias dos membros da Suprema Corte foram colocadas em xeque pelo presidente da República norte-americana. Assumindo o governo do país com a missão de fazer frente à mais dramática crise econômica da história, cujo símbolo foi a Quebra da Bolsa de Valores de Nova Iorque em 1929, Roosevelt foi eleito em 1933 sob a influência de novos pensamentos de matriz político-econômica.

A ideia de Estado Providência, regulador das relações de trabalho, se desenvolvia desde o início do século XX, culminando, em alguns países, na produção de leis protetivas de direitos sociais – fixação de limites máximos de jornada de trabalho, fixação de direitos previdenciários contra acidentes e doenças de trabalho, combate ao trabalho infantil, regulação da insalubridade.

Em razão do avanço de ideias socialistas (e a própria Revolução Russa de 1917), governantes e legisladores precisavam manter a estabilidade de seus governos contra movimentos revolucionários de esquerda, o que os obrigava a dar resposta aos conflitos sociais, às greves, aos frequentes acidentes de trabalho, às jornadas exaustivas, ao desemprego, aos baixos salários, à ausência de planos voltados à poupança popular, à assistência e à previdência, à miséria.[288]

Com isso, o controle social seria realizado tanto pela via da repressão política, banindo o partido comunista e perseguindo seus defensores, como também pela concessão de direitos mínimos à classe trabalhadora, cuja simpatia era disputada pelos movimentos extremistas de direita e de esquerda.

---

[287] VIANNA, *O idealismo na Constituição*, op. cit., p. 296.
[288] RITTER, Gerhard. *El estado social, su origen y desarrollo, en una comparación internacional.* Tradução: Joaquín Abellán. Madrid: Ministerio de Trabajo y Seguridad Social, 1991.

Foi nesse contexto que, adotando compreensão desconectada da nova realidade político-econômica, a Suprema Corte norte-americana invalidou recorrentemente medidas econômicas do governo, em período que ficou marcado por forte ativismo conservador. A Suprema Corte argumentava que o chefe do Executivo pressionava o Congresso para expandir inconstitucionalmente seu poder. As delegações legislativas do Congresso americano ao chefe do Executivo Federal, embora voltadas estritamente à regulação da economia em período marcado por desemprego, inflação, falências e insegurança econômica, foram acoimadas de expansionistas dos poderes do chefe do Executivo, incompatibilizando-se com a separação de poderes, com a Cláusula Contratual (liberdade de contratação) e com o devido processo legal, na sua faceta protetiva do direito de propriedade.

O descompasso entre o órgão de cúpula do Judiciário e as mudanças da coalizão eleitoral dominante explica, segundo Robert Dahl, o desafio do chefe do Poder Executivo à Suprema Corte, que, naquele período, tornava-se um obstáculo intransponível às reformas políticas propostas pelo Governo Roosevelt e aprovadas pelo Congresso norte-americano.[289]

A reação do presidente da República foi fulminante: legitimado por sua reeleição à Presidência da República dos Estados Unidos, Franklin Delano Roosevelt apresentou, em 1936, um plano de retaliação, com a ameaça de "empacotamento" do Tribunal mediante aposentadoria compulsória de seus membros e ampliação do número de cadeiras.

Apresentado no Congresso por um senador aliado do presidente da República, o projeto de emenda à Constituição não foi adiante. De todo modo, a Suprema Corte findou por abandonar a antiga interpretação da Constituição, fixada no caso Lochner, passando a considerar constitucionais os programas de recuperação da economia e regulação das relações de emprego pelo governo. A mudança de posicionamento de Owen Roberts no julgamento do caso *West Coast Hotel co. v. Parrish*, de 1937 (que confirmou a constitucionalidade da lei do estado de

---

[289] Para Robert Dahl, a postura não deferente do chefe do Executivo à Suprema Corte no período do *New Deal* se viabiliza sempre que a composição do Tribunal fica defasada diante de uma rápida mudança na coalizão eleitoral dominante, situação que leva a Corte a obstruir repetidamente a decisão da maioria parlamentar. DAHL, Robert A. Decision-making in a democracy: the Supreme Court as a national policy-maker. *Journal of public law*, n. 6, 1957, p. 279-295. Disponível em: https://static1.squarespace.com/static/60188505fb790b33c3d33ad61/t/6049c2bd69f212651b53aab3/1615446718720/DahlDecisionMaking.pdf. Acesso em: 20 jul. 2022.

Washington de fixação de salário mínimo), foi suficiente para alterar o placar dos julgamentos na Suprema Corte e minar o *Court Packing Plan* – a alteração de posicionamento passou para a história como "*the switch in time that saved nine*" (a mudança em cima da hora que salvou os nove).

Apesar de não ter evoluído no plano institucional, o conflito animou profundamente os pensadores autoritários brasileiros, que admiravam a atitude de Roosevelt de desafiar o Judiciário. Embora, nos Estados Unidos, a disputa entre os poderes pela legitimidade de interpretar a Constituição tenha sido situada e delimitada com foco na questão do poder de regulação econômica pelo Estado Administração, os pensadores autoritários brasileiros aproveitaram-se do caso para justificar um poder muito mais amplo para o chefe do Executivo do que fora cogitado no plano norte-americano. A Constituição do Estado Novo, outorgada em 10 de novembro de 1937, trouxe dispositivo voltado a submeter permanentemente o Judiciário ao chefe do Executivo, criando uma "medida de exceção": o poder de expurgo pelo presidente da República, previsto no artigo 177.[290]

O frequente esforço dos pensadores autoritários de associar a nossa institucionalidade à de países democráticos tinha por fim desviar o foco do exemplo direto e concreto do poder de expurgo: as ditaduras, principalmente a Alemanha nazista. Primeiramente, em 1933, Hitler expurgou das universidades professores socialistas, judeus e liberais (Kelsen, Heller, Radbruch e Kantorowicz foram perseguidos);[291] em seguida, em 1934, o mais brutal expurgo para a unificação do pensamento nazista passou para a história como Noite dos Longos Punhais ou Noite das Facas Longas,[292] quando, na noite de 30 de junho para 1º de julho daquele ano, membros da facção de Hitler no Partido Nazista, com apoio do Exército e expressão de "profundo sentimento de gratidão"

---

[290] O poder de expurgo foi contemplado no artigo 177 da Constituição de 1937: "Artigo 177. Dentro do prazo de sessenta dias, a contar da data desta Constituição, poderão ser aposentados ou reformados de acordo com a legislação em vigor os funcionários civis e militares cujo afastamento se impuser, a juízo exclusivo do Governo, no interesse do serviço público ou por conveniência do regime".

[291] ALVES, Adamo Dias; CATTONI, Marcelo. Carl Schmitt: um teórico da exceção sob o estado de exceção. *Revista Brasileira de Estudos Políticos*, n. 105, Belo Horizonte, jul./dez. 2012, p. 254.

[292] KERSHAW, Ian. *Hitler*: 1889-1936 Hubris. New York: W. W. Norton & Company, 1999. p. 518.

pelo presidente da Alemanha Paul von Hindenburg,[293] assassinaram pelo menos 85 opositores e prenderam milhares.[294]

Vianna alude à institucionalidade nazifascista como "Estados autoritários-modelo" da "subordinação dos magistrados ao Poder Executivo, representado pelo *Duce* ou *Führer*".[295] Especificamente na Alemanha, a subordinação dos magistrados se realiza "pela orientação dada pelo *Führer* aos magistrados na interpretação da lei, pois 'toda lei deve ser interpretada de acordo com os princípios do nacional socialismo' [...], princípios estes que são assentados e formulados exclusivamente por ele, *Führer*".[296] Aludindo à tese de Carl Schmitt, segundo a qual a condição de *Führer* engloba os poderes de magistratura, Vianna salienta que "o próprio Hitler se declara 'magistrado supremo do Reich'".[297]

Ganhava força, naqueles anos, como matriz explicativa da institucionalidade autoritária, a teoria decisionista schmittiana, cujo *ethos*, no que diz respeito especificamente à função judicante, pode ser ilustrado pelas palavras de Roland Freisler, jurista nazista[298] que, em 1942, foi nomeado presidente do Tribunal do Povo (*Volksgerichtshof*) para tomar as decisões que Hitler julgava corretas. Segundo Freisler, era fundamental, na tomada de decisão, que os magistrados se questionassem "como o *Führer* decidiria nesse caso?"[299] para concluir qual seria a interpretação correta das normas aplicáveis.

Mas foi o caso norte-americano, que antecedeu em poucos meses a edição da Constituição do Estado Novo varguista, que ofereceu o pretexto legitimador da introdução do poder de expurgo no texto constitucional. Com a alusão à proposta de empacotamento apresentada pelo presidente dos Estados Unidos da América, conferia-se ao poder de expurgo aparência de normalidade, banalizando a medida de exceção e atrelando-a à proposta cogitada na principal e mais insuspeita das nações democráticas do período. O expurgo, consubstanciado no poder de aposentar funcionários a juízo exclusivo do governo, por conveniência do regime, passa por uma espécie de "mecanismo de

---

[293] FEST, Joachim. *Hitler*. New York: Harcourt, 1974. p. 470.
[294] EVANS, Richard. *The Third Reich in Power*. New York: Penguin, 2005. p. 39.
[295] VIANNA, *As garantias da magistratura nos regimes autoritários...*, op. cit., p. 169.
[296] *Idem*.
[297] *Idem*.
[298] Segundo Nilo Batista, Robert Freisler não era um jurista nazista, mas um nazista jurista. BATISTA, Nilo. A atualidade de Robert Freisler. *Passagens. Revista Internacional de História Política e Cultura Jurídica*, Rio de Janeiro, v. 7, n. 1, jan./abr. 2015, p. 6.
[299] *Apud* SEELAENDER, *Juristas e ditaduras*, op. cit., p. 426.

lavagem", rompendo seu parentesco com os expurgos nazistas, fascistas ou stalinistas – tipos extremos, mas concretos e factuais, que poderiam alertar contra os perigos da medida.

Guardando distância discursivamente estratégica do nazifascismo,[300] Oliveira Vianna e Francisco Campos concebiam um desenho institucional muito próximo do que vinha sendo traçado na Alemanha, no qual o Judiciário atuaria não como freio ao Poder Executivo, mas como órgão de chancela da sua interpretação da Constituição. O mais dramático dos mecanismos criados para este fim, o "poder de expurgo" conferido ao presidente da República, foi defendido por Vianna e estendido, na sua interpretação, aos membros do Judiciário, apesar da contradição absoluta com as garantias e a independência da magistratura estabelecidas no texto constitucional.

O pensamento autoritário compreendia que a orientação e a direção unitária do regime pelo chefe do Executivo exigiam, como corolário, a competência para exonerar os funcionários públicos de suas funções, a seu exclusivo critério, por conveniência do regime.

A justificativa de Vianna para esse poder era a necessidade de "unidade e coesão" do regime da "democracia autoritária". Para seu sucesso, era preciso superar o dogma da separação de poderes e estabelecer o Primado do Poder Executivo. As garantias do funcionalismo (inclusive da magistratura) não podiam ser contrapostas ao presidente da República. Sua argumentação nesse sentido é direta e sem rodeios; segundo Vianna, a "liberdade de opinião" não era compatível com o novo regime:

> O art. 177, efetivamente, exprime o novo regime da Constituição de 1937, da democracia autoritária; é único, excepcional. Só num sistema, em que se estabelece o Primado do Poder Executivo e domina a preocupação de unidade e coesão, é que tal artigo poderia ser admitido. Num regime

---

[300] Valendo-se de circunlóquios, Vianna chega a conclusões antitéticas e mesmo paradoxais. Logo depois de dizer que a magistratura se encontra subordinada ao *Führer* ou ao *Duce*, ele afirma: "A independência da magistratura, tanto na Alemanha como na Itália, foi mantida e considerada essencial à própria função judiciária." Ainda assim, procura distanciar a Carta de 1937 dos modelos de Estado nazista e fascista, com a seguinte argumentação: "Este resguardo e consideração pela função judiciária nós também encontramos na Constituição de 1937, em que se objetiva com a forma moderada do Estado Autoritário, moderada, porque, pela sua base democrática e referendária, não se pode, legitimamente, filiá-la ao tipo dos Estados Totalitários – como os da Alemanha e da Itália. Do exame do texto daquele diploma constitucional resulta que a função judiciária mantém, embora reduzida parcialmente na sua independência, a antiga dignidade" (VIANNA, *As garantias da magistratura nos regimes autoritários*, op. cit., p. 171).

de poderes separados, de predominância de direitos subjetivos, de subestimação do interesse coletivo e nacional - como era o caso das duas Constituições anteriores - não seria admissível tal disposição - porque incompatível com o postulado democrático da liberdade de opinião, assegurada a todos os cidadãos, inclusive aos funcionários públicos.

Nos regimes de tipo autoritário e unitário, como o que se institui na Constituição de 1937, os direitos subjetivos dos cidadãos em geral, especialmente do funcionalismo, aparecem muito reduzidos, porque sistematicamente medidos pela sua conformidade com o interesse público nas suas condições de segurança e estabilidade: e o estatuto dos funcionários públicos é, antes, um código de deveres do que propriamente uma carta de direitos.

[...] No Estado Moderno, tudo tende à integração, à coesão, à unificação – e à unidade (V. Loewenstein, Barthelemy, Mirkine e os tratadistas do nazismo e do fascismo).[301]

Considerando que as garantias do cargo (inamovibilidade, vitaliciedade e irredutibilidade dos vencimentos) tinham natureza meramente "pessoal", sua interpretação se subordinava ao princípio fundante do regime – o Primado do Executivo, que só se realizaria plenamente através da "eliminação das dissidências e dissociações e conflitos no funcionamento do mecanismo do Estado".

Para esse mesmo fim, segundo Vianna, ao lado do poder de expurgo atribuído pelo artigo 177 da Constituição ao chefe do Executivo, promoveu-se "a extensão, incomparavelmente maior do que nos regimes anteriores (da Constituição de 1891 e 1934), do campo dos 'cargos de confiança', dentro dos quadros do funcionalismo de carreira".[302] E salienta que "este poder de expurgo está dentro dessas novas funções de *leader, duce* ou *führer* da Nação e do Estado em que estão sendo progressivamente elevados, por transformações bruscas ou transformações lentas, os chefes de Estado nos regimes modernos".[303]

Vianna não revela qualquer embaraço em defender a integral submissão dos membros da magistratura, inclusive – e principalmente – dos magistrados da Suprema Corte, ao expurgo pelo presidente da República:

---

[301] VIANNA, *As garantias da magistratura nos regimes autoritários (O artigo 177 da Constituição Federal de 1937), op. cit.*, p. 154-155.

[302] VIANNA, *As garantias da magistratura nos regimes autoritários (O artigo 177 da Constituição Federal de 1937), op. cit.*, p. 155-156.

[303] VIANNA, *As garantias da magistratura nos regimes autoritários (O artigo 177 da Constituição Federal de 1937), op. cit.*, p. 156.

Na expressão funcionários públicos, do art. 177, estão compreendidos, também, os membros do Poder Judiciário.
Realmente, dado o fundamento da faculdade concedida ao governo pelo art. 177, tal como já expusemos no desenvolvimento do 1.º item, é claro que não podiam ficar fora do campo de aplicação desta faculdade os órgãos do Poder Judiciário. Ela abrange, não só os magistrados das instâncias inferiores, como os juízes da Suprema Corte, e estes principalmente. Do contrário, as finalidades do art. 177 não poderiam ser atingidas plenamente, podendo-se, sob a ação do Judiciário, constituírem-se situações jurídicas tais que impediriam a integração da atividade administrativa e a coordenação da atividade legislativa, estabelecida no art. 73. Embora o Poder Judiciário ou, mais especialmente, o Supremo Tribunal não tenha mais aquele Primado na interpretação das leis e da Constituição que possuía nos regimes republicanos anteriores - o de 1891 e o de 1934 - em face do que estabelece o art. 96, contudo ainda lhe sobra uma grande margem para, pela sua jurisprudência e exegeses constitucionais ou legais, criar embaraços irremovíveis à ação do Poder Executivo ou, melhor, do Presidente da República, nos objetivos orientadores e unificadores, a que se refere o art. 73 da Constituição.[304]

A legitimação da teoria da subordinação do Judiciário ao Executivo ancorou-se em duas referências concretas à atuação do Judiciário que contrariavam o interesse da cidadania. Primeiramente, citou o posicionamento da Suprema Corte brasileira durante a República Velha contra a chamada "intervenção saneadora do poder federal nos Estados", sustentando "um ponto de vista rigidamente antinacional federativo" que impediu, "por muito tempo, a ação repressiva do poder federal nos Estados, pela eliminação da caudilhagem". Vianna sustenta que, naquela época:

> [...] o Supremo Tribunal, divinizado pela doutrina e pela eloqüência de Ruy Barbosa, era um poder imenso, uma autoridade de infalibilidade indiscutível e irrefragável. Mais do que a sua autoridade jurídica, era a moral e ele ousava mesmo, de quando em quando, armar a carranca, com que atemorizava ditadores.
> O casarão da rua 1.º de Março, onde se instalara, não era um Vaticano, era um Sinai: resplandecia.[305]

---

[304] *Idem*, p. 159.
[305] VIANNA, *As garantias da magistratura nos regimes autoritários (O artigo 177 da Constituição Federal de 1937)*, op. cit., p. 160.

O segundo exemplo, que Vianna dizia ser o mais importante a respaldar sua defesa do poder de expurgo dos membros da magistratura, foi, precisamente, o da Suprema Corte norte-americana: "Não quero invocar estes exemplos de casa, já arquivados como fósseis nas jazidas da nossa pré-história republicana. Prefiro recordar o exemplo recente, embora estrangeiro, da Suprema Corte Americana na sua luta contra Roosevelt e a sua política econômica e social".[306]

Percebe-se, portanto, que o caso norte-americano serviu tanto para ocultar a raiz nazifascista do poder de expurgo estabelecido na Constituição quanto para eliminar qualquer prurido dos pensadores conservadores contra a subordinação do Judiciário ao Executivo. Fiel a seu elevado senso de oportunidade, Vianna deixa seu registro:

> O mundo está evoluindo, em toda parte, no sentido do conceito autoritário do Estado e dos governos fortes, mesmo nos países de organização essencialmente democrática, como os Estados Unidos. Esta tendência autoritária está dando, mesmo nos regimes ditos liberais, aos Chefes do Estado, um poder soberano de coordenação, direção e integração, que atinge as próprias garantias tradicionalmente asseguradas aos órgãos de Poder Judiciário. [...]
> É lamentável que assim seja; mas, inevitável. Ninguém menos suspeito do que eu para este julgamento. Sempre fui um partidário da independência do Poder Judiciário, da sua insubmissão às influências do Poder executivo.
> [...]
> Ocorre, porém, que nestes dez anos, não apenas nós, mas o mundo evoluiu muito.[307]

Nessa nova realidade de um mundo em transformação, de uma estatalidade em crise, Vianna conclui que a Constituição de 1937 introduziu uma nova "causa *justa* da destituição" de juízes, inclusive da Suprema Corte: "A destituição por motivo político (não, é claro, por desobediência ao Chefe, como já vimos; mas, *por desobediência à Constituição e ao regime*). [...] No fundo, a Revolução instituiu, para os

---

[306] Idem.
[307] VIANNA, As garantias da magistratura nos regimes autoritários (O artigo 177 da Constituição Federal de 1937), op. cit., p. 167-168.

magistrados, um sistema de aposentadoria forçada, nunca admitida, em nossa legislação".[308]

Atribuiu-se, ademais, ao Judiciário a pecha de perigoso inimigo do interesse público, dada sua patente insensibilidade diante da Grande Depressão: "Desde 1934 até 1937, Roosevelt teve que lutar contra esta corrente que fulminava de inconstitucionalidade todos os meios legais de que ele precisava dispor para dar execução à sua política renovadora".[309]

Com isso, a brecha oferecida pela Suprema Corte norte-americana foi explorada, no Brasil, para finalidade maior: mais do que defender a reforma da Corte para incluir membros alinhados ao governo em número suficiente a obter virtual maioria nos julgamentos, defendeu-se a permanente subordinação do Judiciário ao Executivo, mediante a eliminação das garantias de todos os seus membros, que ou eram verdadeiramente alinhados à ideologia autoritária – o que se tornou possível pelas numerosas indicações de ministros e criação de órgãos judiciários –, ou pareciam ser alinhados, decidindo sob a espada de Dâmocles do presidente.

2.2 Os métodos de interpretação jurídica e o governo autoritário

O modo como o texto da Constituição e de todo o ordenamento jurídico será efetivado depende da mão do Judiciário na solução das disputas de sentido sobre as normas. Os ideólogos do pensamento autoritário da época consideravam que, a par da subordinação do Poder Judiciário às diretrizes constitucionais do chefe do Executivo (limitação exógena), mediante a relativização ou abolição das garantias da magistratura, também seria útil instruir o Judiciário a adotar os meios interpretativos mais colaborativos e eficientes no sentido de endossar a interpretação constitucional defendida pelo regime (limitação endógena).

Os estudos de hermenêutica constitucional se multiplicaram no início dos anos 1920, com diferentes finalidades. Por diversos ângulos e em diferentes extensões, desenvolveu-se a compreensão de que o Judiciário devia adotar, como critério de interpretação da extensão de

---

[308] VIANNA, *As garantias da magistratura nos regimes autoritários (O artigo 177 da Constituição Federal de 1937), op. cit.*, p. 180.
[309] VIANNA, *As garantias da magistratura nos regimes autoritários (O artigo 177 da Constituição Federal de 1937), op. cit.*, p. 163.

suas próprias competências, a denominada "doutrina das questões políticas", de modo a restringir os casos dos quais devia tomar conhecimento e as matérias sobre as quais poderia anular atos dos poderes políticos por considerá-los incompatíveis com a Constituição. Ao lado da doutrina das questões políticas, foram promovidas, pelos pensadores constitucionais da época, metodologias de interpretação da Constituição que prestigiassem a leitura do texto promovida pelos poderes políticos.

A tirar do volume de estudos de metodologia do direito, sobretudo a partir do início dos anos 1920, citados nas obras consultadas, percebe-se que essa linha de pesquisa era das mais animadas no pensamento jurídico da época, não reduzida exclusivamente ao campo do pensamento autoritário – o qual, inegavelmente, já se disseminava desde o fim da Primeira Guerra Mundial, da Revolução Russa de 1917 e da ascensão de Mussolini e do fascismo a partir de 1922 na Itália.

Em tempos de crise e de revisão do pensamento liberal, cuja decadência seria produto de seu idealismo ou formalismo desapegado da realidade, o realismo campeou e muitos pesquisadores – fossem eles comprometidos com os postulados de uma nascente social-democrática, fossem os que legitimavam a ditadura como meio de superação da crise do liberalismo – descreviam o Judiciário como último bastião de um liberalismo indiferente à realidade social em transformação, o qual, por isso, devia ser repensado e transformado, exógena ou endogenamente.

Havia clareza no sentido de que o Poder Judiciário, mesmo alterado em seu desenho institucional no plano do direito positivo, detinha amplo poder de, por meio da interpretação, reconfigurar as leis e de expandir o território de suas competências. A insuficiência de reformas institucionais, voltadas a reestruturar o balanço de poderes constitucionais e a redimensionar a posição do Judiciário frente aos poderes políticos, tornava necessário, aos olhos dos pensadores da época, atacar por outras frentes e contar com a colaboração das próprias Cortes, mediante mudanças comportamentais de seus membros, para realizar o espírito do regime (seja ele autoritário ou liberal, democrático ou ditatorial). A defesa do emprego da doutrina das questões políticas e de novos métodos de interpretação voltados a essa finalidade foi a estratégia adotada, ainda que não tenha havido convergência quanto ao método de interpretação mais prudente e eficaz.

A batalha do pensamento jurídico autoritário no terreno dos métodos de interpretação constitucional é um dos capítulos mais intrigantes, por ter dividido, no Brasil, os dois principais juristas autoritários – Vianna e Campos – em linhas de investigação distintas, que os levaram à defesa de posições contrárias quanto ao método a ser empregado pelo Judiciário na interpretação da Constituição. O objetivo, naqueles anos 1930, era encontrar o melhor mecanismo judiciário para concretizar o espírito autoritário do regime, limitando a força normativa das liberdades e garantias para expandir o sentido e alcance das normas conferidoras de poderes ao chefe do Executivo.

2.2.1 Os estudos de hermenêutica jurídica no início dos anos 1920

No Brasil, o primeiro a engajar-se, nos anos 1920, na tarefa de desenvolver uma teoria hermenêutica foi o jurista gaúcho Carlos Maximiliano. Em 1925, veio à luz a primeira edição de seu *Hermenêutica e aplicação do direito*,[310] ainda hoje uma importante fonte doutrinária de acórdãos da Suprema Corte do nosso país. Conterrâneo de Getúlio Vargas, Maximiliano exerceu, no início do século XX, diversos cargos de cúpula, foi deputado federal pelo Rio Grande do Sul e apoiou a Revolução de 1930. Compôs a Subcomissão Itamaraty – constituída em 1932 para elaborar o projeto de Constituição, integrou-se ao governo como consultor-geral da República no mesmo ano, foi eleito deputado constituinte em 1933, mandato que exerceu até ser nomeado, por Vargas, para duas das funções de maior relevância da República: primeiro, a de procurador-geral da República, que exerceu de 2 de agosto de 1934 a 21 de abril de 1936; depois, na fase final do regime constitucional da Era Vargas (quando já se acelerava a transição para o regime ditatorial, após a Intentona Comunista, de novembro de 1935), Maximiliano foi escolhido para o cargo de ministro do Supremo Tribunal Federal, em que tomou posse no dia 4 de maio de 1936, nele permanecendo até sua aposentadoria, por idade, em 13 de junho de 1941.[311]

---

[310] MAXIMILIANO, Carlos. *Hermeneutica e applicação do direito.* Porto Alegre: Globo, 1925.
[311] Nascido em 1873, o gaúcho Carlos Maximiliano iniciou a carreira política como deputado estadual do Rio Grande do Sul, deputado federal pelo Rio Grande do Sul, por dois mandatos (1911-1914 e 1919-1923), ministro da Justiça no governo Venceslau Brás (1914-1918) e, já na Era Vargas, foi consultor jurídico do Ministério da Justiça e Negócios Interiores (14.11.1932) simultaneamente com o cargo de consultor geral da República (de 17.11.1932 a 15.11.1933), e deputado federal constituinte pelo Rio Grande do Sul (empossado em 14.11.1933). Renunciou ao mandato em agosto de 1934 para assumir o cargo de procurador-geral da República. Em seguida, foi nomeado ministro do Supremo Tribunal Federal. GODOY, Arnaldo Sampaio de Moraes. *Memória jurisprudencial*: Carlos Maximiliano. Brasília, 2010. p. 15-16. Informações complementares foram selecionadas nas seguintes fontes abertas:

Seu tratado de hermenêutica jurídica foi escrito no contexto da crise da Constituição de 1891. A inspiração de Maximiliano para o desenvolvimento de sua obra mais importante era o que considerava como atraso da ciência jurídica brasileira. Para ele, "os erros de interpretação constitucional perturbavam a vida do país, suscitavam dissídios entre os poderes públicos e comprometiam o prestígio das instituições".

Maximiliano visualizava o emprego da linguagem aberta dos princípios como característica intrínseca e necessária do texto de uma constituição, tendo em vista sua finalidade de "permanecer dúctil, flexível, adaptável a épocas e circunstâncias diversas, destinado, como é, à longevidade excepcional".[312]

Não se pode, porém, confundir a alusão de Maximiliano à fluidez do texto constitucional, qualificada como sua característica intrínseca, com a defesa de que sua concretização e a definição de seu conteúdo se realizem pelo Poder Judiciário, no exercício da jurisdição constitucional. Ao contrário: Maximiliano defendia que a interpretação das normas de natureza aberta era atribuição precípua dos poderes políticos, cujos atos fruiriam, na sua avaliação, de "forte presunção de constitucionalidade", especialmente quando contemporâneos à Constituição.

Escrevendo em tempos de graves conflitos entre os poderes na interpretação da Constituição, em que o Supremo Tribunal Federal julgava a constitucionalidade de atos do governo principalmente pela via do *habeas corpus* (interpretado de modo amplo, como *writ* voltado à proteção, contra o governo, de todo e qualquer direito fundamental de natureza individual),[313] Carlos Maximiliano, que fora ministro da Justiça

---

(1) sítio eletrônico do Supremo Tribunal Federal: https://portal.stf.jus.br/ostf/ministros/verMinistro.asp?periodo=STF&id=230; (2) sítio eletrônico da Câmara dos Deputados: https://www.camara.leg.br/deputados/4566/biografia; (3) sítio eletrônico do Arquivo Nacional: http://mapa.arquivonacional.gov.br/index.php/publicacoes2/70-biografias/688-carlos-maximiliano-pereira-santos; (4) sítio eletrônico do CPDOC-FGV: http://www.fgv.br/cpdoc/acervo/dicionarios/verbete-biografico/carlos-maximiliano-pereira-dos-santos.

[312] *Idem*, p. 309.

[313] Trata-se da chamada "doutrina brasileira do *habeas corpus*". Durante toda a Primeira República, foram declarados inconstitucionais, pelo Supremo Tribunal Federal, diversos atos do Poder Executivo voltados à expulsão de estrangeiros residentes no Brasil associados ao anarquismo, à repressão policial de opositores políticos (sobretudo parlamentares e dirigentes partidários) durante sucessivos estados de sítios. Neste sentido, Lêda Boechat leciona: "As *bêtes noires* dessa época foram, principalmente, os anarquistas. Muitos sofreram expulsão, sobretudo a pedido do Governo de São Paulo, onde a incipientes industrialização atraía grande número de imigrantes. Entre estes se distinguiam italianos adeptos da doutrina anarquista. O Supremo Tribunal viu-se inundado de pedidos de recursos de habeas corpus dos expulsandos. Alguns contavam mais de dois anos de residência no Brasil e o Supremo Tribunal declarava que não podiam ser expulsos, por serem 'residentes', segundo a legislação

de 1914-1918 e deputado federal de 1919-1923, advogava a extrema excepcionalidade da anulação, pelo Judiciário, de atos provenientes dos poderes políticos, por vício de inconstitucionalidade: "Os tribunais só declaram a inconstitucionalidade de leis quando esta é evidente [...]. A bem da harmonia e do mútuo respeito que devem reinar entre os poderes federais (ou estaduais), o Judiciário só faz uso da prerrogativa quando o Congresso viola claramente" a Constituição.[314]

Outro critério de interpretação defendido por Maximiliano como de especial importância foi por ele denominado de "prática constitucional historicamente estabelecida pelo Executivo e pelo Legislativo": esta seria, para ele, fonte de interpretação superior às doutrinas judiciais e às teorias jurídicas, para o preenchimento do sentido das normas constitucionais. Dizia Maximiliano:

> A prática constitucional longa e uniformemente aceita pelo Poder Legislativo ou pelo Executivo tem mais valor para o intérprete do que as especulações engenhosas dos espíritos concentrados. São estes, quase sempre, amantes de teorias e ideias gerais, não habituados a encontrar dificuldades e resolvê-las a cada passo, na vida real, como sucede aos homens de Estado, coagidos continuamente a adaptar a letra da lei aos fatos inevitáveis.
> A Constituição não é repositório de doutrinas: é instrumento de governo, que assegura a liberdade e o direito, sem prejuízo do progresso e da ordem.[315]

Nada obstante, há notório ecletismo no estudo de Maximiliano, que pretendeu reunir contribuições tanto doutrinárias quanto jurisprudenciais, de origens distintas e com finalidades não coincidentes, para tecer sua própria teoria. Assim, por exemplo, seu elogio ao ativismo conservador da Suprema Corte dos Estados Unidos, em plena Era Lochner,[316] é uma demonstração de que sua defesa do minimalismo

---

da época. Suas ordens, entretanto, eram desobedecidas" (RODRIGUES, Lêda Boechat. *História do Supremo Tribunal Federal*. Tomo III – Doutrina brasileira do *habeas corpus*. Rio de Janeiro: Civilização Brasileira, 1991. p. 30-31).

[314] *Idem*, p. 313.
[315] *Idem*, p. 319.
[316] O precedente no caso *Lochner v. New York*, de 1906, julgou incompatível com a Constituição lei estadual que fixava jornada máxima de trabalho em padarias, por razões de insalubridade. Lochner era dono de uma padaria e se recusava a cumprir a legislação. Segundo a interpretação então firmada, a Constituição norte-americana vedava intrusões do governo na liberdade contratual entre as partes. Durante trinta anos, a *Lochner Era* vigorou como

não deve ser levada à risca. Elogiando as chamadas "doutrinas avançadas" da época, em superação ao "conservadorismo metodológico" que caracterizaria o foro, Maximiliano afirmou que suas fontes de inspiração eram "os tribunais ingleses, a Corte Suprema de Washington e, até certo ponto, a Corte de Cassação de Paris, no desapego ao formalismo, na visão larga, liberal, construtora, com que interpretam e aplicam o Direito Positivo".[317]

Decerto, há uma coerência externa a ser encontrada na defesa, por um lado, da forte presunção de constitucionalidade dos atos dos poderes políticos, e no elogio, por outro lado, da atuação "larga, liberal, construtora" da Corte de Washington, ao invalidar as leis de proteção dos trabalhadores – ela reside no posicionamento político-ideológico por ele defendido na época, em tema de intervenção do Estado nas relações econômicas. Em 1912, mais de uma década antes da publicação de seu estudo de hermenêutica jurídica, Maximiliano manifestara-se, na qualidade de deputado federal, contrariamente a um projeto de lei que garantia direitos dos trabalhadores inegociáveis em sede contratual (jornada de trabalho de oito horas diárias, proibição do trabalho noturno nas oficinas). Em seus discursos parlamentares pela rejeição do projeto, Maximiliano afirmara que referida limitação do tempo de trabalho feria a liberdade contratual e a autonomia privada, contrariando a Constituição. Por ocasião da votação do projeto de lei no Plenário da Câmara, sua posição prevaleceu: o projeto foi rejeitado.[318]

Sua obra é importante para evidenciar que, na década de 1920, a preocupação com os métodos de interpretação judicial vicejava no Brasil, neles se vislumbrando um importante arsenal posto nas mãos do Judiciário, especialmente à luz do conturbado período pós-Primeira Guerra, quando boa parte do mundo enfrentava crises políticas, econômicas e sociais, radicalismo das preferências ideológicas (Mussolini assumiu o poder na Itália em 1922) e expansão das atribuições administrativas e policiais dos poderes políticos.

As dúvidas dos doutrinadores quanto à maior ou menor extensão do controle judicial de constitucionalidade, mediante o emprego de métodos novos de interpretação, derivam de um contexto em que

---

bastião do absenteísmo em matéria de direitos trabalhistas e previdenciários nos Estados Unidos.

[317] *Idem*, p. IV-V.

[318] Informações disponíveis em: http://www.fgv.br/cpdoc/acervo/dicionarios/verbete-biografico/carlos-maximiliano-pereira-dos-santos. Acesso em: 27 ago. 2022.

o Poder Executivo se expandia para dar respostas rápidas a problemas que se avolumavam e precipitavam instabilidades e crises, especialmente em dois campos:

(i) no domínio econômico, a funcionalização do direito de propriedade e a reinterpretação do direito de liberdade contratual e de autonomia privada eram alvos de preocupação da elite, que desejava ter o Judiciário como tábua de salvação;
(ii) no domínio social, o crescimento do movimento operário e sindical, a ameaça das greves e a polarização entre comunistas e anarquistas, de um lado, e de fascistas e nazistas, de outro, levavam a mesma elite a defender um Judiciário menos atuante, autorizando os poderes políticos a expandirem sua capacidade de repressão e de controle sobre as liberdades de associação política e de manifestação do pensamento.

2.2.2 Crise da Constituição de 1891 e a doutrina das questões políticas

Um dos mais notórios defensores da doutrina das questões políticas como critério de interpretação a ser empregado pelo Poder Judiciário na definição dos limites de suas competências foi Francisco Campos. Desde os anos 1920, em seus discursos parlamentares, Campos advogava o emprego dessa doutrina para validar o afastamento da apreciação jurisdicional de atos do governo considerados "políticos", advogando que se conferisse amplitude suficiente à qualificação de determinado caso como "político", de modo a alcançar até mesmo os litígios nos quais se alegasse a violação de direitos individuais pelo governo.[319]

Durante a República Velha, foram frequentes os discursos proferidos por Campos, ainda no exercício do mandato de deputado federal, contra o que ele considerava uma expansão do Poder Judiciário sobre questões políticas. Em meados dos anos 1920, quando as insatisfações políticas contra o regime oligárquico ingressavam no terreno revolucionário, Campos se posicionava como ferrenho contrarrevolucionário.[320]

---

[319] Neste sentido foi o alentado discurso proferido por Francisco Campos na Câmara dos Deputados, em sessão de 21 de junho de 1926: CAMPOS, *Discursos parlamentares, op. cit.*, p. 113-142.
[320] Importante líder conservador no Congresso, defensor da legalidade como sinônimo de ordem e de autoridade, a gramática do discurso de Campos, durante a República Velha, excluía qualquer tipo de condescendência com ideias, pensamentos ou atos que pudessem ser

Para conter os elementos de instabilidade do regime, afigurava-se necessário defender, contra possíveis anulações pelo Judiciário, as medidas autoritárias tomadas pelo governo, com apoio da maioria no Congresso, em especial a decretação do estado de sítio e o afastamento da apreciação judicial dos atos praticados na sua vigência.

Em 22 de abril de 1925, o presidente Artur Bernardes, valendo-se de uma autorização constitucional que conferia ao presidente competência para decretar o estado de sítio durante o recesso do Congresso, baixou um decreto que elasticia a regra e fixou a medida de exceção com vigência além do prazo de recesso. A oposição recorreu ao Supremo Tribunal Federal, alegando a inconstitucionalidade da medida, por usurpação de competência do Legislativo. Francisco Campos, mediante apego à literalidade do texto, endossou a extensão da competência excepcional do presidente da República.

Em discurso da tribuna proferido em 7 de maio de 1925, defendeu a competência do chefe do Executivo, afirmando que a Constituição não limitava o prazo de duração do estado de sítio decretado pelo presidente em tal situação. Acrescentou, ainda, que a prevalência da competência do Congresso sobre a do Executivo seria uma "dedução dos intérpretes e hermeneutas do texto constitucional", defendendo que a competência "do Poder Executivo é uma competência tão absoluta como a do Congresso".[321]

Ainda em meio ao desassossego gerado pelas sucessivas crises econômicas e pela crescente insatisfação contra o regime oligárquico, o governo conseguiu aprovar no Congresso a Emenda Constitucional de 1926, única modificação sofrida pelo texto da Constituição de 1891, voltada a três finalidades principais: (i) superar a "doutrina brasileira

---

qualificados de "revolucionários". Isso mudaria durante a Era Vargas, sobretudo no Estado Novo, quando uma espécie de "elogio da revolução", em superação ao regime passado, surgiria em sua obra – mas, evidentemente, o conceito de revolução por ele empregado era muito pessoal, autoritário –, defendendo apenas a "revolução" realizada pelo alto, de modo controlado, e nunca como movimento liderado pelas camadas populares. Daí sua afirmação: "Com a sua providencial intuição do bem e da verdade, com o seu maravilhoso senso da oportunidade – aquele senso por assim dizer cirúrgico, que o habilita a intervir no momento mais difícil e obscuro, quando as opiniões divergem e tateiam em torno da solução adequada, com o seu admirável gênio político, a sua energia, a sua coragem diante do adversário declarado e, o que é mais precioso, do inimigo oculto, o *Sr. Getúlio Vargas tem sido um estupendo condutor de homens, um espírito eminentemente revolucionário* – assim entendido aquele que não receia a transformação quando verifica que a estagnação é a morte" (CAMPOS, *O Estado Nacional, op. cit.*, p. 108, grifamos).

[321] CAMPOS, *Discursos parlamentares, op. cit.*, p. 89.

do *habeas corpus*";[322] (ii) autorizar o Poder Executivo a expulsar os estrangeiros considerados "perigosos à ordem pública" ou, de modo mais amplo, "nocivos aos interesses da República";[323] (iii) excluir da apreciação judicial atos considerados de natureza exclusivamente política, bem como todos os atos praticados pelo Executivo e pelo Legislativo durante o estado de sítio. As hipóteses de afastamento do conhecimento, pelos tribunais, de atos dos direitos políticos foram incluídas no capítulo que tratava do Poder Judiciário (Seção III da Constituição de 1891), no artigo 60, §5º:

> §5º Nenhum recurso judiciário é permitido, para a Justiça Federal ou local, contra a intervenção nos Estados, a declaração do estado de sítio e a verificação de poderes, o reconhecimento, a posse, a legitimidade e a perda de mandato dos membros do Poder Legislativo ou Executivo, federal ou estadual; assim como, na vigência do estado de sítio, não poderão os tribunais conhecer dos atos praticados em virtude dele pelo Poder Legislativo ou Executivo.

---

[322] A doutrina brasileira do *habeas corpus* foi capitaneada por Ruy Barbosa, ampliando o escopo do *writ* para todos os direitos e liberdades individuais ameaçados ou constrangidos por atos dos poderes políticos. Com isso, parlamentares eleitos ameaçados de não serem empossados, restrições à liberdade de associação política e outros eram objeto de *habeas corpus* perante o Supremo Tribunal Federal. A interpretação advogada por Ruy extraía-se da amplitude textual da Constituição de 1891, cujo artigo 72, §22, estabelecia o cabimento do *habeas corpus* para sanar perigo de violência ou coação por ilegalidade ou abuso de poder, sem referência expressa ao direito de locomoção: "§ 22 - Dar-se-á o *habeas corpus*, sempre que o indivíduo sofrer ou se achar em iminente perigo de sofrer violência ou coação por ilegalidade ou abuso de poder".
A Emenda Constitucional de 1926 alterou a redação desse dispositivo para superar os precedentes judiciais ampliativos do *habeas corpus*, passando a vinculá-lo a casos de restrição da liberdade de locomoção: "§22. Dar-se-á o *habeas corpus*, sempre que o indivíduo sofrer ou se achar em iminente perigo de sofrer violência por meio de prisão ou constrangimento ilegal em sua liberdade de locomoção". Sobre o tema, afirmou Aliomar Baleeiro, em obra sobre a história do Supremo Tribunal Federal: "Coube ao presidente Artur Bernardes, homem íntegro, mas reacionário e dotado de vontade férrea, a iniciativa da reforma da Constituição de 1891 entre 1925 e 1926. Seu principal colaborador foi o então deputado Herculano de Freitas (1865-1926) e que deu o parecer sobre as emendas de 3 de setembro de 1925. Veio a ser, mais tarde, ministro do Supremo Tribunal Federal. [...] Afirma-se que Francisco de Campos, também deputado por Minas àquela época, teria sido o representante do pensamento de Bernardes naquela reforma, que logrou vencer a obstrução dos oposicionaistas e liberais" (BALEEIRO, Aliomar. *O Supremo Tribunal Federal, esse outro desconhecido*. Rio de Janeiro: Forense, 1968. p. 68).

[323] Foi incluído o §33 no artigo 72, para essa específica finalidade: "§33. É permitido ao Poder Executivo expulsar do território nacional os súditos estrangeiros perigosos à ordem pública ou nocivos aos interesses da República".

A votação da Emenda de 1926 na Câmara dos Deputados foi objeto de acirrado debate entre Campos e deputados oposicionistas. Ao defender a proposta do presidente da República, Campos encampou a visão de que o estado de exceção deve prevalecer sobre a jurisdição constitucional, no mecanismo de controles recíprocos dos limites do exercício do poder por cada ramo do governo estatal.

O Judiciário, para Campos, devia ser controlado pelos poderes políticos e destituído da competência para anular os atos mais drásticos dos poderes políticos, precisamente aqueles que suprimiam direitos e garantias fundamentais. A doutrina das questões políticas seria um critério interpretativo impositivo a ser obedecido pelo Supremo Tribunal Federal.

Campos argumentou, primeiramente, que a superação, pela Proposta de Emenda Constitucional, da doutrina brasileira do *habeas corpus*, mediante sua restrição expressa aos casos em que envolvida violência ou ameaça contra o direito de locomoção, constituía "um ato de fidelidade ao espírito da Constituição brasileira, uma tentativa de restauração dos seus textos mutilados por interpretações tendenciosas",[324] uma crítica fulminante ao Supremo Tribunal Federal.

Os deputados Leopoldino de Oliveira e Adolfo Bergamini indagaram: "E o fechamento dos tribunais, debaixo do sítio?".[325] Campos retorquiu: "Será por acaso, Sr. Presidente, que o retrocesso esteja, como diz o ilustre Deputado pelo Distrito Federal, na subtração à competência dos tribunais de questões de natureza política?". Na sua compreensão, cuidava-se de introduzir, na nossa Constituição, "uma doutrina hoje pacífica em direito americano, tornando defesas ao conhecimento do Poder Judiciário questões, por sua natureza, políticas".[326] Para Campos, a interpretação dos textos constitucionais pelos tribunais teria evoluído mediante "usurpação, por parte dos tribunais, de poderes essencialmente políticos, que não lhes pertencem".[327] Ele contestava o posicionamento dos opositores da medida, no sentido de que "o Supremo Tribunal Federal é o sumo intérprete da Constituição", como afirmou Bergamini.[328] Para Campos, atribuir ao Supremo Tribunal Federal a palavra final na interpretação da Constituição conduziria a investir a

---

[324] CAMPOS, *Discursos parlamentares, op. cit.*, p. 115.
[325] CAMPOS, *Discursos parlamentares, op. cit.*, p. 116.
[326] *Idem*, p. 117.
[327] *Idem*, p. 124.
[328] *Idem*.

Corte de "todos os poderes constitucionais". Em consequência, "o nosso regime seria o de poderes ilimitados e não de garantias constitucionais, porque tão despótico e tirânico é o Governo do Poder Executivo ou do Congresso sem limitação como o do Poder Judiciário sem limitação e sem responsabilidade".[329] Apoiado pelo deputado federal Francisco Peixoto, que afirmou que "a pior das ditaduras é a judiciária",[330] Campos salientou a necessidade de o presidente da República "ser fortalecido no exercício de suas atribuições constitucionais",[331] o que significava restabelecer sua palavra final – sem controle jurisdicional – em "matérias de natureza precária".[332]

A oposição criticava a emenda especialmente por considerar que ela estabelecia a supremacia do Executivo e legalizaria a tirania, especialmente porque "qualquer ato praticado em virtude do sítio não pode ser conhecido pelos tribunais. Qualquer ato; não somente os de natureza política".[333] Campos, contudo, disputava precisamente o conceito do que seria um ato de natureza política e pretendia expandi-lo – daí sua defesa do texto da reforma. Em defesa da incognoscibilidade judicial tanto do decreto que impõe o estado de sítio quanto de todos os atos praticados durante sua vigência, Campos indagou: "Seria porventura obra de senso comum investir no Poder Executivo e no Poder Legislativo tão graves responsabilidades e, ao mesmo tempo, desarmá-los dos instrumentos e aparelhos indispensáveis ao cumprimento do seu dever?". Bergamini respondeu: "São os freios característicos do regime". Campos não levou esse argumento em consideração e revidou: "Mas o Tribunal seria o juiz do abuso e, portanto, ao seu alvedrio ficaria declarar se o ato era ou não abuso do Executivo; e, pois, a ele cabendo o direito de restringir, caberia, igualmente, o de destruir ou de anular". Bergamini voltou a criticar: "Então, V.Ex.a. admite juízes prevaricadores [...] e, no entanto, defende o Executivo da prevaricação reiterada, constante e frequente que exerce". Acrescentou, ainda: "No sítio pode haver excessos ou abusos, e desses abusos vindo a sofrer qualquer cidadão no seu direito individual, o Poder Judiciário é o órgão competente para fazer

---

[329] *Idem.*
[330] *Idem.*
[331] *Idem*, p. 125.
[332] *Idem.*
[333] Essa foi a manifestação do deputado Adolfo Bergamini, falando em nome da minoria. CAMPOS, *Discursos parlamentares, op. cit.*, p. 125.

cessar o constrangimento".³³⁴ E disse, ainda: "O Presidente tem abusado porque o Congresso não cumpre o seu dever, solidário politicamente que está com o Chefe do Executivo".

Contra a aprovação da Emenda Constitucional de 1926 à Constituição de 1891, no ponto específico em que suspendia as garantias constitucionais e a apreciação judicial dos atos praticados na vigência do estado de sítio, o deputado Adolfo Bergamini levantou um tema caro ao debate constitucional da época: os contornos da doutrina das questões jurídicas no direito norte-americano, no qual ela teve origem, não alcançavam os casos nos quais estivessem envolvidos direitos individuais.

Vale fazer aqui uma breve digressão. No célebre caso *Marbury v. Madison*, de 1803, a Suprema Corte dos Estados Unidos, ao tempo em que inaugurou a doutrina do *judicial review*, pelo qual o Poder Judiciário detinha competência para analisar a constitucionalidade dos atos do Executivo, consignou, simultaneamente, que nem todos os atos dos ramos políticos seriam sindicáveis pelo Judiciário. Naquele histórico acórdão, redigido por John Marshall, a Suprema Corte norte-americana circunscreveu as fronteiras do *judicial review*:

> A competência do Tribunal é exclusivamente decidir sobre os direitos dos indivíduos, não indagar como o Executivo ou os oficiais do Executivo desempenham funções nas quais eles têm poder discricionário. Questões por sua natureza política ou que sejam, pela Constituição e pelas leis, submetidas ao Executivo, nunca poderão ser litigadas neste tribunal.
> Mas, [...] se não houver intromissão em assunto sobre o qual se possa considerar que o Executivo exerceu o controle; o que há na posição elevada do oficial que impeça um cidadão de fazer valer em um tribunal seus direitos legais, ou impeça um tribunal de ouvir a reclamação ou expedir um mandamus determinando o cumprimento de um dever que não dependa de discricionariedade executiva, mas em atos particulares do Congresso e nos princípios gerais do direito?
> Se um dos chefes de departamento cometer qualquer ato ilegal sob o manto de seu cargo, pelo qual um indivíduo sofra uma lesão, não se pode pretender que apenas seu cargo o isente de ser processado no modo ordinário de processo e de ser compelido a obedecer ao julgamento da lei. [...]
> Não é pelo ofício da pessoa a quem o mandado é dirigido, mas pela natureza da coisa a ser feita, que a propriedade ou impropriedade de expedir um mandamus deve ser determinada. Quando o chefe de

---

³³⁴ *Idem*, p. 128-129.

um departamento atua em um caso em que o poder discricionário do Executivo deve ser exercido, no qual ele é o mero órgão da vontade do Executivo, reitera-se novamente que qualquer pedido a um tribunal para controlar, em qualquer aspecto, sua conduta, seria rejeitado sem hesitação.

Mas, quando ele é instruído por lei a praticar certo ato que afeta os direitos absolutos dos indivíduos, em cuja execução ele não se submete à direção específica do Presidente, e cuja prática o Presidente não pode legalmente proibir e, portanto, não se presume que tenha proibido – como por exemplo, registrar uma comissão, ou uma patente de terra, que recebeu todas as solenidades legais; ou fornecer uma cópia de tal registro – em tais casos, não se percebe com que fundamento os Tribunais do país são dispensados do dever de julgar esse direito a ser feito a um indivíduo lesado do que se os mesmos serviços fossem executados por uma pessoa que não seja o chefe de um departamento.

[...]

É enfaticamente da competência e dever do Departamento Judicial dizer o que é a lei. Aqueles que aplicam a regra a casos particulares devem, necessariamente, expor e interpretar essa regra. Se duas leis entrarem em conflito entre si, os Tribunais devem decidir sobre a operação de cada uma.[335]

A conclusão daquele julgado faz a defesa da jurisdição constitucional, ao mesmo tempo em que toda sua fundamentação procura reconhecer a gravidade dessa competência, que habilita um órgão não eleito a impor sua interpretação da Constituição e anular atos dos poderes eleitos. O controle jurisdicional da constitucionalidade dos atos dos poderes políticos se estabeleceu por meio de uma argumentação que sinalizava com a máxima autocontenção da Suprema Corte no exercício dessa competência – o que, segundo *scholars* especialistas no tema,[336] contribuiu para a sobrevivência do mecanismo nos anos seguintes,

---

[335] O inteiro teor do acórdão encontra-se disponível em: https://supreme.justia.com/cases/federal/us/5/137/. Acesso em: 25 jul. 2021. Tradução nossa.

[336] FRIEDMAN, Barry. The politics of judicial review. *Texas Law Review*, v. 84, n. 2005, p. 257-337. HUQ, Aziz. Democratic Erosion and the Courts: Comparative Perspectives. *NYU Law Review Online*, v. 93, p. 21-31, 2018; KRAMER, Larry. *The people themselves*: Popular constitutionalism and judicial review. Oxford University Press: Oxford, 2004; TUSHNET, Mark. *Taking the Constitution away from the Courts*. Princeton: Princeton University Press, 1999; WHITTINGTON, Keith. *Political Foundations of Judicial Supremacy*: the Presidency, the Supreme Court and Constitutional Leadership in U.S. history. New Jersey: Princeton University Press, 2007. No Brasil, consultamos sobre o tema a tese de Rodrigo Brandão: BRANDÃO, Rodrigo. *Supremacia Judicial e Diálogos Constitucionais*: a quem cabe a última palavra sobre o sentido da Constituição. 2. ed. Rio de Janeiro: Lumen Juris, 2017.

quando havia grande risco de desobediência e de reação dos poderes políticos às decisões da Suprema Corte.

Conservou-se, assim, uma esfera de discricionariedade insindicável, chamada de "questões políticas". A definição do que seriam "questões políticas" demandava respostas negativas a duas perguntas: (i) se havia repercussão sobre direitos individuais (sobretudo os direitos de propriedade e liberdade contratual); (i) se o ato impugnado se encontrava dentro da margem de discricionariedade conferida pela Constituição aos atores políticos.

Portanto, a repercussão em direitos individuais, em regra, afastaria a incidência da "doutrina das questões políticas".

Francisco Campos defendeu o afastamento da possibilidade de apreciação judicial tanto da constitucionalidade do decreto de estado de sítio quanto de todo e qualquer ato praticado por agentes do Executivo ou do Legislativo na sua vigência. Seu trunfo era o argumento de que o direito norte-americano consagrava a doutrina das questões políticas na mesma extensão proposta pela Emenda Constitucional de 1926.

O deputado federal Adolfo Bergamini contrapôs-se a esse argumento: "Desde que o direito individual esteja ferido, em uma questão política, os tribunais americanos entram nessa questão".[337] Campos atribuiu essa interpretação restritiva à doutrina defendida por Pedro Lessa (que foi ministro do Supremo Tribunal Federal de 1907 até seu falecimento, em 1921) e por Ruy Barbosa (falecido em 1923), os quais, segundo afirmou, teriam se distanciado do seu sentido original, argumentando: "Mas, Sr. Presidente, essa doutrina não é indígena; essa doutrina é americana e, portanto, pelo direito americano, deve ser aferida a sua legitimidade".[338] Campos, então, pinçou três julgados esparsos da Suprema Corte dos Estados Unidos que supostamente provariam sua tese de que, mesmo quando envolvidos direitos individuais, o Judiciário não detém competência para conhecer de "questões políticas".

O mais importante caso referido por Campos e que merece ser aqui aludido foi *Luther versus Borden*, de 1849. Em síntese, tratava-se do seguinte: o recorrente, Martin Luther, foi alvo de um mandado de busca e apreensão em sua residência e preso por participação de rebelião voltada à derrubada do governo de Rhode Island. Os rebelados haviam se reunido em convenção e votado uma nova constituição, submetida

---

[337] *Idem*, p. 117.
[338] *Idem*, p. 133.

à votação popular, para substituir a antiga Carta de Charles II, ainda em vigor naquele e em outros estados norte-americanos, mesmo depois da independência. A convenção declarou a nova constituição ratificada pela maioria da população do estado, tornando-se a lei suprema de Rhode Island. Foram convocadas eleições para governador, membros do Legislativo e outros agentes estatais, os quais se reuniram em 1842 para formar o novo governo.

O governo oficial reagiu e decretou lei marcial no estado, em 1842, quando Luther foi alvo de mandado de busca e apreensão em sua residência e preso acusado de participação na insurreição. Em 1843, sob a Carta de Carlos II, foi convocada uma assembleia constituinte, que aprovou uma nova constituição.

No recurso à Suprema Corte, em 1848, Luther alegou que o mandado de busca e apreensão cumprido por Borden em sua residência teria constituído invasão de domicílio, tendo em vista a ilegitimidade do governo "oficial" de Rhode Island. Sustentou que o governo local, por ter se organizado sob uma Carta não republicana e, depois, por ter submetido a nova constituição à aprovação de uma minoria – dos grandes proprietários –, violaria o princípio republicano garantido pelo artigo 4º da Constituição norte-americana, segundo o qual "os Estados Unidos devem garantir a todos os Estados desta União uma forma republicana de governo". Consequentemente, o governo legítimo seria o estabelecido pela convenção voluntariamente constituída pelo povo, e não o governo estabelecido sob a Carta de Carlos II ou sob a nova constituição por ele aprovada.[339]

A Suprema Corte norte-americana decidiu que o artigo 4º da Constituição era *"non-justiciable"*, ou seja, não se tratava de uma questão jurídica, mas de uma questão política, envolvendo a discussão sobre qual dos dois governos seria legítimo. De todo modo, a Corte afirmou que eventual excesso na restrição de direitos individuais dos cidadãos poderia ser conhecido. É o que se colhe da seguinte passagem:

> A questão de saber se a maioria das pessoas com direito ao sufrágio votou para adotar uma constituição não pode ser resolvida em um processo judicial.

---

[339] Informações sobre o caso foram extraídas de fontes abertas. Consultamos o sumário constante do *site Justia US Supreme Court*. Disponível em: https://supreme.justia.com/cases/federal/us/48/1/. Acesso em: 22 set. 2022. Francisco Campos referiu-se a esse julgamento no discurso proferido na Câmara ora sob estudo: CAMPOS, *Discursos parlamentares, op. cit.*, p. 134-136.

> A Constituição dos Estados Unidos tratou o assunto como de natureza política e colocou o poder de reconhecer um governo estadual nas mãos do Congresso. De acordo com a legislação existente do Congresso, o exercício desse poder pelos tribunais seria totalmente inconsistente com essa legislação.
> O Presidente dos Estados Unidos é investido de certo poder por um ato do Congresso e, neste caso, ele exerceu esse poder ao reconhecer o governo fundador.
> Embora nenhum Estado possa estabelecer um governo militar permanente, pode usar seu poder militar para reprimir uma insurreição armada forte demais para ser controlada pela autoridade civil. O Estado deve determinar por si mesmo que grau de força a crise exige.
> Depois que a lei marcial foi declarada, um oficial poderia prender legalmente qualquer um que ele tivesse motivos razoáveis para acreditar que estava envolvido na insurreição, ou ordenar que uma casa fosse invadida à força. *Mas não pode ser usada mais força do que o necessário para atingir o objetivo, e se o poder for exercido para fins de opressão ou qualquer dano intencionalmente causado a pessoa ou propriedade, a parte por quem, ou por ordem de quem, é cometido seria, sem dúvida, respondida* [pelo Judiciário].[340]

Apesar da clareza dessa passagem, que afirma a cognoscibilidade da questão política se alegado dano ao direito individual, Campos não a referiu. A fim de provar que a questão julgada no caso *Luther v. Borden* envolvia direitos individuais e, ainda assim, a Suprema Corte norte-americana "declinou de exercer jurisdição sobre o caso, por considerá-lo de natureza política", afirmou:

> Não se tratava, portanto, de uma controvérsia entre poderes políticos, mas de um litígio entre cidadãos. Não era um dos governos de Rhode Island que comparecia perante a Suprema Corte para disputar a posse e exercício do Governo; era um cidadão americano que propunha contra outro cidadão americano uma ação de natureza criminal, para obter a reparação da violência praticada.
> [...] era um caso típico em que, na ganga da questão política, se achava incrustada a joia tão disputada do direito individual.
> O de que se tratava era precisamente do direito de Luther à inviolabilidade do seu domicílio, direito individual, um dos mais característicos e fundamentais. O que se disputava não era, portanto, de uma questão meramente, exclusivamente, puramente política, mas de uma questão em

---

[340] Disponível em: https://supreme.justia.com/cases/federal/us/48/1/. Acesso em: 22 set. 2022. Tradução nossa.

que incidiam e a que se achavam íntima e indissoluvelmente associados direitos e garantias individuais.
O tribunal, entretanto, declinou de exercer jurisdição sobre o caso.[341]

Exímio esgrimista, Campos defendeu a posição do governo no sentido da aplicação da doutrina das questões políticas a todos os atos praticados pelos agentes do governo durante o estado de sítio, impedindo sua apreciação pelo Judiciário mesmo que se alegasse violação de direitos e garantias individuais.

O pensamento de Campos encontrava eco na doutrina constitucional que antecedeu a aprovação da Emenda de 1926. O relator da emenda na Câmara, deputado Herculano de Freitas, que era professor catedrático de direito público e constitucional da Faculdade de Direito da Universidade de São Paulo, normalizava a inclusão do §5º no artigo 60 da Constituição de 1891, descrevendo a imunização dos atos dos poderes políticos nele descritos como mera consagração expressa do que já estava na doutrina e na jurisprudência tanto nacional quanto dos países cujas constituições haviam inspirado a nossa institucionalidade. Defendendo a posição que Francisco Campos viria a defender, afirmou que permitir aos tribunais intervir nesse assunto, como teria ocorrido no passado, "fora violar o princípio cardeal da organização dos poderes, na Federação, que declara independentes os vários órgãos da soberania nacional; fora dar a supremacia política a um poder constituído por membros vitalícios e inamovíveis, o que equivaleria à legalização da ditadura perpétua e irresponsável". Qualificou a doutrina das questões políticas como "manifestação de apreço à altíssima missão dos juízes e ao seu papel na sociedade e no estado", ao "impedir que cheguem até eles os recursos da chicana política, que lhes pede o amparo para o êxito de suas pretensões".[342]

A principal utilidade da doutrina das questões políticas seria fornecer à Corte um fundamento constitucional para, sem discutir o mérito das questões submetidas a seu julgamento, chancelar e convalidar atos do governo contestados em juízo. A Emenda Constitucional de 1926 passava um cheque em branco para os poderes políticos suspenderem e violarem direitos fundamentais, sem limitações pelo Judiciário.

---

[341] CAMPOS, *Discursos parlamentares, op. cit.*, p. 134-136.
[342] *Apud* MAXIMILIANO, Carlos. *Comentários à Constituição Brasileira*. 3. ed. ampliada. Porto Alegre: Livraria do Globo, 1929. p. 684.

As vítimas prováveis seriam os opositores políticos da vez. Os mecanismos de exceção sobrepõem-se à jurisdição constitucional e mitigam a noção de freios e contrapesos na separação de poderes. Dotou-se o governo de uma ferramenta que o habilita a eliminar ou neutralizar o "inimigo" – conceito-chave da política para Carl Schmitt, para quem "a diferenciação especificamente política, à qual podem ser relacionadas as ações e os motivos políticos, é a diferenciação entre *amigo* e *inimigo*".[343] Schmitt considerava que "a contraposição política é a contraposição mais intensa e extrema".[344] Na relação com o inimigo, os conflitos "não podem ser decididos nem através de uma normalização geral empreendida antecipadamente, nem através da sentença de um terceiro 'não-envolvido' e, destarte, 'imparcial'".[345] Ao mesmo tempo, "em situações críticas, esta necessidade de pacificação intra-estatal leva a que o Estado, como unidade política, enquanto existir, também determine, por si mesmo, o 'inimigo interno'", mediante diferentes tipos de declaração de inimigos intraestatais (desterro, ostracismo, proscrição, banimento, colocação *hors-la-loi*), configurando casos em que "o combate tem que se decidir, por isso, fora da constituição e do Direito, logo, com o poder das armas".[346]

Apesar da potência que a doutrina das questões políticas parece ter no texto constitucional, conferindo poder de exceção ilimitado ao Executivo e a seus agentes, sem revisão judicial, fato é que, no frigir dos ovos, quem daria a palavra final sobre a natureza política ou não

---

[343] SCHMITT, Carl. *O conceito do político*: Teoria do Partisan. Tradução: Geraldo de Carvalho. Belo Horizonte: Del Rey, 2008. p. 27 (itálico no original).

[344] *Idem*, p. 31.

[345] *Idem*, p. 28.

[346] *Idem*, p. 49-50. Em prefácio à referida obra, Jürgen Habermas afirma que, no pano de fundo da tese schmittiana, há uma pretensão de responder criticamente à teoria pluralista do Estado, desenvolvida por Laski. Escrita e inscrita no contexto do pós-Guerra Mundial, a obra de Schmitt rompe com a tradição do pensamento político de associar ou equalizar o conceito de "político" com o de "estatal", tradição que tomava o Estado como poder distinguível (e governante) da sociedade. Habermas aponta que, na visão de Schmitt, "o político não se mostra no caráter vinculativo das decisões de uma autoridade estatal; ele se manifesta, preferencialmente, na auto-afirmação, organizada coletivamente, de um povo 'politicamente existente' contra inimigos externos e internos. [...] O povo unido em uma luta de vida ou morte afirma sua particularidade tanto contra inimigos externos quanto contra os traidores dentro de suas próprias fileiras. O 'caso de emergência' define-se pelo fenômeno da demarcação da própria identidade em combate contra a diversidade de um inimigo que ameaça sua existência [...]. Então, no estilo expressionista de seu tempo, Carl Schmitt preparou um dramático conceito do político, à luz do qual tudo o que normalmente é assim chamado surge como banal" (HABERMAS, Jürgen. Liquidando os danos. Os horrores da autonomia. *In*: SCHMITT, *O conceito do político*, *op. cit.*, p. vii-viii).

da matéria submetida a conhecimento do Judiciário era o próprio órgão julgador.

Por essa razão, revelava-se indispensável, concomitantemente à defesa da denominada "doutrina das questões políticas", desenvolver também uma teoria dos métodos a serem empregados pelo Poder Judiciário na interpretação da Constituição e na definição da extensão das suas próprias competências. Nesse tema, Campos e Vianna defenderam metodologias diametralmente opostas, embora o ponto de chegada fosse o mesmo: concretizar o espírito autoritário do regime através da interpretação das leis e da Constituição.

2.2.3 Os novos métodos de interpretação na jurisdição constitucional: divergências no pensamento constitucional autoritário quanto aos seus riscos e potencialidades

Enquanto Campos desconfiava profundamente do Poder Judiciário desde a Primeira República, Oliveira Vianna mostrou-se confiante no colaboracionismo das Cortes para a concretização do espírito autoritário do regime.

No início dos anos 1930, o cenário econômico era dramático para o Brasil, que já estava em crise desde o início da década anterior e foi profundamente afetado pela Grande Depressão. No Brasil, o exercício da jurisdição constitucional sobre os atos dos poderes políticos foi drasticamente mitigado pela Emenda Constitucional de 1926, que enterrou a doutrina brasileira do *habeas corpus* ao tempo em que impediu o conhecimento, pelo Judiciário, dos atos praticados pelo Executivo na vigência do estado de sítio, que era frequentemente decretado.

Nos Estados Unidos, fonte de inspiração primeira do nosso Supremo Tribunal Federal, a década de 1930 também trouxe dificuldades para a legitimidade da Suprema Corte em razão dos desafios do chefe do Executivo, a autoridade das decisões que declaravam a inconstitucionalidade de atos dos poderes políticos voltados à regulação da economia e das relações de trabalho, políticas consideradas eficazes para duas finalidades cruciais à estabilidade do governo: a contenção do avanço da pobreza e do radicalismo político-ideológico de esquerda e de direita.

As novas tendências de exegese constitucional que vicejavam nas academias norte-americanas voltavam-se, especialmente, a fornecer um método de interpretação suficientemente teorizado para superar o imobilismo do *stare decisis*, com o qual a Suprema Corte norte-americana fez prevalecer, ao longo do primeiro mandato de Roosevelt (1933-1937), o entendimento estabelecido em precedente de 1906, recorrentemente empregado como fundamento jurídico para anular a legislação social do período.

Estudioso interessado nas novidades produzidas nos Estados Unidos e na Europa, no plano do pensamento político e constitucional, Oliveira Vianna resumiu sua visão sobre o contexto jurídico-político e a relevância assumida pela metodologia nos debates intelectuais da época:

> O conflito de agora, entre Roosevelt e a Corte Suprema, é o conflito secular entre as duas escolas de exegese, o conflito entre a escola clássica e a escola pragmática, entre o método lógico-gramatical e o método sociológico da interpretação, entre o raciocínio abstrato e silogístico de Fuller e Sutherland e o raciocínio concreto e realístico de Holmes e Brandeis, entre a interpretação e a construção – entre a Constituição-sistema lógico e a Constituição-lei viva, *living Constitution*.[347]

Vianna interessava-se profundamente pelo movimento de nova exegese constitucional em desenvolvimento nos Estados Unidos da América (construtivista ou sociológica), nele compreendendo a possibilidade de renovar o Poder Judiciário e de libertá-lo do apego às interpretações consolidadas no regime anterior, das amarras impostas pelo *stare decisis*, que contribuía, na visão dos *scholars*, para o atraso ideológico da Suprema Corte norte-americana.

A renovação do método de interpretação abriria uma saída honrosa para a mudança de interpretação da constituição ou, numa descrição mais lisonjeira, para a oxigenação da jurisprudência, sem que a mudança de interpretação pareça arbitrária – como poderia ser considerada se percebida como mero produto das pressões, e não da racionalidade.

Passar a considerar constitucionais leis cujo conteúdo fosse idêntico ou semelhante às já declaradas inconstitucionais anteriormente, tendo por paradigma de controle o texto da mesma Constituição, afigurava-se crucial nos Estados Unidos para que o *New Deal* funcionasse, o que demandava a superação de duas metodologias tradicionais da Suprema Corte: a do *stare decisis* e a do originalismo ou textualismo – que

---

[347] VIANNA, *Problemas de direito corporativo*, op. cit., p. 30.

remetia às intenções dos *Founding Fathers* como fonte de descoberta do sentido e alcance das normas constitucionais.

O contexto econômico tornava premente superar a doutrina *Lochner*, que, por três longas décadas, impedia o Estado de regular minimamente as relações de trabalho. Nesse cenário, não admira que os constitucionalistas dedicassem tempo e espaço à teorização de novos métodos legitimadores de uma virada na jurisprudência, sem afetar a independência do Judiciário, uma vez que seriam adotados não por força e imposição dos poderes políticos, mas por decisão dos próprios magistrados, se convencidos de sua utilidade e de seu acerto. A nova metodologia, assim construída, contribuiria para a manutenção da legitimidade das decisões da Suprema Corte e da independência da magistratura, ao mesmo tempo em que viabilizaria a mudança de rumos da jurisprudência – legado que permaneceu por várias décadas, levando a novas críticas e ao desenvolvimento de estudos voltados à sua limitação e balizamento.

Naquele momento, o novo método proposto pelos constitucionalistas norte-americanos foi o do construcionismo sociológico, defendido como mais adequado – em termos de legitimidade e de racionalidade da decisão – para a interpretação da Constituição do que a doutrina do *stare decisis*. Considerava-se imprescindível autorizar uma nova leitura da Constituição à luz da realidade emergente daquela década de extremos.

Diante de um cenário em que a Constituição permanecia a mesma, a mudança de orientação quanto à compatibilidade de textos legais com o constitucional exigia um esforço teórico que promovesse um novo olhar sobre coerência judicial, segurança jurídica, princípio da igualdade (entre jurisdicionados em situações iguais) e o papel dos precedentes.

O caminho do realismo jurídico-sociológico partia da compreensão de que o processo de interpretação não se voltava à pura revelação do texto das leis (em sua intenção original ou em sua expressão gramatical), mas, sim, de construção do texto legal à luz da realidade social por ele regulada.

A ideia persuasiva e atraente de "Constituição Viva" permitiu a defesa de uma leitura atualizada do texto da Constituição, incorporando as mudanças operadas pelo tempo – ou seja, à luz do novo contexto econômico de uma sociedade absolutamente transformada, complexa, palco de relações domésticas e internacionais inconcebíveis quando o texto foi redigido. O substrato fático passa a integrar a lente pela qual as leis deviam ser interpretadas: as circunstâncias presentes quando a Suprema Corte julgou o caso Lochner, em 1906, eram substancialmente distintas daquelas que o legislador dos anos 1930 enfrentava. Seria equivocado dar as mesmas respostas do passado a todas as indagações futuras, irrepresentáveis e inimagináveis.

Não era recente – e a obra de Maximiliano faz o compêndio dessa história – a percepção de que novas realidades geravam a necessidade de "adaptação" (consciente ou inconsciente, expressa ou oculta) do alcance dos textos normativos para compreender situações distintas das que existiam ao tempo da sua redação: os precedentes estabelecidos pela Suprema Corte poderiam se tornar ultrapassados e exigir mudanças, distinções ou sua superação completa, justificada (e legitimada) por mudanças na realidade social. Os teóricos dos anos 1930 dedicaram-se a conceber um método de interpretação que dotasse esse processo de racionalidade prática, argumentativa, de modo que a alteração de entendimento não configurasse violação do dever de coerência.

O método que autoriza o Judiciário a mudar seus precedentes à luz da "nova realidade social" pode se prestar a diversos usos. São visíveis suas virtualidades e seu pragmatismo, sobretudo se considerado o resultado com ele obtido: a superação da doutrina Lochner e a passagem para uma nova era de avanços nas garantias de direitos trabalhistas e previdenciários. Mas, fossem outras as metas almejadas, o método apresentaria seus perigos, tanto quanto o conservadorismo do *stare decisis* e o emprego dos métodos clássicos, tradicionais, de exegese na interpretação da Constituição. Todo método (como qualquer tecnologia) pode ser útil para alcançar finalidades díspares – democráticas ou autoritárias.[348]

---

[348] O desenvolvimento de um método especificamente jurídico atendia, a um tempo, a pretensões de distinguir a ciência jurídica das outras ciências sociais, de conferir-lhe autonomia e de assegurar a falseabilidade da interpretação das normas pelo Judiciário, submetendo as decisões a escrutínio não apenas quanto ao seu resultado, mas quanto à sua argumentação e fundamentação. Os métodos de interpretação jurídica viabilizam o controle da racionalidade das decisões. Consequentemente, o método de interpretação destaca-se como importante coeficiente da legitimidade do exercício da função jurisdicional. Idealmente, o emprego do método "correto" deveria, por derivação lógica ou efeito naturalístico, conduzir ao resultado correto no julgamento do caso concreto. A pretensão científica da metodologia do direito alcançou sua formulação mais completa na obra de Hans Kelsen, *Teoria pura do direito*, de 1934. Kelsen postulava a possibilidade e a necessidade de uma teoria "purificada de toda a ideologia política e de todos os elementos de ciência natural, uma teoria jurídica consciente de sua especificidade porque consciente da legalidade específica de seu objeto", embora reconhecesse a dificuldade de atingir este ideal, anotando que nem mesmo nas ciências naturais se poderia garantir tal independência em relação à política: "Duvidoso apenas

O que estava em jogo não era uma simples batalha de métodos, mas um projeto de realização do pensamento constitucional dominante. A disputa se dava não apenas sobre qual método seria o mais correto e adequado, mas também o mais eficaz para atingir os objetivos eleitos. Nos Estados Unidos, era o papel da União e dos estados na regulação da economia que estava em debate.

No Brasil, o pensamento autoritário pretendia eliminar interpretações judiciais contrapostas à do regime. A escolha da metodologia de interpretação a ser empregada pelo Judiciário passava pela compreensão prévia de qual delas fortaleceria ou limitaria as pretensões do governo.

Francisco Campos e Oliveira Vianna olhavam tanto para o direito comparado quanto para o pátrio. Evidentemente, o histórico de julgamentos do Supremo Tribunal Federal na Primeira República era alvo de críticas. Considerado excessivamente liberal no período conhecido como a Corte de Ruy, o Supremo tendia a limitar excessivamente, na concepção de ambos, os poderes do Executivo Federal, por oposição ao Parlamento e à oposição estadual, bem como da União em relação aos estados.

A ampliação do instituto do *habeas corpus* foi um dos principais empreendimentos hermenêuticos do Supremo Tribunal Federal na interpretação da Constituição de 1891. A manifestação do ministro Eneas Galvão, no julgamento do HC nº 3.697, em 1914, revela seu grande potencial limitador dos poderes políticos, por interpretação da Corte:

> Acho que não há erro na ampliação do habeas corpus. Se o conceito do habeas corpus evoluiu por esse modo, é porque as necessidades da nossa organização social e política o exigiram, *como resultado de repetidos ataques à liberdade individual*, determinando, assinalando função maior, mais lata, ao instituto do habeas corpus.

---

pode ser até que ponto tal postulado é realizável. A este respeito não pode seguramente perder-se de vista a distinção muito importante que existe, precisamente neste ponto, entre ciência natural e as ciências sociais. *Não que a primeira não corra qualquer risco de os interesses políticos a procurarem influenciar. A história prova o contrário e mostra com bastante clareza que até pela verdade sobre o curso das estrelas uma potência terrena se sentiu ameaçada.* [...] Relativamente às ciências sociais falta ainda [...] uma força que possa contrabalançar os interesses poderosos que, tanto aqueles que detêm o poder como também aqueles que ainda aspiram ao poder, têm numa *teoria à medida dos seus desejos*, quer dizer, numa *ideologia social. E isto sucede particularmente na nossa época que a guerra mundial e as suas consequências fizeram verdadeiramente saltar dos eixos, em que as bases da vida social foram profundamente abaladas e, por isso, as oposições dentro dos Estados se aguçaram até ao extremo limite*" (KELSEN, Hans. Teoria pura do direito. 4. ed. Tradução: João Baptista Machado. Coimbra: Arménio Machado Editor, 1976. p. 7-10).

No nosso meio político, os repetidos ataques à liberdade individual impuseram a necessidade de alargar a concepção do habeas corpus, o exercício deste meio judicial.

O Tribunal está cumprindo a sua missão tutelar dos direitos, está evoluindo com as necessidades da Justiça; se há excesso, é o excesso que leva ao caminho da defesa das liberdades constitucionais.[349] (Grifamos)

Apesar de coincidirem na intenção de conferir ao chefe do Executivo os meios de implementar integralmente o espírito do regime autoritário, os dois maiores pensadores autoritários do período chegaram a conclusões distintas quanto à metodologia a ser empregada pelo Poder Judiciário no exercício de suas competências – as quais se encontravam, no início da Era Vargas, bastante mitigadas, desde que a Emenda Constitucional de 1926 eliminou o "perigo" da doutrina brasileira do *habeas corpus* e da imposição de outras limitações contra os atos dos poderes políticos.

Ao longo dos anos 1920, já eram frequentes as investidas de Francisco Campos contra os novos métodos de interpretação então em desenvolvimento, os quais, no seu entendimento, ameaçavam o império da segurança jurídica. Campos partilhava da compreensão de que o Poder Judiciário não devia sobrepor sua interpretação dos princípios àquela empreendida pelos poderes políticos. Para isso, era importante que fosse adotada a "doutrina das questões políticas" como critério de interpretação das competências do Judiciário, excluindo de sua apreciação diversos atos praticados pelos poderes políticos, independentemente da sua repercussão ou não em direitos individuais.

Em discurso proferido na Câmara dos Deputados em 1921, Campos condenava os métodos defendidos pela escola alemã do *Freies Recht* – os quais, mais tarde, prevaleceriam na doutrina oficial da jurisprudência do Terceiro *Reich*.[350] Aquele movimento interpretativo, que mereceria o louvor de Maximiliano em discurso naquela mesma Câmara realizado no dia anterior e que voltaria a ser elogiado em sua obra de hermenêutica alguns anos depois (em 1925),[351] fora alvo, anos antes, da

---

[349] O trecho encontra-se transcrito em: RODRIGUES, *História do Supremo Tribunal Federal*. Tomo III – Doutrina brasileira do *habeas corpus*, *op. cit.*, p. 33-34.

[350] BONAVIDES, Paulo. *Francisco Campos*: o antiliberal, *op. cit.*, p. xvii.

[351] "Despontou ainda, audaciosa e irresistivelmente sedutora, a corrente da LIVRE INDAGAÇÃO praeter legem, talvez o evangelho do futuro. Enfim, abrolhou, no mais formidável laboratório de filosofia jurídica destes últimos cem anos, a arrojada concepção da FREIE RECHTSFINDUNG, LIVRE PESQUISA DO DIREITO, praeter e contra legem. Desse

crítica incisiva de Campos "contra esse movimento de desorganização teórica e de indisciplina prática nos domínios do direito positivo", que incentivaria o "subjetivismo jurídico", pois "o direito que a lei declara só será válido se e conforme ao que o intérprete julga dever ser o direito".[352]

Francisco Campos respondia, em seu discurso, à defesa que Carlos Maximiliano fizera, na véspera, da doutrina da livre interpretação, como se colhe do seguinte trecho do discurso de Campos:

> Deter-me-ei mais demoradamente do que desejaria no exame dessa doutrina, não só pela importância que se lhe deu nos debates relativos aos tribunais regionais (e ainda na sessão de anteontem o ilustre Deputado Carlos Maximiliano a invocava em frases candentes concluindo o seu brilhante discurso) como por constituir um *estado de espírito generalizado nas camadas intelectuais*, e envolver consequências do mais alto interesse quer para os estudos jurídicos considerados em tese, quer para a prática e, particularmente, para a *educação jurídica das gerações que ora transitam pelas nossas Faculdades de Direito*.[353]

Campos se preocupava com a perspectiva de uma nova cultura jurídica, surgida nas faculdades de direito, com potencial expansivo da competência do Judiciário na interpretação e aplicação das leis. Para ele, a "juventude das escolas, tão espontânea e generosa nas suas adesões quanto inclinada a se deixar seduzir pelas modas novas ou renovadas", devia ser advertida "contra esse movimento de desorganização teórica e de indisciplina prática nos domínios do direito positivo".[354] Considerava perigoso o conceito de constituição como organismo vivo, pelo qual "o seu conteúdo adquire a significação que lhe é imposta pelas exigências e necessidades do meio social", e condenava a concepção da "jurisprudência evolutiva", "utilitária ou jurisprudência de interesses", que dela derivaria, vislumbrando "consequências da mais alta importância",[355] quais sejam:

---

movimento evolucional, de proporções vastíssimas, não se apercebe quem apenas compulsa a vetusta cartilha nacional de Hermenêutica" (MAXIMILIANO, *Hermeneutica e applicação do direito, op. cit.*, p. III).

[352] BONAVIDES. *Francisco Campos*: o antiliberal. *In*: CAMPOS, Francisco. *Discursos parlamentares*. Brasília: Câmara dos Deputados, 1979. p. xviii-xx.
[353] CAMPOS, *Discursos parlamentares, op. cit.*, p. 17, grifos nossos.
[354] CAMPOS, *Discursos parlamentares, op. cit.*, p. 17.
[355] *Idem*, p. 18.

(i) o sistema legal perderia suas propriedades de precisão e certeza; a lei deixaria de impor disciplina e se tornaria um "meio infinitamente elástico", sujeito à mobilidade e à variação indefinida;[356]
(ii) no lugar do império da lei, impor-se-ia o império das circunstâncias;[357]
(iii) os novos métodos são voltados não à limitação dos intérpretes, mas à ampliação do campo para o arbítrio e o subjetivismo, pois os "conceitos vazios que recebem todos os conteúdos possíveis" seriam instrumentalizados ao sabor "das utilidades mais ou menos discutíveis, das aspirações e desejos e, finalmente, das ambições e dos interesses"; "necessidade, utilidade, exigências da vida social, outros tantos termos vagos e imprecisos, que não oferecem garantias de limitação ao arbítrio dos intérpretes armados de autoridade oficial. Subjetivismo jurídico, a saber, liberdade à fantasia individual";[358]
(iv) desenvolvimento de uma nova mentalidade jurídica que levará à anarquia e ao despotismo, pois, no limite, "se todos, percebendo e aprendendo que a lei diz não o direito que diz, mas o que era conveniente ou necessário que dissesse, deixarão de obedecer aos seus intérpretes para seguir as próprias necessidades"; e "o Estado, que é o intérprete munido de força material, fará declarar à lei o direito que lhe convém, impondo-o pela violência";[359]
(v) "a conclusão lógica da doutrina, pois, seria a supressão, por desnecessária e perturbadora, de toda lei escrita. O intérprete como legislador, eis definida, em última instância, a difusa doutrina".[360]

Campos defendia uma metodologia de interpretação pautada por princípios "indispensáveis para limitar a atividade do intérprete, impedindo que, sob pretexto de interpretar, ele formule o direito".[361] Para

---
[356] *Idem*.
[357] *Idem*, p. 20.
[358] CAMPOS, *Discursos parlamentares, op. cit.*, p. 21.
[359] *Idem*.
[360] *Idem*, p. 23.
[361] *Idem*, p. 24.

ele, esses limites seriam dados por elementos intrínsecos e extrínsecos, extraídos da estrutura gramatical e lógica da lei; elementos externos, correspondentes ao "ambiente de ideias em que a lei se formou, assim como a natureza dos fatos ou relações que ela pretende regular, o complexo social, em sua, a que a norma é destinada".[362] Na sua concepção, "toda atividade interpretativa que vá além desse limite torna-se por isso mesmo ilegítima e inadmissível [...]. Fora desses limites, nada existe de objetivo, definido e estável".[363]

Coerentemente com sua defesa da "doutrina das questões políticas", implementada alguns anos depois e sustentada ao longo da Era Vargas, a desconfiança de Campos contra o Judiciário, oriunda dos tempos da chamada doutrina brasileira do *habeas corpus*, explica, em parte, sua prevenção contra métodos de interpretação que, na sua concepção, permitiriam que os juízes ampliassem o alcance de direitos e garantias individuais e limitassem as competências e a autoridade do Executivo.

A análise de Campos, desenvolvida sob a Constituição de 1891, aliada à sua experiência como parlamentar diante de um Supremo Tribunal Federal ativista na tutela de direitos políticos (especialmente garantindo o mandato de oposicionistas do governo federal eleitos nos estados e impedindo a expulsão de estrangeiros anarquistas residentes no país há mais de dois anos),[364] certamente influenciou sua cautela em relação aos novos métodos de interpretação no período getulista.

Além disso, Campos foi uma das mais importantes autoridades a influenciar a concepção e redação do corpo normativo produzido em toda a Era Vargas. Coordenou a ampla atividade legislativa do Poder Executivo no período getulista por meio dos decretos, de que são exemplos a vasta legislação trabalhista – consolidada na CLT em 1943 – e os Códigos Penal, de Processo Civil e de Processo Penal. Foram ainda elaboradas duas novas constituições, uma oriunda da Assembleia

---

[362] *Idem.*
[363] *Idem.*
[364] Sobre os *habeas corpus* concedidos em benefício de expulsandos anarquistas, narra a Lêda Boechat: "As *bêtes noires* dessa época foram, principalmente, os anarquistas. Muitos sofreram expulsão, sobretudo a pedido do Governo de São Paulo, onde a incipientes industrialização atraía grande número de imigrantes. Entre estes se distinguiam italianos adeptos da doutrina anarquista. O Supremo Tribunal viu-se inundado de pedidos de recursos de *habeas corpus* dos expulsandos. Alguns contavam mais de dois anos de residência no Brasil e o Supremo Tribunal declarava que não podiam ser expulsos, por serem 'residentes', segundo a legislação da época. Suas ordens, entretanto, eram desobedecidas [...]" (RODRIGUES, *História do Supremo Tribunal Federal*. Tomo III –Doutrina brasileira do *habeas corpus*, op. cit., p. 32-33).

Constituinte, em 1934, outra outorgada pelo presidente da República, em 1937, e de reconhecida autoria de Francisco Campos. A par da coerência com sua visão do Judiciário como inimigo dos poderes políticos, a ser mantido dentro de um espaço de competências reduzidas, pode-se considerar que sua intenção de submeter os juízes à estrita literalidade dos textos, dispensando sua colaboração criativa na interpretação e aplicação dos textos, seja explicada por ter sido, ele próprio, autor da maior parte daqueles diplomas normativos.

Escolado, desde a República Velha, a desconfiar do Supremo Tribunal Federal, Campos vislumbrava nos métodos de interpretação defendidos pelas novas escolas de exegese a brecha pela qual a democracia liberal poderia irromper. Para Campos, dotar o Judiciário de uma metodologia que legitimasse o emprego de argumentos metajurídicos – sociológicos, políticos, econômicos – abriria a porta à "usurpação, por parte dos tribunais, de poderes essencialmente políticos, que não lhe pertencem".[365] Para Campos, a metodologia de interpretação devia ser desenvolvida para atingir o objetivo de limitar o espaço de argumentação do intérprete, e não de ampliá-lo.

Diversa era a compreensão de Oliveira Vianna. Entusiasmado com os novos métodos de hermenêutica em desenvolvimento nas academias europeias e, especialmente, norte-americana, Vianna percebia o método sociológico de interpretação como a solução encontrada pelos *scholars* para as disputas entre Roosevelt e a Suprema Corte norte-americana. No Brasil, seriam, na sua visão, uma ferramenta de grande utilidade para o Judiciário concretizar o espírito autoritário do regime.

Uma possível explicação para a diferença entre Vianna e Campos reside no contexto dos estudos desenvolvidos por eles: enquanto Campos desenvolveu sua concepção crítica das novas metodologias a partir do início dos anos 1920, Oliveira Vianna concentrou-se nos estudos produzidos pelos constitucionalistas norte-americanos e apresentou suas ideias sobretudo no período do Estado Novo, quando já se encontrava avançado o pensamento constitucional autoritário no Brasil.

Os escritos mais aprofundados de Vianna sobre o tema foram produzidos a partir de 1938, quando publicou diversos artigos no *Jornal do Commercio*, reunidos na obra *Problemas de direito corporativo*, de março de 1938 – a qual, para Alberto Venâncio Filho, poderia se chamar "Problemas de direito constitucional", por sua importante

---

[365] CAMPOS, *Discursos parlamentares, op. cit.*, p. 124.

contribuição para a hermenêutica jurídica e sua análise do problema da organização e da descentralização administrativa.³⁶⁶ Nada obstante, o título corresponde à filiação de Oliveira Vianna à doutrina política corporativa, implementada pelo regime fascista, que descrevemos nos dois itens anteriores.

Escrevendo à luz dos textos de 1934 e de 1937, Vianna associava ao emprego dos "velhos métodos do Direito Privado" o esvaziamento do conteúdo daquelas Constituições. Por essa razão, Vianna defendeu os "novos métodos de exegese constitucional",³⁶⁷ que partiam da distinção entre interpretação e construção do texto e entre método lógico-gramatical e método sociológico, filiando-se ao "movimento de reação contra o excessivo formalismo dos juristas da velha escola americana de interpretação", considerando suas expressões mais destacadas, "na Corte Suprema, Holmes, Brandeis e Nathan Cardozo e, nos domínios da publicística e da cátedra, Roscoe Pound, Ed Corwin e Karl Llewellyn".³⁶⁸

Vianna se convence do acerto das teses críticas do método clássico, chamado de *old school*, por Corwin, ou *mechanical jurisprudence*, por Pound, nas quais os intérpretes se arvoravam em "manejadores rigoristas e mecânicos das regras da interpretação, verdadeiros *gramariens de codes*, na ironia de Maxime Leroy, presos ao literalismo dos textos e ao automatismo da aplicação dos *stare decisis* (Yaft, Sutherland, Butler, etc.)".³⁶⁹

As obras citadas por Vianna revelam um intelectual atualizado com o que havia de mais moderno no pensamento constitucional da época, a saber:

---

[366] Venâncio Filho prefaciou a obra de Vianna, abrindo o texto ao leitor com uma reclamação: "A maldição de um título! – assim se poderia caracterizar o destino do volume de Oliveira Vianna, Problemas de Direito Corporativo, reunindo, em 1938, coletânea de artigos publicados no Jornal do Commercio. Permaneceu, desde então, no quase anonimato, desconhecido dos advogados e juristas, que nele poderiam ter uma importante página de hermenêutica do direito, e dos sociólogos e historiadores que, via de regra, não se deram conta da importância do trabalho" (VENÂNCIO FILHO, Alberto. Introdução – Problemas de Direito Corporativo, de Oliveira Vianna. *In*: VIANNA, Francisco José de Oliveira. *Problemas de direito corporativo*. 2. ed. Brasília: Câmara dos Deputados, 1983 [1ª ed. 1938]. p. 11).
[367] VIANNA, Francisco José de Oliveira. *Problemas de direito corporativo*. 2. ed. Brasília: Câmara dos Deputados, 1983 [1ª ed. 1938]. p. 25-67.
[368] *Idem*, p. 31.
[369] *Idem*, p. 27.

(i) de Oliver Wendell Holmes, seus *Ensaios jurídicos reunidos*, de 1920;[370]
(ii) de Roscoe Pound, a obra *Uma introdução à filosofia do direito*, de 1932;[371]
(iii) de Karl Llewellyn, *Uma jurisprudência realista: o novo passo*, de 1930;[372]
(iv) do líder do movimento do realismo jurídico norte-americano, Jerome Frank, Vianna consultou o ainda hoje clássico *O direito e a mentalidade moderna*, de 1931;[373]
(v) do cientista político norte-americano Edward Corwin, o livro *O crepúsculo da Suprema Corte*, escrito em 1934;[374]
(vi) do experiente jurista francês Edouard Lambert, autor da expressão *"le gouvernement des juges"* (o governo dos juízes), Vianna citou a obra que primeiro registrou esse termo, *O governo dos juízes e a luta contra a legislação social nos Estados Unidos*, de 1921;[375]
(vii) do então jovem jurista francês Roger Pinto, renomado especialista em direito norte-americano, a obra *Os juízes que não governam*, de 1934;[376]
(viii) sobre os julgados de Louis Brandeis, juiz da Suprema Corte norte-americana de 1916 a 1939, Vianna consultou a obra de Thomas Mason, *Bradeis: advogado e juiz no Estado Moderno*, de 1933.[377]

---

[370] A obra foi citada por Vianna no original em inglês, *Collected legal Papers*. VIANNA, *Problemas de direito corporativo, op. cit.*, p. 31.

[371] Em inglês, *An introduction to the philosophy of law*. Idem.

[372] Em inglês, *A realistic jurisprudence: the new step*. Idem.

[373] No original em inglês, *Law and the modern mind*. VIANNA, *Problemas de direito corporativo, op. cit.*, p. 27.

[374] No original em inglês, *The twilight of the Supreme Court*. VIANNA, *Problemas de direito corporativo, op. cit.*, p. 27.

[375] Em francês, *Le gouvernement des juges et la lutte contre la legislation sociale aux États-Unis*. Idem.

[376] Citado por Vianna no original em francês, *Des juges qui ne gouvernent pas*. VIANNA, *Problemas de direito corporativo, op. cit.*, p. 27. Acrescenta saber que Roger Pinto escreveu, em 1938, pouco depois da publicação da obra de Vianna, o influente livro *Corte Suprema e o New Deal*. Em 1950, viria a publicar o artigo *La fin du gouvernement des juges* (O fim do governo dos juízes), na *Revue du Droit Public et de la Science Politique*, resenhado por Caio Tácito. Disponível em: https://bibliotecadigital.fgv.br/ojs/index.php/rda/article/view/11936/10860. Acesso em: 02 out. 2022.

[377] No original: *Brandeis: Lawyer and judge in the Modern State*. VIANNA, *Problemas de direito corporativo, op. cit.*, p. 28.

Vianna defende o método da "escola sociológica de Pound ou Llewellyn" e seu processo construtivo, no qual:

> [...] a preocupação do intérprete não é o texto em si e nas suas relações com os outros textos; vai além, transcende o domínio do puro direito formal e, descendo do plano das fontes puramente lógicas ou históricas, procura nas realidades sociais e nos imperativos do interesse público os elementos de inspiração para a exegese constitucional. [...]
> Para os 'construtores' americanos, a Constituição é um sistema permanente, uma estrutura eterna, dentro da qual a sociedade evolui, cresce, desenvolve-se, diferenciando-se e progredindo. Todo trabalho 'construtivo' do intérprete está em procurar ajustar o sistema da Constituição e a estrutura político-administrativa a esta sociedade em evolução, de maneira que encontre nesse sistema ou nessa estrutura um instrumento, não embaraçador, mas facilitador desta evolução.
> O processo construtivo é, pois, entre os americanos, fundamentalmente político.[378]

Vianna considerava os "partidários do método sociológico ou realista, da *new school*, da *sociological jurisprudence* de Llewellyn (Holmes, Brandeis, Stone, Cardozo)",[379] como "espíritos pragmatistas, para os quais a Constituição é um instrumento de que a sociedade se utiliza para os seus fins de progresso e de ordem".[380] A ênfase na ideia de ordem e progresso, dada por Vianna, não é vã, considerados os tempos de inflamado discurso positivista que nutriram a Revolução de 1930 e o resgate do lema da bandeira nacional de que Vargas pretendeu se apropriar – inclusive mandando queimar todas as bandeiras estaduais.[381]

---

[378] VIANNA, *Problemas de direito corporativo*, op. cit., p. 26.
[379] *Idem*, p. 27.
[380] *Idem*.
[381] O episódio da queima das bandeiras estaduais sucedeu o decreto de extinção das bandeiras, de novembro de 1937. Realizou-se uma cerimônia de incineração, na Esplanada do Russell, no Rio de Janeiro, nas proximidades do Palácio do Catete, sede do governo federal à época. O hino nacional foi executado sob regência do maestro Heitor Villa Lôbos. Depois da cerimônia, Francisco Campos, ministro da Justiça, discursou, elogiando a medida, por ele descrita como símbolo da união nacional, da superação das divisões e da "discórdia", da unidade de pensamento e de ação e da existência de uma só autoridade: "Bandeira do Brasil, és hoje a única. Hasteada a esta hora em todo o território nacional, única e só, não há lugar no coração dos brasileiros para outras flâmulas, outras bandeiras, outros símbolos. Os brasileiros se reuniram em torno do Brasil e decretaram desta vez com determinação de não consentir que a discórdia volte novamente a dividi-lo, que o Brasil é uma só pátria e que não há lugar para outro pensamento do Brasil, nem espaço e devoção para outra bandeira que não seja esta, hoje hasteada por entre as bênçãos da Igreja e a continência das espadas e a veneração do povo e os cantos da juventude. Tu és a única, porque só há um

Outro ponto digno de nota é a finalidade para a qual Vianna adota esses estudos: a ideia de um texto constitucional "permanentemente vitalizado pelos influxos das realidades sociais", o que tem significados distintos no Brasil da Constituição de 1937 em comparação com os Estados Unidos da Constituição de 1787.

Vianna lamentava a "esterilidade dos esforços dos juristas clássicos quando tentam resolver os novos problemas jurídicos, impostos pela aparição do fenômeno corporativo, por meio dos princípios e dos esquemas doutrinários da velha dogmática constitucional". Debitava a ausência de reflexão "nos centros de cultura jurídica brasileiros" e "nos meios parlamentares" nacionais acerca das "preocupações que estão agitando os centros de cultura jurídica do velho e do novo mundo" à inexistência de "verdadeiros publicistas em nosso país, versados não apenas em técnica de Direito Constitucional, mas em Direito Público, mas em Ciência Política, mas em história geral e nacional".[382]

Para Vianna, a hermenêutica sociológica construtiva conferiria ao Judiciário o instrumento adequado para implementar um direito constitucional ou administrativo "lavrado com critérios mais largos e livres do que os estritos critérios da escola clássica de interpretação. É ele o domínio próprio à aplicação daquilo que os tratadistas anglo-americanos chamam exegese construtiva".[383] Mas a largueza pretendida na implementação da Constituição tinha por objetivo evitar que o Supremo Tribunal Federal interpretasse a nova Constituição com a mesma filosofia jurídica da Constituição de 1891. Sua ambição era que a Corte brasileira, ao seguir os passos da norte-americana, autorizasse a ampliação das competências do Poder Executivo e a redução dos freios impostos pela separação de poderes, aproximando-se não do regime de governo dos Estados Unidos da América, mas do regime corporativo do fascismo italiano, que aqui estava em curso com sua vertiginosa tendência autocratizante.

Brasil – em torno de ti se refaz de novo a unidade do Brasil, a unidade de pensamento e de ação, a unidade que se conquista pela vontade e pelo coração, a unidade que somente pode reinar quando se instaura pelas decisões históricas, por entre as discórdias e as inimizades públicas, uma só ordem moral e política, a ordem soberana, feita de força e de ideal, a ordem de um único pensamento e de uma só autoridade, o pensamento e a autoridade do Brasil" (*Correio da Manhã*, 27 nov. 1937, p. 3).

[382] VIANNA, *Problemas de direito corporativo*, op. cit., p. 36.

[383] VIANNA, *As garantias da magistratura nos regimes autoritários (O artigo 177 da Constituição Federal de 1937)*, op. cit., p. 150.

O incômodo de Vianna com o emprego do método clássico de interpretação jurídica aplicado às disposições constitucionais do período fica claro exatamente quando ele é empregado para limitar a expansão das competências normativas do Poder Executivo. Queixando-se de acusações de inconstitucionalidade de seu projeto de organização da chamada "justiça do trabalho" (que não fazia parte do Poder Judiciário, mas do Executivo, subordinada ao Ministério do Trabalho), em razão da "delegação legislativa" por ele promovida ao prever "competências normativas" para esse ramo da Administração,[384] Vianna afirmou, a respeito da interpretação conferida à Constituição de 1934: "Esta aí está, novinha em folha; mas, já vai sendo rapidamente esvaziada do seu espírito moderno e renovador, progressivamente envolvida nas faixas apertadas de uma exegese de civilistas e comercialistas, francamente evoluindo para uma definitiva 'mumificação' jurisprudencial".[385] Em defesa de uma interpretação que viabilizasse a constitucionalidade de seu projeto, Viana afirmou que, "quer nos países do regime corporativo caracterizado e oficial, como a Itália, a Alemanha, a Áustria e Portugal; quer nos países ainda sob regime democrático-liberal, como a Inglaterra, a França, os Estados Unidos [...], as corporações administrativas" – como era a Justiça do Trabalho da Era Vargas – "possuem – e vão cada vez mais possuindo – competência para expedir normas gerais, de caráter regulamentar, disciplinadora de matéria da sua jurisdição".

Sua defesa dos métodos novos de exegese constitucional foi aprofundada em 1942, quando Vianna, sob o enganoso título *As garantias da*

---

[384] VIANNA, *Problemas de direito corporativo, op. cit.*, p. 41/67.
[385] VIANNA, *Problemas de direito corporativo, op. cit.*, p. 37. Vianna criticou profundamente o parecer do deputado federal e catedrático de direito comercial da USP Waldemar Ferreira, apresentado na qualidade de relator, a Comissão de Constituição e Justiça, do projeto de organização da justiça do trabalho de autoria de Vianna, apresentado pelo Ministério do Trabalho, que previa delegação de poder legislativo aos tribunais do trabalho. Apesar do nome "justiça do trabalho", o artigo 122 da Constituição de 1934 excluiu-a do âmbito do Poder Judiciário, ao prever: "Art 122 - Para dirimir questões entre empregadores e empregados, regidas pela legislação social, fica instituída a Justiça do Trabalho, à qual não se aplica o disposto no Capítulo IV do Título I. Parágrafo único - A constituição dos Tribunais do Trabalho e das Comissões de Conciliação obedecerá sempre ao princípio da eleição de membros, metade pelas associações representativas dos empregados, e metade pelas dos empregadores, sendo o presidente de livre nomeação do Governo, escolhido entre pessoas de experiência e notória capacidade moral e intelectual". O Capítulo IV do Título I é precisamente o que dispõe sobre o Poder Judiciário na organização do Estado. A chamada "justiça do trabalho" constituía, portanto, uma espécie de "autarquia" do Poder Executivo, cujos membros eram eleitos por associações de empregados e de patrões, subordinadas ao Ministério do Trabalho.

magistratura nos regimes autoritários,[386] exortou a centralidade do artigo 177 da Constituição de 1937 para o novo regime da "democracia autoritária", no auge do Estado Novo. O texto previa o seguinte:

> Art 177 - Dentro do prazo de sessenta dias, a contar da data desta Constituição, poderão ser aposentados ou reformados de acordo com a legislação em vigor os funcionários civis e militares cujo afastamento se impuser, a juízo exclusivo do Governo, no interesse do serviço público ou por conveniência do regime.[387]

Antes de Vianna publicar seu ensaio, o governo Vargas editou a "Lei Constitucional nº 8, de 12 de outubro de 1942", pela qual ratificou o entendimento do Supremo Tribunal Federal no julgamento da matéria, fixando aposentadoria com vencimentos proporcionais ao tempo de serviço para os juízes alcançados pelo expurgo do artigo 177 da Constituição de 1937, nos seguintes termos:

> Artigo único. Os Juízes postos em disponibilidade ou aposentados na forma dos arts. 182 e 177 da Constituição de 10 de novembro de 1937 e da Lei Constitucional nº 2, de 16 de maio de 1938, perceberão vencimentos proporcionais a partir do ato da disponibilidade ou aposentadoria, salvo se contarem mais de trinta anos de serviço.

Possivelmente, o conhecimento e/ou a aquiescência com a norma editada pelo Executivo demoveram Vianna da intenção de publicar o artigo, antes crítico apenas do acórdão do Supremo Tribunal Federal,

---

[386] Vianna valeu-se da ocasião de um acórdão do Supremo Tribunal Federal, prolatado em 1942, que fixara vencimentos proporcionais ao tempo de serviço para os magistrados aposentados por conveniência do governo para, naquele parecer, criticar o posicionamento do Supremo Tribunal Federal, que teria negado efetividade ao princípio da independência da magistratura, do qual seria corolário o direito dos juízes, eventualmente expurgados por conveniência do regime, a perceber aposentadoria com a integralidade dos vencimentos, ao mesmo tempo em que defendia e justificava a aplicação extensiva aos membros da magistratura do poder de expurgo outorgado ao presidente da República pelo artigo 177 da Constituição de 1937, permitindo-lhe aposentar juízes a seu exclusivo critério, a despeito das garantias da magistratura.

[387] Apesar da previsão original do prazo de 60 dias para o exercício do poder de expurgo pelo presidente da República, Getúlio Vargas valeu-se do poder de expedir "decretos-leis sobre todas as matérias de competência legislativa da União", enquanto o Parlamento não se reunisse (previsto no artigo 180 da Constituição de 1937), e restabeleceu, por meio da Lei Constitucional nº 2, de 16 de maio de 1938, o poder previsto no artigo 177, "por tempo indeterminado". Eis o teor da norma: "Artigo único. Fica restabelecida, por tempo indeterminado, a faculdade constante do art. 177 da Constituição de 10 de novembro de 1937".

mas que passaria a contrariar a interpretação do todo-poderoso presidente da República, que Vianna defendia como incontrastável e única a ser defendida.

Embora não tenha circulado à época, o ensaio de Vianna condensou e organizou as ideias por ele desenvolvidas nos anos anteriores a respeito da conveniência do denominado "método sociológico" para a completa realização dos textos constitucionais daquele tempo. No que há de mais importante, Vianna sintetizou sua visão quanto à centralidade e oportunidade do "poder de expurgo" previsto no artigo 177 da Constituição de 1937, bem como relativamente à potencialidade do chamado "método sociológico" de exegese constitucional, que tanto o ocupou naqueles anos, especialmente porque, na visão dele, ainda havia predominância do "método clássico" de interpretação, que não seria interessante para a plena realização do regime autoritário. Os seguintes trechos sintetizam a compreensão de Vianna quanto à total correspondência entre Estado e sociedade – visão defendida por Carl Schmitt[388] e implementada no totalitarismo nazifascista – e à necessidade de que o Judiciário, ao aplicar a Constituição, levasse em consideração essa nova realidade do poder:

> O art. 177 da Constituição de 1937, que dispõe sobre as aposentações e reformas dos funcionários ao arbítrio do governo e por conveniência do regime nela instituído, pode ser interpretado segundo os princípios e métodos de dois sistemas de exegese – aquele a que posso chamar clássico e aquele a que já chamei no meu livro – Problemas de Direito Corporativo – o método sociológico. O método clássico é o dominante nos nossos meios jurídicos e forenses. Do método sociológico já usei, por duas vezes, quando, ainda sob a vigência da Constituição de 1934, tive que interpretar o art. 122, que instituía a Justiça do Trabalho, contra a interpretação, rigorosamente clássica, da Comissão de Justiça da Câmara dos Deputados, falando pelo órgão o Deputado Waldemar Ferreira; e quando, já sob a Constituição de 1937, tive que buscar os fundamentos positivos e realísticos da aplicação do art. 24 da Lei Orgânica da Sindicalização e do Decreto n. 1.402, de 5 de julho de 1931.
> [...]

---

[388] SCHMITT, Carl. *O conceito do político*: Teoria do Partisan. Tradução: Geraldo de Carvalho. Belo Horizonte: Del Rey, 2008. p. 19-27. Sobre o totalitarismo em Carl Schmitt, confiram-se: BERCOVICI, Gilberto. Carl Schmitt, o Estado total e o guardião da Constituição. *Revista Opinião Jurídica*, n. 4, São Paulo, 2004, p. 96-105; e ALVES, Adamo Dias; CATTONI, Marcelo. Carl Schmitt: um teórico da exceção sob o estado de exceção. *Revista Brasileira de Estudos Políticos*, n. 105, Belo Horizonte, jul./dez. 2012, p. 225-276.

O art. 177, efetivamente, exprime o novo regime da Constituição de 1937, da democracia autoritária; é único, excepcional. Só num sistema, em que se estabelece o Primado do Poder Executivo e domina a preocupação de unidade e coesão, é que tal artigo poderia ser admitido. Num regime de poderes separados, de predominância de direitos subjetivos, de subestimação do interesse coletivo e nacional – como era o caso das duas Constituições anteriores – não seria admissível tal disposição, porque incompatível com o postulado democrático da liberdade de opinião, assegurada a todos os cidadãos, inclusive aos funcionários públicos. Nos regimes de tipo autoritário e unitário, como o que institui a Constituição de 1937, os direitos subjetivos dos cidadãos em geral, especialmente do funcionalismo, aparecem muito reduzidos, porque sistematicamente medidos pela sua conformidade com o interesse público nas suas condições de segurança e estabilidade; e o estatuto dos funcionários públicos é, antes, um código de deveres do que propriamente uma carta de direitos.

O art. 177 filia-se à tendência moderna de afirmação do Estado como entidade imanente à sociedade e não transcendente a ela, como nos regimes da democracia liberal ou parlamentar (Volpicelli). Na sua estrutura e na sua atividade, o Estado perdeu o caráter de campo de luta dos subgrupos formados dentro da Nação, disputando entre si pela posse e direção dos instrumentos de administração e governo; deixou de ser uma espécie de estadium, onde se exercia o futebol dos partidos, e incorporou-se à própria Nação, como agente de sua própria coesão e harmonização, mergulhando as suas raízes até o fundo da vida social e tornando quase que praticamente anulada a distinção, tão nitidamente estabelecida nos regimes democrático-liberais, entre a vida privada e a vida pública, entre o Direito Público e o Direito Privado. No Estado Moderno, tudo tende à integração, à coesão, à unificação – e à unidade (v. Loewenstein, Barthelemy, Mirkine e os tratadistas do nazismo e do fascismo).[389]

À luz dessas premissas, que revelam a afinidade de Vianna com os regimes totalitários, há a defesa de uma interpretação extensiva, ampliativa, do artigo 177 da Constituição de 1937. Como justificativas, Vianna afirmava a necessidade de "eliminação das dissidências", que caracterizaria o Estado Moderno naquele período de conflitos, e mencionava o "imperativo e força das circunstâncias" e a "aspiração popular no sentido de uma ação administrativa rápida e positiva".[390] Defendia,

---

[389] VIANNA, As garantias da magistratura..., op. cit., p. 150 e 154-155 (grifos no original).
[390] Expressão que Vianna pinçou da obra do influente cientista político norte-americano Pendleton Herring, chamada Presidential leadership, promovendo o ecletismo metodológico

normalizando a medida, que "este poder de expurgo está dentro dessas novas funções de *leader, duce* ou *führer* da Nação e do Estado em que estão sendo progressivamente elevados, por transformações bruscas ou transformações lentas, os chefes de Estado nos regimes modernos". E acrescentava: "Esta nova condição de *chefe*, de *condutor*, de *guia*, é que dá fundamento aos processos drásticos dos 'expurgos' frequentes e normais nos regimes totalitários".[391]

Diante da semelhança entre o modelo de jurisdição constitucional brasileiro e o norte-americano, Vianna observava a necessidade de, também no Brasil, promover-se o "pensamento renovador deixado por Holmes", pleiteando "uma exegese inspirada em critérios mais amplos, mais vivos, mais realísticos, menos aferrada à tradição e à letra dos estatutos e mais sensíveis às realidades sociais e às tendências de opinião".[392] O motivo mais evidente da simpatia de Vianna pelo denominado "método sociológico" foi o aval que, através dele, a Suprema Corte conferiu ao *New Deal* e à delegação de poderes legislativos ao presidente da República. Não importavam a Vianna as diferenças fundamentais entre as institucionalidades brasileira e norte-americana, entre o modo e o objeto da delegação de poderes legislativos lá e cá. A Vianna interessava o método pelo qual a Suprema Corte contribuiria para a ampliação dos poderes do chefe do Executivo.

Aplaudindo, por essa razão tão afeita ao nosso constitucionalismo autoritário, a "nova jurisprudência" guiada por Brandeis, Benjamin Cardozo e Stone, na Suprema Corte norte-americana, Vianna percebia o emprego do método clássico de interpretação, apegado ao *stare decisis*, como meio pelo qual o Judiciário opunha "violenta oposição" à expansão do Poder Executivo, por considerá-la fora da letra da Constituição. A letra do texto constitucional não poderia ser obstáculo à necessidade de concentração de poderes no chefe do Executivo, e o Judiciário devia empregar os métodos de exegese constitucional mais coerentes com esse imperativo da época, adotando o artigo 177 da Carta de 1937 como eixo da nova organização política brasileira.

---

que marcou seu pensamento, nas suas estratégias de aproximação e distanciamento com o nazifascismo e de normalização do autoritarismo e do totalitarismo, mediante equiparação entre as mudanças por eles introduzidas no sistema de separação e independência de poderes (eliminado naqueles regimes) e as inovações, no plano das competências do chefe do Executivo, adotadas nos regimes democráticos. Confira-se: VIANNA, *As garantias da magistratura...*, *op. cit.*, p. 155-156.

[391] VIANNA, *As garantias da magistratura...*, *op. cit.*, p. 156 (grifos no original).
[392] VIANNA, *As garantias da magistratura...*, *op. cit.*, p. 162.

Verifica-se, portanto, que Vianna e Campos, embora comungassem da mesma aspiração final, de ver imposta a ordem jurídica em sua plenitude, divergiam quanto aos meios pelos quais o Judiciário devia implementá-la, interpretá-la e aplicá-la. Campos preferia um Poder Judiciário limitado por regras tradicionais de interpretação, fiel à literalidade dos textos, e considerava ilegítimas fundamentações de ordem metajurídica. Sua desconfiança contra o Judiciário precedia o Estado Novo, percebendo no Supremo Tribunal Federal o campo no qual doutrinas liberais contrárias às defendidas pelo governo autoritário poderiam vicejar.

Já Oliveira Vianna, escrevendo no contexto de um Supremo Tribunal Federal empacotado e capturado pelo governo, defendeu com vigor os métodos de exegese sociológica, pelos quais o Judiciário não devia limitar o conteúdo dos textos constitucionais às visões cunhadas no passado, não devia estar preso aos precedentes e às doutrinas forenses. Vianna exortava o Supremo Tribunal Federal a conferir máxima efetividade ao novo modelo de Estado e de governo, guiado pelo Primado do Executivo, vislumbrando nas considerações de ordem econômica, política e cultural o caminho para a completa realização do regime autoritário.

2.3 Submissão da declaração de inconstitucionalidade à palavra final dos poderes políticos

Desde a introdução da jurisdição constitucional na institucionalidade brasileira, houve grande resistência política contra decisões judiciais que declaravam inconstitucionais leis ou atos do Executivo. De acordo com Lêda Boechat, a prática de declarar a inconstitucionalidade de atos dos poderes políticos se disseminou rapidamente no Judiciário brasileiro, mas sofreu retaliação: no ano de 1896, juízes de vários estados respondiam a processos instaurados por requisição do governo local, criminalizando decisões de inconstitucionalidade.[393]

---

[393] BOECHAT, *História do Supremo Tribunal Federal*. Tomo I. Defesa das Liberdades Civis (1891-1898). 2. ed. Rio de Janeiro: Civilização Brasileira, 1991. p. 2. Um caso citado por Lenine Nequete é o do juiz Alcides Mendonça Lima, do Tribunal do Júri da comarca de Rio Grande/RS, que declarou a inconstitucionalidade de normas processuais locais que alteravam caracteres essenciais da instituição do júri – o direito das partes a recusas peremptórias de jurados e o escrutínio secreto na votação. O presidente do Estado, Júlio de Castilhos, ordenou ao desembargador procurador-geral que promovesse a responsabilização do juiz faltoso, o qual veio a ser condenado pelo Tribunal, em acórdão de 29.05.1896, à pena de nove meses

Sob o regime da Constituição de 1891, a função de controle dos atos dos poderes políticos, sobretudo do Executivo, foi exercida com especial vigor na doutrina brasileira do *habeas corpus*, ação constitucional convertida no principal meio de questionamento dos atos do governo em juízo, sobretudo os que violavam as garantias e imunidades de parlamentares e opositores políticos. A atuação do Supremo Tribunal Federal, à época, despertou a ira de Floriano Peixoto, que ameaçou os ministros da Corte: "Se os juízes do Tribunal concederem *habeas corpus* aos políticos, eu não sei quem amanhã lhes dará o *habeas corpus* de que, por sua vez, necessitarão".[394]

A jurisdição constitucional foi alvo de acerbas críticas dos poderes políticos ao longo da Primeira República. No turbulento início do século XX, era frequente a desobediência a decisões do Supremo Tribunal Federal, como narra Lêda Boechat Rodrigues:

> Foram numerosos, de 1910 até a década dos 20, os casos de dualidade de assembleias estaduais e municipais, envolvendo facções do governo e da oposição. Transpondo o impedimento de julgar "questão política", a maioria do Supremo Tribunal deu, algumas vezes, ganho de causa à facção oposicionista. Em vários casos, o Poder Executivo desrespeitou a decisão da Suprema Corte e decretou intervenção federal nos Estados. Duas vezes isso aconteceu no Estado do Rio, desacatando o Poder Executivo os habeas-corpus concedidos aos Drs. Nilo Peçanha e Raul Fernandes para se empossarem na presidência daquele Estado, onde tinham ganho as eleições; na Bahia, em 1912, a reação do executor do ditado de intervenção federal chegou às raias da loucura: dada ordem à cidade do Salvador para render o governo estadual até a uma e meia da tarde, exatamente à uma e meia começou o bombardeio pelo forte São Marcelo. [...] Intervenções federais sofreram ainda Sergipe, Ceará, Amazonas e outros Estados, impondo-se em todas as eventualidades a vontade do Presidente da República e a do Senador Pinheiro Machado.[395]

---

de suspensão do cargo, pela prática do crime definido no artigo 226 do Código Criminal de 1890, consistente em "exceder os limites das funções próprias do emprego". O Supremo Tribunal Federal concedeu *habeas corpus* ao juiz, sem decidir a questão da constitucionalidade. Cf. NEQUETE, Lenine. *O poder judiciário no Brasil a partir da independência*. II – República. Brasília: Supremo Tribunal Federal, 2000. p. 24-26.

[394] BOECHAT, Lêda. *História do Supremo Tribunal Federal*. Tomo I – Defesa das liberdades civis (1891-1898). 2. ed. Rio de Janeiro: Civilização Brasileira, 1991. p. 19.

[395] RODRIGUES, Lêda Boechat. *História do Supremo Tribunal Federal*. Tomo III – Doutrina brasileira do *habeas corpus*. Rio de Janeiro: Civilização Brasileira, 1991. p. 30-31.

Os *habeas corpus* concedidos em benefício de expulsandos anarquistas foram uma importante fonte de conflito com o Poder Executivo, que deixava de cumprir as ordens da Corte:

> As *bêtes noires* dessa época foram, principalmente, os anarquistas. Muitos sofreram expulsão, sobretudo a pedido do Governo de São Paulo, onde a incipientes industrialização atraía grande número de imigrantes. Entre estes se distinguiam italianos adeptos da doutrina anarquista. O Supremo Tribunal viu-se inundado de pedidos de recursos de *habeas corpus* dos expulsandos. Alguns contavam mais de dois anos de residência no Brasil e o Supremo Tribunal declarava que não podiam ser expulsos, por serem "residentes", segundo a legislação da época. Suas ordens, entretanto, eram desobedecidas [...].[396]

O ponto culminante do confinamento das competências do Supremo Tribunal Federal foi a Emenda Constitucional de 1926, claramente voltada a encerrar a Era da Doutrina Brasileira do *Habeas Corpus*. Com ela, o artigo 60, §5º, da Constituição de 1891 passou a prever:

> Nenhum recurso judiciário é permitido, para a Justiça Federal, ou local, contra a intervenção nos Estados, a declaração do estado de sítio e a verificação de poderes, o reconhecimento, a posse, a legitimidade e a perda de mandato dos membros do Poder Legislativo ou Executivo, federal ou estadual, assim como, na vigência do estado de sítio, não poderão os Tribunais conhecer dos atos praticados em virtude dele pelo Poder Legislativo ou Executivo.

Como um dos principais teorizadores do pensamento constitucional dominante na Era Vargas, Francisco Campos destacou-se na crítica à competência das Cortes para o controle de constitucionalidade dos atos dos poderes políticos.

A oposição de Campos ao conhecimento, pelo Poder Judiciário, das denominadas "questões políticas" e a condenação dos novos métodos de interpretação construtiva ou sociológica – aí incluídas as doutrinas da livre interpretação do direito, da Constituição Viva, da jurisprudência utilitária ou dos interesses e outras – na interpretação e aplicação das leis e da Constituição fizeram-se acompanhar de seu profundo ceticismo quanto ao instituto da jurisdição constitucional.

---

[396] *Idem*, p. 32-33.

Partindo de uma perspectiva histórica da jurisdição constitucional no Brasil, Campos criticava o poder conferido às Cortes de dar a última palavra sobre a interpretação da Constituição, decidindo se determinado ato dos poderes políticos poderia ou não subsistir, e observava: "Pela Constituição passada, como pela de 91, o Judiciário era árbitro irrecorrível da constitucionalidade. Os processos de mudança e transformação, que conferem à nossa civilização um caráter profundamente dinâmico, eram frequentemente obstados".[397]

Colocando sob suspeição apenas o alvo de sua crítica e distorcendo a percepção do todo,[398] Campos apresenta uma conclusão que seria aplicável a qualquer ramo do governo, mas que ele restringe ao Judiciário: "Sob a interpretação, dissimulados pela sua aparelhagem técnica e dialética, o que existia, muitas vezes, era uma doutrina, um dogma ou um ponto de vista preconcebido, ou uma atitude filosófica em relação à vida econômica, política ou social".[399] Em reforço à sua posição de mitigar a jurisdição constitucional, Campos fazia crer controvertido o que, em verdade, era trivial: afirmava que "a interpretação não dispõe de processos objetivos e infalíveis e, por isto mesmo, está sujeita à influência do coeficiente pessoal do juiz".

Evidentemente, os defensores do *judicial review* jamais afirmaram a infalibilidade do juiz, tampouco sustentavam que os métodos de interpretação, na tomada de decisão judicial, seriam puramente técnicos ou objetivos. O cerne da discussão, quando se firmou a competência judicial para o controle de constitucionalidade dos autos de poderes políticos, residia em responder qual poder representaria menor ameaça ou perigo para os direitos fundamentais – na famosa fórmula de Alexander Hamilton, *the least dangerous branch*.

É certo, por outro lado, que a amplitude da jurisdição constitucional, desde que inaugurada no caso *Marbury v. Madison*, em 1803, não se sedimentou pacificamente. Seu estabelecimento, por decisão da Suprema Corte norte-americana, inseriu na tormentosa relação entre os poderes do Estado mais um elemento de elevada volatilidade, que tanto pode funcionar para atenuar as responsabilidades dos políticos nas tomadas de decisões contramajoritárias como pode detonar conflitos entre os três poderes.

---

[397] CAMPOS, *O Estado Nacional*, op. cit., p. 59.
[398] Conscientemente, Campos usa o método argumentativo da árvore que esconde a floresta.
[399] CAMPOS, *O Estado Nacional*, op. cit., p. 59.

A competência assumida pelo Judiciário de controlar da obediência dos atos dos poderes políticos à Constituição pôs fim à tradicional vigência do Primado do Parlamento, típico do regime inglês. Naquele julgado paradigmático, a Suprema Corte dos Estados Unidos decidiu que cabia ao Poder Judiciário garantir a supremacia da Constituição, autorizando-lhe invalidar as decisões dos mandatários eleitos.

Os fundamentos daquela decisão revelam a consciência de sua escandalosa iconoclastia diante dos dogmas da época. A desconfiança dirigida contra a magistratura pelos pensadores iluministas franceses, tão influentes sobre os *Founding Fathers* americanos,[400] especialmente sobre os antifederalistas,[401] exigiu esforço argumentativo sólido no sentido de que, apesar desse grave poder, o Judiciário preservaria o princípio da separação de poderes. Daí por que, ao afirmar sua competência para anular atos dos poderes políticos eleitos, a Suprema Corte esclareceu, naquele julgado, que haveria um território insindicável pelo Judiciário. Nas palavras de John Marshall, a *judicial review* não alcançava a competência para examinar as chamadas "questões políticas": "Questões por sua natureza política, ou submetidas ao nuto do Executivo pela Constituição e pelas leis, nunca poderão ser ventiladas neste Tribunal".[402]

Observa-se, assim, que o ato inaugural da poderosa doutrina do *judicial review* procurou manter o exercício dessa competência pelo Judiciário dentro de limites restritos, o que provavelmente contribuiu para reduzir a reação política e garantir sobrevivência do mecanismo nos anos vindouros. Como observa Horbach, "tal compreensão da função da Suprema Corte foi mantida com maior ou menor intensidade

---

[400] Montesquieu é uma das fontes citadas nos artigos dos Federalistas, que bem conheciam as causas da desconfiança dirigida ao Poder Judiciário. Ainda assim, Hamilton defendeu que os limites à atuação dos poderes, à luz da Constituição, deviam ser definidos pelo Poder Judiciário, o qual seria o poder menos perigoso (*the least dangerous branch*) para os direitos individuais de propriedade e de liberdade, por não lhe caber definir o orçamento, impor tributos, nem comandar as armas (HAMILTON, Alexandre; MADISON, James; JAY, John. *O federalista*. Tradução: Ricardo Rodrigues da Gama. 3. ed. Campinas: Russell, 2009. p. 477-532). Nos artigos 78 a 84, Hamilton explica sua compreensão quanto à função do Poder Judiciário na República e atribui a esse ramo do poder a tarefa de controlar os atos dos poderes políticos para conformá-los à Constituição.

[401] FRIEDMAN, Barry. The politics of judicial review. *Texas Law Review*, v. 84, n. 2005, p. 257-337. KRAMER, Larry. *The people themselves* – Popular constitutionalism and judicial review. Oxford University Press: Oxford, 2004, especialmente a Introdução, o Capítulo 9 e o Epílogo.

[402] O inteiro teor do acórdão encontra-se disponível em: https://supreme.justia.com/cases/federal/us/5/137/. Acesso em: 25 ago. 2022.

ao longo dos anos, o que gerou [...] poucas interferências da justiça na política ao longo do século XIX".[403]

Nesse debate, Campos tinha lado: (i) excluía, como visto, diversas matérias da apreciação judicial, sob o rótulo das "questões políticas", ainda quando envolvidos direitos fundamentais; (ii) defendia tanto a eliminação da jurisdição constitucional quanto, alternativamente, o que poderia ser chamado de "controle fraco" de constitucionalidade, no qual a decisão do Judiciário não é vinculante para os poderes políticos e pode ser superada por iniciativa destes – não se deve, porém, equalizar a posição de Campos com aquela defendida por acadêmicos cuja crítica do *judicial review* se desenvolve no contexto de instituições democráticas funcionais e eficientes na garantia dos direitos fundamentais.[404]

Campos, de modo incondicional, entendia que a "última palavra" sobre a legítima interpretação da Constituição devia ser do governo. Foi contundente: "Aos juízes não será, em consequência, permitido, a pretexto de interpretação constitucional, decretar como única legítima a sua filosofia social ou a sua concepção do mundo, desde que essa filosofia ou concepção obstrua os desígnios econômicos, políticos ou sociais do governo".[405] E ainda: "Não me parece essencial ao Poder Judiciário a prerrogativa de declarar a inconstitucionalidade das leis ou

---

[403] HORBACH, Carlos Bastide. Controle judicial da atividade política. As questões políticas e os atos de governo. *Revista de Informação Legislativa*, a. 6, n. 182, Brasília, abr./jun. 2009, p. 7-16.

[404] Waldron, por exemplo, que se filia à corrente de *scholars* dedicados a repensar as dimensões da jurisdição constitucional, prestigiando a tomada de decisão política pelos poderes eleitos (representativos), condiciona a tese do "controle fraco de constitucionalidade" à existência de instituições democráticas eficientes e funcionais. Em suas palavras, o controle de constitucionalidade fraco não é uma tese absoluta ou incondicional, mas, ao contrário, "tem como premissa uma série de condições, incluindo que a sociedade em questão tenha instituições democráticas que funcionem bem e que a maioria de seus cidadãos leve os direitos a sério (mesmo que discordem sobre quais direitos possuem)". Nesses termos, Waldron estabelece quatro premissas para o controle fraco de constitucionalidade: "Deixe-me resumir as quatro suposições que farei. Devemos imaginar uma sociedade com (1) instituições democráticas funcionando razoavelmente bem, incluindo uma legislatura representativa eleita com base no sufrágio adulto universal; (2) um conjunto de instituições judiciais, novamente em ordem razoável, estabelecido de forma não representativa para ouvir ações judiciais individuais, resolver disputas e defender o estado de direito; (3) um compromisso por parte da maioria dos membros da sociedade e da maioria de seus funcionários com a ideia de direitos individuais e minoritários; e (4) desacordo persistente, substancial e de boa fé sobre direitos (ou seja, sobre o que o compromisso com os direitos realmente significa e quais são suas implicações) entre os membros da sociedade que estão comprometidos com a ideia de direitos". WALDRON, Jeremy. The core of the case against judicial review. *The Yale Law Journal*, n. 115, 2006, p. 1.359.

[405] CAMPOS, *O Estado Nacional, op. cit.*, p. 59.

de recusar-lhes a execução, com fundamento na sua incompatibilidade com a carta constitucional".[406]

Campos argumentava que "o mecanismo de controle judicial, inventado pelos legistas americanos, correspondia aos motivos, conscientes ou obscuros, que os inspiravam. O caráter dinâmico das instituições democráticas achava-se coartado por uma poderosa força de inibição". Estabeleceu, como premissa, a constatação histórica de que a *judicial review* "não é um atributo que se encontre reconhecido universalmente ao Poder Judiciário. Ao contrário, é um atributo do Poder Judiciário do tipo americano", como "obra de um pequeno número de grandes legistas", os quais seriam, "por natureza, conservadores". Em razão disso, prosseguia Campos em seu raciocínio, "a implantação de instituições eminentemente dinâmicas, como são as instituições democráticas, despertou no seu espírito o temor de que elas viessem a constituir fonte de desassossego ou de mudanças na ordem de coisas estabelecida". Por essa razão, os defensores do controle judicial de constitucionalidade decidiram que era necessário "tutelar os poderes de origem popular, sujeitos às injunções da opinião pública, criando um superpoder, de caráter permanente e sem nenhuma dependência para com os movimentos de opinião", garantindo, assim, que "os órgãos representativos não fossem compelidos pelas pressões populares".[407]

Campos concordava com a visão de que "juízes, não só pela formação especial do seu espírito como pela situação privilegiada que lhes era assegurada na Constituição, tenderiam, naturalmente, a manter a ordem de coisas estabelecida". Adotando, na Era Vargas, a defesa da superação do que chamava de "ideologia conservadora", Campos trata da independência do Judiciário como um problema, e não uma solução: ela permitiria que os juízes tomassem decisões políticas contrárias às mudanças "democráticas" promovidas por órgãos de representação popular, impondo a ideologia conservadora: "Só era constitucional a concepção de mundo dos juízes"; a política se transferia "dos órgãos de delegação popular para um cenáculo de notáveis, que uma série de prerrogativas e privilégios tornava independente, senão impermeável às mudanças operadas no sentimento público".[408]

---

[406] CAMPOS, *O Estado Nacional*, op. cit., p. 101.
[407] CAMPOS, *O Estado Nacional*, op. cit., p. 102.
[408] CAMPOS, *O Estado Nacional*, op. cit., p. 102-103.

Para Campos, a aceitação do instituto da jurisdição constitucional foi produto de uma dissimulação seguida de uma propaganda: (i) a dissimulação teria consistido em camuflar a verdadeira causa da atribuição do controle dos atos dos poderes políticos ao Judiciário – que seria "inibir os ímpetos democráticos da Nação"; (ii) a propaganda teria consistido na hábil construção discursiva da legitimidade do Judiciário para exercer esse controle, apresentando-o como "defensor do povo contra a opressão" dos poderes eleitos, "uma sobrevivência do poder moderador da monarquia" e, ainda, "um processo destinado a transferir do povo para o Poder Judiciário o controle do Governo, controle tanto mais obscuro quanto insuscetível de inteligibilidade pública, graças à aparelhagem técnica dialética que o torna inacessível à compreensão comum".[409] Sem concessões, Campos desferiu seu golpe final: o controle judicial, "ao invés de constituir uma proteção ao povo, era um expediente sabiamente engendrado para o fim de impedir ou moderar as reivindicações populares". Em apoio às suas conclusões, cita a crítica de Allen Smith, cientista político da Universidade de Washington, para quem "não há, provavelmente, em toda a história da evolução constitucional, exemplo em que a opinião haja sido tão iludida quanto à verdadeira natureza de um arranjo ou de um artifício político" quanto o controle judicial.[410]

Campos conclui que a supremacia judicial transfere para o Poder Judiciário a mais alta e eminente das funções políticas, que é a de formular a Constituição. Através dela, "a filosofia dos juízes tornou-se obrigatória no país. [...] Trata-se, no caso, de confiar a um órgão que não se origina do povo, e que não se encontra sujeito à sua opinião, o mais eminente dos poderes".[411]

Dessa concepção nasceu o texto da Constituição de 1937, que previu a possibilidade de, por iniciativa do presidente da República, superar-se a decisão do Supremo Tribunal Federal em controle de constitucionalidade, qualquer que fosse a matéria objeto de julgamento.

O desenho institucional do Supremo Tribunal Federal passou por mudanças na Era Vargas, revelando a força crescente das construções teóricas do pensamento autoritário na definição das suas competências e da sua função subalterna ao chefe do Executivo, único representante

---

[409] CAMPOS, *O Estado Nacional*, op. cit., p. 103-104.
[410] *Idem*, p. 104.
[411] *Idem*, p. 103-105.

legítimo dos anseios da Nação e capaz de guiar o país à unidade, à ordem e ao progresso.

2.4 Conclusão parcial

Os intelectuais autoritários da Era Vargas reagiram contra o patente idealismo – ou irrealismo – da visão de Poder Judiciário defendida por pensadores da linhagem de Ruy Barbosa e de Pedro Lessa. Desde os anos 1920, mas, sobretudo, no decurso do governo getulista, desenvolveram-se teorias voltadas à reconfiguração do papel das Cortes para servir ao regime constitucional engendrado pela Revolução de 1930. Nada obstante, embora se autoproclamasse realista, o pensamento prevalecente no período ancorava-se em visões idealizadas, não problematizadas das virtudes do presidente da República no exercício de suas competências constitucionais alargadas e sem freios.

A proposta de subordinar o Judiciário ao Executivo, mediante a ameaça de expurgo dos juízes que contrariassem os ditames do governo, revela a total descrença em qualquer possibilidade de preservação da independência da magistratura e, consequentemente, de manutenção do regime de separação de poderes.

A abordagem realista preferiu desdogmatizar a independência da magistratura e descrevê-la pelo ângulo do seu perigo para a própria democracia: desobrigados do dever de prestar contas à sociedade, os juízes estariam livres para proferir decisões contrárias ao espírito da Constituição, antirrepublicanas, antidemocráticas, até mesmo violadoras de direitos fundamentais de grupos politicamente vulneráveis.

O principal caso mencionado pelos pensadores brasileiros foi o da Suprema Corte norte-americana na Era Lochner, que julgou inconstitucionais leis protetivas de direitos fundamentais dos trabalhadores, a pretexto de defender outros princípios ou direitos, considerados mais relevantes em um juízo de ponderação do caso concreto – *avant la lettre*.

Não deixa de ser verdadeira a crítica segundo a qual independência judicial e garantias da magistratura não geram automaticamente a separação entre direito e política, nem a subordinação do Judiciário apenas à Constituição e às leis, nem o republicanismo no exercício da função judicial, nem a proteção da sociedade contra a tirania.

É induvidoso que o Poder Judiciário pode proferir decisões injustas. A pergunta que remanesce sem resposta é outra: a eliminação da independência da magistratura, mediante subordinação dos juízes aos comandos do presidente da República e à interpretação da Constituição por ele defendida, seria capaz de conferir garantia maior à efetividade da Constituição, à proteção dos direitos, ao republicanismo?

Além de propor a eliminação da justiça estadual como meio de padronizar e impor a hegemonia do programa jurídico do governo federal, a relativização das garantias e da independência da magistratura e a submissão dos juízes ao poder de expurgo pelo presidente da República, o pensamento constitucional autoritário dedicou espaço aos dois temas mais controvertidos nos círculos jurídicos das décadas de 1920 e 1930: (i) o estudo dos métodos de interpretação da Constituição e (ii) o debate sobre a alocação da competência para o controle de constitucionalidade no Poder Judiciário.

Tanto a jurisdição constitucional como os métodos de interpretação jurídica tiveram um *momentum* teorético no início do século XX, com debates intelectuais que ainda hoje reverberam no mundo acadêmico e, consequentemente, na prática jurídica e no pensamento político. Os anos 1920 e 1930 trouxeram ao mundo algumas das mais importantes obras jurídicas da história, da lavra de pensadores como Carl Schmitt, Hans Kelsen, Oliver Wendell Holmes, Roscoe Pound, Karl Llewellyn, Jerome Frank, Edward Corwin, Edouard Lambert, Roger Pinto, bem como as decisões pioneiras de Louis Brandeis, Benjamin Cardozo e Harlan Stone, na Suprema Corte norte-americana. No Brasil, Carlos Maximiliano escreveu seu clássico *Hermenêutica e aplicação do direito* em 1925, trazendo para o país o estado da arte teórico sobre o tema.

Francisco Campos e Oliveira Vianna não ficaram de fora dessas discussões, mas divergiram quanto à defesa das novas metodologias de interpretação em desenvolvimento na época. Campos, desde os anos 1920, considerava que o papel fundamental da metodologia era estabelecer limites ao Judiciário. Defendeu uma versão expansiva da doutrina das questões políticas, que excluiria diversos atos dos poderes políticos da apreciação judicial, mesmo que violassem direitos e garantias individuais. Posicionava-se contrariamente aos novos métodos de interpretação então em desenvolvimento, a exemplo da doutrina da livre interpretação do direito, a *Freiesrecht*, que se expandia na Alemanha e vingaria no Terceiro *Reich*, e do conceito de constituição como organismo vivo, gênese da "jurisprudência evolutiva", "utilitária ou jurisprudência de interesses".

Para Campos, embora nenhuma metodologia garantisse a objetividade e o acerto da interpretação jurídica, a ampliação das balizas argumentativas do Judiciário para incluir argumentos não estritamente jurídicos – como os sociológicos, políticos, econômicos, culturais – contrariava, na sua visão, a recomendação de estabelecer limites mais precisos à atividade jurisdicional. Ao abrir as comportas para argumentos metajurídicos, haveria o risco de (i) o sistema legal perder suas propriedades de precisão e certeza, deixando de impor disciplina; (ii) ampliação do campo para o arbítrio e o subjetivismo, transformando o intérprete em legislador, formulador do direito; (iii) desenvolvimento de uma nova mentalidade jurídica, que levaria à anarquia, pela perda de autoridade das leis, e ao despotismo, com a substituição do regime das leis pelo da força.

Contrariamente, Oliveira Vianna abraçava a nova exegese constitucional em desenvolvimento naquele início de século XX como fenômeno característico das sociedades complexas, em que o direito e o Estado se expandiram sobre novas áreas, especialmente sobre as relações econômicas. Na sua concepção, a velha escola de interpretação jurídica já não dava respostas adequadas às exigências de atuação do Estado na solução dos conflitos sociais. As concepções de Constituição Viva (*Living Constitution*), de jurisprudência evolutiva e de metodologia sociológica de interpretação auxiliariam, segundo Vianna, a plena realização do espírito autoritário dos novos tempos. Haurindo-se no que de mais atual existia na literatura daqueles tempos, sua principal inspiração foi o movimento intelectual e jurídico de reação à jurisprudência da Suprema Corte norte-americana, fundada no *stare decisis* e no textualismo ou originalismo, os quais teriam sido responsáveis pelo anacronismo da leitura da Constituição realizada pelos juízes da Corte, em total descompasso com os ares da modernidade.

Vianna defendia o emprego dos novos métodos como meio de amplificar o poder normativo e diretivo do presidente da República, que, para ele, era a chave da nova organização do Estado, em que a separação de poderes seria superada pelo Primado do Executivo. Para esse fim, ao contrário de Francisco Campos – que permaneceu cético quanto à estratégia de contar com o colaboracionismo do Supremo Tribunal Federal –, Vianna encampou as teorias em defesa de uma metodologia mais fluida de interpretação da Constituição, nos moldes de Maximiliano em seu estudo pioneiro publicado em 1925.

Por fim, Francisco Campos, demiurgo do Estado Novo, defendeu a abolição do controle judicial de constitucionalidade ou sua substituição por um controle fraco, no qual a decisão do Judiciário que declarasse inconstitucional uma lei ou ato do Executivo só prevaleceria se houvesse anuência do presidente da República e do Congresso Nacional. Para Campos, o Judiciário devia ser submetido aos poderes políticos e destituído da competência para anular até mesmo os atos mais drásticos de intervenção em direitos e garantias fundamentais.

O pretexto legitimador das ideias defendidas pelos pensadores autoritários foi o conflito entre a Suprema Corte dos Estados Unidos e Franklin Delano Roosevelt, que levou o presidente norte-americano a questionar a pretensão supremacista do Judiciário na interpretação das normas constitucionais, especialmente diante das circunstâncias excepcionais vividas pelo país, que demandavam soluções diversas daquelas apresentadas pela Suprema Corte três décadas antes.[412] Percebe-se claramente que a defesa do Primado do Executivo no Brasil tinha raízes no modelo nazifascista em expansão na Europa. Nada obstante, o discurso vinha permeado de justificativas que podem ser explicadas pelo nosso passado constitucional, inspirado, por influência de Ruy Barbosa, no liberalismo democrático de matriz anglo-saxônica. Embora o regime autoritário fosse defendido sem rodeios pelos juristas mais influentes no constitucionalismo do período, havia uma tendência a visualizar equivalências nas principais democracias liberais do mundo e a considerar que também elas se transformavam no sentido do Primado do Executivo, sem atentar às nuances e diferenças manifestas nas respectivas institucionalidades. Se Roosevelt criticava a posição da Suprema Corte como última intérprete da Constituição, esse discurso era apropriado pelo pensamento autoritário brasileiro, servindo ao discurso de legitimação da autocracia.

O princípio do Primado do Executivo, que eliminou a separação de poderes, foi defendido como forma de governo moderna, eficiente, promovido como único meio capaz de, ao mesmo tempo, garantir o desenvolvimento econômico do país e pacificá-lo, construir um sentimento de Nação acima das dissidências locais, eliminando o espírito de clã que, afirmava-se, mantinha-se vivo com auxílio dos outros poderes – o Parlamento e o Judiciário –, descritos como obstáculos aos interesses da sociedade. Como veremos no próximo capítulo, um dos atos inaugurais do governo provisório estabelecido em 1930 foi o

---

[412] DAHL, Robert A. Decision-making in a democracy: the Supreme Court as a national policy-maker. *Journal of public law*, n. 6, 1957, p. 279-295. Disponível em: https://static1.squarespace.com/static/60188505fb790b33c3d33a61/t/6049c2bd69f212651b53aab3/1615446718720/DahlDecisionMaking.pdf. Acesso em: 20 jul. 2022.

empacotamento do Supremo Tribunal Federal, consistente na aposentadoria de seis membros da Corte, por conveniência do regime. Embora a teoria autoritária ainda não estivesse pronta e acabada no início da Era Vargas, ela encontrou campo para se aprimorar ao longo dos anos e à medida que os conflitos político-ideológicos escalavam na sociedade brasileira e mundial, com as disputas de espaço pelos movimentos ligados à internacional comunista e ao nazifascismo. Em razão de suas posições de destaque no governo, os dois juristas mais empenhados na legitimação teórica do autoritarismo, Oliveira Vianna e Francisco Campos, exerceram manifesta influência sobre a institucionalidade do período. Desconstruíram a noção de soberania popular, apresentada como mito do pensamento liberal de países avançados, inadequado a um país atrasado e semifeudal como seria o Brasil; o sufrágio universal foi relativizado como fonte da legitimidade do poder estatal, a ser substituído, naquela fase do nosso desenvolvimento, pelo regime corporativista em expansão na Europa dominada pelo nazifascismo, concentrando poderes normativos no Executivo; desmistificaram, finalmente, as noções de independência, neutralidade e competência técnica do Judiciário para fundamentar a necessidade e utilidade de seu rebaixamento ao Executivo.

O pensamento constitucional autoritário não permaneceu no plano meramente teórico e das discussões acadêmicas. Tornou-se progressivamente hegemônico na institucionalidade legal e constitucional do período. Os abalos sísmicos dessas teorias sobre o nosso constitucionalismo são detectados nos textos das constituições e da legislação que, por várias frentes, redesenharam a composição, as garantias, a independência e as competências do Supremo Tribunal Federal, tema que abordaremos em seguida. Ao mesmo tempo, o estado da arte teórico reverberou nas decisões tomadas pela Corte, cuja jurisprudência produz e reproduz a doutrina vigente, seja por injunção da institucionalidade posta, seja por adesão convicta à solução autoritária prevalecente.

CAPÍTULO 3

DESENHOS INSTITUCIONAIS DO SUPREMO TRIBUNAL FEDERAL NA ERA VARGAS

> *A modificação introduzida pela Constituição de 10 de novembro teve por fim repor na Nação o controle do Governo, submetendo-o ao juízo do povo, ao qual deve ficar livre a opção quando se tratar de pôr em movimento o mecanismo constitucional no sentido de serem realizados os grandes fins do governo, fins de ordem pública e geral, em relação aos quais o pronunciamento definitivo não pode deixar de caber ao povo. É a passagem do governo dos cenáculos para o governo do povo.*
>
> Francisco Campos

O pensamento constitucional autoritário teorizou e sintetizou as principais mudanças introduzidas na institucionalidade brasileira na Era Vargas. O Supremo Tribunal Federal foi atingido em sua composição e em suas competências, o que respondeu às teorias então desenvolvidas: (i) mitigação das garantias da magistratura, da doutrina das questões políticas; (ii) instrumentalização política dos métodos de interpretação da Constituição; (iii) submissão da decisão judicial que declarasse a inconstitucionalidade de atos dos poderes políticos ao controle final desses poderes. Esses seriam os meios de garantir, segundo aquele discurso, a obediência do Judiciário à Constituição, e não aos interesses dos clãs locais.

O questionamento do papel do Judiciário no constitucionalismo já vinha de alguns anos antes da Revolução de 1930. Em 1926, seu lugar institucional foi redesenhado, mediante redução do âmbito de controle dos atos dos poderes políticos, no exercício da jurisdição constitucional. Diversas matérias foram expressamente excluídas da apreciação judicial pela Emenda de 1926 à Constituição de 1891. O regime assumia, ali, feição mais presidencial e centralizada, com o reforço dos poderes da União. Assumiu-se, institucionalmente, um rumo confessadamente antiliberal, ultrapassando o tempo das recorrentes, mas transitórias suspensões das garantias, a caminho de uma ideologia autoritária. Seguimos "dois rumos antiliberais, na verdade: um, em nome do povo, outro, em nome da ordem".[413]

Esse movimento, iniciado no tenentismo, consolidou-se na Era Vargas, quando a interpretação final da Constituição foi transferida para o presidente da República. Como visto nos capítulos anteriores, os principais pensadores constitucionais brasileiros com influência no governo – a exemplo de Oliveira Vianna e Francisco Campos – valeram-se do acirramento do conflito entre Roosevelt e a Suprema Corte norte-americana para justificar o princípio do Primado do Executivo e a atribuição de poderes excepcionais ao chefe do Executivo, muito além do que fora cogitado no plano norte-americano. Legitimavam o ato de Vargas que, em 1931, aposentou ministros do Supremo Tribunal Federal por "conveniência do regime". Durante o governo constitucional, competências da Corte foram transferidas, por lei ordinária, para o recém-criado Tribunal de Segurança Nacional. Em 1937, a Constituição do Estado Novo estabeleceu o Primado do Executivo, atribuindo ao presidente da República poderes excepcionais, inclusive de aposentar magistrados por conveniência do governo.[414]

Estudiosos do constitucionalismo autoritário na atualidade têm empreendido esforços no sentido de catalogar as funções das Constituições e das Cortes nos regimes autoritários ao longo da história. Especificamente sobre o papel das Cortes no autoritarismo, Ginsburg e Moustafa atribuem-lhes cinco finalidades: (i) estabelecer controle social e inabilitar opositores políticos; (ii) reforçar o discurso de legitimidade legal do regime; (iii) fortalecer a obediência administrativa no interior da máquina burocrática estatal e resolver problemas de coordenação entre as diferentes facções do próprio regime; (iv) garantir o comércio e os investimentos; (v) implementar, através das Cortes, as políticas

---

[413] FAORO, Os donos do poder, op. cit., p. 748.

[414] O poder de expurgo foi contemplado no artigo 177 da Constituição de 1937: "Artigo 177. Dentro do prazo de sessenta dias, a contar da data desta Constituição, poderão ser aposentados ou reformados de acordo com a legislação em vigor os funcionários civis e militares cujo afastamento se impuser, a juízo exclusivo do Governo, no interesse do serviço público ou por conveniência do regime".

públicas controvertidas, de modo a proteger politicamente os "elementos cruciais" do regime.[415]

Vejamos em qual medida as normas daquele período preencheram essas funções e absorveram o pensamento constitucional autoritário que se consolidou depois da Revolução de 1930.

3.1 O Supremo Tribunal Federal no Governo Provisório

Instalado o governo de Getúlio Vargas, teve início o chamado Governo Provisório, que prometia ser um período de transição até que se elaborasse uma nova constituição para o regime. A Constituição de 1891 deixou de ser a norma superior e paradigmática do sistema jurídico nacional e foi suspensa por decreto-lei, índice da autocratização do país. O Decreto nº 19.398/1930,[416] embora a mantivesse nominalmente em vigor, foi erigido à posição de lei suprema da nação: flexibilizou todas as normas constitucionais, que assim passavam a ser suscetíveis de alteração por decreto do próprio presidente da República.

Composto por 18 artigos, o decreto foi, "materialmente, uma Constituição provisória".[417] Inaugurou um regime de exceção, com as seguintes características essenciais:

(i) flexibilidade das Constituições Federal e Estaduais, sujeitas a modificações por normas inferiores, estabelecidas pelo Decreto nº 19.398/1930 ou por atos ulteriores do Governo Provisório e de seus delegados, na esfera de atribuições de cada um;

---

[415] GINSBURG, Tom; MOUSTAFA, Tamir (eds.). *Rule by law*: the politics of Courts in authoritarian regimes. New York: Cambridge University Press, 2008. p. 4.

[416] O Decreto 19.398, de 11 de novembro de 1930, organizou o novo governo, que assumira em 3 de novembro, e conferiu plenos poderes a Getúlio Vargas. Participaram os Ministros Oswaldo Aranha (Justiça); José Maria Whitaker (Fazenda); Afrânio de Mello Franco (Relações Exteriores); Francisco Campos (Educação); General Leite de Castro (Ministro da Guerra) e Almirante Isaias de Noronha (Ministro da Marinha).

[417] BERCOVICI, Gilberto. Tentativa de instituição da democracia de massas no Brasil: instabilidade constitucional e direitos sociais na Era Vargas. *In*: SOUZA NETO, Cláudio Pereira de; SARMENTO, Daniel (Coord.). *Direitos sociais*: fundamentos, judicialização e direitos sociais em espécie. Rio de Janeiro: Lumen Juris, 2010. p. 25-61. No mesmo sentido: LOEWENSTEIN, Karl. *Brazil under Vargas*. New York: The MacMillan Company, 1942. p. 17-19; FRANCO, Afonso Arinos de Melo. *Curso de direito constitucional brasileiro*. Vol. 2. Rio de Janeiro: Forense, 1960. p. 171-175; BONAVIDES, Paulo; ANDRADE, Paes de. *História constitucional do Brasil*. 3. ed. Rio de Janeiro: Paz e Terra, 1991. p. 275.

(ii) suspensão das garantias constitucionais, com a ressalva do *habeas corpus* nos processos de crimes comuns, excluídos os impetrados contra atos do Governo Provisório e em matéria de competência de tribunais especiais (militares e o tribunal estabelecido pelo próprio decreto para o julgamento de crimes políticos e funcionais);
(iii) suspensão da separação entre Poder Executivo e Poder Legislativo: atribuição, ao chefe do Governo Provisório, Getúlio Vargas, de poderes discricionários "em toda a sua plenitude" para exercer tanto as funções do Executivo quanto as do Legislativo;
(iv) dissolução de todos os órgãos legislativos (Congresso Nacional, assembleias estaduais e câmaras municipais);
(v) proibição da apreciação judicial dos atos do Governo Provisório ou dos interventores federais;
(vi) competência do chefe do Governo Provisório para anular nomeações e aposentadorias, inclusive de membros da magistratura e do Ministério Público;
(vii) suspensão do regime federativo pelo da intervenção federal: nomeação e exoneração, *ad nutum*, pelo chefe do Governo Provisório, de interventores federais para os estados a fim de exercer, em sua plenitude, as funções executivas e legislativas, cumprindo-lhes executar os decretos e deliberações do chefe do Governo Provisório no território do estado respectivo. Os interventores federais podiam nomear e exonerar os prefeitos dos municípios de seus respectivos estados;
(viii) contencioso administrativo: os atos dos interventores federais estavam sujeitos à revisão exclusivamente pelo chefe do Governo Provisório, mediante recurso interno;
(ix) Tribunal Especial: foi criado o Tribunal Especial para processo e julgamento de crimes políticos, funcionais e outros a serem discriminados na lei da sua organização.

Instaurou-se, por essa via, o regime de exceção, pelo qual o chefe do governo outorgou-se plenos poderes. Na lição de José Afonso da Silva, adotou-se "um procedimento constituinte autocrático" que "desconstitucionalizou o país, transformando as normas constitucionais vigentes em simples regras de Direito ordinário".[418] Na sequência, promoveu-se o "empacotamento" do Supremo Tribunal Federal.

3.2 Empacotamento do Supremo Tribunal Federal por decreto do chefe do Governo Provisório

Ao contrário dos órgãos eletivos do país (legislativos federal e locais, governadores e prefeitos), cujas competências foram transferidas para o presidente da República e seus delegados, o Judiciário foi mantido em funcionamento, inclusive seu órgão de cúpula, o Supremo Tribunal Federal. Nada obstante, como os atos do Governo Provisório foram imunizados (protegidos contra qualquer tipo de apreciação judicial), pode-se afirmar que o controle de constitucionalidade não vigorou no período, mantendo sem freio institucional os atos do presidente. No elã revolucionário, Vargas optou por manter o Judiciário formalmente de pé, mas investiu diretamente contra sua independência: demitiu ministros e disciplinou o funcionamento interno da Corte, nos aspectos essenciais e necessários à autoridade do governo.

Em fevereiro de 1931, dois decretos sucessivos redesenharam o mecanismo de funcionamento da Corte. O primeiro foi o Decreto nº 19.656, de 3 de fevereiro de 1931, pelo qual o presidente "reorganiza provisoriamente o Supremo Tribunal Federal e estabelece regras para abreviar os seus julgamentos".[419] Matérias antes consideradas *interna corporis* e, por isso, submetidas à autonomia regulatória do próprio Tribunal, sem intromissão dos poderes políticos, passaram a ser regidas pelo Executivo.

Por esse modo heterônomo, foram impostas diversas regras de organização interna e procedimentais à Corte, das quais destacam-se três:[420] (i) a composição do Supremo Tribunal Federal foi reduzida, de

---

[418] SILVA, José Afonso da. *Poder Constituinte e poder popular*. São Paulo: Malheiros, 2002. p. 56.

[419] BRASIL. Presidência da República. *Decreto nº 19.656, de 3 de fevereiro de 1931*. Disponível em: https://www2.camara.leg.br/legin/fed/decret/1930-1939/decreto-19656-3-fevereiro-1931-508520-norma-pe.html. Acesso em: 11 set. 2022.

[420] Essas regras passaram a ser previstas em leis ou no regimento interno, influenciando a forma dos julgamentos até os dias atuais. Outras regras então estabelecidas: (1) nos feitos que não envolvessem questão constitucional, quórum de três ministros presentes à sessão da turma; (2) nas questões constitucionais, os dois juízes mais antigos da outra turma deviam ser convocados, com quórum de cinco ministros presentes à sessão; (3) competência do Plenário para o julgamento dos embargos contra acórdãos das turmas; (4) determinação de que todos os relatórios, votos e discussões fossem taquigrafados; (5) mínimo de quatro sessões de julgamento semanais, enquanto não esgotada a pauta; (6) poder do relator de

15 para 11 membros; (ii) a Corte deixou de ter um órgão único de julgamento (o Plenário) e passou a ser dividida em duas turmas julgadoras, cada uma com cinco juízes; (iii) o epítome simbólico do rebaixamento do Judiciário na separação de poderes foi a revogação expressa do §2º do art. 41 da Constituição de 1891, excluindo o presidente do Supremo Tribunal Federal da linha sucessória de substituição do presidente da República.

A redução do número de ministros da Corte revelou a total indisposição do governo com qualquer aparência de respeito às garantias constitucionais da vitaliciedade da magistratura. O artigo 56 da Constituição de 1891,[421] que estabelecia em quinze o número de ministros do Supremo Tribunal Federal, foi alterado por decreto, indicando que o chefe do Governo Provisório poderia demitir membros da Corte para adequá-la ao novo formato.

A previsão constitucional do número de membros do Tribunal, no texto de 1891, fora produto de um aprendizado institucional obtido por Ruy Barbosa e seus contemporâneos fundadores da nova República, estudiosos dos conflitos institucionais ocorridos nos Estados Unidos da América e do histórico de interferências dos poderes políticos na composição da Suprema Corte. Com efeito, a Constituição norte-americana era omissa na definição do número de membros da Corte Suprema,[422] abrindo a possibilidade de alterações sucessivas da sua composição por leis ordinárias. E foi exatamente o que aconteceu: em 1789, o Congresso fixou em seis o número de seus juízes; logo depois, em 1801, o número foi reduzido para cinco, deixando-se de preencher a vaga que surgisse; em 1837, levando em consideração o crescimento populacional e a ampliação do número de estados, o Congresso aumentou para nove o número de ministros; em 1863, subiu para dez; em 1866, diminuiu para sete, em razão das disputas entre o Congresso e o Executivo; em 1869, findo o governo de Lyndon Johnson, o Congresso restabeleceu

---

indeferir, monocrática e sumariamente, os recursos extraordinários e recursos criminais inadmissíveis e os *habeas corpus* indevidamente instruídos, salvo de réu pobre; (7) prazo máximo de 30 dias para submissão a julgamento do feito concluso, devendo o ministro justificar a eventual necessidade de retardamento; (8) manifestação do procurador-geral da República: (a) nos feitos criminais, excluídos os *habeas corpus*, extradições e homologações de sentença estrangeira; (b) nos cíveis, se União, Fazenda ou pessoa incapaz figurassem nos autos; (c) quando envolvesse questão constitucional.

[421] "Art 56 - O Supremo Tribunal Federal compor-se-á de quinze Juízes, nomeados na forma do art. 48, nº 12, dentre os cidadãos de notável saber e reputação, elegíveis para o Senado."

[422] BARBALHO, João. *Constituição Federal brasileira*. Comentários. Rio de Janeiro: Cia. Litho-Typ, 1902. p. 230.

em nove o número de ministros da Corte Suprema norte-americana. "Cumpria, assim, que a Constituição resguardasse a nossa mais alta Corte de tais mutilações e vai-e-vens políticos."[423]

Ao reduzir o número de membros do Supremo Tribunal Federal por decreto, Vargas manteve aberta, ao longo de quatro anos, a possibilidade de novas alterações na composição do Tribunal, por atos de sua competência individual. Valeu-se desse poder poucos dias depois: o Decreto nº 19.711, de 18 de fevereiro de 1931,[424] determinou a aposentadoria compulsória, por "imperiosas razões de ordem pública", de seis ministros do Supremo Tribunal Federal – o então presidente da Corte, ministro Godofredo Cunha, e os ministros Muniz Barreto, Antonio Pires e Albuquerque (que, além de ministro, exercia a função de procurador-geral da República, como previa a Constituição anterior),[425] Pedro Mibielli, Pedro dos Santos e Geminiano da Franca. Com isso, Getúlio Vargas pôde nomear, imediatamente, dois novos ministros para o Tribunal, somando-se mais um para a vaga do ministro Leoni Ramos, que dias antes havia assumido a presidência do Tribunal e faleceu em 20 de março de 1931.

Segundo Lira Neto, Vargas considerava os ministros atingidos pelo decreto "comprometidos com o antigo regime".[426] Lêda Boechat, por sua vez, afirma que a aposentadoria teria sido uma exigência dos militares que, "vitoriosos com a Revolução de 1930, haviam sido condenados pelas revoltas de 1922 e 1924 a 1927, e tinham visto sistematicamente negados seus pedidos de *habeas corpus* impetrados ao Supremo Tribunal".[427] Para Aliomar Baleeiro, "o vencedor da Revolução de 1930 resolveu infligir aos ministros do Supremo Tribunal Federal" punição por terem condenado, "na forma da lei, os acusados de revoluções e conspirações em 1922, 1923, 1924 e 1926. [...] Cometeram os ministros atingidos o grave pecado de aplicar a lei, quando a Coluna Prestes, num

---

[423] Idem.
[424] BRASIL. Câmara dos Deputados. *Decreto nº 19.711, de 18 de fevereiro de 1931*. Disponível em: https://www2.camara.leg.br/legin/fed/decret/1930-1939/decreto-19711-18-fevereiro-1931-517595-publicacaooriginal-1-pe.html. Acesso em: 11 set. 2022.
[425] "Art. 58. §2º - O Presidente da República designará, dentre os membros do Supremo Tribunal Federal, o Procurador-Geral da República, cujas atribuições se definirão em lei."
[426] NETO, *Getúlio*: do governo provisório à ditadura do Estado Novo (1930-1945), *op. cit.*, p. 14.
[427] RODRIGUES, Lêda Boechat. *História do Supremo Tribunal Federal*. Tomo IV – 1930-1963. Rio de Janeiro: Civilização Brasileira, 2002. p. 31-32. A pesquisadora cita o manifesto de Pires e Albuquerque contra sua aposentadoria compulsória, publicado no *Jornal do Commercio* de 25.2.1931, p. 1.

feito militar aliás notável, desafiava durante dois anos todo o Exército".[428] Pires e Albuquerque, que, como procurador-geral da República, atuou para que os tenentes rebelados fossem punidos, publicou um manifesto no *Jornal do Commercio* de 25.02.1931, reagindo ao discurso que associava os ministros aposentados aos clãs locais e à defesa de seus interesses. Suas explicações apoiam a versão da vingança dos militares:

> [...] Subindo ao Supremo Tribunal os processos instaurados contra os revoltosos de 1922 e de 1924 a 1927, tocou-me acusá-los como representante do Ministério Público. Não me afastei uma linha do que marcava o dever estrito. Não obedeci jamais a outro sentimento senão o sentimento de Justiça, que não aconselha condescendências nem fraquezas.
> Acusei-os como e quando me cumpria fazê-lo, e ainda hoje os acusaria. Como não fazê-lo, se tinham transgredido a lei? [...]
> Está acontecendo agora que, por um destes desvios comuns no curso dos acontecimentos humanos, os vencidos de ontem, melhor ajudados, triunfados, destruam as leis indefesas que os tinham condenado e imponham a sua vontade como norma de Governo, árbitros e senhores supremos dos nossos destinos. Desta nova situação, ingenuidade seria esperar que não se apresentassem, explorando-os, os velhos despeitos que me vêm seguindo os passos, em contínuos arremessos. Ingenuidade maior ainda seria pedir que os acusados de ontem, convertidos em juízes, com as almas ainda conturbadas pela lembrança dos reveses passados e pelos arroubos da vitória recente, cerrassem os ouvidos ao sentimento humaníssimo da vingança.
> Contentaram-se (para que eu tivesse bem presente o móvito do castigo) com a expulsão do Tribunal em que a uns e outros combati. Deixaram-se a vida, respeitaram-me a honra, exaltando-a neste testemunho insuspeito de que outra culpa não me acharam.[429]

Com efeito, os militares, oriundos do chamado "movimento tenentista", dominaram o primeiro escalão do governo no período ditatorial de 1930 a 1934. Desde os anos 1920, o movimento exigia maior participação dos militares na política e se apresentava como portador do republicanismo, da moralidade administrativa, do sentimento do povo, do conhecimento do Brasil profundo, contrapondo-se ao bacharelismo e ao judiciarismo que dominavam a política na República Velha.

---

[428] BALEEIRO, Aliomar. *O Supremo Tribunal Federal, esse outro desconhecido*, op. cit., p. 115.
[429] *Apud* RODRIGUES, *História do Supremo Tribunal Federal*, Tomo IV, op. cit., p. 37-38.

Reunidos no Clube 3 de Outubro, empunhavam a espada alardeando que às Forças Armadas caberia a função de poder moderador da República.

Foi a participação daqueles militares em levantes (tentativas de golpe) contra os presidentes Epitácio Pessoa e, na sequência, Arthur Bernardes que levou à sua prisão e à impetração de *writs* perante o Supremo Tribunal Federal.

O posicionamento da Corte, inicialmente, foi favorável aos militares.

As primeiras revoltas ocorrem em 5 de julho de 1922, depois da vitória de Arthur Bernardes para a sucessão de Epitácio Pessoa. O levante foi comandado pelo marechal Hermes da Fonseca, ex-presidente da República e então presidente do Clube Militar, que havia apoiado a candidatura oposicionista de Nilo Peçanha. Depois da derrota eleitoral (produto possível das fraudes), os militares amotinaram-se com o objetivo de destituir o presidente da República, Epitácio Pessoa. Dezoito militares marcharam em Copacabana, mas morreram no confronto com as forças leais ao governo – sobreviveram apenas Siqueira Campos e Eduardo Gomes.[430] Hermes da Fonseca foi preso juntamente com outros militares envolvidos na tentativa de golpe. O governo federal decretou estado de sítio na capital.

Os militares presos ajuizaram *habeas corpus* no Supremo Tribunal Federal em 23 de dezembro de 1922. Hermes Lima, principiando na advocacia antes mesmo de obter o grau de bacharel em direito,[431] sustentou a ilegalidade da prisão de dezenove pacientes (um coronel, dois capitães e 16 tenentes), todos oficiais do Exército. Os sediciosos foram acusados da prática de crime militar ("revolta ou motim", artigo 93, §2º, do Código Penal Militar).

A Corte concedeu a ordem pleiteada e mandou soltar os tenentes presos por excesso de prazo. O acórdão de 3 de janeiro de 1923, relatado pelo ministro Godofredo Cunha, determinou a expedição de alvará de soltura "para que os pacientes não continuem presos, senão por determinação ou ordem da Justiça Federal, a quem será remetido o processo a que respondem no foro militar".[432]

---

[430] O evento passou para a história como "Revolta do Forte de Copacabana" ou "Primeiro 5 de julho".

[431] Não havia exigência constitucional do grau de bacharel em direito para o exercício, quer da advocacia, quer da jurisdição.

[432] BRASIL. Supremo Tribunal Federal. Habeas Corpus 8.801-DF. Relator: Ministro Godofredo da Cunha. Rio de Janeiro, 3 de janeiro de 1923. *Revista do STF*, v. LIV/14-17. Disponível

Em 4 de janeiro de 1923, dia seguinte ao deferimento do *habeas corpus* aos revoltosos, novo pedido foi impetrado perante o Supremo Tribunal Federal, tendo por causídico o advogado Evaristo de Moraes, em favor do marechal Hermes Rodrigues da Fonseca, dos capitães Euclides Hermes da Fonseca, Juarez Távora e Joaquim Távora e de outros três oficiais do Exército, todos eles presos desde julho de 1922, sem decretação de prisão preventiva, acusados de participarem do movimento de julho de 1922. Alegou-se que, por se tratar de crime político, era incompetente a justiça militar.

Mais uma vez, o Supremo Tribunal Federal concedeu a ordem, em acórdão de 6 de janeiro de 1923, determinando: "Sejam soltos os pacientes ilegalmente presos e que o juiz do sumário dos corréus civis avoque os autos do inquérito militar, referente aos pacientes, do Conselho de Justiça Militar ao qual foram remetidos".[433]

Ainda em defesa dos revoltosos de 5 de julho de 1922, chegou ao Supremo Tribunal Federal o HC nº 8.826 em favor de 38 militares. Autuado o feito em 6 de janeiro de 1923 e tendo por relator o ministro Viveiros de Castro, a Corte mais uma vez concedeu a ordem para determinar a soltura dos militares presos e a competência da jurisdição civil, nos termos do artigo 60, letra *h*, da Constituição de 1891.[434]

Os ventos mudaram a partir de 1924. Outro foi o posicionamento do Supremo Tribunal Federal em relação ao chamado "Segundo 5 de Julho" ou Revolta Paulista, grave conflito urbano, de proporções inéditas no país, que serviu de estopim para a Coluna Prestes, eclodida em outubro de 1924 no Rio Grande do Sul.

Três são os julgados representativos do reposicionamento do Supremo Tribunal Federal:

(i) HC nº 11.942, protocolado em 21 de agosto de 1924, em favor do tenente Eduardo Gomes. As declarações prestadas pelo militar, por ocasião de sua prisão, foram impactantes: Gomes

---

em: https://www.stf.jus.br/arquivo/cms/sobreStfConhecaStfJulgamentoHistorico/anexo/Habeas_Corpus_8801.pdf. Acesso em: 12 set. 2022.

[433] BRASIL. Supremo Tribunal Federal. Habeas Corpus 8811-DF. Relator: Ministro Guimarães Natal. Rio de Janeiro, 6 de janeiro de 1923. *Revista do STF*, v. LV/24-25. Disponível em: https://www.stf.jus.br/arquivo/cms/sobreStfConhecaStfJulgamentoHistorico/anexo/Habeas_Corpus_8801.pdf. Acesso em: 12 set. 2022.

[434] BRASIL. Supremo Tribunal Federal. Habeas Corpus 11.942-DF. Relator: Ministro Viveiros de Castro. Rio de Janeiro, 10 de janeiro de 1923. *Revista do STF*, v. LVIII/21-22. Disponível em: https://www.stf.jus.br/arquivo/cms/sobreStfConhecaStfJulgamentoHistorico/anexo/Habeas_Corpus_8801.pdf. Acesso em: 12 set. 2022.

confessou sua participação na Revolta Paulista, cujo objetivo seria "restaurar no país a forma de Governo Republicana Federativa", a qual teria sido "extinta com o ato do Governo Federal intervindo no estado do Rio de Janeiro, depondo o Presidente do Estado, os Prefeitos, os Presidentes das Câmaras Municipais, dissolvendo o Congresso e a Assembleia Legislativa do Estado e das Câmaras Municipais". Admitiu, ainda, que sua missão era "bombardear o Palácio do Catete", o que só não ocorreu em razão de uma pane no seu avião. Eduardo Gomes foi preso "em Florianópolis quando tentava se reunir às forças revolucionárias". Os Ministérios da Guerra e da Justiça foram ouvidos, e o Supremo Tribunal Federal, por maioria, indeferiu o pedido de *habeas corpus*. Dentre os ministros que denegaram a ordem, muitos foram atingidos pela aposentadoria decretada por Vargas, sete anos depois. Com efeito, formaram a maioria dois ministros que, em 1931, já haviam falecido (André Cavalcanti e Viveiros de Castro), mas também ministros que permaneciam na Corte por ocasião do empacotamento, são eles, Arthur Ribeiro e Edmundo Lins,[435] que não foram alcançados pelo decreto de Vargas; e Godofredo Cunha, Muniz Barreto, Pedro dos Santos e Geminiano da Franca – todos quatro expurgados por Vargas em 1931. Além disso, Pires e Albuquerque, também expurgado em 1931, opinou pela denegação da ordem, na qualidade de procurador-geral da República e ministro do Supremo Tribunal Federal. Dos ministros que ficaram vencidos, nesse julgamento, deferindo o pedido de transferência para prisão especial, apenas um foi aposentado por Vargas em 1931: Pedro Mibielli. Os demais (ministros Guimarães Natal, Leoni Ramos e Hermenegildo de Barros), que concediam a ordem, foram mantidos no Tribunal.

(ii) Recurso Criminal nº 536:[436] este julgamento envolveu um recurso ordinário contra sentença prolatada pelo juízo

---

[435] Nos julgados seguintes, votou vencido e posicionou-se favoravelmente aos pleitos dos militares.

[436] BRASIL. Supremo Tribunal Federal. Recurso Criminal 536-SP. Relator: Ministro Geminiano da Franca. Rio de Janeiro, 28 de abril de 1926. *Revista Archivo Judiciário*, v. II/104-122. Disponível em: https://www.stf.jus.br/arquivo/cms/sobreStfConhecaStfJulgamentoHistorico/anexo/RecursoCriminalnO536de1926oparte.pdf. Acesso em: 12 set. 2022.

federal de primeiro grau e que, por envolver matéria política, desafiava competência recursal direta do Supremo Tribunal Federal.[437] Foi interposto em dezembro de 1926, tanto pelo Ministério Público quanto pelos réus – o general Isidoro Dias Lopes e outros –, envolvendo a Revolta de São Paulo de 1924. O Tribunal deu provimento parcial ao pedido do Ministério Público, na parte em que a sentença rejeitou a denúncia contra centenas de acusados. Por outro lado, o recurso dos réus pronunciados foi indeferido pelo Supremo Tribunal Federal. O ministro e procurador-geral da República, Pires e Albuquerque, apresentou manifestação contrária à pretensão dos militares envolvidos na Revolta. Dos ministros que formaram a maioria, foram aposentados compulsoriamente por Vargas os ministros Geminiano Franca (relator), Pedro dos Santos e Muniz Barreto. Já Bento de Faria e Arthur Ribeiro, que também votaram contra a pretensão dos militares, não foram alcançados pelo empacotamento. O então ministro Heitor de Sousa, que formou a maioria naquele recurso, faleceu em 1929. Dos ministros que deram provimento ao recurso da defesa, Leoni Ramos, Hermenegildo Barros e Edmundo Lins foram mantidos por Vargas. Pedro Mibielli foi o único aposentado compulsoriamente. Viveiros de Castro faleceu em 1927.

(iii) Recurso Criminal nº 553: Sobral Pinto, à época no exercício do cargo de procurador criminal, recorreu ao STF contra sentença do juiz federal da 1ª Vara que absolvera o capitão de Mar e Guerra Protógenes Pereira Guimarães e outros acusados de crime de conspiração (art. 115 do Código Penal de 1890).[438] O recurso da acusação foi provido, por maioria,

---

[437] Artigo 59, II, do texto originário da Constituição de 1891. Além disso, o Supremo Tribunal Federal detinha competência para rever todos os processos findos em matéria criminal (artigo 59, III, tanto no texto originário como no emendado em 1926, época dos motins e rebeliões militares).

[438] CONSPIRAÇÃO
Art. 115. É crime de conspiração concertarem-se vinte ou mais pessoas para:
§ 1º Tentar, diretamente e por fatos, destruir a integridade nacional;
§ 2º Tentar, diretamente e por fatos, mudar violentamente a Constituição da República Federal, ou dos Estados, ou a forma de governo por eles estabelecida;
§ 3º Tentar, diretamente e por fatos, a separação de algum Estado da União Federal;
§ 4º Opor-se, diretamente e por fatos, ao livre exercício das atribuições constitucionais dos poderes legislativo, executivo e judiciário federal, ou dos Estados;

para pronunciar os réus, nos termos do voto do ministro Arthur Ribeiro, vencido Edmundo Lins.[439]

Feito esse levantamento, consideramos que a tese de que o empacotamento como vingança dos militares contra determinados ministros do Supremo Tribunal Federal é consistente, especialmente com o indeferimento do *habeas corpus* do então tenente Eduardo Gomes. Gomes tinha prestígio no Exército, e Vargas o considerava seu "amigo em caráter particular".[440]

Refogem a esta explicação as situações de apenas dois ministros: Pedro Mibielli, que foi aposentado, embora tenha votado favoravelmente a Eduardo Gomes e aos demais militares envolvidos nas revoltas ocorridas a partir de 1924; e do ministro Arthur Ribeiro, que, ao contrário, foi poupado da aposentadoria, embora tenha negado todos os pedidos dos militares.

Emília Viotti da Costa sustenta que o desempenho dos ministros aposentados forneceria pistas de outras razões para o expurgo, já que "não só eles haviam negado vários *habeas corpus* impetrados em favor dos tenentes como, também, com exceção talvez de Mibielli, constituíram um bloco ultraconservador no Supremo Tribunal Federal".[441] Infelizmente, a autora não esclarece o conceito de ultraconservadorismo com que trabalha (se econômico, político, religioso, moral), tampouco indica os casos em que se embasou para formular sua explicação, inviabilizando a verificação de sua interessante tese.

Mesmo essa possível explicação deixaria de fora a aposentadoria de Pedro Mibielli. Parece-nos sugestiva a pista das redes de apoio ou *coortes* de cada um dos ministros afetados. Pedro Mibielli, oriundo do Rio Grande do Sul, foi juiz, chefe de polícia, desembargador e deputado estadual naquele estado. Foi nomeado para o Supremo Tribunal Federal pelo presidente Hermes da Fonseca, em 13 de novembro de

---

§ 5º Opor-se, diretamente e por factos, à reunião do Congresso e a das assembleias legislativas dos Estados: Pena - de reclusão por um a seis anos.

[439] BRASIL. Supremo Tribunal Federal. Recurso Criminal 553-DF. Relator: Ministro Muniz Barreto. Relator p/ Acórdão: Ministro Arthur Ribeiro. Rio de Janeiro, 7 de janeiro de 1927. *Revista Archivo Judiciário*, v. II/6-48 (abr./jun. 1927).

[440] Assim se referiu a ele em seu diário, no dia 3 de agosto de 1936: "[...] Eram os tenentes-coroneis Eduardo Gomes e Cordeiro de Farias – Osvaldo –, o major Tinoco e os capitães Nélson de Melo e Delso da Fonseca" (VARGAS, Getúlio. *Diário*. Vol. 1. 1930-1936. São Paulo: Siciliano; Rio de Janeiro: Fundação Getulio Vargas, 1995a. p. 541).

[441] COSTA, Emília Viotti da. *O Supremo Tribunal Federal e a construção da cidadania*. 2. ed. São Paulo: Editora UNESP, 2006. p. 71.

1912. Disputas entre os grupos políticos locais (considerando que Getúlio Vargas era um político do Rio Grande do Sul) podem ter exercido algum papel, além do fato de Hermes da Fonseca ter falecido em 1923. Já o ministro Arthur Ribeiro, que não foi expurgado apesar de seus posicionamentos contrários aos militares amotinados, era mineiro, juiz de carreira e, mediante promoção por merecimento, chegou a desembargador do Tribunal de Justiça do Estado de Minas Gerais, do qual foi presidente. Foi nomeado ministro do Supremo Tribunal Federal pelo presidente Artur Bernardes em 6 de agosto de 1923. Como veremos adiante, nenhum dos ministros indicados pelo mineiro Artur Bernardes (que viveu até 1955) foi afetado pelo empacotamento – tampouco os indicados por Washington Luís, de quem Getúlio fora ministro da Fazenda. Relações pessoais, neste último caso, e o apoio de Minas Gerais à Revolução de 1930 e aos poderes excepcionais de Vargas, no caso mineiro, podem ter influenciado na composição escolhida para o Supremo Tribunal Federal durante o Governo Provisório.

Em manifesto contra a aposentadoria dos pares, o ministro Hermenegildo de Barros afirmou, durante a sessão de 25 de fevereiro de 1931: "Não se trata de aposentadoria a pedido, ou mesmo de aposentadoria forçada, em virtude de idade avançada, prevista em lei, mas de exclusão acintosa de ministros, que foram varridos do Tribunal. [...] É a morte do Poder Judiciário no Brasil".[442] A imprensa paulista repercutiu positivamente as "palavras de fogo" do ministro.

O governo usou a tática de descredibilizar o adversário, com ataque *ad hominem*, de impossível verificação: escalou o ministro Oswaldo Aranha para dar uma entrevista ao jornal *O Globo*, acusando o ministro do Supremo Tribunal Federal de ter solicitado a nomeação de um genro para um cargo não informado, e que o governo teria respondido "ser impossível o aproveitamento do candidato, pois havia assentado não nomear parentes de altos representantes, quer do Governo Provisório, quer do Judiciário".[443] Sucedeu-se a guerra de versões almejada, invertendo a pauta do debate, que era a crítica ao governo pelo empacotamento, e passou a ser a honradez dos seus críticos.

Considerada a aposentadoria de seis ministros e o falecimento de um deles, Vargas precisou recompor o total de membros da Corte (reduzido de quinze para onze), nomeando três novos ministros:

---

[442] RODRIGUES, *História do Supremo Tribunal Federal*, Tomo IV, *op. cit.*, p. 33-34.
[443] O GLOBO, 27.02.1931 *apud* RODRIGUES, *História...*, Tomo IV, *op. cit.*, p. 35-36.

Eduardo Espínola, baiano, que estava na Corte de Justiça de Haia, substituiu o também baiano Pedro dos Santos; Plínio Casado, gaúcho, então interventor federal no estado do Rio de Janeiro, substituiu o paraibano Geminiano Franca; e Carvalho Mourão, mineiro, então reitor da Universidade do Rio de Janeiro, substituiu o baiano Leoni Ramos.

Vejamos, na tabela abaixo, as origens dos ministros que foram aposentados e que permaneceram na Corte, no chamado "Governo Provisório", estado de exceção que vigorou sem constituição rígida, de outubro de 1930 a junho de 1934, da seguinte maneira: (i) na primeira parte, listamos os que foram atingidos pelo empacotamento, em ordem crescente da data da posse; (ii) na segunda parte, elencamos os ministros que não foram atingidos pelo empacotamento do Decreto nº 19.711, de 18 de fevereiro de 1931, em ordem crescente da data da aposentadoria de cada um, adotando a data da posse como segundo marcador:

Tabela 1 – Alvos do empacotamento do Governo Provisório

(continua)

Nome do ministro	Presidente que nomeou	Data da posse	Data da aposentadoria	Causa da aposentadoria
APOSENTADOS PELO DECRETO Nº 19.711/31				
Godofredo Cunha (1860/1936) – UFPE	Nilo Peçanha (RJ)	25.09.1909	18.02.1931	Empacotamento do Governo Provisório
Muniz Barreto (1864/1934) – USP	Hermes da Fonseca (RS)	31.12.1910	18.02.1931	Empacotamento do Governo Provisório
Pedro Mibielli (1866/1945) – USP	Hermes da Fonseca (RS)	13.11.1912	18.02.1931	Empacotamento do Governo Provisório
Pires e Albuquerque (1865/1954) – UFPE	Venceslau Brás (MG)	26.05.1917	18.02.1931	Empacotamento do Governo Provisório
Pedro dos Santos (1866/1942) – UFPE	Epitácio Pessoa (PB)	29.11.1919	18.02.1931	Empacotamento do Governo Provisório
Geminiano Franca (1870/1935) – UFPE	Epitácio Pessoa (PB)	22.11.1922	18.02.1931	Empacotamento do Governo Provisório

(conclusão)

Nome do ministro	Presidente que nomeou	Data da posse	Data da aposentadoria	Causa da aposentadoria
NÃO APOSENTADOS PELO DECRETO Nº 19.711/31				
Leoni Ramos (1857/1931) – UFPE	Nilo Peçanha (RJ)	22.11.1910	20.03.1931	Morte
Cardoso Ribeiro (1876/1932) – USP	Washington Luís (SP)	25.05.1927	16.05.1932	Morte
Soriano de Sousa (1863/1938) – UFPE	Washington Luís (SP)	25.02.1927	20.07.1933	A pedido
Rodrigo Otávio (1866/1944) – USP	Washington Luís (SP)	08.02.1929	07.02.1934	A pedido
Firmino Whitaker (1866/1934) – USP	Washington Luís (SP)	06.06.1927	05.03.1934	Morte
Arthur Ribeiro (1866/1936) – USP	Artur Bernardes (MG)	06.08.1923	24.03.1936	Morte
Edmundo Lins (1863/1944) – USP	Venceslau Brás (MG)	12.09.1917	16.11.1937	Compulsória
Hermenegildo de Barros (1866/1955) – USP	Delfim Moreira (MG)	26.07.1919	16.11.1937	Compulsória
Bento de Faria (1876/1959) – UFRJ	Artur Bernardes (MG)	19.08.1925	25.05.1945	Compulsória

Merecem atenção, ainda, dois atos de Vargas que revelaram sua confiança na lealdade acomodatícia da nova Corte Suprema por ele moldada ao seu governo quando o Governo Provisório se aproximava do seu fim (a Comissão Constitucional estava reunida para elaborar o anteprojeto de uma nova Constituição). Foram eles:

(i) No dia 21 de julho de 1933, o Ministério da Justiça enviou ofício ao Supremo Tribunal Federal para que o colegiado elaborasse uma lista de cinco nomes para ocupar a vaga do ministro José Soriano de Souza Filho, aposentado por idade.

Pela primeira e única em toda a história do Supremo Tribunal Federal, foi adotado um procedimento formal de nomeação, no qual o presidente da República se autolimitou à escolha de um nome constante de lista votada pelos membros da Corte.

Em 24 de julho de 1933, presentes todos os dez ministros — Edmundo Lins, Hermenegildo de Barros, Bento de Faria, Arthur Ribeiro,

Firmino Whitaker, Rodrigo Octavio, Eduardo Espinola, Plinio Casado, Carvalho Mourão e Laudo de Camargo –, chegou-se ao seguinte resultado: Manoel Costa Manso, 10 votos (unanimidade); Carlos Maximiliano (então procurador-geral da República), oito votos; Francisco Tavares da Cunha Mello, sete votos; Levi Carneiro, seis votos; Reinaldo Porchat, seis votos.[444] Vargas decidiu pela nomeação do mais votado da lista quíntupla, Manoel Costa Manso, para o cargo de ministro da mais alta Corte do país.

(ii) O Decreto nº 23.055, de 9 de agosto de 1933, instituiu recurso *ex officio* das decisões das justiças locais de segunda instância, diretamente para o STF, sempre que fundadas em dispositivo ou princípio constitucional ou contrárias à aplicação de leis federais, decretos ou atos do governo da União.

Além disso, o Governo Provisório evidentemente não praticou apenas medidas draconianas e autoritárias. Houve acertos: (i) a promulgação do Código Eleitoral de 1932, a instituição da Justiça Eleitoral, a garantia do sigilo e da universalidade do sufrágio; (ii) revogou-se a imunidade tributária de que fruíam certas categorias de profissionais liberais e funcionários públicos. No caso específico dos membros do Judiciário, uma interpretação corporativista julgava incompatível a irredutibilidade de vencimentos com a incidência de imposto de renda sobre os membros da magistratura. No dia 20 de fevereiro de 1931, o Decreto nº 19.273, que modificou o regulamento do imposto de renda, aboliu o privilégio e submeteu todos os membros da magistratura e do funcionalismo público ao imposto de renda. Em 13 de junho de 1931, o Decreto nº 20.106 explicitou que a irredutibilidade de vencimentos dos membros da magistratura não os eximia dos impostos, taxas e contribuições gerais.

Nada obstante, o empacotamento do Supremo Tribunal Federal, por ato unilateral do chefe do Executivo, promovido no contexto de um amplo conjunto de medidas instauradoras do estado de exceção, alinhava-se ao pensamento constitucional autoritário do período e à forte presença dos militares no governo, ecoando as críticas desferidas contra a Corte por teóricos simpatizantes do fascismo e do nazismo (v. capítulos 1 e 2).

---

[444] Disponível em: http://www.stf.jus.br/portal/ministro/verMinistro.asp?periodo=stf&id=239. Acesso em: 02 nov. 2020.

Naquele período, a reconstitucionalização do país era frontalmente combatida pelos elementos mais radicais da Revolução, os militares. Responsável pelo retorno das Forças Armadas e, sobretudo, do Exército, ao centro das atividades políticas, Vargas conferiu importantes cargos aos "tenentistas". Foi ampla a influência dos generais Góes Monteiro[445] (que estabeleceu as bases militares do Estado Novo) e Eurico Gaspar Dutra (importante ator na criação de uma estrutura de perseguição ao comunismo e no golpe do Estado Novo).[446] Devido ao apoio do elemento militar, Vargas nomeou os principais líderes do espectro à direita do tenentismo como interventores nos estados. Isso explica a pressão pela reconstitucionalização proveniente da elite paulista, que, a um só tempo, perdeu o controle do governo federal e foi obrigada a aceitar ser governada por um militar.[447]

Reunidos no Clube 3 de Outubro,[448] os militares combatiam a reconstitucionalização do regime. A ditadura, para eles, seria o "único meio capaz de arrancar o País do caos a que o haviam arrastado alguns decênios de governo constitucional".[449] Em 1931, o grupo, que se

---

[445] Foi nomeado para o Ministério da Guerra em 1934, encarregando-se de restabelecer a disciplina e a hierarquia no Exército, controlando a rebeldia e o engajamento político dos tenentes. Sobre a obra intelectual de Góes Monteiro: BRETAS, Marcos Luiz. O general Góes Monteiro: a formulação de um projeto para o Exército. *Militares e Política*, n. 2, jan./jun. 2008, p. 31-61. Segundo Bretas, "quando o governo Vargas chega a seu ponto de maior força, no Estado Novo, o exército tem outro aspecto, unido – ao menos se apresentando com tal externamente – com as condições de profissionalização requeridas pelos 'jovens turcos' há vinte anos já atendidas, apresentando suas reivindicações como organização Nesta passagem de uma instituição dividida para a organização possuidora de uma doutrina unificadora e demandas próprias, é difícil deixar de ressaltar o papel do General Góes Monteiro" (*idem*, p. 33).

[446] Nomeado ministro da Guerra em dezembro de 1936, depois de sua atuação no comando da repressão à Intentona Comunista. Junto com Góes Monteiro, participou da conspiração que levou à instauração da Ditadura do Estado Novo em 1937. Em agosto de 1945, foi afastado do Ministério e participou do golpe que afastou Getúlio Vargas da Presidência, cargo para o qual viria a ser eleito em seguida, com apoio do próprio Vargas.

[447] O tenente João Alberto era parente de Góes Monteiro e, junto com Aranha e Juarez Távora, defendia a criação de um "organismo de massa", a Legião de Outubro, inspirada em modelos fascistas europeus, cujo grupo diretor seria composto exclusivamente por revolucionários. João Alberto governou São Paulo até sua renúncia, sob pressão da elite agrária e industrial, em julho de 1931 (BRETAS, *O general Góes Monteiro, op. cit.*, p. 43-44).

[448] Embora o Clube funcionasse como um partido político do tenentismo, pretensamente substituto dos partidos políticos tradicionais alijados após a Revolução, vários civis incentivaram sua fundação e o integraram, a exemplo de Oswaldo Aranha, que, através do Clube, pretendia organizar um grupo centralizado e coeso de sustentação do governo (NETO, *Getúlio... (1930-1945), op. cit.*, p. 18).

[449] Trecho do documento-manifesto do Clube 3 de Outubro, publicado em 1931. Arquivo Pedro Batista, código PEB/Clube 3 de Outubro. *Apud* REZENDE, *Uma trama revolucionária?, op. cit.*, p. 47-48. O discurso da época é ainda hoje empregado para galvanizar a cidadania,

afirmava "apartidário", declarou sua oposição a um governo de poderes limitados por uma constituição: "Os elementos revolucionários que constituem o Clube 3 de Outubro – libertos de quaisquer facciosismos político-partidários – impugnam a ideia da volta imediata do país ao regime constitucional".[450]

Nesse posicionamento político, o Clube 3 de Outubro alegava que as contingências do período exigiam um governo ditatorial. Naquele contexto, as reformas eleitorais precisavam ser aprovadas; do contrário, as velhas oligarquias, valendo-se dos velhos esquemas fraudulentos, retomariam o controle do governo. Ao mesmo tempo, os militares sabiam que acelerar a velocidade das reformas e a convocação da constituinte significaria o fim da intervenção nos governos locais e a perda de influência de seu grupo no governo federal.

Da intervenção na cúpula do Judiciário dependia o sucesso das demais medidas autoritárias, obtendo do Supremo a garantia de que os atos do governo não seriam anulados pelo Judiciário. A escolha de ministros alinhados ao novo pensamento constitucional ou dispostos a se acomodarem ao novo regime permitiu a paulatina efetivação das variantes do regime autoritário – desde restrições de direitos individuais (políticos) constitucionalmente justificadas (autoritarismo constitucional), atribuídas às turbulências internas e internacionais e encaradas com estado de sítio e intervenção federal, passando pelo "mero legalismo" ou mero *rule of law*, nos estertores da vigência da Constituição de 1934, até retornar ao autoritarismo em estado puro estabelecido com a Constituição de 1937.[451]

3.3 O Supremo Tribunal Federal na Constituição de 1934

A subcomissão encarregada de elaborar o Anteprojeto da Constituição de 1934, batizada de Comissão Itamaraty (nome do palácio

---

seja mediante sua renovação para adaptação aos novos tempos, seja preguiçosamente requentando-os. Afirmava-se, por exemplo, contra a elaboração de uma constituição para o país, que "o Povo fez a revolução em nome da justiça, para ter assegurado o seu direito à liberdade, para chamar às contas os dilapidadores da fortuna pública (...) para afastar definitivamente do poder todos os políticos profissionais, sem distinção de rótulo" (Trecho do manifesto redigido pelos chefes revolucionários Miguel Costa, João Alberto e Mendonça Lima, importantes lideranças do tenentismo. REZENDE, *op. cit.*, p. 46).

[450] A autoria do documento é atribuída ao importante líder tenentista, Juarez Távora. *Apud* REZENDE, *Uma trama revolucionária?*, *op. cit.*, p. 47.

[451] TUSHNET, Mark. *Authoritarian Constitutionalism*, 100 Cornell L. Rev., p. 391-462, 2015.

onde se reunia), foi presidida por Afrânio Mello Franco, considerado um jurista liberal. Dentre seus membros, figuravam políticos de diversos espectros ideológicos: os deputados João Mangabeira e José Américo de Almeida, ambos mais próximos ao pensamento social de esquerda; o deputado federal do Rio Grande do Sul Carlos Maximiliano, conservador, que viria a ocupar postos importantes no governo de Getúlio Vargas, dentre eles o de procurador-geral da República e o de ministro do Supremo Tribunal Federal; Francisco Campos e Oliveira Vianna, expoentes do pensamento autoritário.[452]

Apesar da aparente diversidade da sua composição, a intensidade da participação de cada membro foi distinta. Em seguida, o Anteprojeto da Comissão do Itamaraty foi largamente modificado pelo substitutivo apresentado pela "Comissão dos 26" – Comissão Constitucional da Assembleia Constituinte, presidida por Carlos Maximiliano.[453]

Os trabalhos da Assembleia Constituinte se realizaram sob a ditadura do Governo Provisório, com todas as limitações às liberdades fundamentais por ele estabelecidas. O deputado Otávio Mangabeira, um "arqui-inimigo de Vargas", denunciou o "clima de coação que rodeava a Constituinte [...]. A imprensa sob censura, como nunca jamais o esteve tanto. Os comícios proibidos. Exilados [...] os chefes políticos adversários [...], feridos todos, indistintamente, pela suspensão de direitos".[454] Instaurada a Assembleia Constituinte, João Mangabeira registrou seu protesto contra a demora no processo de reconstitucionalização do país, que enfrentou uma violenta revolução constitucionalista (a Revolução Paulista de 1932):

> Houve revoluções, em 1930, em vários países sul-americanos: Argentina, Bolívia, Brasil, Chile, Peru. Nenhum precisou de mais de um ano para reentrar na ordem legal, ou para pôr no lugar da ditadura deposta a legalidade restaurada. Só o Brasil deu ao continente o espetáculo de necessitar de mais de três anos para que pudesse reunir a sua Constituinte. Só o Brasil passou pelo desgosto de ver derramado o sangue dos seus filhos pela causa da volta do país ao Primado da lei.[455]

---

[452] Sobre o perfil biográfico dos membros da comissão: HOCHHEIM, Bruno Arthur. *Federalismo, centralização e intervenção do Estado*: os debates na Comissão do Itamaraty (1932-1933). 2017. 342 f. Dissertação (Mestrado em Direito) – Universidade de Brasília, Brasília, 2017, p. 66-180.

[453] HOCHHEIM, *Federalismo, centralização e intervenção do Estado, op. cit.*, p. 94.

[454] *Apud* BONAVIDES, ANDRADE, *História do direito constitucional, op. cit.*, p. 280.

[455] *Apud* BONAVIDES, ANDRADE, *História do direito constitucional, op. cit.*, p. 280.

Os parlamentares alinhados à esquerda – João Mangabeira e José Américo – não tiveram influência importante no resultado final do projeto: José Américo não compareceu à maior parte das sessões,[456] e as propostas de Mangabeira sofreram modificações da maioria conservadora,[457] na qual figuravam Oliveira Vianna e Carlos Maximiliano, principal antagonista de Mangabeira e que, poucos anos depois, nomeado por Vargas como ministro do Supremo Tribunal Federal, denegaria os *habeas corpus* impetrados pelo parlamentar.

Nos debates, Mangabeira opôs-se: (i) à doutrina das questões políticas; (ii) à supressão do trecho que atribuiria ao Judiciário a competência exclusiva de ordenar a incomunicabilidade do preso e fixava prazo não maior do que três dias; (iii) à retroatividade da lei em malefício do réu; (iv) à retirada da condicionante que, na Constituição de 1891, proibia a expulsão de estrangeiros casados com brasileiras ou que tivessem filhos menores brasileiros, uma importante preocupação na época, diante da perseguição a imigrantes de esquerda e aos de origem judaica.[458] A principal contribuição de Mangabeira foi a introdução do mandado de segurança na Constituição para a defesa de direito líquido e certo não amparado pelo *habeas corpus*, inspirado no direito comparado (norte-americano e inglês),[459] o que preenchia o vácuo deixado depois da superação da doutrina brasileira do *habeas corpus* promovida pela Emenda Constitucional de 1926.

Carlos Maximiliano sustentou a possibilidade de delegações legislativas à Presidência da República e defendeu a expulsão de estrangeiros casados com brasileiras, afirmando que a vedação prevista na Constituição de 1891 só teria servido "para evitar a expulsão de estrangeiros indesejáveis". Durante os debates sobre esse tema na Constituinte,

---

[456] Afirma Godoy: "A participação de José Américo de Almeida na Comissão foi modesta, por conta de reiteradas faltas nas sessões, em decorrência de outras funções que exercia no governo" (GODOY, Arnaldo Sampaio de Moraes. A Constituição de 1934 no contexto da história do constitucionalismo brasileiro. *Revista Jurídica Cesumar*, jan./abr. 2017, v. 17, n. 1, p. 197. Disponível em: http://www.mpsp.mp.br/portal/page/portal/documentacao_e_divulgacao/doc_biblioteca/bibli_servicos_produtos/bibli_informativo/bibli_inf_2006/Rev-Jur-CESUMAR_v.17_n.01.08.pdf. Acesso em: 16 set. 2022.

[457] É o que se extrai das memórias de João Mangabeira: MANGABEIRA, João. *Ideias políticas de João Mangabeira*: cronologia, notas bibliográficas e textos selecionados por Francisco de Assis Barbosa. Coleção Ação e Pensamento da República, v. 3. 2. ed. Brasília: Senado Federal; Rio de Janeiro: Fundação Casa de Rui Barbosa, 1980. p. 284-285.

[458] DIAS FILHO, Sérgio Rodrigues. *O constitucionalismo de João Mangabeira*: consenso, racionalidade e socialismo. 2014. 114 f. Dissertação (Mestrado em Direito) – Universidade Federal Fluminense, Niterói, 2014, p. 12-14.

[459] *Idem*, p. 15.

sua posição escorou-se em preconceitos sociais, alegando que a norma protegia "o anarquista, que não acredita no casamento, mas que se casa com uma prostituta só para não ser expulso e a abandona logo no dia seguinte".[460] Defendeu a intervenção federal também usando argumento discriminatório, afirmando que, no Rio de Janeiro, o "pessoal de escól" não comparecia às urnas, mas "o povinho dos subúrbios" sim, razão pela qual votaria pela nomeação do prefeito do Distrito Federal pelo presidente da República, em vez de sua eleição pelos habitantes do lugar.[461] Quanto ao Judiciário, Maximiliano propôs a mudança de nome do Supremo Tribunal Federal para Corte Suprema, como veio a acontecer, e criticou a aposentadoria de ministros do Tribunal com proventos integrais,[462] exigindo o cumprimento do tempo de contribuição.

Como membro da Comissão do Itamaraty, Oliveira Vianna, que emplacou sua crítica ao sufrágio universal e sua defesa de eleição indireta para presidente (o que valeu para o pleito de 1934),[463] apresentou uma proposta de desenho institucional do Supremo Tribunal Federal que, no papel, tornaria o Tribunal (previamente "expurgado") mais independente do Executivo: "Propunha 15 juízes brasileiros natos, de notável saber jurídico e maiores de 55 anos, escolhidos em uma lista de cinco nomes, organizada pelo próprio tribunal; a lista seria levada para um Conselho Supremo que em escrutínio secreto escolheria os nomes".[464] Apesar dessa posição, Vianna defenderia, poucos anos depois, a submissão do Judiciário ao Executivo pela via da relativização das garantias da magistratura (v. item 2.1).

Apesar da pressão do governo e da inspiração no neopresidencialismo de Weimar, com ampliação da atividade econômica do governo, a Constituição da República dos Estados Unidos do Brasil, de 16 de julho de 1934, ainda seguiu um "modelo de contenção ao Executivo".[465] A crítica ao mecanismo constitucional da separação de poderes não

---

[460] Atas da Comissão do Itamaraty apud HOCHHEIM, *Federalismo, centralização e intervenção do Estado, op. cit.*, p. 96.

[461] *Idem.*

[462] *Idem*, p. 199-200.

[463] Para os futuros mandatos, Vianna defendia a composição de "um eleitorado especial, escolhido junto a uma minoria, qualificada pelos cargos e posições que ocupa, mais representativas do que '(...) as maiorias inconscientes do interior e das cidades', segundo afirmou em sessão" (GODOY, A Constituição de 1934 no contexto da história do constitucionalismo brasileiro, *Revista Jurídica Cesumar, op. cit.*, p. 197).

[464] Apud GODOY, A Constituição de 1934 no contexto da história do constitucionalismo brasileiro, *Revista Jurídica Cesumar, op. cit.*, p. 197.

[465] *Idem*, p. 201.

partia apenas dos pensadores autoritários: Agamenon Magalhães, defensor da substituição do presidencialismo pelo parlamentarismo na Constituinte, afirmava que a Revolução de 1930 "foi a condenação brasileira do regime da separação absoluta dos poderes, velha ficção, varrida pelos fatos políticos, que, cada vez mais, determinam a coordenação das funções de governo sem fronteiras intransponíveis".[466] Afirmando que "as formas de governo são feitas para os homens e não para os deuses", concluiu: "Persistir no erro ou no presidencialismo será uma temeridade. Prefiro, Sr. Presidente, a instabilidade dos gabinetes a essa ditadura legal que durante quarenta anos falseou o regime. Prefiro-a, Sr. Presidente, porque o presidencialismo é o regime da ditadura de um dos poderes".[467]

Foi de um profundo embate de ideias ainda não totalmente sedimentadas que nasceu a Constituição de 1934. Segundo Skidmore, nela se expressaram dois grupos: o dos constitucionalistas e o dos nacionalistas-autoritários, "os primeiros desejando a salvaguarda dos ideais liberais clássicos, os outros lutando pela implantação de um modelo não-democrático, capaz de assegurar as fundas mudanças sociais e econômicas".[468] Getúlio Vargas logo revelaria sua contrariedade com o regime constitucional. Dez dias antes da promulgação da Constituição, Vargas valia-se de seus poderes ilimitados, "ultimando os derradeiros atos ditatoriais", como anotou em seu diário: "Cada semana um ministério apresenta uma onda de atividade legiferante de reformas e de autorizações para outras tantas a que preciso resistir".[469] E à véspera da promulgação: "Estes dias foram de intenso trabalho. Dos ministérios, jorravam quase diariamente dezenas de decretos para assinar antes da promulgação da Constituinte". Confessou-se incomodado com os freios institucionais que passariam a ser impostos à sua ação: "Entre festas e demonstração de regozijo, foi promulgada a nova Constituição. Parece-me que ela será mais um entrave do que uma fórmula de ação".[470]

---

[466] BONAVIDES; ANDRADE, *História do direito constitucional, op. cit.*, p. 303.
[467] *Idem*, p. 303-304.
[468] SKIDMORE, Thomas. *Brasil*: de Getúlio a Castelo (1930-1964). Tradução: Berilo Vargas. São Paulo: Companhia das Letras, 2010. p. 27-28.
[469] VARGAS, Getúlio. *Diário*. Vol. I. 1930-1936. São Paulo: Siciliano; Rio de Janeiro: Fundação Getúlio Vargas, 1995a. p. 305.
[470] VARGAS, *Diário*, Vol. I, *op. cit.*, p. 306-307.

Com efeito, dois grupos antagônicos influenciaram a versão final do texto: "O dos que se batiam pelo parlamentarismo, forma extrema da democracia liberal, e o dos enamorados das modernas soluções no nacional-socialismo de Hitler e as do neocesarismo cooperativista romano, que se confundem no extremo do mesmo autoritarismo imposto".[471] Embora uma das características mais comentadas seja "o sentido eminentemente social da Constituição de 1934", seguindo a tendência europeia do pós-guerra, quando "alguns dos preceitos do chamado 'Welfare State' foram consagrados no texto", na verdade "já se sabia que muitos preceitos da legislação trabalhista não seriam (não poderiam ser, segundo os empregadores) cumpridos".[472] As atribuições do Executivo foram ampliadas como fruto do "desejo de regular todas as instâncias do corpo social, a uma maciça intervenção do Estado na economia" e do "populismo em germe espalhado nas preocupações sociais".[473] Para Bonavides, a Constituinte optou pela "acomodação da liberdade no âmbito das exigências sociais, antes que estas venham a redundar em surpresas totalitárias".[474] Tratou-se, para Mendes, Coelho e Branco, de um esforço de "conciliar a democracia liberal com o socialismo".[475]

Fundamentalmente, a "divisão de poderes permaneceria tripartite, mas o Executivo foi fortalecido, com maiores faculdades para decretar o estado de sítio".[476] Ao mesmo tempo, enquanto o anteprojeto procurava substituir o federalismo dualista pelo modelo menos rigoroso de um "cooperativismo federal" e com hipóteses ampliadas de intervenção federal,[477] o federalismo foi revigorado na Constituinte, atribuindo-se ao Poder Legislativo a última palavra sobre o estado de sítio e sobre a intervenção federal.[478] A Constituinte manteve o bicameralismo

---

[471] BONAVIDES; ANDRADE, *História Constitucional do Brasil, op. cit.*, p. 302.
[472] BONAVIDES; ANDRADE, *História Constitucional do Brasil, op. cit.*, p. 320.
[473] *Idem*.
[474] BONAVIDES, Paulo. *A crise política brasileira*. 2. ed. Rio de Janeiro: Forense, 1978. p. 38.
[475] MENDES, Gilmar Ferreira; COELHO, Inocêncio Mártires; BRANCO, Paulo Gustavo Gonet. *Curso de direito constitucional*. São Paulo: Saraiva, 2007. p. 158.
[476] BONAVIDES; ANDRADE, *História Constitucional do Brasil, op. cit.*, p. 319.
[477] Afirma Poletti que "o anteprojeto procurava coibir os excessos do ultrafederalismo e buscava fortalecer a União, submetendo-lhe as polícias militares, que se constituíam em famosos exércitos policiais, organizados pelos estados à revelia do Poder Central, que sobre elas nenhuma autoridade exercia" (POLETTI, Ronaldo. *Constituições brasileiras – 1934*. Senado Federal: Brasília, 2012. p. 19-20).
[478] POLETTI, *Constituições brasileiras – 1934, op. cit.*, p. 34.

clássico em lugar do unicameralismo e da substituição do Senado por um Conselho Federal, ligado ao Executivo, como queria o governo.

No Poder Judiciário, a Assembleia rejeitou a proposta de unicidade apresentada pela Comissão, que eliminaria o Judiciário estadual e que, segundo Godoy, havia gerado o afastamento do ministro do Supremo Tribunal Federal Arthur Ribeiro, defensor da dualidade.[479] Não havia concurso público para a magistratura federal: os juízes federais eram nomeados pelo presidente da República, a partir de lista quíntupla elaborada pela Corte Suprema.[480] Em matéria de jurisdição constitucional, o anteprojeto previra a necessidade do voto de dois terços dos ministros do Supremo Tribunal Federal para a declaração de inconstitucionalidade, bem como a presunção expressa de constitucionalidade em favor do Legislativo e dos atos das autoridades, e fixava que, em matéria de constitucionalidade, a interpretação ou aplicação das leis não poderia contrariar o "interesse coletivo".[481] Nada disso passou na versão final da Constituinte. O Judiciário manteria sua característica federativa e competências relevantes para a limitação do poder do presidente da República. Manteve-se a "doutrina das questões políticas", mas atenuada em comparação com a Reforma de 1926. Vedou-se, expressamente, "aos poderes constitucionais delegar suas atribuições".[482]

O texto da Constituição de 1934, "algo de intermediário entre o [modelo] norteamericano do século XVIII e o europeu do após a [Primeira] guerra",[483] revela que o pensamento constitucional autoritário ainda não havia expulsado o constitucionalismo social-liberal de campo.[484] Pouco tempo depois, ele se imporia.

---

[479] GODOY, A Constituição de 1934 no contexto da história do constitucionalismo brasileiro, *Revista Jurídica Cesumar, op. cit.*, p. 198.

[480] Constituição de 1934, artigo 80, parágrafo único: "Art 80 - Os Juízes federais serão nomeados dentre brasileiros natos de reconhecido saber jurídico e reputação ilibada, alistados eleitores, e que não tenham menos de 30, nem mais de 60 anos de idade, dispensado este limite aos que forem magistrados. Parágrafo único - A nomeação será feita pelo Presidente da República dentre cinco cidadãos com os requisitos acima exigidos, e indicados, na forma da lei, e por escrutínio secreto pela Corte Suprema".

[481] POLETTI, *Constituições brasileiras – 1934, op. cit.*, p. 27.

[482] "Artigo 3º, §1º - É vedado aos Poderes constitucionais delegar suas atribuições."

[483] PONTES DE MIRANDA, Francisco Cavalcanti. *Comentários à Constituição da República dos E. U. do Brasil.* Tomo I. Artigos 1-103. Rio de Janeiro: Guanabara, 1936. p. 7.

[484] Segundo Bonavides e Paes de Andrade, nascera, com a Constituição de 1934, "menos um Estado liberal do que um embrião de Estado social" (BONAVIDES, Paulo; ANDRADE, Paes de. *História Constitucional do Brasil.* 3. ed. Rio de Janeiro: Paz e Terra, 1991. p. 266). Escrevendo em 1936, Pontes de Miranda afirmou, sobre o texto constitucional: "Não pôde vingar a tendência dos que o queriam unipartidário – fascista ou soviético. Quer dizer:

3.3.1 Garantias, composição e competências da Corte Suprema

O Capítulo IV da Constituição de 1934 tratou da organização do Poder Judiciário. Seu órgão de cúpula teve a nomenclatura alterada para "Corte Suprema" e as garantias da magistratura foram estabelecidas, "salvas as restrições expressas na Constituição", especialmente: (i) aposentadoria compulsória aos 75 anos ou por motivo de "invalidez comprovada";[485] (ii) remoção pelo voto de dois terços dos membros do tribunal superior competente, por motivo de interesse público; (iii) vedação à "atividade político-partidária".[486]

Curiosamente, na história do nosso constitucionalismo (mesmo atual), não são fixados princípios reitores da atividade jurisdicional. Não se encontram referências expressas à imparcialidade, à inércia, à equidistância. A noção de independência é construída mediante a imposição de garantias do cargo dos magistrados. Ainda assim, as garantias da magistratura previstas na Constituição de 1934 seguem o costume constitucional segundo o qual, por meio delas, seriam enfrentados dois temas difíceis da tecnologia da justiça: o da independência dos juízes, de um lado, e o da subordinação dos juízes ao direito, de outro. Em obra de comentários publicada à época da vigência da Carta, Pontes

---

não se aderiu, na Constituição, aos dois tipos novos da Europa. [...] O Brasil ainda terá outras oportunidades de optar entre o fascismo, o tipo russo e um tipo seu" (PONTES DE MIRANDA, *Comentários à Constituição da República dos E. U. do Brasil, op. cit.*, p. 14).

[485] A invalidez fora um pretexto do decreto de expurgo dos ministros do Supremo Tribunal Federal em 1931. Com efeito, constou dos *consideranda*: "Considerando que imperiosas razões de ordem pública reclamam o afastamento de ministros que se incompatibilizaram com as suas funções por motivo de *moléstia*, idade avançada, ou outros de natureza relevante;". Um dos ministros aposentados padeceria de deficiência auditiva.

[486] Eis o teor das normas:
Art 64 - Salvas as restrições expressas na Constituição, os Juízes gozarão das garantias seguintes:
a) vitaliciedade, não podendo perder o cargo senão em virtude de sentença judiciária, exoneração a pedido, ou aposentadoria, a qual será compulsória aos 75 anos de idade, ou por motivo de invalidez comprovada, e facultativa em razão de serviços públicos prestados por mais de trinta anos, e definidos em lei;
b) a inamovibilidade, salvo remoção a pedido, por promoção aceita, ou pelo voto de dois terços dos Juízes efetivos do tribunal superior competente, em virtude de interesse público;
c) a irredutibilidade de vencimentos, os quais, ficam, todavia, sujeitos aos impostos gerais.
Parágrafo único - A vitaliciedade não se estenderá aos Juízes criados por lei federal, com funções limitadas ao preparo dos processos e à substituição de Juízes julgadores.
Art 65 - Os Juízes, ainda que em disponibilidade, não podem exercer qualquer outra função pública, salvo o magistério e os casos previstos na Constituição. A violação deste preceito importa a perda do cargo judiciário e de todas as vantagens correspondentes.
Art 66 - É vedada ao Juiz atividade político-partidária.

de Miranda, contribuindo para a legitimação do texto e influenciando sua interpretação, defendia, por exemplo, a vitaliciedade como meio de impedir a pressão, a influência e as seduções da permanência, que, sem essa garantia, "dependeria do Poder Executivo e, pois, dos políticos". Nada obstante, reconhecia não se tratar de característica necessária e, menos ainda, essencial ao bom exercício das funções judiciais. Sua alternativa era a técnica de mandatos temporários para membros da Corte Suprema (a Constituição Suíça, por exemplo, previa mandato de seis anos) e cuja virtude seria incentivar o esforço dos juízes no exercício de suas funções.[487] Ainda assim, à luz do pensamento realista então em voga, Miranda considerava que o contexto brasileiro seria incompatível com a eleição de juízes da Suprema Corte para mandatos fixos: "Em país de lutas políticas acesas, como o Brasil, seria assaz perigoso".[488]

A difícil questão da natureza do atributo da independência judicial não escapava aos comentaristas do texto de 1934. O tema era alvo de acesas críticas do pensamento constitucional da época, cujos principais teóricos julgavam a independência do Judiciário mera utopia idealista, que abriria brechas para decisões proferidas no interesse dos clãs locais e contrárias ao interesse nacional. Oliveira Vianna e Francisco Campos defendiam a subordinação da magistratura ao comando do chefe de Nação, este, sim, representante do povo e único capaz de dirigi-lo à unidade. Observadores não autoritários, como Pontes de Miranda, criticavam também esses mesmos vícios do Judiciário: "É lamentável que o Poder judiciário não tenha, no Brasil, o impulso interior de independência que a Constituição lhe dá".[489]

Indicativo da relação ambígua de confiança/desconfiança do constituinte de 1934 com o Poder Judiciário foi a proibição expressa, pela primeira vez na nossa história, da atividade político-partidária aos juízes. Comparando-a com a Constituição de 1891, constata-se uma percepção mais crítica e pragmática da realidade, com o estabelecimento de regras escritas tanto na previsão de atividades vedadas aos magistrados como na consagração das garantias que preservariam a independência da atividade judicante. No regime anterior, a Constituição silenciava tanto sobre a necessidade de filiação partidária dos representantes eleitos como sobre a possibilidade de filiação dos magistrados. O traço deixado

---

[487] PONTES DE MIRANDA, *Comentários à Constituição da República...*, op. cit., p. 610.
[488] Idem.
[489] Idem, p. 608.

pelo pensamento realista, que se contrapôs ao idealismo da Constituição de 1891, é notado também nessa dedicação a assuntos de *realpolitik*, lidando o Constituinte desde logo com a necessidade de impedir que os juízes atuassem em partidos políticos. Não houve detalhamento do que constituiria atividade político-partidária. A interpretação da referida vedação foi bastante contida, a revelar que a independência do Judiciário talvez não fosse um objetivo tão premente dos políticos. Por exemplo, não estava vedado ao juiz "ter opinião político-partidária, porque essa é livre".[490] Manifestar-se em jornais e revistas sobre assuntos políticos era permitido, desde que não pertencessem a partido político. Foi a interpretação do Tribunal Superior Eleitoral de 17 de julho de 1934: "O que se veda aos juízes, no art. 66 da Constituição, é o exercício de atividade político-partidária. Essa proibição, porém, só se refere à ação direta em favor de um partido".[491]

Ainda no plano das garantias e vedações da magistratura, merece destaque o artigo 68 da Constituição de 1934, que manteve a doutrina das questões políticas: "É vedado ao Poder Judiciário conhecer de questões exclusivamente políticas". De longa data defendida por Francisco Campos, a norma fora introduzida em nosso constitucionalismo pela Emenda Constitucional de 1926 à Constituição de 1891, no curso das revoltas tenentistas e das ameaças contra o regime, que vigorou em estado de exceção praticamente até a queda da República Velha.

O texto de 1934 formulou a doutrina das questões políticas em termos frouxos, sem descrever, especificamente e de antemão, os casos expressos que, segundo decisão do constituinte, revelariam natureza exclusivamente política. Com isso, a técnica da nova Constituição tornava menos rigorosa a limitação ao Poder Judiciário do que o texto anterior, pois permitia que o sentido e o alcance da expressão "questões exclusivamente políticas" fossem dados pelo próprio órgão julgador, diversamente do que fizera o texto anterior, em que o artigo 60, §5º, na redação dada pela Emenda de 1926, de modo impositivo, impedia o conhecimento, pelo Poder Judiciário, dos seguintes atos: (i) intervenção nos estados; (ii) declaração do estado de sítio; (iii) verificação de poderes; (iv) reconhecimento, posse, legitimidade e perda de mandato dos membros do Poder Legislativo ou Executivo, federal ou estadual;

---

[490] PONTES DE MIRANDA, *Comentários...*, op. cit., p. 617.
[491] *Idem.*

(v) na vigência do estado de sítio, os atos praticados em virtude dele pelo Poder Legislativo ou Executivo.

Nos termos da Constituição de 1934 – que nisto revela a resistência do pensamento antiautoritário à legitimação constitucional do regime de exceção –, os atos praticados durante o estado de sítio perderam a imunidade. Mais do que isso: a ordem constitucional inaugurada em 1934 impôs limites mais severos aos atos de exceção e subordinou os atos nele praticados à apreciação judicial. Debalde.

O controle judicial dos atos praticados no estado de sítio estreitou as balizas de atuação do presidente da República. O artigo 175 da Constituição: (i) vedou a decretação do estado de sítio pelo chefe do Executivo, salvo com autorização do Poder Legislativo, nos casos de agressão estrangeira ou de emergência de insurreição armada; (ii) condicionou a custódia de suspeitos à demonstração dos requisitos de necessidade da defesa nacional, em caso de agressão estrangeira, ou de autoria ou participação em insurreição armada; (iii) obrigou a apresentação de toda pessoa presa, dentro de cinco dias, ao juiz comissionado para esse fim, que tomaria as declarações do preso por escrito; (iv) garantiu a imunidade prisional dos membros da Câmara dos Deputados, do Senado Federal, da Corte Suprema, do Supremo Tribunal Militar, do Tribunal Superior de Justiça Eleitoral, do Tribunal de Contas e, nos territórios das respectivas circunscrições, dos governadores e secretários de Estado, dos membros das assembleias legislativas e dos tribunais superiores (artigo 175, §§1º a 4º).

Constata-se que, de fato, a Carta de 1934 mitigou o alcance da doutrina das questões políticas e permitiu o conhecimento, pelo Judiciário, da constitucionalidade do estado de sítio e dos atos praticados durante sua vigência – o que veio a afetar os julgamentos do Supremo Tribunal Federal no período constitucional, mesmo durante a fase desconstituinte, ainda que apenas para fins de admitir o conhecimento dos pleitos. Por outro lado, embora indeciso quanto à extensão dos limites à apreciação judicial, o texto da nova Constituição manteve-se fiel ao consenso da época, quanto à necessidade de conter o que se considerava "ativismo" (expansionismo político) do Supremo Tribunal Federal, ao longo da República Velha. O principal espantalho foi a "doutrina brasileira do *habeas corpus*", pela qual foram reiteradamente acolhidos pedidos de parlamentares oposicionistas e de cidadãos estrangeiros ligados a movimentos políticos radicais (anarquistas) ou a greves operárias, tornando sem efeito atos do Poder Executivo restritivos de liberdades de locomoção e políticas (de expressão, de exercício do mandato, de associação).

Expondo compreensão crítica da doutrina brasileira do *habeas corpus*, Pontes de Miranda, comentando o artigo 68, afirma que, no nosso constitucionalismo, "sempre a lei ordinária ou a jurisprudência colaboraram na expansão dos princípios constitucionais", o que, na sua opinião, "ao tempo dos *habeas corpus* chamados 'políticos', assaz se exprobou a intervenção da Justiça (e o art. 68 da Constituição de 1934 é reminiscência subconsciente de tal momento crítico)".[492]

Ao lado de uma doutrina das questões políticas matizada pela oportunidade conferida ao próprio Judiciário de preencher seu conteúdo de sentido, o constituinte de 1934 decidiu substituir a velha ideia de poder moderador, que Ruy e os constituintes de 1891 atribuíam à jurisdição constitucional, pela noção de poder "coordenador", atribuído ao Senado – "que a tanto equivalia incumbir essa Casa Legislativa de *coordenar* os poderes federais entre si e *velar* pela Constituição".[493] A essa função, atrelava-se uma novidade da Constituição de 1934, que veremos a seguir: a suspensão, pelo Senado, da execução de lei declarada inconstitucional pelo Supremo Tribunal Federal. Virava-se a chave da Constituição de 1891, calcada no pensamento de que o Supremo Tribunal Federal funcionaria como último mecanismo de moderação dos conflitos entre os poderes, confiando-se, antes, essa função à casa legislativa dos representantes dos estados-membros.

Do ponto de vista organizacional, a Constituição de 1934 manteve onze ministros no STF, tal como fixado pelo Decreto nº 19.656/1931, mas adicionou a possibilidade de o número de membros ser aumentado para até dezesseis, mediante lei de iniciativa da Corte Suprema, vedada qualquer hipótese de redução.[494] Resolvendo uma lacuna da Carta de

---

[492] PONTES DE MIRANDA, *Comentários à Constituição da República dos E.U. do Brasil*, op. cit., p. 9.

[493] MENDES; COELHO; BRANCO, *Curso de direito constitucional*, op. cit., p. 157.

[494] Por algum equívoco, Karl Loewenstein registrou, na seminal obra *Brazil under Vargas*: "The members of the Supreme Court (Supremo Tribunal Federal) (Articles 97-102), which has its seat in the capital Rio de Janeiro, may number from eleven to sixteen; at present there are thirteen" (p. 109). A informação não é correta. Apesar da permissão constitucional, reiterada na Carta de 1937, o número de ministros não foi aumentado para mais de onze em nenhum período da Era Vargas. Desde o decreto do Governo Provisório, que fixou em 11 o total de membros do Supremo Tribunal Federal, este número só foi aumentado pela Ditadura Militar, que, por meio do chamado "Ato Institucional" nº 2, de 27 de outubro de 1965 (ato exclusivo do Poder Executivo, com natureza de decreto, valendo-se da flexibilização da Constituição de 1946 promovida pelo AI-1), alterou o disposto no artigo 98 da Carta então vigente, subindo

1891, a Constituição de 1934 estabeleceu, entre os requisitos exigidos para ocupar o cargo de ministro da Corte Suprema, o de "deter notável saber jurídico e reputação ilibada". Em 1891, exigia-se apenas que fossem "cidadãos de notável saber e reputação, elegíveis para o Senado", sem menção expressa ao saber jurídico, brecha explorada por Floriano Peixoto para indicar, em 1894, um médico pediatra e dois generais – os indicados acabaram rejeitados no Senado, que fixou a interpretação de que o notável saber dizia respeito à ciência jurídica.[495] Mesmo com o texto expresso em 1934, Pontes de Miranda não se contentava com a mera previsão formal do saber jurídico, criticando, um tanto cinicamente, os resultados pífios da norma na seleção de ministros da nossa Suprema Corte:

> Praticamente, o pressuposto do 'notável saber', que ora se explica ser 'saber jurídico', mas já antes se subentendia, constitui mera recomendação. Todo bacharel de serviços políticos e alguma advocacia provinciana, ou todo juiz filho de Estado-membro que tenha, por seu tamanho, grande importância política, tem parecido preencher o que o texto supõe. [...] Em certo momento da vida republicana, um médico e dois generais do Exército foram nomeados para o Supremo Tribunal Federal. Se, em verdade, não se repetiu isso, é inegável que nomeações houve, de bacharéis, que não foram, intelectual ou moralmente, melhores.[496]

Ao Senado competia aprovar os membros indicados pelo presidente da República para o Supremo Tribunal Federal, como estabelecido no artigo 73. Tratava-se de reprodução de norma da Constituição dos Estados Unidos da América. Discursivamente, valoriza-se esse controle do poder monocrático presidencial por um órgão do Legislativo, sob a chave da igual representatividade dos estados-membros na composição do Senado Federal, conferindo a todas as unidades da Federação influência na formação da Corte Suprema.

A inclusão do Senado na etapa final do processo de nomeação dos membros da Corte Suprema também era justificada por uma razão atinente à competência do tribunal para o controle dos atos dos poderes

---

para 16 o número de ministros e dividiu a Corte em 3 turmas de 5 ministros cada uma (artigo 98, parágrafo único, incluído pelo AI-2).
[495] BARBALHO, João. *Constituição Federal Brasileira*. Comentários. Rio de Janeiro: Cia. Litho-Typ, 1902. p. 230-231. MAXIMILIANO, Carlos. *Comentários à Constituição Brasileira*. 3. ed. ampliada. Porto Alegre: Livraria do Globo, 1929. p. 603.
[496] PONTES DE MIRANDA, *Comentários..., op. cit.*, p. 644.

eleitos. Mais do que a metafórica transmissão, para a Corte, da qualidade representativa que caracteriza o presidente da República e os senadores, que legitimaria democraticamente as decisões dos juízes encarregados de controlá-los, comentaristas fundavam a regra em razões pragmáticas, não ideais: a necessidade de evitar "a resistência opinativa dos juízes à legislação nova".[497] A questão, que não foi resolvida, era a do processo de renovação do órgão de cúpula do Judiciário, muito mais lenta e imprevisível do que a dos poderes submetidos a eleições periódicas.

Ocorre que, como visto anteriormente, o pensamento constitucional prevalecente criticava a política local e o que se chamava de mito da representatividade parlamentar, descritos como produtos diretos do coronelismo, contrários aos interesses nacionais. O presidente da República é que seria, naquele paradigma teórico, a única autoridade capaz de representar a nação e de guiá-la em direção à unidade e ao desenvolvimento. Como veremos, a Constituição de 1934 passou por rápido processo de desconstitucionalização, devolvendo ao chefe do Executivo o poder de empregar medidas de exceção sem os controles originalmente previstos, a revelar a fragilidade dos acordos que possibilitaram a redação e aprovação daquele texto.

A sede da Suprema Corte também foi produto de debates. Ao fixá-la na capital da República, a Constituição de 1934 decidiu manter a tradição e não seguir os modelos então estabelecidos na Alemanha (cuja Constituição de Weimar influenciou, em outros aspectos, o constituinte brasileiro) ou na Suíça: nos dois países, a Corte Suprema foi sediada "fora do reboliço, da agitação e da teia de interesse das capitais",[498] o que contribuiria para a sua independência e o seu distanciamento do dia a dia da política governamental.

Coube à Constituição de 1934 excluir a confusão entre as funções de ministro e de procurador-geral da República. Na Carta de 1891, como visto, um dos ministros do Supremo exerceria aquela função. Pelo artigo 95, §1º, da nova Constituição, o chefe do Ministério Público era igualmente nomeado pelo presidente da República, com aprovação do Senado Federal, dentre cidadãos que preenchessem os mesmos requisitos exigidos para a nomeação dos ministros da Corte Suprema. Porém, contrariamente ao *status* anterior, de vitaliciedade e inamovibilidade, o procurador-geral da República seria "demissível *ad nutum*".

---

[497] PONTES DE MIRANDA, *Comentários...*, op. cit., p. 642.
[498] PONTES DE MIRANDA, *Comentários...*, op. cit., p. 643.

No plano das competências (artigo 76), a Corte foi mantida como foro originário do presidente da República nos crimes comuns. Os parlamentares não eram contemplados com a prerrogativa de foro perante o Supremo, que alcançava os ministros da Corte Suprema, os ministros de Estado, o procurador-geral da República, os juízes federais, todos os desembargadores, os ministros do Tribunal de Contas e os ministros diplomáticos. A prerrogativa de foro do presidente da República era particularidade do direito brasileiro em relação ao norte-americano. A doutrina justificava a norma na necessidade de "evitar se exponha o Presidente da República aos azares dos julgamentos de juízes singulares, talvez em momentos de lutas políticas e de ódios vivos".[499]

Manteve-se a competência da Suprema Corte para julgar os *habeas corpus* contra atos do presidente da República, dos ministros de Estado e das demais autoridades previstas no artigo 76, 1, "h",[500] e para os recursos contra decisões denegatórias de *habeas corpus*, oriundas de órgãos das justiças locais ou da federal. A competência originária para o julgamento do mandado de segurança (criado pela Carta) seguia a mesma sistemática.

Por fim, o artigo 76, 2, III, disciplinou a competência da Corte Suprema para o controle incidental de constitucionalidade ao prever as hipóteses de cabimento do chamado "recurso extraordinário". A doutrina da época assim descreve as quatro finalidades previstas no artigo 76, III, para o recurso extraordinário: (i) assegurar a inteireza ou integridade positiva (letra *a*, relativa à violação de "literal disposição de tratado ou lei federal"); (ii) assegurar a vigência e a validade constitucional de lei federal nas justiças locais (letra b); (iii) afirmar a autoridade da Constituição e da lei federal sobre leis e atos dos governos locais (estaduais ou municipais)[501] impugnados em face daquelas (letra c); (iv) garantir a uniformidade de interpretação da Constituição e das leis federais no Judiciário de todo o país (letra d).

A principal mudança em relação ao texto anterior diz respeito à letra *a* do artigo 76, 2, inciso III, que introduziu uma cláusula de abertura

---

[499] PONTES DE MIRANDA, *Comentários...*, *op. cit.*, p. 649.
[500] Artigo 76. À Corte Suprema compete: 1) processar e julgar originariamente: h) o *habeas corpus*, quando for paciente, ou coator, Tribunal, funcionário ou autoridade, cujos atos estejam sujeitos imediatamente à jurisdição da Corte; ou quando se tratar de crime sujeito a essa mesma jurisdição em única instância; e, ainda se houver perigo de se consumar a violência antes que outro Juiz ou Tribunal possa conhecer do pedido.
[501] Conforme jurisprudência do Supremo Tribunal Federal, firmada em 9 de dezembro de 1896. *Apud* PONTES DE MIRANDA, *Comentários...*, *op. cit.*, p. 684.

do recurso para a Corte Suprema, sem questão constitucional, "quando a decisão for contra literal disposição de tratado ou lei federal, sobre cuja aplicação se haja questionado". A inovação foi fortemente criticada como "caso anarquizante, dinamitador dos princípios de exclusão da terceira instância", atribuído pelos comentaristas à falta de "noções rudimentares sobre lógica da linguagem [...]. Sem certo preparo filosófico e de Lógica, todo legislador é macaco em loja de louças".[502] Considerou-se a inovação "de infelicidade a toda prova na redação dos preceitos relativos ao recurso extraordinário. O relator, ou quem quer que tivesse sido o responsável pela adulteração, demonstrou ter bem fraco entendimento de técnica constitucional".[503] O principal alvo da crítica doutrinária foi a noção de literalidade empregada pelo constituinte, sempre disputada, e que viabilizaria a interposição do recurso extraordinário em qualquer caso. Não se pode descartar, porém, a probabilidade de que o constituinte desejasse exatamente essa abertura, transferindo para a Corte Suprema o poder de escolher os casos que decidiria.

Finalmente, o constituinte de 1934 conferiu à Corte Suprema competência para julgar revisões criminais, "nos casos e pela forma que a lei determinar", em benefício dos condenados, inclusive nos processos militares e eleitorais. A legitimidade ativa era aberta a "qualquer pessoa" (artigo 76, n. 3), cuidando-se de direito público subjetivo que "pode ser exercido pelos estrangeiros, pelos apátridas, pelos próprios indivíduos a que se suspenderam os direitos políticos (art. 110) ou que os perderam (art. 111)".[504]

Com alguns recados simbólicos (previsão da doutrina das questões políticas; atribuição da coordenação dos poderes ao Senado) e respaldada no prévio empacotamento do Supremo Tribunal Federal e da Justiça Eleitoral pelo Poder Executivo durante a ditadura do Governo Provisório, a Constituição de 1934 não apenas manteve como ampliou o papel político do Judiciário em geral e do Supremo Tribunal Federal em particular.

Consolidou-se naquele período a transferência, do Legislativo para o Judiciário, do poder de julgar as disputas eleitorais, por meio da criação da Justiça Eleitoral. Olhando o desenho institucional por dentro, percebe-se também o aumento da influência do presidente da

---

[502] PONTES DE MIRANDA, *Comentários...*, op. cit., p. 674.
[503] PONTES DE MIRANDA, *Comentários...*, op. cit., p. 673.
[504] PONTES DE MIRANDA, *Comentários...*, op. cit., p. 690.

República na decisão dessas matérias, que antes ficava com o Parlamento. Um terço dos membros do TSE era composto por ministros da Corte Suprema, escolhidos pelo presidente da República; outro terço, por desembargadores do Distrito Federal, também escolhidos pelo presidente da República; o terço restante era nomeado pelo presidente da República, a partir de lista elaborada pela Corte Suprema, composta de seis cidadãos de notável saber jurídico e reputação ilibada. Embora não houvesse coincidência entre o mandato presidencial e o exercício das funções dos ministros, fato é que, no período imediato, Getúlio Vargas garantiu domínio sobre a composição do Supremo Tribunal Federal e das cortes eleitorais.[505]

Finalmente, o constituinte de 1934 estabeleceu, pela primeira vez no nosso ordenamento, o controle prévio de constitucionalidade da lei interventiva pelo Supremo Tribunal Federal, elemento ambíguo de limitação-legitimação das incursões do chefe do Executivo nos estados, que passaremos a estudar.

3.3.2 Novo controle de constitucionalidade

A declaração de inconstitucionalidade de atos dos poderes públicos, por quaisquer tribunais, foi condicionada à "maioria absoluta de votos da totalidade dos seus Juízes" (artigo 179 da Constituição). A par do controle difuso (incidental e concreto), em prática no Brasil a partir da Constituição de 1891 e inspirado no modelo estadunidense, a Constituição de 1934 estabeleceu duas novidades na matéria: (i) criou um mecanismo voltado a conferir eficácia *erga omnes* às decisões de inconstitucionalidade de dispositivos de lei (artigo 91, IV); (ii) introduziu a primeira modalidade de controle concentrado e abstrato de constitucionalidade pela Corte Suprema, ao lhe atribuir a competência para julgar a correção de um ato dos Poderes Executivo e Legislativo (a lei interventiva) à luz da Constituição (artigo 12, §3º).

Por meio do artigo 91, IV, da Constituição, a decisão judicial de inconstitucionalidade alcançaria efeitos *erga omnes*, por ato privativo do Senado Federal. Tratava-se de uma dimensão da função de coordenar

---

[505] Indicativa da colaboração da Corte eleitoral com Getúlio é a menção constante de seu diário, no dia 5 de março, a um "telegrama do presidente do Superior Tribunal Eleitoral, comunicando que o mesmo decidira a intervenção no estado do Pará e pedia-me que nomeasse um interventor. [...] Resolvi imediatamente atender a decisão do tribunal" (VARGAS, *Diário*, Vol. I, *op. cit.*, p. 376).

os Poderes Executivo e Judiciário e a Câmara dos Deputados, atribuída àquela casa legislativa. O texto não descrevia no que consistiria a função de coordenação, apenas a enunciava. Da lista de competências do Senado Federal, quase todas de natureza meramente legislativa, extraem-se duas atribuições que os constitucionalistas enquadram como de coordenação dos poderes: (i) o controle de legalidade e de constitucionalidade dos atos do Poder Executivo;[506] e (ii) a competência de suspender quaisquer leis, atos, regulamentos ou deliberações, do Legislativo ou do Executivo, julgados inconstitucionais pelo Judiciário.

O texto permitia a suspensão, pelo Senado, das leis e atos do Executivo, de ofício ou declarados inconstitucionais por qualquer órgão judiciário. À época, a competência foi considerada "relevantíssima", uma vez que o Poder Judiciário só se pronunciava "no caso concreto e para o caso concreto, sem que se lhe possa entregar, de ordinário, apreciações *in abstracto*".[507] Considerava-se que a decisão judicial de inconstitucionalidade "não tinha consequências formais no Direito constitucional brasileiro de 1891-1934". De todo modo, a "Constituição de 1934 não ousou transformar o julgamento *in concreto*, no caso examinado pelos juízes, em julgamento definitivo, geral, da lei". A visão prevalente era de que, embora "escritores norteamericanos falassem de veto judicial, o sistema dos Estados Unidos da América e do Brasil é o de simples declaração *in casu* da inconstitucionalidade, mas o art. 91, IV, cria algo de novo, algo de mais próximo do veto",[508] sem chegar à apreciação *in abstracto*. Diferentemente do Brasil, contudo, o sistema do *stare decisis* tornava as decisões da Corte Suprema vinculantes para o Judiciário e para todos os órgãos incumbidos de cumprir a decisão.[509] A Constituição previa a mera suspensão da lei pelo Senado, e não sua

---

[506] Segundo Pontes de Miranda, "o inciso II do art. 91 constitui atribuição importantíssima. É a primeira vez que adotamos exame dos regulamentos sem o caso concreto, exame da lei em si mesma, em sua existência. [...] Um pouco função de Alta Corte constitucional, como preconizávamos em 1932.
3. O poder do Senado Federal, no caso do inciso II, é total e definitivo. Pode refugar parte ou todo o regulamento. É um intérprete da Constituição e das leis, a respeito de regulamentos do Poder executivo. Suspensos, só o Poder legislativo pode, em lei nova, se não há inconstitucionalidade no preceito, tornar legal o que era regulamentar e ficou suspenso. [...]" (PONTES DE MIRANDA, *Comentários...*, *op. cit.*, p. 771).

[507] PONTES DE MIRANDA, *Comentários...*, *op. cit.*, p. 765.

[508] PONTES DE MIRANDA, *Comentários...*, p. 771.

[509] Sobre o tema: FEREJOHN, John; KRAMER, Larry D. Independent judges, dependent judiciary: institutionalizing judicial restraint. *New York University Law Review*, v. 77, p. 962-1039, oct. 2002.

revogação. Admitia-se, assim, a possibilidade de mudança no entendimento judicial, voltando a considerar constitucional dispositivo antes reputado inconstitucional, o que autorizaria o Senado a "levantar a suspensão".[510]

A segunda e principal novidade da Constituição de 1934 foi a previsão de uma modalidade de controle abstrato de constitucionalidade pelo Supremo Tribunal Federal. Limitava-se, com esse controle, o poder do presidente da República de decretar intervenções federais nos estados-membros, poder este usado e abusado tanto na República Velha quanto, principalmente, no Governo Provisório de Vargas, que afastou os governadores dos estados-membros e nomeou, para o seu lugar, interventores ligados ao movimento que o levou ao poder, especialmente os militares radicais do Clube 3 de Outubro.

A intervenção federal era tratada, no regime anterior, como "questão de natureza política", sobre a qual era defeso ao Judiciário se pronunciar – tanto os precedentes do Supremo Tribunal Federal, firmados a partir de 1914,[511] como a Emenda Constitucional de 1926 à Constituição de 1891 afastavam a justiciabilidade da medida.[512] No Governo Provisório, o sistema federativo deixou de existir, na prática. Vigorou o regime unitário, de intervenção federal permanente, caracterizado por livre nomeação e exoneração, pelo chefe do Governo Provisório, de interventores federais para os estados. A separação de poderes, abolida também no plano horizontal, enfeixou nas mãos de Vargas e de seus delegados locais tanto as funções executivas como as legislativas, "excluída a apreciação judicial dos atos do atos do Governo Provisório ou dos interventores federais" (artigo 5º do Decreto nº 19.398/1930).

O contraste entre a Constituição de 1934 e o passado recente foi, portanto, absoluto nessa matéria. Impôs-se a necessidade de aprovação da intervenção federal pela Corte Suprema quando sua decretação estivesse fundada no artigo 12, V, que era a modalidade mais abstrata e invasiva prevista pelo constituinte, dada a abertura textual da norma.

---

[510] PONTES DE MIRANDA, *Comentários...*, p. 771.

[511] "Jurisprudência, eivada de vícios e de confusão entre intervenção e estado de sítio [...], pretendem que, sendo a intervenção ato político, qualquer coação que dela resultasse não autorizaria o habeas corpus (v. g., Supremo Tribunal Federal, 16 de maio de 1914)" (PONTES DE MIRANDA, *Comentários...*, *op. cit.*, p. 378).

[512] Como visto no capítulo anterior, a Emenda de 1926 acrescentou o §5º ao artigo 60, afastando expressamente qualquer possibilidade de conhecimento judicial sobre a matéria: "§5º Nenhum recurso judiciário é permitido, para a Justiça Federal ou local, contra a intervenção nos Estados [...]".

Caberia à Corte, no controle prévio de constitucionalidade, afirmar se o ente federado havia ou não negado execução à lei federal, aferindo a validade da interpretação dada à norma pelos órgãos locais. Era um freio poderoso em favor da autonomia federativa – o que agradava às elites políticas locais. Nessa função, caberia ao Supremo Tribunal Federal, e não ao presidente ou ao Parlamento, dar a palavra final quanto ao conteúdo dos seguintes princípios constitucionais: a) forma republicana representativa; b) independência e coordenação de poderes; c) temporariedade das funções eletivas; d) autonomia dos municípios; e) garantias do Poder Judiciário e do Ministério Público locais; f) prestação de contas da Administração; g) reforma constitucional e competência do Poder Legislativo para promovê-la; h) representação das profissões.

Diante desse desenho, pode-se afirmar que a Constituição de 1934 não apenas manteve como reforçou a articulação entre supremacia da Constituição e controle judicial de constitucionalidade dos atos dos poderes eleitos, noção oriunda do pensamento constitucional norte-americano.

Nada obstante, é notório também o início de contribuição do "racionalismo jurídico de Preuss e Kelsen, projetado em diversas Constituições, como as da Alemanha, Áustria e Espanha".[513] O controle abstrato de constitucionalidade surgia na Europa, abrindo caminho em meio ao histórico ceticismo contra o modelo estadunidense de controle dos atos dos poderes políticos eleitos pelo Judiciário. Entre os pensadores europeus, atribuir a membros não sujeitos à aprovação popular o controle e o sentido da Constituição parecia inadmissível. Prevalecia a noção de supremacia do Parlamento como fórum privilegiado de interpretação da Constituição em nome do povo. Abrindo uma pequena brecha nessa tradição, Kelsen concebeu uma nova modalidade de jurisdição constitucional, que geraria menos resistências do que a norte-americana, quanto à legitimidade de suas decisões, e que foi introduzida na Constituição Austríaca de 1920: o desenho escolhido atribuiu o controle judicial de constitucionalidade a um órgão político, competente para questões exclusivamente constitucionais, e que funcionaria como legislador negativo (controle abstrato de normas). A decisão teria eficácia geral (*erga omnes*), mas com efeitos meramente prospectivos (*ex nunc*).

---

[513] BARROSO, Luís Roberto. *O direito constitucional e a efetividade de suas normas*: limites e possibilidades da Constituição brasileira. 5. ed. Rio de Janeiro: Renovar, 2001. p. 20.

As reformas institucionais em curso na Europa, na década anterior, e as novas ideias sobre o controle de constitucionalidade então em desenvolvimento repercutiram nas inovações introduzidas pela Constituição de 1934.

A Carta, porém, não resistiu à acelerada radicalização ideológica da década de 1930: seu total descompasso em relação aos movimentos do pensamento constitucional autoritário já organizado e institucionalizado em nosso país evidenciou-se nas três emendas aprovadas pelo Decreto Legislativo nº 6, de 18 de dezembro de 1935, desfigurando por completo o compromisso assumido pelo constituinte, até sua revogação definitiva pela Carta outorgada de 1937. Iniciou-se, assim, a fase desconstituinte. Vejamos as peças movidas pelo governo em direção ao autoritarismo.

3.4 Leis de segurança nacional, emendas à Constituição de 1934, estado de guerra e Tribunal de Segurança Nacional: atos preparatórios do golpe e seus reflexos no Supremo Tribunal Federal

No plano jurídico, a repressão à oposição foi a principal preocupação de Getúlio Vargas durante o governo constitucional, inaugurado em julho de 1934. Em seu diário, é elevada a frequência com que o presidente da República tratava do tema, indicando que seu governo se organizava, desde muito antes da eclosão da Intentona Comunista (de novembro de 1935), sobre o eixo do chamado "combate à subversão". Em 21 de dezembro de 1934, registrou uma reunião realizada no Hotel Paissandu, "com o Ministro da Justiça, o general Pantaleão, o chefe da minha Casa Militar e o chefe de Polícia, sobre a ordem interna e as medidas a tomar para prevenir sua subversão. [...] A polícia estava acompanhando a marcha para a conspiração".[514] Disse, ainda: "Conversei depois com o general Pantaleão sobre a conveniência de instalar o Conselho de Defesa Nacional". Dias depois, em 27 a 29 de dezembro, "instalou-se o Conselho de Segurança Nacional".[515] Várias reuniões foram realizadas com o ministro da Justiça, o chefe de Polícia, ministros da Guerra, da Marinha e do Exército, generais militares e, por vezes,

---

[514] VARGAS, *Diário*, Vol. I, *op. cit.*, p. 346.
[515] *Idem*, p. 347.

com os presidentes do Superior Tribunal Militar, do Supremo Tribunal Federal, Edmundo Lins, e com o procurador-geral da República, Carlos Maximiliano.[516] Nos encontros, organizava a chamada "repressão ao comunismo", mediante articulação de uma Lei de Segurança Nacional e mudanças na Constituição – aí incluídas as emendas que autorizavam a equiparação da "comoção intestina" com o estado de guerra. Além de cogitar do aumento do número de ministros da Suprema Corte,[517] Vargas pretendia articular: (i) a instauração de inquéritos militares contra quaisquer suspeitos de comunismo na caserna; (ii) uma Comissão Nacional de Repressão ao Comunismo para fiscalizar a conduta dos funcionários civis; e (i) uma Comissão de Inquérito contra o Comunismo.

Um importante passo seria a criação do Tribunal de Segurança Nacional (TSN). Antes, o governo trabalhou pela aprovação de uma lei penal material cuja aplicação permitiria não apenas punir a prática de violência contra as instituições como, também, silenciar e sufocar a oposição e as críticas, uniformemente rotuladas como golpistas. Em 7 de janeiro de 1935, as negociações para aprovação de um projeto de lei de defesa do Estado avançaram. A tática era a seguinte: antes mesmo da aprovação da lei, reunir as "evidências" necessárias contra os opositores do regime, de modo a alcançá-los rapidamente, assim que a nova lei fosse editada. É o que se extrai do seguinte trecho do diário de Getúlio, dos dias 25 e 26 de janeiro de 1935:

> Continuam os boatos de conspiração, já mais atenuados pelas medidas preventivas tomadas pelo governo, principalmente por intermédio do general Pantaleão Pessoa. Procurou-me o chefe de Polícia, para pedir orientação e comunicar-me que a polícia estava acompanhando tudo, e que os conspiradores estavam desanimando. Respondi-lhe que fosse organizando seus elementos de prova para, logo que passasse a Lei de Segurança, abrir-se um rigoroso inquérito para apurar responsabilidades.
> [...]
> A repressão policial de alguns movimentos extremistas cria motivo psicológico para apressar o andamento da Lei de Segurança.[518]

---

[516] VARGAS, *Diário*, Vol. I, *op. cit.*, p. 444 e ss.
[517] Getúlio registrou, no dia 17 de janeiro de 1935: "O ministro da Justiça, antes de seguir para São Paulo em viagem de repouso, veio dar-me conta dos assuntos que o tinha encarregado: a instalação dos trabalhos da Comissão de Inquérito e o aumento de Ministros da Corte Suprema" (VARGAS, *Diário*, Vol. I, *op. cit.*, p. 469).
[518] VARGAS, *Diário*, Vol. I, *op. cit.*, p. 364.

Em 4 de abril de 1935, o governo obteve vitória no Congresso, com a aprovação da Lei de Segurança Nacional (Lei nº 38/1935), nos termos do texto redigido pelo ministro da Justiça, Vicente Ráo, e enviado à Câmara. Além de estabelecer 24 tipos penais, introduziu-se a censura prévia pelo governo e previram-se amplos poderes de polícia, caracterizados pela autoexecutoriedade e sujeitos a controle judicial postergado – depois que já estavam consumadas a censura e a destruição do material considerado criminoso (o que inviabilizava, economicamente, os veículos oposicionistas).[519]

---

[519] O desenho da Lei de Segurança Nacional de 1935 pode ser assim sintetizado: (i) o Capítulo I (do artigo 1º ao artigo 13) definiu os "crimes contra a ordem política", enquadrando tentativas de golpe de Estado; contra os governos Federal ou das unidades federadas; contra o funcionamento de qualquer dos poderes; contra o livre e legítimo exercício das funções de qualquer agente de poder político, incluídas as condutas de "aliciar ou articular pessoas; organizar planos e plantas de execução; aparelhar meios ou recursos para esta; instalar ou fazer funcionar clandestinamente estações radiotransmissoras ou receptoras; dar ou transmitir, por qualquer meio, ordens ou instruções para a execução do crime" (artigo 4º). Também foram tipificadas a incitação, a instigação e a provocação voltadas à prática daqueles crimes (artigos 6º, 7º, 9º, 10 e 11); a greve de servidores públicos (artigo 8º, sancionada exclusivamente com a perda do cargo); a fabricação, posse ou circulação de explosivos (artigo 13); e, por fim, a divulgação de notícias sabidamente falsas, que possam gerar temor na população (artigo 12, sancionada com pena de prisão, de 15 a 90 dias); (ii) o Capítulo II (do artigo 14 ao artigo 21) definiu os "crimes contra a ordem social", consistentes na incitação ou instigação: de violência ou ódio entre as classes, de violência de natureza religiosa, política ou doutrinária, de paralisação no serviço público ou de abastecimento da população (excluído o trabalhador assalariado que tenha agido exclusivamente por motivos pertinentes às condições do seu trabalho). Fechou-se o cerco à Aliança Nacional Libertadora com a criminalização do ato de "promover, organizar ou dirigir sociedade de qualquer espécie, cuja atividade se exerça no sentido de subverter ou modificar a ordem política ou social por meios não consentidos em lei" (artigo 20), cominando pena de 6 meses a 2 anos de prisão, dobrada em caso de reincidência (§3º) e alcançando inclusive os meramente filiados (para os quais a pena se reduzia à metade, ou seja, de 3 meses a 1 ano, nos termos do §2º). Por fim, foi tipificado como crime contra a segurança nacional ato contrário à economia popular, consistente em "tentar, por meio de artifícios fraudulentos, promover a alta ou baixa dos preços de gêneros de primeira necessidade, com o fito de lucro ou proveito" (artigo 21); (iii) o Capítulo III (do artigo 22 ao artigo 24) tipificou os crimes de propaganda de guerra ou dos processos violentos, prevendo pena de 1 a 3 anos de prisão para quem fizesse propaganda de processos violentos para subverter a ordem política ou a ordem social (artigo 23) ou quem fizesse propaganda de guerra (artigo 24). Vale observar que, na própria Constituição de 1934, refletindo a preocupação de boa parte do pensamento jurídico na *era dos extremos*, foram previstos limites expressos à liberdade de expressão, no artigo 113, nº 9, que: admitia a censura prévia de espetáculos e diversões públicas; proibia a propaganda de guerra ou de processos violentos para subverter a ordem política ou social; (iv) no Capítulo IV (artigos 25 a 36), foram estabelecidos amplos poderes de polícia, a serem executados independentemente de prévia decisão judicial, contra órgãos de imprensa, como a apreensão dos impressos considerados criminosos (sujeitava-se a autoridade policial à responsabilização, em caso de apreensão ilegal, mediante requisição do interessado, sujeita esta ao prazo de dois dias, nos termos do artigo 25, §2º). Nos crimes praticados por meio de radiodifusão, que alcançava cada vez mais camadas da população à época (inclusive os iletrados), havia previsão de multa e de suspensão do funcionamento, impostas diretamente

Aliado do braço policial, com elos internacionais,[520] o serviço de propaganda e doutrinação também foi acionado, sob orientação de Francisco Campos, ex-ministro da Educação (1930-1932) e, à época,

pelo governo (autoexecutoriedade), sem prévio controle judicial e com duração de até sessenta dias. Vedaram-se expressamente a impressão e a circulação de "gravuras, livros, panfletos, boletins ou quaisquer publicações não periódicas, nacionais ou estrangeiras, em que se verifique a prática de ato definido como crime nesta lei, devendo-se apreender os exemplares sem prejuízo da ação penal competente" (artigo 26). Autorizou-se o ministro da Justiça, mediante requisição do chefe da Polícia, a suspender as atividades de agências de publicidade ou de notícias por seis meses e a aplicar-lhes multas "pela prática de crime definido nesta lei" (artigo 28). A cláusula constitucional do artigo 113, nº 12, que garantia a liberdade de associação para fins lícitos e proibia a dissolução compulsória de toda e qualquer associação, "senão por sentença judiciária", foi contornada nos artigos 29 e 30, parágrafo único, e foi diretamente violada no 31 da LSN. Os dois primeiros dispositivos conferiram ao governo o poder de fechar, pelo prazo de seis meses (o que foi interpretado como correspondente a uma mera "suspensão" das atividades, e não "dissolução compulsória", que era proibida pela Constituição), quaisquer sociedades, partidos, centros, agremiações ou juntas, de qualquer espécie, que "houverem adquirido personalidade jurídica mediante falsa declaração de seus fins, ou que, depois de registradas, passarem a exercer atividade subversiva da ordem política ou social" (art. 29) ou "que visem a subversão, pela ameaça ou violência, da ordem política ou social" (art. 30, parágrafo único, este de textualidade mais fechada, dado o condicionamento ao emprego de meio violento ou de ameaça). Já o artigo 31 permitiu que o governo, por seu ministro do Trabalho, mediante requisição do chefe de Polícia encaminhada através do ministro da Justiça, cassasse "o reconhecimento dos sindicatos e associações profissionais que houverem incorrido em qualquer artigo da presente lei, ou, por qualquer forma exercerem atividade subversiva da ordem política e social" (dispositivo de textualidade aberta, revelando que os sindicatos e associações profissionais não passavam de órgãos submetidos ao governo). Por fim, os artigos 32 a 36 do capítulo IV autorizaram o governo a afastar funcionários públicos civis e militares do exercício do cargo, *sine diae* e sem prejuízo da ação penal cabível; a revelar a preocupação do governo, seja com o pensamento crítico, seja com a doutrina adversa nas escolas e nas universidades, estabeleceu-se a perda do cargo dos professores em dispositivo autônomo, assim redigido: "Sem prejuízo da ação penal, que no caso couber, perde o cargo o professor que, na cátedra, praticar qualquer dos atos definidos como crime nesta lei, provado o facto em processo administrativo, ou, se for vitalício, mediante sentença judiciária" (artigo 36); (v) no Capítulo V (artigos 37 a 39), foram fixadas as normas processuais referentes aos crimes previstos na Lei, com prazo reduzido (cinco dias) para alegações finais e para a interposição de recurso. No mesmo processo, dar-se-ia o cancelamento da naturalização, em se tratando de réu naturalizado. Também foi disciplinado o processo administrativo de exoneração dos funcionários públicos, presidido pelo Ministro, pelo Secretário de Estado ou pelo Prefeito, conforme o caso; (vi) finalmente, no Capítulo VI (artigos 40 a 52), tratou-se das "Disposições Gerais", dentre as quais destacam-se: (a) poder de determinar que a execução da pena ocorresse em lugar distinto daquele em que foi praticado o delito (artigo 43), num raio de 1.000 km de distância (§1º); (b) competência da Justiça Federal e sujeição a julgamento singular (artigo 44); (c) possibilidade de prisão provisória do expulsando, determinada pelo governo, pelo prazo de até 3 meses (artigo 46); (d) foi inserida cláusula de exclusão de ilicitude no artigo 48, nos seguintes termos: "A exposição e a crítica de doutrina, feitas sem propaganda de guerra ou de processo violento para subverter a ordem política ou social, não motivarão nenhuma das sanções previstas nesta lei".

[520] Em 20 de junho, o embaixador da Inglaterra visitou Getúlio Vargas para tratar "do trabalho comunista no Brasil auxiliado pela Rússia", informando "que aqui se achavam o comitê russo que estava em Montevidéu e Luís Carlos Prestes" (VARGAS, *Diário*, Vol. I, *op. cit.*, p. 397).

consultor-geral da República (1934-1937). Em reunião ministerial de 22 de junho de 1935, Vargas expôs o plano que deveria ser adotado: "Ação enérgica de repressão e reação pela propaganda, criando um ambiente próprio à ação do governo". No dia seguinte, o barão da imprensa brasileira à época, Assis Chateaubriand, entrevistou Vargas, combinando uma "reação conservadora contra a campanha extremista".[521] Note-se que não havia eclodido a Intentona, ocorrida somente em novembro, de modo que o alvo da repressão e da propaganda era muito mais abrangente do que a célula de Luís Carlos Prestes ou os três batalhões envolvidos no episódio. A propaganda do governo se confundia com a própria estratégia de "repressão ao comunismo". Setores da mídia nacional e estrangeira enviaram representantes em auxílio de Getúlio Vargas. Finalmente, em 11 de julho,[522] três meses depois da aprovação da LSN, o ministro da Justiça entregou ao presidente "o decreto proibindo o funcionamento da Aliança Libertadora como associação legal, isto é, o fechamento por seis meses, enquanto se promove o cancelamento do registro de acordo com a Lei de Segurança".

A oposição criticou o fechamento das sedes da ANL em todo o país, classificando o ato como censura (caso do então prefeito do Distrito Federal, Pedro Ernesto) e apresentando requerimento de informações ao governo (formulado pela minoria na Câmara). Vargas considerava que os críticos eram coniventes e conspiradores: "Havendo conivência entre os conspiradores políticos e os da Aliança Libertadora, seria até perigoso fornecer-lhe provas que serviriam para a denúncia. O *leader* opinava pela negativa. E nessa mesma noite chamei o Ministro da Justiça, dando-lhe instruções a respeito".[523]

Seguindo o fio do diário de Getúlio Vargas, verifica-se que, nos dias 5 e 6 de novembro de 1935, o presidente recebeu "avisos de preparo da Revolução Comunista incitada por Prestes e que deve explodir

---

[521] No dia 22 de junho de 1935, Getúlio Vargas reuniu o Ministério, "convidando também os *leaders* da maioria da Câmara e Senado, o chefe de Polícia e o general Pantaleão Pessoa. Expliquei-lhes os fins da reunião, que era dar-lhes conhecimento do movimento comunista disfarçado com o nome de Aliança Libertadora, as diversas conspirações em marcha, a fim de combinarmos medidas de ordem geral e harmônicas para combatê-los". No dia seguinte, 23 de junho, recebeu "o jornalista Assis Chateaubriand. Dei-lhe uma entrevista sobre a viagem à Argentina e conversamos sobre as possibilidades de uma reação conservadora contra a campanha extremista" (VARGAS, *Diário*, Vol. I, *op. cit.*, p. 398).

[522] VARGAS, *Diário*, Vol. I, *op. cit.*, p. 398.

[523] VARGAS, *Diário*, Vol. I, *op. cit.*, p. 405.

no dia 10".[524] Foi em 24 de novembro que, nas palavras de Getúlio, "a conspiração comunista, estimulada pelas divergências políticas, explodiu em duas rebeliões: a do 21º Batalhão de Caçadores, em Natal, e a do 29º Batalhão de Caçadores, em Pernambuco".[525] No dia 25, o governo solicitou ao Congresso a decretação do estado de sítio, em todo o território nacional, pelo prazo de um mês. Houve três votos contrários no Senado e 52 na Câmara, que aprovou a medida com 172 votos: "A bancada liberal do Rio Grande, por determinação do Flores, votou contra, engrossando a oposição. [...] Após a votação da Câmara, vieram vários Deputados trazer-me seus cumprimentos e solidariedade, entre eles a bancada constitucionalista de São Paulo e a bancada classista".[526] A revelar a dimensão do episódio, no mesmo dia 25 a rebelião em Natal foi derrotada e, no dia seguinte, foi contida a do Recife, seguindo-se dois levantes tardios no Rio de Janeiro, na noite de 26 para 27. Sobre eles, Vargas consignou: "Quando se iniciava a repressão da revolta de Natal, explodiram dois movimentos sediciosos na capital da República, na noite de 26 para 27". Depois do almoço:

> [...] começava a rendição, os prisioneiros dos rebeldes emocionados pelo espetáculo, o quartel ainda em chamas, a crepitação do incêndio, o fumo espesso, as cinzas batidas pelo vento e uma chuva miúda que caía tornavam o ambiente desagradável. Veio falar-me o general que comandava o ataque. Com ele, percorri as partes dos edifícios não atingidas pelo fogo. Vi alguns feridos, entre eles, o coronel Ferreira, comandante do Regimento, atingido por dois ferimentos resistindo aos rebeldes. Retirei-me.
> Ao sair do quartel, encontrei o ministro da Guerra, que chegava. Fui ao Catete para os despachos comuns e fiquei atendendo a sucessivas comissões e grande número de Deputados e senadores. Tinha a impressão de que o prestígio do governo havia realmente crescido.
> À noite, no Guanabara, ainda recebi algumas pessoas. Correram algumas notícias alarmantes dadas por informações do general Góis. Verificou-se que não tinham a gravidade que se supunha, e fui dormir tranquilo.[527]

Vargas queria aproveitar a "reação do espírito público contra os rebeldes e as crueldades praticadas" para aplicar "um castigo

---

[524] VARGAS, *Diário*, Vol. I, *op. cit.*, p. 436.
[525] VARGAS, *Diário*, Vol. I, *op. cit.*, p. 444.
[526] VARGAS, *Diário*, Vol. I, *op. cit.*, p. 445.
[527] VARGAS, *Diário*, Vol. I, *op. cit.*, p. 446-447.

exemplar".⁵²⁸ No dia 30 de novembro, em reunião com o ministro da Justiça, Vicente Ráo, e com os ministros militares, o presidente do Superior Tribunal Militar, o procurador do Tribunal e o procurador-geral da República (à época, Carlos Maximiliano, que exerceu a função de 1934 a 1936), Getúlio articulou intensamente para endurecer a Lei de Segurança Nacional e ampliar seus poderes durante o estado de exceção, sem os freios constitucionais. Nos dias 2 e 3 de dezembro, queixou-se em seu diário que a Constituição "não permite várias medidas aconselhadas. Só suspendendo parcialmente os efeitos da própria Constituição". E, no dia seguinte:

> [...] tive diversos entendimentos e audiências extraordinárias. Primeiro, com o ministro da Justiça e o deputado Pedro Aleixo sobre a reforma da Lei de Segurança. Insisti junto aos mesmos por uma emenda à Constituição que permitisse certas medidas enérgicas e prontas, no propósito de intimidar os conspiradores e afastar os rebeldes dos centros de sua atuação. O deputado João Carlos trouxe-me depois uma fórmula de emenda, que era considerar a comoção intestina como equivalente ao estado de guerra.
> Recebi o ministro da Guerra, que veio trazer-me o resultado da reunião dos generais dando-lhe apoio moral e material para agir junto aos poderes Legislativo e Judiciário, para apressar a punição. [...]
> À noite, após o jantar, fui ao hotel do ministro da Justiça, onde também se achavam o deputado Pedro Aleixo e o almirante Frontin, presidente do Superior Tribunal Militar. Estivemos conversando, e aconselhei-os a aceitar a fórmula da emenda João Carlos, independente do andamento da reforma da Lei de Segurança. Todos ficaram de acordo.⁵²⁹

Como veremos a seguir, o contexto político-institucional do direito comparado revela que, naquele momento, estava consolidado o caminho para o endurecimento do regime, o que se deu, inicialmente, mediante alterações na Lei de Segurança Nacional e, a seguir, a tão desejada emenda à Constituição de 1934. Escreveu Vargas: "Continuei o trabalho de coordenação e esclarecimento dos membros da Câmara e do Senado no sentido da votação das medidas de repressão – modificações na Lei de Segurança e emendas à Constituição".⁵³⁰

---

⁵²⁸ VARGAS, *Diário*, Vol. I, *op. cit.*, p. 448.
⁵²⁹ VARGAS, *Diário*, Vol. I, *op. cit.*, p. 449-450.
⁵³⁰ É o que se lê no dia 10 de dezembro de 1935. VARGAS, *Diário*, Vol. I, *op. cit.*, p. 452.

Em 14 de dezembro de 1935, foi sancionada a Lei nº 136, que tornou mais enérgicas e ágeis as medidas de repressão contra os crimes de subversão à ordem política e social. A nova lei deu ao governo o poder de exonerar servidores públicos civis ou militares,[531] por motivo de filiação, ostensiva ou clandestina (e aqui valeria qualquer tipo de suspeita, como a que atingiu o escritor Graciliano Ramos,[532] Nise da Silveira, Monteiro Lobato, Gilberto Freyre[533] e diversos professores, como Hermes Lima e Luiz Carpenter Ferreira, da Faculdade de Direito do Rio de Janeiro),[534] a partido ou agremiação proibidos. Rogério Pacheco Alves comenta:

---

[531] Art. 1º O funcionário público civil, que filiar, ostensiva ou clandestinamente, a partido, centro, agremiação ou junta de existência proibida no art. 30 da lei n.º 38, de 4 de abril de 1935, ou cometer qualquer dos atos definidos como crime na mesma ou na presente lei será, desde logo, independentemente da ação penal que no caso couber, afastado do exercício do cargo, com prejuízo de todas as vantagens a este inerentes, tornando-se passível de exoneração, mediante processo administrativo, que será iniciado dentro da vinte dias após o afastamento, salvo a hipótese do parágrafo único do art. 169 da Constituição, caso em que a exoneração independerá de processo.
Parágrafo único. No processo administrativo, o funcionário poderá comparecer e defender-se por si ou advogado, devidamente habilitado, na forma da legislação em vigor.
Art. 2º O oficial ou suboficial das forças armadas da União, que praticar qualquer dos atos definidos como crime na presente, ou na lei n. 38, ou se filiar, ostensiva ou clandestinamente, partido, centro, agremiação ou junta de existência proibida no art. 30 da mesma lei, será igualmente afastado do cargo, comando ou função militar que exercer, com prejuízo dos respectivos proventos ou vantagens, devendo o Ministério Público iniciar a ação penal, que couber dentro de 20 dias, a contar daquele em que tiver conhecimento do facto.
Parágrafo único. Este dispositivo aplica-se, quanto couber, às polícias militares.

[532] O literato narrou, em suas memórias, o contexto de sua prisão pelo regime getulista, sem acusação formalizada, numa saga kafkiana que durou onze meses: "[...] estava curioso em saber a arguição que armariam contra mim. [...] Julgava é que não me deteriam nem uma semana. Dois ou três dias depois me mandariam embora, dando-me explicações. Um engano" (RAMOS, Graciliano. *Memórias do cárcere*. 44. ed. Rio de Janeiro: Record, 2013 [1953]). Na prisão, Graciliano conviveu com Rodolpho Ghioldi, argentino do grupo de Luís Carlos Prestes, e foi contemporâneo de Olga Prestes.

[533] De acordo com Gustavo Mesquita, Freyre foi opositor de Vargas na primeira fase do regime e foi preso em 1935, no Recife. Em 1937, participou da campanha de José Américo de Almeida para presidente da República, "como intelectual responsável por traduzir as ideias do regionalismo para os eleitores mediante a imprensa". A partir do golpe do Estado Novo, passou a colaborar com o regime, participando da elite intelectual da ditadura. MESQUITA, Gustavo. Gilberto Freyre e o Estado Novo: a trajetória de uma relação ambígua. *Cadernos do desenvolvimento*, Rio de Janeiro, v. 8, n. 12, p. 207-229, jan./jun. 2013.

[534] No dia 23 de janeiro de 1936, Vargas registrou: "Um grupo de acadêmicos de direito veio solicitar-me a liberdade dos professores presos. Respondi-lhes que ia pedir informações à polícia e, depois, conforme estas, daria solução ao caso" (VARGAS, *Diário*, Vol. I, *op. cit.*, p. 472). Luiz Carpenter, um dos acadêmicos presos, fundou, em 1º de setembro de 1935, o Centro Acadêmico da Faculdade de Direito da UERJ, atualmente batizado em sua homenagem (Centro Acadêmico Luiz Carpenter – CALC). Por sua vez, Hermes Lima foi nomeado ministro do Supremo Tribunal Federal em 1963, por João Goulart. Viria a ser um

A polícia política, o integralismo e o governo, tendo em mãos a Lei de Segurança Nacional (1935), implantam uma situação de terror no País, com fogueiras de livros em locais públicos, centenas de prisões, torturas, afastamento e prisão de professores, perseguição de educadores (Anísio Teixeira é um deles) e de escritores (por exemplo, Graciliano Ramos), com a chancela do Tribunal de Segurança Nacional.[535]

A seguir, as Emendas nº 1, 2 e 3 foram promulgadas pelo Decreto Legislativo nº 6, de 18 de dezembro de 1935,[536] ampliando drasticamente os poderes de exceção do governo, disciplinados no artigo 175 da Carta. Com efeito, a norma estabelecia limites rigorosos ao estado de sítio e ao estado de guerra (artigo 175, §15). A declaração só era autorizada "na iminência de agressão estrangeira, ou na emergência de insurreição armada". Com a Emenda nº 1, autorizou-se "o Presidente da República a declarar a comoção intestina grave, com finalidades subversivas das instituições políticas e sociais, equiparada ao estado de guerra". Dispensou-se a observância do artigo 175, nº 2, da Constituição, que estabelecia rol estrito das medidas de exceção que o governo poderia adotar durante a vigência do estado de "comoção intestina".

---

dos três ministros da Corte cassados pela Ditadura Militar, na vigência do AI-5, junto com Evandro Lins e Silva e Victor Nunes Leal.

[535] ALVES, Rogério Pacheco. Os tribunais como máquinas de guerra do Estado fascista italiano em Alfredo Rocco e suas repercussões no pensamento e na atuação política de Francisco Xampos, o jurista do estado novo. *Rei - Revista Estudos Institucionais*, vol. 7, n. 3, 988/1.013, Rio de Janeiro, 2021. p. 1.006. Disponível em: https://estudosinstitucionais.com/REI/article/view/689/750. Acesso em: 21 out. 2022.

[536] *Decreto legislativo nº 6, de 1935*
Emenda à Constituição Federal
Nós, Presidentes e Secretários da Câmara dos Deputados e Senado Federal promulgamos e mandamos publicar, na forma do § 3º do art. 178 da Constituição da República dos Estados Unidos do Brasil, as emendas ns. 1,2 e 3 a essa Constituição:
Emenda n. 1 "A Câmara dos Deputados, com a colaboração do Senado Federal, poderá autorizar o Presidente da República a declarar a comoção intestina grave, com finalidades subversivas das instituições políticas e sociais, equiparada ao estado de guerra, em qualquer parto do território nacional, observando-se o disposto no artigo 175, n. 1, §§ 7º, 12 e 13, e devendo o decreto de declaração de equiparação indicar as garantias constitucionais que não ficarão suspensas".
Emenda n. 2 "Perderá patente e posto, por decreto do Poder Executivo, sem prejuízo de outras penalidades e ressalvados os efeitos da decisão judicial, que no caso couber, o oficial da ativa, da reserva ou reformado, que praticar ato ou participar de movimento subversivo das instituições políticas e sociais".
Emenda n. 3 "O funcionário civil, ativo ou inativo, que praticar ato ou participar de movimento subversivo das instituições políticas e sociais, será demitido, por decreto de Poder Executivo, sem prejuízo de outras penalidades e ressalvados os efeitos da decisão judicial que no caso couber".

Afora o prazo máximo de 90 dias de duração do estado de sítio, renovável por igual período, previsto no texto originário (artigo 175, 1), todas as demais limitações estabelecidas na Constituição de 1934 aos atos do governo durante o estado de sítio (previstas nos §§2º a 6º, §§8º a 11 e §14) foram afastadas pela Emenda nº 1, de 18 de dezembro de 1935. Viabilizou-se, com isso, a prisão por motivos distintos dos previstos no §2º (agressão estrangeira ou participação em crime de insurreição) e, até mesmo (veremos os debates sobre o tema no item 4.1.4), a suspensão da imunidade à prisão dos membros da Câmara dos Deputados, do Senado Federal, da Corte Suprema, do Supremo Tribunal Militar, do Tribunal Superior de Justiça Eleitoral, do Tribunal de Contas, dos governadores e secretários de Estado, dos membros das assembleias legislativas e dos tribunais superiores, que estava prevista no §4º, e o cabimento de recurso ao Judiciário em caso de inobservância das garantias (§14).[537]

Além disso, as Emendas nº 2 e 3 ampliaram o poder do governo de perseguir seus opositores, independentemente da incidência da Lei de Segurança Nacional, mediante suspensão automática de todas as garantias constitucionais (salvo as que o governo preservasse expressamente no decreto) e autorização para a demissão, por decreto, e a perda do cargo, posto ou patente dos funcionários civis e militares que praticassem ou participassem de "movimento subversivo", aos olhos do regime. Na prática, as garantias da estabilidade e da vitaliciedade ficavam suspensas no estado de "comoção intestina grave".

---

[537] Outras limitações importantes, cuja observância foi flexibilizada, que, assim, dispensou o governo da observância dos seguintes dispositivos: (a) *restrição da custódia* em razão do estado de sítio *aos casos de necessidade da defesa nacional*, em hipótese de *agressão estrangeira*, ou de *participação em crime de insurreição* (§2º); (b) garantia do preso em razão do estado de sítio a ser, dentro de cinco dias, apresentado pelas autoridades que decretaram as medidas com a declaração sumária de seus motivos ao juiz comissionado para esse fim (que era indicado pelo próprio presidente da República, nos termos do §10), que as ouvirá, tomando-lhes, por escrito, as declarações (§3º); (c) *preservação da circulação de livros, jornais ou de quaisquer publicações*, desde que seus autores, diretores ou editores os submetessem à censura (§5º); (d) proibição de censura à publicação dos atos de qualquer dos poderes federais, salvo os que respeitem as medidas de caráter militar (§6º); (e) obrigação do presidente da República de relatar, perante o Poder Legislativo, "em mensagem especial, os motivos determinantes do estado de sítio", bem como de justificar as medidas que tenha adotado, apresentando as declarações exigidas pelo §3º (§8º, primeira parte); (f) *necessidade de deliberação do Poder Legislativo sobre a manutenção ou a prorrogação do estado de sítio* (§8º, segunda parte, e §9º); (g) uma vez expirado o prazo do estado de sítio, cessação imediata de todos os seus efeitos (§11), o que determinaria a soltura (inclusive mediante *habeas corpus*) daqueles que eventualmente ainda se encontrassem presos.

A aprovação das emendas deu ensejo, já no dia 20 de dezembro de 1935, à mensagem do governo pedindo autorização para declarar o estado de guerra, o que foi aprovado no dia seguinte pelo Parlamento. Em 29 de dezembro, Vicente Ráo redobrava a "vigilância nas medidas contra o comunismo", baixando "instruções para a aplicação das reformas de leis feitas nesse propósito",[538] voltadas às polícias e demais órgãos públicos.

Aprovadas as emendas constitucionais, Vargas ainda pretendia alterar o Poder Judiciário e empacotar, mais uma vez, o Supremo Tribunal Federal, se necessário. A par de montar uma Comissão de Inquérito contra o Comunismo no âmbito do Ministério da Justiça, encarregou o ministro de avaliar a viabilidade do "aumento de ministros da Corte Suprema".[539]

Finalmente, no dia 4 de março de 1936, depois de meses de perseguição, Filinto Müller, o chefe de polícia de Getúlio Vargas que havia militado no tenentismo e na Coluna Prestes, nos anos 1924-1925, até ser expulso pelo então superior hierárquico, conseguiu o que tanto perseguia: prendeu Luís Carlos Prestes.[540] Vargas comenta o caso: "Foi

---

[538] VARGAS, *Diário*, Vol. I, *op. cit.*, p. 461.
[539] VARGAS, *Diário*, Vol. I, *op. cit.*, p. 469.
[540] Fernando de Morais, na biografia sobre Olga Benário, oferece, com riqueza de análise documental, toda a sucessão de fatos que culminou na prisão de Prestes e no envio de Olga para um campo de concentração na Alemanha, onde seria submetida a penas degradantes até ser assassinada pelo regime nazista. Especificamente sobre a relação entre Filinto Müller e Luís Carlos Prestes, vale conferir a seguinte e memorável passagem: "Havia, na verdade, dois Filinto Müller perseguindo Prestes. Um era o temido e onipotente chefe de polícia da ditadura, de quem o próprio presidente da República e seu ministro da Justiça, Vicente Rao, cobravam diariamente a prisão imediata do antigo chefe da Coluna. As investigações mostravam que não havia mais nenhum peixe graúdo à solta, com exceção de Prestes, o último e o mais importante cabeça da revolta de novembro. [...] O outro Filinto que estava no encalço de Luís Carlos Prestes não era o policial caçando o comunista, mas o oficial da Coluna Prestes à procura do antigo chefe para um acerto de contas. Quase onze anos antes, em 14 de abril de 1925, um boletim de guerra assinado pelo general Miguel Costa, um dos comandantes da Coluna, anunciava à tropa algumas promoções por "bravura, inteligência e capacidade de comando". O mesmo ato que elevava a tenente-coronel o major Oswaldo Cordeiro de Farias promovia o capitão Filinto Müller à patente de major das forças revolucionárias. [...] Foram necessários apenas nove dias para que Prestes descobrisse que mandara promover o homem errado. Filinto escrevera uma carta a seu superior imediato, o general Miguel Costa, anunciando que iria a Assunção, no Paraguai, para uma visita à família, exilada naquela cidade e prometia juntar-se novamente à Coluna no Estado do Mato Grosso. Mas mandou outra carta, dirigida aos sargentos e soldados que o acompanhavam desde o levante de julho, em São Paulo, propondo a deserção coletiva. Na segunda carta ele dizia à tropa que para ele estava tudo acabado e que não tinha mais esperanças no sucesso da Coluna. [...] O que o major Filinto Müller não poderia imaginar é que as duas cartas iriam cair nas mãos de Prestes. [...] Prestes exigiu do general Miguel Costa, comandante da Primeira Divisão Revolucionária, que o desertor fosse destituído

um fato sensacional, de larga repercussão no país. [...] Acredito que a prisão tenha um efeito muito deprimente para a propaganda comunista no Brasil". Ao que complementa: "Prestes talvez não seja tão perigoso como supõem ou como talvez ele próprio se julgue. Perigosa é a legenda que criaram em torno do seu nome". Apesar da prisão do líder comunista e de todo o grupo a ele ligado (inclusive Olga Benário), debelando o único foco de radicalismo no Brasil, interessava ao governo manter o regime de exceção e a propaganda do inimigo interno, que reforçava seu poder e sua popularidade. Logo começaram os boatos de que Vargas desejava permanecer no poder além do mandato, como ele mesmo afirmou em seu diário, no dia 16 de março de 1936: "O horizonte político enche-se de boatos. [...] O Flores espalha que eu desejo permanecer no poder além dos quatro anos da eleição [...]. O Sr. Herbert Moses [...] abordou-me sobre a minha reeleição mediante uma reforma da Constituição. Manifestei-me contrário".[541]

Sintomaticamente, em 19 de março de 1936, presos todos os rebeldes envolvidos na Intentona e o líder da ANL, cujas sedes permaneciam fechadas desde o ano anterior, Vargas reuniu seus ministros militares e os ministros da Justiça (Vicente Ráo), do Trabalho (Agamenon Magalhães, tendo Oliveira Vianna como consultor jurídico), o chefe de Polícia (Filinto Müller) e o deputado Adalberto Correia, presidente da Comissão de Repressão ao Comunismo, para "combinar medidas de repressão ao comunismo ante o atual momento". Ou seja: a intenção foi aproveitar a popularidade explorada pela propaganda do governo com a prisão de Prestes e intimidar opositores.

Na reunião, houve menções aos "tropeços criados pelo Judiciário", "à necessidade de medidas extremas" e à "necessidade de decretar o estado de guerra e de ir mesmo até um golpe de Estado e reformar a Constituição". Vargas (que negava, no diário, sua intenção de permanecer no poder) insistiu, principalmente, na questão da ação do Judiciário e do

---

da promoção recebida na semana anterior e que se distribuísse imediatamente outro boletim de guerra, expulsando-o da Coluna. No mesmo dia chegava às mãos de Lourenço Moreira um secretário de campanha da Coluna, a execução da ordem de Prestes: Boletim número 5 Acampamento de Porto Mendes, Estado do Paraná, aos 25 de abril de 1915. Para conhecimento desta Divisão e devida execução, público o seguinte: Expulsão de Oficial. Seja excluído do estado efetivo das forças revolucionárias o capitão Filinto Müller, por haver, covardemente, se passado para o território argentino, deixando abandonada a localidade de Foz do Iguaçu, que se achava sob a sua guarda [...]. Durante onze anos, Filinto nutriu o ódio pela acusação que Prestes mandara fazer-lhe naquele boletim" (MORAIS, *Olga, op. cit.*, p. 132).

[541] VARGAS, *Diário*, Vol. 1, *op. cit.*, p. 487.

estado de guerra, suscitando dúvidas quanto à "compatibilidade deste com o julgamento dos processos instaurados contra os comunistas". Chegou-se ao consenso de que, "ao terminar o prazo do estado de sítio, se declarasse o estado de guerra. Esta foi a resolução mais importante, além de várias outras resultantes da medida de repressão".[542]

Poucos dias depois, em 23 de março de 1936, a polícia invadiu a sede do Legislativo e prendeu cinco parlamentares: o senador Abel Chermont e os deputados Abguar Bastos, Domingos Velasco, João Mangabeira e Otávio da Silveira, todos integrantes do Grupo Parlamentar Pró-Liberdades Populares. Para Vargas, todos estavam "comprometidos na campanha comunista". O chefe de Polícia, segundo o presidente da República, assegurou "que não podia deixar de prendê-los à vista do que havia descoberto".[543] Todos os atos foram praticados ao abrigo da Emenda Constitucional nº 1 e da Lei de Segurança Nacional, durante a vigência do estado de guerra declarado pelo governo.

Ainda no dia 23, dois congressistas se queixaram de que "não podia haver decretação do estado de guerra sem aquiescência da Comissão Permanente do Senado, e não o fazer era desconsiderá-la".[544] Foram, segundo Getúlio, convencidos da necessidade de prorrogação da medida extrema, depois de conversar com Vicente Ráo e com o então procurador-geral da República, Carlos Maximiliano. A prisão dos parlamentares levou uma comissão de senadores a procurar o presidente da República, contrariados "pela suspensão das imunidades". Vargas disse ter combinado de "enviar uma mensagem à Comissão Permanente, explicando os motivos da prisão dos congressistas e submetendo o ato à apreciação da mesma", tarefa de que incumbiu o ministro Vicente Ráo.[545] Em reunião ministerial, foi determinada a caça aos chamados "comunistas" no funcionalismo; os primeiros decretos de exoneração foram apresentados pelo ministro da Educação a Getúlio no dia 30 de março. No dia seguinte, o ministro da Justiça disse a Vargas julgar "conveniente, para o prestígio do governo na opinião pública, a prisão do prefeito Pedro Ernesto"; Filinto Müller disse ser necessária a prisão, que contou com aval do presidente da República.[546] No dia 3 de abril, Pedro Ernesto, prefeito do Distrito Federal e um dos principais opositores

---
[542] VARGAS, *Diário*, Vol. 1, *op. cit.*, p. 488.
[543] VARGAS, *Diário*, Vol. 1, *op. cit.*, p. 490.
[544] VARGAS, *Diário*, Vol. 1, *op. cit.*, p. 490.
[545] VARGAS, *Diário*, Vol. 1, *op. cit.*, p. 491.
[546] VARGAS, *Diário*, Vol. 1, *op. cit.*, p. 493.

de Vargas, foi preso. Em seu lugar, foi nomeado interventor padre Olímpio, aliado de Getúlio.

A movimentação do governo prosseguiu com a nomeação, em 21 de abril de 1936, de Carlos Maximiliano para a Corte Suprema,[547] garantindo a legitimação, pelo Tribunal, das prisões e da perseguição a opositores. Vargas queixava-se de posições não estritamente alinhadas à sua, mesmo em temas aparentemente anódinos. Registrou, por exemplo: "Causou certa estranheza a consulta do ministro Edmundo Lins, presidente da Suprema Corte, sobre a legalidade da investidura do procurador. Eu o havia mandado consultar antes e ele concordara". Ficou satisfeito com os demais ministros, que divergiram do presidente.[548]

A prisão de todos os principais opositores do governo consolidou o poder de Vargas nos meses seguintes. A levar-se em conta suas anotações, a preocupação com os "comunistas" cedeu espaço às pautas econômicas, corporativas e internacionais. O único elemento de pressão sobre o presidente da República era a situação dos congressistas presos: o Parlamento pressionava pelo restabelecimento das imunidades parlamentares, mas o governo exigia que as medidas prisionais já decretadas fossem mantidas.

O combate ao comunismo rendia como trunfo do governo, mantendo-se na linguagem e no discurso que vinha lhe permitindo prorrogar, sucessivamente, o estado de guerra no Congresso e sufocar seus opositores, que já começavam a se articular para as eleições presidenciais marcadas para o ano seguinte. Há profusos exemplos disso no diário de Getúlio: para ele, o presidente do Senado estaria "muito inclinado à brandura na repressão ao comunismo, desejoso da liberdade dos presos";[549] o processo contra os parlamentares e sua prisão, que devia ser autorizado pela casa legislativa respectiva, era procrastinado pelo presidente; a prisão de Prestes era constantemente explorada por Vargas para justificar a perseguição aos opositores – colhe-se que os jornais (provavelmente por orientação de Getúlio) publicaram, "provocando revolta na opinião, um telegrama de 60 deputados comunistas espanhóis, intimando-me a soltar o Prestes". Getúlio abusava do tema: "Diariamente recebo de diversos países, exceto a Rússia, telegramas

---

[547] Getúlio anotou, no dia 7 de maio: "Logo após o almoço, recebi o Carlos Maximiliano, novo Ministro da Suprema Corte, que veio agradecer-me" (VARGAS, *Diário*, Vol. 1, *op. cit.*, p. 506).
[548] VARGAS, *Diário*, Vol. 1, *op. cit.*, p. 512-513.
[549] VARGAS, *Diário*, Vol. 1, *op. cit.*, p. 506.

e cartas desse teor, parecendo haver uma campanha sistemática de descrédito do Brasil, espalhando a notícia de suplícios e crueldades sofridas pelos presos, instigadas por comunistas do Brasil".[550]

Em junho de 1936, a Comissão Permanente do Senado deferiu o pedido do governo para processar os senadores presos, em meio às negociações para o restabelecimento das imunidades parlamentares. O caso ainda devia ser submetido ao Plenário e faltava a votação na Câmara dos Deputados. De acordo com Vargas, alguns deputados defendiam a inocência de João Mangabeira, alegando que ele teria agido apenas como advogado, do que o presidente discordava – para ele, "todos eram culpados" e "haviam agido por instruções dos interesses comunistas".[551] Como a autorização para processar os parlamentares dependia da votação na Câmara, Vargas foi orientado a demonstrar interesse no caso e a valer-se da efervescência militar, não devendo dar qualquer declaração que "pudesse considerar o caso como questão aberta, como desinteresse do governo".[552] Foram combinadas estratégias para derrubar o parecer inicial do deputado Alberto Álvares, que negava a licença para processar os deputados Domingos Velasco e João Mangabeira, por falta de provas.

No dia 8 de julho, Getúlio registrou: "Acentuam-se os boatos de revolução – São Paulo, Paraná, Norte. O governo toma providências".[553] Não há indícios da veracidade dos boatos, mas foi nesse ambiente que a Câmara aprovou, naquela mesma data, o pedido de licença para processar os deputados presos, por 190 votos contra 59. Ato contínuo, no dia 9, Getúlio reuniu-se com Vicente Ráo para tratar das medidas que deviam ser apresentadas à Câmara, na forma de projeto de lei, "em seguida à licença para processar deputados – criação de tribunais especiais, colônias agrícolas etc.".[554] No dia seguinte, Filinto Müller reforçou o discurso do "recrudescimento do trabalho comunista", falando em conspirações e efetuando a prisão de vários agentes que teriam um "plano de formação de uma frente popular com um programa de caráter nacionalista, para afastar a suspeita de comunismo".[555]

---

[550] VARGAS, *Diário*, Vol. 1, *op. cit.*, p. 510-511.
[551] VARGAS, *Diário*, Vol. 1, *op. cit.*, p. 517.
[552] VARGAS, *Diário*, Vol. 1, *op. cit.*, p. 518.
[553] VARGAS, *Diário*, Vol. 1, *op. cit.*, p. 521.
[554] VARGAS, *Diário*, Vol. 1, *op. cit.*, p. 522.
[555] VARGAS, *Diário*, Vol. 1, *op. cit.*, p. 522.

Em meio às discussões, o estado de guerra foi prorrogado por mais três meses, e Vicente Ráo, ministro da Justiça, levou a Getúlio a mensagem de criação dos tribunais especiais, lei de exceção concebida para o julgamento dos "comunistas". Ao mesmo tempo, "já em meados de 1936, iniciaram-se as articulações para a escolha de candidatos à eleição presidencial, marcada para 3 de janeiro de 1938", o que vinha preocupando Getúlio. A Constituição de 1934 não permitia a reeleição do presidente da República. Getúlio tomava conhecimento das articulações para sua sucessão por meio de aliados fiéis, defensores da sua permanência. Por exemplo, no dia 9 de maio, Maurício Cardoso comunicou-lhe a intenção de João Neves, deputado federal que havia se distanciado de Vargas e integrado a minoria de oposição contra o estado de guerra, de candidatar-se à presidência, apoiado por alguns deputados paulistas e por Macedo Soares. No dia seguinte, Vargas recebeu Maurício Cardoso e João Neves no Guanabara e observou: "Notei-os muito preocupados com a sucessão presidencial".[556]

A sucessão presidencial frequentaria cada vez mais seu diário, a partir do mês de agosto, revelando o incômodo de Getúlio com as articulações antecipadas e seu esforço em forjar uma atitude de desinteresse e distanciamento: "Apesar da minha aversão pelas tricas políticas sobre sucessão presidencial, elas são tecidas e destecidas pelos mesmos homens";[557] "o Flores,[558] a pretexto de uma pretendida conversa do Maurício com o deputado Roberto Moreira, mandou interpelar-me sobre a sucessão presidencial. Queria discutir o caso agora. Recusei-me, dizendo que só trataria desse assunto para o ano";[559] "continuam as intrigas políticas. O Flores quase todos os dias vai à Câmara fazer prosélitos, conseguir aliados, no sentido de forçar, ainda este ano, a discussão das candidaturas presidenciais";[560] "recebi uma comissão da bancada liberal gaúcha [...]. Vinham trazer-me o resultado da reunião da manhã [...] em que ficara assentado todo apoio ao governo para dominar o comunismo, restabelecer a tranquilidade e discutir, depois, a questão da sucessão presidencial";[561] "a censura proíbe a publicação de uma entrevista do

---
[556] VARGAS, *Diário*, Vol. 1, *op. cit.*, p. 522 – dia 10 de julho.
[557] VARGAS, *Diário*, Vol. 1, *op. cit.*, p. 535 – dia 18 de agosto.
[558] Trata-se de Flores da Cunha, governador do Rio Grande do Sul que fazia jogo duplo em relação a Getúlio, ora apoiando-o, ora fazendo-lhe oposição.
[559] VARGAS, *Diário*, Vol. 1, *op. cit.*, p. 537 – dia 24 de agosto.
[560] VARGAS, *Diário*, Vol. 1, *op. cit.*, p. 538 – dia 28 de agosto.
[561] VARGAS, *Diário*, Vol. 1, *op. cit.*, p. 539 – dia 31 de agosto.

Flores com algumas invencionices sobre a sucessão presidencial";[562] e ainda mais elucidativa das suas reais preocupações: "O Flores, depois de tentar as candidaturas de Armando Salles, Medeiros Neto, José Américo e outras, e nada conseguir, aliou-se aos adversários mais odientos do governo – perrepistas, Bernardes, Mangabeira, etc.".[563]

Essas passagens indicam a profunda contrariedade de Getúlio Vargas com as negociações voltadas à sua sucessão e seus cálculos políticos por trás da propaganda contra o comunismo, biombo para a perseguição dos adversários mais incômodos do governo.

Enquanto acompanhava de perto essas articulações e apressava as medidas repressivas nos inquéritos instaurados contra os parlamentares, concomitantes ao trabalho de propaganda doutrinária contra o comunismo, aconselhada por Francisco Campos,[564] e à avaliação das alternativas apresentadas por Góis Monteiro (golpe de Estado e abolição da Constituição de 1934 ou reforma da Constituição),[565] Vargas avançava seu plano de criação do Tribunal de Segurança Nacional, que já havia sido apresentado em reunião ministerial do dia 7 de dezembro de 1935:[566] "Convoquei o Ministério para uma reunião coletiva a que também assistiu o chefe de Polícia. Tive o propósito de que [...] cada um expusesse seu modo de pensar a respeito do comunismo e dos meios de combatê-lo". Consta em nota de rodapé que "esta reunião ministerial aprofundou as propostas dos generais, sugerindo-se a montagem de um forte esquema de censura e a criação do Tribunal de Segurança Nacional".

A ideia de transferir para o TSN o julgamento dos crimes políticos da Corte não era uma originalidade brasileira. Em 1926, Mussolini havia criado, na Itália, o Tribunal Especial para a Defesa do Estado, composto por oficiais superiores da Milícia Fascista (Milícia Voluntária da Segurança Nacional) e altos magistrados, competente para o julgamento dos crimes políticos, para os quais foram estabelecidas penas

---

[562] VARGAS, *Diário*, Vol. 1, *op. cit.*, p. 540 – dia 3 de setembro.
[563] VARGAS, *Diário*, Vol. 1, *op. cit.*, p. 541 – dias 6 a 8 de agosto.
[564] Vargas anotou, nos dias 3 a 5 de janeiro de 1936: "Continuo, com o ministro da Justiça, acompanhando os inquéritos e combinando medidas sobre a repressão do comunismo; com este e mais o general Pantaleão, Lourival Fontes, Francisco Campos e outros estimulando e aconselhando um trabalho de propaganda doutrinária contra o comunismo". A seguir, no dia 10, recebeu representantes de imprensa nacional e estrangeira para auxiliar o Serviço de Propaganda (VARGAS, *Diário*, Vol. I, *op. cit.*, p. 465 e 467).
[565] VARGAS, *Diário*, Vol. I, *op. cit.*, p. 450.
[566] VARGAS, *Diário*, Vol. I, *op. cit.*, p. 451.

gravíssimas. À época, grupos antifascistas culpavam Mussolini pelo assassinato do deputado socialista Giacomo Matteoti, que havia discursado no Parlamento apresentando provas de fraudes nas eleições realizadas em 1924 e exigindo sua anulação. Em 1925, Mussolini, com apoio das Forças Armadas, promoveu ampla perseguição política e impôs o Partido Nacional Fascista (PNF) como partido único. A injúria contra a honra ou o prestígio do chefe do governo (artigo 282 do Código Penal italiano – Código Rocco, de 1930) passou a ser qualificada como delito contra a personalidade do Estado.

Além disso, em 1934, dois anos antes da criação do TSN no Brasil, foi criado, na Alemanha, o chamado Tribunal do Povo (*Volksgericht*). Hitler havia assumido a função de chanceler (primeiro-ministro) em 30 de janeiro de 1933. Dias depois, em fevereiro, a sede do Parlamento alemão (*Reichstag*) foi incendiada. Culpando os comunistas, o governo proibiu o funcionamento do partido (KPD) e usou a polícia (SA) para sequestrar, torturar, assassinar e prender opositores em campos de concentração. Em 1934, o Tribunal do Povo foi instituído para julgamento de crimes políticos contra o regime nazista (alta traição e atentado contra a segurança do Estado), tendo como missão punir mais gravemente os "inimigos do estado racial", ou seja, a resistência alemã durante o regime nazista.[567] No ano seguinte, foram editadas as chamadas "Leis

---

[567] Nilo Batista, em artigo sobre Robert Freisler, presidente do *Volksgericht* indicado por Hitler, assim caracterizou o penalista, que era "secretário-geral do Ministério da Justiça, do qual seria catapultado para a presidência do famigerado Tribunal do Povo (*Volksgerichthof*)", e sintetizou sua atuação na perseguição aos inimigos do regime naquela Corte: "Freisler foi um jurista nazista [...]. Freisler foi, na abalizada lição de William Schirer, 'talvez o mais sinistro e sanguinário nazista do Terceiro Reich, depois de Heydrich'. [...] Foi na presidência do Tribunal do Povo que Freisler esforçou-se por merecer o epíteto de sanguinário. Entre os casos mais emblemáticos destacam-se dois. Na Universidade de Munique alguns estudantes e um professor ousaram, em fevereiro de 1943, distribuir um manifesto criticando a morte de centenas de milhares de soldados alemães em Stalingrado. Denunciados por um bedel, presos e torturados, seriam julgados em quatro dias pelo Tribunal do Povo; a estudante Sophie Scholl, que na tortura teve uma perna fraturada, foi guilhotinada, como seu irmão Hans e outro colega, na mesma tarde do último dia do julgamento. Mas onde o paroxismo punitivo de Freisler explodiu grotescamente foi no julgamento dos remanescentes da conspiração e do frustrado atentado contra Hitler em 20 de julho de 1944. O Führer ordenara que todos deveriam ser enforcados (e não fuzilados ou mesmo guilhotinados) [...]. Freisler reprovava e insultava os acusados: 'velho sujo' foi como se dirigiu ao marechal, a quem a Gestapo subtraíra a dentadura e fornecera roupas imundas e largas; 'patifes', 'traidores', 'covardes' e 'assassinos' foram outros prosônimos de que se valeu largamente. [...] A execução foi cruel, sendo os padecentes içados por arames presos em ganchos numa trave chumbada ao teto da sala, como num açougue" (BATISTA, Nilo. A atualidade de Robert Freisler. *Passagens: Revista Internacional de História Política e Cultura Jurídica*, Rio de Janeiro, vol. 7, n. 1, jan./ abr. 2015, p. 5-14. Disponível em: https://www.historia.uff.br/revistapassagens/artigos/v7n1a12015.pdf. Acesso em: 09 nov. 2021.

de Nuremberg", de 15 de setembro de 1935, complementando a perseguição contra judeus, ciganos e negros.[568]

Oposicionistas e críticos do governo identificados como comunistas e inimigos internos seriam presos e submetidos a julgamento no TSN.[569] Esta Corte asseguraria a punição dos delitos passados, que foram excluídos da competência da justiça comum, local ou federal. Era evidente seu potencial devastador de toda e qualquer prática que pudesse contrariar o regime, fulminando o direito de defesa. Na análise especializada, "os Tribunais cumprem importantes papéis nessa nova arquitetura e funcionam como aparatos legais contra o dissenso político [...], através da atuação repressora do Tribunal Especial para a Defesa do Estado (Itália) e do Tribunal de Segurança Nacional (Brasil)".[570] Naquele contexto, os novos papéis judiciais ancoraram-se numa concepção de "Estado forte baseado na ordem e na unidade e que nega a

---

[568] Foram elas a Lei de Defesa da Raça Alemã (*Rassenshutzgesetz*), também conhecida como lei de proteção do sangue e da honra alemães; e a Lei de Cidadania do Reich, que oficializou a exclusão dos judeus mediante a retirada de seu direito à cidadania. Por essas leis, os excluídos foram definidos como "inimigos do estado racial". Foram proibidos casamentos e quaisquer tipos de relações interraciais e quem desobedecesse era acusado de "corrupção sexual" por "*rassenschande*" - "desgraça racial". Criou-se a regra da "gota de sangue" para definir quem seria judeu. A lei previa pena de prisão com trabalhos forçados para esses delitos, a ser regulada pelo Ministro do Interior. Por ano, cerca de 420 pessoas foram condenadas, entre 1936 e 1939, pela prática de crime de corrupção sexual. Em 1942, foi julgado pelo *Volksgericht* o caso Katzenberger, judeu acusado de manter relações com uma mulher ariana casada. Foi condenado à pena de morte na guilhotina, pelo delito de "ultraje à raça".

[569] Em ligeiro artigo sobre o tema, Vladimir Passos de Freitas lembra da prisão preventiva, processo e julgamento do escritor Monteiro Lobato, condenado no TSN à pena de 6 meses de prisão: "Seu crime foi o de escrever uma carta ao Gal. Góes Monteiro, nela ressaltando a 'displicência do sr. presidente da República, em face da questão do petróleo no Brasil, permitindo que o Conselho Nacional de Petróleo retarde a criação da grande indústria petroleira em nosso país, para servir, única e exclusivamente, os interesses do truste Standard-Royal Dutch'. Denunciado no TSN em 18.4.1941, por crime contra a segurança do Estado, o escritor teve sua prisão preventiva decretada. Foi condenado pelo tribunal pleno a 6 meses de prisão, tendo sido libertado em 20.6.1941, indultado pelo Presidente da República" (FREITAS, Vladimir Passos de. Pouco se sabe sobre o Tribunal de Segurança Nacional. *Revista Consultor Jurídico*, 31 maio 2009. Disponível em: https://www.conjur.com.br/2009-mai-31/brasil-sabe-tribunal-seguranca-nacional. Acesso em: 25 out. 2022).

[570] ALVES, Rogério Pacheco. Os tribunais como máquinas de guerra do Estado fascista italiano em Alfredo Rocco e suas repercussões no pensamento e na atuação política de Francisco Campos, o jurista do estado novo, *op. cit.*, p. 988. Consigne-se aqui a crítica de Loewenstein, em sua obra de 1942, às comparações entre os tribunais especiais nazifascistas e o TSN: "[...] aqueles que comparam o Segurança ao temido Tribunal Popular dos nazistas, do qual os alemães falam apenas em sussurros trêmulos, ou não conhecem o registro ou, se o conhecem, são culpados de distorção deliberada dos fatos" (*Brazil under Vargas, op. cit.*, p. 226-227).

soberania popular, [...] embora se sirva das massas como plataforma de legitimação do poder".⁵⁷¹

Embora o radicalismo de algumas células comunistas fosse evidente e demandasse ação estatal para contenção da violência (inclusive com a prisão dos envolvidos), a resposta do governo foi oportunista e generalizou-se, restringindo toda e qualquer possibilidade de oposição política. A desproporcionalidade fica patente no episódio da Intentona Comunista. Não se negam a gravidade dos atos praticados pelos militares rebelados e a necessidade de punição das mortes e do motim, mas sua dimensão estava longe de autorizar a declaração do estado de guerra e a decretação de medidas extremas (leis e órgãos de exceção). Tratou-se de rebelião restrita a pouquíssimos batalhões, isolados e desarticulados, rapidamente controlados pelas forças oficiais, que vinham acompanhando, a distância, os atos preparatórios do movimento, organizado por Luís Carlos Prestes, e aguardavam o início da ação para só então intervir. Segundo se extrai dos documentos consultados,⁵⁷² tratou-se de flagrante esperado, em que as forças policiais tomaram conhecimento prévio de todo o planejamento do delito, mas não agiram preventivamente para evitá-lo, e sim aguardaram o início da execução para, então, prender os envolvidos – não apenas os executores, mas todos que, direta ou indiretamente, pudessem ser conectados ao movimento. Segundo Getúlio Vargas,⁵⁷³ parte dos seus interlocutores defendia atuação preventiva do governo, de modo a impedir que o motim fosse deflagrado – o que provavelmente teria evitado as mortes. Prevaleceu, contudo, a estratégia de aguardar passivamente a rebelião, que só eclodiu um ano depois. A expectativa era disseminar o medo do caos na população e garantir o apoio da mídia

---

⁵⁷¹ *Idem*, p. 988-990. Alves atribui a escassez de pesquisas comparativas entre os tribunais nazifascistas e o estadonovista à categórica negativa de Karl Loewenstein quanto à possibilidade de se traçar paralelo entre eles, em seu clássico estudo sobre a Era Vargas, publicado em 1942, *Brazil under Vargas*.

⁵⁷² O próprio Diário de Getúlio Vargas.

⁵⁷³ Segundo Vargas, em 22 de junho de 1935, "o ministro da Justiça leu e comentou o relatório do chefe de Polícia, opinando que, em vez da ação direta contra o Partido [Aliança Libertadora Nacional], devíamos acompanhar-lhe os movimentos como melhor meio de identificação e conhecimento dos seus planos, para agir no momento oportuno, isto é, no começo da ação. Outros opinaram de modo contrário, que se deveria agir preventivamente. Outros expuseram as medidas tomadas. Expus, então, o plano que deveríamos adotar – ação enérgica de repressão e reação pela propaganda criando um ambiente propício à ação do governo" (VARGAS, *Diário*, Vol. I, *op. cit.*, p. 398).

e da opinião pública ao recrudescimento da repressão, pressionando o Parlamento.[574]

A pequena dimensão da chamada Intentona Comunista, segundo se extrai do diário de Vargas e o consenso dos especialistas assegura,[575] era insuficiente para fundamentar a decretação do estado de sítio, sua equiparação ao estado de guerra, a suspensão das garantias constitucionais e o desencadeamento de um amplo aparelho estatal de vigilância e repressão que, sob o rótulo da repressão ao "comunismo", criminalizou toda atividade de oposição ao governo e pôs sob suspeita qualquer tentativa de impor freios institucionais ao chefe do Executivo. Nas palavras de Barroso, "remonta a esta época o nascimento de mais uma das patologias políticas nacionais: a 'indústria do anticomunismo', inexaurível pretexto para a supressão das liberdades públicas".[576]

Bonavides e Paes de Andrade avaliam que a Intentona fez "nascer uma brutal repressão, cujas maiores vítimas foram os liberais", medindo forças "com os elementos de repressão organizada, com o

---

[574] Loewenstein considerou que Vargas tirou proveito da Intentona, da seguinte maneira: "Oficiais subalternos da marinha e os soldados rasos do exército teriam agido sob influência comunista. Parece, no entanto, que o surto foi uma revolta puramente militar; trabalho e as massas em geral não teve nada a ver com isso e não participou. Vargas utilizou o pretexto comunista para equipar-se com poderes extraordinários que ele esperava que o suportassem em bom lugar mais tarde, quando a questão das eleições presidenciais teve que ser tratada" (LOEWENSTEIN, *Brasil under Vargas, op. cit.*, p. 28, tradução nossa). Alguns historiadores aventam que o secretário-geral do PCB, Antônio Maciel Bonfim (codinome Miranda), seria agente infiltrado do governo e, com sua ajuda, a polícia, "ao invés de procurar e prender Prestes e seus companheiros, ao que parece, sob a direção do FBI e do Intelligence Service, começou a dar-lhe corda, fingindo ignorar seus passos" (BASBAUM, Leôncio. *História sincera da República* (1930-1960). 4. ed. São Paulo: Alfa-Ômega, 1976. p. 78). Thomas Skidmore, em seu clássico sobre o período, afirma que, "quando os militares comunistas rebeldes se movimentaram no Rio, os comandantes locais tinham sido alertados completamente e a revolta foi facilmente esmagada" (SKIDMORE, Thomas. *Brasil: de Getúlio a Castelo* (1930-1964). Tradução: Berilo Vargas. São Paulo: Companhia das Letras, 2010. p. 43). No mesmo sentido: CARONE, Edgar. *Revoluções do Brasil contemporâneo*. 2. ed. São Paulo: Difel, 1975a. p. 119. DULLES, John W. F. *Anarquistas e comunistas no Brasil*: 1900-1935. Tradução: César Parreiras Horta. Rio de Janeiro: Nova Fronteira, 1977. p. 425.

[575] Esta é a razão pela qual o episódio passou para a história não como revolução, mas como intentona: "A revolta de novembro de 1935 não foi, a rigor, uma revolução, e sim uma intentona, embora a designação seja tradicionalmente considerada aviltante por setores da esquerda, ao ser adotada pela direita civil e militar. Mas, etimologicamente, a expressão é correta, pois 'intentona' significa 'intento louco, plano insensato', o que bem corresponde ao episódio. Deixando de lado a disputa semântica, tratou-se de uma aventura que, se não foi responsável isoladamente pelo golpe de 1937, deu uma ajuda inconsciente mas considerável à sua articulação" (FAUSTO, Boris. *Getúlio*: o poder e o sorriso. São Paulo: Companhia das Letras, 2006. p. 74-75). Bonavides e Paes de Andrade se referem a ele como "quarteladas comunistas do Rio Grande do Norte, Pernambuco e Rio de Janeiro" (BONAVIDES; ANDRADE, *História do direito constitucional, op. cit.*, p. 268).

[576] BARROSO, *O direito constitucional e a efetividade de suas normas, op. cit.*, p. 21.

regime apoiado já no estado de guerra, com as medidas excepcionais decretadas por um congresso acuado, onde representantes eram presos e processados, em frontal desrespeito às imunidades parlamentares". Em suma, "era o clima de golpe que Vargas fazia a Nação respirar para poder alcançar o poder absoluto. [...] Com toda a razão, pressentia-se já a caminhada inexorável do político gaúcho rumo à perpetuidade do poder".[577] Fernando Morais descreve os detalhes da ação policial do governo:

> O estado de sítio decretado na antevéspera pelo presidente da República deixa o governo livre para desencadear a repressão. Investido de poderes absolutos o chefe de polícia do Distrito Federal, capitão Filinto Müller, proíbe o porte de armas no Rio de Janeiro e estabelece que ninguém pode sair da cidade sem autorização e salvo-conduto da Delegacia Especial de Ordem Social e Políticas chefiada por um homem de sua absoluta confiança, o também capitão Emílio Romano. As fichas de "extremistas", anarquistas, comunistas, socialistas, trotsquistas e membros ou meros simpatizantes da Aliança Nacional Libertadora são transformadas em mandados de prisão.[578]

Enviado à Câmara o projeto de criação do Tribunal de Segurança Nacional, Getúlio engajou-se para apressar seu andamento. O ministro da Justiça, Vicente Ráo, compareceu à Câmara dos Deputados em 14 de julho, acusando o "doloroso anacronismo da liberal democracia que desarmava o Estado na luta contra os seus inimigos" e defendendo a necessidade de superar o "tradicionalismo jurídico".[579] A lei seria aprovada naquela Casa em agosto, "apesar da forte oposição da minoria, liderada por João Neves da Fontoura".[580] Em setembro, o Senado aprovou a medida que, nas palavras de Getúlio, voltava-se à "repressão ao comunismo, ou antes, julgamento dos comunistas".[581] Promulgada no dia 11 de setembro de 1936, a Lei nº 244 instituiu o Tribunal de Segurança Nacional como órgão da Justiça Militar, de caráter temporário, sempre que fosse decretado o estado de guerra. No dia 13 de setembro, Getúlio

---

[577] BONAVIDES; ANDRADE, *História do direito constitucional*, op. cit., p. 268.
[578] MORAIS, Fernando. *Olga*. São Paulo: Companhia das Letras, 1993. p. 108.
[579] O discurso foi publicado no jornal *A Ofensiva*, de 16 de julho de 1936. *Apud* CAMPOS, Reynaldo Pompeu de. *Repressão judicial no Estado Novo*: esquerda e direita no banco dos réus. Rio de Janeiro: Achiamé, 1982. p. 39.
[580] VARGAS, *Diário*, Vol. 1, op. cit., p. 523, nota de rodapé dos editores – CPDOC/FGV.
[581] VARGAS, *Diário*, Vol. 1, op. cit., p. 523.

avaliava os nomes que deveriam integrar a nova Corte, ante a previsão do artigo 2º daquele diploma, nos termos em que o presidente da República nomearia livremente os cinco juízes da Corte, sendo dois militares do Exército ou da Marinha (generais ou superiores, da ativa ou da reserva), dois civis de "reconhecida competência jurídica" e um juiz de carreira, civil ou militar (§1º), o qual seria o presidente da Corte (§3º). Da mesma forma, caberia ao presidente da República indicar o procurador que atuaria na Corte (artigo 7º).

Vargas nomeou Frederico de Barros Barreto para a vaga de magistrado prevista na Lei nº 244, ocupando ele a presidência do TSN. Suas credenciais são notórias: foi o juiz nomeado por Vargas para processar os atos necessários à execução do estado de sítio na capital do país, depois da Intentona de 1935. Pelos serviços prestados, Barros Barreto viria a ser nomeado, em 1939, para o cargo de ministro do Supremo Tribunal Federal, função que acumulou com a de presidente do TSN, até 1945.[582] Os demais juízes empossados no TSN em 1936 foram Costa Netto (coronel do Exército), Lemos Basto (capitão de Mar e Guerra da Marinha), Antônio Pereira Braga (advogado) e Raul Campello Machado (promotor da Justiça Militar).

Criado por lei ordinária prevista no artigo 86 da Constituição de 1934,[583] a lei 244 atribuiu ao TSN competências constitucionais da Justiça Federal e afetou a extensão da competência da Corte Suprema em matéria de crimes políticos. Com efeito, o artigo 76, nº 2, inciso II, letra *a*, da Constituição de 1934 atribuía à Corte Suprema a competência para julgar o recurso ordinário contra as causas decididas por juízes e tribunais federais. Por sua vez, o artigo 81, letra *i*, previa, dentre as competências dos juízes federais, a de processar e julgar, em primeira instância, "os crimes políticos e os praticados em prejuízo de serviço ou interesses da União, ressalvada a competência da Justiça Eleitoral ou Militar".

Pela Lei nº 244, além da competência para processar e julgar, em primeira instância, militares ou civis acusados da prática de crimes definidos na Lei de Segurança Nacional (Lei nº 38/1935) e todos os

---

[582] Informações biográficas reunidas pelo CPDOC da FGV. Disponível em: https://www18.fgv.br/cpdoc/acervo/dicionarios/verbete-biografico/barreto-frederico-de-barros. Acesso em: 24 out. 2022.

[583] Art 86 - São órgãos da Justiça Militar o Supremo Tribunal Militar e os Tribunais e Juízes inferiores, criados por lei.

delitos a eles conexos (artigo 5º), o TSN foi autorizado, pelo artigo 4º,[584] a processar e julgar fatos praticados anteriormente à sua criação. Com isso, os feitos que já se encontravam em andamento na justiça comum deviam ser remetidos à Corte marcial (parágrafo único).[585]

Valendo-se da exceção prevista na última parte do artigo 81, letra *i* (que ressalvava as causas de competência da Justiça Militar), a Lei nº 244/1936 agiu cirurgicamente: (i) o artigo 1º incluiu o TSN na estrutura da Justiça Militar ("fica instituído, como órgão da Justiça Militar, o Tribunal de Segurança Nacional"; (ii) o artigo 3º atribuiu-lhe competência para o processo e julgamento, em primeira instância, de todos os crimes previstos na LSN, quer fossem praticados por militares ou por civis ("compete no Tribunal processar e julgar em primeira instancia os militares, as pessoas que lhes são assemelhadas e os civis: 1º, nos crimes [...] previstos nas Leis ns. 38, de 4 de abril, e 136, de 14 de dezembro de 1935"); por fim, (ii) o artigo 10 previa o cabimento de recurso ordinário exclusivamente para o Superior Tribunal Militar ("as decisões do Tribunal serão tomadas por maioria de votos, cabendo recurso para o Supremo Tribunal Militar, sem efeito suspensivo").

---

[584] Artigo 4º - São também da competência do Tribunal, na vigência do estado de guerra, o processo e julgamento de todos os crimes a que se refere o art. 3º, praticados em data anterior á desta lei, e que não tenham sido julgados, cabendo ao Supremo Tribunal Militar conhecer dos julgados em primeira instancia.

[585] Outras normas de regência do TSN que merecem atenção: (a) o artigo 6º atribuiu poderes instrutórios e decisórios a todos os juízes, individualmente, bem como permitia que todos, revezadamente, atuassem no mesmo processo; (b) a denúncia seria apresentada ao presidente do TSN, que a distribuiria a um dos membros do Tribunal, para "funcionar como juiz preparador"; (c) a defesa tinha direito de arrolar cinco testemunhas, as quais deviam comparecer espontaneamente, independentemente de intimação judicial; (d) o não comparecimento era considerado desistência da testemunha pela defesa (artigo 9º, inciso 7º); (e) no inciso 11, autorizava-se que a audiência de instrução e julgamento fosse realizada no presídio ou estabelecimento em que o réu estivesse recolhido; no inciso 14, o juiz era autorizado a dispensar a presença do réu na audiência; (f) o inciso 15 invertia o ônus da prova no caso de réu preso "com arma na mão por ocasião de insurreição armada", caso em que "a acusação se presume provada, cabendo ao réu prova em contrário"; (g) o prazo para as alegações finais do réu era de três dias (artigo 9º, inciso 12) e sua manifestação era anterior à do órgão acusador, que falava por último, com prazo maior, de cinco dias (inciso 16); (h) o inciso 19 previa que "o Tribunal não fica adstrito, no julgamento, à qualificação do crime feita na denuncia", sem quaisquer limitações (como, em homenagem ao devido processo legal e à ampla defesa, quando há aumento da pena ou alteração do contexto fático-probatório); (i) eventual pedido de vista durante o julgamento devia ser devolvido no prazo improrrogável de 48 horas (inciso 18); (j) artigo 10, parágrafo único, estabelecia que o julgamento, tal qual os do júri, dispensava fundamentação: "Os membros do Tribunal de Segurança Nacional julgarão como juízes de facto, por livre convicção, quer o processo seja originário, quer tenha vindo de outro juízo".

Com isso, a Corte Suprema não teria competência para julgar as apelações dos réus condenados ou absolvidos por crimes políticos previstos na Lei de Segurança Nacional, transferindo-se ao Superior Tribunal Militar esse poder, tudo isso sob a égide da Constituição de 1934. João Neves, líder da minoria parlamentar (oposição), orientou a rejeição do projeto por considerá-lo afrontoso à vedação constitucional à criação de tribunais de exceção (artigo 113, nº 25). Na Comissão de Constituição e Justiça, os membros da minoria se recusaram a assinar o parecer, apresentando voto em separado no sentido da inconstitucionalidade daquele diploma, por violação dos artigos 63 (que trazia o rol dos órgãos do Poder Judiciário), 76 (que previa as competências da Corte Suprema), 78 (que disciplinava as competências dos tribunais federais) e 81 (que tratava das competências dos juízes federais), bem como do princípio da irretroatividade das leis penais.

Fosse por convicção, por medo ou por oportunismo eleitoreiro (acreditando que haveria eleições em breve e que seria possível eliminar adversários e agradar a opinião pública, que embarcava na propaganda da repressão ao comunismo), a maioria aprovou o projeto, apesar da percepção compartilhada de sua inconstitucionalidade. Até mesmo o principal candidato à sucessão de Vargas, na época, o direitista Armando Salles, governador de São Paulo, orientou a bancada paulista a votar favoravelmente à criação do TSN. Narra Reynaldo Pompeu de Campos, que estudou o período da instalação daquela Corte:

> Quase todos os membros da Comissão [de Constituição e Justiça], mesmo os que assinaram o parecer, achavam que o projeto era inconstitucional, defeito esse que, segundo o líder do governo Pedro Aleixo, poderia ser sanado com a colaboração do plenário. Para tanto, não estavam dispostos os membros da maioria, principalmente os que faziam parte da bancada armandista, cuja cumplicidade – neste e em outros momentos – muito contribuiu para o cerceamento das liberdades estabelecidas pela Constituição. Os membros do Partido Constitucionalista – ironicamente, assim se chamava – mostrar-se-iam dóceis ao comando de Armando Salles Oliveira e Vicente Ráo, seu delegado no Ministério da Justiça, apoiando todas as medidas intentadas contra as conquistas da Carta de 34. Armando e os armandistas, que ajudaram a adubar o campo de 37, pagariam um alto preço pelo seu oportunismo. A Nação pagaria muito mais.[586]

---

[586] CAMPOS, *Repressão judicial no Estado Novo*, op. cit., p. 44.

No início da Ditadura do Estado Novo, o TSN seria transformado em órgão permanente e de instância única, contra cujas decisões não cabiam recursos ordinários (que devolvem, a uma instância superior, o conhecimento de toda a matéria fático-probatória), caracterizando o que Loewenstein denominou de *"trial by Blitz"*.[587] Reynaldo Pompeu de Campos afirma que o TSN, "com o Estado Novo, cresceu em importância e invulnerabilidade. Desvinculando-se da Justiça Militar a que pertencia, transformou-se em corte única, com sentenças irrecorríveis, esgotando-se os recursos na segunda instância do próprio tribunal".[588]

O TSN foi criado para servir como um eficiente aparelho de perseguição a opositores, mediante sua prisão e punição, afastando os casos da jurisdição comum, o que afetou diretamente a Corte Suprema. Julgou e condenou diversos opositores do regime, alguns envolvidos na autoria intelectual da Intentona Comunista, como Luís Carlos Prestes, outros no *putsch* integralista, como o antigo aliado de Vargas, Plínio Salgado, mas muitos outros processados e punidos por serem críticos do regime, fossem eles políticos da oposição minoritária ao governo, fossem pensadores, intelectuais, profissionais liberais, que defendiam o pensamento antiautoritário ou antifascista. Foram presos e processados políticos da oposição mais ferrenha a Getúlio Vargas (João Mangabeira, Flores da Cunha e Armando Salles), que ameaçavam seu projeto de permanecer no poder e abalavam a solidez do pensamento autoritário. Instituído no contexto das Leis de Segurança Nacional, sua legitimação contou com o reforço de Francisco Campos, que se empenhou em sua defesa:

> A LSN, a do processo dos crimes contra a ordem política e a de reforma do tribunal respectivo, compõem um sistema cuja precisão e justeza já têm sido postas à prova com resultados excelentes. Podemos dizer que o problema da ordem deixou, graças a um modelar aparelho repressivo – sem excessos, mas sem desfalecimentos – de ser o fantasma que tolhia quaisquer iniciativas proveitosas para o País. Os crimes contra o Estado são punidos com rapidez, serenidade e isenção de ânimo. Como estamos longe do tempo em que processos dessa natureza levaram três, cinco, dez anos para resolver-se![589]

---

[587] LOEWENSTEIN, *Brazil under Vargas, op. cit.*, p. 220-224.
[588] *Repressão judicial no Estado Novo, op. cit.*, p. 125.
[589] CAMPOS, *O Estado Nacional, op. cit.*, p. 119.

Como veremos no capítulo 4 desta obra, conquanto a Corte Suprema não detivesse competência para apreciar o mérito dos recursos interpostos contra as condenações proferidas pelo TSN, o *habeas corpus* foi manejado para questionar a constitucionalidade dos dispositivos reguladores da existência e do procedimento daquele tribunal, bem como as medidas extremas do governo contra opositores, de Olga Benário a João Mangabeira. A resposta dada pelo Supremo às demandas submetidas ao seu conhecimento, ainda durante o regime constitucional, legitimou a escalada das medidas autoritárias adotadas pelo governo, que se completaria em novembro de 1937, com o golpe que instaurou a Ditadura do Estado Novo em nosso país, revogando a Constituição de 1934.

De tudo isso, nota-se que o período de 1935 a 1937 foi de gestação do golpe de Estado, mediante medidas de exceção que, na prática, anularam a vigência da Carta de 1934. Por essa razão, chamamos esse período de "desconstituinte", no qual se preparou o ambiente para o fim do governo constitucional.

3.5 O Supremo Tribunal Federal na Constituição de 1937

Na noite de 10 de novembro de 1937, Getúlio Vargas fez um pronunciamento à nação, transmitido através de emissoras de rádio para todo o país, justificando a ruptura da ordem constitucional:

> A organização constitucional de 1934, vazada nos moldes clássicos do liberalismo e do sistema representativo, evidenciava falhas lamentáveis, sob esse e outros aspectos. A Constituição estava, evidentemente, ante-datada em relação ao espírito do tempo. Destinava-se a uma realidade que deixara de existir. Conformada em princípios cuja validade não resistira ao abalo da crise mundial, expunha as instituições por ela mesma criadas à investida dos seus inimigos, com o agravante de enfraquecer e anemizar o poder político.[590]

Para Pontes de Miranda, o golpe mortal na Constituição de 1934 foi dado pelas emendas de 1935, mas acusa, em parte, a própria Constituição de 1934 pelos golpes que sofreu: "[...] os golpes mortais dependem, às vezes, do doente que os sofre, e o *estadualismo* de 1934,

---

[590] *Apud* MENDES; COELHO; BRANCO, *Curso de direito constitucional*, op. cit., p. 158.

com as polícias militares, armadas como Exércitos, mostrava que a reação tinha de fazer-se ao primeiro abalo do organismo nacional".[591] Há quem considere que "a Carta de 34, por motivos transversos, preparou o golpe de Estado de 37".[592] Isso porque o texto "pautou-se por uma desconfiança diante do Executivo [...], condicionando tudo ao Legislativo, que daria a última palavra".[593] O presidencialismo, que, para alguns, havia sido "tão bem plasmado" na Constituição de 1891, teria sido "excessivamente desfigurado na Constituição de 1934".[594]

A Constituição de 1934 foi, segundo pensamos, uma tentativa de evitar o autoritarismo, que vinha sendo gestado desde o Governo Provisório. Não adveio das suas normas e dos limites que impôs ao chefe do Executivo o gérmen do golpe autoritário, mas, ao contrário, da falta de compromisso normativo de Getúlio Vargas e de seu grupo mais próximo de aliados com a Constituição e com o regime de poderes limitados que ela estabeleceu. A Constituição de 1934 foi plantada em solo infértil, num tempo em que o pensamento autoritário e as soluções institucionais que ele apresentava para os problemas do Brasil já vingavam e vicejavam, como praga pronta para destruir o plantio concorrente. O autoritarismo estava na incubadora e precisou apenas de um pretexto – a ameaça comunista – para irromper das trevas.

Na sua curtíssima vigência (que, na prática, mal passou de um ano, consideradas as emendas desconstituintes, de dezembro de 1935), a contrariedade de Getúlio se avolumou contra a Câmara e contra o Supremo Tribunal Federal. Na Câmara, em mais uma sessão voltada à votação da prorrogação do estado de guerra, em 14 de dezembro de 1936, Vargas observou: "Os deputados da oposição e outros que apoiam o governo, mas também colocam os interesses materiais acima dos deveres do cargo, apresentaram um pedido de convocação extraordinária com cento e tantas assinaturas". Era o sinal de seu enfraquecimento como presidente em fim de mandato e em vias de ser substituído por um opositor. Ao mesmo tempo, preocupava-o a continuidade dos "boatos políticos, principalmente em torno da renúncia do governador de São Paulo, único que ainda não respondeu ao meu telegrama-circular

---

[591] PONTES DE MIRANDA, Francisco Cavalcanti. *Comentários à Constituição Federal de 10 de novembro de 1937*. Rio de Janeiro: Irmãos Pongetti Editores, 1938. p. 10.
[592] POLETTI, Ronaldo. *Constituições brasileiras – 1934*. Senado Federal: Brasília, 2012. p. 29.
[593] Idem.
[594] FERREIRA, Waldemar Martins. *História do direito constitucional brasileiro*. Brasília: Senado Federal, 2003. p. 99.

sobre o apoio à prorrogação do estado de guerra e a recusa à convocação extraordinária".[595]

Na Corte Suprema, já estrategicamente afastada do julgamento do mérito dos crimes políticos, Vargas ainda temia sofrer reveses, sobretudo no julgamento dos *habeas corpus* e dos mandados de segurança em matéria de intervenção do estado no domínio econômico. Chamada, por Pontes de Miranda, de "reação capitalístico-individualista da Corte Suprema na interpretação dos textos constitucional",[596] a jurisprudência do Tribunal revelava-se em descompasso com o intervencionismo do governo – tal como ocorria nos Estados Unidos da América, onde a Suprema Corte vinha mantendo a jurisprudência da *Lochner Era*. No Brasil, um dos julgamentos que preocupavam Getúlio Vargas tratava de medida do governo que estabelecia uma quota de sacrifício do café, contrariando o interesse da bancada parlamentar e o governo de São Paulo. O caso seria julgado no âmbito de um mandado de segurança na Corte. No dia 13 de dezembro de 1936, Getúlio Vargas tratou do tema com o ainda ministro da Justiça, Vicente Ráo (ligado ao governo paulista), durante reunião para acertar o texto do decreto de prorrogação do estado de guerra e a articulação do governo contra a tentativa de convocação extraordinária da Câmara, requerida pela oposição, que pretendia impedir aquela prorrogação.[597] Getúlio considerava que o mandado de segurança seria "concedido pela Suprema Corte contra a quota de sacrifício do café". Nada obstante, dois dias depois, o ministro da Fazenda informou a Getúlio que o governo venceu "pelo voto de desempate do presidente", o ministro Edmundo Lins, e acrescentou que "o pessoal de São Paulo, na assistência, torcia contra o governo, e que a própria atitude do ministro da Justiça era enigmática e inexplicável".[598]

Como visto no capítulo anterior, Vargas irritava-se com o que considerava ser uma campanha eleitoral antecipada para sucedê-lo, nas eleições agendadas para janeiro de 1938. Armando Salles, governador de São Paulo da direita conservadora, assomava como principal candidato, o que, segundo se extrai das memórias de Getúlio, foi a causa da demissão do ministro da Guerra, João Ribeiro Gomes Filho (ligado a Flores da Cunha), substituído por Eurico Gaspar Dutra no dia 3 de

---

[595] VARGAS, *Diário*, Vol. I, *op. cit.*, p. 568.
[596] PONTES DE MIRANDA, *Comentários à Constituição de 10 de novembro de 1937*, *op. cit.*, p. 21.
[597] VARGAS, *Diário*, Vol. I, *op. cit.*, p. 568.
[598] VARGAS, *Diário*, Vol. I, *op. cit.*, p. 569, sublinhado no original.

dezembro de 1936 e, logo depois, do ministro da Justiça, Vicente Ráo, demitido a 7 de janeiro de 1937.[599] Autor da Lei de Segurança Nacional de 1935 e responsável pelo decreto de expulsão de Olga Benário, em 1936, Ráo vinha sendo tratado com desconfiança por Getúlio, em razão de sua proximidade e seu apoio velado ao governador de São Paulo, Armando Salles, que articulava uma forte candidatura para as eleições presidenciais de janeiro de 1938.[600] Diversas são as passagens que indicam as suspeitas de Getúlio: "[O Ministro da Justiça] continua pleiteando com muita intensidade, em nome do governo de São Paulo, a substituição do atual diretor do Departamento Nacional do Café por um paulista da facção do Partido Constitucionalista". Dias depois: "Continua o movimento de simpatia em torno da candidatura de Armando Salles. O ministro do Trabalho conta-me que seu colega da Justiça informou-o que seria provável a renúncia do governador de São Paulo para disputar sua candidatura". E ainda: "Despacho com os ministros da Justiça e Educação. O primeiro um pouco arisco, prevenindo contra boatos etc.".[601]

Em fins de 1936, a candidatura de Armando Salles e a sucessão presidencial absorviam as atenções de Vargas. Em 5 de novembro de 1936, consta o seguinte:

> [...] agita-se a trama da sucessão presidencial. O ministro da Fazenda, regressando de São Paulo, traz a impressão de que o *entourage* do Armando não pensa senão na candidatura deste. O ministro do Trabalho, regressando do Norte, descobriu o trabalho do Juarez nos estados da Bahia e Pernambuco também pela candidatura Armando, que se procura agitar no Exército.[602]

Logo depois, no dia 10 de novembro de 1936, um ano antes do golpe, Vargas conversou com Filinto Müller sobre as "várias manobras

---

[599] Foi substituído interinamente por Agamenon Magalhães, ministro do Trabalho.
[600] Ráo havia militado na Revolução Constitucionalista de São Paulo, em 1932. Derrotado o movimento, foi exilado para a França, retornando em 1934, quando fundou o Partido Constitucionalista, juntamente com Armando Salles, eleito governador de São Paulo. No mesmo ano, Ráo participou da fundação da Faculdade de Direito do Largo de São Francisco, na qual passou a lecionar. Em 24 de julho de 1934, foi nomeado ministro da Justiça, cargo no qual permaneceu até 7 de janeiro de 1937.
[601] VARGAS, *Diário*, Vol. I, *op. cit.*, p. 556-557 e 562.
[602] VARGAS, *Diário*, Vol. I, *op. cit.*, p. 557.

políticas em torno da candidatura de Armando Salles"⁶⁰³ e, na semana de 14 a 18 de novembro, sua exasperação leva-o a preparar uma ofensiva:

> O panorama político toma um aspecto mais sério: os paulistas começam a apregoar, com arrogância, que ninguém poderá deter a candidatura Armando, que pretendem humilhar São Paulo e que o Armando deixará o governo em breve. Essa arrogância se apoia no caudilhismo de Flores. O ministro da Justiça manobra, o perrepismo vacila, o ministro da Guerra contemporiza com a situação do Rio Grande, sabotando o general Góis e deixando-se influenciar por elementos carcomidos.
> São Paulo e Rio Grande unidos, Santa Catarina e Paraná absorvidos, o Exército minado, a situação é séria. Devo passar à ofensiva.
> [...] Recebi o Ministro da Fazenda, que veio despedir-se antes de seguir para Minas, o general Góis e o ministro do Exterior. Todos preocupados com a atitude do governador de São Paulo.
> [...] O ministro da Fazenda regressa de Minas. O general [Góis] procura-me à noite. O Flores continua se armando, o Armando prepara sua candidatura, o ministro da Guerra procura sabotar a ação militar do general Góis e parece influenciado por elementos contrários ao governo.⁶⁰⁴

A proximidade do fim de seu governo, que completava seis anos, e a perspectiva de vitória de Armando Salles começavam a pressionar Vargas, que fingia apoiar José Américo. Alguns meses antes, em 26 de julho de 1936, mal disfarçava sua angústia: "Quando terminar o mandato, serei um vivo-morto, como tantos outros que por aí andam. Mas poderei descansar".⁶⁰⁵ As sucessivas prorrogações do estado de guerra permitiam-lhe aventar o adiamento indefinido das eleições, criando o ambiente para, mediante abuso das instituições e das leis repressivas, garantir o sucesso de sua permanência. Há muito já se cogitava de um golpe de Estado, amiúde exigido por seus aliados em reuniões no Guanabara e no Catete. No dia 19 de agosto de 1936, em meio às negociações para a aprovação da lei que criaria o Tribunal de Segurança Nacional, quando o governador de Minas Gerais, Benedito Valadares, procurou-o para tratar de sua dissidência local com o presidente da

---

⁶⁰³ VARGAS, *Diário*, Vol. I, *op. cit.*, p. 559.
⁶⁰⁴ VARGAS, *Diário*, Vol. I, *op. cit.*, p. 560-561. A seguir, Filinto Müller preparou um dossiê contra o ministro João Gomes Ribeiro Filho "sobre os desmandos da vida amorosa do ministro da Guerra, dominado por um grupo de raparigas casadas e bonitas, mulheres de oficiais, que ele frequenta com assiduidade, entrega-se a prazeres e atende ao que estas lhe pedem em matéria de administração" (*idem*, p. 562). Depois da fritura, João Gomes demitiu-se do Ministério da Guerra. Vargas nomeou o general Dutra para o cargo.
⁶⁰⁵ VARGAS, *Diário*, Vol. I, *op. cit.*, p. 527.

Assembleia, Antônio Carlos, Getúlio escreveu: "Achei-o também muito decidido a um golpe de Estado, no sentido de dissolver o Congresso e outorgar uma nova Constituição".[606] Era música para seus ouvidos. Um ano depois, já se encontravam adiantados os planos para o golpe. Vargas menciona, em 28 de agosto de 1937: "A luta da sucessão presidencial explora e agrava perigos que não têm a significação que lhes querem dar. Assim, os fenômenos comunista, integralista e a questão do Rio Grande despertam os campeões da democracia".[607] Minando a campanha de José Américo, a quem antes dera seu aval,[608] Vargas reforçava o movimento por sua permanência: "Começo a receber impressões um tanto alarmadas dos políticos a respeito dos discursos do José Américo", anotou em 27 de agosto. E, nos dias seguintes: "Repercussão desagradável nos meios políticos sobre os rumos extremados da campanha em favor da candidatura José Américo, principalmente pelos discursos deste"; "recebi o ministro da Viação, muito contrário à candidatura José Américo"; "os bestialógicos do Sr. José Américo estão alarmando seus companheiros. O próprio governador de Minas, que veio a esta capital, está nesse estado de espírito".[609]

A fervura do golpismo parece ter aumentado com a decisão do Superior Tribunal Militar de dar provimento ao recurso de Pedro Ernesto, político de esquerda que fora preso e condenado pelo Tribunal de Segurança Nacional à pena de 3 anos e 4 meses de prisão. Absolvido pelo STM por falta de provas, em 13 de setembro de 1937 (antevéspera do golpe), o ex-prefeito do Distrito Federal "foi alvo de grande manifestação popular, ocasião em que fez violento discurso contra o governo e anunciou seu apoio à candidatura Armando Salles".[610] No dia seguinte, Vargas recebeu os governadores de Bahia, Pernambuco e Minas Gerais. Os primeiros insistiam na candidatura de José Américo, mas o sempre fiel governador de Minas opinava "pela solução revolucionária", tendo em vista a impossibilidade de um terceiro candidato e "o fracasso da prorrogação de mandato". Getúlio anotou: "O ministro da Guerra, com

---

[606] VARGAS, *Diário*, Vol. I, *op. cit.*, p. 536.
[607] VARGAS, *Diário*. Vol. II. 1937-1942. São Paulo: Siciliano; Rio de Janeiro: Fundação Getulio Vargas, 1995b. p. 67.
[608] Segundo Boris Fausto, "José Américo realizava uma campanha populista e antiimperialista ('Onde está o dinheiro? Está no estrangeiro', dizia) que, àquela altura, fugia aos marcos de seu governo" (FAUSTO, *Getúlio*, *op. cit.*, p. 79).
[609] VARGAS, *Diário*, Vol. II, *op. cit.*, p. 68-69.
[610] VARGAS, *Diário*, Vol. II, *op. cit.*, p. 70 – nota de rodapé nº 36, do CPDOC/FGV.

quem conversei, também é favorável a essa solução".[611] Nos últimos dias de setembro, a organização do movimento golpista, preparado por um novo decreto de estado de guerra, ganhou velocidade: "Tenho tido frequentes conversas com o governador de Minas, que está de receber a importância votada pela Câmara para a Rede Sul-Mineira [de viação] e tomar providências militares diante da marcha dos acontecimentos políticos", escreveu nos dias 19 e 20 de setembro. "Várias ocorrências de importância deram-se nestes dias: o regresso do governador de Minas a seu estado, pronto a cooperar até mesmo num movimento subversivo para alterar a situação criada pela sucessão presidencial", anotou nos dias 21 a 24. "Recebi os ministros militares, que vieram me falar sobre a necessidade de restabelecer o estado de guerra. Concordei", no dia 28 e, no dia seguinte: "Estes dias foram absorvidos pelos trabalhos da decretação do estado de guerra [...]. Providências junto ao ministro da Justiça, governador e deputados. Parece assegurada a passagem da lei".[612]

A aprovação do estado de guerra foi antecedida pela divulgação, no dia 30 de setembro, do chamado Plano Cohen, um "documento contendo instruções da Internacional Comunista a seus agentes no Brasil para a tomada do poder", que fundamentou o pedido de restabelecimento do estado de guerra formulado pelo governo. No dia 1º de outubro, a Câmara aprovou o estado de guerra e, no dia 2, foi a vez do Senado. Curiosamente, Getúlio Vargas nada falou sobre esse documento em seu diário. Ao longo de vários meses, ocupava-se fundamentalmente da campanha para sua sucessão.

Seguiram-se disputas entre os ministros militares e o então ministro da Justiça, Macedo Soares, pelo controle da execução do estado de guerra. Na Câmara, debatia-se a possibilidade de prorrogação dos mandatos. No dia 15 de outubro, Getúlio assinou "decretos requisitando as polícias militares de São Paulo e do Rio Grande". As polícias militares dos demais estados foram incorporadas às Forças Armadas federais.[613]

O projeto de uma nova Constituição, que colocaria fim ao regime democrático, estava pronto no dia 19 de outubro de 1937. Nesta data, Francisco Campos esteve no Guanabara, segundo Vargas, para "mostrar um projeto de reforma da Constituição".[614] A partir dessa data até

---

[611] VARGAS, *Diário*, Vol. II, *op. cit.*, p. 70.
[612] VARGAS, *Diário*, Vol. II, *op. cit.*, p. 72.
[613] VARGAS, *Diário*, Vol. II, *op. cit.*, p. 74.
[614] VARGAS, *Diário*, Vol. II, *op. cit.*, p. 76.

o golpe, consumado em 10 de novembro, foram frequentes as reuniões entre Campos e Getúlio.[615] Nelas, decidiu-se pelo controle militar nos estados de Pernambuco, Bahia e São Paulo, tidos como "não-conformistas com a reforma", e discutiu-se entre as opções de "uma lei votada pelo Congresso" ou "uma Constituição outorgada pelo próprio poder público e submetida a um plebiscito", que foi defendida por Campos.

Na véspera do golpe, Armando Salles fez circular um manifesto intitulado *Aos chefes militares do Brasil*, que "alertava os militares sobre o golpe que se projetava, conclamando-os a impedi-lo".[616] Getúlio decidiu antecipar o movimento, que, segundo ele, estava "marcado para quinta-feira, 11", considerando que não só a data "já estava conhecida, como se estava fazendo um trabalho de intriga e divisão dos militares". Escreveu: "Mandei chamar em seguida o chefe de Polícia e o ministro da Justiça. Com este e o ministro da Guerra, combinamos todas as medidas".[617] As duas casas do Congresso amanheceram cercadas pela polícia e, às 10 da manhã, a Constituição foi assinada e outorgada.

Não há qualquer menção a um plano de golpe comunista, no diário de Getúlio. Tudo que havia eram disputas entre candidaturas à sua sucessão. Nada obstante, o que passou para a história como a causa do golpe do Estado Novo foi o chamado Plano Cohen, divulgado pelo governo como trama de comunistas judeus para derrubar o governo no Brasil.

Aproveitando-se do conflitivo ambiente instalado pela máquina de propaganda e de repressão ao comunismo que ajudou a construir, Francisco Campos colocou em operação seu projeto de construção de um Estado autoritário e decretou a morte da Constituição de 1934, afirmando que dela só restava "uma carcaça imensa", que "continuava a pesar sobre os ombros do povo, confiscando-lhe, para manter-se, boa parte de sua fortuna e do seu trabalho, e tentando congelar-lhe, nas suas formas arcaicas, a espontaneidade da vida política".[618] Na sua visão, a Constituição de 1934 teria criado "um formidável aparelhamento votado à abulia e à inação pelo próprio mecanismo de seu

---

[615] Por exemplo, no dia 23 de outubro, Getúlio recebeu Francisco Campos juntamente, entre outros, com os ministros da Justiça, da Guerra e do Trabalho e o chefe de polícia Filinto Müller. No dia 24, reuniu-se com "os ministros da Justiça, Guerra, Trabalho, Francisco Campos, o governador de Minas e o general Góis. Aprestam-se os movimentos para uma reforma constitucional" (VARGAS, *Diário*, Vol. II, *op. cit.*, p. 77).
[616] VARGAS, *Diário*, Vol. II, *op. cit.*, p. 82 – nota de rodapé nº 50, do CPDOC/FGV.
[617] VARGAS, *Diário*, Vol. II, *op. cit.*, p. 83.
[618] CAMPOS, *O Estado Nacional*, *op. cit.*, p. 46.

funcionamento, em que a iniciativa de uma peça encontrava resistência de outra, cujo destino era, precisamente, retardar, amortecer ou deter-lhe o movimento", revelando seu inconformismo com o mecanismo de separação de poderes. A Carta de 37 trazia a unidade, "vários poderes em um só poder".[619]

A Constituição de 1937 herdou, na linguagem de Pontes de Miranda, "um tanto atavicamente, o que a de 1934 apagara: o poder pessoal do chefe do Executivo".[620] A menção ao "atavismo", conceito característico dos paradigmas científicos da época, remete às origens primitivas do nosso desenho institucional: a monarquia agigantada pelo Poder Moderador atribuído ao Imperador. Tratou-se da tentativa de Francisco Campos de "institucionalizar no Brasil um governo forte e corporativista".[621] Nessa tarefa, foi ladeado por Oliveira Vianna, responsável, na "configuração político-jurídica do Estado Novo", pela organização constitucional e execução do modelo de Estado corporativo,[622] em que a representação parlamentar era superada pela técnica da representação classista, em corporações situadas no Poder Executivo e subordinadas ao presidente da República.

A outorga da Constituição de 10 de novembro de 1937 se fez seguir de inúmeras obras elogiosas, a exemplo de Araújo Castro e sua *A Constituição de 1937*,[623] bem como de propaganda, como a editada pelo Departamento de Propaganda, intitulada *A Constituição de Dez de Novembro explicada ao povo*, de autoria de Antônio Figueira de Almeida, prefaciada por Oliveira Vianna, para quem a Carta "veio restaurar o princípio da autoridade do poder nacional, sacrificado pelo espírito *'soi-disant'* liberal dominante nas duas Constituições republicanas anteriores, ambas descentralizadas, regionalistas, localistas e, consequentemente, antinacionais".[624]

---

[619] CAMPOS, *O Estado Nacional*, op. cit., p. 46 e 69.
[620] PONTES DE MIRANDA, *Comentários à Constituição Federal de 10 de Novembro de 1937*, p. 15.
[621] BARROSO, *O direito constitucional e a efetividade de suas normas*, op. cit., p. 25.
[622] SANTOS, Rogério Dultra dos. Oliveira Vianna e a origem corporativa do Estado Novo: Estado antiliberal, direitos sociais e representação política. In: DUARTE, Fernanda; KOERNER, Andrei. *Justiça Constitucional no Brasil*: política e direito. Rio de Janeiro: EMARF, 2010. p. 68.
[623] No prefácio à primeira edição, de 1938, o autor afirmou: "Com a execução de tão salutares preceitos, o Brasil terá dado um passo decisivo para alcançar a posição que lhe está destinada entre as Nações civilizadas". CASTRO, Araújo. *A Constituição de 1937*. 2. ed. Rio de Janeiro: Freitas Bastos, 1941.
[624] ALMEIDA, Antônio Figueira de. *A Constituição de Dez de Novembro explicada ao povo*. Rio de Janeiro: Departamento de Imprensa e Propaganda, 1940. p. 10.

Vista em seu contexto, a Carta de 1937 seguiu outros modelos então em experimento pelo mundo, em especial a polonesa, que rendeu seu apelido de "Polaca": "As proximidades são evidentes, a começar pelo modo por que, sem dissimulação, é ressaltada a proeminência do Poder Executivo".[625] Com efeito, a Carta polonesa estabelecia, no artigo 2º: "A autoridade única e individual do Estado é concentrada na pessoa do Presidente da República". A brasileira, no artigo 73, estatuiu: "O Presidente da República, autoridade suprema do Estado, coordena a atividade dos órgãos representativos, de grau superior, dirige a política interna e externa, promove ou orienta a política legislativa de interesse nacional e superintende a administração do país". De acordo com Walter Porto, "as convergências prosseguem – no poder do Presidente de adiar as sessões do Parlamento; de dissolver o Legislativo [...]; da iniciativa em matéria de leis; nos prazos para exame do orçamento, pelo Congresso; nas disposições sobre estado de sítio ou de emergência".[626]

Com a Carta de 1937, Vargas valeu-se do autoritarismo e do regime corporativo de Estado, moldado no fascismo, no sentido de controlar e vigiar a atividade de associações, da mídia e dos sindicatos, estes últimos também mediante a necessidade de prévia autorização de funcionamento do Ministério do Trabalho e da concessão calculada de direitos aos trabalhadores, a fim de evitar o crescimento dos movimentos grevistas, de lutas por direitos e das demais causas potencialmente desestabilizadoras do governo.[627]

No plano institucional, o chefe do Executivo Federal, além de ter alargado seu poder de intervenção federal, foi ainda investido de vasto poder legiferante, que reduzia o espaço do legislador (mesmo durante as atividades normais do Legislativo). Nesse sentido, o artigo 38 previa que o Poder Legislativo seria exercido com a "colaboração" do presidente da República e do Conselho da Economia Nacional (corporação situada na órbita do chefe do Executivo), "daquele mediante parecer nas matérias da sua competência consultiva e deste pela iniciativa e

---

[625] PORTO, Walter Costa. *1937*. 3. ed. Brasília: Senado Federal, 2012. p. 19.

[626] PORTO, *1937, op. cit.*, p. 19. Walter Porto destaca, ainda, outro modelo pouco referido pelos constitucionalistas: a Constituição Estadual do Rio Grande do Sul, de 14 de julho de 1891.

[627] SOUZA, Pedro. H. G. Ferreira de. *Uma história de desigualdade*: a concentração de renda entre os ricos no Brasil, 1926-2013. São Paulo: Hucitec; Anpocs, 2018. p. 292. Na mesma linha: CARVALHO, José Murilo. *Cidadania no Brasil*, 2001. E ainda: BETHELL, Leslie. Politics in Brazil under Vargas, 1930-1945. *In*: BETHELL, Leslie (ed.). *The Cambridge history of Latin America IX – Brasil since 1930*. Cambridge, Reino Unido, Nova York: Cambridge University Press, 2008.

sanção dos projetos de lei e promulgação dos decretos-leis autorizados nesta Constituição". Além disso, o artigo 11 exigia que a lei, quando de iniciativa do Parlamento, permanecesse limitada a dispor, "apenas sobre a substância e os princípios, a matéria que constitui o seu objeto. O Poder Executivo expedirá os regulamentos, complementares". Ao mesmo tempo, foi amplamente autorizada a outrora proibida delegação legislativa, nos termos do artigo 12, segundo o qual "o Presidente da República pode ser autorizado pelo Parlamento a expedir decretos-leis, mediante as condições e nos limites fixados pelo ato de autorização". Nos períodos de recesso do Congresso ou de "dissolução" da Câmara, o presidente da República passava a concentrar o poder legiferante, ressalvadas algumas matérias.[628]

O presidente da República também passou a deter o poder de superar decisões do Supremo Tribunal Federal, proferidas em matéria de controle de constitucionalidade.

Vejamos as mudanças promovidas pela Carta de 1937 nessa matéria.

3.5.1 Garantias, composição e competências do Supremo Tribunal Federal

No tema da independência do Judiciário e das garantias da magistratura, em que vigorava o ceticismo de Francisco Campos e do pensamento autoritário de seu tempo, a Carta de 1937 introduziu mudanças que, na prática, além de terem permitido a Getúlio Vargas nomear novos ministros para a Corte, adequados ao regime ditatorial, concretizaram, ainda, o Primado do Executivo, defendido pelo pensamento autoritário que vigorava no período.

A primeira dessas mudanças consistiu na diminuição da idade-limite da aposentadoria compulsória, que aceleraria o surgimento de vagas do Supremo Tribunal Federal, a serem preenchidas pelo presidente da República.

Na tradição norte-americana, que foi seguida no texto constitucional brasileiro de 1891, a vitaliciedade era uma proteção dos magistrados não apenas contra a exoneração, mas também contra quaisquer hipóteses de aposentadoria compulsória. A aposentadoria era unicamente

---

[628] As exceções eram as seguintes: "a) modificações à Constituição; b) legislação eleitoral; c) orçamento; d) impostos; e) instituição de monopólios; f) moeda; g) empréstimos públicos; h) alienação e oneração de bens imóveis da União".

voluntária, o que permitia que os juízes da Corte Suprema permanecessem indefinidamente na função até decidirem se retirar, sempre lhes cabendo o direito absoluto de escolher o momento oportuno para tanto (e o contexto político era uma variável). Muitos permaneciam até o fim da vida.

No Brasil, a Constituição de 1934 rompeu com o modelo de vitaliciedade do sistema norte-americano e fixou, no artigo 64, letra *a*, a idade-limite de 75 anos para a permanência dos juízes no cargo, inclusive da Corte Suprema. Alcançado esse limite, o juiz seria compulsoriamente aposentado.

A introdução de um limite de idade contribuiu para que se tivesse previsibilidade quanto ao tempo máximo de permanência dos ministros na Corte em lugar de fixar mandato temporário para todos os membros. Com isso, era possível nomear ministros que permaneceriam poucos anos, como ocorreu em vários casos, ou outros que teriam maior longevidade na Corte. De qualquer maneira, a idade fixada pelo constituinte de 1934 para a compulsória era relativamente elevada, o que permitiu que os ministros do Supremo Tribunal Federal permanecessem até o fim da vida ou a aposentadoria a pedido. Seria possível permanecer por até quatro décadas no exercício do cargo político da mais alta relevância no Judiciário brasileiro – considerada a idade mínima, de 35 anos.

A Carta de 1937, por seu turno, não apenas reduziu a idade máxima para aposentadoria, de 75 para 68 anos, como, proporcionalmente, passou a prever o limite de 58 anos para nomeação (artigo 98), reduzindo a previsão de 1934, que estabelecia a idade máxima em 65 anos para ingresso na Corte (artigo 74).

Vejamos, na tabela abaixo, todos os ministros que compuseram o Supremo Tribunal Federal durante a Era Vargas (entre 1930 e 1945), da seguinte maneira: na primeira parte, os que foram aposentados compulsoriamente antes de 1945; na segunda parte, aqueles que não foram aposentados compulsoriamente antes de 1945, incluídos os que se aposentaram voluntariamente ou que vieram a falecer ainda no exercício do cargo. Os nomes estão em ordem crescente de data da aposentadoria, tendo como segundo marcador a data da posse no Supremo Tribunal Federal.

Tabela 2 – Aposentadorias compulsórias durante a Era Vargas

(continua)

Nome do ministro	Presidente que nomeou	Data da posse	Data da aposentadoria	Causa da aposentadoria
APOSENTADOS COMPULSORIAMENTE ANTES DE 1945				
Godofredo Cunha (1860/1936) – UFPE	Nilo Peçanha (RJ)	25.09.1909	18.02.1931	Empacotamento do Governo Provisório
Muniz Barreto (1864/1934) – USP	Hermes da Fonseca (RS)	31.12.1910	18.02.1931	Empacotamento do Governo Provisório
Pedro Mibielli (1866/1945) – USP	Hermes da Fonseca (RS)	13.11.1912	18.02.1931	Empacotamento do Governo Provisório
Pires e Albuquerque (1865/1954) – UFPE	Venceslau Brás (MG)	26.05.1917	18.02.1931	Empacotamento do Governo Provisório
Pedro dos Santos (1866/1942) – UFPE	Epitácio Pessoa (PB)	29.11.1919	18.02.1931	Empacotamento do Governo Provisório
Geminiano Franca (1870/1935) – UFPE	Epitácio Pessoa (PB)	22.11.1922	18.02.1931	Empacotamento do Governo Provisório
Hermenegildo de Barros (1866/1955) – USP	Delfim Moreira (MG)	26.07.1919	16.11.1937	Compulsória da Constituição de 1937
Edmundo Lins (1863/1944) – USP	Venceslau Brás (MG)	12.09.1917	16.11.1937	Compulsória da Constituição de 1937
Ataulfo de Paiva (1867/1955) – USP	Getúlio Vargas	20.03.1934	16.12.1937	Compulsória da Constituição de 1937
Plínio Casado (1870/1964) – USP	Getúlio Vargas	04.06.1931	01.10.1938	Compulsória da Constituição de 1937
Washington de Oliveira (1872/1950) – USP	Getúlio Vargas	12.10.1938	17.06.1940	Compulsória da Constituição de 1937
Carvalho Mourão (1872/1951) – USP	Getúlio Vargas	08.06.1931	10.12.1940	Compulsória da Constituição de 1937
Carlos Maximiliano (1873/1960) – UFMG	Getúlio Vargas	04.05.1936	13.06.1941	Compulsória da Constituição de 1937

(continua)

Nome do ministro	Presidente que nomeou	Data da posse	Data da aposentadoria	Causa da aposentadoria
NÃO APOSENTADOS COMPULSORIAMENTE ANTES DE 1945				
Leoni Ramos (1857/1931) – UFPE	Nilo Peçanha (RJ)	22.11.1910	20.03.1931	Morte
Cardoso Ribeiro (1876/1932) – USP	Washington Luís (SP)	25.05.1927	16.05.1932	Morte
Soriano de Sousa (1863/1938) – UFPE	Washington Luís (SP)	25.02.1927	20.07.1933	A pedido
Rodrigo Otávio (1866/1944) – USP	Washington Luís (SP)	08.02.1929	07.02.1934	A pedido
Firmino Whitaker (1866/1934) – USP	Washington Luís (SP)	06.06.1927	05.03.1934	Morte
Arthur Ribeiro (1866/1936) – USP	Artur Bernardes (MG)	06.08.1923	24.03.1936	Morte
Costa Manso (1876/1957) – USP	Getúlio Vargas	28.08.1933	03.05.1939	A pedido
Armando de Alencar (1886/1953) – UFRJ	Getúlio Vargas	22.11.1937	06.05.1941	A pedido
Cunha Mello (1880/1950) – UFPE	Getúlio Vargas	24.11.1937	01.04.1942	A pedido
Otávio Kelly (1878/1948) – UFRJ	Getúlio Vargas	14.02.1934	30.07.1942	A pedido
Bento de Faria (1876/1959) – UFRJ	Artur Bernardes (MG)	19.08.1925	25.05.1945	Compulsória da Constituição de 1937
Eduardo Espínola (1875/1968) – UFPE	Getúlio Vargas	16.05.1931	25.05.1945	Compulsória da Constituição de 1937
Filadelfo e Azevedo (1894/1951) – UFRJ	Getúlio Vargas	16.08.1942	26.01.1946	A pedido
Waldemar Falcão (1895/1946) – UFC	Getúlio Vargas	18.06.1941	02.10.1946	Morte
Castro Nunes (1882/1959) – UFRJ	Getúlio Vargas	18.12.1940	02.09.1949	A pedido
Goulart de Oliveira (1882/1950) – UFRJ	Getúlio Vargas	15.04.1942	28.05.1950	A pedido
Laudo de Camargo (1881/1963) – USP	Getúlio Vargas	09.06.1932	25.04.1951	Compulsória da Constituição de 1946

(conclusão)

Nome do ministro	Presidente que nomeou	Data da posse	Data da aposentadoria	Causa da aposentadoria
Aníbal Freire (1884/1970) – UFPE	Getúlio Vargas	26.06.1940	17.05.1951	A pedido
José Linhares (1886/1957) – USP	Getúlio Vargas	24.12.1937	29.01.1956	Compulsória da Constituição de 1946
Orozimbo Nonato (1891/1974) – UFMG	Getúlio Vargas	21.05.1941	27.01.1960	A pedido
Barros Barreto (1895/1969) – UFRJ	Getúlio Vargas	17.05.1939	20.05.1963	A pedido

Essa tabela permite visualizar que nenhuma aposentadoria compulsória decorreu diretamente das normas previstas na Constituição de 1934. Isso se explica exatamente porque a idade-limite para exercício do cargo de magistrado foi fixada em patamar bastante elevado (75 anos).

Contrariamente à Constituição anterior, a Carta de 1937 reduziu, de modo bastante elástico, a idade-limite para permanência no cargo, que caiu de 75 anos para 68 anos. Diante da eficácia imediata da alteração, que não foi submetida a qualquer regra de transição para os ministros contemporâneos à sua edição, a norma ocasionou a aposentadoria imediata de três magistrados do Supremo Tribunal Federal. Foram eles:

(i) Edmundo Lins, então presidente da Suprema Corte, ex-desembargador de Minas Gerais, que havia sido nomeado pelo presidente Venceslau Brás, em 1917. Em sua vaga, foi nomeado Armando Alencar, ex-desembargador do Distrito Federal, mas que permaneceu no cargo de ministro por menos de quatro anos, aposentando-se a pedido (por tempo de serviço). Foi substituído pelo à época consultor-geral da República Orozimbo Nonato, em 1941.

(ii) Hermenegildo de Barros, que era o vice-presidente do Supremo Tribunal Federal, também ex-desembargador de Minas Gerais, nomeado pelo presidente Delfim Moreira, em 1919, e que protestara contra as aposentadorias compulsórias do Governo Provisório. Em sua vaga, foi nomeado o juiz federal e ex-senador Cunha Mello, que liderava a maioria no Congresso no ano anterior. Quatro anos depois da nomeação, Cunha Mello aposentou-se, a pedido, entrando em seu lugar o ex-desembargador do Distrito Federal Goulart de Oliveira, em 1942.

(iii) Ataulfo de Paiva, ex-desembargador do Distrito Federal, que tomara posse em 1934, nomeado por Vargas, tendo permanecido por menos de quatro anos no exercício do cargo de ministro da Corte Suprema. Para a vaga aberta em decorrência de sua aposentadoria, Vargas nomeou o também desembargador do Distrito Federal José Linhares, em dezembro de 1937.

Com a aposentadoria do presidente do Supremo Tribunal Federal, quem assumiu a Presidência da Corte foi Bento de Faria, mais antigo membro da Corte. Depois da outorga da Carta de 1937, dos ministros que já compunham o colegiado do Supremo Tribunal Federal, oito permaneceram, abaixo elencados por ordem de antiguidade:

(i) Bento de Faria, proveniente da advocacia, nomeado ministro do Supremo Tribunal Federal por Artur Bernardes, em 1925;

(ii) Eduardo Espínola, também proveniente da advocacia, nomeado em 1931 por Getúlio Vargas em substituição ao ministro Pedro dos Santos, alvo do empacotamento do Decreto nº 19.711/1931, do Governo Provisório;

(iii) Plínio Casado, que era interventor federal do Rio de Janeiro quando Vargas o nomeou para o Supremo Tribunal Federal, em 1931, em substituição a Geminiano Franca, também alvo do empacotamento;

(iv) Carvalho Mourão, que era reitor da Universidade do Rio de Janeiro quando foi nomeado, em 1931, por Getúlio Vargas, na vaga decorrente da morte do ministro Leoni Ramos;

(v) Laudo de Camargo, também ex-desembargador de São Paulo, nomeado ministro do Supremo Tribunal Federal por Getúlio Vargas em 1932, na vaga decorrente da morte do ministro Cardoso Ribeiro – este, a seu turno, ex-desembargador do mesmo estado, que havia sido nomeado por Washington Luís;

(vi) Costa Manso, ex-desembargador do estado de São Paulo, nomeado para o Supremo Tribunal Federal em 1933, na vaga de Soriano de Sousa (aposentado a pedido, também ex-desembargador de São Paulo);

(vii) Otávio Kelly, que era juiz federal quando foi nomeado ministro do Supremo Tribunal Federal, em 1934, na vaga decorrente da aposentadoria voluntária (por tempo de serviço) de Rodrigo Otávio (ex-consultor-geral da República, que fora nomeado por Washington Luís);

(viii) Carlos Maximiliano, que exercia o cargo de procurador-geral da República quando foi nomeado ministro do Supremo Tribunal Federal, em 1936, por Getúlio Vargas, na vaga decorrente do falecimento do ministro Arthur Ribeiro (ex-desembargador de Minas Gerais, nomeado pelo presidente Artur Bernardes).

Ao diminuir o limite de idade para a aposentadoria compulsória, sem regra de transição que modulasse a eficácia normativa, a Carta de 1937 foi oportunista, permitindo a Getúlio Vargas substituir ministros do Supremo Tribunal Federal sem assumir o ônus de demiti-los. Valeu-se de uma regra geral que, em tese, pode ser considerada positiva, por permitir maior oxigenação na Corte, sem fixar mandato (como era o caso da Suíça, por exemplo), mas, por outro modo (idade máxima), reduzindo o tempo de permanência dos magistrados no cargo.

Ao fim do período de quinze anos de seu governo, Getúlio Vargas nomeou 19 ministros para o Supremo Tribunal Federal no total, sendo sete durante o Governo Provisório (1930-1934) e 12 no Estado Novo (1937-1945), tornando-se o presidente que nomeou mais ministros para a Corte em toda a história.

À exceção de Carlos Maximiliano, que foi nomeado em 1936, sob a Constituição de 1934, nenhum dos demais nomeados entre 1930 e 1945 teve seu nome submetido à aprovação do Senado – já que, na época das nomeações (as ditaduras do Governo Provisório e do Estado Novo), o Legislativo não estava em funcionamento.

No plano das competências do Judiciário, a Constituição de 1937 manteve a vedação do conhecimento das "questões exclusivamente políticas" no artigo 94. Vale conferir o comentário à referida norma inserida na obra do DIP voltada a "explicar" a Constituição do Estado Novo "ao povo":

> É medida que veio pôr fim aos famosos habeas corpus – pelos quais se chegou a conferir a políticos a investidura de Presidente dos Estados federais.

Para tanto, forjavam-se duplicatas de Assembleias e o Supremo Tribunal julgava em grau de recurso as medidas concedidas a uma das Assembleias pelos juízes federais. E esse regime parecia que nunca mais teria fim!...[629] A medida do art. 94 é outra das que bastariam para justificar a Revolução de 30.

Vale lembrar, contudo, que foi a Emenda de 1926 à Constituição de 1891 a primeira a inserir, em nosso ordenamento, a vedação expressa do conhecimento, pelo Judiciário, das questões exclusivamente políticas, ou seja, daquelas que pertenceriam ao domínio dos "departamentos políticos" do Estado. Comentando a norma da Constituição de 1937 nessa matéria, Karl Loewenstein afirmou que essa norma, confessadamente, tinha origem na prática judicial dos Estados Unidos e poderia invocar também sua aceitação unânime no passado jurídico brasileiro, afirmando que, em 1893, Ruy Barbosa "tentou estabelecer um catálogo de tais problemas 'não-sujeitos à jurisdição', que antecipa grande parte da posterior jurisprudência do Conselho de Estado Francês". O constitucionalista alemão, que estava radicado, havia dez anos, nos Estados Unidos da América, afirmou ter questionado o então ministro Francisco Campos sobre o tema, o qual lhe respondeu que "a norma devia ser interpretada restritivamente e sua aplicação seria confinada a matérias sujeitas à jurisdição exclusiva de órgãos do Estado e, portanto, não 'justiciáveis', tais como: o direito de um parlamentar ao seu assento no Parlamento; a indicação de ministros pelo Presidente; ou relações diplomáticas e internacionais como o reconhecimento de um governo estrangeiro".[630]

Pontes de Miranda, que, em 1934, havia comentado a pertinência dessa norma (v. item 3.3.1), voltou a justificá-la, em comentários específicos sobre a Constituição de 1937, aludindo à institucionalidade comparada norte-americana e ao que chamou de "inaptidão dos juízes a usar da enorme autoridade que se lhes dava sem passarem das linhas que discriminam, às vezes embaraçadamente, o campo das questões políticas". Destacando tanto as disputas entre os entes federados, especialmente os estados-membros economicamente mais poderosos e a União, que caracterizaram tanto a história político-constitucional dos Estados Unidos da América como a nossa, quanto os confrontos

---

[629] ALMEIDA, Antônio Figueira de. *A Constituição de Dez de Novembro explicada ao povo*. Rio de Janeiro: Departamento de Imprensa e Propaganda, 1940. p. 73.

[630] LOEWENSTEIN, *Brazil under Vargas, op. cit.*, p. 113-114, tradução nossa.

específicos entre os poderes políticos e o Poder Judiciário, no início da Era Roosevelt e de sua nova política econômica, o tratadista defendia a contenção do Judiciário em matérias políticas, embora muito mais sob o ângulo da autocontenção (na qual cabe ao próprio Judiciário definir seus limites) do que dos limites exógenos, que atribuem alguma função de freio aos outros poderes. Em sua obra de comentários à Carta de 1937, apresentou fundamentos característicos do chamado pensamento realista, em voga na época:

> Ao ter de apreciar o ato do Poder executivo ou do Poder legislativo, o Poder judiciário tem de deixar de parte o lado político, o lado de vontade dos dois Poderes eminentemente *ejectivos*, criadores – criador um de normas e outro de ação e de regulamentos e circulares [...].
> Nos Estados Unidos da América, sob Jefferson, Jackson, Tyler, Buchanan e Lincoln, e no Brasil, sob Floriano Peixoto e Hermes da Fonseca, ocorreu o encontro entre o Poder judiciário e os Poderes executivo e legislativo. Experiência em que ficaram à mostra certos vícios do regime – um deles a investidura dos mais altos cargos da Justiça por políticos envelhecidos nas lutas partidárias ou juízes provindos dos grandes Estados-membros pela mão dos Governadores –, porém com experiência, mais cedo ou mais tarde havia de vir. O interesse dos Estados-membros, em choque com os interesses gerais do país, a reação a demasias do poder central ou a resistência a absorções dos poderes locais, levam a atitudes vivas entre os próprios juízes, e a composição dos tribunais ressente-se disso. Foi o que aconteceu ao tempo da guerra de secessão, nos Estados Unidos da América, quando republicanos os dois poderes políticos e a grande massa, mas democrata a Corte Suprema e dois dos juízes provindos de Estados-membros empenhados na separação. A princípio, perderam os republicanos, depois venceram.
> Ainda recentemente, maioria reacionária da Corte Suprema opôs-se aos planos intervencionistas de Franklin Roosevelt, que denunciam quebra do liberalismo econômico, mantida a democracia, sacrificando política que poderia tirar a nação das graves circunstâncias em que se achava. Interessante é observar-se que o ideal dos juristas é o não-governo, a abstenção, a prática de atos que sejam sem atuação direta na vida social, a burocracia, se não supérflua, inútil.
> Não veem eles, juízes e juristas, que, resistindo às medidas que têm por fito a justiça distributiva e o bem geral, fazem política, a política da negação; porque a afirmação do liberalismo também é política.
> No Brasil, quando o Supremo Tribunal Federal, composto, na maioria dos seus membros, de antigos juízes estaduais, caracterizados pelo *estadualismo* de 1891-1930, reputa inconstitucional o preceito da lei sobre

imposto de renda que atinge os funcionários estaduais, faz política, pretendendo fortalecer os Estados-membros contra a União.[631]

Apesar dessa defesa, Pontes de Miranda não definia o que entendia como "questões exclusivamente políticas" e, mais do que isso, com muitos rodeios e críticas, filiava-se, finalmente, ao pensamento que defendia a inafastabilidade da jurisdição, afirmando inexistirem matérias que *a priori* fossem incognoscíveis, mesmo aquelas sobre as quais a maioria concordava ser indevida a intervenção judicial: declaração de guerra, relações diplomáticas, verificação de poderes dos representantes estrangeiros; celebração de tratados e convenções; reconhecimento da independência, soberania e governo dos outros estados; fixação de fronteiras; comando das forças militares; regime tributário; medidas protecionistas; distribuição orçamentária. Enfim, o conceito de "questões exclusivamente políticas" com que trabalhava era extremamente limitado. Em suma, para ele não havia matéria excluída *a priori*, afirmando: "Ora, não se podem enumerar casos [de natureza exclusivamente política], porque tais casos *ratione materiae* não existem; o que existe é a regra de competência".[632]

Ao defender a vedação do conhecimento, pelo Judiciário, de questões exclusivamente políticas, Pontes de Miranda aludiu à inaptidão dos juízes para exercer suas competências "sem ultrapassar as linhas que delimitam o campo das questões políticas". Ao mesmo tempo, reconheceu a dificuldade inerente à delimitação normativa dessa matéria, qual seja, onde ou em que termos fixar a linha entre competência e usurpação:

> O problema técnico de aviventar os marcos entre o domínio judiciário e os dos outros Poderes, executivo e legislativo, é árduo. Tanto mais árduo quanto se sabe que é preciso pô-lo em termos decisivos e nítidos: exercer o Poder judiciário *toda* a sua competência – quer dizer: não deixar, por timidez, por escrúpulo, por temor da opinião pública do momento, ou da tendência maior da imprensa, de *apreciar* e *julgar* onde

---

[631] PONTES DE MIRANDA, *Comentários à Constituição Federal...*, op. cit., p. 30-31.
[632] Sobre a declaração de guerra, dizia Pontes de Miranda: "[...] o ato de se declarar a guerra pode cair sob a apreciação do Poder judiciário, v. g., se a pessoa chamada às armas para a guerra alegar, em pedido de habeas corpus, que o Presidente da República não teve a necessária autorização do Parlamento". Da mesma maneira, quanto às relações diplomáticas: "Certo, é muito difícil ocorrerem casos em que tais atos do Poder executivo fiquem sujeitos ao *judicial control*. Mas não é impossível [...]" (PONTES DE MIRANDA, *Comentários à Constituição Federal...*, op. cit., p. 39).

os princípios da estrutura americano-brasileira lhe permitem que *aprecie* e *julgue*; e não exercer a função de julgar onde não está a linha da sua competência. Não ir além, porém não se abster de ir até onde *pode* e, pois, *deve*. A mesma circunspecção que lhe aconselha parar onde se usurparia a função de outro Poder, ou se criticaria o que só de outro Poder depende, torna-se mal quando induz à abstinência, à renúncia, à cômoda inércia e à pusilanimidade, que são crime.[633]

Portanto, ao mesmo tempo em que criticava a invasão das atribuições dos outros poderes quando se tratasse de questão "exclusivamente" política, defendia a competência judicial para conhecer questões "eminentemente" políticas e formulava sua compreensão da forma mais ampla possível. Para ele, era difícil, senão impossível, "que uma questão política não possa, em certas circunstâncias, fundamentar pleito legal, apresentar aspecto, lado, caráter ou dimensão jurídica".[634] Sua leitura do artigo 94 da Constituição era restritiva, entendendo-o da seguinte maneira: "É vedado ao Poder judiciário conhecer de questões que não tenham sido postas sob a forma de ação em juízo, ou por não serem suscetíveis de se proporem como tais, ou porque não as enunciou como tais o autor, ou, na reconvenção, o réu".[635]

A vedação do conhecimento de questões "exclusivamente políticas" pelo Judiciário, que, na Constituição de 1934, permanecia sob interpretação do próprio Judiciário quanto à sua extensão e sentido, teve sua eficácia normativa reforçada pela Carta de 1937. Duas normas tornaram sua observância pelos juízes mais premente: a primeira delas, prevista no artigo 170, impediu o controle judicial de todos os atos praticados pelo governo e por seus agentes durante o estado de emergência ou de guerra, invertendo a principiologia do texto constitucional anterior, que os submetia ao controle dos outros dois poderes; a segunda delas foi a previsão, no artigo 177 da Carta de 1937, de que o governo poderia aposentar, a seu exclusivo critério, quaisquer funcionários civis ou militares para o bem do interesse público, aí incluídos os magistrados – o que afastava, segundo a interpretação defendida por Oliveira Vianna e pelo pensamento autoritário do período, a proteção conferida pelas garantias da magistratura previstas no artigo 91 da Constituição.

---

[633] PONTES DE MIRANDA, *Comentários à Constituição Federal...*, op. cit., p. 31-32.
[634] PONTES DE MIRANDA, *Comentários à Constituição Federal...*, op. cit., p. 43.
[635] PONTES DE MIRANDA, *Comentários à Constituição Federal...*, op. cit., p. 43.

Essas alterações revelam os extremos do autoritarismo a que chegou a nova Carta. A irresponsabilização do chefe do Executivo perante o Judiciário (cujo funcionamento foi mantido, ao contrário do Legislativo) ampliou a arbitrariedade do regime, considerada a gravidade das medidas que poderiam ser decretadas, sem qualquer tipo de freio institucional. Com efeito, a Carta de 1937: (i) autorizou a decretação das medidas extremas por motivo de "iminência de perturbações internas"; (ii) dispensou a exigência, prevista no texto constitucional anterior, de aprovação do Parlamento para a decretação do regime de exceção; (iii) conferiu ao presidente o poder monocrático de indicar as partes da Constituição que seriam suspensas.

Aqueles dispositivos (artigos 166 e 171)[636] mereceram especial atenção dos comentaristas da Carta de 1937, cujo objetivo era reforçar a legitimidade das previsões neles inseridas. Eis a justificativa dada pelo professor de direito Antônio Figueira de Almeida, escalado pelo Departamento de Imprensa e Propaganda (DIP), na obra já antes mencionada:

> Pode haver necessidade de se tomarem medidas prontas e rápidas em completo sigilo. Daí subtrair-se ao Parlamento sua interferência na declaração do estado de emergência ou do estado de guerra. E compreende-se que é de todo vantajoso que se não discutam os motivos dessas declarações.
> Elas podem ser necessárias até mesmo para impedir propagandas de agentes internacionais, e a discussão no Parlamento poderia afetar as relações do Brasil com as outras nações, ou alguma dentre delas.
> [...]

---

[636] Com efeito, os artigos 166, *caput* e parágrafo único, e 171 estabeleciam o seguinte:
Art. 166 - Em caso de ameaça externa ou iminência de perturbações internas ou existências de concerto, plano ou conspiração, tendente a perturbar a paz pública ou pôr em perigo a estrutura das instituições, a segurança do Estado ou dos cidadãos, poderá o Presidente da República declarar em todo o território do País, ou na porção do território particularmente ameaçado, o estado de emergência.
Desde que se torne necessário o emprego das forças armadas para a defesa do Estado, o Presidente da República declarará em todo o território nacional ou em parte dele, o estado de guerra.
Parágrafo único - Para nenhum desses atos será necessária a autorização do Parlamento nacional, nem este poderá suspender o estado de emergência ou o estado de guerra declarado pelo Presidente da República.
[...]
Art. 171. Na vigência do estado de guerra deixará de vigorar a Constituição nas partes indicadas pelo Presidente da República.

O estado de emergência, ou de guerra, transforma o Governo constitucional, regular, em Governo de salvação pública.
Assim sendo, não se permitirá a interferência de outros poderes.
Sem essa medida, o Governo poderia ficar desarmado para a realização de atos necessários para a defesa da origem pública.[637]

Por fim, acrescentou-se uma norma que não apenas afetou a independência do Judiciário como aboliu a separação de poderes: o artigo 177 da Constituição, principal pilar do novo regime, materializador do Primado do Executivo, nos seguintes termos:

> Art. 177. Dentro do prazo de sessenta dias, a contar da data desta Constituição, poderão ser aposentados ou reformados, de acordo com a legislação em vigor, os funcionários civis e militares cujo afastamento se impuser, a juízo exclusivo do Governo, no interesse do serviço público ou por conveniência do regime.

Como visto no capítulo 2, a interpretação desse dispositivo foi desenvolvida de modo a se aplicar até mesmo aos membros da magistratura, incluídos os ministros do Supremo Tribunal Federal. O presidente passou a exercer a chefia superior de todo o Estado. Oliveira Vianna revelou sua profunda satisfação com o novo regime:

> O princípio da soberania do poder nacional, felizmente, agora restaurado na Constituição de 1937, por um homem de Estado, vindo do extremo Sul, sempre foi uma velha e bela tradição da cultura política dos fluminenses e ninguém o firmou com mais eloquência e precisão do que Itaboraí, também outro fluminense típico, da mesma estirpe de Figueira, quando, revidando ao mote liberal: "O rei reina, mas não governa", que era uma tradução literal de uma fórmula do parlamentarismo britânico, lançou o contramote decisivo: - 'O rei reina, governa e administra', que ia inspirar daí por diante toda a política do Império, de afirmação da soberania nacional e, em consequência, de consolidação progressiva da autoridade do Poder Central.[638]

Estabelecido o princípio do Primado do Executivo, evidencia-se que a independência do Judiciário e as garantias da magistratura passaram a depender em grande medida do favor e da vontade do chefe

---

[637] ALMEIDA, *A Constituição de Dez de Novembro explicada ao povo*, op. cit., p. 129-131.
[638] VIANNA, Oliveira. Carta Prefácio. *In*: ALMEIDA, *A Constituição de Dez de Novembro explicada ao povo*, op. cit., p. 10.

do Executivo, cujas limitações se apagavam no texto de 1937 e no contexto histórico-institucional de domínio do pensamento autoritário no nosso país, autorizando ampla margem de atuação ao presidente da República e deslegitimando os mecanismos que davam força às vontades e opiniões políticas contrapostas.

As competências do Supremo Tribunal Federal também foram alvo de alterações na Carta de 1937, com substancial redução da sua jurisdição, especialmente nos seguintes pontos:

(a) Competência originária para processar e julgar o presidente da República

Foi eliminada a competência para processar e julgar, originariamente, o presidente da República nos crimes comuns (artigo 101, I, da Carta de 1937). À ausência de previsão do órgão competente, seguiu-se o entendimento de que o presidente da República seria "irresponsável" à luz da Carta de 1937, ou seja, não poderia ser responsabilizado (investigado, processado e julgado) pela prática de crimes comuns, perante quaisquer órgãos jurisdicionais.

Essa compreensão era reforçada pela redação ambígua do §2º do artigo 89 da Carta, que previa as hipóteses de responsabilização dos ministros de Estado, nos seguintes termos: "Nos crimes comuns e de responsabilidade serão processados e julgados pelo Supremo Tribunal Federal, e, nos conexos com os do Presidente da República, pela autoridade competente para o julgamento deste". Ocorre que inexistia, no texto constitucional, qualquer norma definidora do órgão competente para julgamento do presidente da República por crimes comuns. Assim, a única via institucional de responsabilização do presidente da República era a política, perante o Conselho Federal.[639] O Judiciário não detinha poder de julgar seus atos.

(b) Competência originária para os *habeas corpus* contra o presidente da República

O artigo 101, I, *g*, da Carta de 1937 estabelecia que o Supremo Tribunal Federal seria originariamente competente para processar e julgar o *habeas corpus* quando o paciente ou o coator fosse "tribunal,

---

[639] Nesse sentido, Estellita Lins: "O Presidente da República é submetido a processo e julgamento perante o Conselho Federal (art 86). Não há distinguir: 'nos crimes de responsabilidade' (art 86 e 87, combinados)" (LINS, A. E. Estellita. *A nova Constituição dos Estados Unidos do Brasil*. Rio de Janeiro: José Konfino, 1938. p. 331).

funcionário ou autoridade, cujos atos estejam sujeitos imediatamente à jurisdição do Tribunal".

Por não ser o presidente da República autoridade sujeita à jurisdição do Supremo Tribunal Federal, essa ausência de submissão ao Poder Judiciário eliminaria a competência do Tribunal (e de qualquer órgão judiciário) para conhecer do *habeas corpus* ou do mandado de segurança quando o presidente fosse apontado como autoridade coatora – por essa literalidade, a Carta de 1937 teria desenhado a competência de modo que nenhum ato do presidente da República se sujeitasse à revisão judicial.

Alguns intérpretes ousavam questionar a extensão dessa mudança na competência originária do Supremo Tribunal Federal. Para Araújo Castro, por exemplo, os *writs* impetrados contra o presidente da República deviam, sim, ser conhecidos e julgados pelo Supremo Tribunal Federal, considerando que a omissão da Carta de 1937 quanto a quem seria a autoridade competente para tanto não poderia, por um lado, conduzir à interpretação absurda de "admitir a competência de qualquer outro tribunal ou juiz para tomar conhecimento do *habeas corpus*, quando o paciente ou o coator for o Presidente da República, que, no atual regime, é a suprema autoridade da Nação", mas, por outro lado, tampouco poderia ser interpretada de modo a "admitir que, em tal hipótese, não terá cabimento o *habeas corpus*". Conclui ser "indeclinável a competência do Supremo Tribunal Federal, não obstante se entender que a sua competência originária é restrita aos casos enumerados na Constituição. Nesta hipótese, a competência não resulta da letra, mas deriva necessariamente do espírito".[640]

(c) Competência originária para o mandado de segurança contra atos do presidente da República ou de ministro de Estado

A Constituição anterior, de 1934, previa, no artigo 76, nº 1, letra *i*, a competência originária da Corte Suprema para processar e julgar "o mandado de segurança contra atos do Presidente da República ou de Ministro de Estado".

Já o texto de 1937 não disciplinou a matéria. Deixou de haver previsão da competência para o julgamento do mandado de segurança contra atos do presidente da República ou de ministro de Estado. Em comentários a essas alterações, afirmava Augusto Estellita Lins, em obra de 1938:

---

[640] CASTRO, Araújo. *A Constituição de 1937*. 2. ed. Rio de Janeiro: Freitas Bastos, 1941. p. 239.

Ao Supremo Tribunal Federal não mais assiste competência para processar e julgar originariamente o Presidente da República; os juízes dos tribunais federais (extintos), os juízes federais e seus substitutos (idem); consequentemente, os conflitos de jurisdição a que se referia o art. 76, I, f, da Constituição de 1934; o mandado de segurança contra atos do Presidente da República ou de Ministro de Estado.[641]

Indicativo de que pretendia abolir, por completo, a ação mandamental (introduzida pela Constituição anterior), mais do que eliminar a competência originária do Supremo Tribunal Federal para o julgamento do mandado de segurança é o fato de que a Carta de 1937 não o menciona, deixando ele de figurar entre os remédios constitucionais previstos em nosso ordenamento. Enquanto a Constituição de 1934 previa, expressamente, as hipóteses de seu cabimento, no artigo 113, nº 33 ("Dar-se-á mandado de segurança para defesa do direito, certo e incontestável, ameaçado ou violado por ato manifestamente inconstitucional ou ilegal de qualquer autoridade"), a Carta de 1937 não o disciplinou (v. artigo 122, nº 1 a 17).

(d) Competência recursal ordinária

A competência do Supremo Tribunal Federal para o julgamento de causas, em sede de recurso ordinário, também foi modificada.

Na Constituição de 1934, o Supremo Tribunal Federal era competente para o julgamento do recurso ordinário em três hipóteses: (i) contra decisões dos juízes e tribunais federais, "inclusive mandados de segurança"; (ii) contra decisões do Tribunal Superior Eleitoral; (iii) contra decisões denegatórias de *habeas corpus* (artigo 76, 2, II, *a*, *b* e *c*).

Na Carta de 1937, o Supremo Tribunal Federal julgaria o recurso ordinário em duas hipóteses: (i) nas causas em que a União fosse autora, ré ou opoente; (ii) contra decisões denegatórias de *habeas corpus*.

A alteração se deveu principalmente à reforma do Poder Judiciário que a Carta de 1937 pretendeu realizar. Com efeito, o texto deixou de prever, entre os órgãos do Poder Judiciário da União, a existência tanto da Justiça Federal quanto da Justiça Eleitoral, ao contrário da Constituição de 1934, que estabelecia, no artigo 63, como órgãos do Poder Judiciário: "(a) a Corte Suprema; (b) os Juízes e Tribunais Federais; (c) os Juízes e Tribunais militares; (d) os Juízes e Tribunais eleitorais". Em 1937, o Judiciário seria composto apenas dos seguintes órgãos: "(a) o Supremo

---

[641] LINS, *A nova Constituição dos Estados Unidos do Brasil*, op. cit., p. 331.

Tribunal Federal; (b) os Juízes e Tribunais dos Estados, do Distrito Federal e dos Territórios; (c) os Juízes e Tribunais militares" (artigo 90).

Os estudos sobre a Constituição de 1937 que consultamos, publicados contemporaneamente à edição da Carta (Pontes de Miranda, Estellita Lins, Antônio Figueira de Almeida, Álvaro Bittencourt Berford, Cavalcanti de Carvalho), silenciam sobre a nova organização do Poder Judiciário, não tecendo qualquer consideração acerca da extinção da Justiça Federal e da falta de menção à Justiça Eleitoral. Em breves considerações sobre o tema, o constitucionalista Araújo Castro apresentou razões práticas: "A competência da Justiça Federal, que, de fato, somente existia nas capitais dos Estados, acarretava, não raro, grandes dificuldades às partes interessadas na defesa dos seus direitos". Elogiou, ainda, o efeito processual simplificador da mudança, com a qual "desaparecem, também, os frequentes conflitos de jurisdição, levantados muitas vezes com o intuito manifesto de procrastinar a solução dos feitos".[642]

Nada obstante, a extinção da Justiça Federal foi matéria de capa da edição matutina de *O Globo* de 18 de novembro de 1938.[643] Os magistrados federais foram aposentados ou passaram à disponibilidade (aproveitados na estrutura da Justiça do Distrito Federal ou dos estados).

Por seu turno, a falta de previsão constitucional da Justiça Eleitoral conviveu com a norma infraconstitucional do Código Eleitoral de 1932, que, no artigo 5º, instituiu a Justiça Eleitoral e previa sua organização e suas competências. Nas palavras de Walter Porto, "lamentável é que uma das maiores conquistas da Revolução de 1930, a Justiça Eleitoral, tenha recebido o repúdio da Constituição de 1937. [...] somente um decreto de maio de 1945 viria restabelecer os 'órgãos dos serviços eleitorais' inscritos na Carta anterior".[644]

(e) Competência para o controle de constitucionalidade da lei interventiva

A Carta de 1937 não conferiu ao Supremo Tribunal Federal a competência prevista na Constituição de 1934, na qual a intervenção

---

[642] CASTRO, Araújo. *A Constituição de 1937*. 2. ed. Rio de Janeiro: Freitas Bastos, 1941. p. 217-218.
[643] Sobre o tema, confira-se a página do Tribunal Regional Federal da 1ª Região na *internet*: https://portal.trf1.jus.br/data/files/3C/65/7C/1D/3C80761082D36076F32809C2/1_%20Fase%20 da%20Justi_a%20Federal.pdf. A Constituição de 1946 não restabeleceu a Justiça Federal de primeiro grau, prevendo apenas a criação do Tribunal Federal de Recursos, que funcionava como órgão de segundo grau nas causas que envolviam a União. Somente a Constituição de 1967 voltaria a prever a Justiça Federal de primeiro e segundo graus.
[644] PORTO, *1937, op. cit.*, p. 24-25.

federal decretada "para assegurar a observância dos princípios constitucionais especificados" dependia de prévia decisão da Corte Suprema sobre a constitucionalidade da lei interventiva.

Com isso, deixou de existir aquele primeiro mecanismo de controle concentrado e abstrato de constitucionalidade pelo Supremo Tribunal Federal.

(f) Competência para o julgamento do recurso ordinário em caso de crimes políticos

A abolição da Justiça Federal serviu também para alterar, no plano constitucional, a competência para o processo e julgamento dos crimes políticos.

Na Constituição de 1934, cabia aos juízes federais processar e julgar, em primeira instância, os crimes políticos (artigo 81, letra *i*). Dessas sentenças, cabia tanto recurso ordinário quanto mandado de segurança para o Supremo Tribunal Federal (artigo 76, II, *a*).

A Carta de 1937 alterou essa competência. Além de substituir a expressão "crimes políticos", do texto anterior, por "crimes que atentarem contra a existência, a segurança e a integridade do Estado, a guarda e o emprego da economia popular", previu a realização de seu "processo e julgamento perante Tribunal especial, na forma que a lei instituir" (artigo 122, nº 17, e artigo 172). Esse tribunal especial seria o Tribunal de Segurança Nacional, criado em 1936 e cujas competências seriam alargadas. O artigo 141 da nova Carta estabeleceu um mandado de criminalização e de punição dos "crimes contra a economia popular", que foram "equiparados aos crimes contra o Estado, devendo a lei cominar-lhes penas graves e prescrever-lhes processos e julgamentos adequados à sua pronta e segura punição". O artigo 142 determinou a punição da usura.

No novo regime, portanto, o território das competências do Supremo Tribunal Federal foi diminuído no regime de 1937, em contraste com o novo desenho institucional conferido ao Tribunal de Segurança Nacional, cujos poderes se avultaram. No mês seguinte ao da outorga da Constituição, o governo editou o Decreto-Lei nº 88, de 20 de dezembro de 1937, modificando a Lei nº 244/1936, que ampliou drasticamente o poder individual dos juízes do TSN e estabeleceu a irrecorribilidade das decisões colegiadas daquele tribunal, que passou a ser jurisdição especial autônoma, não mais do ramo da Justiça Militar. Do Decreto-Lei nº 88/1937, destacam-se: (a) a ampliação da competência do TSN, que passava a ser o único órgão competente para julgar, em primeira e segunda instâncias, os crimes políticos e os crimes contra a economia popular, bem como os *habeas corpus* em matérias de sua competência; (b) competência monocrática de cada membro para o julgamento do mérito das acusações, em primeiro grau; (c) cabimento da pena de morte; (d) presunção de culpa se o acusado fosse preso na posse de arma, instrumento ou qualquer documento do crime; (e) desnecessidade de fundamentação da sentença condenatória, que se fundaria na livre convicção.

Em seguida, seria publicado o Decreto-Lei nº 869, de 18 de novembro de 1938, que definiu os crimes contra a economia popular, atribuídos expressamente à competência do Tribunal de Segurança Nacional (artigo 6º), todos inafiançáveis (não permitindo a liberdade mediante pagamento de fiança) e vedada a concessão dos benefícios de suspensão da pena e do livramento condicional. Os crimes foram tipificados nos artigos 2º, incisos I a X, com penas de prisão, de 2 a 10 anos, e multa; 3º, incisos I a V; e 4º, letras *a* e *b*, com penas de prisão, de 6 meses a 2 anos.[645] O então ministro da Justiça, Francisco Campos, que assinou a lei juntamente com Getúlio Vargas, assim justificou sua edição:

---

[645] O uso populista da lei não retira seus méritos. Ela surgiu no contexto da grave crise econômica iniciada com a Quebra da Bolsa de Nova Iorque, em 1929, e se revelou bastante moderna nas tipificações das condutas, inclusive em comparação com os diplomas em vigor nos dias atuais, e conectada com as pesquisas acadêmicas que marcaram aquela época, na Europa e nos Estados Unidos. Desde o início dos anos 1930, a Escola de Chicago desenvolvia estudos de criminologia crítica, apontando as falhas e cifras ocultas da criminologia positivista, focada no indivíduo criminoso e em definições naturalísticas ou metafísicas (pré-normativas) de crime. Edwin Sutherland, em 1939, cunhou o termo *"white collar crimes"*, desenvolvendo pesquisas empíricas que revolucionaram a forma de pensar as engrenagens do direito penal, sua aplicação seletiva e rotuladora, e resultou no movimento de ruptura com a epistemologia etiológica, que buscava entender as causas do comportamento criminoso partindo de conceitos naturalizadores do crime, sem analisar sua dimensão político-normativa. Nada obstante, como toda lei penal, era viável sua instrumentalização contra os "inimigos", como aconteceu com os judeus, na Alemanha.
Na lei brasileira de 1938, tipificaram-se no artigo 2º as condutas mais graves, com penas de até 10 anos: (1) destruir ou inutilizar matérias primas ou produtos "necessários ao consumo do povo", mas somente se não houvesse autorização legal para tanto (com efeito, o próprio governo reservava e destruía parte da produção de café, como medida voltada ao controle do preço do produto no mercado externo); (2) abandonar lavouras ou suspender atividades de qualquer estabelecimento de produção ou meio de transporte, em troca de pagamento pela desistência da competição; (3) formação de cartel ou *trust*; (4) reter produtos "necessários ao consumo do povo", com o fim de dominar o mercado e provocar alta dos preços; (5) vender mercadorias abaixo do preço de custo, com o fim de impedir a concorrência; (6) "provocar a alta ou baixa de preços, títulos públicos, valores ou salários por meio de notícias falsas, operações fictícias ou qualquer outro artifício"; (7) exercer função de direção, administração ou gerência de mais de uma empresa do mesmo ramo de indústria ou comércio, com o fim de impedir ou dificultar a concorrência; (8) gestão fraudulenta ou

Entre as atribuições do Tribunal de Segurança a lei incluiu, de acordo com o princípio constitucional sobre a matéria, o julgamento dos crimes contra a economia popular. Quando foi publicada essa lei, tive ocasião de expor o seu plano e os seus fundamentos. Era necessário, com efeito, pôr termo aos "staviskismos", aos tortuosos expedientes dos defraudadores da bolsa do povo, à camorra parasitária que se organizara, lenta e seguramente, à sombra de um código benigno, onde a Justiça não conseguia tomar pé para defender o povo dos seus insaciáveis exploradores. A lei está sendo aplicada com honestidade e em todo o País, segundo o próprio testemunho dos jornais, que repetidamente nos dão conta de novos e expressivos casos – e o das casas de penhor que cobravam juros de 120 por cento ao ano foi um dos mais gritantes. O lucro do capital e das operações dos intermediários não é lícito senão quando colocado dentro de certos limites, além dos quais estão o abuso e o crime.

[...]

O processo prescrito para os crimes contra a estrutura do Estado e a defesa da economia popular tem permitido o pronunciamento de decisões prontas, justas e isentas de formalismos e de inúteis complicações. Com a direção do processo e a faculdade da livre apreciação das provas, os membros do Tribunal de Segurança se têm servido eficazmente do instrumento que a nova lei lhes proporciona, fundada nos princípios da concentração e da oralidade. Também a lei destinada a regular a cobrança da dívida ativa da Fazenda Pública, em vigor desde 1º de janeiro deste ano, foi informada pelos mesmos princípios e, sem sacrifício da defesa dos executados, vai permitindo ao erário um meio rápido e seguro de reaver os seus créditos.[646]

Veremos, a seguir, as alterações no desenho da competência do Supremo Tribunal Federal no exercício da jurisdição constitucional.

3.5.2 O controle de constitucionalidade no Estado Novo

Além das mudanças nas competências do Supremo Tribunal Federal vistas no capítulo anterior, que afetaram especialmente o controle

---

temerária de bancos, estabelecimentos de capitalização, sociedades de seguros, pecúlios ou pensões vitalícias, sociedades de empréstimos ou financiamento habitacionais, caixas ou cooperativas; (9) fraudar registros e outras informações devidas a sócios de sociedades por quotas ou ações, com o fim de sonegar lucros, dividendos, rateios, bonificações ou de desviar fundos de reserva. O artigo 3º criminalizou a transgressão das tabelas oficiais de preços; as práticas fraudulentas hoje conhecidas como "pirâmides"; a fraude de pesos ou medidas. Finalmente, o artigo 4º tipificou a usura (cobrança de juros superiores à taxa permitida por lei ou a obtenção de comissão superior à autorizada por lei; e a prática de lesão nos contratos, abusando da necessidade ou inexperiência da outra parte).

[646] CAMPOS, *O Estado Nacional, op. cit.*, p. 120 e 183.

e fiscalização dos atos do presidente da República (eliminando previsões que viabilizariam a sua responsabilização por crimes comuns, perante o Supremo Tribunal Federal, bem como extinguindo o controle prévio da constitucionalidade da lei interventiva pela Corte), a Carta de 1937 mitigou a antiga associação, oriunda do direito norte-americano, entre supremacia da Constituição e supremacia judicial, a qual se caracteriza pela outorga, à Suprema Corte, da última palavra na tarefa de definir o sentido e o alcance das normas constitucionais – atribuindo, na prática, ao Poder Judiciário o poder de anular atos e políticas adotadas pelos poderes eleitos, impondo à sociedade a visão de Constituição dos juízes.

Como visto no capítulo 2, Francisco Campos era o principal crítico do *judicial review* no nosso país, apoiando-se em estudos acadêmicos que, nos Estados Unidos, questionavam a extensão dada ao poder dos juízes de anularem a interpretação da Constituição realizada pelos políticos eleitos pelo povo para cumprir as promessas constitucionais. O pano de fundo dos debates era o plano do então presidente Roosevelt para a recuperação da economia depois da Quebra da Bolsa de Nova Iorque de 1929. Como vimos nos capítulos precedentes, ao longo de todo o primeiro mandato de Roosevelt, a Suprema Corte julgou inconstitucionais desde medidas de "delegação legislativa" ao chefe do Executivo, que o autorizavam a implementar planos econômicos voltados à limitação da liberdade contratual e à fixação de regras sobre salário, emprego e proteção contra acidentes e demissão, até atos dos próprios legislativos, estaduais ou federal, no mesmo sentido – fundada em precedente firmado no início do século XX, em 1906.

O controle judicial de constitucionalidade está no cerne da vedação, ao Poder Judiciário, do conhecimento das chamadas questões "exclusivamente políticas", prevista no artigo 94 da Carta de 1937, replicando norma instituída desde 1926. A extensão ideal do *judicial review* era amplamente debatida na época. O artigo 96, parágrafo único, da Carta de 1937 deu forma à nova visão de supremacia constitucional, sem supremacia judicial, ao estabelecer o seguinte:

> Art. 96 - Só por maioria absoluta de votos da totalidade dos seus Juízes poderão os Tribunais declarar a inconstitucionalidade de lei ou de ato do Presidente da República.
> Parágrafo único - No caso de ser declarada a inconstitucionalidade de uma lei que, a juízo do Presidente da República, seja necessária ao bem-estar do povo, à promoção ou defesa de interesse nacional de alta monta, poderá o Presidente da República submetê-la novamente ao

exame do Parlamento: se este a confirmar por dois terços de votos em cada uma das Câmaras, ficará sem efeito a decisão do Tribunal.

Tratou-se de uma alteração essencial no controle judicial de constitucionalidade, sujeitando-o a desafio direto pelo presidente da República, mas que ecoava diversas preocupações da época com o chamado "governo dos juízes". Caso o presidente da República discordasse da decisão do Supremo Tribunal Federal quanto à inconstitucionalidade de uma lei, poderia submeter o mesmo texto a exame do Parlamento. A superação da decisão do Supremo ocorreria se, por maioria de dois terços em cada uma das Casas, o Legislativo confirmasse a constitucionalidade do diploma declarado inconstitucional pelo Tribunal.

A norma foi objeto de numerosos comentários tão logo a Carta foi outorgada. Nelson Hungria, que, à época, era desembargador do Tribunal de Justiça do Distrito Federal, considerou que a nova previsão estabelecia "um perfeito equilíbrio entre os três poderes do Estado. Prevalece a característica de um Estado Forte, importando isso em dizer que o Executivo tem maior soma de autoridade". Para ele, a jurisdição constitucional era um "elemento sintomático dos regimes democráticos" e foi conservada pela Carta de 1937, "mas sempre visando o interesse coletivo. É por isso que vemos no mesmo dispositivo que dá competência para tanto ao Supremo Tribunal Federal a ressalva de que a lei julgada inconstitucional por esta Corte, uma vez ratificada [...] continuará em vigor". Na sua opinião, a finalidade era evitar "o que se deu nos Estados Unidos, onde as reformas sociais do Presidente Roosevelt, consubstanciadas na NRA, foram rejeitadas em parte pela Corte Suprema, por inconstitucionalidade. Milhares de operários, milhões de famílias sofreram com essa impugnação". Ele considerava que "só mesmo a reforma da Corte Suprema, com a aposentadoria de alguns membros, permitirá ao presidente Roosevelt levar avante o magnífico plano de proteção social".[647]

O então ministro do Supremo Tribunal Federal, Costa Manso, nomeado por Vargas para a Corte em 1933, defendeu a inovação: "Abandonamos em parte o judiciarismo norte-americano, sem adotarmos inteiramente o sistema inglês ou o francês", mediante um "sistema original" no qual o Parlamento guardava uma função "permanentemente

---

[647] Trechos de entrevista concedida por Nelson Hungria a *O Jornal*, em 16 de novembro de 1937. Apud LINS, *A nova Constituição dos Estados Unidos do Brasil*, op. cit., p. 318.

constituinte [...], o que vale por suprimir as superfícies de atrito entre a Lei Fundamental e a ordinária".[648]

Estellita Lins argumentou que, apesar da primeira impressão desfavorável, como norma consagradora da "invasão do Poder Judiciário pelo Poder Legislativo, expressões que cabem no novo Estatuto sem a acepção ideológica adotada pelo anterior", era preciso reconhecer os aspectos positivos do novo controle de constitucionalidade, dos quais cabe transcrever o seguinte:

> [...] o que fica sem efeito é apenas a decisão em apreço. De onde dois corolários:
> a – cessados os três ou um dos três motivos legais ou os únicos que houverem sido reconhecidos pelo Parlamento (ou mesmo antes, se a lei ordinária não o impedir), poderá a ação ser renovada e poderá o Parlamento, julgando então inexistente a necessidade da lei, confirmar a nova decisão;
> b – nas hipóteses semelhantes à que foi o *punctum pruriens* da ação, pode ser pleiteada igual declaração de inconstitucionalidade por todos quantos tenham nela interesse [...].[649]

Pontes de Miranda, que não se filiava ao pensamento autoritário da época, classificou as alterações como "exigências de maior meditação e persuasão", acrescentando, sobre o parágrafo único do artigo 96: "Não é um *per saltum*; é um recurso *de direito* – mero recurso sobre *quaestio juris*". Sem esconder seu entusiasmo com a instituição do controle judicial de constitucionalidade,[650] ele evitava reduzi-lo, como fazia a crítica majoritária, a um mecanismo imposto pelo liberalismo ou individualismo econômico, que devia ser eliminado da nova institucionalidade. Num tempo em que o regime autoritário de natureza

---

[648] Trechos de entrevista concedida por Costa Manso a *O Jornal*, em 18 de novembro de 1937. Apud LINS, *A nova Constituição dos Estados Unidos do Brasil*, op. cit., p. 317.
[649] LINS, *A nova Constituição dos Estados Unidos do Brasil*, op. cit., p. 320-321.
[650] Ele critica a ideia, desenvolvida por Kelsen, de uma corte constitucional como órgão distinto da Suprema Corte, considerando que "a Europa, nesse particular, está aquém da América". Para Pontes de Miranda, o controle de constitucionalidade das leis devia ser feito pelo órgão de cúpula do Poder Judiciário (Suprema Corte), e não por um órgão apartado, sem outras competências judiciais, competente exclusivamente para o controle de constitucionalidade (Corte Constitucional): "[...] no fundo, é a unidade que se quer, verticalmente (Constituição, leis, atos) ou horizontalmente (coerência do ordenamento jurídico). Além da vantagem teórica, existe a vantagem prática de se porem os juízes em contato com o corpo inteiro do direito nacional" (PONTES DE MIRANDA, *Comentários à Constituição Federal...*, op. cit., p. 35).

nazifascista já grassava por praticamente toda a Europa e a América Latina, Pontes de Miranda sublinhou:

> Ora, se é certo que o individualismo econômico se serviu e abusou do *judicial control*, não é exata a proposição que liga a tal época de *atomismo eudemônico* o destino do exame judicial da constitucionalidade. Há interesse técnico na necessidade de permanência e solidez da construção constitucional, dos próprios fins não-individualistas, em que se proteja a lei fundamental da organização nacional. Proteger contra as maiorias ocasionais ou desvios não-profundos do ideal coletivo e contra a deturpação dos ideais – de regra, na origem, revolucionários, novos – de toda Constituição. As *formas* podem ser tão essenciais quanto os preceitos jurídicos propriamente ditos; e as instituições tão dignas de resguardo quanto os direitos subjetivos dos indivíduos ou das coletividades.[651]

De todo modo, quanto à extensão do controle de constitucionalidade, sua defesa não era tão assertiva. Ponderava-o com a separação de poderes, na chave do pouco desenvolvido conceito das questões políticas: "O Poder judiciário julga, de regra, o caso concreto; a decisão tem de ser obedecida. Mas obrigar os outros Poderes ao respeito de julgado que lhes invadiu a competência é concorrer para a desordem e o postergamento dos preceitos da Constituição. Respeitar para ser respeitado".[652] Sua dúvida advinha dos conflitos históricos entre o Judiciário e os poderes políticos, cujo equilíbrio permanecia sem solução:

> O pendor reacionário das Cortes Supremas para a declaração da inconstitucionalidade dos impostos e medidas políticas de caráter econômico, de que são exemplos ainda recentes, nos Estados Unidos da América, as decisões sobre os planos de Roosevelt e, no Brasil, as extensões de isenções ao imposto de renda e a absurda conceituação das loterias estaduais, mostraram que a regra do art. 179 da Constituição de 1934, em parte conservada pelo art. 96 da Constituição de 1937, foi feliz [...]. Os fatos, as leis sociológicas, não são decretadas pelos poderes públicos, nem ficam sujeitas à maioria absoluta ou à unanimidade dos votos de um tribunal. Às gerações passadas foi possível o interpretar os textos constitucionais a bel-prazer de minorias poderosas e o levá-los a proteções que eles não continham. Às gerações de hoje cabe aplicarem-nos como são, conforme o que dizem, conforme o que permitem, e não quererem que impostos gerais, oriundos de novas necessidades sociais,

---

[651] PONTES DE MIRANDA, *Comentários à Constituição Federal...*, op. cit., p. 34-35.
[652] PONTES DE MIRANDA, *Comentários à Constituição Federal...*, op. cit., p. 38.

se submetam às regras dos impostos antigos, gravadores da produção e não das rendas, e da imensa desigualdade econômica que a imprevisão política deixou medrasse à sombra do princípio da liberdade econômica. O legislador constituinte de 1937 ouviu os nossos reclamos, que eram os de todos os que amam a causa pública. O art. 96, § único, traz uma solução, de cujo valor dirá a prática do Parlamento.

O elogio do art. 96, parágrafo único, equilibrava-se com a defesa de um controle de constitucionalidade amplo, alcançando até mesmo matérias unanimemente classificadas como "exclusivamente políticas". Miranda se valeu da fineza argumentativa para apoiar o controle judicial de constitucionalidade de toda e qualquer matéria articulada em juízo: "Sempre que se discute se é constitucional, ou não, o ato do Poder executivo ou do Poder judiciário ou do Poder legislativo, a questão judicial está formulada, o elemento político foi excedido e caiu-se no terreno da questão jurídica".[653] Ainda mais assertivo, afirmou: "A apreciação da constitucionalidade das leis não constitui *ingerência* na esfera da ação dos dois outros Poderes. A Europa, pouco acostumada a meditar o problema do *judicial control*, foi levada a afirmar o contrário".[654]

O limite à competência judicial, portanto, residiria não na natureza política ou jurídica das matérias, mas, sim, na atuação do mecanismo institucional do artigo 96, parágrafo único: "Trata-se de uma devolução dos poderes de guarda da Constituição a dois Poderes, um após o outro", o que Pontes de Miranda saudou como "originalidade", "inovação corretiva" e "uma das maiores inovações da Carta de 1937", que veio para "obviar às tendências reacionárias da Justiça, que soía cortar, como inconstitucionais, medidas salutares ou preceitos fiscais que de modo nenhum o eram". Ajuntou: "A última palavra, em matéria de declaração da inconstitucionalidade das leis, passou a ser dada pelo Parlamento, e não pelo Poder Judiciário. Em parte, perdeu o Poder Judiciário a supremacia no interpretar da Constituição, que lhe havia dado a Constituição de 1891".[655]

O debate tendia a ser franco e iconoclasta nos anos 1930, sem naturalizar, idealizar ou dogmatizar o instituto do controle judicial,

---

[653] PONTES DE MIRANDA, *Comentários à Constituição Federal...*, op. cit., p. 43.
[654] PONTES DE MIRANDA, *Comentários à Constituição Federal...*, op. cit., p. 49.
[655] PONTES DE MIRANDA, *Comentários à Constituição Federal...*, op. cit., p. 48-49 e 55.

ainda quando se argumentava em favor da sua existência.⁶⁵⁶ A possibilidade de alteração do seu desenho e da autoridade final em matéria de interpretação constitucional estava aberta. Pontes de Miranda observava o panorama do direito comparado nos últimos anos e as diferentes concepções institucionais de controle de constitucionalidade, judicial e político:

> [...]
> 4. A apreciação da constitucionalidade deve recair em todos e quaisquer atos. Assim da Justiça, como dos outros órgãos do Estado, ainda aqueles que só exerçam função consultiva, pois a exigência formal da consulta implica a imprescindibilidade constitucional do exame ou do parecer. Mas o *punctum dolens* está no *judicial control* dos atos do Poder legislativo. Assente que se precisava de defesa contra o Poder legislativo, ou se havia de procurar no Poder executivo, ou no Poder judiciário. De entrada, tem-se aquele por principal, no caso de ser o governo, salvo quando a espécie se subsuma no direito de veto. Restavam duas soluções: o Poder judiciário e o Chefe de Estado, quando não governasse. As Constituições de tipo norte-americano tomaram aquele caminho; outras, o segundo, inclusive a da Alemanha. Nada obstaria a que se combinassem as duas. A da Alemanha não combinou: superpôs. Verifica-se judicialmente a constitucionalidade das leis e Constituições dos Países [locais]; não se verifica a das leis e revisões do Reich. Quanto a essas, o Chefe de Estado é que funciona como defensor da Constituição. Logo após a revolução, Alfred Friedmann (Friters) pediu que se desse à Alta Corte o poder de declarar nulas as leis inconstitucionais. Depois, na Assembleia Nacional surgiu a proposição de Ablass, segundo a qual, provocado por 100 membros do Reichstag, poderia o Tribunal de Justiça constitucional decidir sobre inconstitucionalidade. Caiu. No 33º Congresso de Juristas alemães (Edelberga, 1924), H. Tripel e o Graf zu Dohna sugeriram que se estudasse a possibilidade de se pronunciar, antes da promulgação da lei,

---

⁶⁵⁶ Poucos eram os que defendiam, naqueles anos, o controle judicial como decorrência lógica (portanto, necessária) da supremacia constitucional. Araújo Castro, por exemplo, considerava a jurisdição constitucional uma decorrência lógica da supremacia da jurisdição, e não uma decisão político-constitucional. Para ele, "nada sofrerá a doutrina [da *judicial review*] com esses embates, porque será impossível destruir a lógica em que ela assenta. Se os poderes estabelecidos pela Constituição são limitados, como supor que alguém possa arrogar-se o direito de os modificar sem ser mediante o processo por ela estabelecido. A declaração de inconstitucionalidade de leis [pelos tribunais], observa Duguit, deriva logicamente da distinção entre lei constitucional e lei ordinária e do princípio da separação dos poderes. [...] [...]" e assim prossegue na defesa da supremacia judicial no controle de constitucionalidade. Valeu-se, ainda, do direito comparado: "Além dos Estados Unidos e do Brasil, o controle judicial da constitucionalidade das leis é adotado atualmente em muitos países: México, Argentina, Chile, Irlanda, África do Sul, Bolívia, Venezuela, etc." (CASTRO, *A Constituição de 1937, op. cit.*, p. 222-225).

o Tribunal de Justiça constitucional, e que se ampliasse a competência do Tribunal de Justiça constitucional a todas as questões constitucionais, pois o art. 19 é demasiado restrito. No 34º Congresso, de novo, Anschütz e Mende pedem a ampliação. Todas essas proposições foram adotadas pelos Congressos. Depois vieram dois projetos, o de 1925 e o de Külz, em 1926, apresentado esse á Comissão jurídica do Reichstag em 25 de março de 1927. Do relato logo se tirou que a Alemanha caminhava para o *judicial control*, em toda a extensão, a despeito de opiniões contrárias, que – é de justiça reconhecer – desceram a crítica minuciosa e profunda da supremacia constitucional do Poder judiciário.[657]

A "crítica minuciosa e profunda da supremacia constitucional do Poder judiciário", mencionada por Pontes de Miranda, era a desenvolvida por Carl Schmitt, na obra *O guardião da Constituição*, publicada em 1931. Schmitt fez ali a defesa da posição do *Führer* como guardião da Constituição, por ser ele, na qualidade de representante máximo do povo, o detentor da legitimidade final para a mais relevante função do Estado, consistente em definir o espírito das leis e da Constituição sempre que houvesse dúvida quanto ao seu sentido.

Nessa linha, Pontes de Miranda anota que "nem sempre é o Poder judiciário, nos povos de hoje e de ontem, o guarda da Constituição. Portanto, não é essencial que se lhe dê, ou se lhe reconheça tal missão. Frisou-o, por exemplo, o autor mesmo do art. 96, § único, o Ministro Campos".[658]

Embora se possa admitir alguma influência, sobre o texto do artigo 96, parágrafo único, da Carta de 1937, da noção schmittiana de guardião da Constituição, tão debatida à época, é inegável que a solução brasileira não eliminava, mas, ao contrário, preservava o *judicial control* e a palavra final do Supremo Tribunal Federal como regra, apenas autorizado ao presidente, depois de prolatada a decisão final da Corte, propor sua superação junto ao Parlamento, que poderia confirmar a constitucionalidade da lei declarada inconstitucional pelo Judiciário, desde que assim se manifestassem dois terços dos congressistas de cada uma das Casas. Exigiam-se, portanto, a participação do Poder Legislativo e a reedição da lei por quórum qualificado. Assim, há brutal distância entre essa norma, isoladamente – considerado seu aspecto textual formal –, e a supremacia do Executivo proposta por Carl Schmitt.

---

[657] PONTES DE MIRANDA, *Comentários à Constituição Federal...*, op. cit., p. 33.
[658] PONTES DE MIRANDA, *Comentários à Constituição Federal...*, op. cit., p. 55.

O presidente da República teria, nos termos do artigo 96, parágrafo único, o "ônus político" de abrir conflito direto com o Judiciário, o que, num regime democrático e de responsabilidade do governante perante o Parlamento e os eleitores, só ocorreria em circunstâncias nas quais o Tribunal estivesse gravemente destituído de credibilidade, a ponto de afetar sua legitimidade. Além disso, como observaram os comentaristas do dispositivo, era possível que a lei, uma vez confirmada pelo Parlamento, tivesse sua constitucionalidade novamente desafiada no Judiciário, que poderia manter sua decisão de julgá-la inconstitucional.

Na prática, considerada a natureza autoritária (ditatorial) do regime de 1937-1945, a nova norma efetivamente conferiu ao controle de constitucionalidade brasileiro feição schmittiana. Em primeiro lugar, porque, nos termos do artigo 178 da Carta de 1937, o Legislativo foi dissolvido e não funcionou durante o Estado Novo, o que, à luz do artigo 180, enfeixou nas mãos do chefe do Executivo as competências legislativas que caberiam ao Parlamento. Em segundo lugar, porque o desenho institucional da separação de poderes no período, especialmente com o poder discricionário do presidente da República de exonerar quaisquer servidores, inclusive magistrados, a seu exclusivo critério, nos termos do artigo 177, não permitia que o Poder Judiciário destoasse da interpretação da Constituição conferida pelo governante – que, se divergisse da decisão final de inconstitucionalidade, poderia superá-la por decreto, como chegou efetivamente a fazer. Por fim, no artigo 186 da própria Carta de 1937, foi declarado "o estado de emergência em todo o país", o que permitiria a Vargas suspender garantias constitucionais e outras partes da própria Constituição.

Foi nesse contexto que, em 5 de setembro de 1939, Getúlio Vargas se valeu do poder previsto no artigo 96, parágrafo único, para editar um decreto-lei superando decisões do Supremo Tribunal Federal que haviam declarado a inconstitucionalidade de outro decreto-lei, emanado do próprio presidente, restabelecendo sua validade sem, para tanto, sujeitar sua decisão ao Parlamento, que fora dissolvido por determinação constitucional.

O caso em questão envolvia matéria tributária. A decisão do Supremo Tribunal Federal havia favorecido servidores públicos de estados e municípios, aí incluídos os magistrados, em detrimento dos interesses da União na arrecadação do imposto de renda sobre seus vencimentos. Era a primeira vez que a Corte declarava inconstitucional um decreto-lei do presidente. Vargas exerceu seu poder de *overruling* da decisão judicial, que não apenas era corporativista e impopular como manifestamente errada, pois transferia para os servidores a imunidade de que gozavam os entes federativos. Com essa medida, porém, outro objetivo indireto foi alcançado por Vargas: possível efeito dissuasório de decisões da Corte contrárias aos interesses da União ou à interpretação constitucional do presidente da República. Afinal, pode ter pesado a consideração de que os tribunais costumam levar em conta as chances de descumprimento de suas decisões, e Vargas mostrou-se disposto a impor sua interpretação da Constituição sobre a do STF.

A forma adotada foi autoritária, pois não passou pelo Parlamento, como se exigia: tratou-se de decreto-lei, assinado por Vargas e por dois ministros – o da Justiça, Francisco Campos, e o da Fazenda, Artur de Sousa Costa.[659] Em entrevista à imprensa, Francisco Campos argumentou que, considerando que o Parlamento ainda não havia sido restabelecido, "o presidente detinha em seu lugar o poder constituinte".[660] Assim, o Poder Executivo afastou a validade de acórdãos proferidos pelo STF por considerá-los contrários ao interesse nacional:

> DECRETO-LEI Nº 1.564, DE 5 DE SETEMBRO DE 1939
> Confirma os textos de Lei, decretados pela União, que sujeitaram ao imposto de renda os vencimentos pagos pelos cofres públicos estaduais e municipais.
> O PRESIDENTE DA REPÚBLICA, usando da atribuição que lhe confere o artigo 180 da Constituição, e para os efeitos do artigo 96, parágrafo,
> CONSIDERANDO que o Supremo Tribunal Federal declarou a inconstitucionalidade da incidência do imposto de renda, decretado pela União no uso de sua competência privativa, sobre os vencimentos pagos pelos cofres públicos estaduais e municipais;
> CONSIDERANDO que essa decisão judiciária não consulta o interesse nacional e o princípio da divisão equitativa do ônus do imposto,
> DECRETA:
> Artigo único. São confirmados os textos de lei, decretados pela União, que sujeitaram ao imposto de renda os vencimentos pagos pelos cofres públicos estaduais e municipais; ficando sem efeito as decisões do Supremo Tribunal Federal e de quaisquer outros tribunais e juízes que tenham declarado a inconstitucionalidade desses mesmos textos.

---

[659] Sousa Costa era banqueiro no Rio Grande do Sul ao tempo em que Vargas era ministro da Fazenda de Washington Luís e, depois, governador do Rio Grande do Sul. No Governo Provisório, Vargas nomeou Sousa Costa para a Presidência do Banco do Brasil e, a partir de 1934, para o Ministério da Fazenda.

[660] Apud LOEWENSTEIN, *Brazil under Vargas*, op. cit., p. 116.

Não foi essa a única oportunidade em que Vargas se valeu do poder individual de reeditar leis julgadas inconstitucionais pelo Supremo, mas foi somente no Decreto nº 1.564/1939 que o artigo 96, parágrafo único, foi acionado, invalidando expressamente a decisão judicial. Getúlio se manifestou sobre essa competência, logo no início do Estado Novo, em entrevista concedida em Berlim, no dia 20 de dezembro de 1937, ao jornal *Lokal Anzeiger*:

> O novo sistema consagra o governo de autoridade, instituindo como regra a delegação legislativa, dando ao Presidente da República poderes para expedir decretos-leis quando não estiver funcionando o parlamento, atribuindo-lhe ainda a prerrogativa de dissolvê-lo em casos especiais e tirando do judiciário o privilégio de supremo intérprete da constitucionalidade ou inconstitucionalidade das leis que envolvam interesses públicos de alta monta.[661]

Sob essa institucionalidade e no universo de sentido criado pelo pensamento autoritário prevalecente no Brasil, veremos, no capítulo seguinte, como o Supremo Tribunal Federal se comportou no julgamento dos temas mais candentes da Era Vargas: crimes políticos, direitos dos estrangeiros e interesses econômicos da União e dos estados-membros.

3.6 Conclusão parcial

O desenho institucional do Supremo Tribunal Federal na Era Vargas foi objeto de profundas e sucessivas alterações, com diferenças marcantes nas fases do regime, consensualmente chamadas de Governo Provisório, governo constitucional e Ditadura do Estado Novo, às quais acrescentamos uma fase intermediária, entre 1935 e 1937, na qual vigorou um regime que, na nossa visão, pode ser conceituado como desconstituinte. Resumidamente:

(1) O Governo Provisório vigorou como estado de exceção, sem constituição formal ou norma rígida a fixar os limites e as competências dos poderes do governo. Flexibilizada, imediatamente, a Constituição de 1891, que passou a ser alterada por decreto, Vargas baixou o Decreto-Lei nº 19.398, de 11 de novembro de 1930, chamado de "constituição material do período", mas que não estabelecia separação de poderes ou limites

---

[661] Apud LINS, *A nova Constituição dos Estados Unidos do Brasil*, op. cit., p. 317.

aos poderes do governo, permanecendo suscetível de alteração por atos do presidente da República.

Foram suspensas as garantias constitucionais, com a ressalva do *habeas corpus* nos crimes comuns, vedado o conhecimento daqueles impetrados contra atos do governo provisório, que durou quase quatro anos – o tempo de um mandato.

No que diz respeito ao Supremo Tribunal Federal, as mudanças foram bruscas: em 3 de fevereiro de 1931, por meio do Decreto nº 19.656, o presidente reduziu o número de ministros do Supremo Tribunal Federal, de 15 para 11, e interferiu na organização e nas normas de julgamento da Corte, que foi dividida em duas turmas, cujas competências foram disciplinadas pelo Executivo, e não por iniciativa do próprio Tribunal na elaboração de seu Regimento Interno, como exigia a Constituição. O presidente do Supremo Tribunal Federal foi excluído da linha sucessória da Presidência da República. Manteve-se, porém, a previsão de que o procurador-geral da República seria um dos membros em atuação na Corte, o que só mudaria com a Constituição de 1934.

A seguir, no Decreto nº 19.711, de 18 de fevereiro de 1931, foram "aposentados" compulsoriamente seis ministros da Corte, dos quais cinco haviam denegado a ordem de *habeas corpus* ao então tenente Eduardo Gomes, amigo próximo de Vargas e que pertencia ao grupo tenentista, prestigiado com os mais relevantes cargos do governo instaurado em outubro de 1930. Providenciada a nomeação de seis ministros para a Corte, Vargas adotou, pela primeira e única vez na história, um procedimento formal de consulta aos membros do Tribunal para preenchimento de uma vaga decorrente de aposentadoria, em 1933. O colegiado votou uma lista quíntupla e a enviou para Getúlio, que nomeou o único a ter recebido a chancela de todos os ministros – Manoel Costa Manso. Nenhum dos nomes desse período foi submetido à aprovação do Senado, que permaneceu fechado – funcionou, apenas, a Assembleia Constituinte, a partir de 1933, sem a competência de aprovar os nomes dos ministros da Corte Suprema.

(2) A segunda fase da Era Vargas inaugurou-se com a promulgação, em 16 de julho, da Constituição de 1934, produto de ideias contrapostas debatidas na Comissão do Itamaraty e, depois, na Assembleia Nacional Constituinte. Getúlio Vargas foi eleito indiretamente para a Presidência da República pelo Congresso Nacional, para um mandato que duraria até 3 de maio de 1938 (artigo 1º, §3º, das Disposições Transitórias). Com isso, a Constituinte aceitou, para aquele mandato

presidencial, as críticas que então eram capitaneadas por Oliveira Vianna e Francisco Campos à eleição do presidente da República por sufrágio universal.

O texto constitucional também registrou algumas contribuições importantes do pensamento liberal, como a introdução do mandado de segurança, idealizado por João Mangabeira, como remédio que permitiria submeter ao conhecimento do Judiciário atos de agentes do governo sob alegação da violação de direitos individuais.

Apesar do ambiente intelectual, político e jurídico vivido em nosso país, profundamente impregnado pelo pensamento autoritário e pelo flerte com os regimes do nazismo e do fascismo, o texto acabou representando uma reação dos parlamentares aos excessos praticados durante a ditadura do Governo Provisório, impondo freios institucionais potentes ao chefe do Executivo, especialmente para a decretação do estado de emergência e a adoção de medidas de exceção, todas sujeitas ao prévio controle das duas casas do Congresso Nacional e mantida a possibilidade de apreciação judicial dos atos praticados pelos agentes do governo na sua vigência.

O pensamento conservador, ainda não assumidamente autoritário entre os parlamentares, mas com elementos do regime corporativo em desenvolvimento na Itália fascista, controlou os trabalhos e prevaleceu no texto final, com a inclusão da chamada "representação classista", pela qual os membros das corporações patronais e dos sindicatos controlados pelo próprio governo elegiam parlamentares como seus representantes diretos, fora do sufrágio universal. O grupo conservador da Comissão dos 26, responsável pelo texto final, defendia também a possibilidade de amplas delegações legislativas ao Executivo, bem como a mudança do tratamento jurídico dispensado aos estrangeiros casados com brasileiras – para Carlos Maximiliano, que assumiu a relatoria do projeto final, a vedação à extradição e à expulsão prevista na Constituição de 1891 só teria servido para proteger "estrangeiros indesejáveis", como seriam, nas suas palavras, os "anarquistas" e as "prostitutas".

Foi Maximiliano quem propôs a mudança no nome do Supremo Tribunal Federal, que passou a se chamar Corte Suprema na Constituição de 1934. Já a proposta de Oliveira Vianna, de elevação da idade mínima para a nomeação para a Corte, de 35 para 55 anos, não foi aprovada. Por outro lado, foi fixada, pela primeira vez, a aposentadoria compulsória por idade, no elevado patamar de 75 anos – o que, na prática, esvaziou a norma, não tendo nenhum ministro atingido essa idade durante a vigência da Constituição de 1934.

Por fim, o procurador-geral da República deixou de ser um dos ministros da Corte Suprema, passando a ser nomeado, livremente, pelo presidente da República, com aprovação do Senado Federal e demissível *ad nutum*. Em agosto de 1934, logo depois da promulgação da nova Constituição, o então consultor-jurídico do Ministério da Justiça, Carlos Maximiliano, foi escolhido para o novo cargo de procurador-geral da República, chefe do Ministério Público Federal. Coube a Maximiliano, além disso, a única indicação de Vargas para a Corte Suprema durante seu governo constitucional: tomou posse no Tribunal em 4 de maio de 1936, na vaga oriunda do falecimento do ministro Arthur Ribeiro.

No plano das competências da Corte, manteve-se, no texto (artigo 68), a denominada doutrina das questões políticas, que havia sido introduzida no nosso ordenamento constitucional pela Emenda de 1926 à Constituição de 1891. Seu alcance, porém, foi mitigado, uma vez que não se proibiu o conhecimento de matérias específicas, pelo Judiciário, que permaneceu competente para o exame da constitucionalidade do decreto do estado de sítio e dos atos praticados pelos poderes políticos durante sua vigência, ao contrário do que ocorrera no regime de 1926. Nesse tema, a Constituição de 1934 revela a permanência da preocupação dos políticos contra o "ativismo" (ou expansionismo político) do Judiciário, que, ao longo da República Velha, teria se caracterizado especialmente pela "doutrina brasileira do *habeas corpus*", adotada pelo Supremo Tribunal Federal.

No que diz respeito especificamente ao controle de constitucionalidade, a Constituição de 1934 inovou ao prever a primeira modalidade de controle abstrato de normas, que incidiria sobre a lei interventiva, sempre que a intervenção fosse decretada com o fundamento de violação, pelas unidades federadas, de determinados princípios constitucionais. Tratava-se de uma evidente reação ao que ocorreu durante o Governo Provisório, em que não vigorou o sistema federativo, mas, sim, o da Intervenção Federal nas unidades federadas, cujos governantes eram escolhidos pelo presidente da República. Além disso, a Carta previu um mecanismo voltado a conferir eficácia *erga omnes* às decisões do Judiciário que julgassem inconstitucional um dispositivo de lei: o artigo 91, inciso IV, atribuiu ao Senado a competência de suspender leis ou atos julgados inconstitucionais pelo Judiciário. Tratou-se de importante tentativa de aproximar o sistema brasileiro de controle concreto de constitucionalidade tanto da noção de *stare decisis*, que caracterizava o sistema norte-americano, quanto do então concebido controle abstrato. Assim, mediante a cooperação entre o Legislativo e o Judiciário, as decisões do Poder Judiciário, que só valiam para caso concreto, passavam a ter a possibilidade de funcionar como veto judicial às normas declaradas inconstitucionais, se assim decidisse o Senado.

Fato é que a Constituição de 1934 não apenas manteve como reforçou, em relação ao regime precedente, a articulação entre supremacia da Constituição e controle judicial, oriunda do pensamento constitucional norte-americano.

(3) A partir de 1935, especialmente durante os preparativos para a prisão do grupo de Luís Carlos Prestes nos meses que antecederam e sucederam a Intentona Comunista, teve início o que chamamos de "Regime Desconstituinte" de Vargas. Valendo-se do clima de medo do comunismo que dominava o país e o Ocidente, Getúlio manteve seu aparelho de governo de prontidão. Para isso, exagerou o perigo causado por um pequeno círculo de rebeldes, organizados para uma tentativa inidônea de golpe – de antemão fadado ao insucesso, tanto pela limitação de sua ação a três quartéis do país (Recife, Natal e Rio de Janeiro) quanto pela prévia descoberta e acompanhamento de seus movimentos pela polícia de Filinto Müller (chefe da Polícia) e de Vicente Ráo (ministro da Justiça). Durante meses, os envolvidos foram vigiados de perto. O regime aguardou o momento certo para entrar em ação, depois que o pânico fosse disseminado pela população.

Em seus diários, Getúlio Vargas registrou, quase um ano antes da eclosão da Intentona Comunista, uma reunião mantida no Hotel Paissandu com o ministro da Justiça, o chefe de Polícia e os ministros militares para tratar das medidas contra a subversão, consignando que a polícia estava acompanhando a marcha para a conspiração. De 27 a 29 de dezembro de 1934, instalou-se o Conselho de Segurança Nacional. Para Vargas, a repressão policial aos extremistas era importante para criar o "motivo psicológico" para aprovar a Lei de Segurança no Parlamento, e foi nesse sentido a atuação do governo durante os anos de 1935 a 1937.

A primeira versão da Lei de Segurança Nacional foi aprovada pelo Congresso em 4 de abril de 1935 (Lei nº 38/1935), redigida pelo ministro da Justiça, Vicente Ráo. Aliado do braço policial, o serviço de propaganda e doutrinação também foi posto em operação, sob orientação de Francisco Campos, ex-ministro da Educação (1930-1932) e, à época, consultor-geral da República (1934-1937). A propaganda do governo se confundia com a própria estratégia de "repressão ao comunismo", contando com auxílio de setores da mídia nacional e estrangeira, que enviaram representantes para reuniões com Getúlio Vargas.

Em 11 de julho, Vicente Ráo entregou a Vargas o decreto proibindo o funcionamento da Aliança Libertadora como associação legal, fechando suas sedes em todo o país, enquanto promovia o cancelamento do respectivo registro, nos termos da LSN – medida que sofreu protestos da oposição no Congresso e levou o então prefeito do Distrito Federal, Pedro Ernesto, que, no ano seguinte, viria a ser preso e condenado pelo TSN, a acusar o governo de censura contra a oposição.

Nos dias 5 e 6 de novembro de 1935, Vargas recebeu avisos de preparo da Revolução Comunista incitada por Prestes e a informação de que ela deveria eclodir no dia 10. Porém, o governo permaneceu inerte, até que, em 24 de novembro, os batalhões de Natal e do Recife iniciaram a rebelião violenta para tomada do poder local. As forças federais retomaram o controle da situação em dois dias, mas as mortes ocorridas nos confrontos forneceram o motivo desejado por Vargas para decretar o estado de sítio em todo o país, endurecer a Lei de Segurança Nacional e criar o Tribunal de Segurança Nacional, competente para julgar, em instância única, os acusados de crimes políticos.

No dia 30 de novembro de 1935, Getúlio reuniu-se com Vicente Ráo, Carlos Maximiliano (então procurador-geral da República) e com os ministros militares para tratar de mudanças na Lei de Segurança Nacional e da ampliação do poder do governo no estado de exceção, mediante emenda na Constituição de 1934, que não permitia várias das medidas aconselhadas por seus interlocutores. Em 14 de dezembro, foi sancionada no Congresso – sob pressão da opinião pública – a Lei nº 136, que alterou a Lei nº 38 para tornar mais enérgicas e ágeis as medidas de repressão contra os crimes de subversão à ordem política e social. O governo passou a ter o poder de exonerar servidores públicos civis ou militares, por motivo de filiação, ostensiva ou clandestina, a partido ou agremiação de existência proibida por aquela lei. Todo tipo de suspeita permitia exoneração ou prisão, o que atingiu boa parte dos críticos do governo, inclusive o escritor Graciliano Ramos e professores de direito como Hermes Lima e Luiz Carpenter Ferreira. Foi ressalvada a garantia da vitaliciedade, que ainda era prevista na Constituição.

Por pouco tempo. Em 18 de dezembro de 1935, Vargas obteve sua maior vitória na aprovação de três emendas à Constituição, que ampliaram drasticamente os poderes de exceção do governo e aboliram a garantia da vitaliciedade. Com a Emenda nº 1, autorizou-se o presidente da República a declarar a comoção intestina grave, com finalidades subversivas das instituições políticas e sociais, equiparando-a ao estado de guerra. Na mesma emenda, foi abolido o rol estrito das medidas de exceção que o governo poderia adotar durante a vigência do estado de comoção intestina. Por sua vez, as Emendas nº 2 e 3 autorizaram Vargas a suspender todas as garantias constitucionais e a demitir, por decreto (independentemente de ação judicial), funcionários civis e militares que praticassem ou participassem de "movimento subversivo". As garantias da estabilidade e da vitaliciedade deixaram de existir.

Com a aprovação das emendas, o governo pediu, já no dia 20 de dezembro de 1935, a prorrogação do estado de sítio e autorização para declarar o estado de guerra, o que foi aprovado no dia 21 pela Câmara e pelo Senado. Ao longo de todo o ano de 1936, contudo, diante das escassas ou mesmo nulas ameaças de grupos comunistas ou rebeldes no país, tornaram-se cada vez mais difíceis as prorrogações do estado de sítio requeridas pelo governo. Além disso, as prisões de parlamentares, dentre eles João Mangabeira, tornaram custosa a relação de Vargas com o Legislativo, que já começava as articulações para a escolha do candidato à sucessão de Getúlio, nas eleições agendadas para 3 de janeiro de 1938. Vargas agia para impedir que as eleições se realizassem, e a prorrogação do estado de sítio era imprescindível. Nesse caminho, revelou sua vontade de alterar, mais uma vez, a composição do Supremo Tribunal Federal, encarregando o ministro Vicente Ráo de avaliar a viabilidade do aumento de ministros da Corte Suprema. Porém, as circunstâncias políticas mudavam rapidamente sem a ameaça premente do comunismo.

Para recuperar o apoio da opinião pública e manter-se no poder indefinidamente, Vargas completou o processo desconstituinte com a criação do Tribunal de Segurança Nacional, nos moldes dos que haviam sido criados na Itália fascista, em 1926, e na Alemanha nazista, em 1933, para punição exemplar dos comunistas – assim eram chamados todos os críticos do regime. Criado por lei ordinária, o TSN absorveria a competência constitucional do Supremo Tribunal Federal de julgar o recurso ordinário nos crimes políticos, assim como afetaria a competência da Justiça Federal de primeiro grau para processar e julgar referidos crimes. A oposição sustentou a inconstitucionalidade dessa alteração, mas acabou vencida na Comissão de Constituição e Justiça e no Plenário.

Promulgada no dia 11 de setembro de 1936, a Lei nº 244 instituiu o Tribunal de Segurança Nacional como órgão da Justiça Militar, de caráter temporário, que se organizaria sempre que fosse decretado o estado de guerra. O TSN foi autorizado a processar e julgar todos os fatos tipificados na LSN praticados anteriormente à sua criação, de modo que os feitos que já se encontravam em andamento na justiça comum foram remetidos à Corte marcial. No início da Ditadura do Estado Novo, o TSN seria transformado em órgão permanente e de instância única, contra cujas decisões não cabiam recursos ordinários.

Para a Presidência do TSN, Vargas nomeou Frederico de Barros Barreto, que foi o juiz responsável pela execução do estado de sítio na capital do país, depois da Intentona Comunista de 1935. Em 1939, já durante o Estado Novo, Getúlio nomearia Barros Barreto para o cargo de ministro do Supremo Tribunal Federal, função que acumulou com a de presidente do TSN até sua extinção, em 1945.

(4) Na última fase, a Ditadura do Estado Novo retomou o estado de exceção no Brasil, especialmente em razão das seguintes previsões, inseridas no próprio texto da Carta de 1937, de autoria de Francisco Campos e outorgada sem passar pelo crivo do Parlamento ou do plebiscito: (a) foi decretado o estado de emergência (artigo 186); (b) foram dissolvidos todos os órgãos legislativos do país (artigo 176); (c) conferiu-se ao presidente da República "o poder de expedir decretos-lei sobre todas as matérias de competência legislativa da União" (artigo 180); (d) foi estabelecido o poder discricionário do chefe do Executivo de aposentar qualquer funcionário civil ou militar, inclusive magistrados, "a juízo exclusivo do governo, no interesse do regime ou por conveniência do regime" (artigo 177).

O território das competências do Supremo Tribunal Federal foi diminuído no regime de 1937, em contraste com o novo desenho institucional conferido ao Tribunal de Segurança Nacional, cujos poderes se avultaram. No mês seguinte ao da outorga da Constituição, o governo editou o Decreto-Lei nº 88, de 20 de dezembro de 1937, modificando a Lei nº 244/1936, que ampliou drasticamente o poder individual dos juízes do TSN e estabeleceu a irrecorribilidade das decisões colegiadas daquele tribunal, que passou a ser jurisdição especial autônoma, não mais do ramo da Justiça Militar.

Já o Supremo Tribunal Federal teve mais uma vez alteradas as regras que regiam sua composição e suas competências. Na sua composição, foi reduzida de 75 para 68 anos a idade-limite para a aposentadoria na Corte, o que levou ao imediato afastamento de três ministros, dentre eles o presidente e o vice-presidente da Corte, abrindo novas vagas para o presidente da República preencher. Aceleraram-se as demais trocas de cargo da Corte, o que permitiu novas nomeações para a Corte até 1945. A introdução de um limite de idade contribuiu para que se tivesse previsibilidade quanto ao tempo máximo de permanência dos ministros na Corte, em lugar de fixar mandato temporário para todos os membros. Com isso, tornou-se possível nomear ministros que permaneceriam poucos anos, como ocorreu em vários casos, ou outros que, mais jovens, teriam maior longevidade na Corte. A idade máxima de ingresso na Corte foi reduzida, de 65 para 58 anos.

Foi mantida a vedação do conhecimento, pelo Judiciário, das questões "exclusivamente políticas" (artigo 94), acrescidas de duas regras que pressionavam sua observância: (i) a proibição do controle judicial dos atos praticados pelo governo e por seus agentes durante o estado de emergência ou de guerra (art. 170), retomando o modelo vigente entre 1926 e 1934; (ii) a flexibilização da garantia da vitaliciedade da magistratura, autorizando o governo a aposentar, discricionariamente, quaisquer funcionários públicos, inclusive magistrados (esta era a interpretação defendida por uma importante eminência parda do governo: Oliveira Vianna).

Operou-se, por essa maneira, a concentração de poderes nas mãos do presidente da República e sua total irresponsabilização perante o Judiciário. A Carta de 1937 não previa qualquer possibilidade de processo e julgamento do presidente da República pela eventual prática de crimes comuns. Os *habeas corpus* impetrados contra atos do presidente da República não mais poderiam ser julgados pelo Supremo Tribunal Federal nem por qualquer outro órgão, segundo a interpretação oficial do texto constitucional.

A efetiva responsabilização criminal de um presidente da República por órgão judicial envolve complexas questões jurídicas e políticas, atinentes à essência da democracia, sob o ângulo da soberania popular. A legitimidade conferida, pelo voto, aos presidentes eleitos diretamente pelo povo talvez seja a causa da ausência de qualquer registro, na história do nosso constitucionalismo, de um presidente da República afastado do cargo em razão de condenação judicial pela prática de crimes. Ainda assim, a previsão constitucional dessa responsabilização não deve ser vista como mero adorno simbólico: a ausência de responsabilização passada não é garantia de irresponsabilização futura. A norma que estabelece o processo e julgamento do presidente da República por crimes praticados no exercício do mandato é da essência do *rule of law, not of men*. Na Carta de 1937, vigorou a máxima *the king can do no wrong*.

Finalmente, no que diz respeito à jurisdição constitucional, houve uma importante mudança, que rompeu com a tradicional e, até os dias de hoje, controvertida associação entre supremacia constitucional e supremacia judicial. Tratou-se de uma mudança que poderia, em algum momento, ser aperfeiçoada e cogitada em desenhos democráticos de governo, mas que findou por ser desfigurada pelo pensamento autoritário vigorante na época, pelas demais normas da Carta de 1937 e pela disposição de Getúlio Vargas de manter o Primado do Executivo em pleno funcionamento.

Cuidou essa mudança da introdução de um mecanismo de diálogo institucional quanto à palavra final da declaração de inconstitucionalidade de leis pelo Poder Judiciário: o artigo 96, parágrafo único, autorizou que o presidente da República, sempre que considerasse que a lei declarada inconstitucional pelos tribunais seria necessária ao bem-estar do povo, à promoção ou à defesa de interesse nacional de alta monta, poderia submetê-la novamente ao exame do Parlamento. Caso a lei fosse confirmada, por dois terços de votos em cada uma das Casas (ou seja, mediante quórum hiperqualificado), ficaria sem efeito a decisão do Tribunal.

Considerado o contexto da época, em que a Suprema Corte dos Estados Unidos anulou todo o programa de recuperação econômica definido pelo Congresso e pelo presidente eleito, Franklin Delano Roosevelt, baseada em concepções econômicas que fulminavam qualquer tipo de regulação estatal da economia, vários *scholars* se manifestavam, nos Estados Unidos, na Europa e, por consequência, também no Brasil, quanto à necessidade de haver algum mecanismo que permitisse a superação de precedentes judiciais que, a par de não protegerem direitos fundamentais das minorias, impediam o governo de solucionar a crise econômica que afetava o emprego e a renda da população. Questionava-se até mesmo a manutenção da jurisdição constitucional na institucionalidade democrática, tão contrária à democracia e à qualidade de vida material da maioria da população, se mostravam os precedentes da Corte Suprema norte-americana. Ameaçou-se o empacotamento do tribunal, que entusiasmava alguns dos principais estudiosos do tema no nosso país, como Oliveira Vianna. A solução, nos Estados Unidos, veio por mudança de voto de um dos magistrados da Corte. No Brasil, implementou-se mudança constitucional, voltada a reduzir o alcance do poder do Supremo Tribunal Federal.

Na prática, porém, considerada a natureza autoritária (ditatorial) do regime de 1937-1945, a nova norma conferiu ao controle de constitucionalidade brasileiro feição schmittiana, transformando Getúlio Vargas em guardião de fato da Constituição, com a espada na mão pronta para executar seus planos de ação. Como afirma, acertadamente, Karl Loewenstein, o texto do artigo 96, parágrafo único, considerado dentro de uma realidade institucional em que o Parlamento, de fato, não existia, "derrubou de forma suprema o direito do Supremo Tribunal Federal de declarar inconstitucionais atos do presidente".[662]

Em olhar retrospectivo, a Constituição de 1934 foi uma tentativa de retomada da realidade democrática, depois de quatro anos de regime de exceção. Os debates voltados à elaboração de seu texto revelam que havia força suficiente para a Assembleia Constituinte impor freios ao novo governo de Getúlio Vargas, sob a ordem constitucional. Oliveira Vianna, um dos grandes nomes do pensamento autoritário daquele tempo, retirou-se do grupo constituído para elaborar o texto constitucional (Comissão do Itamaraty), dada sua profunda contrariedade com a insistência na noção de separação de poderes, de representação parlamentar e de contenção dos poderes do chefe do Executivo pelo Judiciário.

Nada obstante, a Constituição revelou-se impotente diante da absoluta falta de compromisso normativo do chefe do Executivo com seu texto e com a democracia eleitoral, abusando do poder de decretar o estado de guerra – com a chancela do Congresso, que também aprovou emendas à Constituição para ampliar o poder do presidente da República durante o período de exceção. Até o golpe de 1937, vários foram os movimentos desconstituintes do governo.

Com efeito, à exceção de algumas normas extraídas do pensamento autoritário da época,[663] o texto de 1934 não guardava congruência

---

[662] LOEWENSTEIN, *Brazil under Vargas, op. cit.*, p. 115.
[663] Foram elas, a nosso ver: representação classista; expulsão de estrangeiros considerados "nocivos ao interesse nacional" pelo chefe do Executivo, sem controle judicial; e a primeira eleição indireta, chancelando a permanência do então chefe do Governo Provisório como presidente da República, por mais quatro anos; imunização dos atos do Governo Provisório e de seus delegados à apreciação judicial. No meio-termo, ficou a previsão formal da doutrina das questões políticas, em texto despido de cogência.

de ideias com as teorias constitucionais que se organizavam e enraizavam no Brasil desde, no mínimo, 1922, quando o tenentismo abalou os alicerces da República Velha. Dois elementos – a falta de compromisso normativo do governante com a Constituição e o descolamento entre as normas constitucionais e o pensamento constitucional autoritário que se fortalecia no Brasil e na maior parte da Europa – pressionaram o Parlamento, que havia aprovado a Carta, a contribuir para a eliminação da sua força normativa.

A Constituição de 1934 foi profundamente abalada pelas medidas de exceção decretadas entre 1935 e 1937, com a suspensão de diversas de suas normas durante o estado de sítio, de guerra ou de comoção intestina, sucessivamente prorrogados pelo Congresso, e a aprovação de emendas constitucionais que desconstituíram o governo constitucional. A fase constitucional logo se converteu em regime desconstituinte.

A Constituição de 1937 restabeleceu o regime de exceção que vigorou na primeira fase do Governo Provisório, mediante um texto constitucional formal, absolutamente autoritário. Não significa que toda a institucionalidade nela prevista deva ser desprezada. No que diz respeito ao Supremo Tribunal Federal, alguns mecanismos inovadores nela inseridos poderiam, em outro contexto (de equilíbrio entre os poderes), ser reconsiderados. É o caso, por exemplo, da previsão de superação de decisões de inconstitucionalidade proferidas pelo Judiciário, mediante provocação do presidente e nova votação no Parlamento, sujeita a um quórum hiperqualificado (maior do que o exigido para emendas). O artigo 96, parágrafo único, da Carta de 1937 antecipou inovações como a *notwithstanding clause*, da Constituição do Canadá.[664] Os debates em torno da introdução da jurisdição constitucional em países não autoritários (Inglaterra, Nova Zelândia) e de sua contradição com a pedra angular da democracia – a soberania popular e a representação eletiva – levaram a propostas de um "controle fraco", no qual a decisão do Judiciário não seja cogente.[665]

---

[664] Sobre o tema: CAMPOS, Carlos Alexandre de Azevedo. Getúlio Vargas, Franklin Roosevelt e a independência judicial. *Revista Consultor Jurídico*, 6 nov. 2014. Disponível em: https://www.conjur.com.br/2014-nov-06/carlos-alexandre-campos-vargas-roosevelt-independencia-judicial. Acesso em: 15 mar. 2022.

[665] Refiro-me especialmente aos seguintes estudos: FRIEDMAN, Barry. The politics of judicial review. *Texas Law Review*, v. 84, n. 2005, p. 237-257. KRAMER, Larry. *The people themselves* – Popular constitutionalism and judicial review. Oxford University Press: Oxford, 2004. TUSHNET, Mark. *Taking the Constitution away from the Courts*. Princeton: Princeton University Press, 1999. TUSHNET, Mark. Constitutional hardball. *37 J. Marshall L. Rev.*

A nosso ver, no Brasil, uma regra como a do artigo 96, parágrafo único, poderia ser redesenhada e aproveitada numa eventual reforma desse importante mecanismo de freio ao autoritarismo: (i) condicionar seu acionamento aos casos em que a decisão judicial de inconstitucionalidade tenha sido proferida por menos de dois terços dos ministros, determinando a Corte a remessa automática ao Congresso, que colheria a manifestação do presidente da República; (ii) proibir seu emprego, por exemplo, quando envolvidos direitos fundamentais de minorias políticas vulnerabilizadas, em decisões a elas favoráveis, ou predefinir as matérias em que o mecanismo poderá ser empregado, como as econômicas (como o artigo 49.3 da Constituição francesa); (iii) condicionar a superação da decisão à votação de uma maioria hiperqualificada (dois terços),[666] superior à exigida para a emenda, já que a medida eliminaria a eficácia da decisão judicial de inconstitucionalidade. Sob essa ótica, a interpretação de normas abertas e ambíguas, que geram desacordo moral razoável,[667] seria produto de uma decisão complexa, com a participação dos três poderes, e equipararia a jurisdição constitucional de uma válvula capaz de conter possível tirania do Poder Judiciário.

No contexto da Carta de 1937, porém, consideramos que a norma integrou um quadro de absoluta ausência de limites ao poder do presidente da República, ameaçando permanentemente a rigidez da Constituição.

523-553, 2004. Disponível em: https://scholarship.law.georgetown.edu/cgi/viewcontent.cgi?article=1557&context=facpub. Acesso em: 02 nov. 2020. TUSHNET, Mark. The rise of weak-form judicial review. GINSBURG, Tom; DIXON, Rosalind (org.). *Comparative Constitutional Law*. Northamptom: Edward Elgar Publishing Limited, 2011, p. 321-333.

[666] Atualmente, debate-se em Israel um projeto do premiê Benjamin Netanyahu que possibilitaria a superação das decisões judiciais por maioria simples no Parlamento, o que, a nosso ver, sem outros limites, tornaria as minorias (especialmente estrangeiras) extremamente vulneráveis a medidas autoritárias.

[667] O conceito foi desenvolvido na obra: WALDRON, Jeremy. The core of the case against judicial review. *The Yale Law Journal*, n. 115, 2006, p. 1.346-1.406.

CAPÍTULO 4

O SUPREMO TRIBUNAL FEDERAL NA ERA VARGAS

> *É brasileira, afirma o advogado, porque está para lhe nascer um filho...*
> *A Constituição só considera brasileiro o nascido no Brasil e não aquele que tenha sido arranjado no Brasil.*
>
> Carlos Maximiliano

Neste capítulo, analisaremos os posicionamentos do Supremo Tribunal Federal durante a Era Vargas, a partir da argumentação interna dos seus julgados, de modo a avaliarmos a *performance* do Tribunal e o pensamento jurídico nele prevalecente, bem como suas reflexões a respeito do desenho institucional posto ao tempo dos respectivos julgamentos. Dividimos este capítulo em três blocos de análise: (i) dos crimes definidos na Lei de Segurança Nacional; (ii) dos casos de expulsão de estrangeiros; (iii) dos conflitos de natureza econômica de interesse da União.

Antes de adentrar os respectivos temas, é importante consignar que, como visto no capítulo 3 (item 3.1), os atos praticados pelo Governo Provisório foram excluídos de qualquer apreciação judicial pelo decreto que vigorou como Constituição material daquele período. A cláusula de indenidade foi confirmada nas Disposições Transitórias da Constituição de 1934, cujo artigo 18 declarou: "Ficam aprovados os atos do Governo Provisório, dos interventores federais nos Estados e mais delegados do mesmo Governo, e excluída qualquer apreciação judiciária dos mesmos atos e dos seus efeitos". O parágrafo único previu que o presidente da República instituiria comissões incumbidas de emitir parecer sobre os casos de afastamento do cargo ou da função pública determinados pelo Governo Provisório.

A consulta aos autos dos *habeas corpus* julgados pelo Supremo Tribunal Federal durante o Governo Provisório revela a ausência de apreciação de atos do governo e de seus delegados. A Corte fixou entendimento no sentido da sua incompetência para conhecer de qualquer ação contra atos do Governo Provisório ou das comissões por ele organizadas. Neste sentido, interessa mencionar o voto do ministro Carlos Maximiliano, no MS nº 271:

> A Constituinte, no art. 18 das Disposições Transitórias do estatuto básico, afastou, explícita e absolutamente, da competência do Poder Judiciário a apreciação e, portanto, a reforma de ato do Governo Provisório. Admitiu, entretanto, como lenitivo a tanto rigor, que fosse nomeado um grupo de homens cultos, a fim de emitir parecer sobre a injustiça das demissões e conveniência das reintegrações de bons servidores do país.
> "Emitir parecer" é opinar, deduzir, aconselhar; não é mandar, impor, exigir. Parecem-nos consultivas as funções da Comissão; não imperativas, decisórias. Sugere; não ordena, reforma ou desfaz.
> [...]
> Admitamos, entretanto, por um momento, a hermenêutica do ilustre peticionário. Nesse caso, devemos levá-la às suas consequências lógicas. Se a Comissão nomeada pelo chefe de Estado tem autoridade superior à da Corte Suprema, por que e com que fundamento pedir a esta que ampare e converta em realidade um ato daquela? Como reclamar do fraco o remédio contra o ludíbrio sofrido pelo forte? Se à Comissão foi atribuída autoridade decisória em relação a certas demissões injustas e à Corte se negou toda e qualquer ingerência em tal matéria, incumbiria à própria Comissão, e não ao juízo ordinário, impor ao Executivo a obediência aos arestos por ela proferidos. Portanto, improcede o pedido. Diante da Corte continua intransponível a barreira formidanda do art. 18.[668]

Considerando o objetivo desta pesquisa, consistente em analisar os posicionamentos do Supremo Tribunal Federal no controle de atos dos poderes políticos submetidos ao seu conhecimento, os precedentes analisados concentram-se no período iniciado pela Constituição de 1934.

---

[668] Transcrito em: GODOY, *Memória jurisprudencial – Carlos Maximiliano*, op. cit., p. 48.

4.1 Crimes e procedimento da Lei de Segurança Nacional

A Lei de Segurança Nacional conferiu ao governo um poderoso instrumento para legitimar medidas de exceção contra oponentes e para implementar a ideologia autoritária na sociedade brasileira. Segundo Karl Loewenstein, "a técnica familiar de rotular oponentes políticos como comunistas e tratá-los de acordo com esse rótulo foi largamente praticada pelo regime de Vargas".[669] A lei foi elaborada por Vicente Ráo, ministro da Justiça de Getúlio Vargas, e aprovada pelo Parlamento durante o período constitucional do regime.

Valendo-se da existência de algumas células comunistas radicalizadas, Vargas tachou todos os eventuais simpatizantes de ideias socialistas e, de resto, a oposição mais firme ao seu governo como perigosamente comunistas ou cúmplices do comunismo. Com o novo arcabouço normativo, o governo agiu para prender não apenas os radicais comunistas (muitos dos quais, efetivamente, planejavam a prática de atos violentos contra o governo) e integralistas (que também organizavam atos violentos), como também os opositores do campo democrático, principalmente de esquerda. As prisões e a vigilância permanentes funcionaram como elementos de estabilização do regime e alimentaram a popularidade e o poder do presidente da República.

Como vimos, embora houvesse, de fato, legítima preocupação do governo com a radicalização crescente de movimentos extremistas, à esquerda e à direita, que pretendiam tomar o poder pelo golpe, esta circunstância conferiu ao regime a oportunidade de exercer poderes de exceção, de modo absolutamente desproporcional e randomizado, mirando muito mais do que o controle pontual da violência política. O regime foi reprodutor dessa violência, e o estado de exceção se estabeleceu e se prorrogou por meio da permanente criação de pânico. A mera circunstância de uma pessoa ter em sua casa panfletos e escritos da esquerda radical justificava prisões em regime de incomunicabilidade. Com o estado de guerra, o governo alcançou fins muito mais amplos do que a punição pontual dos envolvidos nas conspirações, impondo um regime de controle policial sobre as ideias.

A liberdade de expressão foi, de fato, duramente reprimida na Era Vargas. Tornou-se rotina o empastelamento de jornais e o controle

---

[669] LOEWENSTEIN, *Brazil under Vargas*, op. cit., p. 31, tradução n

da imprensa e das artes,[670] tanto pela ação da polícia quanto de órgãos administrativos criados no período para o controle de ideias e difusão da ideologia do governo. O primeiro órgão criado com tal finalidade foi o Departamento Oficial de Publicidade, de 1931. A Constituição de 1934 permitiu a censura prévia de "espetáculos e diversões públicas",[671] a ser realizada pelo Departamento de Propaganda e Difusão Cultural (DPDC). No Estado Novo, a Carta de 1937 foi a primeira da história constitucional brasileira a expressamente submeter a imprensa à censura prévia, prevendo inúmeras hipóteses de restrição, por ato do presidente (que foi autorizado a exercer as funções do Parlamento), ao exercício do direito à liberdade de expressão.[672] Em 1938, o DPDC foi transformado em Departamento Nacional de Propaganda (DNP), o qual, em 1939, deu lugar ao Departamento de Imprensa e Propaganda (DIP), todos criados por decreto presidencial.

Nesse ambiente, importantes representantes da academia e da cultura nacionais sofreram perseguição e prisão. Foi o caso de Graciliano Ramos, preso sem acusação (não foi processado nem interrogado, e seu caso não foi submetido ao conhecimento do STF). Permaneceu no cárcere de 3 de março de 1936 a 13 de janeiro de 1937 –posteriormente, o regime reconheceu a injustiça da prisão. Jorge Amado, um dos mais prolíficos escritores daqueles anos, foi preso em 1936 em razão de sua filiação ao Partido Comunista e sua denúncia da pobreza e da profunda desigualdade da sociedade brasileira.[673] Mesmo em liberdade, foi vigiado

---

[670] Entrou para a história a interferência do governo na letra do samba *O bonde de São Januário*, de autoria de Wilson Batista, compositor muito popular naqueles anos. No original, o sambista criticava os operários que iam de bonde para o trabalho apenas para enriquecer o patrão e gabava-se de não se submeter ao sistema. Um dos versos dizia, deslavadamente: "O bonde de São Januário/leva mais um sócio otário/só eu não vou trabalhar". O Departamento de Imprensa e Propaganda censurou esse trecho e impôs a inversão do tom crítico pelo laudatório, passando a dizer: "O bonde de São Januário/leva mais um operário/sou eu que vou trabalhar".

[671] Art. 113, nº 9, da Constituição de 1934: "Em qualquer assunto é livre a manifestação do pensamento, sem dependência de censura, salvo quanto a espetáculos e diversões públicas, respondendo cada um pelos abusos que cometer, nos casos e pela forma que a lei determinar. Não é permitido anonimato. É segurado o direito de resposta. A publicação de livros e periódicos independe de licença do Poder Público. Não será, porém, tolerada propaganda, de guerra ou de processos violentos, para subverter a ordem política ou social".

[672] Art. 122, nº 15, da Carta de 1937.

[673] Nos anos 1930-1945, Jorge Amado escreveu importantíssimas obras literárias engajadas na questão social, com destaque para *Cacau* (1933), *Suor* (1934), *Jubiabá* (1935, que teve linda adaptação ao cinema, em 1986, por Nelson Pereira dos Santos), *Mar morto* (1936), *Capitães da areia* (1937) e *O cavaleiro da esperança* (1942), em homenagem ao líder comunista preso pelo regime de Vargas, Luís Carlos Prestes.

e perseguido, voltando a ser preso no Estado Novo. Seus livros foram queimados por ordem do interventor nomeado para a Bahia, coronel Antônio Fernandes Dantas – quase dois mil livros considerados "propagandistas do credo vermelho" foram para a fogueira; em Salvador, mais de 90% dos livros incinerados eram de autoria de Jorge Amado.

Naqueles anos, o Supremo Tribunal Federal julgou feitos que envolveram a aplicação da Lei de Segurança Nacional e, por consequência, a liberdade de manifestação de associação política. Veremos, a seguir, como se posicionou a Corte Suprema nesse tema, verificando as nuances e mudanças no discurso jurídico prevalecente.

4.1.1 Fechamento da Aliança Nacional Libertadora, MS nº 111, j. 21.08.1935[674]

No dia 4 de abril de 1935, o Congresso Nacional promulgou a chamada Lei de Segurança Nacional (Lei nº 38/1935), que definia os "crimes contra a ordem política e social". O artigo 29 delegou ao governo autorização para fechar "as sociedades que houverem adquirido personalidade jurídica mediante falsa declaração de seus fins, ou que, depois de registradas, passarem a exercer atividade subversiva da ordem política ou social", estabelecendo prazo de seis meses de suspensão e o dever de, sem demora, propor ação judicial de dissolução.

Aprovada pelo Legislativo apenas duas semanas depois da fundação da Aliança Nacional Libertadora (ANL), ocorrida em 21 de março de 1935, a lei foi elaborada deliberadamente para autorizar o governo a fechar a agremiação partidária e a prender todos os que com ela mantivessem algum vínculo, formal ou informal. A mera demonstração de simpatia ideológica com algumas de suas pautas já seria suficiente para fundamentar a prisão.

O pretexto para o fechamento da ANL, que à época contava com milhões de filiados em todo o Brasil, ocorreu no dia 5 de julho de

---

[674] O julgamento foi realizado pela seguinte composição do Supremo Tribunal Federal, que permaneceu a mesma na fase constitucional do regime, de 20.03.1934 a 24.03.1936 (quando faleceu o ministro Arthur Ribeiro e foi nomeado o então procurador-geral da República Carlos Maximiliano em sua vaga), em ordem decrescente de antiguidade: presidente Edmundo Lins (Venceslau Brás); vice-presidente Hermenegildo de Barros (Delfim Moreira); Arthur Ribeiro (Artur Bernardes); Bento de Faria (Arthur Bernardes); Eduardo Espínola (Getúlio Vargas); Plínio Casado (Getúlio Vargas); Carvalho Mourão (Getúlio Vargas); Laudo de Camargo (Getúlio Vargas); Costa Manso (Getúlio Vargas); Octávio Kelly (Getúlio Vargas); Ataulpho de Paiva (Getúlio Vargas).

1935, quando Luís Carlos Prestes, fundador e presidente de honra da Aliança, divulgou um manifesto escrito em memória do aniversário dos levantes tenentistas de 5 de julho de 1922 e de 5 de julho de 1924. No referido Manifesto, Prestes fez duras críticas ao governo de Getúlio Vargas e acusou-o de marchar para uma Ditadura Fascista. Destacamos os seguintes trechos:

> A todo povo do Brasil! Aos aliancistas de todo o Brasil! 5 de julho de 1922 e 5 de julho de 1924. Troam os canhões de Copacabana. Tombam os heróis companheiros de Siqueira Campos! Levantam-se, com Joaquim Távora, os soldados de São Paulo e, durante 20 dias é a cidade operária barbaramente bombardeada pelos generais a serviço de Bernardes! Depois... a retirada. A luta heróica nos sertões do Paraná! Os levantes do Rio Grande do Sul! A marcha da coluna pelo interior de todo o país, despertando a população dos mais ínvios sertões, para a luta contra os tiranos, que vão vendendo o Brasil ao capital estrangeiro. Quanta energia! Quanta bravura! As lutas continuam - São 13 anos de lutas cruentas, de combates sucessivos e vitórias seguidas das mais negras traições, ilusões que se desfazem, como bolhas de sabão, ao sopro da realidade!"
> [...]
> Os trabalhadores de todo o Brasil demonstram, através de lutas sucessivas, que já não podem mais suportar e nem querem mais se submeter ao governo em decomposição de Vargas e seus asseclas nos Estados. Além disso, os cinco últimos anos deram uma grande experiência a todos em que no Brasil tiveram de suportar e sofrer a malabarista e nojenta dominação getuliana. E esses cinco anos de manobras e traições, de contradanças de homens do poder, de situacionistas que passam a oposicionistas e vice-versa, de inimigos "irreconciliáveis" que se abraçam, cinicamente, sobre os cadáveres ainda quentes dos lutadores de 1922, abriram os olhos de muita gente. Onde estão as promessas de 1930? Que diferença entre o que se dizia e se prometia em 1930 e a tremenda realidade já vivida neste cinco anos getulianos!
> [...] Somente lacaios desprezíveis e nauseabundos, como Assis Chateaubriand ou Herbert Moses, ou então os chefes e teóricos do integralismo que, compreendendo e sentindo a vontade de luta das massas contra os bancos e empresas imperialistas, tratam de desviá-la, transformando a luta contra o imperialismo, a luta do povo contra os exploradores ingleses ou japoneses, em questão de raça, em luta contra o semitismo.
> [...] as classes dominantes, que sentem já não poder dominar a vontade de luta das massas, com as armas da brutal reação, que tenham sido até hoje empregadas, dessa tão falada "liberal democracia", marcham, ostensivamente e cada dia mais abertamente, para uma ditadura ainda mais bárbara - para a ditadura fascista - forma mais brutal, mais feroz

da ditadura dos exploradores. Ameaçam o povo de todo o Brasil com a ditadura de elementos terroristas, mais reacionários com a ditadura dos mais cínicos lacaios do imperialismo. [...] Vargas encontra por baixo da "oposição" todo apoio necessário à fascistização do seu governo, ao mesmo tempo que estimula e auxilia a organização dos bandos integralistas.[675]

Menos de uma semana depois do Manifesto, Vargas determinou o fechamento da ANL, pelo prazo de seis meses, ao fundamento de que ela "vinha desenvolvendo atividade subversiva da ordem política e social". Eis o teor do Decreto nº 229, de 11 de julho de 1935:

> Decreto nº 229, de 11 de Julho de 1935
> Ordena o fechamento, em todo o território nacional, dos núcleos da "Aliança Nacional Libertadora"
> O Presidente da República dos Estados Unidos do Brasil:
> Considerando que, na Capital da República e nos Estados, constituída sob a forma de sociedade civil, a organização denominada "Aliança Nacional Libertadora" vem desenvolvendo atividade subversiva da ordem política e social;
> Considerando que semelhante atividade está suficientemente provada mediante a documentação colhida pelo Sr. Chefe de Polícia desta Capital, que, fundado nessa prova, sugere a conveniência de serem fechados os núcleos da mencionada organização:
> DECRETA:
> Art. 1º Serão fechados por seis meses, nos termos do art. 29 da lei n. 38, de 4 de abril do corrente ano, todos os núcleos, existentes nesta Capital e nos Estados, da organização denominada "Aliança Nacional Libertadora".
> Art. 2º O Ministro de Estado da Justiça e Negócios Interiores baixará instruções no sentido de ser promovido sem demora, por via judicial, o cancelamento do registro civil da mesma organização.
> Art. 3º O presente decreto entrará em vigor na data de sua publicação e seu texto será transmitido aos Governadores ou Interventores nos Estados, por via telegráfica.
> Rio de Janeiro, em 11 de julho de 1935, 114º da Independência e 47º da República.
> GETULIO VARGAS
> Vicente Ráo

---

[675] PRESTES, Luís Carlos. *Manifesto da Aliança Nacional Libertadora*. Disponível em: https://inverta.org/jornal/agencia/movimento/manifesto-da-alianca-nacional-libertadora-por-luiz-carlos-prestes. Acesso em: 16 jan. 2023.

O presidente da ANL, comandante Hercolino Casardo (militar da ativa), ajuizou, no dia 17 de julho, mandado de segurança na Corte Suprema.

Alegava-se a inconstitucionalidade do artigo 29 da Lei de Segurança Nacional e do Decreto nº 229/1935. Segundo a inicial, "sem qualquer decisão judiciária que declarasse dissolvida a sua Associação, foi a Suplicante surpreendida com o Decreto do poder executivo num. 229, de 11 de julho do corrente", em violação "aos termos categóricos do art. 113, n. 12, da Constituição da República – 'É garantida a liberdade de associação para fins lícitos. Nenhuma associação será compulsoriamente dissolvida senão por sentença judiciária'".[676] Segundo a inicial, o governo não provou, por processo judicial regular, a acusação de que a ANL se dedicava a fins ilícitos, explicitando que "não se compreende um processo regular, sem audiência da parte acusada e, portanto, sem ampla defesa, com os meios e recursos essenciais a esta (Constituição da República, art. 113, num. 24)". Sublinhou, ainda, que a ANL sempre conferiu publicidade às suas reuniões e se submeteu à vigilância policial, razão pela qual o Executivo devia provar a alegação de que a associação agia para subverter a ordem social. Ao deixar de fazê-lo, o Executivo violou "os direitos políticos de mais de três milhões de brasileiros, já agora não mais pelo fechamento de sua associação, mas porque o cancelamento do registro civil não seguirá os trâmites legais vigentes, devendo ser feita mediante instruções do Ministro da Justiça".[677]

---

[676] Os autos encontram-se integralmente digitalizados na página do STF na *internet*. Disponível em: http://www.stf.jus.br/arquivo/cms/sobreStfConhecaStfJulgamentoHistorico/anexo/Mandado_de_Seguranca_n_111_de_1935_I.pdf. Acesso em: 12 set. 2021. Todos os trechos citados neste item foram extraídos dos autos.

[677] Vale conferir, na íntegra, esta eloquente passagem da petição inicial: "Esse fechamento, ainda que por tempo determinado, é uma violação dos direitos constitucionais da requerente, pois a Constituição da República, no art. 113, n. 12, proclama: 'É garantida a liberdade de associação para fins lícitos. Nenhuma associação será, compulsoriamente, dissolvida senão por sentença judiciária.' A Constituição não foi invocada por aquele decreto de desmarcada violência, e sim a lei n. 38 de 4 de abril do corrente ano, e isto porque ela não fornece esteio ao desrespeito cometido à inviolabilidade da associação para fins lícitos. [...] Segundo essa própria lei, pois, só em dois únicos casos o fechamento pode realizar-se: a) falsa declaração dos fins da associação, para obter ou adquirir personalidade jurídica; b) o exercício, depois de registrada, de atividade subversiva da ordem política e social. Não basta, porém, que a autoridade policial afirme aquela falsidade ou este exercício: é necessária a prova material e positiva de um desses fatos. A autoridade policial que delatou colheu qualquer documentação? A requerente teve ensejo de impugnar a afirmativa? Na faina de lograr aquele fechamento, a polícia não mencionou nenhum dos dois fatos, corporizados em ato da requerente, nem podia mencionar, porque ela não só declarou o seu verdadeiro fim, como nunca exerceu atividade subversiva da ordem política e social, nem nos seus núcleos desta Capital, nem pelos dos Estados. A sua atividade sempre foi amparada, previamente,

O processo foi distribuído ao ministro Arthur Ribeiro, que solicitou informações ao Ministério da Justiça. Vicente Ráo defendeu o governo, afirmando que a "Aliança Nacional Libertadora não passava de um disfarce do Partido Comunista, imaginado para atrair maior número de adeptos e para, por esta forma, poder desenvolver impunemente sua atividade subversiva da ordem política". Sustentou que "suas verdadeiras finalidades subversivas se desvendaram e, através do manifesto de Luís Carlos Prestes, adotado e divulgado amplamente pela Aliança, tornaram-se públicas".

Ráo considerava não haver dúvidas quanto ao "caráter extremista" do escrito de Prestes e afirmou: "Bastaria esse documento para justificar a ação do governo no caso em apreço". Desconfiando, porém, que uma manifestação escrita de Prestes não seria suficiente, aos olhos do Judiciário, para autorizar o governo a fechar uma agremiação que reunia milhões de cidadãos e de representantes políticos em todo o país, sem relação com o radicalismo, o ministro da Justiça acrescentou:

> 2. Devo, entretanto, informar a V. Exa. que de há muito vinham as autoridades policiais, da Capital e dos Estados, acompanhando os passos dos dirigentes ocultos e aparentes da Aliança, já conhecidos, também, pelas organizações defensivas da ordem política e social de outros países, que com o nosso mantêm intercâmbio de informações [...].

Antes da análise do mérito, a Corte remeteu os autos ao então procurador-geral da República, Carlos Maximiliano, que dividiu sua manifestação em duas partes:

(i) na primeira parte, sustentou a ilegitimidade ativa de Hercolino Casardo para representar a ANL em juízo, alegando que não havia prova de que era presidente da agremiação. Com isso, Maximiliano pretendia associar a ANL a Luís Carlos Prestes, inimigo número 1 do regime na época e autor do manifesto que determinou a ação do governo impugnada no mandado de segurança. Por isso mesmo, o PGR defendeu a superação da preliminar pela Corte e o exame do

---

pelo deferimento policial, sempre foi visada pela autoridade de política, que licenciava e localizava os seus comícios e as sujeitos ativos reuniões, que jamais foram secretas. Nunca a requerente praticou um ato que não tivesse o placet preventivo da autoridade policial. [...] Entretanto, periclitam os direitos políticos de mais de três milhões de brasileiros, já agora não mais pelo fechamento de sua associação, mas porque o cancelamento do registro civil não seguirá os trâmites legais vigentes, devendo ser feita mediante instruções do Ministro da Justiça".

mérito – não por liberalidade, mas para defender, com veemência, a posição do governo. Senão vejamos:

Louvores ao generoso e inteligente liberalismo do preclaro relator: por se tratar de uma questão ruidosa, consentiu no andamento, embora, segundo a jurisprudência da Corte Suprema, seja o caso de indeferir *in limine* a inicial! Vexilários da rebeldia, conclamavam as massas para levar tudo a ferro e fogo; ante a primeira repressão enérgica, transformam-se de leões em cordeiros, afluem ao pretório, em atitude de vítimas. Não nos detenhamos no vestíbulo; não os fulminemos com uma preliminar; ouçamo-los.

(ii) no mérito, Maximiliano manifestou-se pelo indeferimento do pedido, defendendo que a Corte tomasse "como fonte de convicção o apurado pelo Executivo".

A linha de defesa do governo fundava-se na presunção de legitimidade dos seus atos. Portanto, não era preciso que a polícia provasse que a ANL se dedicava a fins ilícitos. Caberia, ao contrário, à requerente a prova de que seus fins não eram ilícitos.

Em sua longa argumentação, Maximiliano valeu-se do espantalho de Luís Carlos Prestes para legitimar a ação do governo contra a agremiação e reforçar a legitimidade da preocupação de Getúlio Vargas com a ameaça de violência voltada a derrubar seu governo.

Valendo-se de sua autoridade como jurista, constitucionalista e ator político muito próximo ao chefe do Poder Executivo, Maximiliano informou que a polícia do regime, "há bastante tempo, acompanha as atividades subversivas dos comunistas". Alegou que a subversão contava com "a colaboração decidida da Aliança Nacional Libertadora", desde que esta passou, "ostensivamente, a considerar seu chefe e Messias um sincero apologista do credo de Moscou, o Capitão Luís Carlos Prestes" e que a ANL, "cumprindo instruções dele, preparou uma colossal desordem a irromper simultaneamente em centenas de lugares e no mesmo dia, 5 de julho".[678]

---

[678] Para fins de registro, vale conferir o trecho em que Maximiliano afirma que a ANL teria começado de modo "ordeiro", mas depois passou a obedecer às ordens bolchevistas de Moscou: "[...] a impetrante, na primeira fase, apareceu como um partido ordeiro; na segunda, desenvolveu sub-repticiamente a trama terrível, que poria a nu a sua verdadeira e oculta finalidade no fatídico 5 de julho. Com assim proceder, obedeceu às normas de Moscou. Nem os orientadores russos denominam <u>comunista</u> a sua grei [...]. Aqui, militaria dobrada razão, para disfarçar o propósito bolchevista pois, no Ocidente, o terror que tal ideia inspira leva à ditadura burguesa, como sucedeu na Itália, Alemanha, Portugal e Áustria; ou à Monarquia, preferida na Hungria, após Belakum, e na Grécia [...]" (sublinhado no original).

A decisão do Supremo Tribunal Federal exigia o prévio exame da constitucionalidade da Lei de Segurança Nacional e do decreto presidencial nela fundado.

Sobre o tema, Maximiliano defendeu, em primeiro lugar, que o governo sequer precisaria de autorização legal para fechar a agremiação, pois o ato se enquadraria no conceito de poder de polícia: "Nem precisaria existir norma positiva especial, para assim se proceder; bastaria o Poder de Polícia, reconhecido pelo direito de todos os povos cultos".

Nada obstante, era preciso enfrentar o texto da Constituição de 1934, que previa, no artigo 113, nº 12: "Nenhuma associação será compulsoriamente *dissolvida* senão por sentença judicial".

A toda evidência, o governo era juridicamente muito bem assessorado (e o autor da Lei nº 38/1935 foi o jurista Vicente Ráo) para evitar uma afronta direta e textual àquela garantia constitucional. Por isso, a LSN empregou um subterfúgio: autorizou o governo a fechar, por seis meses, as associações civis, o que seria uma suspensão temporária, e não dissolução.

Evidentemente, a garantia constitucional foi completamente anulada pela permissão, ao Executivo, do fechamento unilateral das associações, por período dilatado e sem prévio controle judicial. E foi exatamente isso que a lei autorizou.

Maximiliano apegou-se, primeiramente, à literalidade, alegando: "O Executivo não desmembrou, nem extinguiu, a Aliança; apenas suspendeu o funcionamento dos seus núcleos, durante o tempo em que dali deveria sair o rastilho da anarquia" (sublinhado no original).

Não ficou por aí: aludindo ao espírito "menos individualista" da Constituição de 1934, em comparação com a de 1891, afirmou que a Lei de Segurança Nacional teria apenas completado a obra do constituinte para afeiçoar o direito à atualidade.[679]

No trecho final de sua manifestação, Maximiliano valeu-se da ocasião para responder às críticas de Luís Carlos Prestes e defender politicamente o governo. Segundo ele, o manifesto do dia 5 de julho espelhava "sofrimentos que no Brasil não existem" e exagerava "o

---

[679] Nas palavras de Maximiliano: "Em tal emergência, entre nós, como em toda parte, o Direito se afeiçoou à atualidade, propiciou a medicina para os males presentes: o estatuto básico de 1934 foi menos individualista que o de 1891; a sensata modificação das normas reguladoras do trabalho e a chamada Lei de Segurança completaram a obra da segunda Constituinte republicana. Preparada, pois, a primeira mobilização metódica da desordem, pôde a autoridade frustrá-la, graças aos elementos que o Direito vigente lhe fornecia".

alcance de desordens locais, míseros e vulgares casos de política" para atacar, "nominalmente, Getúlio Vargas, Assis Chateaubriand e o Globo".

A passagem registra o apoio do *establishment* midiático ao fechamento da ANL por Vargas e é complementada por uma sutil ameaça: "Nos países ocidentais, conforme demonstramos, agitações anárquicas em nada apressam a vitória do ideal comunista; produzem um só resultado – acelerar a marcha para a direita, que se está processando entre os povos cultos, o advento da ditadura". Segundo Maximiliano, "jamais dominaria, entre nós, um Stalin ou Belakum; porém, seria possível o advento triunfal de um Cromwell, Richelieu, Pombal, Mussolini, Diego Feijó ou Floriano Peixoto".

Ecoando, em nosso país, o discurso antissemita então difundido na Europa, Maximiliano afirmou: "No plano de ação comunista, a sua grei aconselha a procurar o apoio dos judeus, cujo poder formidável advém precisamente de estar nas suas mãos o cetro da finança internacional".

Por fim, Maximiliano destacou o "papel superior da Corte Suprema", que deveria, na sua visão, exercer a função de uma corporação política "altamente conservadora, guarda excelsa da lei, zeladora da pureza das instituições". Chamou a Corte à sua responsabilidade de conter o "vasto plano de greves sem causa e sem objeto, perturbações financeiras, choques das massas contra as forças regulares, paralisação do tráfego, lançamento das cidades no horror das trevas", que seria, na visão do PGR, o programa da ANL.

O Supremo Tribunal Federal, por unanimidade, julgou improcedente o Mandado de Segurança da ANL e manteve seu fechamento.

O relator, ministro Arthur Ribeiro, rejeitou a preliminar de ilegitimidade ativa do presidente da ANL, levantada pelo procurador-geral da República, consignando que estava provado nos autos que o requerente, comandante Hercolino Cascardo, era o presidente da ANL, nos termos da procuração juntada e da confirmação do próprio Ministério da Justiça.

No mérito, o Supremo convalidou o fechamento da Aliança. O relator considerou constitucional o poder atribuído ao governo pela Lei de Segurança Nacional. O texto da Constituição de 1934 foi interpretado de modo condicional, ou seja, a garantia da liberdade de associação só prevalecia quando exercida "para fins lícitos".

Por isso, concluiu-se que o presidente da República poderia ser autorizado, pela lei ordinária, a restringir o funcionamento de uma associação, desde que "verificado não ser lícito o objetivo a que a associação se propõe".

Apesar de ter considerado a lei compatível com a Constituição, o voto condutor do acórdão admite a pressão vivida, naquele momento, sob a ameaça do radicalismo comunista. Aderindo silenciosamente ao brocardo segundo o qual "a necessidade cria a sua própria lei" (*necessitas non habet legem*), o ministro Arthur Ribeiro considerou que a Lei de Segurança Nacional trazia de volta ao nosso ordenamento jurídico "antigas severidades", que se justificariam pelas circunstâncias prementes. A nova criminalidade política, na sua opinião, desde a Grande Guerra, teria natureza não meramente antigovernamental, mas antissocial, exigindo medidas duras, necessárias para enfrentar as ameaças daquele tempo.[680] Por essas razões, considerava que, embora rigorosa, a Lei nº 38/1935 não era inconstitucional.

O STF presumiu verdadeiras as informações prestadas pelo ministro da Justiça, exigindo da impetrante a prova de que suas atividades não eram ilegais – o que era inviável em mandado de segurança, sem direito à dilação probatória. Além disso, afirmou que o fechamento não implicava dissolução, por não ser definitivo, e se revestia da natureza de "ato administração de pura polícia", fundado em expresso dispositivo de lei, que delegou tais poderes ao Executivo, sem necessidade de prévia apreciação judicial. Concluiu:

> Como se vê, a dissolução definitiva fica sempre dependendo de sentença do poder judiciário, perante o qual ela poderá fazer valer os seus

---

[680] Eis os argumentos do relator, para chancelar a constitucionalidade da norma: "A lei n. 38 é, sem dúvida, severa. A sua severidade, porém, é uma exigência das circunstâncias difíceis com que, atualmente, lutam os dirigentes de todas as nações cultas. Garraud, escrevendo muito antes da crise que a humanidade ora atravessa e que lhe abriu a Grande Guerra, quando trata da delinquência política, faz a seguinte observação, verdadeiramente profética: 'Ao lado da noção do delito político, nasce e se desenvolve a noção do delito social. O que se mostra refratário não mais só à ordem social estabelecida, mas a toda ordem social, aproxima-se do delinquente de direito comum, muito mais do que do delinquente político; não é somente um <u>anti-governamental</u>, é um <u>anti-social</u>. E então o sentimento utilitário da conservação, mais forte do que todas as teorias, faz com que se retomem contra os criminosos niilistas e anarquistas as antigas severidades, e se ponham, novamente, em vigor as antigas medidas' (Direito Criminal, vol. 1, pag. 212). São essas *antigas severidades* que, na hora presente, surgem por toda a parte, inspiradas pelo sentimento utilitário da conservação, que domina o ser humano [...], retomando mesmo, em alguns países, as formas bárbaras e, de há muito, desaparecidas de tanto horror causam aos espíritos formados ao calor da civilização cristã. Felizmente, o rigor da lei n. 38 não excedeu as raias que a alma brasileira, sempre doce, traça às suas mais severas leis e até aos seus insopitáveis movimentos revolucionários. Se é, porém, uma lei severa, o seu art 29 não encerra um preceito inconstitucional. Muito menos se pode dizer inconstitucional o art 2 do cit. dec. N. 229 do mês de julho findo [...]".

direitos, destruir a presunção *juris tantum*, em favor das informações governamentais, e mostrar os fins lícitos de sua existência e a falsidade da afirmativa de ser a sua atividade subversiva da ordem política ou social. Se, dentro dos seis meses, a dissolução definitiva não for intentada, a impetrante voltará ao *statu quo ante*, com direito, sem dúvida, à reparação do dano, se o Judiciário negar à autora o reconhecimento da pretensão ajuizada.

Juntaram votos os ministros Laudo de Camargo, Carvalho Mourão e Costa Manso.

Laudo de Camargo iniciou seu voto defendendo, no plano teórico, um conceito de poder de polícia de amplitude muito menor do que o advogado por Carlos Maximiliano e sufragado pelo relator. Afirmou, expressamente: "Não dou ao poder de polícia a elasticidade que se lhe procura emprestar. Daí o dizer Cooley que, não sendo ele absoluto, está sujeito à apreciação da justiça". Sublinhou que teria "fortes reservas" contra a constitucionalidade do decreto impugnado, que determinou o fechamento da ANL, fosse ele considerado "como simples ato de autoridade".

Reforçando a competência do Judiciário para realizar o controle da constitucionalidade do conteúdo do ato presidencial, Laudo de Camargo desincompatibilizou interesses coletivos e interesses individuais, promovendo diálogo entre as tradições jurídicas de 1891 e de 1934:

> Não há quem desconheça o poder da polícia controlando, sob múltiplos aspectos, o viver em sociedade; também não se desconhece que os interesses coletivos pairam acima dos interesses individuais; mas, a pretexto de salvaguardar interesses comuns e superiores, não se vá reconhecer o direito de livre incursão nos domínios privados, de modo a invalidar as nossas melhores conquistas.
>
> E foi por assim pensar que o legislador constituinte de 91, permitindo a livre associação, acrescentou estas palavras: 'não podendo intervir a polícia senão para manter a ordem pública'. Restringiu-se, assim, a ação policial, com a regra imposta.

Ainda assim, afirmou que não havia, no caso, direito líquido e certo: "Se o ato foi mal fundado ou mal aplicado, constituirá objeto de ulterior apreciação e ulterior procedimento. Por enquanto, e pela controvérsia estabelecida, o que se não pode dar como existente é um direito certo, líquido, incontestável e a ser amparado pela medida pleiteada".

Em seguida, votou o ministro Costa Manso, reduzindo o âmbito da competência da Corte, com alusão à doutrina das questões políticas. Para ele, somente seria possível a análise dos requisitos legais extrínsecos (formais) dos atos praticados pelo presidente da República: "O Poder Judiciário, quando chamado a apreciar um ato administrativo, deve, em regra, limitar o exame à parte extrínseca do ato". Para Costa Manso, só caberia à Corte examinar se a autoridade que expediu o ato era competente; se foram observadas as formalidades externas substanciais; e se a medida, em tese, era autorizada pela lei: "Verificado, porém, que certo ato foi praticado pela autoridade competente, obedeceu à forma imposta em lei e era por esta autorizado, concluirá o juiz que não houve ilegalidade, que o ato não é nulo. E dará por finda a sua missão".[681] Prosseguiu afirmando que "os poderes políticos são harmônicos e autônomos. Cada um deles exerce privativamente a função que lhe é distribuída. Quem administra é o Poder Executivo. Não pode o Judiciário intervir, como se fora instância administrativa superior". Negando, na prática, o controle de constitucionalidade dos atos do Poder Executivo, afirmou que ao Judiciário cumpre "aplicar a lei, e, portanto, só atos ilegais serão por ele anulados".

Essa atitude de extrema autocontenção judicial, no exercício do controle de constitucionalidade, corresponde à maior reverência aos Poderes Legislativo e Executivo, reduzindo a competência da Corte. A doutrina das questões políticas expandia o campo para a discricionariedade dos atos administrativos e das leis e o conceito de mérito administrativo, infenso ao que se considerava "invasão" (controle de constitucionalidade do conteúdo do ato) pelo Judiciário. Essa interpretação do princípio da separação de poderes conferia ao Executivo e ao Legislativo a palavra final sobre a interpretação da Constituição.

Apesar dessa introdução que protegia o ato do governo de incursões pelo Judiciário, Costa Manso afirmou a competência da Corte para decidir sobre a alegação de inconstitucionalidade da Lei de Segurança Nacional:

---

[681] Concluiu Costa Manso: "A verificação da justiça, oportunidade e conveniência de medidas administrativas é matéria estranha à função judicial, a menos que tal atribuição seja expressamente conferida ao juiz. Os poderes políticos são harmônicos e autônomos. Cada um deles exerce privativamente a função que lhe é distribuída. Quem administra é o Poder Executivo. Não pode o Judiciário intervir, como se fora instância administrativa superior, para, assim, influir ou colaborar na Administração Pública. O que lhe cumpre é aplicar a lei, e, portanto, só atos ilegais serão por ele anulados".

Sufrago, a este respeito, princípio diferente do formulado pelo eminente chefe do Ministério Público Federal. Penso que a questão da inconstitucionalidade da lei pode ser apreciada neste julgamento. O que a Corte não pode é decretar, em tese, a inconstitucionalidade. Trata-se, porém, de apreciar a legalidade de um ato administrativo, fundado numa lei ordinária. Se a lei for inconstitucional, também o ato administrativo o será. Em consequência, cumpriria ao juiz anulá-lo.

Seguindo o ministro relator, Laudo de Camargo também concluiu no sentido da constitucionalidade dos atos impugnados.

Por fim, o ministro Carvalho Mourão juntou voto, defendendo a constitucionalidade tanto da lei como do decreto. Afirmou ser "função fundamental da polícia e do Estado em geral" a defesa da autoridade administrativa e da ordem pública contra "quaisquer ataques". Valeu-se da noção do poder geral de cautela do presidente e da polícia, aos quais caberia a decisão quanto à pertinência das "medidas acautelatórias ou preventivas de desordens ou de graves perturbações da ordem pública, enquanto pende a ação de dissolução da sociedade que tenha fins ilícitos".

Carvalho Mourão lembrou que a Constituição de Weimar, de 11 de agosto de 1919, proibia, expressamente, no artigo 124 o emprego de "medidas preventivas" para restringir a liberdade de associação. Lembrando que a nossa Carta era inspirada no texto alemão, Carvalho Mourão observou que nem mesmo aquela vedação expressa poderia ser interpretada de modo a proibir as "medidas de polícia". Isso porque, segundo o ministro, fazê-lo "seria desarmar o Governo da função especial de proteção à ordem pública e ao poder constituído", razão pela qual seria da essência do poder de polícia a competência de adotar medidas acautelatórias "contra a atividade das associações que visem subverter a ordem pública".

Para Carvalho Mourão, a Constituição brasileira de 1934 teria conferido ao governo poder que seria ainda mais amplo, porque o próprio texto proibia a associação dedicada a fins ilícitos, de qualquer natureza – diferentemente da Constituição alemã, que restringia apenas finalidades contrárias às leis penais.

Finalmente, valendo-se de argumento relativizador da garantia fundamental à liberdade de associação, afirmou que não se tratava de um direito individual do homem, mas, sim, de direito "predominantemente social", razão pela qual seu exercício sujeitava-se à regulação social – o poder regulamentar do governo. Citou a crítica de Rousseau às chamadas associações particulares, que serviriam para falsear a expressão da soberania popular. Carvalho Mourão sufragou essa visão – que, levada ao extremo, justificaria a abolição de todos os partidos políticos (como ocorreu no Estado Novo).[682]

Declarada, assim, a constitucionalidade dos dispositivos da Lei de Segurança Nacional e do decreto de Vargas à luz do texto de 1934, a segurança foi denegada pela Corte.

Uma consequência dessa decisão do Tribunal, segundo Lêda Boechat Rodrigues,[683] foi a restrição da propaganda do Partido Comunista aos quartéis. O fechamento da ANL – à qual eram filiados artistas, intelectuais e milhões de cidadãos[684] – pode, portanto, ter contribuído para a radicalização e a precipitação do levante, e não para a sua prevenção. Em novembro de 1935, cinco meses depois do fechamento da ANL, três batalhões militares seriam os pivôs da "Intentona Comunista". O governo mandou prender todos os suspeitos de envolvimento no levante, que deixaram mortos no Rio de Janeiro, em Natal e no Recife. Em 18 de dezembro de 1935, foram promulgadas três emendas à Constituição de 1934 (v. item 3.4, supra), com uma nova figura de estado de exceção: a "comoção intestina" equiparada ao estado de guerra, com a suspensão de todas as garantias constitucionais.

Com base nos novos poderes que obteve, Vargas decretou o estado de sítio, por 90 dias, inicialmente por meio do Decreto nº 702, de 21 de março de 1936, sucessivamente prorrogado até o golpe do Estado Novo. As prisões de opositores não tiveram mais limites.

4.1.2 Caso Genny Gleiser: HC nº 25.906, j. 30.09.1935

A Lei de Segurança Nacional conferiu ao regime um importante instrumento para governar o país pelo eixo do alarme contra o perigo comunista. Apenas o extremismo de esquerda preocupava a polícia

---

[682] Constou de seu voto: "Rousseau, segundo informa Esmein, considerava as associações particulares, com fins religiosos ou sociais, inconciliáveis com a sua teoria da soberania, pois achava que elas falseavam a expressão do voto geral, deturpando a natural infalibilidade da vontade popular; princípio esse que sempre sustentou. Na verdade, outra coisa não fizeram os clubs revolucionários e, até hoje, as associações político-revolucionárias, senão escamotear a vontade da nação, por meio da violência e em nome da minoria".

[683] RODRIGUES, *História do Supremo Tribunal Federal*, Tomo IV, *op. cit.*, p. 64-66.

[684] À época, eram ligados à ANL figuras importantes da vida política nacional, como Caio Prado Jr, Carlos Lacerda, Jorge Amado, Rubem Braga, Maria Lacerda de Moura, Sussekind de Mendonça, Álvaro Moreyra, além de parlamentares, como Abguar Bastos e Domingos Velasco.

política na fase constitucional. A Ação Integralista Brasileira, fundada por Plínio Salgado em outubro de 1932 e que defendia uma ditadura fascista, era protegida, como se extrai dos diários de Getúlio Vargas. O então presidente contava com a militância da AIB em sua defesa e repreendia governos locais que restringiam pontualmente suas reuniões (caso da Bahia). Juntamente com o aparato legal, os órgãos de propaganda do governo conseguiram o apoio dos mais importantes setores da mídia na legitimação de prisões e expulsões de simpatizantes ou militantes comunistas e na tolerância aos camisas-verdes, úteis ao regime. Teve livre curso o jornal *Ação* (integralista), veiculando mensagens antissemitas alinhadas ao Itamaraty, que considerava a emigração judaica nociva para o país[685] – fruto, em parte, do pragmatismo econômico, pois a Alemanha era o maior parceiro comercial do Brasil.

Eram frequentes as incursões da polícia do Rio de Janeiro e de São Paulo contra centros operários judeus. Segundo Alberto Dines:

> Na praça Onze, foram invadidos os centro cultural dos trabalhadores onde funcionava a redação do semanário judeu comunista Unhoid, "O Começo", assim como a cozinha popular e uma escolinha para os filhos dos operários. Prenderam 23 militantes, dos quais 15, por estarem com papeis irregulares, foram deportados para a Alemanha e jamais encontrados. Entre eles, Motel Gleizer, redator do semanário. A polícia chegou até ele porque Genny (ou Schendla) foi presa sob acusação de organizar o primeiro Congresso da Juventude Proletária e Estudantil em São Paulo.[686]

A jovem estudante mencionada por Alberto Dines, presa pela polícia getulista numa das incursões em bairros judeus, era Genny Gleiser, natural da Romênia, acusada de ligações com o comunismo por ter participado do Congresso da Juventude Proletária e Estudantil – chamado pelo governo de "Congresso da Juventude Comunista". Genny Gleiser foi presa juntamente com outras dezesseis moças. Houve denúncias de que a paciente foi violentada e estuprada na prisão, onde permaneceu enquanto o governo providenciava sua expulsão.

Impetrado o *Habeas Corpus* nº 25.906 no Supremo Tribunal Federal, iniciou-se a campanha midiática em apoio às medidas de polícia

---

[685] GODOY, *A história do direito entre foices, martelos e togas*, op. cit., p. 74.
[686] DINES, Alberto. *Morte no paraíso*: a tragédia de Stefan Zweig. Rio de Janeiro: Rocco, 2004. p. 50.

do governo. Assis Chateaubriand, barão da mídia na época, cobrava "ação mais agressiva por parte das autoridades policiais" e, no caso da paciente Genny Gleiser, "protestava por medidas mais drásticas". O pequeno vespertino *A Nota*, que financiou a assistência judiciária da paciente, tentou, em vão, divulgar a história da paciente e denunciar seu "sequestro pela polícia política".[687] A matéria afirmava que "Genny Gleiser era uma criança ignorante quando chegou ao Brasil" e viveu uma "história de fome e miséria – estudando e trabalhando em São Paulo". O pai de Genny foi entrevistado e refutou a versão policial segundo a qual sua filha teria vindo para o Brasil para organizar o Congresso Comunista Juvenil, afirmando que Genny e sua irmã mais nova vieram para o Brasil em 1932, depois do suicídio de sua mãe, na Romênia: "Eram duas crianças que não sabiam ler nem escrever. E não conheciam política. E da vida só conheciam duas coisas: fome e frio. Assim era Genny quando chegou ao Brasil [...]. Em São Paulo, entrou para a escola e para a fábrica".

A matéria mobilizou outros veículos de imprensa, alcançando grande impacto na opinião pública. Estudantes da Universidade do Rio de Janeiro se manifestaram pela libertação de Genny,[688] grupos de mulheres se engajaram, enviando abaixo-assinados e cartas ao ministro da Justiça. Na Câmara dos Deputados, foi aprovado um requerimento de informações ao ministro da Justiça, que contou com a assinatura inclusive de representantes da maioria (base de apoio ao governo), solicitando esclarecimentos sobre os motivos da prisão e o processo de deportação.

A reação do governo contou com o apoio de Assis Chateaubriand, que criticou a imprensa carioca pela "trama de uma das mais grosseiras mistificações que nossa conhecida Aliança Nacional Libertadora já urdiu estes últimos tempos, para fazer sentir que ela não morreu do mal de sete dias", acusando-a de fazer "no país inteiro um movimento de simpatia em torno da pequena romena". Chatô associou a defesa pública de Genny Gleiser ao "famigerado sentimentalismo brasileiro" e às "curvas tendenciosas do repórter simpatizante do comunismo, ao qual a Aliança, do fundo de seus porões de conspiradora, mandou a palavra de ordem". Acusando de comunistas os que criticavam a atuação da polícia varguista, Chatô afirmou que "os comunistas da imprensa

---

[687] Apud GODOY, *A história do direito entre foices, martelos e togas*, op. cit., p. 82.
[688] GODOY, *A história do direito entre foices, martelos e togas*, op. cit., p. 86.

diária de São Paulo e Rio decidiram transformar [Genny] numa espécie de Joana D'Arc oriental, em véspera de ser queimada pelos borguinhões e pelos ingleses da Ordem Política e Social do Sr. Salles Oliveira". Para conferir respaldo ao seu artigo, afirmou, em primeira pessoa:

> [...] Eu estava em São Paulo quando se suscitou o caso da prisão de Genny. Mandei pesquisar na polícia o que ocorria de verdade a seu respeito. A resposta, haurida de boa fonte, não se fez esperar. Logo no dia de sua detenção puderam as autoridades paulistanas identificar-lhe o retrato no álbum de família do nosso confrade Mangabeira Júnior. Ele tinha em seu poder instruções que a III^a Internacional somente confere a filiados de certa envergadura. Genny não era apenas um membro juvenil da seção de estudantes comunistas. Na sua pasta figuravam documentos demonstrando que ela pesava um pouco mais no seio dos comitês de ação e propaganda do partido na América do Sul. Não era possível, nessas condições, tratá-la como um desses escribas analfabetos que redigem, sem inteligência, com penas rombudas, os dois diários russos nas metrópoles do Rio e São Paulo. [...] Na monotonia do rebanho dos seus companheiros de ideal, ela se destacava como uma revelação, pelo menos, de vivacidade e de desembaraço precoces. [...] Comprovada a sua temibilidade, a polícia só tinha que agir como agiu e está agindo.[689]

A inicial do *habeas corpus* foi ajuizada no dia 13 de setembro de 1935 perante a Corte Suprema[690] e distribuída ao ministro Ataulfo de Paiva, nomeado por Vargas para o Tribunal durante o Governo Provisório, em 20.02.1934 (v. item 3.5.1, supra).

O impetrante sustentou que Genny Gleiser, menor de 17 anos, "pelo fato de haver, apenas, comparecido a uma reunião de socialistas, como mera assistente", "foi sequestrada pela Polícia de São Paulo e se acha hoje à disposição do Sr. Ministro da Justiça, em lugar ignorado, em infração flagrante e clamorosa das liberdades e direitos consagrados no citado art. 113 da nossa lei magna". Afirmou que a prisão já durava dois meses para fins de um processo de expulsão "cujas provas nunca se exibiram" e sem qualquer direito de defesa.

Nova petição foi juntada em defesa da paciente, depois de entrevista concedida à imprensa pelo chefe da Polícia do Estado de São Paulo,

---

[689] GODOY, *A história do direito entre foices, martelos e togas*, op. cit., p. 92-95.
[690] Os trechos dos documentos aqui citados, extraídos dos autos do HC nº 25.906, encontram-se reproduzidos em: GODOY, *A história do direito entre foices, martelos e togas*, op. cit., p. 81 e ss.

afirmando que Genny Gleiser seria "brevemente expulsa do país, pois a ordem de expulsão já está perfeitamente legalizada, faltando apenas ser visado o seu passaporte". A nova peça defensiva reforçou a alegação de que, tendo a paciente chegado ao Brasil aos 15 anos, não passava de "fantasias da delirante imaginação da Ordem Político-Social" a afirmação de que seria ela uma enviada da Terceira Internacional "especialmente para encabeçar uma revolução social". Argumentou que, "pela idade evidentemente tenra da paciente, não é crível que possam também os venerandos Srs. Ministros desta vetusta Corte achar que se encontre ela investida de quaisquer missões de ordem a despertar temores de parte de nossas tão consolidadas e nobres instituições sociais".

Solicitadas informações, o ministro da Justiça, Vicente Ráo, aliado do Governador de São Paulo, Armando Salles (v. cap. 3, supra), encaminhou e subscreveu ofício do Secretário de Segurança Pública daquele Estado, Artur Leite de Barros, responsável pela prisão de Genny Gleiser. Sustentou que a paciente "foi detida em virtude de sua atividade como propagandista de ideias subversivas", por ter presidido "o chamado Congresso da Juventude Proletária Estudantil", na noite de 15 de julho de 1935, "onde seriam tratados assuntos referentes ao fechamento da Aliança Nacional Libertadora e as medidas a serem tomadas contra esse ato do governo". Segundo a autoridade policial, logo depois que Genny Gleiser instalou a reunião, com a frase "sentem-se, camaradas. A reunião não demora", a polícia – cuja presença no local era ignorada pela paciente – entrou em ação e prendeu-a.

De acordo com as informações, em poder de Genny foram encontrados dois documentos de sua autoria: o primeiro dizia o seguinte: "Preparar uma reunião para 6 e 10 horas, discutir as questões da Fábrica Ítalo-Brasileira"; (b) o segundo trazia o título: "Por que motivo a ciência proletária é superior à ciência burguesa". Aludiu, ainda, a autoridade policial a uma carta por ela dirigida a seu pai, datada de julho, que revelaria, "nas entrelinhas, seu ideal e suas práticas comunistas". E, por fim, na residência de Genny, a polícia afirmou que apreendeu "inúmeros volumes marxistas, documentos de indiscutível valor probante de sua atividade demolidora; boletins, jornais, folhetos extremistas [...] e, o mais importante, material interno do Partido Comunista".

No dia 30 de setembro de 1935, a Corte Suprema denegou a ordem, mais uma vez por unanimidade. O relator afirmou, sucintamente, que a defesa não provou suas alegações com documentos oficiais, razão pela qual prevalecia a afirmação do governo de que se tratava de estrangeira nociva ao país:

> As duas petições a que me referi estão desacompanhadas de documentos de origem oficial. Com elas apenas foram juntas retalhos de jornais [...]. Em contrário a tais notícias encontra-se o que foi afirmado nas informações oficiais cuja leitura fiz – e que julgo merecedoras de fé até prova em contrário.

Acompanhando o relator, o ministro Costa Manso lançou fundamentos que alinham sua compreensão à doutrina das questões políticas, também evitando submeter o ato do Executivo a um exame mínimo de conformidade à Constituição. Para o ministro, eram praticamente ilimitadas as atribuições do Poder Executivo em matéria de expulsão, de modo que "o poder judiciário só tem o direito de verificar a legalidade do ato. [...] Desde que o menor seja nocivo à segurança pública e aos interesses do país, o governo pode decretar a expulsão, pouco importando que os pais não estejam na mesma situação. Se quiserem, acompanharão o filho para o estrangeiro". Concluiu que o ato era perfeitamente legal: "Obedeceu à forma estabelecida em lei e foi decretado pela autoridade competente. Portanto, deve subsistir. O Tribunal não tem autoridade para impedir a execução desse ato".

A autocontenção fundada na doutrina das questões políticas também orientou o voto do ministro Carvalho Mourão, que afirmou: "Ao Tribunal é vedado conhecer da conveniência ou oportunidade da medida, quer dizer, da realidade dos motivos alegados pelo Governo para a expulsão. A expulsão é um ato de soberania". Considerou que, "sob o aspecto da legalidade, trata-se de uma estrangeira: pode ser expulsa. [...] a razão de humanidade não pode ser invocada, pela sua inadmissibilidade". E concluiu retirando qualquer responsabilidade da Corte Suprema sobre o tema: "Só me cabe, pois, impossibilitado que estou de conhecer dos motivos da prisão, que é um ato de soberania de atribuição privativa do Poder Executivo, negar a ordem impetrada".

Por fim, o ministro Artur Ribeiro proferiu seu voto em poucas linhas: "Para a expulsão, a lei exige duas condições: que o indivíduo seja estrangeiro e nocivo à ordem pública e aos interesses da nação. Na primeira hipótese, o Tribunal deve verificar se é ou não estrangeiro. A segunda hipótese é de competência do poder civil. Assim, nego a ordem".

Os demais acompanharam o relator, denegando a ordem.

4.1.3 Caso Olga: HC nº 26.155, j. 17.06.1936[691]

A história de Olga tornou-se conhecida no nosso país por obra da arte e do jornalismo. Alemã de origem judia, foi expulsa do Brasil para a Alemanha de Hitler em 1936, grávida de sete meses de Luís Carlos Prestes. O regime lançou sobre ela a suspeita de ter arquitetado a ação golpista da Intentona Comunista – segundo Skidmore, "muitos participantes mais tarde concluíram que aqueles acontecimentos tinham sido arquitetados por agentes governamentais infiltrados tanto na Aliança Nacional Libertadora como no Partido Comunista".[692]

Como visto (item 3.4, supra), a Intentona foi uma rebelião de orientação comunista, ocorrida nos quartéis de Rio de Janeiro, Recife e Natal. Teve início na capital potiguar, em 23 de novembro de 1935, onde oficiais superiores foram assassinados por outros militares, rebeldes, dentro da guarnição.[693] Olga, que residia clandestinamente no Rio de Janeiro com Luís Carlos Prestes, foi presa em março de 1936.

Importantes livros que se propuseram a estudar a história do Supremo Tribunal Federal[694] omitem o julgamento do *habeas corpus* impetrado em favor de Olga. O acórdão então proferido registra algumas das passagens mais tenebrosas da história da Suprema Corte brasileira, comparáveis, em termos de aviltamento da dignidade da impetrante, ao proferido pela Suprema Corte dos Estados Unidos da América no caso *Dred Scott*.

Olga Benário não respondia a processo na Alemanha.[695] Não houve pedido de extradição. Por iniciativa do Ministério da Justiça

---

[691] Disponível em: http://redir.stf.jus.br/paginadorpub/paginador.jsp?docTP=AC&docID=553645. Acesso em: 25 set. 2021. Desde 4 de maio de 1936, com a entrada de Carlos Maximiliano, até a Carta de 1937, a composição do Supremo Tribunal Federal era a seguinte, em ordem decrescente de antiguidade: presidente Edmundo Lins (Venceslau Brás); vice-presidente Hermenegildo de Barros (Delfim Moreira); Bento de Faria (Arthur Bernardes); Eduardo Espínola (Getúlio Vargas); Plínio Casado (Getúlio Vargas); Carvalho Mourão (Getúlio Vargas); Laudo de Camargo (Getúlio Vargas); Costa Manso (Getúlio Vargas); Octávio Kelly (Getúlio Vargas); Ataulpho de Paiva (Getúlio Vargas); Carlos Maximiliano (Getúlio Vargas).

[692] SKIDMORE, Thomas E. *Brasil*: de Getúlio a Castelo. Tradução: Berilo Vargas. 2. reimpr. São Paulo: Companhia das Letras, 2010. p. 55.

[693] FAUSTO, *Getúlio, op. cit.*, p. 74.

[694] Os mais referidos são o de Leda Boechat Rodrigues e o de Maria Clara Viotti da Costa.

[695] Ela era procurada na Alemanha desde que, em abril de 1928, aos 20 anos de idade, organizou a brigada armada da Juventude Comunista, que resgatou da prisão de Moabit, em Berlim, o jovem intelectual marxista Otto Braun, namorado de Olga à época, que havia sido preso pelo crime de alta traição (suposta espionagem realizada como encarregado do Partido Comunista de Moscou). Segundo Fernando Morais, o policial que levava Otto à sala de julgamento "sentiu algo duro encostado em sua nuca. Virou a cabeça e viu uma pistola

brasileiro, ela foi expulsa como "estrangeira nociva ao país", por sua ligação com Luís Carlos Prestes e como importante militante da Internacional Comunista, enviada para o Brasil pelo escritório de Moscou, para aqui liderar a revolução comunista que, se bem-sucedida, chegaria aos demais países da América Latina.

O caso chegou à Suprema Corte em 3 de junho de 1936, no HC nº 26.155, relator ministro Bento de Faria. O impetrante, Heitor Lima, não pleiteou a libertação de Olga, mas somente que a Corte concedesse a ordem para que ela permanecesse presa no Brasil e aqui fosse processada pelos crimes que lhe eram atribuídos. O advogado, talvez sabedor de que dificilmente a Corte concederia a liberdade à sua paciente, preferiu seguir uma argumentação adequada ao convencimento do público-alvo, os ministros do Supremo Tribunal Federal. Pode-se cogitar, também, que o advogado temia desafiar demasiadamente o regime e vir a ser acusado de simpatizante do comunismo, tomando como evidência suas alegações nos autos do *habeas corpus*.

Nessa linha, afirmou que os fatos atribuídos a Olga, "a serem verdadeiros, determinariam necessariamente a sua condenação como autora intelectual e cúmplice em vários delitos contra a ordem política e social". Em reforço retórico que, segundo provavelmente considerou, auxiliaria a concessão da ordem pela Corte, o impetrante não refutou a qualificação da paciente como "inimiga do regime", reduzindo sua alegação à necessidade de julgá-la no nosso país, ao afirmar: "Não há de a expulsão assumir o caráter de burla às nossas leis penais, nem terá aspecto de prêmio ao alienígena que, abusando da nossa hospitalidade, aqui delinque e, repatriado, vai livremente viver onde quiser".

O pedido tinha, ainda, um importante fundamento fático: a expulsão da paciente transcenderia a pessoa da acusada, que estava grávida de seis meses. Afirmando os direitos do nascituro, o advogado empregou tanto conhecimentos jurídicos clássicos, oriundos do direito romano, como contemporâneos, reivindicando a proteção constitucional prevista no art. 141 da Constituição de 1934, segundo o qual "é obrigatório, em todo o território nacional, o amparo à maternidade e à infância".

Procurando mostrar-se alinhado ao pensamento conservador, o impetrante elogia o afeto de Getúlio Vargas como pai de família e apela

---

negra apontada contra seu rosto por uma linda moça de cabelos escuros e olhos azuis, que exigiu com voz firme: Solte o preso!". Ninguém se feriu. MORAIS, *op. cit.*, p. 8.

ao sentimento de humanidade dos ministros, lembrando que, em razão do sofrimento infligido por sua prisão e expulsão, Olga poderia até mesmo sofrer um aborto. Segundo ele, "arrastada pelas ambições dos homens, instrumento das paixões masculinas, a poucos passos sofre uma mulher, cuja vida se concentra hoje na vida do ser cujo coração já palpita no fundo do seu ser".

Argumentando que o pedido se voltava à proteção da família, que talvez tornasse sua acolhida mais viável numa Corte formada por homens conservadores,[696] o advogado se valeu de alegorias bíblicas (sobre a volta do Messias) e atribuiu a Luís Carlos Prestes a responsabilidade pela situação de Olga, afirmando que ela, com seu amor maternal, poderia regenerá-lo e salvá-lo do bolchevismo se permanecesse no Brasil:

> Assim como há sempre, nos desvios, na degradação, no infortúnio, na ruína da mulher a ação corrosiva e dissolvente de um homem, assim também na correção, no salvamento, na regeneração do homem há sempre a intervenção providencial de uma mulher. Foram as fantasias reformadoras, os erros e o egoísmo dos homens que reduziram Maria Prestes a uma sombra e lhe comprometeram o destino.
> [...]
> Agora, todos os seus pensamentos, todos os seus ensejos têm por objeto o filho que vai nascer. É a ele que pretende dedicar as energias que lhe restam, é por ele e para ele que viverá de hoje em diante. Mas, vivendo para o filho, compreendendo afinal a missão da mulher no mundo, Maria Prestes há de necessariamente almejar a companhia do pai de seu filho. Na aurora que para ela vai raiar com o primeiro vagido do fruto de seu amor sem limites por Luís Carlos Prestes, outros quadros oferecer-se-ão à sua retina deslumbrada.
> [...]
> Pensará em curá-lo da psicose bolchevista, rasgar-lhe novas perspectivas à inteligência, atraí-lo ao âmbito da família, estimulá-lo para o serviço da pátria.
> [...]

---

[696] Essa percepção é apoiada pela resposta do advogado Heitor Lima à determinação do presidente da Corte Suprema de que fossem pagas as custas para o processamento do *habeas corpus*. Disse o impetrante: "Se a justiça masculina, mesmo quando exercida por uma consciência do mais fino quilate, como o insigne presidente da Corte Suprema, tolhe a defesa a uma encarcerada sem recursos, não há de a história da civilização brasileira recolher em seus anais judiciários o registro desta nódoa: a condenação de uma mulher, sem que a seu favor se elevasse a voz de um homem no Palácio da Lei. O impetrante satisfará as despesas do processo".

Se Maria Prestes, mesmo presa, mesmo condenada, ficar no Brasil, sua influência maternal (porque a mulher é sempre maternal) sobre o espírito do marido contribuirá provavelmente para que o Brasil volte de novo a contar com a cooperação de um dos seus filhos mais ilustres, matemático, técnico, engenheiro insigne, laureado da Escola Militar. Só uma mulher poderá operar esse milagre.

Em sede de informações, o ministro Vicente Ráo (autor da Lei de Segurança Nacional, na qual Olga fora enquadrada) apelou estritamente ao direito positivo: invocou o art. 113, nº 15, da Constituição de 1934, segundo o qual a União poderia expulsar do território nacional "os estrangeiros perigosos à ordem pública ou nocivos aos interesses do País". Aludiu, ainda, ao Decreto nº 702, de 21 de março de 1936, que "instituiu o estado de guerra e suspendeu a garantia do *habeas corpus*, por necessidade de segurança nacional".

O estado de guerra vinha sendo prorrogado desde o episódio da Intentona Comunista, em novembro de 1935. Em dezembro daquele ano, depois das emendas à Constituição de 1934, o presidente da República foi autorizado a suspender, por decreto, as garantias constitucionais que indicasse. No Decreto nº 702, o artigo 2º suspendeu, entre outras, a garantia do *habeas corpus*, bem como todas as garantias previstas no artigo 175, que disciplinava o estado de sítio e previa o controle judicial dos atos do governo durante a sua vigência.

Além de defender o não conhecimento da ação, fundado no decreto do estado de guerra, o ministro da Justiça, Vicente Ráo, anexou às suas informações um ofício da chefatura de polícia segundo o qual a paciente fora detida na residência de Luís Carlos Prestes, "de quem se declara esposa, sem dizer, porém, onde foi realizado o casamento". Tratava-se de evidente tentativa de desautorizar a argumentação da inicial, que defendia a permanência de Olga no Brasil em nome da proteção à família. Deduz-se que o governo pretendia que a Corte discriminasse a união não oficializada.

Por fim, consta das informações que, no dia 14 de maio de 1936, foi concluído o inquérito aberto para investigar os "acontecimentos desenrolados nesta Capital em novembro do ano próximo passado", sem que fossem obtidos indícios do envolvimento de Olga na Intentona Comunista. O chefe de Polícia assim encerrou o inquérito: "Não encontro elementos bastantes que permitam incluir como indiciadas com atuação definida as estrangeiras: Elisa Ewert ou Machla Lenczyeki, Carmen Alfaya de Ghioldi e Maria Bergner Prestes, que também usava os nomes

Yvone, Olga e Maria Villar". Nada obstante, afirmou: "Tratam-se, evidentemente, de elementos indesejáveis, cuja permanência no território nacional não é aconselhada".

O pedido foi julgado no dia 16 de junho de 1936. Os ministros dividiram-se em duas correntes: (i) os que não conheceram do pedido; (ii) os que conheceram, mas denegaram a ordem (Carlos Maximiliano, Carvalho Mourão e Eduardo Espínola). Apesar de a conclusão ter sido "acordam, por maioria, não tomar conhecimento do pedido", é importante destacar que nenhum ministro votou pelo deferimento do pedido de Olga.

A maioria formada decidiu que a Corte não detinha competência para analisar o mérito do ato de expulsão, considerando que a "paciente é estrangeira e a sua permanência no país compromete a segurança nacional, conforme se depreende das informações prestadas pelo Exmo. Ministro da Justiça", bem como que "em casos tais não há como invocar a garantia constitucional do *habeas corpus*, à vista do disposto no art. 2 do decreto n. 702, de 21 de março deste ano".

O conhecimento do *habeas corpus* por três ministros não foi homogêneo: no caso de Carlos Maximiliano, em nenhuma linha se revela qualquer intenção de controlar ou impor limites preventivos ao ato do Executivo. Sua única finalidade, ao tomar conhecimento da ação, foi fortalecer os argumentos no sentido da legitimidade da expulsão e conferir verniz jurídico à decisão do regime de enviar Olga Benário para a Alemanha nazista.

Ministro mais novo na Corte, Carlos Maximiliano pouco antes exercia o cargo de procurador-geral da República. Iniciou seu voto invocando a jurisprudência da Corte Suprema, no sentido da presunção de veracidade das informações do governo: "Os tribunais devem aceitar como verdadeiras as informações das autoridades, até prova em contrário". Para o ministro, o impetrante não fez prova de sua alegação, segundo a qual Olga devia ser processada no Brasil, por crimes aqui praticados, razão pela qual prevalecia a "informação da autoridade declarando que não existe um processo criminal no qual tenha sido apurada responsabilidade suscetível de determinar o recolhimento dessa senhora à cadeia, por alguns anos". Respondendo, ponto a ponto, às reivindicações da defesa de Olga, Maximiliano ironizou a defesa, que, segundo ele, teria alegado que "essa senhora, regenerando-se pelo amor, como a Dama das Camélias, iria, e deseja mesmo, no recinto da prisão, com afagos, carinhos e conselhos, regenerar também o revolucionário

Luiz Carlos Prestes". Adotando estratégia de humilhação tanto dos argumentos da defesa quanto da honra da paciente, afirmou:

> [...] nos presídios, os casais jamais se unem, pelo fato de os homens serem alojados em compartimentos isolados dos destinados às damas, salvo se o Regulamento não é obedecido, quando, então, dar-se-ia lamentável promiscuidade dos dois sexos, permitindo, aí sim, a conversão ou a rendição de um revoltoso às atitudes ternas da mulher amada.

Refutou, ainda, a alegação de que seria vedada a expulsão de Olga por estar grávida de um nacional brasileiro. Carlos Maximiliano afirmou que, de acordo com as notícias publicadas nos jornais, Olga teria sido "amante de um terrível revolucionário alemão, ao qual deu fuga das prisões alemãs. E por isso foi expulsa da Alemanha, comprometendo seu direito de permanecer no país". Além disso, rejeitou o pedido de permanência no Brasil, fundado na iminência do nascimento de um filho brasileiro, mediante argumentação voltada a ferir a dignidade de Olga: "A Constituição só considera brasileiro o nascido no Brasil e não aquele que tenha sido arranjado no Brasil". Acrescentou que o nascituro não poderia ter seu direito reconhecido ou defendido por meio de um *habeas corpus*, alegando que "a maternidade, no caso, é certa, o que não sucede quanto à paternidade, pois ao tempo da concepção não se sabe onde se encontrava Luiz Carlos Prestes". Para Maximiliano, a transcendência dos efeitos da expulsão sobre a criança não era um impeditivo constitucional: "O advogado assevera que, implicitamente, a criança será expulsa. Esse fato acontece com todas as expulsandas: todas levam em sua companhia, fora ou dentro do ventre, os filhos que tenham. É um direito e até uma obrigação". E completou: "Maria Prestes; pelo contrário: não é casada com brasileiro, não possui imóveis e o filho ainda não nasceu". Finalmente, concluiu que o governo tinha "direito absoluto" de expulsar estrangeiros: "O direito do Governo para expulsar é absoluto, em se tratando de estrangeiro". Assim, conheceu do pedido, mas tão somente para indeferir o pedido da defesa, "de acordo com o Relator, Sr. Ministro Bento de Faria".

O ministro Costa Manso, embora também tenha indeferido a ordem, seguiu argumentação jurídica em tonalidade distinta da que prevaleceu no aviltante voto de Carlos Maximiliano. Costa Manso consignou que, por um lado, o *habeas corpus* escaparia à apreciação da Corte, "mesmo fora do estado de guerra, pois a paciente é estrangeira e, normalmente, podem os estrangeiros ser expulsos", à luz das normas constitucionais então em vigor. Por outro lado, considerou que, "normalmente, não pode o governo expulsar o estrangeiro sujeito à Justiça – essa faculdade poderia degenerar em abusos. Por motivos subalternos, poderiam as autoridades, por meio da expulsão, absolver sumariamente culpados" e lembrou que, em tais casos, "a expulsão, embora possa ser decretada, deve ficar suspensa, até que o réu seja absolvido, ou que, condenado, cumpra a pena". Nada obstante, observou que "não consta que esteja a paciente submetida a processo judicial", razão pela qual referido óbice à expulsão não estava presente. Costa Manso também rejeitou a alegação de que o estado de gravidez da paciente impediria a expulsão, salientando: "A defesa da ordem pública num país tem dessas exigências. O bem público está acima de tudo". Ao fim, afirmou que a ação não poderia ser conhecida, por representar "manifesto prejuízo para a liberdade da paciente", uma vez que "não pede seja a paciente, que se acha presa, restituída à liberdade. Quer que continue presa, seja julgada condenada e cumpra a pena que lhe for imposta, para, só então, ser expulsa do país". Com ironia, afirmou: "O governo, mais benigno, livra-a imediatamente da prisão, concedendo-lhe a liberdade, embora além das fronteiras!".

O ministro Carvalho Mourão também teceu considerações mais alentadas sobre o pedido, procurando conferir-lhe contornos estritamente jurídicos. Iniciou esclarecendo que, como os colegas que o precederam, não separaria a preliminar do mérito, "porque, realmente, na hipótese, é difícil discriminar". Elogiou a defesa, afirmando que o advogado "levantou questão que, conquanto, a meu ver, seja improcedente, é muito interessante e digna de exame: S. S. alega que existe uma criança concebida, isto é, que a paciente está grávida, que há um produto, o nascituro, a proteger". Carvalho Mourão observou que, conquanto não tenha personalidade, "a lei põe a salvo, desde a concepção, o direito do nascituro. Por conseguinte, a alegação do advogado não constitui um absurdo: tratar-se-ia de um direito do nascituro que pudesse ser acautelado pela lei antes do nascimento". A questão, segundo o ministro, estava em saber se, assim como ocorre com os direitos patrimoniais do nascituro, "também por ficção se lhe pode garantir uma nacionalidade" e consignou: "Não considero absurdo cogitar-se deste assunto, tanto assim que autores há, e adiantados, que entendem se deve acautelar também os direitos da nacionalidade para o nascituro". O ministro respondeu negativamente, tendo em vista a ausência de previsão legal que atribua ao nascituro o direito à nacionalidade, bem como os termos da

Constituição: "Que estabelece a Constituição? São brasileiros os nascidos no Brasil. De sorte que o que confere nacionalidade não é a concepção, mas, claramente, o fato do nascimento em território brasileiro. Do contrário, uma gestante estaria impedida de deixar o território nacional". Carvalho Mourão também argumentou que "a circunstância de a gestante mudar de domicílio não põe em perigo a vida do nascituro nem a impede de ser expulsa do país, sendo estrangeira". Acrescentou que tomava conhecimento do pedido, "porque se alegou que, no caso, iria a expulsão recair sobre uma brasileira. Sempre assim tenho procedido, mesmo em estado de guerra, porque a garantia do n. 15, art. 113 está expressamente assegurada no decreto n. 702". Concluiu, porém, que "a alegação do advogado é improcedente: o nascituro não é brasileiro, nem mesmo por ficção lhe pode ser assegurado esse direito". Quanto ao argumento de que Olga devia responder, antes, ao processo criminal pelo delito político a ela imputado no Brasil, Carvalho Mourão firmou entendimento de que tal impedimento não existe: "O Governo tem o direito de expulsar mesmo quem esteja sujeito a processo criminal". Além disso, no caso concreto, "pelas informações prestadas, não há processo instaurado. [...] A paciente não está processada". Finalmente, em relação à irregularidade do processo de expulsão, por não ter sido concedido direito de defesa, Carvalho Mourão sublinhou: "Sempre votamos no sentido de competir à Corte Suprema apenas o exame extrínseco do fato, isto é, se foi decretado por autoridade competente. Dá-se *habeas corpus* quando a autoridade é incompetente. A expulsão é um ato exclusivo de soberania do Presidente da República". Segundo esse entendimento, "o processo de expulsão é meramente administrativo; o ato de expulsão não representa uma sentença; o processo policial nada mais é que um meio de informar ao Poder Executivo sobre os antecedentes do indivíduo a expulsar". Nestes termos, conheceu do *habeas corpus* para denegar a ordem.

Os demais ministros restringiram-se a afirmar que "a matéria referente à segurança nacional escapa à apreciação do Poder Judiciário" e que o estado de gravidez da paciente "não impede a expulsão", deixando de analisar o mérito ou denegando a ordem.

A expulsão de Olga Benário foi convalidada pela unanimidade dos ministros da Corte Suprema, sob a vigência da Constituição de 1934, mas já na fase desconstituinte do regime.

Todos sabiam que, na Alemanha, Olga seria presa como judia e comunista, o que significava ser enviada para um dos milhares de campos de concentração nazistas, criados a partir de 1933 para a detenção de inimigos do Estado. Também era conhecido no Brasil o arcabouço jurídico-penal alemão – o direito alemão era referência frequente nos votos proferidos na Corte Suprema na época, assim como o italiano, e assim prosseguiu nos anos do nazifascismo. Eram largamente conhecidos os poderes outorgados à polícia nazista (SS e SA), autorizada a empregar "medidas de segurança" por tempo indeterminado, no exercício do chamado poder de polícia, sem sujeição ao controle judicial. Nem mesmo o direito a um julgamento justo (*fair trial*) era garantido, desde a criação do Tribunal do Povo, em 1934.

Olga foi expulsa pelo governo brasileiro para a Alemanha de Hitler em junho de 1936, grávida de sete meses. Sua filha nasceu numa prisão da Gestapo e foi entregue à avó paterna antes do desmame. Em seguida, Olga foi enviada para o campo de concentração (extermínio) de Berburg, onde, em abril de 1942, foi assassinada numa câmara de gás, pouco depois de completar 34 anos.

4.1.4 Prisão de parlamentares: HC nº 26.178, j. 20.07.1936[697]

A Intentona Comunista de novembro de 1935 forneceu o pretexto para Vargas perseguir seus principais opositores. Desde dezembro de 1935, foi decretado o estado de guerra em todo o país, aprovado pela maioria governista do Congresso Nacional, que trabalhava sob pressão da mídia e da violência registrada naquele evento. Findo o prazo de 90 dias, o governo obteve nova aprovação do estado de guerra por meio do Decreto nº 702, de 21 de março de 1936, ainda se valendo da permanente mobilização do aparelho policial do regime contra o "perigo comunista". O governo explorava a comoção gerada pela recente prisão, no dia 4 de março, do líder comunista Luís Carlos Prestes e de todo o seu grupo (v. capítulo 3, item 3.4, supra) para expandir seu poder de controle sobre a oposição. Como visto, no dia 16 de março de 1936, Vargas registrou, em seu diário, preocupação com a divulgação, por seus opositores, do seu desejo de permanecer no cargo para além dos quatro anos do mandato constitucional.[698]

---

[697] Os autos foram digitalizados pela seção de arquivo do Supremo Tribunal Federal. Disponível em: https://www.stf.jus.br/arquivo/cms/sobreStfConhecaStfJulgamentoHistorico/anexo/Habeas_Corpus_26178.pdf. Acesso em: 19 set. 2022.

[698] VARGAS, *Diário*, Vol. 1, *op. cit.*, p. 487.

Baixado o Decreto nº 702, de 21 de março de 1936, dois dias depois a polícia prendeu, nas respectivas residências, três deputados federais e um senador de oposição, sem prévia consulta à Casa respectiva. Contudo, o decreto, tal como aprovado pelo Congresso, não estabeleceu a suspensão das imunidades parlamentares, previstas no artigo 32 da Constituição de 1934, razão pela qual a prisão executada pela polícia teria violado tanto a Constituição quanto o decreto.

Foi o que alegou, no dia 9 de julho de 1936, o deputado federal João Mangabeira, advogado e constitucionalista, no HC nº 26.178, impetrado tanto em causa própria como em favor dos deputados federais Abguar Bastos, Domingos Velasco e Otávio Silveira e do senador Abel Chermont.

A memorável petição inicial foi redigida dentro do cárcere (o Quartel do Regimento de Cavalaria da Polícia Militar, no Rio de Janeiro). Durante a sessão de julgamento no Supremo Tribunal Federal, o ministro Carvalho Mourão, relator, leu-a na íntegra, afirmando: "O assunto é muito interessante e de excepcional importância. A petição foi redigida por um mestre em direito Constitucional. Poucas divagações contém. Assim sendo, será de toda conveniência lê-la na íntegra, como vou fazer".

Para justificar a competência originária do Supremo Tribunal Federal, Mangabeira alegou que o presidente da República e o seu ministro da Justiça eram as autoridades coatoras, "e não os funcionários subalternos, ou os beleguins da Polícia, que, sob ordens daqueles, efetuaram a detenção". Essa alegação apoiou-se no fato de que o ministro da Justiça havia se dirigido, pessoalmente, à Seção Permanente do Senado "para justificar o atentado cometido contra os parlamentares". Ao mesmo tempo, o envio, pelo presidente da República, de mensagem ao Senado voltada a justificar as prisões dos parlamentares revelava, segundo Mangabeira, ter o chefe do Executivo assumido a responsabilidade pelo ato. As palavras de Getúlio Vargas foram publicadas em toda a imprensa e transcritas na inicial. O presidente da República afirmou, na ocasião, que os pacientes estariam:

> [...] organizando, sob a proteção das regalias *inerentes aos respectivos mandatos*, nova e iminente eclosão violenta das atividades subversivas das instituições políticas e sociais. Impedindo-lhes já a ação e prendendo-os, o *Governo* teve em mira tão somente defender a ordem pública, cedendo à imperiosa necessidade de acautelar a segurança nacional. (Destaques no original)

Considerada a praxe judicial de exigir dos impetrantes de *habeas corpus* a comprovação das alegações, Mangabeira alegou tratar-se de fatos notórios, que o dispensariam do ônus da prova, e alegou que, por estar preso, não tinha acesso ao exemplar do órgão oficial. Sustentou: "Esses os termos textuais da mensagem, absolutamente falsa e caluniosa, como os pacientes já demonstraram perante a Câmara".

Mangabeira empenhou-se, ainda, em afastar a presunção de veracidade que protegia as informações oficiais do governo contra impugnações. Segundo Mangabeira, a alegação do governo de que os parlamentares estariam organizando uma nova subversão seria inverídica, o que se podia demonstrar pelo fato de que os pacientes, ao serem presos em suas residências e conduzidos à delegacia, não foram interrogados acerca deste fato – a suposta organização de uma nova tentativa de golpe contra o governo –, mas tão somente sobre sua ideologia (se eram comunistas; se eram filiados à ANL; se eram solidários com a "subversão de Novembro"; se impetraram *habeas corpus* em favor dos presos políticos). Das perguntas formuladas aos parlamentares, Mangabeira afirmou que só se poderia deduzir que "a Polícia ignorava a existência de qualquer 'nova e iminente eclosão', por eles organizada, à sombra das imunidades, como caluniosamente assevera o chefe do Poder Executivo".

A inicial também defendeu um *distinguishing* para afastar, no caso concreto, o entendimento da Corte segundo o qual o *habeas corpus* seria incabível durante o estado de guerra. O argumento central do pedido residiu na diferenciação entre, de um lado, o remédio impetrado para defender garantias individuais, as quais foram suspensas pela decretação do estado de guerra e impediam a atuação da Corte Suprema, e, de outro lado, a ação impetrada para proteger as imunidades parlamentares, dentre elas a vedação da prisão sem prévia licença da Casa legislativa.

Com efeito, o artigo 32 da Constituição de 1934 estabelecia o seguinte:

> Art 32 - Os Deputados, desde que tiverem recebido diploma até à expedição dos diplomas para a Legislatura subseqüente, não poderão ser processados criminalmente, nem presos, sem licença da Câmara, salvo caso de flagrância em crime inafiançável. Esta imunidade é extensiva ao suplente imediato do Deputado em exercício.
> §1º - A prisão em flagrante de crime inafiançável será logo comunicada ao Presidente da Câmara dos Deputados, com a remessa do auto e dos

depoimentos tomados, para que ela resolva sobre a sua legitimidade e conveniência e autorize, ou não, a formação da culpa.

§2º - Em tempo de guerra, os Deputados, civis ou militares, incorporados às forças armadas por licença da Câmara dos Deputados, ficarão sujeitos às leis e obrigações militares.

Com fundamento nesse dispositivo, o impetrante sustentou a inconstitucionalidade da prisão dos parlamentares, sustentando que, mesmo em tempo de guerra, o que não era o caso do Brasil, "os deputados e senadores que não se incorporarem às forças armadas, porque não o tenham requerido ou porque a Câmara ou o Senado lhes tenha negado a licença pedida, continuarão com as imunidades parlamentares, a que não podem renunciar".

Considerado o poder conferido ao presidente da República pelo estado de guerra, pelo qual ficavam suspensas todas as garantias constitucionais, salvo as que o decreto preservasse (v. item 3.4, supra), Mangabeira construiu uma distinção entre imunidades parlamentares e garantias constitucionais. Na sua argumentação, as garantias constitucionais que poderiam ser suspensas eram aquelas previstas no capítulo específico da Constituição de 1934, não alcançando a imunidade parlamentar, que se insere no título das prerrogativas institucionais dos poderes constituídos. Nessa linha, afirmou: "Não se trata de direito individual, mas de um atributo da função, ou de um modo de ser indispensável à existência de um dos Poderes do Estado. [...] A guerra não suspende nem poderia suspender as imunidades parlamentares". Se nem mesmo a guerra internacional suspendia as imunidades parlamentares, muito menos poderia fazê-lo o estado de guerra decretado por Vargas, que, segundo o impetrante, não passava de "fancaria e mentira, passado por entre churrascos e bombochatas, criado por mera politicagem, e com o fito único de, em meio à confusão geral, ao silêncio e à covardia, se obter mais uma prorrogação do próprio mandato". Enfatizou a importância das competências constitucionais do Poder Legislativo durante o estado de guerra, sustentando:

> [...] ainda em estado de guerra, o Poder Legislativo é o juiz e controlador dos atos do Poder Executivo, dando-lhe, reduzindo-lhe ou negando-lhe os créditos de guerra, examinando a honestidade com que se aplicam os créditos votados, decidindo se deve continuar a guerra ou autorizando o Presidente a fazer a paz, resolvendo em definitivo sobre os tratados que a pactuarem ou dela decorrerem. E que, ainda, em plena guerra, o

Poder Legislativo compõe dois terços dos juízes do Tribunal Especial, que, ao choque das armas, há de julgar o Presidente da República, pelos crimes por ele praticados em meio à guerra. Se fosse lícito, portanto, ao Poder Executivo prender ao seu arbítrio, e sem licença das Câmaras, deputados e senadores, o Presidente da República teria instituído, por ato seu, a própria impunidade. Ter-se-ia, desse modo, transformado nosso regime, de democracia, que ele continua a ser ainda em dia de guerra, na autocracia mais absoluta, que, em meio às verbas avolumadas, se poderia impunemente agradar, na latrocracia mais desenfreada possível, e à fantasia fosse possível imaginar.

Mangabeira ressaltou o desdém de Vargas ao sublinhar que o presidente chamou as imunidades parlamentares de "regalias inerentes aos respectivos mandatos" e respondeu: "Se o Presidente reconhece que tais regalias (as do artigo 32 da Constituição) são inerentes ao mandato, óbvio que elas persistem enquanto este subsiste. Que o mandato dos pacientes subsiste não há dúvida nenhuma".

Defendendo interpretação estrita (literal) do artigo 161 da Constituição[699] e da Emenda nº 1[700] e enfatizando a distinção entre os conceitos de garantias constitucionais e de imunidades parlamentares, afirmou que "imunidades parlamentares não são garantias, únicas outorgas que o Poder Executivo pode suspender durante a guerra. São atributos inerentes à função legislativa; são condições essenciais à existência do Poder Legislativo". Por não se tratar de garantias individuais gerais, mas, sim, de prerrogativas inerentes ao exercício da função legislativa, as imunidades parlamentares eram irrenunciáveis, das quais "não se podem despojar, por ato individual, os senadores e deputados".

Em sua estratégia de argumentação voltada a persuadir os ministros da Corte do acerto de sua tese, Mangabeira equiparou a proteção constitucional das imunidades parlamentares àquela prevista para a magistratura:

São como a vitaliciedade e inamovibilidade dos juízes, atributos essenciais desses poderes ou condições imprescindíveis à possibilidade do exercício de suas funções. Sob pretexto de guerra, não pode o

---

[699] "O estado de guerra implicará a suspensão das garantias constitucionais que possam prejudicar direta ou indiretamente a segurança nacional."

[700] Que, ao atribuir ao presidente o poder de declarar a comoção intestina grave e de equiparála ao estado de guerra, determinou que fossem indicadas "as garantias constitucionais que não ficarão suspensas", criando, como regra, a suspensão de todas as garantias, e não o contrário, como no texto original.

Presidente prender um Deputado, ou demitir ou remover um juiz. Por isso mesmo nenhuma dessas prerrogativas figura no capítulo da Constituição que se intitula – "Dos direitos e garantias individuais" – e que é o 2º do título 3º, denominado – "Da declaração dos direitos"; mas, ao contrário, se inscrevem nos capítulos II e IV, intitulados – "Do Poder Legislativo" e "Do Poder Judiciário", que são partes do título I, que se nomeia – "Da Organização Federal". Assim, pois, no fundo e na forma, no espírito e na matéria, as imunidades parlamentares, a vitaliciedade e a inamovibilidade dos juízes não são garantias constitucionais que o Poder Executivo poderá suspender durante a guerra, mas princípios basilares da "Organização Federal", atributos do ser inerentes aos outros dois Poderes, que em nada são inferiores àquele e, até certo ponto, lhe são superiores – um, porque lhe pode rejeitar os vetos e fazê-lo curvar-se à lei contra a qual se manifestara; o outro, porque lhe pode declarar inconstitucionais ou ilegais, e portanto nulos os atos; ambos, porque formam, com seus membros, o Tribunal que o pode julgar e condenar.

Defendeu, assim, que a Corte Suprema determinasse a soltura dos pacientes, pois "não foram presos em flagrante de nenhum crime, não precedeu a sua prisão licença da Câmara ou da Seção Permanente".

A par de reduzir o alcance das medidas de exceção conferidas ao Executivo no estado de guerra, restringindo sua incidência à suspensão das garantias constitucionais de natureza individual, Mangabeira argumentou que todas as limitações às imunidades parlamentares deviam ser interpretadas restritivamente, no sentido de que não seria constitucionalmente legítima interpretação que submetesse o mandato dos membros da minoria à vontade discricionária da maioria ou do governo. Sua tese era a de que o Poder Judiciário – no caso, a Corte Suprema – teria competência para julgar a constitucionalidade ou não da decisão da Câmara ou do Senado que autorizasse a prisão de parlamentares, como freio necessário ao arbítrio da maioria, sob pena de eliminação de toda e qualquer oposição:

> [...] Mas, ainda quando a Câmara e o Senado concluíssem por justificar as prisões, ainda assim em nada modificaria a situação constitucional dos pacientes. É que as maiorias parlamentares não têm o poder de transformar em ato jurídico uma violência contra a Constituição, legalizando, pela subserviência, prisões arbitrárias de representantes do povo, que só poderão ser detidos em caso de flagrante de crime inafiançável, ou mediante voto de sua Câmara, ante um pedido de autoridade competente, nos limites estritos em que a prisão preventiva for possível. Não fora assim, e poderia uma maioria facciosa, de mãos dadas

a um Presidente reacionário, suprimir por completo a representação das minorias, transformando, dest'arte, de democracia em oligarquia o regime sob o qual vivemos. Se, portanto, a todas as luzes, a prisão é inconstitucional, a concessão deste *habeas corpus* se impõe à justiça dessa Corte.

A inicial alertou os ministros da Corte Suprema para os perigos a que sua decisão poderia conduzir, inclusive para a independência e as garantias do próprio Poder Judiciário – o empacotamento promovido pelo Governo Provisório era um fantasma recente, ainda que oito dos onze integrantes da Corte naquele julgamento fossem indicações de Vargas. Mangabeira lembrou que, para defesa daquelas garantias contra violações pelo Executivo, foi estabelecido o mandado de segurança –introduzido na Constituição de 1934 por obra do impetrante (v. item 3.3, supra):

> Ninguém dirá que se o Presidente da República, a pretexto de guerra, demitir um ou mais membros dessa Corte, não encontrem as vítimas desse atentado, no mandado de segurança, o amparo necessário contra o ato com que o Chefe do Executivo, sob pretexto de qualquer ordem, queira de fato dissolver ou dominar o Poder Judiciário, chamando a si, na realidade, diretamente ou por títeres togados, a função de julgar, transformando, assim, o Brasil na mais torpe tirania. Num como noutro caso não se trataria de nenhuma garantia individual, que pudesse ser suspensa; mas de condições indispensáveis à existência de outros Poderes, e que não podem ser restringidas ou supressas pelo Presidente da República.

Por fim, Mangabeira acrescentou que ele e os demais pacientes estavam presos há mais de cem dias. Aguardaram o pronunciamento da Câmara quanto ao pedido de licença para processá-los, embora não nutrissem qualquer esperança quanto ao voto da maioria.

Nada obstante, um dos mais importantes argumentos da inicial era que a licença dada pela Câmara ao governo para o processo dos deputados foi concedida com ressalva, sem reconhecer a constitucionalidade da prisão anteriormente decretada – uma vez que o governo não solicitou licença para a prisão. Mangabeira transcreveu o seguinte trecho da manifestação final do relator do processo na Câmara:

> Do nosso voto, porém, Snr. Presidente, não se pode concluir que houvesse reconhecido ao Poder Executivo, como dizem os deputados signatários

do protesto, o direito de prender deputados e senadores, sem prévia licença da respectiva Câmara, salvo caso especial do flagrante em crime inafiançável.

Mangabeira registrou que tanto nos discursos e no parecer do relator da Seção Permanente do Senado quanto na discussão da Câmara, "ficou patente que os próprios amigos do governo não sustentavam a doutrina de que o estado de guerra suspende as imunidades parlamentares".

Quanto ao relator do pedido de licença na Seção Permanente do Senado, senador Cunha Mello,[701] Mangabeira destacou que, embora se tratasse de um aliado do governo, reconheceu ele que "as imunidades dos membros do Legislativo Federal, mesmo no próprio estado de guerra, devem ser ressalvadas, *ex vi* do art. 32 e seu §2º da Constituição Federal".

Concluiu que "a Câmara se furtou a decidir sobre a prisão dos pacientes", razão pela qual "apela o impetrante para a Corte Suprema, a cuja consciência e honra dos Ministros confiou a Constituição a sua última defesa, constituindo-os em sua derradeira salvaguarda".

Em anexo à petição inicial do *habeas corpus*, João Mangabeira juntou cópia da manifestação escrita que entregou à autoridade policial, por ocasião da audiência de interrogatório realizada em 30 de março, uma semana depois de sua prisão. Apresentou, ali, os motivos por que se recusava a responder às perguntas formuladas, "sem o mínimo desapreço ao Delegado que procede a esse inquérito", mas "por não reconhecer à Polícia competência legal para me inquirir", acrescentando: "A tudo responderei perante uma Comissão Parlamentar ou a Justiça. À Polícia, nada. É uma questão de decoro". Criticou, ainda, duramente o Decreto nº 702, de 21 de março, salientando:

> E o Decreto declara o Brasil em "estado de guerra", por *grave recrudescimento* das atividades subversivas. E isto, quando todos os representantes dos altos Poderes veraneiam, e nenhum deles interrompeu sequer seu repouso. Assim, veraneiam: o Presidente da República em Petrópolis; o da Câmara em Buenos Aires; o do Senado, na Bahia; o da Corte Suprema, em Belo Horizonte. Enquanto isso, a virtuosa esposa do

---

[701] Cunha Mello seria, em novembro de 1937, nomeado ministro do Supremo Tribunal Federal no início do Estado Novo, na vaga decorrente da aposentadoria compulsória de Hermenegildo de Barros, em razão da redução da idade-limite para permanência no cargo imposta pela Carta de 1937.

Chefe do Estado parte de avião para um veraneio no outro extremo da América. [...] E a informação presidencial, ainda por cima, me atribui, a mim, absolutamente alheio a qualquer trama, o papel de comparsa na comédia dessa futura insurreição, verdadeira e tipicamente <u>fontouresca</u>. E tudo isso porque, no cumprimento estrito do meu dever, procurei defender o direito e a liberdade, impetrando *habeas corpus* contra prisões evidentemente inconstitucionais. (Destaques no original)

Com efeito, o verdadeiro motivo da prisão dos parlamentares foi sua pertinaz oposição contra os esforços do governo para manter em vigor o estado de exceção, que se fundava no pretexto do perigo comunista. Como se extrai dos documentos ora analisados, João Mangabeira defendeu presos políticos, impetrando *habeas corpus* em seu favor. Ele e os demais parlamentares presos proferiram discursos, da tribuna das Casas respectivas, denunciando a tortura praticada pela polícia do regime contra os prisioneiros políticos, contra os quais se lançou a suspeita de participação na Intentona. A crítica ao governo, no exercício da função parlamentar, foi tachada de comportamento subversivo, levando à sua prisão pela polícia de Filinto Müller e Vicente Ráo.

Nas informações prestadas, o ministro da Justiça, Vicente Ráo, não apresentou qualquer detalhe dos fatos imputados aos parlamentares que, segundo o governo, fundamentariam sua prisão. Afirmou, apenas, que "os pacientes foram e continuam presos por motivos atinentes à segurança nacional, nos termos e em virtude dos Decretos n. 702, de 21 de março, e n. 915, de 21 de junho do corrente ano". Acrescentou que foi dada ciência da prisão do senador à Seção Permanente do Senado, "em mensagem de S. Exa. o Snr. Presidente da República, datada de 26 do referido mês de março, tendo sido o ato aprovado". Quanto à Câmara dos Deputados, afirmou o ministro Vicente Ráo que aquela Casa legislativa, "pela Resolução n. 2, de 9 de julho corrente, concedeu licença, solicitada pelo Procurador Criminal da República na Seção deste Distrito, para processo dos mencionados parlamentares".

Submetido o feito a julgamento no dia 20 de julho de 1936, o Plenário da Corte Suprema, por maioria, conheceu do *habeas corpus* (contra os votos dos ministros Eduardo Espínola, Bento de Faria e Hermenegildo de Barros, que dele não conheciam em razão do estado de guerra). No ponto, foi acolhido o argumento de João Mangabeira, segundo o qual o estado de guerra somente suspendia as garantias constitucionais individuais, não as imunidades parlamentares.

No mérito, porém, a ordem foi denegada por unanimidade.

O relator iniciou seu voto comparando o estado de guerra e o estado de sítio ao estado de necessidade, como instrumentos de defesa do Estado democrático, delimitados por normas constitucionais e ordinárias. Seguindo uma linha de argumentação teórico-doutrinária que se voltava a defender as competências da Corte Suprema mesmo durante o regime de exceção, o relator distinguiu os conceitos de estado de guerra, estado de sítio real ou de fato e estado de sítio propriamente dito.

A explicação para as elucubrações e debates que se seguiram na Corte Suprema pode ser diretamente associada ao projeto de lei de criação do Tribunal de Segurança Nacional, que então se encontrava em andamento. Exatamente na semana anterior à do julgamento do *habeas corpus* de João Mangabeira, Getúlio havia enviado aquele projeto à Câmara e pretendia apressar seu andamento (v. item 3.4, supra). O ministro da Justiça, Vicente Ráo, discursou no Legislativo no dia 14 de julho, defendendo a criação do novo tribunal, que seria necessário para rearmar "o Estado na luta contra os seus inimigos".[702] O projeto de lei – que estava em debate (e que somente foi promulgada em 11 de setembro de 1936) – estabelecia o Tribunal de Segurança Nacional como órgão da Justiça Militar, de caráter temporário, para funcionar sempre que fosse decretado o estado de guerra. O novo tribunal marcial, como previsto – e, depois, aprovado –, absorveria competências da Corte Constitucional.

O relator consignou, inicialmente, que o estado de guerra "começa pela declaração de guerra ou pela prática, da parte de forças regulares de um Estado, de um ato de hostilidade contra outro Estado". Nessa linha, o conceito "refere-se, tão somente, à guerra internacional. Suas leis não se aplicam à guerra civil. [...] Guerra internacional é guerra no sentido estrito e técnico-jurídico, cujo conceito não se estende à insurreição". Nesse âmbito, afirmou desconhecer qualquer precedente "de um Estado que haja reconhecido aos seus súditos rebelados a qualidade de beligerantes". Foi prontamente aparteado pelo ministro Plínio Casado: "Há Estados que reconhecem". Com efeito, a posição de Plínio Casado estava em consonância, por exemplo, com a doutrina de Carl Schmitt, voltada a legitimar o poder de exceção do *Führer* contra os inimigos internos do Estado, que estariam em posição de beligerantes contra

---

[702] O discurso foi publicado no jornal *A Ofensiva*, de 16 de julho de 1936. *Apud* CAMPOS, Reynaldo Pompeu de. *Repressão judicial no Estado Novo*: esquerda e direita no banco dos réus. Rio de Janeiro: Achiamé, 1982. p. 39.

a comunidade.[703] Em resposta, Carvalho Mourão criticou a "imensa confusão que agora se tem feito nestes assuntos", o que exigia da Corte Suprema "o esclarecimento, o mais completo, acerca dessas noções que estão sendo embaralhadas e adulteradas". Seguiram-se apartes entre os dois ministros a demonstrar a relevância do tema naquele contexto histórico-jurídico:

> O SR. MINISTRO CARVALHO MOURÃO: [...] Diz S. Excia. o Sr. Ministro Plínio, aliás muito bem, que quando outro Estado reconhece aos insurrectos a qualidade de beligerantes, estes hão de ser tratados como tais. É certo, mas tão somente pelo Estado que como tais os reconheceu; porque o reconhecimento da beligerância por um Estado não obriga a nenhum outro. No Direito Público Interno, a guerra só será considerada 'internacional' quando o próprio Estado, atacado pela insurreição, reconhecer, nos insurrectos, a qualidade de beligerantes.
> O SR. MINISTRO PLÍNIO CASADO: Às vezes, o Estado é obrigado a reconhecer à força.
> O SR. MINISTRO CARVALHO MOURÃO: É verdade que o Governo do Presidente Lincoln, na guerra de secessão, promulgou instruções nas quais eram aplicadas aos confederados as leis da guerra internacional; mas nem por isso qualquer outro Estado reconheceu aos confederados a qualidade de beligerantes. O intuito que ditou a aplicação das referidas 'Instruções' para o Exército federal foi simplesmente humanitário. Não há nenhum ato do Presidente Lincoln, embora lutasse com a mais organizada e sólida de todas as insurreições, que dominava um bloco de territórios contíguos de onze Estados da União, dirigida por governo regular durante vários anos, a maior guerra civil da história [...], não há nenhum ato do Presidente Lincoln que reconhecesse, nos Confederados, a qualidade de beligerantes. Depois da vitória, o que houve não foi a paz: foi a anistia.
> [...]
> A guerra não se admite senão entre Estados ou, quando muito, entre um Estado e beligerantes fictos.
> [...]
> Rebelde é criminoso político; não é legitimo beligerante.

Prosseguiu o relator aludindo ao conceito de estado de sítio real, que se declara em lugar específico (uma praça, uma fortaleza), na iminência de um ataque por força inimiga e que "importa, *de jure*,

---

[703] SCHMITT, Carl. *O conceito do político*: teoria do Partisan. Tradução: Geraldo de Carvalho. Belo Horizonte: Del Rey, 2008. p. 19-27.

proclamação da lei marcial; o que significa transferência *de jure* (nem sempre de fato) da jurisdição dos tribunais ordinários para o Comando militar, com as funções legislativas que forem necessárias para a defesa eficiente da praça pela autoridade militar". Observou, ainda, que, diante das dimensões das guerras modernas, o estado de sítio se estende para além do lugar específico da iminência de invasão, alcançando toda a zona de operações ou zona de guerra, a qual, porém, não abrange "qualquer outro ponto do território do Estado, onde se não travem combates nem se desenvolvam operações militares" e deve ser delimitada por decreto governamental. Esses limites "são as fronteiras intransponíveis da lei marcial", e o "estado de guerra, propriamente dito, o estado de sítio real, só existe dentro desses limites; fora daí, não há lei marcial".

Recuperando a prática constitucional pretérita, Carvalho Mourão observou que o estado de sítio não foi decretado pelo governo em nenhuma das guerras de que o Brasil participou (a Guerra do Paraguai, que durou cinco anos e na qual houve invasão do território nacional; e a Grande Guerra, na qual o Brasil declarou guerra à Alemanha). Com isso, apesar do estado de guerra, nenhuma porção do país foi submetida ao estado de sítio.

Distinto era o caso do estado de sítio propriamente dito – que, segundo o relator, "os autores franceses e muitos dentre os italianos denominam 'estado de sítio político ou ficto'". Seus efeitos são menos amplos do que os do estado de sítio real, decorrente do estado de guerra, especialmente porque "não importa na transferência da jurisdição ordinária aos tribunais militares". O ministro insistiu nesta assertiva: "Entre nós o estado de sítio ficto não autoriza, de modo algum, a transferência da jurisdição dos tribunais ordinários para os tribunais militares".

Analisando, finalmente, o Decreto nº 702, de 21 de março de 1936, Carvalho Mourão observou ter ele respaldo na Emenda nº 1 à Constituição Federal, que criou "o estado de sítio agravado de que trata o cit. §15 do art. 175". Aludiu à mensagem enviada ao Congresso pelo presidente Getúlio Vargas "com a serenidade e a lucidez que o caracterizam", esclarecendo que "a medida de exceção autorizada pela emenda número um não consiste no estado de guerra em sentido próprio, mas em uma equiparação tendente a reforçar os poderes da autoridade na defesa da segurança nacional".

Carvalho Mourão referia-se à mensagem de Getúlio Vargas ao Congresso, "pedindo a criação dos tribunais especiais". O relator destacou a passagem em que Vargas justificou a criação daquelas Cortes com o fundamento de que "estava vedado deferir-se o julgamento dos crimes dos extremistas a tribunais militares, na vigência do decreto n. 702 deste ano e da emenda n. 1 à Constituição" e de que não existia, "atualmente, verdadeiro estado de guerra".

Estabelecidas essas premissas – voltadas, sobretudo, a defender a Corte Suprema e o Poder Judiciário contra a transferência de suas competências para Cortes marciais durante o estado de sítio –, Carvalho Mourão passou finalmente a analisar a alegação do impetrante, qual seja: "Se no estado de sítio em tempo de guerra, ficam suspensas as imunidades parlamentares". Sua resposta foi categórica: "Parece-me evidentemente que não".

Acolhendo a interpretação literal do artigo 161, pleiteada na inicial, o relator consignou:

> Por conseguinte, mesmo em caso de guerra, propriamente dita, o que pode ser suspenso são as garantias constitucionais. Que é garantia constitucional? Todos nós o sabemos desde os primeiros anos dos bancos acadêmicos: são as garantias dos direitos individuais. Nada mais. O impetrante, com muita razão, pondera que a Constituição só usa da expressão quando trata da garantia dos direitos indivíduos, na Declaração de Direitos.
> Das imunidades parlamentares cogita no art. 32, na parte referente à organização política do país. A imunidade parlamentar não é garantia de direito individual do Deputado ou senador: é *prerrogativa* do cargo. Prerrogativa não é garantia constitucional. E porque não é? Porque a prerrogativa é inerente à função, é condição essencial do desempenho do cargo. Logo, é uma imprescindível condição para o exercício do mandato. Não visa a pessoa do representante da Nação, mas o *cargo*; é, por conseguinte, uma garantia do *Poder Legislativo*, indispensável para a sua independência em face dos demais poderes da Nação. Assim sendo, não pode ser suspensa durante o estado de guerra; principalmente da guerra moderna, que exige o concurso de todos para que se alcance a vitória. Ao Poder Legislativo confia a Constituição missão, até preponderante, durante a guerra. Assim é que lhe compete privativamente julgar os atos do Presidente da República e os crimes de alta traição, praticados durante a guerra. Logo, o Poder Legislativo tem que existir, íntegro, no estado de guerra, como no estado de sítio, e deve ser resguardado, tanto quanto possível, em atenção à natureza delicada dos seus pronunciamentos que podem expô-lo, via de regra, a atentados de toda a sorte.
> Orlando, no seu tratado de Direito Administrativo, afirma que, no tempo de guerra, muito mais razão existe para se conservarem as imunidades parlamentares; adiantando que, parece, foram criadas, principalmente,

para o tempo de guerra ou de graves lutas intestinas em que o Poder Executivo goza, necessariamente, de maior arbítrio e em que os atritos com o Legislativo são mais agudos e frequentes (Destaques no original).

Por fim, o relator consignou que o governo, mediante o Decreto nº 702, suspendeu, implicitamente, as imunidades parlamentares, mas "as restabeleceu, por decreto de 3 de maio do corrente ano; ressalvando, porém, a validade dos atos já praticados; isto é a prisão dos parlamentares, ora pacientes". Constou do referido decreto, no artigo 1º: "Ressalvada a validade dos atos já praticados pelas autoridades, ficam suspensas as restrições impostas às imunidades parlamentares, em consequência da equiparação ao estado de guerra da comoção intestina grave, em todo o território nacional".

Carvalho Mourão criticou o governo, por ter considerado as imunidades como "não mais do que uma concessão, uma liberalidade do Poder Executivo". Condenou, ainda, o parecer da Seção Permanente do Senado Federal, segundo o qual, "numa conjuntura difícil e decisiva, infringindo preceitos constitucionais asseguradores, mas atendendo, como disse, aos superiores interesses da segurança nacional, foi o governo forçado a prender um senador e esses deputados, sem a nossa licença". Carvalho Mourão consignou sua visão, mais uma vez limitadora dos interesses do governo, defendido pelo senador Cunha Mello, relator daquele parecer:

> [...] justifica S. Excia. a prisão dos pacientes por imperiosa razão de Estado, pela necessidade, que, no entender de S. Excia., permite seja violada qualquer norma constitucional; opinião da qual, embora respeitosamente, por se tratar de alto representante da Nação e exímio jurista, eu discordo radicalmente.

Carvalho Mourão acolheu, por fim, o argumento de que o *habeas corpus* seria o remédio constitucional adequado para averiguar a violação ou não das imunidades dos parlamentares presos. Primeiramente, firmou seu entendimento de que o remédio constitucional não fica suspenso durante o estado de guerra ou de sítio, uma vez que o direito à liberdade de locomoção, ainda que em extensão limitada, continuava a ser protegido no país, exigindo que sua violação fosse amparada por alguma ação – o *habeas corpus*.

Nesse trecho de seu voto, há frequentes alusões à vigência de um regime democrático constitucional, no qual o presidente tinha poderes limitados, mesmo no estado de guerra ou no estado de sítio. Nessa linha, afirmou que os precedentes recentes da Corte confirmavam a subsistência do *habeas corpus*, "desde que não afete a segurança nacional". Cogitou de um eventual ato do governo que decretasse a expulsão de brasileiros, a qual era expressamente vedada pela Constituição, e afirmou: "Numa democracia, como a nossa, o Governo, mesmo em tempo de guerra, não fica investido da Ditadura", razão pela qual não pode exceder "os poderes que lhe foram confiados, limitadamente, mesmo em caso de guerra". Contra tais violações potenciais, o *habeas corpus* devia ser conhecido pela Corte. Prosseguiu Carvalho Mourão, em reforço à competência da Corte para conhecer do *habeas corpus* contra as prisões dos parlamentares, decretadas pelo governo por motivo de segurança nacional, durante o estado de guerra:

> Tal doutrina, aliás, nada tem de novo. É doutrina ortodoxa no direito das democracias e, sobretudo, na nossa tradicional e inextirpável democracia. Foi apoiado nessa doutrina que o antigo Supremo Tribunal Federal sempre concedeu *habeas corpus* em estado de sítio, a fim de fazer cessar a incomunicabilidade de presos políticos. O *habeas corpus*, embora, em geral, não coubesse em tal período anormal, foi concedido sempre que se reconhecia haver o Governo excedido os poderes que o próprio estado de sítio lhe outorgava.
> Se assim é, e se a verdade é que as imunidades não estão suspensas, nem jamais o podem ser – forçoso é conhecer do pedido de *habeas corpus*, para verificar se aquela prerrogativa do Poder Legislativo está sendo respeitada. Se as imunidades subsistem, os pacientes não podem estar presos sem licença da Câmara. Houve, é certo, autorização para o processo; mas é preciso indagar, nos termos em que tal autorização foi dada, envolve também licença para a prisão que ora ainda sofrem.
> [...]
> Como resolver, entretanto, esta questão, se não tomarmos conhecimento do pedido?
> É por isto que a mim me parece ser o caso de *habeas corpus* e dele devermos tomar conhecimento, não obstante o estado de guerra. [...] o *habeas corpus* não fica suspenso, nem mesmo que a prisão tenha se dado por fatos que se relacionem com o estado de guerra, quando o Governo exceda os poderes excepcionais que lhe são outorgados.
> [...]
> Pelo exposto, tomo conhecimento do presente pedido.

Acompanhando o relator, o ministro Plínio Casado concordou que estava em causa não a liberdade de locomoção, mas "a imunidade parlamentar – o que equivale a dizer, a própria existência do Poder Legislativo". O pedido de liberdade não se voltava ao exercício daquele direito individual, mas ao "exercício do mandato político de representantes do povo". Distinguiu, portanto, o conceito de garantias constitucionais do conceito de imunidades parlamentares para, interpretando restritiva e literalmente aquele, reduzir o espectro de incidência do poder de polícia do Executivo durante o estado de guerra, somente podendo suspender as "garantias individuais". Plínio Casado considerou que o estado de guerra era decretado "para defender a Constituição", e não para suspendê-la, e completou:

> O estado de guerra do artigo 161 da Constituição de 1934 é o mesmo estado de sítio do artigo 80 da Constituição de 1891, que neste tema se inspirou na Constituição Argentina.
> E, como decidiu em memorável aresto a Suprema Corte da República Argentina, "seria contrária à essência mesma do estado de sítio toda a medida que, direta ou indiretamente, atentasse contra a existência dos poderes públicos instituídos pela própria Constituição, que garantiu os membros do Congresso com uma imunidade, não para fins pessoais, nem por motivos individuais, mas por elevados fins políticos; e, se considerou essencial essa imunidade, foi precisamente para assegurar não só a independência dos poderes públicos entre sim, como também a existência mesma das autoridades criadas pela Constituição".

Plínio Casado ressaltou a excepcionalidade do caso por envolver alegação de "prisão violenta, com flagrante desrespeito ao artigo 32 da Constituição Federal" e de que as imunidades parlamentares teriam sido suspensas "por ato inconstitucional do Presidente da República". E concluiu: "O caso é excepcional. E, por isso, o meu voto é também excepcional", tomando conhecimento do pedido.

Apesar de ter marcado posição em defesa de suas competências, no mérito, a Corte Suprema validou a prisão dos parlamentares, dando vitória ao governo.

O ministro Carvalho Mourão, relator, afirmou que a imunidade parlamentar significava, tão somente, que a prisão dos pacientes dependia de licença da Casa legislativa: "As imunidades não consistem em outra coisa senão em não poderem os parlamentares ser presos, nem processados, sem a autorização prévia da Câmara a que pertencem. É esta a doutrina pacífica no direito constitucional dos povos civilizados".

Refutou a argumentação de João Mangabeira, segundo a qual a licença concedida para o processo não envolve concessão de licença para a prisão. Para o relator, essa seria uma posição extrema, comparando-a com aquela que, de acordo com o relator, foi dominante na Itália e que condicionava toda e qualquer prisão do parlamentar à autorização do Legislativo, inclusive a decorrente de condenação judicial. Esse modelo, segundo ele, levaria o Poder Legislativo a ser o juiz definitivo dos processos contra parlamentares, podendo afastar a prisão decorrente de condenação judicial, seja por considerá-la mal aplicada, "do que será juiz definitivo a própria Câmara", seja mediante o pressuposto de que o governo teria "influído no ânimo de magistrados partidários". Partindo dessa argumentação, na qual sugeriu a possibilidade de invasão das competências inerentes ao Poder Judiciário (como a de condenar um parlamentar à prisão) pelo Poder Legislativo (impedindo a execução da pena), Carvalho Mourão defendeu opinião no sentido de que "a licença para o processo envolve, necessariamente, a autorização para a prisão decorrente de decisões do juiz, no processo".

Evidentemente, o caso dos impetrantes não era de prisão decorrente de decisão judicial, mas, sim, executada pela polícia, sem ordem judicial e sem prévia licença da Casa legislativa respectiva, por exclusiva determinação do governo. Nada obstante, Carvalho Mourão alertava para a possibilidade de o Judiciário condenar aqueles pacientes, uma vez que a licença para os processar já havia sido concedida, e firmava a compreensão de que a prisão decorrente de decisões judiciais no curso do processo não dependeria da prévia licença do Legislativo. Seguindo sua linha de raciocínio, Carvalho Mourão afirmou que, na licença para processar, estava implícita a licença para a prisão: "Na licença para o processo sobre os crimes que são imputados aos pacientes está contida, a meu ver, implicitamente, a licença para a sua detenção preventiva, nos termos da lei, ou para prisão em virtude da pronúncia ou da condenação".

Dessas premissas não decorria, porém, a legalidade da prisão contra a qual se levantavam os pacientes, razão pela qual o relator passou a tratar da questão de saber "se a licença para o processo envolve licença para a prisão meramente policial, isto é, se a Câmara, concedendo autorização para o processo, despiu os parlamentares de todas as suas imunidades".

Primeiramente, o ministro respondeu em abstrato, firmando a compreensão de que "a licença tem caráter restrito, efeito limitado ao processo crime de que se trata", não tendo o efeito de eliminar as proteções inerentes ao mandato parlamentar e, portanto, não autorizando a prisão meramente policial. Sublinhou que a Constituição reservava ao Poder Judiciário a competência para determinar a cassação do diploma parlamentar em razão da condenação definitiva. Por essa razão, concluía que, mesmo com a licença para o processo do parlamentar, não estavam afastadas as imunidades constitucionais que lhe protegem o cargo:

> O deputado continua a ser deputado, não perde o mandato senão em virtude de sentença condenatória definitiva. Enquanto não for condenado, não está cassado o seu diploma. Assim, desde que permanece na posse deste, são-lhe asseguradas todas as prerrogativas e imunidades que lhe não tenham sido, expressamente, suspensas em virtude da autorização da respectiva câmara.
> É por isso que entendo não envolver a licença da Câmara, para o processo, autorização da prisão meramente policial, que somente se baseie no estado de guerra (custódia, como medida de pura segurança).

Apesar disso, o ministro traçou uma distinção entre a hipótese abstratamente considerada e o caso concreto. Segundo Carvalho Mourão, os pacientes já se encontravam presos quando o governo solicitou às respectivas Casas legislativas a licença para processá-los. Na sua avaliação, ao concederem a licença para o processo dos parlamentares, as Casas legislativas a que eles pertenciam implicitamente autorizaram a manutenção da sua prisão – do contrário, afirmou o ministro, teriam elas determinado sua soltura imediata. Para o relator:

> [...] se desejavam as tidas câmaras dar sentido restrito à autorização para o processo, teriam, primeiro, exigido que se pusessem em liberdade os deputados e senador conservados em custódia; ou, no mínimo, deveriam dizer, expressamente, que os parlamentares presos deveriam ser soltos incontinenti. Mas não foi isto que sucedeu.

Carvalho Mourão salientou que o Senado legitimou a prisão do senador Abel Chermont, ao aprovar o parecer no sentido de que, "conquanto infringente de preceitos constitucionais, a mencionada prisão se justificava por motivos de salvação pública". Reconheceu o relator, porém, que era mais difícil interpretar o pensamento da Câmara dos Deputados, pois, ao conceder a licença para processar os parlamentares, "deliberou a licença para o processo com uma reserva".

Carvalho Mourão não transcreveu, em seu voto, a reserva imposta pela Câmara ao conceder a licença para o processo dos deputados, mas ela foi reproduzida, textualmente, por João Mangabeira, na petição inicial, valendo citá-la aqui novamente:

> Do nosso voto, porém, Snr. Presidente, não se pode concluir que houvesse reconhecido ao Poder Executivo, como dizem os deputados signatários do protesto, o direito de prender deputados e senadores, sem prévia licença da respectiva Câmara, salvo caso especial do flagrante em crime inafiançável.

O ministro Carvalho Mourão, porém, encontrou nos debates travados na Câmara dos Deputados fundamentos para passar ao largo daquele esclarecimento, segundo o qual a licença para o processo não autorizava a interpretação de que a Câmara reconheceu o direito do Poder Executivo de prender os parlamentares sem prévia licença da respectiva Câmara.

Segundo o ministro Relator, "o debate caracterizou-se, a princípio, por uma flutuação oceânica. Difícil é apreciar-se um pensamento que se esgueira como as ondas do mar". Ainda assim, recorreu ao resultado da votação das emendas ao texto final que concedeu a licença para o processo dos parlamentares para dele extrair a conclusão de que a Câmara, por ter se recusado a determinar desde logo sua soltura, rejeitando a emenda de Levi Carneiro proposta neste sentido, teria implicitamente reconhecido a legitimidade "atual" da prisão:

> Por "legitimidade atual", quer dizer-se, é claro, que a Câmara não se manifesta, embora conceda a licença, sobre a legitimidade da prisão "antes da mesma licença". Mas, por isto mesmo, por esta mesma restrição no tempo sobre a legalidade da prisão, autoriza-a, dada a licença.
> Não quero, porém, basear-me nesta interpretação puramente gramatical. Socorramo-nos agora do chamado elemento histórico.
> Depois dos primeiros debates, ficou bem clara a intenção da Câmara. Foi assim que, na Comissão, ficou vencido o Sr. Levi Carneiro, que votara pela concessão da licença, com a ressalva de que, imediatamente, seriam os Deputados postos em liberdade, a fim de se defenderem soltos.
> [...]
> Em plenário, foram apresentadas ao artigo único do Projeto da Comissão seis emendas. [...] Na sessão extraordinária do dia 8 de julho, a Câmara votou a conclusão do parecer, tal como viera redigido da Comissão de Constituição e Justiça; rejeitando todas as emendas acima referidas. A

de n. 6 – única que visava declarar o pensamento da Câmara no sentido de fazer cessar a custódia em que se achavam, e ainda se acham, os pacientes – foi, como disse, também rejeitada, por 138 votos contra 85. Rejeitando que fossem postos em liberdade os deputados presos, a Câmara (é manifesto) resolveu que continuassem em custódia, como estavam, "antes de instaurado o processo-crime". Impossível será negá-lo.

Por fim, o relator aludiu ao discurso proferido da tribuna pelo parlamentar Octávio Mangabeira, irmão do impetrante João Mangabeira, no qual ele acusou que a "autorização para o processo importa na hipótese, em realidade, na manutenção da prisão, e por tempo indeterminado, já que a ninguém é lícito prever quanto pode durar um processo da ordem a que vão ser submetidos os quatro deputados, presos há mais de três meses". Concluiu, nesses termos, que a Câmara autorizou, implicitamente, a manutenção da prisão dos deputados ao conceder a licença para processá-los, razão pela qual denegou a ordem.

Juntaram voto escrito os ministros Carlos Maximiliano, Laudo de Camargo, Plínio Casado e Eduardo Espínola. Todos acompanharam o relator.

Maximiliano afirmou que "o assunto que constitui objeto do presente pedido de *habeas corpus* não escapou à argúcia dos membros da Assembleia Legislativa" e que tanto no Senado como na Câmara "foi reclamado que se não adicionasse ao processo a prisão". Apesar do pedido da minoria, a "Câmara não concordou; não cedeu; *ergo*, preferiu cassar na íntegra as imunidades, para o objetivo em apreço", de modo que, segundo o ministro, "o Judiciário não pode, a tal respeito, mostrar-se mais generoso para com o deputado que o próprio parlamento, supremo hermeneuta e dono único da regalia constitucional" – o que significava negar o argumento de João Mangabeira, no sentido de que a inconstitucionalidade da sua prisão poderia ser declarada pela Corte, mesmo havendo licença da maioria.

Outro ponto digno de interesse no voto de Maximiliano foi a nada sutil sugestão por ele extraída do discurso do líder da minoria, no ponto em que este "asseverou, com admirável coragem cívica e inteireza moral, que se o acoimassem de adepto do comunismo, não vacilaria em ir até à renúncia do mandato, para ser apurada a sua falta ou inocência". A nosso ver, Maximiliano fez entender que, na sua compreensão, os parlamentares presos pelo governo por suspeita de serem comunistas deviam renunciar ao mandato e, despidos das imunidades, provar sua inocência. Reforça esta concepção a conclusão de seu voto:

Logo, os quatro deputados ficaram equiparados, em relação ao processo contra os comunistas e à prisão por estado de guerra, a qualquer particular; este, se é preso por semelhante motivo, não obtém *habeas corpus*; não o pode conseguir, tão pouco, o deputado, cuja Câmara timbrou em lhe não manter a prerrogativa de se defender solto.

Inútil alegarem um direito que não é seu; é do parlamento; e este conscientemente usou da prerrogativa de abrir mão do mesmo; repeliu a ressalva de se prosseguir no processo, deixando em liberdade os deputados.

Eis porque eu voto, serena e convictamente, pelo indeferimento do pedido.

Os demais ministros, ao acompanharem o relator, seguiram sua linha argumentativa em defesa da imunidade dos parlamentares e da proibição absoluta de sua suspensão, mesmo no estado de guerra, de modo que a prisão, qualquer que fosse sua motivação, dependia de prévia licença da Câmara. Enfaticamente, Eduardo Espínola afirmou que a suspensão dos requisitos de garantia da independência dos órgãos da soberania nacional, como as imunidades parlamentares, "equivaleria ao eclipse total da própria Constituição, que seria, transitoriamente, substituída pela ditadura". Salientou que, mesmo no "caso de flagrante, a legitimidade e conveniência da prisão, assim como a formação da culpa, dependem de resolução da Câmara". Afirmou, categoricamente, a inconstitucionalidade da prisão dos parlamentares pelo governo: "Foram detidos e conservados em custódia os pacientes, sem a necessária licença, contra a Constituição, portanto".

Nada obstante, todos chegaram à mesma conclusão do Relator, no sentido de que houve autorização *a posteriori* (Laudo de Camargo, Plínio Casado), explícita ou implicitamente, esta configurada por ter deixado de "relaxar as prisões como seria de sua indeclinável competência" (Octávio Kelly) ou por ter se limitado a declarar que a licença para o processo não significava "apreciação da legitimidade atual da prisão ou da procedência da acusação; não se pronunciou sobre a inconveniência ou ilegalidade da prisão, não declarou deviam ser postos em liberdade; não restringiu os efeitos da autorização" (Eduardo Espínola).

Com isso, por unanimidade, foi denegada a ordem e mantida a prisão dos parlamentares, interpretando-se (contrariamente ao que constou da mensagem da Câmara) a licença para o processo como autorização para a manutenção da prisão.

4.1.5 Constitucionalidade do Tribunal de Segurança Nacional: RHC nº 26.330, j. 11.01.1937[704]

Como visto no capítulo 3 (supra), a Intentona Comunista valeu de pretexto para que o governo mantivesse o país permanentemente em estado de sítio equiparado ao de guerra, em razão da suposta ameaça comunista. A Constituição foi emendada, a Lei de Segurança Nacional foi agravada e os poderes de polícia do Executivo se exerciam livres de controle judicial prévio. Restava, ainda, a competência da justiça comum para o processo e julgamento dos crimes políticos, último alvo do governo, que instrumentalizava sua posição de detentor dos segredos de Estado para alimentar teorias conspiratórias acerca de um iminente golpe comunista no país, de cuja existência nunca se forneceu qualquer indício.

Finalmente, o temor registrado pelos ministros do Supremo no HC nº 26.178 (v. item 4.1.4) quanto ao projeto voltado à expansão da competência da Justiça Militar concretizou-se: no dia 11 de setembro de 1936, foi aprovada pelo Congresso a Lei nº 244, que criou o Tribunal de Segurança Nacional como órgão de jurisdição marcial, absorvendo competências da Justiça Federal e, portanto, da própria Corte Suprema, à qual caberia, até aquela data, o julgamento dos recursos ordinários interpostos contra as sentenças proferidas nos processos por crimes definidos na Lei de Segurança Nacional (v. item 3.4, supra).

Em janeiro de 1937, ainda sob o regime da Constituição de 1934, João Mangabeira recorreu novamente à Corte Suprema a fim de não ser processado perante o Tribunal de Segurança Nacional. O parlamentar estava preso desde 23 de março de 1936 por suas ligações com a Aliança Nacional Libertadora (a qual, no entanto, havia sido fechada pelo governo em 1935, meros três meses depois da sua fundação).

Voltando à Corte depois do caso estudado no item anterior, Mangabeira pleiteava, no RHC nº 26.330, que ele e seu filho, Francisco Mangabeira, não fossem julgados pelo Tribunal de Segurança Nacional, que havia decretado sua prisão preventiva. Afirmou que, "sobretudo e antes de tudo", o que se reclamava no *habeas corpus* era "o respeito ao Poder Judiciário, cuja competência constitucional se arranca, por um golpe de força, a um dos seus órgãos". Alegou, na inicial, a

---

[704] O inteiro teor do acórdão encontra-se publicado na obra: GODOY, Arnaldo Sampaio de Moraes. *Memória jurisprudencial*: Ministro Carlos Maximiliano. Brasília: Supremo Tribunal Federal, 2012. p. 96-118.

inconstitucionalidade da Lei nº 244/1936, com apoio em três principais fundamentos:

 (i) os pacientes respondiam a acusações de crimes políticos, os quais, nos termos da Constituição de 1934, eram de competência dos juízes federais, com recurso para a Corte Suprema, conforme previa no artigo 81, *i* e *l*, e no artigo 76, 2, II, *a*, de modo que a lei ordinária contrariava a letra expressa da Constituição ao transferir, para a Justiça Militar, a competência final da Corte Suprema;

 (ii) a lei impugnada teria criado um Tribunal de Exceção, vedado pelo art. 113, nº 25, da Constituição, e sem juízes vitalícios, como exigido pelo artigo 80 da Lei Maior; além disso, o legislador ordinário autorizou aquela Corte militar a proferir sentenças pelo sistema da "livre convicção", violando o direito de defesa;

 (iii) por fim, no caso concreto, a incidência retroativa da lei seria inconstitucional, uma vez que os delitos imputados ao paciente eram anteriores à vigência da Lei nº 244 e, portanto, não poderiam ser julgados por um órgão judicial instituído *a posteriori*, sob pena de violação do art. 113, nº 26 e 27, da Constituição.

Apesar da investida do governo contra suas competências, a Corte Suprema rejeitou o recurso de *habeas corpus* por unanimidade. O relator, ministro Costa Manso, conduziu o acórdão denegatório, apresentando os seguintes fundamentos:

(i) Considerou, primeiramente, que o artigo 81, letra *i*, da Constituição definiu a competência da Justiça Federal para o processo e julgamento dos crimes políticos e dos praticados em prejuízo de serviço ou interesses da União, "ressalvada a competência da Justiça Eleitoral ou Militar". O ministro defendeu leitura contrária à defendida pelo impetrante, no sentido de que aquela ressalva se aplicava não apenas à última parte do dispositivo (que aludia aos crimes praticados em prejuízo de serviço ou interesses da União), mas também à primeira parte. Portanto, construiu a compreensão de que a Constituição de 1934 teria atribuído a competência para o processo e julgamento dos crimes políticos à Justiça Federal, salvo se o caso atraísse a competência da Justiça Militar.

Havia uma dificuldade para esta interpretação: a letra *l* do artigo 81 previa a competência da Justiça Federal para o processo e julgamento dos "crimes praticados contra a ordem social, inclusive o de regresso ao Brasil de estrangeiro expulso". Como visto anteriormente (item 3.4), a Lei de Segurança Nacional previa crimes contra a ordem social.

O relator reconheceu que referido inciso não continha "ressalva alguma" à competência da Justiça Federal e afirmou: "Pareceria, à primeira vista, que estabelece uma regra de caráter absoluto". O ministro contornou, no entanto, essa dificuldade, sustentando que "o juiz federal será incompetente se, em outro ponto, a Lei Suprema conferir a atribuição a Juízo diverso". E então recorreu ao disposto nos artigos 84 e 85 do texto constitucional, inseridos na seção que disciplinava a Justiça Militar.

Os artigos 84 e 85 conferiam à Justiça Militar a natureza de "foro especial" para o julgamento de militares, nos delitos militares, e estendiam sua competência para o julgamento de civis em casos de "crimes contra a segurança externa do país, ou contra as instituições militares", bem como, nos termos da lei, "em tempo de guerra, ou na zona de operações durante grave comoção intestina".

Aplicando interpretação manifestamente ampliativa do texto daquelas normas constitucionais que disciplinavam a competência excepcional da Justiça Militar, o ministro Costa Manso propôs interpretação sistemática, extraindo da Constituição de 1934 autorização para que tanto os crimes políticos quanto os crimes contra a ordem social pudessem ser transferidos, pelo legislador ordinário, da Justiça Federal comum para a Militar, Confira-se:

> [...] os crimes contra a segurança externa do país ou contra as instituições militares podem ser praticados antes da declaração de guerra e mesmo que ela não sobrevenha. Basta lembrar a espionagem, a revelação de segredos políticos ou militares, as intrigas internacionais, a propaganda contra as forças armadas, o incitamento delas à rebelião, etc.
> Nas hipóteses do art. 84, pois, os crimes políticos ou contra a ordem social podem ser transferidos da Justiça Federal comum para a Militar. A transferência é facultativa e depende de preceito legal expresso, como declara o texto, *in verbis*: "poderá (...) nos casos expressos em lei (...)".

Concluiu a análise desse primeiro pedido "julgando improcedente a arguição de inconstitucionalidade da Lei 244, por sujeitar à Justiça Militar delitos políticos ou praticados contra a ordem social".

(ii) A alegação de que a Lei nº 244 teria criado tribunal de exceção foi rejeitada pelo ministro Costa Manso, segundo o qual o Tribunal de Segurança Nacional tinha a natureza de um juízo especial, criado em razão da natureza das causas, portanto admitido no artigo 113, nº 25, da Constituição. A alegação de que aquela Corte havia sido criada para o fim específico de julgar inimigos do regime foi rejeitada. O relator afirmou que, ao proibir os tribunais de exceção, o que a Constituição impedia era a instituição das "comissões extraordinárias, com que os governos despóticos sufocavam violentamente os movimentos de opinião contrários à tirania – tribunais irregulares, que julgavam *de plano*, sem forma e figura de Juízo e sem recurso para outra autoridade judiciária permanente".

Esses fundamentos se mostravam manifestamente insuficientes por não demonstrarem a diferença entre aquelas "comissões extraordinárias" e o desenho institucional conferido pela lei ao Tribunal de Segurança Nacional – criado como órgão temporário, cujos juízes não eram vitalícios, e autorizado a condenar unicamente com base na livre convicção (ou seja, sem fundamentação escrita alusiva às provas do convencimento do juiz), reduzindo o espaço para o exercício do direito de defesa, especialmente no recurso contra a condenação – que, ademais, não tinha efeito suspensivo.

O relator, no entanto, defendeu a nova institucionalidade. Em primeiro lugar, afirmou que era admissível o estabelecimento de "processo especial para os feitos julgados pelos tribunais especiais", já que a "natureza das causas pode exigir que se não observem as formas comuns". Reforçou a legitimidade jurídico-constitucional das regras processuais estabelecidas, considerada a necessidade de acelerar os julgamentos. Segundo o ministro, os crimes de competência do TSN "são os que determinarem grave comoção intestina e a declaração do estado de guerra", justificando que "há de estar sempre envolvido um grande número de indivíduos", exigindo "tão dilatado tempo" pelas regras do processo comum que "os réus, presos preventivamente ou em consequência de pronúncia, cumpririam as penas que lhes fossem impostas antes de proferida a sentença final". Além disso, considerou vantajoso haver um único juízo competente para o julgamento dos crimes políticos em todo o país; do contrário, "cada delinquente ou grupo de delinquentes teria de ser processado e julgado por um juiz diferente", "segundo a maior ou menor inteligência, severidade, honestidade ou tendência espiritual de cada julgador!". Na sua visão, "impunha-se, pois, a criação de um tribunal único, com jurisdição em todo o território nacional, e que observasse um processo rápido e enérgico para a apuração das responsabilidades".

A inconstitucionalidade das normas processuais da Lei nº 244, embora tenha sido reconhecida pelo relator, por serem "visivelmente incompatíveis com o direito de defesa assegurado na Constituição", não foi declarada incidentalmente. Isso porque, nos termos do seu voto, seria preciso, antes, que o Tribunal de Segurança Nacional aplicasse aquelas normas no julgamento dos pacientes e que delas resultasse "efetivamente prejuízo substancial para defesa dos réus" para só então "a nulidade ser pronunciada em grau de recurso, em revisão criminal e, talvez mesmo, conforme o caso, sumariamente, em processo de *habeas corpus*".

Nada obstante, a previsão do artigo 10, parágrafo único, segundo o qual "os membros do Tribunal de Segurança Nacional julgarão, como juízes de fato, por livre convicção", mereceu especial atenção do relator. Na sua concepção, embora o legislador tivesse a intenção "de conferir aos juízes a faculdade, que têm os jurados, de julgar de consciência, com abstração da prova colhida no processo, atendendo ao conhecimento pessoal dos fatos ou à conveniência da sociedade", não teria sido "isso que ficou escrito". Defendeu que aquela previsão seria inócua, pois contra as decisões do TSN cabia recurso para o Superior Tribunal Militar, o qual, "nos termos do art. 376 do Código da Justiça Militar, não julga de consciência". Para o ministro, "sempre que o tribunal de primeira instância se afaste do alegado e provado nos autos, a sua decisão será necessariamente reformada, porque o superior não encontrará elementos para confirmá-la".

Ao que nos parece, o relator pretendeu conferir interpretação conforme a Constituição ao artigo 10, parágrafo único, da Lei nº 244. Nada obstante, a conclusão do relator foi decepcionante, permitindo que o próprio TSN decidisse se acolheria ou não aquela interpretação. Nesse sentido, afirmou:

> O que resulta do art. 10, parágrafo único, da Lei 244, é, pois, na realidade, unicamente isto: o Tribunal de Segurança Nacional não é obrigado a fundamentar as suas sentenças, embora moralmente deva fazê-lo. É o que sucede com relação a todos os juízes federais, pois as nossas leis de processo não consideram nulas as sentenças não fundamentadas.

Assim, o relator deixou de conferir caráter cogente à interpretação do artigo 10, parágrafo único, permanecendo suas considerações a respeito da fundamentação da condenação com base nos elementos de prova como mera recomendação moral.

Por fim, relativamente à temporariedade do funcionamento do TSN e à sua constituição por juízes também temporários, o relator não considerou existir afronta ao artigo 64 da Constituição, que determina a vitaliciedade e inamovibilidade de todos os juízes. Salientou que o preceito em questão "não é aplicável aos juízes militares, como sempre se entendeu desde que o Brasil existe como nação independente". Concluiu que, "não tendo a Constituição estabelecido normas especiais (vide o art. 86), poderá a lei ordinária organizar do modo mais conveniente às instituições militares os órgãos da respectiva justiça".

(iii) Finalmente, a Corte decidiu sobre a alegação de que a incidência da Lei nº 244 aos fatos imputados aos pacientes feria o princípio da irretroatividade, tal como previsto no artigo 113, nº 26 e 27, da Constituição de 1934, cujo teor era o seguinte:

> 26) Ninguém será processado, nem sentenciado senão pela autoridade competente, em virtude de lei anterior ao fato, e na forma por ela prescrita.
> 27) A lei penal só retroagirá quando beneficiar o réu.

O impetrante sustentava que seu julgamento devia ser realizado pela autoridade competente ao tempo do crime que lhe foi imputado e segundo as normas processuais então vigentes.

Nada obstante, o relator consignou que os tribunais brasileiros "sempre admitiram a aplicação das leis orgânico-judiciárias e de processo aos fatos pretéritos". Além disso, aludiu às decisões da Suprema Corte norte-americana citadas pelo impetrante, afirmando que o princípio dominante em seus julgados, ao contrário do que se alegava na inicial, era de "serem inconstitucionais as leis que ofendam certos direitos do acusado, como os meios de prova, a fiança e outras garantias essenciais – preceitos que, segundo a melhor doutrina, são de direito substantivo, embora geralmente figurem intercalados nas leis de processo". Segundo o relator, as decisões daquela Corte referidas pelo impetrante, que assentavam a irretroatividade também das leis processuais, seriam "casos esporádicos, porque a generalidade dos arestos do famoso tribunal sustenta que tais leis não são 'leis *ex post facto*', condenadas pela Constituição norte-americana". Finalmente, o relator recorreu à doutrina, afirmando que, "como em todas as questões de direito, há controvérsia a respeito do caso", mas apoiou-se, principalmente, nos "constitucionalistas da casa, os ilustres Srs. Ministros Carlos Maximiliano e Bento de Faria, nos Comentários à Constituição, n. 203, do primeiro, e na Aplicação e retroatividade da lei, n. 9, do segundo". Citou, longamente, a lição de Rui Barbosa, "cujo nome glorioso menciono com respeito e que figura na petição do recorrente", que, em discurso proferido no Senado, em 1905, afirmou: "Quer ante os princípios gerais do Direito, quer ante os precedentes do Direito americano, as leis de processo criminal são retroativas".

Por fim, o relator rejeitou a alegação de inconstitucionalidade do dispositivo da Lei nº 244 que determinava a aplicação retroativa das suas normas, sustentando que "a dúvida acerca da constitucionalidade de uma norma – ensinam os escritores norte-americanos – nunca é motivo suficiente para que os tribunais deixem de aplicá-la". Adotando máxima autocontenção, o ministro assim se manifestou sobre o tema:

> A discordância entre a Constituição e a lei deve ser tal (esse conceito é de Cooley) que se apodere do juiz clara e viva convicção da incompatibilidade entre uma e outra; isto não é outra coisa senão um decoroso respeito à sabedoria, à integridade e ao patriotismo do legislador, devendo-se admitir que toda lei tem a seu favor a presunção de validade.
> [...]
> Não sendo, pois, manifesta a inconstitucionalidade, a aplicação da lei é de rigor.

Mesmo com essa afirmação, o relator reconheceu, expressamente, em seu voto, a inconstitucionalidade dos seguintes dispositivos, que, nos termos da sua decisão, "não deverão ser aplicados, porque não são meramente ordinatórios da lide": (a) "o que submete ao Superior Tribunal Militar as causas já decididas pelos juízes seccionais (ofensa ao art. 76, 2, II, letra *a*, da Constituição)"; (b) "o que marca o prazo manifestamente exíguo de oito dias para a citação por edital do réu ausente (ofensa ao art. 113, n. 24)"; (c) "o que limita a cinco as testemunhas de defesa, sem limitar o número das de acusação, e manda aplicar esse preceito restritivo da prova aos fatos pretéritos (ofensa ao art. 113, n. 24 e 26)"; (d) "o que obriga o réu a apresentar as suas testemunhas, estabelecendo a presunção de desistência delas quando não compareçam (ofensa ao art. 113, n. 24)"; (e) "o que estabelece, com efeito retroativo, a presunção da criminalidade contra o réu preso com arma na mão (ofensa ao art. 113, n. 26)".

Mesmo diante do "indeferimento do pedido", o relator impôs aquelas restrições ao TSN, ao autorizar a Corte a "prosseguir na sua alta missão, de acordo com a respectiva lei orgânica, escoimada dos senões que indiquei".

Os demais ministros acompanharam o relator, sem comentar as referidas inconstitucionalidades.

A tímida declaração de inconstitucionalidade de alguns dispositivos da Lei nº 244/1936 pelo Supremo Tribunal Federal foi suficiente para contrariar os interesses do regime. A Carta de 1937 aboliu a Justiça Federal e consolidou o agigantamento das competências do TSN, que foi fortalecido pelo Decreto-Lei nº 88, de 20 de dezembro de 1937, no qual, modificando a Lei nº 244/1936, foi ampliado drasticamente o poder individual dos juízes do TSN e estabelecia recurso das sentenças condenatórias unicamente para o órgão colegiado do próprio TSN. Foi mantida a previsão de condenação sem fundamentação e estabelecido recurso de ofício, para o Plenário, em caso de absolvição monocrática (v. item 3.5).

Nada obstante, ao longo do Estado Novo, alguns limites foram impostos pelo Supremo Tribunal Federal à crescente aplicação da Lei de Segurança Nacional pelos juízes do TSN, sem respeito às garantias constitucionais.

Assim, por exemplo, pode ser citado o RHC nº 27.757, relator ministro Octávio Kelly, julgado em 16.04.1941, no qual a Corte concedeu a ordem de *habeas corpus* para firmar a compreensão de que era cabível o livramento condicional para os crimes políticos anteriores à Lei de Segurança Nacional nº 38/1935, declarando, assim, a irretroatividade da vedação nela imposta, por violar a Constituição. Esse entendimento, que reformava as decisões do TSN, foi reiterado em outros *writs*: RHC nº 27.761 (Castro Nunes), RHC nº 28.094 (José Linhares) e HC nº 28.142 (José Linhares).

4.1.6 Caso Armando Salles: HC nº 29.002, j. 04.04.1945[705]

Selecionamos, por fim, ainda no tema dos crimes políticos, o acórdão proferido no HC nº 29.002, impetrado em 4 de abril de 1945,

---

[705] Lêda Boechat Rodrigues registrou o julgamento desse caso pelo Supremo Tribunal Federal: RODRIGUES, *História do Supremo Tribunal Federal*, Tomo IV, *op. cit.*, p. 91-117. O acórdão foi digitalizado e encontra-se disponível para consulta no *site* do Tribunal.

em favor de Armando de Salles Oliveira, Octávio Mangabeira e Paulo Nogueira Filho, todos condenados pelo TSN a dois anos de prisão.

O relator foi o ministro Aníbal Freire. O Supremo Tribunal Federal concedeu a ordem quando o regime já estava prestes a ruir (o que se consumaria em outubro).

Como vimos (capítulo 3), o paciente Armando de Salles Oliveira era governador de São Paulo e, de aliado político no início do governo constitucional (indicando, inclusive, o ministro da Justiça, Vicente Ráo), tornou-se, a partir de 1937, um dos maiores opositores de Getúlio Vargas, a partir do momento em que deixou o cargo de governador para lançar sua candidatura à sucessão presidencial, passando a realizar comícios profundamente críticos do regime getulista.

Os pacientes foram presos logo depois do golpe do Estado Novo (v. item 3.5), com fundamento na Lei de Segurança Nacional – Armando Salles havia dirigido, no dia 8 de novembro, aos chefes militares uma denúncia de conspiração em andamento, afirmando que, "se alguma força poderosa não intervier a tempo de impedir que se cumpram os maus pressentimentos que hoje anuviam a alma brasileira, um golpe terrível sacudirá de repente a nação". Dois dias depois, o golpe foi dado e Salles permaneceu em prisão domiciliar por um ano, até receber determinação de Vargas para embarcar para o exterior, em novembro de 1938. Em 1940, foi acusado de insurreição contra o Estado Novo e condenado pelo TSN.[706]

Nos termos da inicial, a prisão dos pacientes foi produto de um "movimento conspiratório policialmente arquitetado para chegar ao resultado almejado, o fechamento de *O Estado de S. Paulo*", que pertencia ao cunhado de Salles, Júlio de Mesquita Filho, também conduzido à prisão. Apesar do indiciamento de 43 pessoas, o processo prosseguiu contra 10 acusados, dos quais sete foram absolvidos, "vindo a ser condenados apenas os Drs. Armando de Salles Oliveira, Octávio Mangabeira e Paulo Nogueira Filho". Instados pelas autoridades a deixarem o país, do contrário seriam submetidos à prisão celular, os réus partiram para o exílio – é o que se extrai do acórdão do Supremo Tribunal Federal, ora em comento.

---

[706] As informações sobre Armando de Salles Oliveira constam do acervo do Arquivo Público do Estado de São Paulo. Disponível em: http://icaatom.arquivoestado.sp.gov.br/ica-atom/index.php/armando-de-salles-oliveira-2. Acesso em: 22 jan. 2023.

Armando Salles, à época de sua condenação, liderava o que Loewenstein descreveu como "oposição liberal-democrata ou constitucionalista", apoiada pelas forças poderosas de São Paulo. Na obra que publicou ainda em 1942, Loewenstein classificou Salles como um homem "de espírito democrático, capaz, enérgico e experiente, que muitos consideravam a única pessoa capaz de superar Vargas em prestígio popular. Hoje vive no exílio. A julgar por evidências bastante inconclusivas, Salles Oliveira tinha as melhores chances de ser eleito".[707]

Contra a condenação proferida pelo TSN, foi impetrado o HC nº 29.002 no Supremo Tribunal Federal, em abril de 1945, distribuído ao ministro Aníbal Freire. Os impetrantes sustentaram a nulidade do processo e da sentença por falta de citação pessoal, bem como a injustiça e inexequibilidade da condenação. Afirmaram que o TSN era um tribunal político, cujos juízes podiam julgar por sua íntima e secreta convicção. Consideraram ter havido mudança da ordem política, "porque se abriu o debate em torno do sistema político e administrativo do país", o que tornaria "repugnante ao sentimento de justiça, ofensivo à equidade, que se considere, agora, crime o praticado pelos pacientes". Argumentaram que, transformada a ordem política, "os mesmos atos que reputavam antes criminosos transformaram os delinquentes em beneméritos, senão em heróis".

Ao tempo daquele julgamento, havia, de fato, forte mobilização da sociedade civil pela libertação e anistia dos presos políticos, bem como pela realização de eleições livres. Nada obstante, o argumento da injustiça da condenação não foi acolhido, mas, sim, o vício formal do julgamento pelo TSN.

Pouco antes, em dezembro de 1944, quando o regime já se aproximava do fim, o Supremo Tribunal Federal, no julgamento do HC nº 28.872, concedeu a ordem ao ex-funcionário público Edmundo Morais, que se encontrava preso na Penitenciária de Aracaju, condenado pelo Tribunal de Segurança Nacional pela prática do crime definido no artigo 28 do Decreto-Lei nº 4.766, de 1º de outubro de 1942, que definiu crimes militares e contra a segurança do Estado. O tipo penal em questão criminalizava a conduta de "proferir em público, ou divulgar por escrito ou por outro qualquer meio, conceito calunioso, injurioso ou desrespeitoso contra a Nação, a Governo, o regime e as instituições ou contra agente do poder público: Pena – reclusão, de um a seis anos".

---

[707] LOEWENSTEIN, *Brazil under Vargas*, op. cit., p. 35, tradução nossa.

Naquele caso, o relator, ministro Laudo de Camargo, afirmou que o paciente foi acusado, sem fundamento, de "haver proferido, na casa familiar onde residia, palavras injuriosas ao ex-Interventor Dr. Eronides de Carvalho e a oficiais do nosso exército". O paciente foi ouvido durante o inquérito e negou as acusações. No entanto, foi condenado à revelia, depois de citação por edital que não lhe deu direito de defesa. O Supremo Tribunal Federal, então, anulou a condenação por falta de citação pessoal, "sem prejuízo de novo procedimento contra o paciente".

O precedente em questão foi útil para o julgamento do *habeas corpus* impetrado em favor de Armando Salles e dos demais. Com efeito, uma das alegações da inicial era de que os pacientes estavam no exílio e foram julgados à revelia, apesar de ser conhecido o seu paradeiro e de terem advogado constituído, o que tornaria viável a citação pessoal no processo perante o TSN.

Apenas o ministro mais novo na Corte, Philadelpho e Azevedo,[708] avançou para considerar que os próprios fatos pelos quais os pacientes foram condenados não materializavam qualquer crime: "Formei convicção no sentido de que o fato gerador da condenação não constituiria o delito imputado ou que, pelo menos, a sentença condenatória não teria fundamentação necessária, o que me levará a reconhecer sua nulidade". Isso porque, segundo o ministro, a Constituição de 1934 – sob cuja vigência foram promulgadas as Leis de Segurança Nacional (Lei nº 38/1935 e Lei nº 136/1935) – garantia a "liberdade na manifestação de pensamento, sem dependência de censura, salvo em espetáculos públicos e proibida a 'propaganda de guerra ou de processos violentos para subverter a ordem política ou social'". Assim, a criminalização, pela Lei nº 136/1935, da exposição e da crítica doutrinárias, feitas sem propaganda de guerra ou de processo violento para subverter a ordem política ou social, seria "formalmente inconstitucional". O Decreto-Lei nº 431, de 18 de maio de 1938,[709] que embasou a condenação dos pacientes,

---

[708] Empossado em 26 de agosto de 1942, na vaga resultante da aposentadoria do ministro Octávio Kelly. A composição do Supremo Tribunal Federal era a seguinte, na data desse julgamento: ministro presidente Eduardo Espínola (Getúlio Vargas); Bento de Faria (Arthur Bernardes); Laudo de Camargo (Getúlio Vargas); José Linhares (Getúlio Vargas); Barros Barreto (Getúlio Vargas); Annibal Freire (Getúlio Vargas); Castro Nunes (Getúlio Vargas); Orozimbo Nonato (Getúlio Vargas); Waldemar Falcão (Getúlio Vargas); Goulart de Oliveira (Getúlio Vargas); Philadelpho e Azevedo (Getúlio Vargas).

[709] O novo diploma definia crimes contra a personalidade internacional, a estrutura e a segurança do Estado e contra a ordem social. Os pacientes foram condenados pela prática do crime

devia ser interpretado, na sua interpretação, no sentido de que "seria preciso demonstrar-se não só a propaganda, como o intuito ofensivo à ordem política, por meios violentos ou ilegítimos", o que não era o caso dos autos.

Nada obstante, por unanimidade, o Supremo Tribunal Federal concedeu a ordem para anular a condenação do paciente, considerada a falta de citação pessoal. Armando Salles foi autorizado a "voltar ao país livre da condenação pelo Tribunal de Segurança Nacional".

Duas semanas depois da concessão da ordem pela Corte, o governo, por meio do Decreto-Lei nº 7.474, de 18 de abril de 1945, anistiou "todos quantos tenham cometido crimes políticos desde 16 de julho de 1934 até a data da publicação deste decreto-lei". A medida levou à libertação de quase 600 presos políticos, dentre eles Luís Carlos Prestes, Carlos Marighella, Jorge Amado, Aparício Torelli ("Barão de Itararé"), Agildo Barata, Hermes Lima, Leônidas Resende, Maurício de Medeiros e João Mangabeira.[710]

Armando Salles voltou ao Brasil em abril de 1945, gravemente doente. Participou da fundação da UDN, da direita conservadora. Morreu poucos dias depois, em 17 de maio.[711]

4.2 Expulsão de estrangeiros

Durante a Era Vargas, foram frequentes os *habeas corpus* impetrados perante o Supremo Tribunal Federal contra prisões para fins de expulsão do território nacional. Neste item, diferentemente do anterior, comentaremos os casos em geral de expulsão de estrangeiros, nos quais não havia imputação da prática de crimes políticos. Cuidava-se, nesses casos, de estrangeiros considerados indesejáveis. Em muitos casos, tratava-se de presos pela polícia por motivo de vadiagem, prostituição, embriaguez e outros pequenos desvios. A prática era antiga: o art. 2º do Decreto nº 1.641, de 7 de janeiro de 1907, previa como causas bastantes para a expulsão "a vagabundagem, a mendicidade e o

---

tipificado no artigo 3º, nº 9: "Fazer propaganda ou ter em seu poder, em sua residência ou local onde deixar escondida e depositada, qualquer quantidade de boletins, panfletos ou quaisquer outras publicações; Pena – 2 a 5 anos de prisão".

[710] Nesse sentido: http://memorialdademocracia.com.br/card/presos-politicos-sao-anistiados. Acesso em: 22 jan. 2023.

[711] Disponível em: http://icaatom.arquivoestado.sp.gov.br/ica-atom/index.php/armando-de-salles-oliveira-2. Acesso em: 22 jan. 2023.

lenocínio competentemente verificados". Embora revogadas, a Emenda Constitucional de 1926 e as Constituições da Era Vargas estabeleceram causa ampla para a expulsão de estrangeiros do território nacional: o perigo para a ordem pública ou sua nocividade aos interesses do país. Algumas vezes, os estrangeiros eram rotulados de comunistas unicamente em razão das profissões que exerciam, sem qualquer outra indicação. Alguns ministros do Supremo Tribunal Federal chancelavam esse pensamento. Encontram-se votos proferidos na Corte com alusões no sentido de que as profissões de chofer e de barbeiro, por exemplo, exercidas por um estrangeiro em vias de ser expulso, eram "exatamente duas das três que contam maior número de comunistas, a saber: padeiro, barbeiro e chofer".[712]

Ao mesmo tempo, era conhecido o comprometimento de diplomatas brasileiros com a Gestapo.[713] A aproximação do regime de Vargas com o de Hitler no período foi além da adesão ideológica interna, plasmada na Lei de Segurança Nacional e no Decreto nº 702, de 21 de março de 1936, que instituiu o estado de guerra, viabilizando a prisão de presos políticos sem lhes dar a garantia do *habeas corpus*. As instituições jurídicas do país adotaram uma postura de colaboracionismo e racismo antissemita, mediante a expulsão de judeus do Brasil, quase sempre com a chancela da Suprema Corte – que, em poucos casos, funcionou na proteção dos estrangeiros contra a expulsão arbitrária.

Dois casos chamaram especialmente nossa atenção nesta pesquisa.

O primeiro é o HC nº 26.089, impetrado em favor de Alberto Kroehn, cidadão alemão.

Em 31.08.1935, Albert Kroehn se dirigiu à sede Polícia do Estado de São Paulo, procurando obter documento de identificação, pois desejava solicitar "licença da Prefeitura, a fim de se estabelecer por conta própria". O paciente afirmou que havia adquirido um bom crédito no Brasil, "com a operosidade de contramestre em fábricas de bolsas e carteiras".

---

[712] Voto de Carlos Maximiliano no RHC nº 26.143, j. 12.06.1936.
[713] Nesse sentido: MORAIS, Fernando. *Olga*. São Paulo: Companhia das Letras, 1985. p. 5 e 195-196. Vale mencionar que o escritor João Guimarães Rosa, que serviu como vice-cônsul em Hamburgo a partir de 1938, resistiu e reagiu ao antissemitismo do Itamaraty na época. São amplamente conhecidas as autorizações que ele assinou e expediu para judeus viajarem (na verdade, fugirem) para o Brasil na época, contrariando as orientações superiores. Mas a resistência não é a regra em períodos autoritários. Como diz a canção Hexagone, do grande cantor e compositor francês Renaud: *"Ils oublient qu'à l'abri des bombes/Les Francais criaient 'Vive Pétain'/Qu'ils étaient bien planqués à Londres/Qu'y avait pas beaucoup d'Jean Moulin".*

Ao ser atendido, foi dada voz de prisão contra o paciente. A causa da prisão foi uma passagem de Kroehn pela polícia, datada de mais de cinco anos antes. Segundo as informações prestadas pela autoridade policial, em fevereiro de 1930 (ainda sob o governo de Washington Luís), o paciente fora preso "acusado de ter mercadejado a própria esposa". O Ministério da Justiça decretou, na época, sua expulsão, em portaria datada de 20 de fevereiro de 1930. Porém, a defesa de Kroehn alegou que a expulsão havia se baseado "em testemunho falso" e foi "logo relaxada a sua prisão, poucos dias depois de ter sido a mesma verificada".

Ocorre que o decreto de expulsão não havia sido cancelado. Por essa razão, quando se dirigiu à polícia, cinco anos depois, em agosto de 1935, Kroehn foi preso para fins de expulsão, nos termos da portaria de 20 de fevereiro de 1930.

A defesa requereu *habeas corpus* ao Supremo Tribunal Federal, "uma vez que o paciente se acha preso, à disposição do Ministério da Justiça". Sustentou, para o conhecimento do pedido, que "não se trata de apreciar um ato de expulsão", mas, sim, de prisão sem relação com crimes definidos na Lei de Segurança Nacional, o que contrariava os preceitos constitucionais.

O relator, ministro Plínio Casado, mencionou os documentos que atestavam as ocupações lícitas do paciente no Brasil, ao longo dos últimos dez anos, sublinhando que a petição inicial veio aos autos:

> Instruída com o atestado de fls. 3, em que o Sr. Adolpho Brandt, proprietário da "Casa de Artefatos de Couros", em São Paulo, – "afirma que conhece o Sr. Alberto Krohn, há mais de dez (10) anos, como pessoa honesta e trabalhadora, e que durante esse tempo ele foi seu fornecedor de armações, correntes, enfeites e mais artigos em galalite; com o atestado de fls. 4, passado o mesmo sentido pelo Sr. José Mina, proprietário da 'Fábrica de Bonets, Bolsas, Cintos e Carteiras Palestina', em São Paulo; com o documento de fls. 5, em que o Sr. Antonio Fattalla atesta 'que o Sr. Alberto Krohn trabalhou como mestre da sua fábrica de bolsas e carteiras durante três (3) anos, de 1928 a 1931, podendo afirmar que o mesmo é habilíssimo técnico e homem de trabalho e honesto'".

O paciente havia sido preso em fins de agosto de 1935 e somente ajuizou a ação em 7 de março de 1936. No mesmo dia, o relator solicitou informações ao ministro da Justiça, Vicente Ráo, que somente as prestou três meses depois, tendo sido expedidos dois novos ofícios de reiteração do pedido de informações.

Em 19 de junho de 1936, o ministro da Justiça, em termos genéricos, justificou a prisão pelo fato de "tratar-se de um estrangeiro nocivo ao país", "de nacionalidade alemã", *in verbis*:

> Em resposta aos ofícios 134 e 229, de 8 de maio findo e de 17 do corrente mês, em que V. Excia. solicita informações a fim de instruir o julgamento do habeas-corpus impetrado em favor de Alberto Kren, Kroilm ou Krohn, cabe-me levar ao conhecimento de V. Excia., o seguinte:
> O paciente, que é de nacionalidade alemã, foi processado pela Polícia do Estado de São Paulo, em 1930, tendo sido expulso do território nacional por portaria de 20 de fevereiro desse mesmo ano, por não exercer qualquer profissão lícita e ter se constituído elemento nocivo aos interesses do país, nos termos do artigo 72, §33, da Constituição Federal de 1891, emendada em 1926. Essa expulsão não foi efetivada dados os acontecimentos que então agitaram o país.
> Em vista de tratar-se de um estrangeiro nocivo ao país, a sua prisão para efeito de expulsão se justifica por motivo de ordem pública, nos termos do artigo 2º do decreto 702, de 21 de março último.
> Reitero a V. Excia. os meus protestos de alta estima e distinta consideração.

O ministro Plínio Casado desnudou os artifícios das informações do ministro da Justiça. Em primeiro lugar, apontou que a afirmação de que a expulsão não foi efetivada anteriormente em razão dos "acontecimentos que então agitaram o país" não fazia qualquer sentido: "Quer me parecer que S. Excia. faz aceno aos sucessos revolucionários de Outubro de 1930, que se passaram oito meses depois da portaria de expulsão, datada de 20 de fevereiro do mesmo ano" e lembrou que o paciente, "no ano de 1930, foi preso para ser expulso, mas, poucos dias depois da prisão, foi posto em liberdade (Vêde fls. 1v e 6)".

O relator destacou, ainda: "O que ressalta das peças dos autos e, *signanter*, das próprias informações do Exmo. Sr. Ministro da Justiça, é que a expulsão foi decretada porque o paciente era um estrangeiro sem profissão lícita e nocivo aos interesses do país". Nada obstante, salientou que se passaram "cinco anos e seis meses da ordem de expulsão, quando, a 31 de agosto de 1935, o paciente foi preso para ser expulso, em virtude da portaria de 20 de fevereiro de 1930".

Plínio Casado revelou o que estava implícito, mas não expresso, nas informações do ministro da Justiça: que o paciente não era perigoso para a ordem pública, mas tão somente desempregado, ou "sem ocupação lícita":

O Exmo. Sr. Ministro da Justiça, mantendo a dignidade do seu alto cargo e honrando a palavra oficial, não informou que o paciente fosse perigoso à ordem pública, nem que tivesse praticado qualquer dos crimes definidos nas Leis de Segurança Nacional, nºs 38 e 136. Nem sequer S. Ex. alegou a escusa da impossibilidade da obtenção do visto consular no respectivo passaporte. Ao revés, o que resulta das informações de S. Excia. é que o paciente está preso para ser expulso, por não ter profissão lícita e ser nocivo aos interesses do país, na conformidade da portaria de 20 de fevereiro de 1930.

De modo contundente, concluiu que a prisão provisória do paciente era ilegal, "porque ele está preso, há nove meses e vinte e quatro dias" e disse que "a sua prisão para efeito de expulsão não se justifica por motivo de ordem pública, ou de ordem política e social, ou de segurança nacional", razão pela qual "a garantia constitucional do habeas-corpus não pode prejudicar direta ou indiretamente a segurança nacional e, por conseguinte, na espécie sujeita, o estado de guerra não implica a suspensão dessa suprema garantia da liberdade individual".

Mesmo assim, o relator não foi tão longe a ponto de anular a ordem de expulsão: apegando-se a um argumento "técnico", do excesso de prazo da prisão, o relator concedeu a ordem apenas para que "o paciente possa esperar em liberdade a sua expulsão do território nacional".

A maioria, porém, denegou a ordem.

O ministro Octavio Kelly, inaugurando a divergência, afirmou: "Não me impressiona o fato de a expulsão ter sido decretada há tantos anos. Desde que se trata de estrangeiro expulso, por portaria do Governo, este poderia efetivar a medida, quando entendesse, desde que não revogada a ordem".

O ministro Costa Manso, a par de apresentar justificativas (não constantes dos autos) para a demora do Ministério da Justiça em prestar as informações e para efetivar a expulsão, aplicou a presunção de legalidade da conduta do governo: "Sem prova cabal da ilegalidade da demora, eu denegaria o habeas-corpus. Presumiria legal a prisão".

Costa Manso disse que o relator referiu "com certa vivacidade à circunstância de ter sido a expulsão decretada para não ter o paciente ocupação lícita e ser assim nocivo aos interesses do país. A mim me parece que é causa legítima da expulsão". Por fim, quanto à prisão, observou "que o Sr. Ministro da Justiça invocou o decreto que estabeleceu o estado de guerra. É de presumir seja a prisão também fundamentada em motivo de ordem pública".

Costa Manso foi aparteado por Carvalho Mourão, que perguntou, rispidamente, por que então o Ministro da Justiça não havia informado a Corte neste sentido.

Carvalho Mourão, ao votar, afirmou que "quem alega a exceção a tem de provar, seja quem for. [...] Não há presunção alguma em favor do silêncio da autoridade. Este silêncio não pode deixar mesmo de ser proposital, devido a que, em todos os casos semelhantes de habeas corpus, o Sr. Ministro tem, como verdadeiro chavão, sempre afirmado aquela impossibilidade – o que não faz no caso em debate".

O ministro foi mais longe do que o relator, concedendo a ordem para impedir a própria expulsão:

> Não posso, realmente, crer que as autoridades esqueçam, em liberdade, homem efetivamente perigoso à ordem pública. [...]
> Verifica-se que o expulsando, nos seis anos em que continuou no país, depois da portaria assinada, portou-se convenientemente. Por outro lado, o motivo para a expulsão era o fato do mesmo não ter ocupação lícita. Seria ele vagabundo? A portaria não diz isto, nem mesmo que se tratava de um vadio. Era um desempregado, por conseguinte. Ora, já aquele modo de dizer – ocupação lícita – é desleal, a meu ver. Se o expulsassem por ocupação ilícita, deveriam citá-la. [...]
> Se a expulsão foi motivada, pois, pelo fato de o estrangeiro não ter ocupação; se, durante os seis anos transcorridos, não se efetivou a expulsão, é porque, posteriormente, deixou de haver razão para a mesma. [...]
> Nestas condições, o estrangeiros não deve mais ser expulso, a não ser que o ato seja determinado por outro motivo, novo, que deve ser justificado em diferente decreto de expulsão.
> Por tudo isto, concedo o habeas corpus, não só para que seja solto o paciente, como, também, para que não seja expulso, sem novo decreto.

Prevaleceu, porém, a divergência aberta pelo ministro Octávio Kelly. Assim, contra os votos dos ministros Plínio Casado, Laudo de Camargo e Carvalho Mourão, o Supremo Tribunal Federal denegou a ordem e manteve preso o estrangeiro para fins de expulsão.

O segundo caso que, na nossa pesquisa, revelou-se digno de destaque neste tema é o HC nº 26.643, julgado em 5 de janeiro de 1938, no início do Estado Novo, quando três ministros do Supremo Tribunal Federal haviam sido aposentados compulsoriamente: Edmundo Lins (presidente), Hermenegildo de Barros (vice-presidente) e Ataulfo de Paiva.[714]

O paciente era Ernesto Gattai, pai da memorialista Zélia Gattai, que foi esposa de Jorge Amado. Narra Arnaldo Godoy:

> Estávamos na ditadura de Getúlio Vargas: o Estado Novo. Fazia-se devassa contra acusados de simpatia para com o comunismo [...]. A questão ganhou sabor especial, no caso do italiano, historicamente vinculado com militância anarquista e comunista. Ernesto Gattai sofreu com a tentativa do governo Vargas de expulsá-lo do país. Fora acusado de fazer propaganda do comunismo. E por ser estrangeiro, tentou-se matizar que era nocivo à vida nacional, o que justificava o processamento do decreto de expulsão, que se sucederia à prisão, em face da qual Ernesto Gattai se opunha com o *habeas corpus* que aqui se estuda.[715]

Preso para fins de expulsão, Ernesto Gattai aguardou o julgamento do seu pedido no Presídio Maria Zélia. O ministro da Justiça, à época, era Francisco Campos, que encaminhou ao Supremo Tribunal Federal, no dia 27 de dezembro de 1937, as informações solicitadas pelo relator, acompanhadas de cópia do relatório policial constante do processo de expulsão, "bem como de descrição das atividades extremistas e das declarações do citado indivíduo, expulso do território nacional por decreto de 21 do corrente".

Nos termos do relatório policial, "o Partido Comunista Brasileiro, com o fim de despistar a ação das Autoridades encarregadas de prevenir e reprimir a propaganda subversiva, [...] constantemente traça planos para a execução de táticas novas, ilegais". Uma dessas táticas seria passar instruções a novos adeptos do comunismo, valendo-se "de senhas por meio de telefones". O paciente teria sido incumbido "de receber e transmitir determinado recado telefônico a uma agente de ligação comunista, para aproximação dos companheiros de luta". A testemunha Eunice Catunda, "vulgo Jacy, era a encarregada de receber o telefonema de Ernesto Gattai e aproximar os comunistas uns dos outros. Confirmou-o ela em suas declarações de 11 de maio do corrente". Além

---

[714] A nova composição da Corte, na data daquele julgamento, era a seguinte: presidente Bento de Faria (Arthur Bernardes); Eduardo Espínola (Getúlio Vargas); Plínio Casado (Getúlio Vargas); Carvalho Mourão (Getúlio Vargas); Laudo de Camargo (Getúlio Vargas); Costa Manso (Getúlio Vargas); Octávio Kelly (Getúlio Vargas); Carlos Maximiliano (Getúlio Vargas); Armando de Alencar (Getúlio Vargas); Cunha Mello (Getúlio Vargas) e José Linhares (Getúlio Vargas).

[715] GODOY, *A história do direito entre foices, martelos e togas*, op. cit., p. 114-115.

disso, o relatório policial aludiu a ligações telefônicas grampeadas pela polícia, nas quais o paciente se valia de linguagem cifrada, bem como ao "material subversivo encontrado em sua residência e em sua garagem", documentos que foram juntados "ao inquérito policial remetido ao Tribunal de Segurança Nacional". O material subversivo foi assim descrito: "Jornais velhos, de caráter anarquistas e anticlericais, como 'A Plebe', 'A Lanterna', 'Lo Spaghetto', 'L'Adunatadei Refrattari' [...] jornais 'A Classe Operária'; 36 pequenos boletins impressos, de agitação em torno do Tribunal de Segurança Nacional".

Consta do relatório policial que Gattai negou os fatos e, em seu interrogatório, declarou: "O declarante é anti-fascista porque é contrário a qualquer forma de ditadura e, nessas condições não poderia ser comunista, como de fato não foi e não é".

No julgamento do *habeas corpus* pelo Supremo Tribunal Federal, o que estava em debate não era o mérito da ação penal que corria no Tribunal de Segurança Nacional, mas, sim, o processo de expulsão de Ernesto Gattai, que sustentava sua naturalidade brasileira, decorrente do decreto da *Grande Naturalização*, que se seguiu à Proclamação da República e que foi referendado pela Constituição de 1891.[716] Nos termos do artigo 69, §5º, eram brasileiros os estrangeiros que possuíssem imóveis no Brasil e que fossem casados com brasileiros ou que tivessem filhos brasileiros, desde que residissem no Brasil, salvo se houvesse manifestação expressa de intenção de manter a nacionalidade originária. Tratava-se da chamada naturalização tácita.

A Corte se dividiu em três correntes:

(a) a maioria, acompanhando o relator, ministro Armando de Alencar, conheceu do pedido e concedeu a ordem, assentando: (a.1) "a competência deste Supremo Tribunal para conhecer originalmente de tais medidas é irrecusável, pela razão que dispensaria outras – a de que, dadas as autoridades coatoras, seja o Presidente da República ou seus Ministros, como no caso presente"; e (a.2) no mérito, reconheceu a nacionalidade brasileira tácita de Ernesto Gattai, uma vez que a Carta de 1937 manteve a validade daquela norma, ao prever, no artigo 115, letra *c*, que eram brasileiros "os que adquiriram a nacionalidade brasileira nos termos do artigo

---

[716] GODOY, *A história do direito entre foices, martelos e togas*, op. cit., p. 118.

69, n. 4 e 5, da Constituição de 24 de fevereiro de 1891", concedendo a ordem diante do impeditivo constitucional à expulsão de brasileiros;

(b) o ministro Costa Manso conheceu da ação, mas denegou a ordem, por ausência de comprovação da naturalização tácita, mediante título declaratório expedido pela autoridade competente;

(c) isolado, Carlos Maximiliano (contrariando opiniões anteriores, quando conheceu dos pedidos apenas para denegar a ordem) votou pelo não conhecimento do pedido, afirmando a incompetência do Supremo Tribunal Federal, nos termos da Carta de 1937, para julgar atos do presidente da República:[717]

> É de se notar, porém, que quando a Constituição de 1934, tratando da responsabilidade do Presidente da República, nos crimes comuns, sujeitava-o ao julgamento da então Corte Suprema, sendo esta, expressamente, competente para processar e julgar o Presidente da República. Tal não ocorre, entretanto, na Constituição vigente, de 10 de Novembro de 1937, que excluiu da competência deste tribunal o julgamento do Presidente da República e a ele incumbiu, apenas, de processar e julgar os seus Ministros, os Ministros de Estado, o Procurador-Geral da República, etc., declarando, até, na parte relativa à responsabilidade do Presidência da República, que este será processado perante o Conselho Federal, depois de se ter pronunciado a Câmara dos Deputados. Cumpre salientar, ainda mais, que o art. 73 da Carta atual declara ser o Presidente da República a autoridade suprema do Estado; é, portanto, superior a este Supremo Tribunal Federal.
> Foi além o estatuto básico: isentou o Chefe do Estado de qualquer processo por delito comum (art. 87), de sorte que, se o Presidente pratica uma violência de qualquer natureza, se assassina um homem ou viola uma dama, por exemplo, cruzam os braços perante ele os juízes, durante todo o período presidencial. A lei é expressa:
> Art. 87. O Presidente da República não pode, durante o exercício de suas funções, ser responsabilizado por atos estranhos às mesmas.
> Em resumo: se é coação funcional, o Presidente responde perante tribunal especial; se o não é, não responde em pretório nenhum; logo, não está sujeito imediatamente à jurisdição do Supremo Tribunal.
> Não somos, pois, competentes para conhecer originariamente

---

[717] A redução dessa competência pela Carta de 1937 foi objeto de estudo no item 3.5.1, letra *a*, supra.

do pedido, com fundamento no art. 101, letra g, da Constituição vigente.[718]

Apesar dessa posição do ministro Carlos Maximiliano, os demais membros do Supremo Tribunal Federal não aderiram ao pensamento de que os atos praticados pelo presidente da República ou com sua concorrência não mais poderiam ser objeto de *habeas corpus* ou de outras medidas judiciais.

Ao contrário, votando em seguida, o ministro Costa Manso indagou quais seriam as consequências da interpretação literal, defendida por Maximiliano, dos dispositivos da Carta de 1937: "Quais, porém, as consequências da interpretação literal? Estarão os atos do presidente imunizados contra o *habeas corpus*? Foi transferido aos juízes de 1ª instância, com os recursos legais, o conhecimento do *habeas corpus* contra os atos do chefe de Estado?". O ministro respondeu negativamente, lembrando que a Carta "admite sempre o *habeas corpus*, ressalvando apenas a punição disciplinar". Acrescentou, com veemência, que a interpretação proposta por Maximiliano "ofenderia a própria essência do regime, em que o presidente dispõe de largos poderes, mas não foi investido do arbítrio dos tiranos".

Por fim, vale registrar que centenas de casos de expulsão foram julgados durante toda a Era Vargas. Selecionamos dez casos, que consideramos representativos: em 100% deles, a expulsão foi mantida; em 60%, a prisão foi mantida – dados que revelam a excepcionalidade da ordem concedida a Ernesto Gattai.

Vejamos:

(i) HC nº 26.500, relator ministro presidente, j. 06.08.1937, em que era paciente Catherina Labetoulle, cidadã francesa à qual foi atribuída a "prática de lenocínio" "pelo 1º Delegado Auxiliar". Sua expulsão foi mantida, mas a Corte determinou sua soltura por ausência de decreto de expulsão, o que violou "o disposto no nº 21 do art. 113 da Constituição Federal".

(ii) HC nº 26.523, relator ministro Carvalho Mourão, j. 06.09.1937, paciente Arnaldo Mazzanello Pettinati, cidadão italiano, cuja expulsão já havia sido decretada. O impetrante pedia que a Corte autorizasse seu retorno ao Brasil, considerando ter ele

---

[718] O inteiro teor do acórdão pode ser consultado no seguinte *link*: http://redir.stf.jus.br/paginadorpub/paginador.jsp?docTP=AC&docID=557121.

nacionalidade brasileira (casado com brasileira, proprietário de imóvel no país e com filhos brasileiros). A ordem foi denegada, por maioria, nos termos do voto do ministro Eduardo Espínola, julgando necessário, além daqueles requisitos, a prova de renúncia à nacionalidade de origem. Ficaram vencidos o relator, ministro Carvalho Mourão, e os ministros Laudo de Camargo, Ataulpho de Paiva e Hermenegildo de Barros, em razão da naturalização tácita.

(iii) HC nº 26.536, relator ministro Octavio Kelly, j. 01.09.1937, em que era paciente Léo Rafael Benzaquem. A ordem foi parcialmente concedida: a possibilidade da expulsão foi reconhecida por falta de prova da nacionalidade brasileira, mas foi determinada a soltura do paciente por não ter sido expedido decreto de expulsão, como exigia a jurisprudência até então. Ficou vencido o ministro Eduardo Espínola, que admitia a prisão preventiva antes do decreto de expulsão.

(iv) HC nº 26.790, relator ministro Carlos Maximiliano, j. 20.07.1938, em que era paciente Isaías Chaba – o processo de expulsão foi mantido, pois, para o reconhecimento da nacionalidade brasileira, foi exigida a prova, nos autos, não somente de que o paciente tinha filhos brasileiros, mas também de que estavam vivos. Nos termos do voto do relator, ministro Carlos Maximiliano, o texto constitucional fixava a regra de que "só brasileiros não podem ser expulsos", sustentando que devia "interpretar o seu texto com o máximo rigor". Para tanto, considerou não provada a existência de filhos no Brasil, embora o paciente tivesse juntado certidão de nascimento de uma filha. Segundo o relator, "o paciente juntou certidão de casamento e de nascimento de uma menina, mas não provou que esta esteja viva, como não provou, também, ter mais de 25 anos de residência no país". Com essa exigência, a ordem de *habeas corpus* foi denegada.

(v) HCs nº 26.680 e 26.870, relator ministro Carlos Maximiliano, j. 19.10.1938. Em ambos, era paciente Luiz Vilela. A Corte concedeu parcialmente a ordem. O processo de expulsão foi mantido, pois o estrangeiro foi considerado "como indesejável dado à exploração do lenocínio". Nada obstante, foi determinada a soltura do paciente por ter a prisão excedido o limite de três meses, sem decreto de expulsão.

(vi) HC nº 26.869, relator ministro Octávio Kelly, j. 21.09.1938, em que era paciente o nacional polonês Hersch Zejtman, preso à disposição do Ministério da Justiça para ser expulso. O relator defendeu a concessão da ordem, condicionando a prisão do estrangeiro à prévia expedição do decreto de expulsão. Seu voto foi breve: "Prisão do expulsando só se legitima após a expedição do decreto de expulsão, mesmo porque de liberdade ele carece para orientar a sua defesa, que lhe é formalmente permitida não só pela Const. Fed. Como pela própria lei de expulsão". Houve quatro divergências: ministros José Linhares, Armando de Alencar, Carlos Maximiliano e Carvalho Mourão, que denegaram a ordem, de acordo com seus próprios votos anteriores nesta matéria.

(vii) HC nº 26.966, relator ministro Carlos Maximiliano, j. 07.12.1938, em que era paciente Stefano Macaroff. Este julgamento marcou a virada de jurisprudência da Corte em matéria de concessão de liberdade a estrangeiros presos para fins de expulsão. No caso, tanto o processo de expulsão como a prisão foram mantidos, apesar do prazo excessivo da prisão, que alcançava quase dois anos (foi decretada em 10.03.1937). A Corte manifestou preocupação com os precedentes nesta matéria, que vinham estimulando a repetição de pedidos impetrados por excesso de prazo. O Supremo Tribunal Federal passou, neste julgado, a considerar que a culpa da demora não poderia ser atribuída à autoridade coatora (o presidente da República ou seus ministros), mas, sim, ao governo estrangeiro (no caso, a União Soviética). O relator, ministro Maximiliano, afirmou, no caso: "Trata-se de um russo várias vezes preso como terrorista". A conclusão do relator foi a de que o processo de expulsão não se consumou "por dificuldade na obtenção de visto em passaporte para um russo". O acórdão foi unânime.

(viii) HC nº 26.917, relator ministro Carlos Maximiliano, j. 14.12.1938, em que era paciente Alfredo Micael. Também neste caso, a ordem foi denegada à unanimidade, mantidas a prisão e a expulsão. O paciente era lituano. Nos termos do voto do relator: "Trata-se de péssimo elemento, entrado irregularmente no país, dado ao vício da embriaguez e não

(ix) HC nº 26.983, relator ministro Laudo de Camargo, j. 04.01.1939, em que eram pacientes Angelina Yovanovich e Angelina Jivkavich. A Corte denegou a ordem, exigindo prova documental de residência no Brasil há mais de 25 anos para reconhecer o direito das estrangeiras de permanecerem no país. As pacientes eram iugoslavas, "presas na Casa de Detenção em S. Paulo, aguardando ordem de embarque para o seu país de origem, em virtude de um processo de expulsão, movido pela Delegacia de Vadiagem daquela capital". Ambas tinham filhos brasileiros. O relator, ministro Laudo de Camargo, proferiu o voto vencedor no sentido da denegação da ordem, fundado na ausência de prova do preenchimento dos dois requisitos exigidos pela jurisprudência: "Filiação no Brasil e residência comprovada no país há mais de 25 anos". O relator afirmou que "as pacientes realmente têm filhos brasileiros. A primeira, após ter 3 filhos, casou-se com o pai dos mesmos, legitimando a prole. E a segunda tem filhos brasileiros, oriundos de casamento regular. A residência, porém, no Brasil, por mais de 25 anos, não está provada". Acrescentou: "Como entendo que o estrangeiro só pode impedir a sua expulsão, com a prova do concurso dos dois requisitos – filiação e residência – nego a ordem". Divergiram três ministros. O primeiro foi Washington de Oliveira, com o entendimento de que "ter filhos brasileiros é suficiente para que não seja expulso o estrangeiro", no que foi acompanhado por Octavio Kelly e Carvalho Mourão, que afirmou: "Sempre sustentei que basta um dos requisitos para impedir a expulsão. [...] Entendo que este preceito legal protege os filhos brasileiros, e tendo os filhos legitimados direitos idênticos aos legítimos, não posso deixar de conceder o habeas corpus". Mas a maioria julgou constitucional a expulsão.

Nota-se, portanto, que, apesar de muitas denegações de ordem de *habeas corpus* pela Corte, houve abrandamento, em vários casos, das medidas restritivas de liberdade impostas pelo governo aos estrangeiros para fins de expulsão. Mesmo timidamente, o aparelho policial do regime, chefiado pelo Ministério da Justiça, encontrou no Supremo Tribunal Federal alguns limites mínimos.

Com feito, o Tribunal decidiu conceder a ordem de *habeas corpus* para determinar a soltura dos pacientes sempre que o governo ultrapassasse o prazo de 90 dias fixado para efetivar a expulsão. No entanto, a partir de 1938, no início do Estado Novo, esses precedentes foram superados e o descumprimento do prazo pelo governo deixou de determinar a libertação dos estrangeiros.

4.3 Conflitos de natureza econômica de interesse da União

Finalmente, neste bloco temático, veremos como se comportou o Supremo Tribunal Federal no âmbito de conflitos envolvendo interesses econômicos da União. O período foi de marcada crise econômica e da construção de uma nova institucionalidade, inclusive no plano constitucional, voltada ao dirigismo estatal da economia e ao intervencionismo do governo no domínio privado.

O tema era momentoso, especialmente em razão da acirrada disputa verificada nos Estados Unidos da América, onde o presidente da República e a Suprema Corte antagonizavam suas distintas interpretações da Constituição norte-americana quando o governo, nos anos que se seguiram à Quebra da Bolsa de Nova Iorque, adotou nova diretriz econômica (o *New Deal*) com o fim de impulsionar o crescimento econômico, pela ação do Estado, bem como impedir o aumento do desemprego mediante regras restritivas da liberdade contratual na relação de trabalho. A insistente derrubada, pelo Judiciário, da legislação social estadual e federal, aprovada pelo Congresso ou delegada à regulação do presidente da República, levou à escalada do conflito por Roosevelt, que ameaçou a Corte com o *Court Packing Plan*. O ambiente só foi distensionado por mudança na orientação interna de um dos juízes do Tribunal, depois da reeleição de Roosevelt, que se consolidou com a aposentadoria, a pedido, de outros dois ministros que figuravam na corrente contrária ao governo, oferecendo ao presidente a oportunidade de preencher aquelas vagas e obter maioria sólida nas votações na Corte (v. capítulo 2, supra).

No Brasil, diante do novo panorama jurídico que, em diversos países, já contemplava direitos sociais reivindicados por movimentos de esquerda, especialmente operários, a Constituição de 1934 (inspirada, neste tema, especialmente na de Weimar) contemplou, pela primeira vez em nosso país, um programa normativo de cariz social, atualizando a noção liberal contratual para compensar a desigualdade material que, especialmente nos grandes conglomerados econômicos, caracterizava e caracteriza ainda a relação entre empregadores e empregados.

O programa normativo da nova Constituição incluiu, no título dedicado à ordem econômica e social (artigos 115 a 143), mandados voltados ao legislador, no sentido de possibilitar "a todos existência digna" e enfatizando que, apenas dentro "desses limites, é garantia a liberdade econômica" (artigo 115). Exigiu-se que os poderes públicos verificassem, "periodicamente, o padrão de vida nas várias regiões do país" (artigo 115, parágrafo único) e permitiu-se que a União, por "motivo de interesse público e autorizada em lei especial", monopolizasse "determinada indústria ou atividade econômica, asseguradas as indenizações" (artigo 116). O constituinte também deixou expresso caber à lei "o fomento da economia popular, o desenvolvimento do crédito e a nacionalização progressiva dos bancos de depósito" (artigo 117), bem como "o amparo da produção" e o estabelecimento das "condições do trabalho, na cidade e nos campos, tendo em vista a proteção social do trabalhador e os interesses econômicos do país" (artigo 121). Os princípios reitores da legislação trabalhista, que deveria ser voltada a "melhorar as condições do trabalhador", incluíam: (a) proibição de diferença de salário para o mesmo trabalho, por motivo de idade, sexo, nacionalidade ou estado civil; (b) salário mínimo capaz de satisfazer, conforme as condições de cada região, às necessidades normais do trabalhador; (c) jornada máxima de oito horas de trabalho; (d) proibição de trabalho a menores de 14 anos; de trabalho noturno a menores de 16 e em indústrias insalubres a menores de 18 anos e a mulheres; (e) repouso semanal; (f) férias anuais remuneradas; (g) indenização ao trabalhador dispensado sem justa causa; (h) assistência médica e sanitária ao trabalhador e à gestante, descanso antes e depois do parto, sem prejuízo do salário e do emprego, e instituição de previdência, mediante contribuição igual da União, do empregador e do empregado, a favor da velhice, da invalidez, da maternidade e nos casos de acidentes de trabalho ou de morte.

O texto constitucional claramente se voltou a prevenir choques como os que ocorreram nos Estados Unidos da América, desde o início do século XX, entre o Poder Judiciário e os poderes políticos, em matéria de regulação econômica.

Aliado à nova matriz econômica da Constituição e à legislação social que vinha se desenvolvendo desde o início da Era Vargas, promoveu-se, a partir de 1931, uma reforma completa na composição do Supremo Tribunal Federal. Os novos ministros indicados por Vargas ao longo do seu governo garantiriam, quase sempre, maioria confortável ao governo no julgamento das questões mais delicadas, especialmente na estabilização política do regime. Nada obstante, embora os nomeados compartilhassem do pensamento constitucional autoritário que empoderava o Poder Executivo nas medidas de exceção que adotou contra opositores (nunca declaradas inconstitucionais), praticamente eliminando o espaço para a crítica democrática ao governo, em matéria econômica a visão dos novos ministros não coincidia na mesma amplitude com a do governo, que teve seus interesses contrariados com mais frequência pela Corte, a ponto de, em várias situações, Vargas ter se valido do poder previsto no artigo 96, parágrafo único, da Carta de 1937 para, unilateralmente, superar decisões do Supremo Tribunal Federal que julgaram inconstitucionais decretos do Executivo nesse tema.

Da jurisprudência do período, selecionamos alguns casos que nos pareceram especialmente interessantes. Decidimos organizá-los, tal como nos itens precedentes, em ordem cronológica. Nada obstante, um deles chamou nossa especial atenção, por isso iniciaremos por ele.

4.3.1 Caso *Standard Oil Company of Brazil*: AI nº 8.044, relator ministro Carlos Maximiliano, j. 31.05.1938

Tratou-se de um agravo em petição interposto pela poderosa petroleira norte-americana Standard Oil Company of Brazil (atualmente ExxonMobil, proprietária da Esso), fundada por John D. Rockefeller, em operação no Brasil desde 17 de janeiro de 1912, mediante autorização concedida por decreto do presidente Hermes da Fonseca.

A petroleira impugnava uma multa fiscal bilionária (quase 5 bilhões de réis)[719] imposta pela União durante o Governo Provisório, por ter a companhia deixado de pagar o imposto proporcional sobre suas vendas.

Como visto na introdução deste capítulo, a jurisprudência do Supremo Tribunal Federal negava conhecimento de qualquer ação

---

[719] Para referência, o salário mínimo, introduzido pela primeira vez no país em 1940 (portanto, vários anos depois da multa imposta, datada de 1934), foi fixado em 240 mil réis. A multa equivalia a aproximadamente 20 mil salários mínimos, sem contabilizar a correção.

que impugnasse atos praticados naquele período em razão da norma estabelecida no artigo 18 das Disposições Transitórias da Constituição de 1934. No julgamento do MS nº 271, foi reafirmada a compreensão de que "a Constituinte, no art. 18 das Disposições Transitórias do estatuto básico, afastou, explícita e absolutamente, da competência do Poder Judiciário a apreciação e, portanto, a reforma de ato do Governo Provisório". Enfatizaram os ministros, pelo voto de Carlos Maximiliano, que "à Corte se negou toda e qualquer ingerência em tal matéria" e que, "diante da Corte continua intransponível a barreira formidanda do art. 18" (v. abertura deste capítulo, supra).

Consta do relatório o seguinte:

> A agravante foi multada em 4.925:458$000, por infração dos Regulamentos sobre vendas mercantis. Pareceu aos fiscais, pelo exame da escrita e documentos da Companhia, ter esta deixado de pagar o imposto proporcional sobre vendas efetuadas; defendeu-se a Stardard Oil, com alegar que os papéis examinados não eram faturas, porém simples relatórios de Agentes seus, que nada compraram, pois eram simples mandatários e agiram nesta qualidade.
>
> A Recebedoria do Distrito Federal manteve a multa (despacho a fls. 28). A Companhia, intimada a depositar a importância respectiva para poder recorrer, atendeu, sob protesto. O Conselho dos Contribuintes deu provimento ao recurso, por unanimidade (fls. 54 e 60). O Ministro da Fazenda, para o qual recorreu o Representante da Fazenda Pública, declarou-se impedido de julgar; por isto, foi o processo ao da Justiça, que confirmou a decisão da Recebedoria, em 14 de Julho de 1934, DOIS DIAS ANTES de promulgada a Constituição (fls. 65v), despacho este que ficou pendente de aprovação do Chefe do Governo PROVISÓRIO – Deu-se a aprovação; porém, o despacho que a exarava não tinha data. A 30 de Julho, em pleno regime constitucional, a Diretoria das Rendas Internas, do Tesouro, oficiou ao Conselho dos Contribuintes, fazendo-o ciente de que o Ministro da Fazenda, por ato de 25 do mesmo mês, mandara cumprir o despacho do CHEFE DO GOVERNO (não disse – "do Governo PROVISÓRIO") exarado no processo fichado sob n. 47897, que aprovou a decisão de 14 deste mês, do Sr. Ministro da Justiça (fls. 63v, onde vem toda a decisão aprovada).
>
> A Standard Oil propôs ação sumária especial, para anular os despachos do Ministro e do Chefe do Governo; a Procuradoria da República levantou a preliminar de ser insuscetível de apreciação judiciária a confirmação da multa, por se tratar de ato do Governo Provisório aprovado pelo art. 18 das Disposições Transitórias da Constituição de 1934. A Sentença, de fls. 236, acolheu esta preliminar e, sob este único fundamento, julgou carecedora de ação a Companhia. Houve agravo interposto no prazo

legal e com a citação da lei permissiva e da ofendida.⁷²⁰ (Destaques em maiúsculo no original)

Nos últimos dias do Governo Provisório, o presidente Getúlio Vargas assinou diversos atos que ficariam protegidos de controle judicial, antecipando-se à entrada em vigor da Constituição de 1934. Como visto (item 3.3, supra), Getúlio anotou em seu diário, na véspera da promulgação do texto pelo Congresso: "Estes dias foram de intenso trabalho. Dos ministérios, jorravam quase diariamente dezenas de decretos para assinar antes da promulgação da Constituinte".⁷²¹

Contudo, no julgamento do recurso de interesse da Standard Oil, o Supremo Tribunal Federal abandonou, casuisticamente e por unanimidade, dois entendimentos que, nas matérias anteriormente examinadas, funcionaram como barreiras permanentes e insuperáveis ao conhecimento e deferimento de pedidos na Corte, durante toda a Era Vargas: em primeiro lugar, o STF abandonou o rigor com que interpretava a imunidade dos atos do Governo Provisório, admitindo a impugnação da requerente; em segundo lugar, foi afastada a presunção de veracidade das informações prestadas pelo governo, que usualmente atribuía aos requerentes o ônus da prova em contrário, e exigiu-se, no caso, que o governo provasse sua alegação.

Em seu voto, o relator, ministro Carlos Maximiliano, questionou a verossimilhança da data em que o governo sustentava ter praticado o ato. A Procuradoria-Geral da República alegou que o ônus da prova era da autora, que devia demonstrar que o ato de imposição da multa era posterior à Constituição de 1934 para viabilizar sua impugnação.

A dúvida, que, em outros casos, fez prevalecer a informação oficial, funcionou como fundamento para o Supremo Tribunal Federal afastar a incidência do artigo 18 e admitir a impugnação do ato do governo ajuizada pela Standard Oil Company. Além disso, foram acrescentados outros fundamentos para acolher o pedido da requerente: (i) natureza excepcional do artigo 18 das Disposições Transitórias; (ii) considerou-se que o ato de confirmação da multa pelo ministro da Fazenda (praticado no dia 14 de julho) "não era perfeito e acabado, no dia 16 de julho; pendia de confirmação" e só teria efeito "depois de aprovado e publicado", o

---

⁷²⁰ O acórdão foi digitalizado pelo Arquivo do Supremo Tribunal Federal e disponibilizado no seguinte link: http://redir.stf.jus.br/paginadorpub/paginador.jsp?docTP=AC&docID=592452.
⁷²¹ VARGAS, Diário, Vol. I, op. cit., p. 306-307.

que afastava a alegação do governo de que também os atos praticados pelos ministros do Governo Provisório mereciam a proteção do artigo 18; (iii) traçou-se distinção entre "atos de governo" e "atos de gestão" para afirmar que o artigo 18 "parece referir-se ao que os escritores chamam atos de governo, e não a simples ato de gestão"; (iv) por fim, levantou-se a hipótese (não respondida cabalmente) de que "nova dúvida surge: se, havendo sido a regra eliminada pela Constituição de 1937 e sendo a Sentença de 20 de Dezembro do ano passado, ainda poderia aplicar o artigo 18".

Confira-se o teor do voto condutor:

> O caso é de agravo, visto haver a sentença concluído por uma preliminar terminativa do feito (art. 13 do Decreto 4.381, de 5 de dezembro de 1921). Duas vezes a Standard Oil pediu certidão do despacho do Chefe do Governo, e em ambas foi reproduzida sem data a decisão referida. A publicação só se deu no Diário Oficial de 2 de agosto (fls. 63v. a 66v.); não declara quando foi a espécie resolvida superiormente. Um despacho ministerial de 14 de julho, provavelmente, na melhor das hipóteses, só a 15 chegaria às mãos do Chefe do Governo; não parece verossímil que assunto tão complicado, como se vê do longo parecer do Procurador-Geral da República, ouvido a respeito pelo Ministro da Justiça, fosse decidido em 24 horas, e em que 24 horas? PRECISAMENTE naquelas que antecediam a promulgação do estatuto básico e a eleição presidencial! Objeta a Procuradoria da República incumbir à autora o ônus da prova do momento em que foi despachado o processo. Não parece: trata-se de preliminar exclusiva da ação; cabia à ré provar a existência do fato fundamental da preliminar. O caso é de norma excepcional; portanto, na dúvida, decide se contra a sua aplicação: não provado discutir-se ato anterior a 16 de julho de 1934, dele conhece o Judiciário, por ser este conhecimento acorde com a REGRA GERAL. Objeta-se que o Ministro da Fazenda mandou cumprir o despacho do Chefe do Governo; não disse – "despacho do Presidente da República"; logo, a decisão foi anterior a 16 de julho. Ora, o Ministro usa de expressão dúbia – "Chefe do Governo"; não esclarece – "Governo PROVISÓRIO"; e o Presidente da República é o Chefe do Governo; permanece, pois, a dúvida, motivo para se não aplicar o preceito EXCEPCIONAL. Lembra-se, enfim, que o art. 18 aprovou não só os atos do Chefe do Governo Provisório, mas também os de seus DELEGADOS; nesta categoria se incluem os Ministros; e o Ministro da Justiça decidira em 14 de julho. O ato de auxiliar não era perfeito e acabado, no dia 16 de julho; pendia de confirmação; tanto que não foi publicado, nem teve ordem de cumprimento ou execução; e a Constituição extinguiu o apelo ao Judiciário, porém não o recurso *ex officio* para o Chefe do Governo.

> Juridicamente, portanto, o ato ministerial não estava completo; faltava-lhe a aprovação, necessária, obrigatória, e teria efeito contra as partes só depois de aprovado e PUBLICADO. Nada disto ocorreu antes de 16 de julho: a aprovação se deu presumivelmente depois, e a publicação, só em agosto. É duvidoso sobre se se tratava ou não de um ato definitivo; duvidoso, se qualquer despacho, até em processos administrativos, se inclui no art. 18, que parece referir-se ao que os escritores chamam atos de Governo, e não a simples atos de GESTÃO. Quando tanta dúvida persiste, parece injurídico aplicar um preceito de natureza EXCEPCIONAL, sobretudo quando ainda nova dúvida surge: se, havendo sido a regra eliminada da Constituição de 1937 e sendo a sentença de 20 de dezembro do ano passado, ainda poderia aplicar o art. 18. Por todos estes motivos, acordam, em turma julgadora, os Ministros do Supremo Tribunal Federal em dar provimento ao agravo, para determinar que o juiz a quo se pronuncie sobre o mérito da causa, como lhe parecer de direito. (Destaques em maiúsculo e sublinhado no original)

Nesses termos, em 31 de maio de 1938, o Supremo Tribunal Federal acolheu o pedido da Standard Oil Company of Brazil contra multa imposta à companhia por sonegação, afastando-se da interpretação que prevalecia em outras ações contra o governo para dar à empresa o direito de impugnar atos que, segundo as informações oficiais, foram praticados no período anterior à Constituição de 1934, o que impediria sua apreciação judicial.

Vejamos, agora, como a Corte se manifestou em outros feitos envolvendo interesses econômicos da União.

4.3.2 Caso das loterias estaduais: AI nº 6.556, relator ministro Costa Manso, j. 27.05.1936

Nos termos do Relatório, a Fazenda da União ajuizara ação de execução contra a lotérica L. Costa & Cia., para cobrança de 90:360$000 (noventa milhões, trezentos e sessenta mil réis) de impostos e multa, referentes ao exercício de 1934, nos termos do Decreto nº 21.143/1932, que disciplinava a exploração de loterias no país e estabelecia, no artigo 25:

> Além de uma quota fixa anual, cujo mínimo será declarado no edital de concorrência, os candidatos à concessão do futuro serviço da loteria federal se obrigarão a recolher ao Tesouro Nacional um imposto, pago por verba, de 5% sobre a importância total da emissão declarada em cada plano.

A empresa, que funcionava mediante concessão do estado da Paraíba, ingressou em juízo contra a cobrança, alegando que, "nos termos do art. 17, n. X, da Constituição, não podem a União, os Estados, o Distrito Federal e os Municípios tributar bens, rendas e serviços uns dos outros, estendendo-se a mesma proibição às concessões de serviços públicos". Destacou, ainda, que o próprio Decreto nº 21.143/32 previa, no artigo 20: "São consideradas como serviço público as loterias concedidas pela União e pelos Estados".

O juiz federal julgou não recepcionado (revogado) o dispositivo do Decreto nº 21.143, "na parte em que sujeitou a imposto federal as loterias estaduais", tendo em vista o preceito constitucional invocado.

O caso chegou à Corte Suprema mediante recurso *ex officio* contra a decisão da Justiça Federal da Paraíba, que julgou isentas do pagamento de impostos federais as concessionárias de loterias estaduais. Ouvido, o procurador-geral da República manifestou-se pelo provimento do recurso, sustentando: "A loteria não é serviço público; é jogo de que o Estado aufere renda; assemelha-se, ou, antes, equipara-se aos cassinos licenciados".

Em seu voto vencido, o relator, ministro Costa Manso, pretendia superar antiga jurisprudência sobre o tema para dar provimento ao recurso da União e restabelecer a cobrança do imposto e da multa pela Fazenda Nacional. Defendeu, neste sentido, que o termo "serviço público", inserido no artigo 20 do Decreto nº 21.143/32, fora empregado em sentido impróprio pelo legislador:

> Evidentemente, o legislador empregou essa expressão em sentido impróprio, para definir um serviço dependente de autorização do Poder público. O jogo não pode ser um "serviço público", salvo talvez no principado de Mônaco. Serviços públicos são os inerentes às funções privativas do Estado (justiça, polícia, defesa do território, etc.); assim como as atividades de natureza econômica, que a Lei Fundamental haja reservado para o Estado, permitindo, contudo, o exercício delas mediante concessões feitas a entidades de direito privado. A Constituição, no art. 5º, especifica alguns desses serviços: telégrafos, rádio-comunicação, navegação aérea; vias férreas e serviços portuários (n. VIII e §2º), concluindo por aludir neste parágrafo a outros serviços de utilidade pública.

Com as loterias, o que acontece é diferente. O Estado *suspende*, em relação a elas, uma proibição da lei penal. [...]⁷²²

O relator citou passagem dos *Comentários à Constituição*, de Pontes de Miranda, que criticava: "Até as empresas concessionárias de loterias pretendem não pagar imposto de renda por se considerarem serviço público. É levar muito longe a noção de serviço público. O jogo serviço público! A tavolagem equiparada ao hospital gratuito, à água dos chafarizes", concluindo: "Loterias não são serviço público, nem de utilidade pública; são submetidas à permissão, ao regime de fiscalização, em virtude de sua periculosidade".

Nada obstante, prevaleceu o voto divergente do ministro Octávio Kelly, que consolidou a jurisprudência da Corte no sentido de que "a concessão para exploração de loterias estaduais constitui serviço público, se parte dos lucros do negócio é entregue ao Estado para atender partes da administração".

Nesses termos, a Corte, por maioria, vencido somente o relator, manteve a isenção das loterias estaduais ao pagamento de impostos federais.

4.3.3 Caso da quota de sacrifício do café: MS nº 333, relator ministro Laudo de Camargo, j. 09.12.1936

Tratou-se de mandado de segurança impetrado por Gilberto Sampaio e Monteiro de Barros & Irmãos, cafeicultores do estado de São Paulo, contra o Departamento Nacional do Café (DNC), no qual pediram a concessão de segurança para "não serem os recorrentes obrigados à entrega da quota DNC sem o pagamento do justo preço do produto".⁷²³

Tratava-se da imposição, pelo governo federal, das chamadas "quotas de sacrifício" ou venda compulsória para o governo, pelo preço oficial, a fim de regular o preço do café exportado pelos produtores.

A Resolução nº 6.337, de 1º de julho de 1936, estabelecia o seguinte regime de controle de preços da safra de 1936-1937: (i) quota de sacrifício de 30% da produção, a ser compulsoriamente entregue,

---

⁷²² O acórdão encontra-se disponível no seguinte *link*: http://redir.stf.jus.br/paginadorpub/paginador.jsp?docTP=AC&docID=595931.
⁷²³ Os autos do MS nº 333 não constam da página da Corte na *internet* e foram consultados mediante colaboração do Arquivo do Supremo Tribunal Federal, que os disponibilizou para a presente pesquisa.

em consignação, ao DNC; (ii) fixação do preço de 5$000 (cinco mil réis) por saca embarcada na quota de sacrifício, a ser pago pelo DNC; (iii) proibição do embarque de qualquer saca de café, sem prévia comprovação da entrega da quota de sacrifício (30% da produção) ao DNC.

Os impetrantes alegaram a inconstitucionalidade do decreto, afirmando que "a fixação de uma quota de 30% da produção, consignável obrigatoriamente ao DNC, mediante o pagamento do preço arbitrário de Rs. 5$000 por saca, estabelecido pela vontade exclusiva de uma das partes, vinha ferir princípios básicos da Constituição de 1934".

O procurador-geral da República se manifestou pelo descabimento do pedido, tendo em vista a inexistência de direito certo e incontestável, consignando tratar-se de política voltada à regulação do preço do café, impedindo sua queda decorrente da superprodução (frequente no período), tratando-se de decisão política do governo, sobre cujo acerto ou desacerto não cabia a outros órgãos se pronunciar. É dizer, tratar-se-ia de questão exclusivamente política, vedada a apreciação do Judiciário, fundada também no argumento da capacidade institucional. O PGR argumentou, por fim, que o direito de propriedade do produtor não era violado, mas apenas regulado, para "preservar da ruína uma mercadoria em que se baseia em grande parte a economia nacional". Destaca-se a seguinte passagem:

> No caso dos autos, não se pretende nada menos do que, mediante mandado de segurança, pôr por terra toda a política cafeeira do país, ou seja, nulificar o Departamento Nacional do Café, restaurar a plena liberdade do mercado, abalar o "pivot" da economia nacional com novas diretrizes para a produção, circulação e exportação de café.
> O ato ilegal de autoridade, que se incrimina, é a disposição que, para fins de regularização das saídas da mercadoria, de acordo com os mercados universais, estabelece chamadas "quotas de sacrifício", ou seja, em cada colheita anual, a porção de café que será retirada dos mercados e pela qual o Depoente Nacional de Café paga, a título de indenização, certa importância e a elimina.
> Essa porção de café é retirada dos mercados, para, regulando-lhes a entrega da mercadoria de acordo com as necessidades do consumo, evitar a baixa de seus preços com oferta superior à procura e vem, pois, refletir-se na estabilidade dos preços, redundando em benefício dos produtores.
> A "quota de sacrifício" é restrição que acarreta vantagens para o lavrador, e o baixo preço pago pela mercadoria sacrificada não é uma compra e, sim, uma indenização, que o beneficia, sobretudo, indiretamente.

[...]
Não cabe aqui julgamento sobre o acerto ou desacerto da política cafeeira traçada pelo Departamento Nacional do Café; mesmo as lesões de direito que, porventura, tal política implique não são assim evidentes que possam ser resguardadas por mandado de segurança.

[...]
O direito de propriedade do produtor garantido em sua plenitude (artigo 103, 17 da Constituição); apenas, em benefício do "interesse coletivo", a que se refere esse inciso constitucional, ou seja, para preservar da ruína uma mercadoria, em que se baseia em grande parte a economia nacional, que se regula, se dirige, a sua produção e o seu consumo.

O Supremo Tribunal Federal, por maioria, acolheu o pedido dos produtores, reconhecendo a inconstitucionalidade do ato do governo federal e desobrigando os requerentes da entrega da quota de sacrifício sem pagamento do justo preço.

O relator afirmou que o ato do DNC não estava respaldado por texto legal autorizativo e, mesmo que houvesse, "seria manifestamente infringente da Carta Magna". O governo, em sede de informações, sustentou que o ato impugnado se escudava no artigo 4º do Decreto nº 22.121/1932, segundo o qual o Conselho Nacional do Café ficava autorizado a fixar a quota que cada produtor deveria, compulsoriamente, recolher aos armazéns do país, por preço previamente fixado. Esse argumento foi afastado em razão do "arbítrio quanto ao preço da aquisição", considerando que foi estabelecido "um preço irrisório, qual o de cinco mil réis a saca, bastante somente para compensar a sacaria e o transporte, desprezada a paga do produto, cujo valor ascende a dez vezes mais ao da importância fixada". Criticou, por fim, a política econômica do governo e afirmou dever o Tribunal fazer eco ao clamor da lavoura cafeeira:

> [...] devo recordar que, em discurso recente, o ilustre senhor Ministro da Fazenda mostrou o mal das valorizações artificiais, preconizando a boa política econômica, 'com o restabelecimento da liberdade de comércio, de modo a poder afinal restituir aos lavradores a livre disposição das suas safras e acabar com a interferência no mercado do café.
> Em face, pois, da Lei n. 32, em face do próprio plano e em face da Carta Constitucional, a norma a seguir deverá ser – "comprar para eliminar", e não a seguida – "eliminar sem comprar".

Justo, assim, encontrem eco no pretório o clamor que parte da lavoura cafeeira e as reclamações que vêm das classes produtoras, contra as medidas e resoluções mal impostas.

Divergindo do relator, o ministro Carlos Maximiliano considerou que o ato não era manifestamente inconstitucional nem ilegal. Afirmou, quanto à alegação de que o preço fixado pelo DNC não era justo, que o pedido "fica um pouco fora das minhas indagações de jurista, embora eu goste muito de assuntos econômicos". Acrescentou: "É possível que tudo esteja errado econômica ou matematicamente; juridicamente, porém, não acredito que esteja", uma vez que a política governamental tinha por objetivo elevar o preço do café. "Para fazer ganhar dinheiro, é natureza que, a par dessa vantagem, desse cômodo, tenha o agricultor de sofrer algum incômodo, uma pequena restrição na propriedade, para, mais tarde, obter um lucro maior." Concluiu no sentido de que "o problema é muito complexo" e não seria possível "considerar o funcionamento de todo esse mecanismo, que funciona há trinta anos, com altas e baixas, com flutuações mais ou menos acentuadas de êxito, senão como coisa complicadíssima", cuja magnitude não poderia ser resolvida de plano, em mandado de segurança. Nesses termos denegou a ordem.

Por sua vez, acompanhando o relator, o ministro Costa Manso registrou a jurisprudência da Suprema Corte norte-americana, ainda prevalecente na data daquele julgamento:

> A Suprema Corte da grande República Norte-Americana encontrou-se em situação análoga à nossa, quando foi chamada a examinar as reformas econômicas levadas a efeito por iniciativa do grande presidente Roosevelt. Aplicou o direito. Impôs o respeito aos princípios constitucionais, patrimônio nacional, e que somente a Nação poderá derrogar. É o que agora faço. Enquanto subsistirem os preceitos a que aludi, do nosso Código Político de 1934, não poderei negar o amparo do meu voto ao proprietário espoliado, ainda que sob o pretexto de um hipotético benefício.

O mandado de segurança foi concedido por 7x4, nos termos do voto do relator, ministro Laudo de Camargo, vencidos Carlos Maximiliano, Ataulpho de Paiva, Eduardo Espínola e Hermenegildo de Barros.

Como visto anteriormente (capítulo 3), o resultado daquele julgamento contrariou profundamente Getúlio Vargas, que chegou a tratar do tema com o ministro da Justiça, Vicente Ráo, em 13 de dezembro de 1936, ocasião em que discutiram a prorrogação do estado de guerra.[724] Vicente Ráo era visto com desconfiança em assuntos de interesse econômico de São Paulo, por seu vínculo estreito com o então governador paulista, Armando Salles, que se apresentava como principal candidato na corrida para a sucessão presidencial.

Depois do julgamento, outros cafeicultores procuraram na Corte autorização para embarcar sua mercadoria sem prévio depósito da quota de sacrifício do café, exigida pelo DNC.

No julgamento seguinte, realizado dois dias depois daquela reunião, o ministro da Fazenda, encarregado de acompanhar a sessão, informou a Getúlio que o governo venceu "pelo voto de desempate do presidente" e que "o pessoal de São Paulo, na assistência, torcia contra o governo, e que a própria atitude do ministro da Justiça era enigmática e inexplicável".

Com efeito, julgando outro mandado de segurança sobre o mesmo tema, a Corte, por maioria, com o voto de desempate do presidente do Tribunal, promoveu o *overruling* daquele julgado, dando ganho de causa ao governo para considerar ausente direito líquido e certo ao questionamento do preço fixado para quota de sacrifício imposta DNC.

Finalmente, ainda neste tema, no RMS nº 536, julgado em 16 de abril de 1937, e de que foi relator o ministro Ataulpho de Paiva (vencido no primeiro julgamento), formou-se maioria confortável (8x3) em favor do governo, no sentido da denegação da segurança. Pleiteava-se, igualmente, "fosse reconhecido o direito de embarcar livremente a produção cafeeira de determinadas fazendas, sem subordinação à chamada quota de sacrifício", sob alegação de inconstitucionalidade da resolução do DNC que a fixava.

Os ministros entenderam "não se tratar de matéria para ser recebida e discutida em mandado de segurança" e denegaram a ordem, vencidos apenas os ministros Octávio Kelly, Costa Manso e Bento de Faria. Participou desse julgamento, como juiz federal convocado, o ex-senador Cunha Mello, que presidiu a sessão do Senado na qual foi deferido o pedido de licença para processar o senador defendido por João Mangabeira, em *habeas corpus* na Corte Suprema, acusado da

---

[724] VARGAS, *Diário*, Vol. I, *op. cit.*, p. 568.

prática de crime definido na Lei de Segurança Nacional. Cunha Mello seria, em novembro de 1937, nomeado ministro do Supremo Tribunal Federal, na vaga de Hermenegildo de Barros (v. item 4.1.4, supra).

Em julho de 1937, os impetrantes do MS nº 333, que haviam obtido a segurança, comunicaram ao Supremo Tribunal Federal o descumprimento da decisão da Corte pelo DNC, que reteve a mercadoria dos impetrantes, por tempo indeterminado, sem prévio pagamento do justo preço. Informaram que o DNC se valeu de um artifício, passando a exigir não mais a "quota de sacrifício", mas uma "quota compulsória especial", que ficaria retida por tempo indeterminado, sem efetuar o pagamento do justo preço da saca. Os impetrantes alegaram que a mercadoria perderia "qualquer valor econômico apreciável".

O Supremo Tribunal Federal pediu informações ao DNC, que consignou, primeiramente, ter aquela decisão aproveitado unicamente a empresa Monteiro de Barros & Irmãos e, em segundo lugar, que a decisão "mereceu do Departamento o mais integral e fiel acatamento". Questionou, contudo, a interpretação que o requerente pretendia dar ao acórdão do Supremo Tribunal Federal, procurando dar-lhe um alcance "que ele não comporta" para "obter resultados além dos que lhe foram assegurados, atentando contra o controle do Estado, exercido pelo Departamento, sobre o escoamento das safras cafezeiras, medida basilar sobre que repousa toda a defesa econômica do produto". Sublinhou tratar-se de medida geral, em vigor desde 1926, e da qual a Corte Suprema só teria tomado conhecimento para "reconhecer-lhe a legitimidade". Sustentou ser inadmissível a extensão que a companhia Monteiro de Barros & Irmãos pretendia conferir ao julgado para efeito de subtrair-se "às restrições de ordem geral estabelecidas como necessárias e indispensáveis ao regular escoamento das safras cafeeiras". Destacou, por fim, que "em julgados posteriores da própria Suprema Corte, fixou-se, de modo definitivo, a jurisprudência sobre a hipótese em apreço", e dela resulta que, nas palavras do Departamento:

> [...] apenas ficou reconhecido aos possuidores de café do país a alternativa de aceitarem, nos casos de imposição de quotas de equilíbrio ou sacrifício, os preços prefixados, unilateralmente, pelo Departamento, para a aquisição da mercadoria, ou optarem pela retenção da dita quota, para ser liberada como e quando for julgado conveniente pelo próprio Departamento, de acordo com o citado decreto 22.121.

As informações prestadas pelo DNC revelam que o governo manifestamente descumpriu o julgado do MS nº 333, apoiando-se nos entendimentos firmados posteriormente em outros mandados de segurança julgados pelo Supremo Tribunal Federal sobre o mesmo tema. O governo, que não mais podia impugnar aquela decisão (transitada em julgado), pretendia forçar sua rescisão pelo Supremo Tribunal Federal, apontando a quebra de isonomia decorrente da discrepância do tratamento jurídico dispensado a Monteiro de Barros & Irmãos, privilegiada em relação aos demais cafeicultores.

Diante dessas alegações, os representantes da Monteiro de Barros & Irmãos pleitearam ao Supremo Tribunal Federal a requisição de força federal para fazer cumprir sua decisão.

Ouvida, a Procuradoria-Geral da República opinou contrariamente ao pedido, afirmando que o DNC havia interpretado corretamente o acórdão e que não se recusou a cumprir as decisões da Corte:

> A inteligência que o D.N.C. vem dando ao venerando decreto da egrégia Côrte Suprema se nos afigura a mais lídima, e o cumprimento dado ao mandado de segurança expedido em favor dos reclamantes é rigorosamente obediente aos seus termos.
> Não há, assim, objeto para reclamações. Quando houvesse, porém, não é a que ora se aprecia a providência adequada a forçar a observância das ordens judiciais.
> Não é caso de requisição de força federal, desde que não há relutância no cumprimento do mandado de segurança e, quando houvesse, o meio idôneo para vencer a relapsia da autoridade coatora seria a responsabilidade por perdas e danos ou a criminal que ocorresse.

O DNC foi mais uma vez ouvido.

Finalmente, o presidente da Corte, ministro Edmundo Lins, proferiu decisão monocrática, indeferindo o pedido da Monteiro de Barros & Irmãos. Em extensa fundamentação, condenou como bárbaro e pré-civilizatório o emprego da força armada para o cumprimento de sentenças civis. Afirmou que o pedido era contrário ao "benéfico influxo do cristianismo" sobre o direito de "todos os modernos povos cultos", que "consagra o respeito à personalidade humana e adopta a regra contrária: *Nemo ad factum, precise, cogi potest*". Concluiu que a lei "não autoriza a requisição de força armada para coagir o representante legal da pessoa jurídica de direito público a dar as providências necessárias ao cumprimento da decisão judicial. Sujeita-as, unicamente, ao processo de responsabilidade e às penas de desobediência".

Foi interposto recurso contra essa decisão. Os impetrantes argumentaram que, "a prevalecer o despacho denegatório, a concessão do mandado de segurança se teria tornado absolutamente inócua".

No dia 13 de outubro de 1937, o Plenário, por unanimidade, negou provimento ao recurso. Confirmou-se, assim, o entendimento da Corte favorável às quotas de sacrifício impostas pelo DNC aos cafeicultores, ficando sem sanção judicial o descumprimento, pelo governo, da decisão proferida no MS nº 333.

4.3.4 Caso do imposto de renda dos servidores públicos estaduais: MS nº 507, relator ministro José Linhares j. 27.04.1938

Tratou-se de mandado de segurança impetrado em favor de desembargador do estado de Minas Gerais, aposentado, impugnando ato do fisco voltado à cobrança de imposto de renda sobre seus vencimentos.

Eram recorrentes, no Supremo Tribunal Federal, os recursos da União contra decisões em mandado de segurança que isentavam servidores públicos de estados e de municípios da cobrança de imposto de renda.

Neste feito, o procurador-geral da República afirmou, sinteticamente: "A tributação das rendas, inclusive as percebidas por funcionários, não implica na tributação de serviço estadual – o que é vedado pela Constituição". Destacou, ainda, o disposto no artigo 91 da Constituição, que deixou expresso o dever dos magistrados de pagar impostos sobre os seus vencimentos, sem que com isso fosse violada a garantia da irredutibilidade.

A Corte reiterou seus precedentes e negou provimento ao recurso da União.

O relator, ministro José Linhares, salientou que a decisão do juízo de primeiro grau, impugnada pela Procuradoria-Geral da República, estava em conformidade com a jurisprudência do Supremo Tribunal Federal, no sentido de "não estarem sujeitos ao pagamento do imposto de rendas os vencimentos dos funcionários estaduais ou municipais, em face do que dispõe o art. 32 let. c, da Constituição Federal, que reproduz disposto idêntico da Constituição de 1934, art. 17, n. X".

Afirmou, ainda, o ministro José Linhares, em interpretação restritiva do previsto no artigo 91, letra *c*, que "os impostos referidos naquele artigo são os impostos gerais, a que todos, indistintamente, estão sujeitos", o que não incluía o imposto de renda, do qual "todos os funcionários estaduais estão isentos". Do contrário, os magistrados seriam os únicos funcionários estaduais a pagar referido imposto.

Os ministros se queixaram da forma como a matéria vinha sendo tratada pela mídia, que afirmava ter a Corte imunizado apenas os magistrados do pagamento do imposto de renda, com fundamento na irredutibilidade dos seus vencimentos – o que, segundo afirmaram, nunca foi o entendimento do Tribunal. Na sua interpretação, a cobrança de imposto federal era indevida por se tratar de vencimentos pagos por estados e municípios para seus servidores e que entendimento diverso levaria à invasão, pela União, da esfera de independência dos estados e dos municípios, nas suas atribuições constitucionais.

A pedido do procurador-geral da República, o mandado de segurança foi remetido ao Plenário para julgamento, e a Corte decidiu contra a União, por unanimidade, manter sua jurisprudência. A decisão foi reiterada em diversos julgamentos (*v.g.*, RMS nº 510, relator ministro Carvalho Mourão, j. 04.05.1938).

Nada obstante, como registramos (capítulo 3, item 3.5.2), Getúlio Vargas valeu-se da norma estabelecida no artigo 96, parágrafo único, da Carta de 1937 para superar esses precedentes, restabelecendo a plena validade do seu decreto, com o qual os funcionários públicos em geral passaram a se sujeitar ao pagamento do imposto de renda sobre seus vencimentos.

Com efeito, nos termos do Decreto-Lei nº 1.564, de 5 de setembro de 1939, "considerando que o Supremo Tribunal Federal declarou a inconstitucionalidade da incidência do imposto de renda, decretado pela União no uso de sua competência privativa, sobre os vencimentos pagos pelos cofres públicos estaduais e municipais", e "que essa decisão judiciária não consulta o interesse nacional e o princípio da divisão equitativa do ônus do imposto", foram confirmados os decretos-leis que "sujeitaram ao imposto de renda os vencimentos pagos pelos cofres públicos estaduais e municipais; ficando sem efeito as decisões do Supremo Tribunal Federal e de quaisquer outros tribunais e juízes que tenham declarado a inconstitucionalidade desses mesmos textos".

No dia 14 de setembro de 1939, o vice-presidente da Corte, Eduardo Espínola, protestou contra o Executivo e foi apoiado por outros juízes que integraram a corrente vencedora e por dois juízes que haviam ficado vencidos.[725]

Karl Loewenstein alude a diversos outros casos nos quais Getúlio Vargas teria alterado as normas em vigor, em reação a decisões do Supremo Tribunal Federal que contrariaram interesses do governo no Estado Novo. Segundo o abalizado acadêmico, o governo "disparou repetidamente contra o alvo de decisões judiciais com as quais discordava", acrescentando que "o princípio da coisa julgada em ações civis foi invalidado por decretos governamentais posteriores", menos divulgados do que o aqui analisado. Sintetizou a "essência" desses casos da seguinte maneira:

> Em um caso, o governo mudou um artigo do novo Código de Processo Civil a fim de invalidar *ex post facto* o julgamento em um caso civil (desinteressante por outros ângulos), que contrariou os interesses do Banco do Brasil, controlado pelo governo. Outro foi, novamente, um processo tributário em que o tribunal, com base no estatuto existente, decidiu que o material comprado pelo construtor não estava sujeito ao imposto sobre vendas (imposto de venda), porque o imposto já havia sido pago pelos compradores da casa; o governo anulou a decisão retroativamente por meio de um novo decreto-lei. Outro caso relatado a este escritor foi mesmo retirado da jurisdição do tribunal ordinário e tratado por portaria do Ministério da Guerra. Tratava-se da readmissão dos alunos desligados da Academia Militar.[726]

Segundo se extrai da narrativa de Loewenstein, Getúlio Vargas não se valeu, ao menos expressamente, do mecanismo previsto no artigo 96, parágrafo único, talvez exatamente para evitar novos ruídos. Com efeito, afirma o constitucionalista alemão que "esses casos de decisões judiciais invalidadas foram justificados pelo governo referindo-se à prática de 'leis interpretativas' que o governo, como legislador, teria o direito de emitir para esclarecer juridicamente situações ambíguas ou obscuras em decretos anteriores".

Detecta-se que o emprego desse novo meio pelo qual o presidente da República, sem dizê-lo expressamente, convalidou decretos antes declarados inconstitucionais foi produto da artimanha jurídica de Francisco Campos. Isso porque Karl Loewenstein entrevistou o

---

[725] O protesto foi publicado no *Jornal do Commercio* de 15.09.1939, p. 6. *apud* LOEWENSTEIN, *Brazil under Vargas, op. cit.*, p. 117-118.
[726] LOEWENSTEIN, *Brazil under Vargas, op. cit.*, p. 119-120.

então ministro da Justiça sobre a matéria e registrou: "Que o uso de tais decretos interpretativos não afetaria a independência judicial, foi declarado a este escritor pelo Ministro Campos. Tais casos de interpretação legislativa autêntica não são incomuns no Brasil". Mas Loewenstein bem percebeu a velhacaria da medida: "É claro que existe uma diferença substancial entre tais 'interpretações' ou modificações de uma lei antes de uma decisão judicial e o uso da 'interpretação legislativa' para uma situação que já foi decidida pelos tribunais". Daí a "reclamação de muitos advogados no Brasil de que o regime não mais respeita a separação do executivo e do judiciário, ou seja, a independência do poder judiciário".

Infelizmente, Loewenstein não forneceu informações mínimas que nos permitissem chegar às decisões judiciais por ele aludidas, sem dúvida de agudo interesse. Esclareceu, inclusive: "Este escritor não conseguiu verificá-los por capítulo e versículo; nenhum advogado abordado neste assunto foi capaz ou disposto a reunir uma lista completa e documentada deles". Restaram infrutíferos os esforços que empreendemos para, a partir dos exíguos dados mencionados, chegar aos acórdãos do STF e compará-los com os decretos-leis do período.

4.4 Conclusão parcial

A jurisprudência da Corte Suprema, previamente empacotada no Governo Provisório, revelou disparidades no controle de constitucionalidade dos atos dos poderes Executivo e do Legislativo ao longo da Era Vargas, a depender da matéria objeto de julgamento.

Apesar da redução de suas competências para o julgamento dos recursos ordinários nos casos de crimes políticos, o Supremo Tribunal Federal conheceu da maioria dos *habeas corpus* e mandados de segurança nesta matéria, mas sempre para denegar a ordem. Foi chamado a se manifestar sobre a constitucionalidade do TSN e das normas processuais de regência dos seus processos, das prisões efetuadas, da suspensão das imunidades parlamentares durante o estado de guerra, dos direitos de estrangeiros naturalizados e com família no país, dos direitos dos prisioneiros políticos, da validade dos atos de expulsão.

Houve resistência de alguns ministros ao conhecimento dos *habeas corpus* em razão do "estado de guerra" – estabelecido em dezembro de 1935 e sucessivamente prorrogado até seu estabelecimento definitivo por norma da Carta de 1937, que impôs o estado de exceção até o fim da Era Vargas. Nada obstante, prevaleceu na Corte a superação da preliminar de conhecimento e o exame do mérito.

Apesar de vacilante, a Corte enviou alguns recados e impôs alguns limites ao governo em matéria de prisão de opositores políticos e de expulsão de estrangeiros, ainda que tímidos e sem repercussão prática na esmagadora maioria dos casos – muitos desses recados não passaram de *obiter dicta*.

No julgamento de ações em favor de estrangeiros contra prisões realizadas pela polícia sem qualquer controle judicial, a Corte reconheceu o direito (poder) absoluto do presidente da República de decidir sobre a expulsão. Os estrangeiros foram privados dos direitos fundamentais à liberdade de locomoção, à ampla defesa, ao contraditório, permanecendo presos e incomunicáveis, mesmo sem decreto de expulsão, como medida de polícia. Sua prisão e expulsão não dependiam da apresentação de provas de qualquer prática criminosa pelo governo, bastando que este os declarasse como "indesejáveis". Diversos foram os motivos para se promover a expulsão em massa, principalmente questões ideológicas (ligação com o movimento operário ou filiação ao partido comunista) e étnico-raciais (especialmente os judeus). Diversos estrangeiros foram presos e expulsos por não terem emprego no país, normalmente associados a pequenas contravenções. A polícia os acusava especialmente de prostituição (as mulheres) e lenocínio (os homens). Apenas os estrangeiros proprietários de imóveis, casados e com filhos no Brasil contavam com alguma proteção do STF contra sua expulsão. Nada obstante, se o governo os tachasse de perigosos para a segurança nacional, o *habeas corpus* sequer era conhecido.

Esse foi o caso de Genny Gleiser e de Olga Benário, ambas estrangeiras, judias e comunistas. A primeira, estudante e operária, menor de idade, presa pela polícia por ter organizado um Congresso – segundo o governo, da Juventude Comunista –, cujo objetivo era criticar as condições dos trabalhadores nas fábricas. Nas palavras da própria autoridade policial máxima, o ministro da Justiça, Vicente Ráo, foi por sua capacidade de liderança e sua inteligência que Genny foi considerada estrangeira indesejável pelo regime. Sua prisão fundou-se principalmente no fato de a polícia ter encontrado, em sua residência, livros de orientação comunista. Nada obstante, a ordem foi denegada pela Corte Suprema.

O Tribunal máximo do país legitimou, ainda, o ato do governo voltado à expulsão de Olga Benário, que, no Brasil, adotou o nome de Maria Prestes, suspeita da prática de crimes políticos – foi considerada cúmplice de Luís Carlos Prestes no planejamento da Intentona Comunista, de novembro de 1935. Olga e Prestes haviam sido presos em março de 1936. O *habeas corpus* foi ajuizado na Corte Suprema em março daquele ano para impedir sua expulsão.

Era conhecido o período histórico então atravessado no mundo, marcado: (i) pela ascensão do fascismo ao poder em 1922; (ii) pela profunda crise econômica vivida pela Alemanha depois da derrota na Primeira Guerra Mundial e agravada pela Quebra da Bolsa de Nova Iorque em 1929; (iii) com a vitória parlamentar do partido nazista e a nomeação de Hitler para o cargo máximo na Alemanha, alimentado pelo discurso antissemita, num governo marcado pela prisão dos chamados inimigos do povo (comunistas, judeus, ciganos, homossexuais, desempregados) pela polícia do regime, pela exploração de trabalhos forçados nos campos de concentração e de extermínio e pela criação, em 1934, de um órgão judicial (*Volksgericht*) voltado à punição (com condenação à morte) dos criminosos políticos.

No *habeas corpus*, o impetrante pedia, unicamente, que Olga – alemã, judia e comunista – respondesse no Brasil pela prática dos crimes a ela imputados, especialmente em consideração ao seu estado de gravidez avançada (sete meses). Não foi requerida a libertação de Olga, mas apenas a suspensão da ordem de expulsão, enquanto não se concluísse o processo que levou todo seu grupo à prisão. A Corte não conheceu da ação, diante do poder absoluto do governo de expulsar estrangeiros, sem que seu ato se submetesse ao controle judicial de constitucionalidade. Três ministros conheceram do pedido e apreciaram o mérito, mas somente para reforçar o acerto da expulsão. Os votos proferidos e a concordância interna entre os ministros revelam que a Corte negou à paciente a titularidade de qualquer direito – até mesmo o de ser processada no Brasil pelo alegado crime aqui praticado. A Corte Suprema não traçou qualquer limite ao governo naquelas expulsões, participando da colaboração de Vargas com o regime nazista de Hitler.

Os pedidos em defesa de opositores políticos de Vargas, a maioria de esquerda, especialmente os parlamentares presos durante o estado de guerra, não obtiveram sucesso na Corte Suprema. Mesmo na fase constitucional do regime, o tribunal contribuiu – consciente ou inconscientemente – com o lento, mas claro e seguro movimento do chefe do Executivo em direção à desconstitucionalização do país.

A alta cúpula do governo (presidente da República, ministro da Justiça, chefe da Polícia e procurador-geral da República) acusou diversos parlamentares de planejar um novo golpe, depois da Intentona de 1935. Não foi apresentada contra eles qualquer evidência de participação mínima em crimes contra a segurança nacional. Foram presos por terem discursado, na tribuna das respectivas Casas legislativas, contra a ação desproporcional do governo na resposta à Intentona Comunista e o tratamento desumano dispensado aos presos (enviados para porões de navios, transferidos para locais distantes de suas famílias e mantidos incomunicáveis). Outra razão para a prisão foi terem ajuizado ações contra a detenção de outros presos políticos.

Ao tempo dos julgamentos dos *habeas corpus* em favor de presos políticos no Supremo Tribunal Federal, havia claros indícios de que Getúlio Vargas não pretendia deixar o cargo ao fim do seu mandato e se valia do arsenal político, jurídico e policial criado desde a Intentona de novembro de 1935 para, sob pretexto de combater o radicalismo comunista, manter todo o país em estado de exceção e prejudicar as articulações de possíveis candidatos à sua sucessão, perseguindo-os e fazendo propaganda e doutrinação massivas em favor do governo e contra seus críticos.

Como visto, a Corte Suprema validou as medidas extremas do governo contra opositores, sem impor-lhe limites reais. Nada obstante, é de se observar que, na fase constitucional, o tribunal enviou alguns recados para o chefe do Executivo e para o Legislativo (controlado pelo governo, que detinha maioria nas duas casas) e declarou a inconstitucionalidade de algumas das normas que regiam o processo e julgamento no TSN, consideradas contrárias à Constituição de 1934.

A Corte conheceu dos *habeas corpus*, distinguindo-os daqueles voltados contra a expulsão de estrangeiros durante o estado de guerra. Mostrou-se ciosa de suas competências e preocupada com as novas medidas que se anunciavam, voltadas à redução de suas competências ou mesmo a um novo empacotamento do Tribunal, como havia ocorrido no Governo Provisório. Nas entrelinhas de seus julgados, o Supremo Tribunal Federal reforçou sua competência para impor limites ao presidente da República se este ultrapassasse os poderes que lhe foram constitucionalmente outorgados. O mero conhecimento daquelas ações revelava ao presidente da República que, em algum momento, seus atos poderiam ser invalidados pela Corte, mesmo durante o estado de guerra e sob alegada necessidade para a segurança nacional ou a ordem pública.

Nada obstante, os posicionamentos mais firmes da Corte permaneceram no plano teórico e não conduziam à ação prática de conceder *habeas corpus* para anular atos praticados pelo governo durante o estado de guerra – que se tornou permanente. Somente quando o regime chegou ao fim, especialmente depois da entrada do Brasil na Segunda Guerra Mundial ao lado dos Estados Unidos, a tendência da Corte de chancelar o autoritarismo mudou.

No julgamento do pedido impetrado por João Mangabeira em seu favor e de outros quatro parlamentares (HC nº 26.188, j. 20.07.1936), o Tribunal revelou sua preocupação com os possíveis avanços do governo para reduzir suas competências – como se extraía do projeto de criação do TSN – e com a possibilidade de novas medidas contra a independência e as garantias da magistratura.

O relator daquele *habeas corpus*, ministro Carvalho Mourão, defendeu o conhecimento do *writ* apesar do "estado de guerra", que vinha sendo prorrogado pelo governo desde novembro do ano anterior, afirmando que a autoridade do governo era limitada sob a Constituição e que a nossa democracia era inextirpável. Afirmou que o estado de guerra existia para defender a Constituição, e não para suspendê-la, de modo que prevaleciam os limites por ela impostos ao chefe do Executivo e fiscalizados pelo Tribunal. Evocou, ainda, os precedentes estabelecidos pelo Supremo Tribunal Federal durante a República Velha, que formaram a chamada "doutrina brasileira do *habeas corpus*", por meio da qual a Corte acolhia pedidos de parlamentares e governadores de oposição que, eleitos, eram impedidos de ingressar no Parlamento para tomar posse (alegando, por isso, o cerceamento de seus direitos políticos), assim como de presos políticos, mesmo durante o estado de sítio, exercendo o controle de constitucionalidade dos atos do governo.

Defendida por Ruy Barbosa durante a República Velha, a interpretação ampliativa do cabimento do *habeas corpus* para a defesa de quaisquer lesões a direitos (não só o de locomoção) havia sido encampada pelo Supremo. No entanto, nos anos 1920, foi alvo de críticas acerbas da doutrina, sobretudo dos pensadores alinhados ao presidencialismo autoritário, posto definitivamente em marcha a partir do governo de Artur Bernardes, contra o que se chamava de expansão do Judiciário sobre as chamadas questões políticas, supostamente tendenciosa – segundo os críticos da época. Em reação, o governo adotou sucessivas medidas de limitação das competências do Supremo Tribunal Federal, obtendo a aprovação da Emenda Constitucional de 1926 à Constituição de 1891 para impedir o conhecimento de diversos atos considerados de natureza "exclusivamente política", conferindo ampla discricionariedade ao presidente da República. A alusão da Corte Suprema àqueles históricos precedentes limitativos dos poderes políticos não foi, portanto, anódina.

Em matéria econômica, constata-se tônica nitidamente distinta na atuação do Supremo Tribunal Federal, muito mais proativo na invalidação de atos do presidente da República do que nos temas de controle da opinião e da oposição política, antes analisados. Isso ocorreu, segundo nosso levantamento, em casos do interesse de grandes agentes econômicos, a saber: a petroleira norte-americana Standard Oil Company of Brazil, produtores de café do estado de São Paulo, servidores públicos e concessionárias estaduais.

O Supremo Tribunal Federal limitou o alcance de diversos atos de natureza econômica do governo, especialmente de natureza tributária e de regulação do domínio econômico privado. Conhecendo de recursos e de mandados de segurança, valeu-se de interpretação muito menos favorável à validade dos atos do governo do que ocorria nos *habeas corpus*.

A contrariedade do governo contra aquelas decisões deu lugar a dois tipos de comportamento:

(i) Sob a vigência da Constituição de 1934, mas já no período desconstituinte do regime, o governo descumpriu a decisão do Supremo Tribunal Federal no caso do MS nº 333, no qual a Corte havia ganho de causa à produtora de café Monteiro de Barros & Irmãos, do estado de São Paulo, dispensando-a de entregar ao governo a chamada "quota de sacrifício", por julgá-la inconstitucional (violando o direito de propriedade). Nada obstante, o Departamento Nacional do Café continuou a reter a mercadoria, sem pagamento do "justo preço". Ao mesmo tempo, por possível pressão nos bastidores, o governo foi favorecido, já na sessão seguinte, pela mudança do entendimento da Corte sobre a mesma matéria, em mandados de segurança impetrados por outros produtores de café. Inicialmente, a virada da jurisprudência ocorreu pelo voto de desempate proferido pelo presidente Edmundo Lins, restabelecendo a constitucionalidade da quota de sacrifício e do preço fixado unilateralmente pelo governo. Logo depois, consolidou-se maioria confortável (8x3) em favor da política regulatória de Vargas para o controle do preço da mercadoria.

(b) Já sob a égide da Carta de 1937 e com o Congresso fechado, Vargas valeu-se do poder previsto no artigo 96, parágrafo único, da Carta de 1937 para anular, por decreto-lei de sua autoria, as decisões da Corte que favoreceram servidores públicos estaduais, ao julgar inconstitucional a cobrança de imposto de renda sobre seus vencimentos, mediante interpretação extensiva da imunidade tributária recíproca entre as unidades da federação.

Por fim, concluindo este capítulo, pode-se afirmar que os casos mais rumorosos e politicamente relevantes julgados pelo Supremo Tribunal Federal na Era Vargas marcaram a cumplicidade – consciente ou inconsciente – da Corte com dilatado e firme endurecimento do regime ao longo dos anos, iniciado em 1935, mediante sucessivas medidas de exceção, prisões e perseguições que, criando o ambiente de pânico da opinião pública contra o fantasma comunista e os muitos inimigos do Estado, semearam o caminho para o golpe de 1937.

Tornou-se célebre a crítica do deputado João Mangabeira ao Supremo Tribunal Federal, em clássica obra sobre Ruy Barbosa, por ele publicada em 1943:

> O órgão que, desde 1892 até 1937, mais falhou à República, não foi o Congresso Nacional. Foi o Supremo Tribunal Federal. [...] O órgão que a Constituição criara para seu guarda supremo, e destinado a conter, ao mesmo tempo, os excessos do Congresso e as violências do Governo, a deixava desamparada nos dias de risco ou de terror, quando exatamente mais necessitada estava ela da lealdade, da fidelidade e da coragem dos seus defensores.[727]

Os precedentes estudados neste capítulo explicam a decepção diante das expectativas nutridas pelo idealismo constitucional-democrático quanto ao papel da jurisdição constitucional – ainda que a Corte não tenha se saído pior do que os outros poderes naquele período nem destoado do pensamento jurídico-constitucional que prevaleceu na época.

---

[727] MANGABEIRA, João. *Ruy, o estadista da República*. Rio de Janeiro: J. Olympio, 1943. p. 70.

CONCLUSÃO

[...] quando as ideias são negligenciadas por aqueles que deviam examiná-las [...], elas às vezes adquirem um momentum *desenfreado e um poder irresistível sobre multidões de homens que podem se tornar demasiado violentos para serem influenciados pela crítica racional.*

Isaiah Berlin

A inspiração desta pesquisa nasceu da percepção de que a semente do autoritarismo é lançada muitos anos antes do seu estabelecimento no poder estatal, no plano das ideias. A curiosidade de consultar o pensamento jurídico-constitucional desenvolvido em um período autoritário e, ao mesmo tempo, controvertido, como foram os anos 1930-1945, respondeu à nossa angústia diante da crise do ideário antiautoritário, observada e experimentada no Brasil nos últimos anos. Houve nítida perda de *performance* e ameaça ao prevalecimento de uma gramática constitucional articulada em torno das conquistas históricas da Constituinte de 1987-1988 contra toda forma de violação de direitos fundamentais, de violência estatal contra opositores políticos, de tutela armada da soberania popular, contra projetos de governo que, centrados na velha tática do manejo oportunista de valores morais conservadores e da fé que tantos indivíduos seguem (cegamente ou não), criam inimigos a serem combatidos por meio do voto e das leis do país e sufocam liberdades daqueles que não desejam seguir os mesmos valores morais e a mesma fé. A ameaça contra as mais diversas liberdades civis tem início, paradoxalmente, no livre debate de ideias, que, como vem sendo lembrado, abre a porta para aqueles que desejam fechá-lo à mão armada.

O olhar que lançamos sobre o pensamento jurídico-constitucional desenvolvido nos anos que antecederam a Revolução de 1930 revela que o país rumava em direção ao fascismo, visualizado como modelo de sucesso pelo abandono da separação de poderes e da noção de soberania popular, bem como pela centralidade que conferia ao Poder Executivo. Desde o tenentismo, cunhou-se uma oposição entre os conceitos de democracia liberal e de democracia autoritária, havendo preferência por esta última. Ainda na República Velha, o estado de sítio vigorou por quase todo o governo de Artur Bernardes e, pela Emenda Constitucional de 1926, o poder do presidente da República durante a vigência do regime de exceção foi excluído de toda apreciação judicial.

Naquela era que, nas palavras de Hobsbawm, foi marcada pelo extremismo, o governo brasileiro estruturou-se sobre o eixo do combate ao comunismo. Vargas manteve relação próxima com o integralismo, enquanto lhe foi útil para estabilizar seu governo. As teorias desenvolvidas pelos principais pensadores político-constitucionais da época, com destaque para Oliveira Vianna e Francisco Campos, justificavam o desprezo pelo voto popular, pela representação política parlamentar, pelos mecanismos de freios e contrapesos que limitavam especialmente o presidente da República, finalmente pela jurisdição constitucional e pelos métodos de interpretação não adaptados aos novos tempos, em que a solução institucional mais moderna era o regime autoritário – ou da "democracia autoritária". Mussolini, alçado ao poder em 1922, e Hitler, nomeado chanceler em 1933, inspiraram aqueles autores e outros juristas brasileiros que consideravam o "governo de massas" eficiente para a estabilidade política que desejavam recuperar, a ser obtida mediante um líder – o *Führer*, o *Duce* – capaz de conduzir a nação rumo à idolatrada unidade, único meio de garantir o desenvolvimento nacional.

Embora Oliveira Vianna e Francisco Campos não apareçam como fontes diretas nos julgados do Supremo Tribunal Federal, o pensamento constitucional desenvolvido a partir de suas teorias presidiu as reformas institucionais de Vargas. Tratava-se de dois importantes consultores do governo, com funções no primeiro escalão. Vianna chegou a ser convidado para ser ministro do STF, em 1940. Além disso, o corpo da teoria autoritária também contou com a contribuição de autores como Miguel Reale, Secretário Nacional de Doutrina da Ação Integralista Brasileira, importante veículo de divulgação de ideias fascistas, e que viria a assumir a cátedra de Filosofia do Direito em 1941, durante o Estado Novo. Participaram ativamente do regime, com maior presença nos julgados do Supremo Tribunal Federal, nomes da relevância de Vicente Ráo, ministro da Justiça durante a fase desconstituinte do regime, e Carlos Maximiliano, que, além de importante fonte doutrinária já naquela época, foi procurador-geral da República e ministro do Supremo Tribunal Federal, onde proferiu votos legitimadores dos mais arbitrários atos do regime.

A doutrina e o pensamento autoritários sedimentaram o caminho para o golpe de 1937, fornecendo os instrumentos para um regime guiado por um chefe personalista, única forma de governo capaz de conduzir o Brasil à unidade enquanto nação. O conservadorismo nos costumes também favoreceu a sedimentação de um pensamento que encontrava inimigos dos interesses nacionais por todos os lados. O apoio da população à opressão política e policial contou com o valioso auxílio da mídia governista – inclusive, no tema da repressão ao comunismo (como era chamada toda a esquerda), entrou em ação o poderoso barão da imprensa da época, Assis Chateaubriand. Em troca, o governo oferecia avanços na regulação das relações de trabalho, garantindo um mínimo de direitos sociais, importante meio de controle da camada operária então disputada entre nazifascistas, comunistas e social-democratas.

Apesar de se reivindicarem realistas, os discursos e propostas institucionais da época defendiam uma nova utopia ou idealismo: a democracia autoritária. Os pensadores da época foram bem-sucedidos em rotular o modelo anterior, da Constituição de 1891, como idealista ou irrealista, bom para os cavalheiros ingleses, que o conceberam, mas inaplicável a um país atrasado e marcado pelo coronelismo, pelos clãs locais, como o Brasil. O novo ideário é que seria adaptado ao nosso chão, à nossa gente, que não poderia permanecer abandonada aos políticos locais e aos parlamentares que representavam aqueles clãs familiares. Esse foi o discurso iniciado pelo tenentismo e desenvolvido pelos teóricos da nova estatalidade.

O Governo Provisório vigorou como regime de exceção: a Constituição de 1891 foi suspensa por decreto, razão pela qual José Afonso da Silva chamou essa fase de desconstituinte. Foi profunda a influência do pensamento autoritário e dos membros do Clube 3 de Outubro, formados pelos tenentes de farda e de casaca, que se arvoravam em defensores da nação e tutores do povo abandonado pelo sistema da velha política. Pressionaram para manter o país sob regime ditatorial, sem Constituição escrita – e conseguiram, por três anos, protelar a convocação da Assembleia Constituinte.

Sob outros aspectos, a Era Vargas começou auspiciosa, prometendo reformas há muito tempo aguardadas. A Revolução de 1930 foi amplamente apoiada, virando a mesa em mais uma das tantas eleições fraudadas da República Velha, inclusive na contagem de votos. O autoritarismo oligárquico da política do café com leite usurpava o poder mediante um acordo eleitoral que impedia qualquer chance de vitória a candidatos opositores. A prática institucional estava longe de corresponder ao discurso liberal do constitucionalismo da época.

No Governo Provisório, aprovou-se um código eleitoral fundado, de um lado, na ampliação da soberania popular (incluindo o direito de voto às mulheres, embora de modo limitado) e, de outro lado, na introdução de elementos do regime corporativista (previsão de representação das associações profissionais organizadas no âmbito do Executivo). O Judiciário passou a ter competência para julgar as disputas em matéria eleitoral e para fiscalizar as eleições que, antes, ficavam sob controle dos parlamentares, invariavelmente beneficiando os candidatos da situação. No mesmo período, iniciou-se uma importante regulação das relações trabalhistas, respondendo não só às greves, cada vez mais generalizadas, como aos reclamos da nascente sociedade urbana, que denunciava os abusos praticados em nome de uma liberdade contratual que beneficiava os patrões em relação aos empregados. A participação em greves deixou de ser criminalizada quando a pauta se restringisse à melhoria das condições de trabalho e dos salários – no entanto, reuniões pacíficas de organizações de trabalhadores que envolvessem qualquer tipo de crítica ao governo eram tratadas como comunistas e combatidas pela polícia. Os litígios de natureza trabalhista eram julgados pela chamada "justiça do trabalho", que, na verdade, não estava inserida no Poder Judiciário. Tratava-se de um órgão de contencioso administrativo, subordinado ao Poder Executivo. Por fim, os sindicatos foram permitidos, embora inteiramente regulados e controlados pelo Ministério do Trabalho. Suas atividades e comícios não eram livres: poderiam perder sua autorização de funcionamento se não se mantivessem alinhados com o regime.

Dentro, portanto, de uma proposta modernizadora e, sob certos ângulos, democratizadora da política nacional, acrescentaram-se diversos mecanismos autoritários de governo. Embora inegáveis os avanços promovidos na Era Vargas, sobretudo no tratamento da questão social como projeto de governo, o regime tirou proveito do *momentum* revolucionário e do contexto mundial do entreguerras para eliminar oponentes e perpetuar o grupo de mando no poder. O perigo comunista real foi amplificado para criar um perigo imaginário, muito maior, no qual todos os críticos e opositores da permanência de Getúlio Vargas como presidente da República passaram a ser rotulados como comunistas (mesmo social-democratas, como João Mangabeira). Temia-se que a estabilidade do governo e a eficácia da propaganda fossem abaladas por críticas – que provinham não apenas da oposição política como, também, das universidades e das artes, que denunciavam a exclusão social renitente, o atraso econômico, a exploração das riquezas do país pelas indústrias do petróleo e do minério, a política de proteção do café e tantas outras mazelas típicas do capitalismo periférico.

O pensamento autoritário descrevia o Poder Judiciário em geral como um aliado dos clãs locais, dos oligarcas e dos coronéis, cujo papel na separação de poderes serviria apenas aos interesses privados, não aos interesses nacionais. Os doutrinadores defendiam, por isso, um novo desenho institucional que superasse o dogma liberal da separação de poderes e estabelecesse o Primado do Executivo e a consequente subordinação do Judiciário às orientações e interpretações constitucionais do chefe de governo, legítimo representante do povo e da nação. Não explicavam como o presidente da República, sem controle judicial, poderia ser impedido de, também ele, orientar seu governo ao atendimento exclusivo dos interesses privados e de seus aliados. Valia o discurso do líder predestinado à unificação nacional, personificado na figura de Getúlio Vargas.

Essas teorias repercutiram não apenas nos livros publicados no período, mas também no desenho e na prática institucionais, especialmente nas duas fases ostensivamente ditatoriais: o Governo Provisório, de outubro de 1930 a julho de 1934, mitigado pela convocação da Assembleia Constituinte em 1933; e o Estado Novo, de 1937 a 1945, cujo caminho começou a ser construído no que identificamos como regime desconstituinte, a partir da Intentona Comunista. Diferentemente daquela identificada por José Afonso, que aplica o conceito à suspensão formal da Constituição de 1891 pelo Governo Provisório, tratou-se de uma desconstitucionalização por dentro, sem suspensão declarada da Constituição de 1934, e que teve início com as Emendas nº 1, 2 e 3. Aprovadas em dezembro de 1935, foram seguidas de sucessivas prorrogações do chamado estado de guerra – embora o Brasil não estivesse em guerra nem estivessem em curso ameaças reais de golpe. O alvo principal era a campanha à sucessão presidencial, iniciada pelas articulações de opositores de Getúlio Vargas, uma vez que a reeleição era proibida pela Constituição. Nessa fase, promoveu-se o endurecimento da legislação voltada à perseguição de opositores políticos, violando direitos e garantias fundamentais do texto de 1934. O Tribunal de Segurança Nacional foi criado e passou a exercer competências que, segundo a Constituição, seriam da Corte Suprema. Nada disso foi declarado inconstitucional pelo Supremo Tribunal Federal, apesar de provocado mediante mandados de segurança e *habeas corpus*.

O comportamento da Corte na Era Vargas não pode ser analisado separadamente das mudanças institucionais promovidas. Imediatamente depois da Revolução de 1930, o Supremo Tribunal Federal foi empacotado: dois decretos do presidente da República alteraram sua composição, o número de seus membros, sua organização interna e as regras de julgamento dos feitos de competência da Corte. O número de membros foi reduzido de quinze para onze; seis ministros foram aposentados imediatamente e substituídos por nomes da preferência de Getúlio Vargas.

É inegável o impacto das normas e práticas que abalaram a separação e a independência entre os poderes e as garantias da magistratura. Houve diversas demonstrações de força por parte de Getúlio Vargas, que violou imunidades de parlamentares da oposição – prendendo-os sem prévia licença da Casa legislativa a que pertenciam – e, com isso, mostrava-se disposto a fazer o mesmo contra ministros que, eventualmente, revelassem alguma simpatia pelos chamados "comunistas" (e a simpatia poderia decorrer de um voto favorável à sua soltura). Infelizmente, o rótulo de comunista serviu, durante todo o regime, à prisão de críticos do governo sem qualquer ligação com movimentos extremistas ou violentos – vários intelectuais, professores, literatos, acadêmicos foram presos, sem direito a recurso e sem freio da Suprema Corte.

Ao mesmo tempo, Vargas nomeou a maioria dos ministros durante seu longo governo. Os votos revelam que eles efetivamente comungavam da visão autoritária então prevalecente no país. Com efeito, na fase constitucional do regime, o Supremo Tribunal Federal poderia ter impedido a escalada autoritária. A Constituição de 1934 era antiautoritária e democrática, apesar de elaborada por uma comissão escolhida por Vargas e aprovada por uma Assembleia Constituinte eleita durante o Governo Provisório, que cerceava liberdades de opositores do regime. O texto de 1934 inverteu substancialmente o jogo do autoritarismo e impôs freios institucionalmente eficazes ao presidente da República. O problema foi a operacionalidade desses freios pelos atores encarregados de acioná-los.

Em matéria de crimes políticos, sempre considerados perigosos para a segurança nacional e a ordem pública, a Suprema Corte foi realmente nula. Somente em 1945, quando importantes setores da sociedade civil se mobilizavam pela anistia dos presos políticos, foi concedido um *habeas corpus* ao ex-governador de São Paulo, Armando de Salles, cuja prisão havia sido decretada em 1938 e o forçou a partir para o exílio, onde permaneceu por todos aqueles anos. Outros opositores políticos permaneceram presos desde a Intentona Comunista, mesmo sem indícios de sua participação no evento, até a decisão de Vargas de anistiá-los, em 18 de abril de 1945, poucos dias depois daquela decisão do Supremo Tribunal Federal favorável a Salles.

Por outro lado, em questões econômicas, a Corte revelou-se muito mais proativa na anulação de atos do presidente da República, mesmo durante o Estado Novo. As decisões beneficiaram grandes agentes econômicos, invalidando tributos e multas cobrados pelo governo. Várias razões podem explicar essa atitude, e nós consideramos haver duas principais: primeiro, a total impossibilidade de se rotularem as decisões favoráveis às partes naqueles julgamentos como simpatizantes do comunismo; segundo, a maior identificação dos ministros com aqueles interesses econômicos – que foram defendidos por pesos-pesados como Standard Oil Company of Brazil, produtores de café de São Paulo, servidores públicos e empresas concessionárias de loterias esportivas nos estados.

Uma das explicações usuais para as decisões proferidas pelo Supremo Tribunal Federal naquele período costuma associar o autoritarismo da jurisprudência ao método de interpretação das leis e da Constituição empregado pela Corte nos seus julgados. É comum encontrar referências ao positivismo como culpado pela falta de normatividade de direitos e garantias fundamentais. Karl Loewenstein, por exemplo, afirmou que o positivismo teria sido a característica dominante da jurisprudência brasileira naquele período. Na sua concepção, o positivismo seria o braço metodológico da doutrina das questões políticas, que reduzia ou mesmo eliminava a apreciação judicial dos atos dos poderes políticos. Nas suas exatas palavras, "os brasileiros são um povo extraordinariamente legalista e não é por acaso que o rígido e implacável positivismo de Hans Kelsen e sua escola os impressionou profundamente, como acontece em toda a América do Sul".⁷²⁸ Loewenstein definiu o positivismo como a teoria segundo a qual os corpos políticos (governo e legislatura) fazem as regras da lei e os juízes as aplicam, exatamente como estavam escritas, sem questionar seus motivos políticos ou seu conteúdo social.

Foi ainda mais longe em sua crítica ao positivismo kelseniano. Para Loewenstein, essa metodologia, como atitude predominante entre os profissionais do direito brasileiro, é que teria determinado o caminho por uma administração autoritária da justiça, isentando Getúlio Vargas de qualquer ação direta voltada ao controle das Cortes. Confira-se:

> Manter os tribunais e os juízes sob seu controle é uma das marcas da ditadura moderna, para a qual a imposição de um positivismo estrito é o complemento natural. É mérito tanto do regime de Vargas quanto da profissão jurídica que nenhum esforço tenha sido feito pelo primeiro para transformar os tribunais em instrumentos subservientes do poder político e que a última [os profissionais do direito], se tais esforços tivessem sido feitos, não teria se submetido. Esta, com algumas ressalvas, é a situação real.⁷²⁹

Essa chave explicativa nos parece bastante discutível, à luz do que estudamos. O empacotamento promovido por Vargas, escolhendo ministros que comungavam do pensamento autoritário, associado às mudanças no desenho institucional do Supremo Tribunal Federal (redução brusca da idade-limite para a permanência no cargo de ministro; possibilidade de aposentar magistrados por conveniência do governo; poder de, unilateralmente, desobedecer e derrubar decisões do Tribunal; alteração das competências da Corte para retirar do seu conhecimento os recursos ordinários em matéria de crimes políticos), aliado ao clima de permanente perseguição contra comunistas, que foi a base conspiracionista sobre a qual o regime se sustentou com poderes excepcionais, impede-nos de aceitar a afirmação de Loewenstein – que, talvez por sua extrema ligação com os fatos (ele mesmo um exilado político do nazismo), não pôde se beneficiar do distanciamento ideológico e cronológico, necessário a uma avaliação mais acurada dos atos daquele governo.

---

[728] LOEWENSTEIN, *Brazil under Vargas, op. cit.*, p. 106.
[729] LOEWENSTEIN, *Brazil under Vargas, op. cit.*, p. 107 (tradução nossa).

Mais do que isso, notamos que, ao tempo da publicação daquela obra (1942), Getúlio passava a ser reinterpretado como líder não fascista. Loewenstein, como um dos maiores constitucionalistas alemães daquele período, *scholar* radicado nos Estados Unidos desde a ascensão de Hitler ao poder na Alemanha, preocupava-se em refutar comparações entre o Brasil e a Alemanha nazista. Adotou, por isso, uma lente apropriada para detectar as diferenças entre os dois regimes, e não as proximidades ideológicas, que também existiam. Getúlio havia se aproximado perigosamente dos governos nazifascistas em 1940, impactado pela rendição da França às forças de Hitler. Essa aproximação não impactou na neutralidade mantida na Segunda Guerra para não prejudicar nossas relações econômicas com os Estados Unidos, que, em 1941, declararam guerra ao eixo. Em janeiro de 1942, porém, a pressão norte-americana levou Vargas a romper as relações diplomáticas com aquelas potências.[730] Diante disso, Getúlio passou a ser descrito como um novo aliado – portanto, um presidente não tão autoritário como efetivamente era: o Parlamento brasileiro permanecia fechado, o que ocorreu durante praticamente toda a Era Vargas (funcionou apenas de 1933 até 1937). Deu-se menos ênfase aos dados factuais de seu regime: exerceu permanentes poderes de exceção sob um forçado estado de guerra (prorrogado ininterruptamente e, finalmente, imposto pela Carta outorgada em 1937), legislou por decretos-leis e impôs brutal e permanente vigilância policial sobre opositores e críticos do regime.

De todo modo, e a proposta desta obra não foi detectar o alinhamento ideológico de Getúlio Vargas aos regimes nazifascistas, deve-se registrar o consenso da literatura especializada quanto ao pragmatismo político do então presidente. Para usar uma expressão imagética, Vargas não "morreu abraçado" com o fascismo. Ele se aproximou daqueles

---

[730] Extraímos essa preocupação de Loewenstein do seguinte trecho da introdução de sua obra, publicada em 1942: "O Brasil é o estado-chave da América do Sul. Na Conferência dos Chanceleres das Repúblicas Americanas, realizada no Rio de Janeiro em janeiro de 1942, o presidente do Brasil, Getúlio Vargas, vinculou seu país ao destino das Nações Unidas. O Brasil é hoje nosso mais importante aliado no continente sul-americano. Mas o Brasil de Vargas tem uma reputação que não se ajusta totalmente ao conceito anglo-saxão de democracia sob o Estado de direito. Todos os tipos de rótulos estereotipados são anexados a uma situação indescritível. Eles vão desde descrições do Brasil como uma ditadura 'totalitária' e 'fascista', que é comparada pela oposição aos exemplos europeus mais nefastos desse tipo de governo, até afirmações de porta-vozes do governo de um governo genuíno, embora 'disciplinado' ou 'autoritário'. Democracia; ocasionalmente, eles chegam ao ponto de afirmar que no Brasil sob Vargas está em formação uma forma inteiramente nova de democracia dinâmica".

regimes quando foi do interesse do governo, mas se afastou quando deixou de lhe ser interessante, passando para o lado dos Estados Unidos. Se as teorias racistas e homogeneizadoras avançaram no pensamento brasileiro (há vislumbres do seu impacto no tratamento xenofóbico sofrido por estrangeiros de determinadas origens – judeus, ciganos, russos), houve nítida diferença de intensidade na comparação com o que se passava na Europa.[731]

Em suma, o estudo que realizamos no capítulo 3 não conduz à conclusão de que Vargas não agiu diretamente sobre o Judiciário para, minando as bases normativas de sua independência, controlá-lo e influenciar suas decisões. Além disso, os precedentes do Supremo Tribunal Federal estudados e as discussões metodológicas de importantes obras daquele período (de que destacamos as contribuições de Carlos Maximiliano, Oliveira Vianna e Francisco Campos, no capítulo 2) tampouco permitem a confirmação empírica da hipótese de Loewenstein acerca do predomínio do positivismo jurídico na aplicação e interpretação das leis – apesar de, até os dias de hoje, essa tese reverberar bastante no Brasil.

Com efeito, atribui-se largamente ao positivismo (que corresponderia, entre os norte-americanos, ao textualismo, à preferência dada à literalidade gramatical dos textos sobre outros métodos de interpretação) a culpa pelo autoritarismo jurídico em diversos países, não só no Brasil. Seria esse método a via preferencial pela qual a violação de direitos se legitimava nas decisões dos tribunais. Compreende-se a lógica *a priori* dessa tese: se as leis são autoritárias, aplicá-las literalmente favoreceria a realização do autoritarismo. Esta, aliás, parece ser a razão pela qual Francisco Campos defendia que os juízes se ativessem ao texto legal (v. capítulo 2, item 2.2). Há, por outro lado, muita incompreensão quanto às complexidades do positivismo jurídico, que muitas vezes é reduzido a um mero espantalho, visualizando a separação entre moral e direito apenas pelo ângulo negativo dessa separação – que, ao reduzir

---

[731] Quanto à aproximação com o pensamento totalitário nazista, a componente racial, estruturante da sociedade brasileira, esteve presente em obras do período – especialmente em Oliveira Vianna e Nina Rodrigues. Em 1933, Gilberto Freyre publicou *Casa Grande & Senzala*, que, na época, contrariou os fundamentos da superioridade racial branca sobre os negros. Sua obra, no entanto, serviu à construção de um imaginário social que, embora rejeitasse a supremacia branca, normalizava as relações entre "senhores" brancos e "escravos" negros e apagava a componente de violência que as definia. O discurso da época, no Brasil, pretendia a construção de uma nacionalidade e de um homem moldado nos costumes e tradições ocidentais e cristãs (*rectius*, católicas). Trata-se de tema a ser aprofundado mediante levantamento de leis, documentos policiais e decisões judiciais sob a lente racial.

a legitimidade das leis aos requisitos extrínsecos formais, levaria o Judiciário à aplicação estrita dos textos, validando qualquer conteúdo, mesmo o manifestamente injusto.[732]

Há, porém, um problema com o foco dessa lente de leitura: outros métodos, inclusive antipositivistas, que conferem aos juízes maior poder político na interpretação das leis também servem e historicamente serviram aos fins de regimes autoritários. Oliveira Vianna pretendia que os juízes se desvencilhassem dos velhos métodos jurídicos, que os transformavam em meros "aparelhos fonográficos", porque tais métodos mitigariam e matariam, ao fim e ao cabo, o espírito autoritário do novo regime. Para ele, o método do realismo sociológico seria o mecanismo ideal para que os juízes operassem a nova ideologia autoritária, sem interpretar literalmente os direitos, garantias e liberdades individuais, mas dentro do contexto mais amplo do pensamento jurídico que passava a vigorar na nossa sociedade em substituição ao velho e ultrapassado liberalismo (v. capítulo 2, item 2.2).

Algumas normas das leis e das constituições passadas naquele período conservavam um mínimo de aparência não autoritária no desenho da institucionalidade (ainda que meramente por pudor formal ou por tradição constitucional). Foi exatamente o que ocorreu com a Constituição brasileira de 1934 (em alguns aspectos, verdadeiramente antiautoritária, apesar de elementos corporativistas na representação da soberania popular). A ameaça e violação de direitos provieram, ao contrário, da aplicação menos "literal" do texto, na proteção das garantias e direitos fundamentais, e mais à luz do espírito da "democracia autoritária" que definia o novo regime, equivalente ao "espírito do povo" (*Volksgeist*), orientada pelos princípios da segurança nacional e da ordem pública.

A interpretação realista, sociológica, principiológica, sistemática serviu, muitas vezes, como vimos nos precedentes, ao aumento do coeficiente de autoritarismo das Cortes e do governo. Finalmente, chegou-se à fórmula institucional mais autoritária de todas, que dispensaria o

---

[732] Essa crítica tem origem na chamada "fórmula de Radburhc", segundo a qual uma norma jurídica "extremamente injusta" não seria "direito". O debate jusfilosófico é inabarcável e dos mais desafiadores, pois remete a disputas sobre os conceitos de justo e de injusto e, no limite, questiona o estatuto epistemológico do direito e das chamadas "ciências jurídicas". Rodrigo Valadão, em recente estudo, tratou em profundidade do tema e da chamada "lenda do positivismo", segundo a qual o positivismo jurídico teria deixado o Judiciário alemão indefeso diante das leis nazistas: VALADÃO, Rodrigo Borges. *Positivismo jurídico e nazismo*: formação, refutação e superação da lenda do positivismo. São Paulo: Contracorrente, 2022.

emprego de qualquer método de interpretação para a fundamentação das decisões judiciais: a criação de um Tribunal de Segurança Nacional com poder de julgar os feitos com base na mera "livre convicção", sem necessidade de expor as razões das suas sentenças nem mesmo nos termos estritos das Leis de Segurança Nacional.

Consideramos que os próprios debates intelectuais entre Carl Schmitt e Hans Kelsen, que ressoavam no Brasil, revelam o equívoco de se atribuir exclusivamente a um ou outro método determinado a facilitação do caminho do autoritarismo nas Cortes. Tanto a metodologia positivista de interpretação como a metodologia sociológica ou realista podiam ser e foram empregadas pelo Judiciário para robustecer as normas autoritárias do regime.

O capítulo 4 da obra revela que não foi a adesão ao positivismo ou ao textualismo que caracterizou os acórdãos do Supremo Tribunal Federal na Era Vargas. Os métodos de interpretação foram livre e variadamente empregados pelos ministros, combinando e testando os resultados das diferentes metodologias, inclusive no julgamento de um mesmo caso. Em alguns casos, como o de João Mangabeira e de outros quatro parlamentares presos, a interpretação gramatical da norma constitucional que regulava o estado de guerra permitiu que os ministros afirmassem o cabimento da ação contra a violação das imunidades parlamentares, as quais foram consideradas conceitualmente distintas das "garantias constitucionais" e, portanto, insuscetíveis de suspensão. Se a Corte houvesse interpretado literalmente o artigo 32 da Constituição de 1934, que exigia a licença prévia da Casa legislativa respectiva para a prisão dos parlamentares, a ordem seria concedida. Nada obstante, extrapolando o texto constitucional, a Corte Suprema considerou que a licença posterior, para o processo dos parlamentares, devia ser interpretada de modo a se considerar que, implicitamente, nela se continha a licença para a manutenção da prisão – superando a inconstitucionalidade de origem e legitimando o ato do governo *a posteriori*.

A resposta mais óbvia para a *performance* do Supremo Tribunal Federal durante a Era Vargas seria culpar as sucessivas medidas violadoras da independência e das garantias de seus membros. Mediante modificações na composição e no desenho institucional do Tribunal, a Corte foi concebida de modo a funcionar como um mecanismo aliado do governo, com maioria confortável para os julgamentos dos casos mais difíceis de impugnação de atos dos poderes políticos. Houve clara imposição, a partir da Intentona Comunista, de um ambiente de perseguição a opositores e críticos, rotulados todos de comunistas. Decidir a favor deles era a senha para também ser considerado comunista pelo governo e pela opinião pública por ele controlada, com sua mídia propagandística. Mesmo sob a vigência da Constituição de 1934, o governo agiu de modo a inviabilizar, na prática, divergências do Supremo Tribunal Federal em tema relacionado à segurança nacional.

Como antecipamos, porém, a maioria dos ministros do Supremo Tribunal Federal comungava do pensamento autoritário do período, assim como a maior parte da doutrina constitucional da época. A Corte não funcionou como vanguarda iluminista. A mais manifesta adesão se encontra nos votos proferidos por Carlos Maximiliano, especialmente nos casos relacionados a estrangeiros e à Lei de Segurança Nacional. Seu voto no julgamento do *habeas corpus* de Olga Benário é um importante registro do pensamento autoritário e conservador que predominou na época. A interpretação e aplicação da Constituição de 1934 não tiveram lugar nos julgamentos de atos do governo voltados à prisão de opositores políticos ou à expulsão de estrangeiros. Os freios ao exercício dos poderes políticos, especialmente do presidente da República, não receberam da Corte Suprema a força normativa que exigiam, enquanto os poderes excepcionais do Executivo foram convalidados como mero "exercício do poder de polícia". A conclusão é semelhante à de Stolleis, em sua análise das decisões do Judiciário alemão, depois dos expurgos (ou seja, depois de aposentados os magistrados judeus e os democratas): o pensamento dos juízes e dos juristas em atividade na época coincidiu, em grande parte, com o do partido no poder (o nazista).[733]

Aplicou-se uma interpretação expansiva das normas excepcionais que impedia a invalidação, pelo Judiciário, dos atos do chefe do Executivo. Presumiam-se verdadeiras as informações prestadas pelos órgãos oficiais, em matéria rotulada como de "segurança nacional" ou de "ordem pública", atribuindo-se às agremiações, aos presos e aos demais perseguidos pelo regime o ônus de provar que não tinham praticado ilícitos ou que o ato do governo não tinha respaldo fático-jurídico. Foram presos professores como Luiz Carpenter, escritores como Graciliano Ramos e Jorge Amado (cujos livros foram proibidos e queimados), advogados como Hermes Lima (que defendeu Olga Benário no

---

[733] STOLLEIS, Michael. *The law under the swastika*: studies on legal history in nazi Germany. Chicago: University of Chicago Press, 1998.

Supremo Tribunal Federal) e parlamentares como o constitucionalista João Mangabeira. Todos tinham em comum a defesa de um pensamento crítico do governo e de esquerda e a resistência sem violência contra a ditadura.

    Na dinâmica da separação de poderes que então se desenhou, o órgão de cúpula do Judiciário colaborou com medidas de exceção do governo contra seus opositores políticos, com construções jurisprudenciais que davam carta-branca para o Poder Executivo violar direitos fundamentais e perseguir os inimigos do regime sem freios institucionais. Ao mesmo tempo, parece-nos válida e útil a análise empreendida por Anthony Pereira, em seu estudo comparado do comportamento das Cortes nas ditaduras militares do Brasil, da Argentina e do Chile, a partir dos anos 1960.[734] Ao contrário dos congêneres vizinhos, o Judiciário brasileiro funcionou muito mais como órgão acomodatício nos Anos de Chumbo. Na Era Vargas, o consenso é de que o Tribunal se caracterizou menos pela submissão à lei do *Führer* do que pela manutenção dos velhos acordos por cima, entre as elites. A Corte da Era Vargas, empacotada durante a Ditadura do Governo Provisório mediante aposentadorias compulsórias, redução dos vencimentos e do número de seus membros, convalidou, no período constitucional do regime, uma série de medidas desconstituintes, especialmente as leis que robusteceram os poderes da polícia política. A perseguição a políticos da esquerda, todos rotulados de comunistas e golpistas, foi a marca do curto período de vigência da Constituição de 1934, cujos principais dispositivos limitadores do poder presidencial foram emendados e permaneceram suspensos nos sucessivos estados de sítio e de guerra decretados por Vargas. O golpe de 1937 e a outorga de uma Carta antidemocrática, inspirada nos modelos nazifascistas em expansão na Europa, representaram a consolidação do pensamento jurídico autoritário que se expandia desde os anos 1920 e que levou seus representantes aos principais cargos do país – Francisco Campos, Oliveira Vianna, Vicente Ráo, Filinto Müller e Carlos Maximiliano à frente. Francisco Campos e Oliveira Vianna registraram, em suas obras, o elogio à ditadura, à qual também chamavam de "regime autoritário" ou "democracia autoritária". Não há dúvida de que a inspiração principal do direito e do Supremo Tribunal

---

[734] PEREIRA, Anthony W. *Ditadura e repressão*: o autoritarismo e o estado de direito no Brasil, no Chile e na Argentina. Tradução: Patrícia de Queiroz Carvalho Zimbres. São Paulo: Paz e Terra, 2010.

Federal naquele período foram os sucessos do autoritarismo de massas na Itália e na Alemanha, tendo como referências Mussolini e Hitler, com cujos governos o Tribunal efetivamente colaborou ao autorizar prisões e expulsões de estrangeiros provenientes daqueles países, úteis ao discurso do inimigo que alimentava as ditaduras, inclusive a varguista.

Há muitas camadas e divergências na interpretação da Era Vargas. Marcada pela tão necessária ruptura com o passado oligárquico e por avanços na legislação eleitoral e trabalhista, com a qual se promoveu a propaganda do Pai dos Pobres – útil para concentrar o poder do então presidente da República –, aquela quadra histórica desenvolveu-se em meio ao radicalismo ideológico de extrema direita e de extrema esquerda, com repressão muito mais forte aos que criticavam o governo à esquerda. A dificuldade de uma visão completa desse período decorre, sobretudo, da proverbial inteligência política de Getúlio Vargas, admirador do nazifascismo, mas pragmático na análise dos movimentos de forças do período, associada à sua longevidade e ao seu retorno à Presidência (desta vez, pelo voto direto), poucos anos depois.

Em conclusão a este trabalho, não podemos deixar de registrar a dificuldade de aceitação de uma visão de história como progresso linear, que considera o passado inteiramente retrógrado na comparação com o presente. Ao contrário, há repetições de discursos e de ideias, somadas a aprendizados aptos a conferir nova roupagem ao autoritarismo, que já não ousa falar seu nome. Visualizamos diferentes dimensões de avanços e de retrocessos em cada época, nas lutas jurídico-políticas travadas na sociedade e em cada setor de atuação do Estado – direito do trabalho, direito eleitoral, direito administrativo, direito penal e processual penal, direito constitucional são periodicamente repensados, especialmente em épocas de crise, para atingir finalidades que se apresentam como prementes: o passado da Era Vargas era uma República Velha com jurídico discurso liberal-democrata, mas práticas políticas oligárquicas com eleições fajutas. A proposta que prevaleceu com a Revolução de 1930, no entanto, foi a substituição do discurso da democracia liberal pelo da democracia autoritária, sinônimo de ditadura unipessoal, promovendo-se a mitigação e eliminação da separação de poderes, com a concentração da legitimidade política nas mãos do líder, que seria coadjuvado não mais por representantes parlamentares eleitos diretamente, mas por elites corporativas selecionadas pelas próprias elites.

Em cada tempo, as disputas pelos sentidos da Constituição e, consequentemente, de democracia articulam-se às necessidades e às crises do momento. O objetivo deste estudo, que se debruçou sobre os pensadores e o discurso jurídico autoritário da Era Vargas e sobre o papel do Supremo Tribunal Federal na aplicação daquele pensamento, não foi rotular os anos 1930-1945 nem como único período autoritário do país, nem como um período mais autoritário do que o antecedente (a República Velha oligárquica). Nosso objetivo foi verificar como, apesar das promessas da Revolução de 1930 e de uma visão idealizada do passado, a política do café com leite foi substituída não por um governo democrático, mas por nova forma de autoritarismo, com respaldo teórico construído por juristas colaboradores do regime. Com efeito, concluímos que o discurso jurídico dominante da época – autoritário, corporativista, de inspiração fascista – teceu o constitucionalismo da época e levou seus principais representantes aos cargos-chave nas instituições, encontrando eco nas leis, nas práticas políticas, governamentais e policiais e nas decisões do Supremo Tribunal Federal. Na Corte, grandes atores econômicos lograram anular medidas do governo, especialmente em matéria tributária – precisamente a área em que o governo de Getúlio Vargas promovia transformações desenvolvimentistas e minimamente redistributivas dos recursos da sociedade. Por outro lado, os presos políticos, escritores, jornalistas e parlamentares críticos e opositores da ditadura varguista, os estrangeiros de origem judaica, italiana, alemã, russa, ou ligados a movimentos operários ou, ainda, meramente desempregados ou subempregados encontraram no Supremo Tribunal Federal uma Corte absolutamente insensível aos seus pleitos de liberdade, de permanência no Brasil com sua família, de respeito ao devido processo legal, à ampla defesa, ao juiz natural, à dignidade humana.

REFERÊNCIAS

ACEMOGLU, Daron; ROBINSON, James. *Por que as nações fracassam*: as origens do poder, da prosperidade e da pobreza. Tradução: Cristiana Serra. Rio de Janeiro: Elsevier, 2012.

ALVES, Adamo Dias; CATTONI, Marcelo. Carl Schmitt: um teórico da exceção sob o estado de exceção. *Revista Brasileira de Estudos Políticos*, n. 105, Belo Horizonte, jul./dez. 2012, p. 225-276.

ALVES, Rogério Pacheco. Os tribunais como máquinas de guerra do Estado fascista italiano em Alfredo Rocco e suas repercussões no pensamento e na atuação política de Francisco Campos, o jurista do estado novo. *Rei - Revista Estudos Institucionais*, vol. 7, n. 3, p. 988-1.013, Rio de Janeiro, 2021. Disponível em: https://estudosinstitucionais.com/REI/article/view/689/750. Acesso em: 21 out. 2022.

ALMEIDA, Antônio Figueira de. *A Constituição de Dez de Novembro explicada ao povo*. Rio de Janeiro: Departamento de Imprensa e Propaganda, 1940.

ARAÚJO, Gabriel Frias. *Da Revolução à Constituição*: legalidade, legitimidade e os dilemas da constituinte na formação do Estado Moderno Brasileiro em Vargas (1930-1944). Orientador: Carlos Eduardo de Abreu Boucault. 2017. 362f. Dissertação (Mestrado em Direito). Faculdade de Ciências Humanas e Sociais, Universidade Estadual Paulista. Franca: 2017.

ARGUELHES, Diego Werneck; RIBEIRO, Leandro Molhano. Ministrocracia: o Supremo Tribunal individual e o processo democrático brasileiro. *Novos Estudos*, CEBRAP, São Paulo, v. 37, n. 01, jan./abr. 2018, p. 13-32.

ARGUELHES, Diego Werneck. O Supremo que não erra. *In*: VIEIRA, Oscar Vilhena; GLEZER, Rubens (orgs.). *A razão e o voto*: diálogos constitucionais com Luís Roberto Barroso. São Paulo: FGV Editora, 2017. p. 81-107.

BALEEIRO, Aliomar. *O Supremo Tribunal Federal, esse outro desconhecido*. Rio de Janeiro: Forense, 1968.

BALKIN, Jack M. Constitutional Crisis and Constitutional Rot. *In*: GRABER, Mark; LEVINSON, Sanford; TUSHNET, Mark (ed.). *Constitutional Democracy in Crisis?* Oxford: Oxford University Press, 2012. p. 13-28.

BARATA RIBEIRO, Agildo. *A vida de um revolucionário*. Rio de Janeiro: Melso, 1962.

BARBALHO, João. *Constituição Federal brasileira*: comentários. Rio de Janeiro: Cia. Litho-Typ, 1902.

BARROSO, Luís Roberto. *O direito constitucional e a efetividade de suas normas*: limites e possibilidades da Constituição brasileira. 5. ed. Rio de Janeiro: Renovar, 2001.

BARROSO, Luís Roberto. *Curso de direito constitucional contemporâneo*: os conceitos fundamentais e a construção do novo modelo. 2. ed. São Paulo: Saraiva, 2008.

BARROSO, Luís Roberto. Judicialização, ativismo judicial e legitimidade democrática. *Suffragium - Revista do Tribunal Regional Eleitoral do Ceará*, Fortaleza, v. 5, n. 8, p. 11-22, jan./dez. 2009. Disponível em: https://bibliotecadigital.tse.jus.br/xmlui/handle/bdtse/5498. Acesso em: 02 nov. 2020.

BARROSO, Luís Roberto. *A judicialização da vida*. Belo Horizonte: Fórum, 2018.

BARROSO, Luís Roberto. A República que ainda não foi. *In*: BARROSO, Luís Roberto; MELLO, Patrícia Perrone Campos. *A República que ainda não foi*: trinta anos da Constituição na visão da Escola de Direito Constitucional da UERJ. Belo Horizonte: Fórum, 2018. p. 35-54.

BASBAUM, Leôncio. *História sincera da República* (1930-1960). 4. ed. São Paulo: Alfa-Ômega, 1976.

BATISTA, Nilo. A atualidade de Robert Freisler. *Passagens: Revista Internacional de História Política e Cultura Jurídica*, Rio de Janeiro, vol. 7, n. 1, jan./abr. 2015, p. 5-14. Disponível em: https://www.historia.uff.br/revistapassagens/artigos/v7n1a12015.pdf. Acesso em: 09 nov. 2021.

BEIRED, J. L. B. *Sob o Signo da Nova Ordem*: intelectuais autoritários no Brasil e na Argentina (1914-1945). São Paulo: Loyola, 1999.

BEIRED, J. L. B. Intelectuais e autoritarismo no Brasil e na Argentina (1914-1945). *In*: NODARI, Eunice; PEDRO, Joana Maria; IOKOI, Zilda M. Gricoli (org.) *História: Fronteiras*. XX Simpósio Nacional da ANPUH. Vol. I. Florianópolis: FFLCH/USP, 1999.

BERCOVICI, Gilberto. Carl Schmitt, o Estado total e o guardião da Constituição. *Revista Opinião Jurídica*, n. 4, São Paulo, 2004, p. 96-105.

BERCOVICI, Gilberto. Tentativa de instituição da democracia de massas no Brasil: instabilidade constitucional e direitos sociais na Era Vargas. *In*: SOUZA NETO, Cláudio Pereira de; SARMENTO, Daniel (coord.). *Direitos sociais*: fundamentos, judicialização e direitos sociais em espécie. Rio de Janeiro: Lumen Juris, 2010. p. 25/61.

BERFORD, Alvaro Bittencourt. *O Estado Nacional e a Constituição de 1937*. Rio de Janeiro: 1944.

BERLIN, Isaiah. Dois conceitos de liberdade. *In: Estudos sobre a Humanidade*: uma antologia de ensaios. São Paulo: Companhia das Letras. p. 226-272.

BICKEL, Alexander. *The least dangerous branch*: the Supreme Court at the bar of politics. 2. ed. New Haven: Yale University Presidentes, 1986.

BONAVIDES, Paulo. *A crise política brasileira*. 2. ed. Rio de Janeiro: Forense, 1978.

BONAVIDES, Paulo. Francisco Campos: o antiliberal. *In*: CAMPOS, Francisco. *Discursos parlamentares*. Brasília: Câmara dos Deputados, 1979.

BONAVIDES, Paulo; ANDRADE, Paes de. *História Constitucional do Brasil*. 3. ed. Rio de Janeiro: Paz e Terra, 1991.

BORRMANN, Ricardo Gaulia. A recepção de Hans Kelsen na Constituinte de 1933-34: peças de um quebra-cabeça incompleto. *In*: MENEZES, Léna Medeiros de; TRONCOSO, Hugo Cancino; LA MORA, Rogelio (orgs.). *Intelectuais na América Latina*: pensamento, contextos e instituições. Rio de Janeiro, UERJ/LABIME, 2014. p. 386-404.

BORTOLOTO, Patrícia Soster. *Refuncionalização do estado e discurso autoritário*: o pensamento de Castro Nunes (1924-1945). Dissertação de mestrado. Universidade de Brasília, Programa de Pós-Graduação em Direito, 2019.

BRESCIANI, Maria Stella Martins. *O charme da ciência e a solução de objetividade*: Oliveira Vianna entre intérpretes do Brasil. São Paulo: UNESP, 2005.

BRANDÃO, Rodrigo. *Supremacia Judicial e Diálogos Constitucionais*: a quem cabe a última palavra sobre o sentido da Constituição. Rio de Janeiro: Lumen Juris, 2012.

BRANDÃO, Rodrigo. A judicialização da política: teorias, condições e o caso brasileiro. *Revista de Direito Administrativo*, v. 263, p. 175-220, 2013.

BRETAS, Marcos Luiz. O general Góes Monteiro: a formulação de um projeto para o Exército. *Militares e Política*, n. 2, jan./jun. 2008, p. 31-61.

BUARQUE DE HOLANDA, Sérgio. A bandeira nacional. *In*: COSTA, Marcos (org.). *Sérgio Buarque de Holanda*: escritos coligidos. Livro I – 1920-1949. São Paulo: UNESP, Fundação Perseu Abramo, 2011. p. 12-14.

BUARQUE DE HOLANDA, Sérgio. A elevação dos direitos aduaneiros sobre o café. *In*: COSTA, Marcos (org.). *Sérgio Buarque de Holanda*: escritos coligidos. Livro I – 1920-1949. São Paulo: UNESP, Fundação Perseu Abramo, 2011. p. 37-39.

BUARQUE DE HOLANDA, Sérgio. Corpo e alma do Brasil: ensaio de psicologia social. *Espelho*, Rio de Janeiro, mar. 1935. *In*: COSTA, Marcos (org.). *Sérgio Buarque de Holanda*: escritos coligidos. Livro I – 1920-1949. São Paulo: UNESP, Fundação Perseu Abramo, 2011. p. 59-78.

CAMPOS, Carlos Alexandre de Azevedo. *Dimensões do Ativismo Judicial do STF*. Rio de Janeiro: Forense, 2014.

CAMPOS, Carlos Alexandre de Azevedo. Getúlio Vargas, Franklin Roosevelt e a independência judicial. *Revista Consultor Jurídico*, 6 nov. 2014. Disponível em: https://www.conjur.com.br/2014-nov-06/carlos-alexandre-campos-vargas-roosevelt-independencia-judicial. Acesso em: 15 mar. 2022.

CAMPOS, Francisco. *O Estado Nacional*: sua estrutura, seu conteúdo ideológico. Brasília: Senado Federal, 2001.

CAMPOS, Francisco. *Discursos parlamentares*. Sel. e intr. Paulo Bonavides. Brasília: Câmara dos Deputados, 1979.

CAMPOS, Reynaldo Pompeu de. *Repressão judicial no Estado Novo*: esquerda e direita no banco dos réus. Rio de Janeiro: Achiamé, 1982.

CARDOSO, Fernando Henrique. O Brasil republicano: estrutura de poder e economia. *In*: HOLANDA, Sérgio Buarque; FAUSTO, Boris (org.). *História Geral da Civilização Brasileira*. Vol. 8. São Paulo: Difusão Europeia do Livro, 1975.

CARONE, Edgar. *A Primeira República – Texto e Contexto*. São Paulo: Difel, 1973.

CARONE, Edgar. *Revoluções do Brasil contemporâneo*. 2. ed. São Paulo: Difel, 1975a.

CARONE, Edgar. *O Tenentismo*: acontecimentos, personagens, programas. São Paulo: Difel, 1975b.

CARVALHO, Jose Murilo. A utopia de Oliveira Vianna. *Revista Estudos Históricos*, Rio de Janeiro, v. 4, n. 7, p. 82-99, jul. 1991.

CARVALHO, Jose Murilo. *Cidadania no Brasil*: o longo caminho. Rio de Janeiro: Civilização Brasileira, 2001.

CARVALHO, Jose Murilo. *Forças Armadas e política no Brasil*. São Paulo: Todavia, 2019.

CASTRO, Araújo. *A Constituição de 1937*. 2. ed. Rio de Janeiro: Freitas Bastos, 1941.

COSTA, Emília Viotti da. *O Supremo Tribunal Federal e a construção da cidadania*. 2. ed. São Paulo: Editora UNESP, 2006.

COSTA, Marcos (org.). *Sérgio Buarque de Holanda*: escritos coligidos. Livro I – 1920-1949. São Paulo: UNESP, Fundação Perseu Abramo, 2011.

CAVALCANTI DE CARVALHO, M. *Evolução do Estado brasileiro*. Rio de Janeiro: A. Coelho Branco Filho, 1941.

CUNHA, Euclides. *Os sertões*. São Paulo: Nova Cultural, 2002.

DAHL, Robert A. Decision-making in a democracy: the Supreme Court as a national policy-maker. *Journal of public law*, n. 6, 1957, p. 279-295. Disponível em: https://static1.squarespace.com/static/60188505fb790b33c3d33a61/t/6049c2bd69f212651b53aab3/1615446718720/DahlDecisionMaking.pdf. Acesso em: 20 jul. 2022.

DIAS FILHO, Sérgio Rodrigues. *O constitucionalismo de João Mangabeira*: consenso, racionalidade e socialismo. 2014. 114 f. Dissertação (Mestrado em Direito) – Universidade Federal Fluminense, Niterói, 2014.

DINES, Alberto. *Morte no paraíso*: a tragédia de Stefan Zweig. Rio de Janeiro: Rocco, 2004.

DORIA, Pedro. *Tenentes*: a guerra civil brasileira. Rio de Janeiro: Record, 2016.

DULLES, John W. F. *Anarquistas e comunistas no Brasil*: 1900-1935. Tradução: César Parreiras Horta. Rio de Janeiro: Nova Fronteira, 1977.

DWORKIN, Ronald. Political Judges and the Rule of Law. *In*: *A matter of principle*. Cambridge (MA): Harvard University Press, 1985. p. 9-32.

DWORKIN, Ronald. *O império do direito*. Tradução: Jefferson Luiz Camargo. São Paulo: Martins Fontes, 2007.

EVANS, Richard. *The Third Reich in Power*. New York: Penguin, 2005.

FAORO, Raymundo. *Os donos do poder*. 3. ed. São Paulo: Globo, 2001.

FAUSTO, Boris. *A Revolução de 1930*. 3. ed. São Paulo: Brasiliense, 1975.

FAUSTO, Boris. A crise dos anos vinte e a revolução de 1930. *In*: FAUSTO, Boris (org.). *O Brasil Republicano*. Tomo III. vol. 2. São Paulo: Difel, 1977.

FAUSTO, Boris. *O pensamento nacionalista autoritário*. Rio de Janeiro: Zahar, 2001.

FAUSTO, Boris. *Getúlio*: o poder e o sorriso. São Paulo: Companhia das Letras, 2006.

FAUSTO, Boris. *História do Brasil*. 14. ed. 3. reimpr. São Paulo: EDUSP, 2019.

FEREJOHN, John; KRAMER, Larry D. Independent judges, dependent judiciary: institutionalizing judicial restraint. *New York University Law Review*, v. 77, p. 962-1.039, oct. 2002.

FEREJOHN, John; PASQUINO, Pasquale. Rule of democracy and rule of Law. *In*: PRZEWORSKI, Adam; MARAVALL, José María. *Democracy and the rule of law*. New York: Cambridge Press, 2006. p. 242-260.

FERRAZ JR., Tercio Sampaio. A filosofia do direito no Brasil e o papel de Miguel Reale. *In*: BITTAR, Eduardo C. (Org.). *História do direito brasileiro*: leituras da ordem jurídica nacional. São Paulo: Atlas, 2003. p. 60-74.

FERREIRA, Waldemar Martins. *História do direito constitucional brasileiro*. Brasília: Senado Federal, 2003.

FEST, Joachim. *Hitler*. New York: Harcourt, 1974.

FRANCO, Afonso Arinos de Melo. *Curso de direito constitucional brasileiro*. Vol. 2. Rio de Janeiro: Forense, 1960.

FREITAS, Vladimir Passos de. Pouco se sabe sobre o Tribunal de Segurança Nacional. *Revista Consultor Jurídico*, 31 maio 2009. Disponível em: https://www.conjur.com.br/2009-mai-31/brasil-sabe-tribunal-seguranca-nacional. Acesso em: 25 out. 2022.

FRIEDMAN, Barry. The politics of judicial review. *Texas Law Review*, v. 84, n. 2005, p. 257-237.

GARGARELLA, Roberto. *Latin American Constitutionalism, 1810-2010*: the Engine Room of the Constitution. New York: Oxford University Press, 2013.

GINSBURG, Tom; DIXON, Rosalind. Constitutions as political insurance: variants and limits. *In*: DELANEY, Erin F.; DIXON, Rosalind. *Comparative Judicial Review*. Northampton: Edward Elgar Publishing Limited, 2018. p. 36-59.

GODOY, Arnaldo Sampaio de Moraes. *A história do direito entre foices, martelos e todas*: Brasil, 1935-1965 – Olga Prestes, Genny Gleiser, Ernesto Gattai, João Cabral de Melo Neto, Francisco Julião, Carlos Heitor Cony e Miguel Arraes no Supremo Tribunal Federal. São Paulo: Quartier Latin, 2008.

GODOY, Arnaldo Sampaio de Moraes. *Memória jurisprudencial*: Ministro Carlos Maximiliano. Brasília: Supremo Tribunal Federal, 2010.

GODOY, Arnaldo Sampaio de Moraes. A Constituição de 1934 no contexto da história do constitucionalismo brasileiro. *Revista Jurídica Cesumar*, jan./abr. 2017, v. 17, n. 1, p. 181-211. Disponível em: http://www.mpsp.mp.br/portal/page/portal/documentacao_e_divulgacao/doc_biblioteca/bibli_servicos_produtos/bibli_informativo/bibli_inf_2006/Rev-Jur-CESUMAR_v.17_n.01.08.pdf. Acesso em: 16 set. 2022.

GOMES, Ângela Maria de Castro. Confronto e compromisso no processo de constitucionalização (1930-1935). *In*: FAUSTO, Boris (dir.). *O Brasil republicano*: sociedade e política (1930-1964). t. 3. v. 3. (História geral da civilização brasileira). 3. ed. São Paulo: Difel, 1986.

GOMES, Ângela Maria de Castro. Autoritarismo e corporativismo no Brasil: o legado de Vargas. *Revista USP*, São Paulo, n. 65, p. 105-119, mar./maio 2005.

GONÇALVES, João Felipe. *Rui Barbosa*: pondo as ideias no lugar. São Paulo: FGV, 2000.

GORENDER, Jacob. *A burguesia brasileira*. 7. ed. São Paulo: Brasiliense, 1988.

HALMAI, Gábor. Populism, authoritarianism and constitutionalism. *German Law Journal*, v. 20, p. 296-313, 2019.

HAMILTON, Alexandre; MADISON, James; JAY, John. *O federalista*. Tradução: Ricardo Rodrigues da Gama. 3. ed. Campinas: Russell, 2009.

HELLER, Herman. *Europa y el fascismo*. Tradução: Francisco J. Conde. Madrid: Editorial España, 1931.

HELLER, Herman. Poder político. *Revista Forense*, Rio de Janeiro, ano XLIII, vol. CVII, jul. 1946, p. 42-46.

HOBSBAWM, Eric J. *Era dos extremos*: o breve século XX: 1914-1991. Tradução: Marcos Santarrita. São Paulo: Companhia das Letras, 1995.

HOCHHEIM, Bruno Arthur. *Federalismo, centralização e intervenção do Estado*: os debates na Comissão do Itamaraty (1932-1933). 2017. 342 f. Dissertação (Mestrado em Direito) – Universidade de Brasília, Brasília, 2017.

HORBACH, Carlos Bastide. Controle judicial da atividade política. As questões políticas e os atos de governo. *Revista de Informação Legislativa*, a. 6, n. 182, Brasília, abr./jun. 2009, p. 7-16.

HUQ, Aziz. Democratic Erosion and the Courts: Comparative Perspectives. *NYU Law Review Online*, v. 93, p. 21-31, 2018.

KELSEN, Hans. A competência da assembleia nacional constituinte. *Política: Revista de Direito Público, Legislação Social e Economia*, Rio de Janeiro, vol. 1, n.1, jan. 1934, p. 34-43.

KELSEN, Hans. *Teoria pura do direito*. 4. ed. Tradução: João Baptista Machado. Coimbra: Arménio Machado Editor, 1976.

KELSEN, Hans. A garantia jurisdicional da Constituição. *In*: *Jurisdição Constitucional*. São Paulo: Martins Fontes, 2003. p. 123-186.

KELSEN, Hans. Quem deve ser o guardião da Constituição. *In: Jurisdição constitucional.* Tradução: Maria Ermantina Galvão. São Paulo: Martins Fontes, 2003b. p. 239-298.

KERSHAW, Ian. *Hitler*: 1889-1936 Hubris. New York: W. W. Norton & Company, 1999.

KOERNER, Andrei. O Poder Judiciário no sistema político da Primeira República. *Revista da USP*, Dossiê Judiciário, n. 21, 1994. p. 58-69.

KOERNER, Andrei. A análise política do Direito, do Judiciário e da doutrina jurídica. *In*: WANG, Daniel Wei Liang (org.). *Constituição e política na Democracia*: aproximações entre Direito e ciência política. São Paulo: Marcial Pons, 2013.

KOERNER, Andrei. *A ordem constitucional da República*: uma análise da política da jurisdição constitucional no Brasil (1889-1926). Tese de Doutorado. Universidade Estadual de Campinas, Departamento de Ciência Política, 2015.

KOERNER, Andrei. O Reino Social de Cristo e a constituição orgânica da nação: das encíclicas de Leão XIII ao pensamento católico brasileiro dos anos trinta. *Estudos Históricos*, vol. 33, n. 71, Rio de Janeiro, p. 489-510, set./dez. 2020.

KOSELLECK, Reinhart. *Histórias de conceitos*: estudos sobre a semântica e a pragmática da linguagem jurídica e social. Tradução: Markus Hediger. Rio de Janeiro: Contraponto, 2020.

KRAMER, Larry. *The people themselves*: popular constitutionalism and judicial review. Oxford University Press: Oxford, 2004.

LACLAU, Ernesto. *A Razão Populista*. São Paulo: Três Estrelas, 2013.

LAMOUNIER, Bolívar. Formação de um pensamento político autoritário na Primeira República: uma interpretação. *In*: FAUSTO, Boris (org.). *História geral da civilização brasileira*. Tomo III. Volume 2. São Paulo: Difel, 1985. p. 343-374.

LEAL, Victor Nunes. *Coronelismo, enxada e voto*. 7. ed. São Paulo: Companhia das Letras, 2012.

LEVISNON, Sanford; BALKIN, Jack M. *Democracy and Dysfunction*. Chicago and London: The University of Chicago Press, 2019.

LEVITSKY, Steven; ZIBLATT, Daniel. *Como as democracias morrem*. Tradução: Renato Aguiar. Rio de Janeiro: Zahar, 2018.

LIMA, Eusébio Queiroz. O regimento da constituinte. *Política: Revista de Direito Público, Legislação Social e Economia*, Rio de Janeiro, vol. 1, n. 1, jan. 1934, p. 27-33.

LIMA SOBRINHO, Barbosa. *Presença de Alberto Torres*. Rio de Janeiro: Civilização Brasileira, 1968.

LINS, A. E. Estellita. *A nova Constituição dos Estados Unidos do Brasil*. Rio de Janeiro: José Konfino, 1938.

LOEWENSTEIN, Karl. *Brazil under Vargas*. New York: The MacMillan Company, 1942.

LYNCH, Christian Edward Cyril. Por que pensamento e não teoria? A imaginação político-social brasileira e o fantasma da condição periférica (1880-1970). *Dados-Revista de Ciências Sociais*, v. 56, n. 4, p. 727-767, 2013.

LYNCH, Christian Edward Cyril. *Da monarquia à oligarquia*: história institucional e pensamento político brasileiro (1822-1930). São Paulo: Alameda, 2014.

LYNCH, Christian Edward Cyril. Idealismo e realismo na teoria política e no pensamento brasileiro: três modelos de história intelectual. *Revista Brasileira de Ciência Política*, nº 34, e237103, 2021, p. 1-57.

LYNCH, Christian Edward Cyril. Entre o judiciarismo e o autoritarismo: o espectro do poder moderador no debate político republicano: 1890-1945. *Revista Insight Inteligência*, edição 97. Disponível em: https://inteligencia.insightnet.com.br/entre-o-judiciarismo-e-o-autoritarismo-o-espectro-do-poder-moderador-no-debate-politico-republicano-1890-1945/. Acesso em: 20 set. 2022.

LYNCH, C. E. C; SOUZA NETO, C. P. O constitucionalismo da inefetividade: a constituição de 1891 no cativeiro do estado de sítio. *Revista Quaestio Iuris*, vol. 5, n. 1, 2012, p. 85-136.

LYNCH, C. E. C; SOUZA NETO, C. P; PONTES FILHO, V.; BARROSO, L. R.; COMPARATO, F. K.; BONAVIDES, P.; SILVA, J. A. *As Constituições Brasileiras*: notícia, história e análise crítica. Volume 1. 1. ed. Brasília: OAB Editora, 2008.

MAINWARING, Scott; PÉREZ-LIÑÁN, Anibal. *Democracies and dictatorshipis in Latin America*: emergence, survival, and fall. Cambridge: Cambridge University Press, 2013.

MANGABEIRA, João. *Ideias políticas de João Mangabeira*: cronologia, notas bibliográficas e textos selecionados por Francisco de Assis Barbosa. Coleção Ação e Pensamento da República, Vol. 3. 2. ed. Brasília: Senado Federal; Rio de Janeiro: Fundação Casa de Rui Barbosa, 1980.

MARX, Karl. *O 18 do Brumário de Luís Bonaparte*. Tradução: Nélio Schneider. Prólogo: Herbert Marcuse. São Paulo: Boitempo, 2011.

MAXIMILIANO, Carlos. *Hermeneutica e applicação do direito*. Porto Alegre: Globo, 1925.

MAXIMILIANO, Carlos. *Comentários à Constituição Brasileira*. 3. ed. ampliada. Porto Alegre: Livraria do Globo, 1929.

MECCARELLI, Massimo; SASTRE, María Julia Solla (eds.). *Spatial and temporal dimensions for legal history*. Frankfurt am Main: Max Plank Institute for European Legal History, 2016.

MENDES, Conrado Hubner. Neither Dialogue Nor Last Word – Deliberative Separation of Powers 3, *Legisprudence*, Vol. 5, No. 1, p. 1-40, 2011. Disponível em: https://papers.ssrn.com/sol3/papers.cfm?abstract_id=1911852. Acesso em: 16 maio 2022.

MENDES, Gilmar Ferreira. *Direitos fundamentais e controle de constitucionalidade*: estudos de direito constitucional. 3. ed. São Paulo: Saraiva, 2004.

MENDES, Gilmar Ferreira; COELHO, Inocêncio Mártires; BRANCO, Paulo Gustavo Gonet. *Curso de direito constitucional*. São Paulo: Saraiva, 2007.

MENDES, Gilmar Ferreira; MARTINS, Ives Gandra da Silva. *Controle concentrado de constitucionalidade*. 3. ed. 2. tir. São Paulo: Saraiva, 2009.

MICELI, Sérgio. *Intelectuais e classe dirigente no Brasil (1920-1945)*. São Paulo: Difel, 1979.

MILL, John Stuart. *Considerações sobre o governo representativo*. Tradução: Manoel Innocêncio de Lacerda Santos Jr. Brasília: UnB, 1981.

MORAIS, Fernando. *Olga*. São Paulo: Companhia das Letras, 1993.

MORAIS, Fernando. *Chatô, o rei do Brasil*. São Paulo: Companhia das Letras, 1994.

NEQUETE, Lenine. *O Poder Judiciário no Brasil a partir da independência*. II – República. Brasília: Supremo Tribunal Federal, 2000.

NETO, Lira. *Getúlio*: dos anos de formação à conquista do poder (1882-1930). 1. ed. 8. reimpr. São Paulo: Companhia das Letras, 2012.

NETO, Lira. *Getúlio*: do governo provisório à ditadura do Estado Novo (1930-1945). 1. ed. 3. reimpr. São Paulo: Companhia das Letras, 2013.

NETO, Lira. *Getúlio*: da volta pela consagração popular ao suicídio (1945-1954). 1. ed. São Paulo: Companhia das Letras, 2014.

NEVES, Marcelo. Entre subintegração e sobreintegração: a cidadania inexistente. *Dados – Revista de Ciências Sociais*, vol. 37, n. 2. Rio de Janeiro: IUPERJ, 1994. p. 253-276.

OLIVEIRA FILHO, Candido de; OLIVEIRA NETO, Candido de. *Digesto constitucional (Constituição de 1937)*. Vol. 1. Rio de Janeiro: Candido de Oliveira Filho, 1940a.

OLIVEIRA FILHO, Candido de; OLIVEIRA NETO, Candido de. *Digesto constitucional (Constituição de 1937)*. Vol. 4. Rio de Janeiro: Candido de Oliveira Filho, 1940b.

OLIVEIRA FILHO, Candido de; OLIVEIRA NETO, Candido de. *Digesto constitucional (Constituição de 1937)*. Vol. 5. Rio de Janeiro: Candido de Oliveira Filho, 1940c.

OYAMA, Thaís. *Tormenta*. O governo Bolsonaro: crises, intrigas e segredos. São Paulo: Companhia das Letras, 2020.

PÉCAUT, Daniel. *Os intelectuais e a política no Brasil*: entre o povo e a nação. Tradução: Maria Júlia Goldwasser. São Paulo: Ática, 1990.

PEREIRA, Anthony W. *Ditadura e repressão*: o autoritarismo e o estado de direito no Brasil, no Chile e na Argentina. Tradução: Patrícia de Queiroz Carvalho Zimbres. São Paulo: Paz e Terra, 2010.

PINTO, Francisco Rogério Madeira. *A formação do pensamento jurídico-autoritário brasileiro e sua concretização no Estado Novo*: Júlio de Castilhos, Oliveira Vianna, Francisco Campos e Carlos Medeiros Silva. Orientador: Argemiro Martins. 2018. 284f. Tese (Doutorado em Direito). Universidade de Brasília. Brasília: 2018.

POLETTI, Ronaldo. *Constituições brasileiras – 1934*. Senado Federal: Brasília, 2012.

PONTES DE MIRANDA, Francisco Cavalcanti. *Comentários à Constituição da República dos E. U. do Brasil*. Tomo I. Artigos 1-103. Rio de Janeiro: Guanabara, 1936.

PONTES DE MIRANDA, Francisco Cavalcanti. *Comentários à Constituição Federal de 10 de novembro de 1937*. Rio de Janeiro: Irmãos Pongetti Editores, 1938.

PORTO, Walter Costa. *1937*. 3. ed. Brasília: Senado Federal, 2012.

PRESTES, Luís Carlos. Manifesto de Maio. *Diário da Noite*, São Paulo, 2ª edição, 29 maio 1930 *apud* BASTOS, Abguar. *Prestes e a Revolução Social*. Rio de Janeiro: Ed. Calvino, 1946. p. 225-229. Disponível em: https://www.marxists.org/portugues/prestes/1930/05/manifesto.htm. Acesso em: 07 set. 2022.

PRESTES, Luís Carlos. *Manifesto da Aliança Nacional Libertadora*. Manifesto de 5 de julho de 1935. Disponível em: https://inverta.org/jornal/agencia/movimento/manifesto-da-alianca-nacional-libertadora-por-luiz-carlos-prestes. Acesso em: 16 jan. 2023.

PRZEWORSKI, Adam. *Capitalismo e social-democracia*. Tradução: Laura Teixeira Motta. São Paulo: Companhia das Letras, 1989.

PRZEWORSKI, Adam; ALVAREZ, Michael; CHEIBUB, José Antônio; LIMONGI, Fernando. O que mantém as democracias? *Lua Nova*, n. 40-41, p. 113-135, 1997. Disponível em: http://www.scielo.br/pdf/ln/n40-41/a06n4041.pdf. Acesso em: 06 jan. 2020.

RAWLS, John. *Lectures on the History of Political Philosophy*. Cambridge: Harvard University Press, 2007.

REALE, Miguel. *Obras políticas* (1ª fase – 1931/1937). Tomo I. Brasília: Editora Universidade de Brasília, 1983a.

REALE, Miguel. *Obras políticas* (1ª fase – 1931/1937). Tomo II. Brasília: Editora Universidade de Brasília, 1983b.

REALE, Miguel. *Obras políticas* (1ª fase – 1931/1937). Tomo III. Brasília: Editora Universidade de Brasília, 1983c.

REGO, José Lins. O Nietzsche de Hitler. *Diário de Pernambuco*, Recife, 26 jul. 1942, p. 3. Disponível em: https://www.scielo.br/j/cniet/a/BBrdSLxpM5VT7YKtYvspDHr/?lang=pt. Acesso em: 14 set. 2022.

REZENDE, Antônio Paulo. *Uma trama revolucionária? Do Tenentismo à Revolução de 30*. 6. ed. São Paulo: Atual, 1990.

RITTER, Gerhard. *El estado social, su origen y desarrollo, en una comparación internacional*. Tradução: Joaquín Abellán. Madrid: Ministerio de Trabajo y Seguridad Social, 1991.

RODRIGUES, Lêda Boechat. *História do Supremo Tribunal Federal*. Tomo I – Defesa das liberdades civis (1891-1898). Rio de Janeiro: Civilização Brasileira, 1965.

RODRIGUES, Lêda Boechat. *História do Supremo Tribunal Federal*. Tomo II – Defesa do Federalismo (1899-1910). Rio de Janeiro: Civilização Brasileira, 1968.

RODRIGUES, Lêda Boechat. *História do Supremo Tribunal Federal*. Tomo III – Doutrina brasileira do *habeas corpus*. Rio de Janeiro: Civilização Brasileira, 1991.

RODRIGUES, Lêda Boechat. *História do Supremo Tribunal Federal*. Tomo IV – 1930-1963. Rio de Janeiro: Civilização Brasileira, 2002.

ROSANVALLON, Pierre. *Le peuple introuvable*: histoire de la représentation démocratique en France. Paris: Gallimard, 1998.

ROSENFIELD, Luís. Sobre idealistas e realistas: o Estado Novo e o constitucionalismo autoritário brasileiro. *Veritas*, Porto Alegre, v. 65, n. 1, p. 1-19, jan./mar. 2020.

SANDEL, Michael. *A tirania do mérito*. O que aconteceu com o bem comum? Tradução: Bhuvi Libanio. Rio de Janeiro: Civilização Brasileira, 2020.

SANTA ROSA, Virgínio. *A desordem*: ensaio de interpretação do momento. Rio de Janeiro: Schmidt, 1932.

SANTA ROSA, Virgínio. *O Sentido do Tenentismo*. São Paulo: Alfa Ômega, 1976 [1ª ed.: 1933].

SANTOS, Boaventura de Sousa. *A crítica da razão indolente*. Contra o desperdício da experiência. Para um novo senso comum: a ciência, o direito e a política na transição paradigmática. 7. ed. São Paulo: Cortez, 2009.

SANTOS, Rogério Dultra dos. *O problema da representação política na obra de Oliveira Vianna*: democracia e corporações. Disponível em: https://anpocs.com/index.php/papers-35-encontro/gt-29/gt35-8/1235-o-problema-da-representacao-politica-na-obra-de-oliveira-vianna-democracia-e-corporacoes/file. Acesso em: 28 jun. 2022.

SANTOS, Rogério Dultra dos. Oliveira Vianna e a origem corporativa do Estado Novo: Estado antiliberal, direitos sociais e representação política. *In*: DUARTE, Fernanda; KOERNER, Andrei. *Justiça Constitucional no Brasil*: política e direito. Rio de Janeiro: EMARF, 2010. p. 67-96.

SANTOS, Wanderley Guilherme dos. A práxis liberal no Brasil. *In*: *Ordem burguesa e liberalismo político*. São Paulo: Duas Cidades, 1978. p. 15-64.

SANTOS, Wanderley Guilherme dos. Paradigma e história: a ordem burguesa na imaginação social brasileira. *In*: *Ordem burguesa e liberalismo político*. São Paulo: Duas Cidades, 1978. p. 65-118.

SANTOS, Wanderley Guilherme dos. *Décadas de espanto e uma apologia democrática*. Rio de Janeiro: Rocco, 1998.

SARMENTO, Daniel. O neoconstitucionalismo no Brasil: riscos e possibilidades. *In*: FELLET, Ande Luis Fernandes *et al*. *As novas faces do ativismo judicial*. Salvador: JusPodivm, 2011.

SARMENTO, Daniel. Ubiquidade constitucional: os dois lados da moeda. *In*: SARMENTO, Daniel. *Livres e iguais*. Rio de Janeiro: Lumen Juris, 2006. p. 167-205.

SARMENTO, Daniel; SOUZA NETO, Cláudio Pereira de. Controle de constitucionalidade e democracia: algumas teorias e parâmetros de ativismo. *In*: SARMENTO, Daniel (coord.). *Jurisdição constitucional e política*. Rio de Janeiro: Forense, 2015. p. 73-114.

SARMENTO, Daniel; PONTES, João Gabriel Madeira. *Democracia militante e a candidatura de Bolsonaro*. Disponível em: https://www.jota.info/opiniao-e-analise/artigos/democracia-militante-e-a-candidatura-de-bolsonaro-24082018. Acesso em: 02 nov. 2020.

SCHEPELLE, Kim Lane. Autocratic Legalism. *University of Chicago Law Review*, v. 85, n. 2, p. 545-583, 2018.

SCHMITT, Carl. *O guardião da Constituição*. Tradução: Geraldo de Carvalho. Belo Horizonte: Del Rey, 2007.

SCHMITT, Carl. *O conceito do político*: teoria do Partisan. Tradução: Geraldo de Carvalho. Belo Horizonte: Del Rey, 2008.

SCHWARCZ, Lillia Mortiz. *Sobre o autoritarismo brasileiro*. São Paulo: Companhia das Letras, 2019.

SEELAENDER, Airton Cerqueira Leite. Juristas e ditaduras: uma leitura brasileira. *In*: FONSECA, Ricardo Marcelo; SEELAENDER, Airton Cerqueira Leite (org.). *História do direito em perspectiva*: do Antigo Regime à Modernidade. 1. ed. (2008). 4. reimpr. Curitiba: Juruá, 2012. p. 415-432.

SEELAENDER, Airton Cerqueira Leite. Francisco Campos (1891-1968): uma releitura. *In*: FONSECA, Ricardo Marcelo (org.) *As formas do direito*: ordem, razão e decisão. (Experiências jurídicas antes e depois da modernidade). Curitiba: Juruá, 2013. p. 491-525.

SEELAENDER, Airton Cerqueira Leite. A história do direito contemporâneo: um projeto possível? *Revista da Faculdade de Direito da UFRGS*, Porto Alegre, n. 36, p. 20-35, ago. 2017.

SILVA, Evandro Lins. *O salão dos passos perdidos*: depoimento ao CPDOC. Rio de Janeiro: Nova Fronteira: Ed. FGV, 1997.

SILVA, Francisco Xavier da. As Constituições da Era Vargas: uma abordagem à luz do pensamento autoritário dos anos 30. *Política e sociedade*, vol. 9, n. 17, out. 2010, p. 259-288.

SILVA, José Afonso da. *Poder Constituinte e poder popular*. São Paulo: Malheiros, 2002.

SIQUEIRA, Gustavo Silveira. "O parecer de Kelsen sobre a Constituinte brasileira de 1933-1934". *Revista Direito e Praxis*, Rio de Janeiro, vol. 6, n. 11, 2015, p. 348-374.

SKIDMORE, Thomas. *O Brasil visto de fora*. Rio de Janeiro: Paz e Terra, 1994.

SKIDMORE, Thomas. *Brasil*: de Getúlio a Castelo (1930-1964). Tradução: Berilo Vargas. São Paulo: Companhia das Letras, 2010.

SKINNER, Quentin. *Visions of politics*. Londres: Cambridge University Press, 2001.

SOLON, Ari Marcelo. Um texto de Kelsen sobre o Brasil. *Revista Trimestral de Direito Público*, São Paulo, SP, v. 9, 2000, p. 7-11.

SOUZA NETO, Cláudio Pereira de; SARMENTO, Daniel (coord.). *Direitos sociais*: fundamentos, judicialização e direitos sociais em espécie. Rio de Janeiro: Lumen Juris, 2010.

SOUZA NETO, Cláudio Pereira de; SARMENTO, Daniel. *Direito constitucional*: teoria, história e métodos de trabalho. Belo Horizonte: Fórum, 2012.

SKINNER, Quentin. *Visions of Politics*: Volume I: Regarding Method. Cambridge: Cambridge University Press, 2013.

STOLLEIS, Michael. *The law under the swastika*: studies on legal history in nazi Germany. Chicago: University of Chicago Press, 1998.

SUNSTEIN, Cass. *One Case at a Time*: Judicial Minimalism on the Supreme Court. Cambridge: Harvard University Press, 2001.

SUNSTEIN, Cass. Beyond Judicial Minimalism. *John M. Olin Program in Law and Economics*, Working Paper No. 432, 2008.

TÁVORA, Juarez. À guisa de depoimento sobre a revolução brasileira de 1924. V. 3 Rio de Janeiro: Mendonça, Machado & Cia., 1928.

TORRES, Alberto. *A organização nacional*. São Paulo: Nacional, 1938.

TORRES, Alberto. *O problema nacional brasileiro*. 3. ed. São Paulo: Nacional, 1938.

TUSHNET, Mark. *Taking the Constitution away from the Courts*. Princeton: Princeton University Press, 1999.

TUSHNET, Mark. Constitutional hardball. *37 J. Marshall L. Rev.* 523-553, 2004. Disponível em: https://scholarship.law.georgetown.edu/cgi/viewcontent.cgi?article=1557&context=facpub. Acesso em: 02 nov. 2020.

TUSHNET, Mark. The rise of weak-form judicial review. *In*: GINSBURG, Tom; DIXON, Rosalind (org.). *Comparative Constitutional Law*. Northampton: Edward Elgar Publishing Limited, 2011. p. 321-333.

TUSHNET, Mark. Authoritarian Constitutionalism, *100 Cornell L. Rev.*, p. 391-462, 2015.

TREVISAN, Leonardo. *A República Velha*. 3. ed. São Paulo: Global, 1986.

VALADÃO, Rodrigo Borges. *Positivismo jurídico e nazismo*: formação, refutação e superação da lenda do positivismo. São Paulo: Contracorrente, 2022.

VALE, Osvaldo Trigueiro do. *O Supremo Tribunal Federal e a instabilidade político-institucional*. Dissertação de Mestrado. Escola Brasileira de Administração Pública da Função Getúlio Vargas. 1975.

VARGAS, Getúlio. *As diretrizes da Nova Política do Brasil*. Rio de Janeiro: José Olympio, 1942.

VARGAS, Getúlio. *Diário*. Vol. I. 1930-1936. São Paulo: Siciliano; Rio de Janeiro: Fundação Getulio Vargas, 1995a.

VARGAS, Getúlio. *Diário*. Vol. II. 1937-1942. São Paulo: Siciliano; Rio de Janeiro: Fundação Getulio Vargas, 1995b.

VASCONCELOS, Roberto Pereira de. *Constituição dos E. U. do Brasil*: interpretada pelo Supremo Tribunal Federal. Rio de Janeiro: 1944.

VENÂNCIO FILHO, Alberto. Introdução – Problemas de Direito Corporativo, de Oliveira Vianna. *In*: VIANNA, Francisco José de Oliveira. *Problemas de direito corporativo*. 2. ed. Brasília: Câmara dos Deputados, 1983 [1ª ed. 1938]. p. 11-22.

VIANNA, Francisco José de Oliveira. *O idealismo da Constituição*. São Paulo: Companhia Editora Nacional, 1927.

VIANNA, Francisco José de Oliveira. *Problemas de política objetiva*. 2. ed. São Paulo: Companhia Editora Nacional, 1947.

VIANNA, Francisco José de Oliveira. As garantias da magistratura nos regimes autoritários (O artigo 177 da Constituição Federal de 1937). In: VIANNA, Francisco José de Oliveira. *Ensaios inéditos*. Campinas: UNICAMP, 1991. p. 149-199.

VIANNA, Francisco José de Oliveira. *Instituições políticas brasileiras*. Brasília: Senado Federal, 1999.

VIANNA, Francisco José de Oliveira. *Populações meridionais do Brasil*. Brasília: Senado Federal, 2005.

VIEIRA, Oscar Vilhena. *Supremo Tribunal Federal*: jurisprudência política. São Paulo: Revista dos Tribunais, 1994.

VIEIRA, Oscar Vilhena. Supremocracia. *Revista Estado de Direito*, Rio de Janeiro, ano 3, n. 12, out./dez. 2008, p. 55-75.

VISCARDI, Claudia. *O teatro das oligarquias*: uma revisão da política do café com leite. Belo Horizonte: Fino Traço, 2012.

WALDRON, Jeremy. The core of the case against judicial review. *The Yale Law Journal*, n. 115, 2006, p. 1.346-1.406.

WHITTINGTON, Keith. *Political Foundations of Judicial Supremacy*: the Presidency, the Supreme Court and Constitutional Leadership in U.S. history. New Jersey: Princeton University Press, 2007.

WOLKMER, Antonio Carlos. *História do direito*: tradição no Ocidente e no Brasil. 11. ed. Rio de Janeiro: Forense, 2019.

APÊNDICE A

COMPOSIÇÃO DO STF COM 15 MINISTROS: OUTUBRO/1930-FEVEREIRO/1931

(continua)

	Nome do ministro	Presidente que nomeou	Data da posse	Data da aposentadoria	Causa da aposentadoria
1	Godofredo Cunha (1860/1936) – UFPE	Nilo Peçanha (RJ)	25.09.1909	18.02.1931	Empacotamento do Governo Provisório
2	Leoni Ramos (1857/1931) – UFPE	Nilo Peçanha (RJ)	22.11.1910	20.03.1931	Morte
3	Muniz Barreto (1864/1934) – USP	Hermes da Fonseca (RS)	31.12.1910	18.02.1931	Empacotamento do Governo Provisório
4	Pedro Mibielli (1866/1945) – USP	Hermes da Fonseca (RS)	13.11.1912	18.02.1931	Empacotamento do Governo Provisório
5	Pires e Albuquerque (1865/1954) – UFPE	Venceslau Brás (MG)	26.05.1917	18.02.1931	Empacotamento do Governo Provisório
6	Edmundo Lins (1863/1944) – USP	Venceslau Brás (MG)	12.09.1917	16.11.1937	Compulsória
7	Hermenegildo de Barros (1866/1955) – USP	Delfim Moreira (MG)	26.07.1919	16.11.1937	Compulsória
8	Pedro dos Santos (1866/1942) – UFPE	Epitácio Pessoa (PB)	29.11.1919	18.02.1931	Empacotamento do Governo Provisório
9	Geminiano Franca (1870/1935) – UFPE	Epitácio Pessoa (PB)	22.11.1922	18.02.1931	Empacotamento do Governo Provisório

(conclusão)

	Nome do ministro	Presidente que nomeou	Data da posse	Data da aposentadoria	Causa da aposentadoria
10	Arthur Ribeiro (1866/1936) – USP	Artur Bernardes (MG)	06.08.1923	24.03.1936	Morte
11	Bento de Faria (1876/1959) – UFRJ	Artur Bernardes (MG)	19.08.1925	25.05.1945	Compulsória
12	Soriano de Sousa (1863/1938) – UFPE	Washington Luís (SP)	25.02.1927	20.07.1933	A pedido
13	Cardoso Ribeiro (1876/1932) – USP	Washington Luís (SP)	25.05.1927	16.05.1932	Morte
14	Firmino Whitaker (1866/1934) – USP	Washington Luís (SP)	06.06.1927	05.03.1934	Morte
15	Rodrigo Otávio (1866/1944) – USP	Washington Luís (SP)	08.02.1929	07.02.1934	A pedido

APÊNDICE B

COMPOSIÇÃO DO SUPREMO TRIBUNAL FEDERAL PÓS-EMPACOTAMENTO: FEVEREIRO/1931

	Nome do ministro	Presidente que nomeou	Data da posse	Data da aposentadoria	Causa da aposentadoria
1	Leoni Ramos (1857/1931) – UFPE	Nilo Peçanha (RJ)	22.11.1910	20.03.1931	Morte
2	Edmundo Lins (1863/1944) – USP	Venceslau Brás (MG)	12.09.1917	16.11.1937	Compulsória
3	Hermenegildo de Barros (1866/1955) – USP	Delfim Moreira (MG)	26.07.1919	16.11.1937	Compulsória
4	Arthur Ribeiro (1866/1936) – USP	Artur Bernardes (MG)	06.08.1923	24.03.1936	Morte
5	Bento de Faria (1876/1959) – UFRJ	Artur Bernardes (MG)	19.08.1925	25.05.1945	Compulsória
6	Soriano de Sousa (1863/1938) – UFPE	Washington Luís (SP)	25.02.1927	20.07.1933	A pedido
7	Cardoso Ribeiro (1876/1932) – USP	Washington Luís (SP)	25.05.1927	16.05.1932	Morte
8	Firmino Whitaker (1866/1934) – USP	Washington Luís (SP)	06.06.1927	05.03.1934	Morte
9	Rodrigo Otávio (1866/1944) – USP	Washington Luís (SP)	08.02.1929	07.02.1934	A pedido

PRIMEIRA COMPOSIÇÃO DO SUPREMO TRIBUNAL FEDERAL COM 11 MINISTROS

	Nome do ministro	Presidente que nomeou	Data da posse	Data da aposentadoria	Causa da aposentadoria
1	Edmundo Lins (1863/1944) – USP	Venceslau Brás (MG)	12.09.1917	16.11.1937	Compulsória
2	Hermenegildo de Barros (1866/1955) – USP	Delfim Moreira (MG)	26.07.1919	16.11.1937	Compulsória
3	Arthur Ribeiro (1866/1936) – USP	Artur Bernardes (MG)	06.08.1923	24.03.1936	Morte
4	Bento de Faria (1876/1959) – UFRJ	Artur Bernardes (MG)	19.08.1925	25.05.1945	Compulsória
5	Soriano de Sousa (1863/1938) – UFPE	Washington Luís (SP)	25.02.1927	20.07.1933	A pedido
6	Cardoso Ribeiro (1876/1932) – USP	Washington Luís (SP)	25.05.1927	16.05.1932	Morte
7	Firmino Whitaker (1866/1934) – USP	Washington Luís (SP)	06.06.1927	05.03.1934	Morte
8	Rodrigo Otávio (1866/1944) – USP	Washington Luís (SP)	08.02.1929	07.02.1934	A pedido
9	Eduardo Espínola (1875/1968) – UFPE	Getúlio Vargas	16.05.1931	25.05.1945	Compulsória
10	Plínio Casado (1870/1964) – USP	Getúlio Vargas	04.06.1931	01.10.1938	Compulsória
11	Carvalho Mourão (1872/1951) – USP	Getúlio Vargas	08.06.1931	10.12.1940	Compulsória

PRIMEIRA COMPOSIÇÃO DO SUPREMO TRIBUNAL FEDERAL NA FASE CONSTITUCIONAL (JUNHO/1934-MARÇO/1936)

	Nome do ministro	Presidente que nomeou	Data da posse	Data da aposentadoria	Causa da aposentadoria
1	Edmundo Lins (1863/1944) – USP	Venceslau Brás (MG)	12.09.1917	16.11.1937	Compulsória/37
2	Hermenegildo de Barros (1866/1955) – USP	Delfim Moreira (MG)	26.07.1919	16.11.1937	Compulsória/37
3	Arthur Ribeiro (1866/1936) – USP	Artur Bernardes (MG)	06.08.1923	24.03.1936	Morte
4	Bento de Faria (1876/1959) – UFRJ	Artur Bernardes (MG)	19.08.1925	25.05.1945	Idade
5	Eduardo Espínola (1875/1968) – UFPE	Getúlio Vargas	16.05.1931	25.05.1945	Idade
6	Plínio Casado (1870/1964) – USP	Getúlio Vargas	04.06.1931	01.10.1938	Idade
7	Carvalho Mourão (1872/1951) – USP	Getúlio Vargas	08.06.1931	10.12.1940	Idade
8	Laudo de Camargo (1881/1963) – USP	Getúlio Vargas	09.06.1932	25.04.1951	Idade
9	Costa Manso (1876/1957) – USP	Getúlio Vargas	28.08.1933	03.05.1939	A pedido
10	Otávio Kelly (1878/1948) – UFRJ	Getúlio Vargas	14.02.1934	30.07.1942	A pedido
11	Ataulfo de Paiva (1867/1955) – USP	Getúlio Vargas	20.03.1934	16.12.1937	Compulsória/37

APÊNDICE E

SEGUNDA COMPOSIÇÃO DO SUPREMO TRIBUNAL FEDERAL NA FASE CONSTITUCIONAL (MAIO/1936-NOVEMBRO/1937 – PERÍODO DESCONSTITUINTE)

	Nome do ministro	Presidente que nomeou	Data da posse	Data da aposentadoria	Causa da aposentadoria
1	Edmundo Lins (1863/1944) – USP	Venceslau Brás (MG)	12.09.1917	16.11.1937	Compulsória/37
2	Hermenegildo de Barros (1866/1955) – USP	Delfim Moreira (MG)	26.07.1919	16.11.1937	Compulsória/37
3	Bento de Faria (1876/1959) – UFRJ	Artur Bernardes (MG)	19.08.1925	25.05.1945	Idade
4	Eduardo Espínola (1875/1968) – UFPE	Getúlio Vargas	16.05.1931	25.05.1945	Idade
5	Plínio Casado (1870/1964) – USP	Getúlio Vargas	04.06.1931	01.10.1938	Idade
6	Carvalho Mourão (1872/1951) – USP	Getúlio Vargas	08.06.1931	10.12.1940	Idade
7	Laudo de Camargo (1881/1963) – USP	Getúlio Vargas	09.06.1932	25.04.1951	Idade
8	Costa Manso (1876/1957) – USP	Getúlio Vargas	28.08.1933	03.05.1939	A pedido
9	Otávio Kelly (1878/1948) – UFRJ	Getúlio Vargas	14.02.1934	30.07.1942	A pedido
10	Ataulfo de Paiva (1867/1955) – USP	Getúlio Vargas	20.03.1934	16.12.1937	Compulsória/37
11	Carlos Maximiliano (1873/1960) – UFMG	Getúlio Vargas	04.05.1936	13.06.1941	Idade

APÊNDICE F

PRIMEIRA COMPOSIÇÃO DO SUPREMO TRIBUNAL FEDERAL NO ESTADO NOVO (NOVEMBRO/1937)

	Nome do ministro	Presidente que nomeou	Data da posse	Data da aposentadoria	Causa da aposentadoria
1	Bento de Faria (1876/1959) – UFRJ	Artur Bernardes (MG)	19.08.1925	25.05.1945	Idade
2	Eduardo Espínola (1875/1968) – UFPE	Getúlio Vargas	16.05.1931	25.05.1945	Idade
3	Plínio Casado (1870/1964) – USP	Getúlio Vargas	04.06.1931	01.10.1938	Idade
4	Carvalho Mourão (1872/1951) – USP	Getúlio Vargas	08.06.1931	10.12.1940	Idade
5	Laudo de Camargo (1881/1963) – USP	Getúlio Vargas	09.06.1932	25.04.1951	Idade
6	Costa Manso (1876/1957) – USP	Getúlio Vargas	28.08.1933	03.05.1939	A pedido
7	Otávio Kelly (1878/1948) – UFRJ	Getúlio Vargas	14.02.1934	30.07.1942	A pedido
8	Ataulfo de Paiva (1867/1955) – USP	Getúlio Vargas	20.03.1934	16.12.1937	Compulsória/37
9	Carlos Maximiliano (1873/1960) – UFMG	Getúlio Vargas	04.05.1936	13.06.1941	Idade
10	Armando de Alencar (1886/1953) – UFRJ	Getúlio Vargas	22.11.1937	06.05.1941	A pedido
11	Cunha Mello (1880/1950) – UFPE	Getúlio Vargas	24.11.1937	01.04.1942	A pedido

SEGUNDA COMPOSIÇÃO DO SUPREMO TRIBUNAL FEDERAL NO ESTADO NOVO (DEZEMBRO/1937-SETEMBRO/1938)

	Nome do ministro	Presidente que nomeou	Data da posse	Data da aposentadoria	Causa da aposentadoria
1	Bento de Faria (1876/1959) – UFRJ	Artur Bernardes (MG)	19.08.1925	25.05.1945	Idade
2	Eduardo Espínola (1875/1968) – UFPE	Getúlio Vargas	16.05.1931	25.05.1945	Idade
3	Plínio Casado (1870/1964) – USP	Getúlio Vargas	04.06.1931	01.10.1938	Idade
4	Carvalho Mourão (1872/1951) – USP	Getúlio Vargas	08.06.1931	10.12.1940	Idade
5	Laudo de Camargo (1881/1963) – USP	Getúlio Vargas	09.06.1932	25.04.1951	Idade
6	Costa Manso (1876/1957) – USP	Getúlio Vargas	28.08.1933	03.05.1939	A pedido
7	Otávio Kelly (1878/1948) – UFRJ	Getúlio Vargas	14.02.1934	30.07.1942	A pedido
8	Carlos Maximiliano (1873/1960) – UFMG	Getúlio Vargas	04.05.1936	13.06.1941	Idade
9	Armando de Alencar (1886/1953) – UFRJ	Getúlio Vargas	22.11.1937	06.05.1941	A pedido
10	Cunha Mello (1880/1950) – UFPE	Getúlio Vargas	24.11.1937	01.04.1942	A pedido
11	José Linhares (1886/1957) – USP	Getúlio Vargas	24.12.1937	29.01.1956	Idade

APÊNDICE H

TERCEIRA COMPOSIÇÃO DO SUPREMO TRIBUNAL FEDERAL NO ESTADO NOVO (OUTUBRO/1938-MAIO/1939)

	Nome do ministro	Presidente que nomeou	Data da posse	Data da aposentadoria	Causa da aposentadoria
1	Bento de Faria (1876/1959) – UFRJ	Artur Bernardes (MG)	19.08.1925	25.05.1945	Idade
2	Eduardo Espínola (1875/1968) – UFPE	Getúlio Vargas	16.05.1931	25.05.1945	Idade
3	Carvalho Mourão (1872/1951) – USP	Getúlio Vargas	08.06.1931	10.12.1940	Idade
4	Laudo de Camargo (1881/1963) – USP	Getúlio Vargas	09.06.1932	25.04.1951	Idade
5	Costa Manso (1876/1957) – USP	Getúlio Vargas	28.08.1933	03.05.1939	A pedido
6	Otávio Kelly (1878/1948) – UFRJ	Getúlio Vargas	14.02.1934	30.07.1942	A pedido
7	Carlos Maximiliano (1873/1960) – UFMG	Getúlio Vargas	04.05.1936	13.06.1941	Idade
8	Armando de Alencar (1886/1953) – UFRJ	Getúlio Vargas	22.11.1937	06.05.1941	A pedido
9	Cunha Mello (1880/1950) – UFPE	Getúlio Vargas	24.11.1937	01.04.1942	A pedido
10	José Linhares (1886/1957) – USP	Getúlio Vargas	24.12.1937	29.01.1956	Idade
11	Washington de Oliveira (1872/1950) – USP	Getúlio Vargas	12.10.1938	17.06.1940	Idade

APÊNDICE I

QUARTA COMPOSIÇÃO DO SUPREMO TRIBUNAL FEDERAL NO ESTADO NOVO (MAIO/1939-JUNHO/1940)

	Nome do ministro	Presidente que nomeou	Data da posse	Data da aposentadoria	Causa da aposentadoria
1	Bento de Faria (1876/1959) – UFRJ	Artur Bernardes (MG)	19.08.1925	25.05.1945	Idade
2	Eduardo Espínola (1875/1968) – UFPE	Getúlio Vargas	16.05.1931	25.05.1945	Idade
3	Carvalho Mourão (1872/1951) – USP	Getúlio Vargas	08.06.1931	10.12.1940	Idade
4	Laudo de Camargo (1881/1963) – USP	Getúlio Vargas	09.06.1932	25.04.1951	Idade
5	Otávio Kelly (1878/1948) – UFRJ	Getúlio Vargas	14.02.1934	30.07.1942	A pedido
6	Carlos Maximiliano (1873/1960) – UFMG	Getúlio Vargas	04.05.1936	13.06.1941	Idade
7	Armando de Alencar (1886/1953) – UFRJ	Getúlio Vargas	22.11.1937	06.05.1941	A pedido
8	Cunha Mello (1880/1950) – UFPE	Getúlio Vargas	24.11.1937	01.04.1942	A pedido
9	José Linhares (1886/1957) – USP	Getúlio Vargas	24.12.1937	29.01.1956	Idade
10	Washington de Oliveira (1872/1950) – USP	Getúlio Vargas	12.10.1938	17.06.1940	Idade
11	Barros Barreto (1895/1969) – UFRJ	Getúlio Vargas	17.05.1939	20.05.1963	A pedido

QUINTA COMPOSIÇÃO DO SUPREMO TRIBUNAL FEDERAL NO ESTADO NOVO (JUNHO/1940-DEZEMBRO/1940)

	Nome do ministro	Presidente que nomeou	Data da posse	Data da aposentadoria	Causa da aposentadoria
1	Bento de Faria (1876/1959) – UFRJ	Artur Bernardes (MG)	19.08.1925	25.05.1945	Idade
2	Eduardo Espínola (1875/1968) – UFPE	Getúlio Vargas	16.05.1931	25.05.1945	Idade
3	Carvalho Mourão (1872/1951) – USP	Getúlio Vargas	08.06.1931	10.12.1940	Idade
4	Laudo de Camargo (1881/1963) – USP	Getúlio Vargas	09.06.1932	25.04.1951	Idade
5	Otávio Kelly (1878/1948) – UFRJ	Getúlio Vargas	14.02.1934	30.07.1942	A pedido
6	Carlos Maximiliano (1873/1960) – UFMG	Getúlio Vargas	04.05.1936	13.06.1941	Idade
7	Armando de Alencar (1886/1953) – UFRJ	Getúlio Vargas	22.11.1937	06.05.1941	A pedido
8	Cunha Mello (1880/1950) – UFPE	Getúlio Vargas	24.11.1937	01.04.1942	A pedido
9	José Linhares (1886/1957) – USP	Getúlio Vargas	24.12.1937	29.01.1956	Idade
10	Barros Barreto (1895/1969) – UFRJ	Getúlio Vargas	17.05.1939	20.05.1963	A pedido
11	Aníbal Freire (1884/1970) – UFPE	Getúlio Vargas	26.06.1940	17.05.1951	A pedido

SEXTA COMPOSIÇÃO DO SUPREMO TRIBUNAL FEDERAL NO ESTADO NOVO (DEZEMBRO/1940-MAIO/1941)

	Nome do ministro	Presidente que nomeou	Data da posse	Data da aposentadoria	Causa da aposentadoria
1*	Eduardo Espínola (1875/1968) – UFPE	Getúlio Vargas	16.05.1931	25.05.1945	Idade
2*	Bento de Faria (1876/1959) – UFRJ	Artur Bernardes (MG)	19.08.1925	25.05.1945	Idade
3	Laudo de Camargo (1881/1963) – USP	Getúlio Vargas	09.06.1932	25.04.1951	Idade
4	Otávio Kelly (1878/1948) – UFRJ	Getúlio Vargas	14.02.1934	30.07.1942	A pedido
5	Carlos Maximiliano (1873/1960) – UFMG	Getúlio Vargas	04.05.1936	13.06.1941	Idade
6	Armando de Alencar (1886/1953) – UFRJ	Getúlio Vargas	22.11.1937	06.05.1941	A pedido
7	Cunha Mello (1880/1950) – UFPE	Getúlio Vargas	24.11.1937	01.04.1942	A pedido
8	José Linhares (1886/1957) – USP	Getúlio Vargas	24.12.1937	29.01.1956	Idade
9	Barros Barreto (1895/1969) – UFRJ	Getúlio Vargas	17.05.1939	20.05.1963	A pedido
10	Aníbal Freire (1884/1970) – UFPE	Getúlio Vargas	26.06.1940	17.05.1951	A pedido
11	Castro Nunes (1882/1959) – UFRJ	Getúlio Vargas	18.12.1940	02.09.1949	A pedido

* Além da aposentadoria de Carvalho Mourão, houve inversão nos cargos de presidente e de vice-presidente do Supremo Tribunal Federal, por decreto de Getúlio Vargas, que se valeu de sua nova competência para nomear Eduardo Espínola para a Presidência da Corte, assim permanecendo até o fim da Era Vargas.

APÊNDICE L

SÉTIMA COMPOSIÇÃO DO SUPREMO TRIBUNAL FEDERAL NO ESTADO NOVO (MAIO/1941-JUNHO/1941)

	Nome do ministro	Presidente que nomeou	Data da posse	Data da aposentadoria	Causa da aposentadoria
1	Eduardo Espínola (1875/1968) – UFPE	Getúlio Vargas	16.05.1931	25.05.1945	Idade
2	Bento de Faria (1876/1959) – UFRJ	Artur Bernardes (MG)	19.08.1925	25.05.1945	Idade
3	Laudo de Camargo (1881/1963) – USP	Getúlio Vargas	09.06.1932	25.04.1951	Idade
4	Otávio Kelly (1878/1948) – UFRJ	Getúlio Vargas	14.02.1934	30.07.1942	A pedido
5	Carlos Maximiliano (1873/1960) – UFMG	Getúlio Vargas	04.05.1936	13.06.1941	Idade
6	Cunha Mello (1880/1950) – UFPE	Getúlio Vargas	24.11.1937	01.04.1942	A pedido
7	José Linhares (1886/1957) – USP	Getúlio Vargas	24.12.1937	29.01.1956	Idade
8	Barros Barreto (1895/1969) – UFRJ	Getúlio Vargas	17.05.1939	20.05.1963	A pedido
9	Aníbal Freire (1884/1970) – UFPE	Getúlio Vargas	26.06.1940	17.05.1951	A pedido
10	Castro Nunes (1882/1959) – UFRJ	Getúlio Vargas	18.12.1940	02.09.1949	A pedido
11	Orozimbo Nonato (1891/1974) – UFMG	Getúlio Vargas	21.05.1941	27.01.1960	A pedido

APÊNDICE M

OITAVA COMPOSIÇÃO DO SUPREMO TRIBUNAL FEDERAL NO ESTADO NOVO (JUNHO/1941-MARÇO/1942)

	Nome do ministro	Presidente que nomeou	Data da posse	Data da aposentadoria	Causa da aposentadoria
1	Eduardo Espínola (1875/1968) – UFPE	Getúlio Vargas	16.05.1931	25.05.1945	Idade
2	Bento de Faria (1876/1959) – UFRJ	Artur Bernardes (MG)	19.08.1925	25.05.1945	Idade
3	Laudo de Camargo (1881/1963) – USP	Getúlio Vargas	09.06.1932	25.04.1951	Idade
4	Otávio Kelly (1878/1948) – UFRJ	Getúlio Vargas	14.02.1934	30.07.1942	A pedido
5	Cunha Mello (1880/1950) – UFPE	Getúlio Vargas	24.11.1937	01.04.1942	A pedido
6	José Linhares (1886/1957) – USP	Getúlio Vargas	24.12.1937	29.01.1956	Idade
7	Barros Barreto (1895/1969) – UFRJ	Getúlio Vargas	17.05.1939	20.05.1963	A pedido
8	Aníbal Freire (1884/1970) – UFPE	Getúlio Vargas	26.06.1940	17.05.1951	A pedido
9	Castro Nunes (1882/1959) – UFRJ	Getúlio Vargas	18.12.1940	02.09.1949	A pedido
10	Orozimbo Nonato (1891/1974) – UFMG	Getúlio Vargas	21.05.1941	27.01.1960	A pedido
11	Waldemar Falcão (1895/1946) – UFC	Getúlio Vargas	18.06.1941	02.10.1946	Morte

APÊNDICE N

NONA COMPOSIÇÃO DO SUPREMO TRIBUNAL FEDERAL NO ESTADO NOVO (ABRIL/1942-JULHO/1942)

	Nome do ministro	Presidente que nomeou	Data da posse	Data da aposentadoria	Causa da aposentadoria
1	Eduardo Espínola (1875/1968) – UFPE	Getúlio Vargas	16.05.1931	25.05.1945	Idade
2	Bento de Faria (1876/1959) – UFRJ	Artur Bernardes (MG)	19.08.1925	25.05.1945	Idade
3	Laudo de Camargo (1881/1963) – USP	Getúlio Vargas	09.06.1932	25.04.1951	Idade
4	Otávio Kelly (1878/1948) – UFRJ	Getúlio Vargas	14.02.1934	30.07.1942	A pedido
5	José Linhares (1886/1957) – USP	Getúlio Vargas	24.12.1937	29.01.1956	Idade
6	Barros Barreto (1895/1969) – UFRJ	Getúlio Vargas	17.05.1939	20.05.1963	A pedido
7	Aníbal Freire (1884/1970) – UFPE	Getúlio Vargas	26.06.1940	17.05.1951	A pedido
8	Castro Nunes (1882/1959) – UFRJ	Getúlio Vargas	18.12.1940	02.09.1949	A pedido
9	Orozimbo Nonato (1891/1974) – UFMG	Getúlio Vargas	21.05.1941	27.01.1960	A pedido
10	Waldemar Falcão (1895/1946) – UFC	Getúlio Vargas	18.06.1941	02.10.1946	Morte
11	Goulart de Oliveira (1882/1950) – UFRJ	Getúlio Vargas	15.04.1942	28.05.1950	A pedido

APÊNDICE O

DÉCIMA (E ÚLTIMA) COMPOSIÇÃO DO SUPREMO TRIBUNAL FEDERAL NO ESTADO NOVO (AGOSTO/1942-MAIO/1945)

	Nome do ministro	Presidente que nomeou	Data da posse	Data da aposentadoria	Causa da aposentadoria
1	Eduardo Espínola (1875/1968) – UFPE	Getúlio Vargas	16.05.1931	25.05.1945	Idade
2	Bento de Faria (1876/1959) – UFRJ	Artur Bernardes (MG)	19.08.1925	25.05.1945	Idade
3	Laudo de Camargo (1881/1963) – USP	Getúlio Vargas	09.06.1932	25.04.1951	Idade
4	José Linhares (1886/1957) – USP	Getúlio Vargas	24.12.1937	29.01.1956	Idade
5	Barros Barreto (1895/1969) – UFRJ	Getúlio Vargas	17.05.1939	20.05.1963	A pedido
6	Aníbal Freire (1884/1970) – UFPE	Getúlio Vargas	26.06.1940	17.05.1951	A pedido
7	Castro Nunes (1882/1959) – UFRJ	Getúlio Vargas	18.12.1940	02.09.1949	A pedido
8	Orozimbo Nonato (1891/1974) – UFMG	Getúlio Vargas	21.05.1941	27.01.1960	A pedido
9	Waldemar Falcão (1895/1946) – UFC	Getúlio Vargas	18.06.1941	02.10.1946	Morte
10	Goulart de Oliveira (1882/1950) – UFRJ	Getúlio Vargas	15.04.1942	28.05.1950	A pedido
11	Filadelfo e Azevedo (1894/1951) – UFRJ	Getúlio Vargas	16.08.1942	26.01.1946	A pedido

Esta obra foi composta em fonte Palatino Linotype, corpo 10
e impressa em papel Pólen Bold 70g (miolo) e
Supremo 250g (capa) pela Gráfica Star7.